RENCONTRES
544

Histoire, management et société

Histoire, management et société

Mélanges en l'honneur d'Henri Zimnovitch

Sous la direction d'Yves Levant

Préface d'André Comte-Sponville

PARIS
CLASSIQUES GARNIER
2022

Yves Levant est professeur agrégé des universités en sciences de gestion à l'IAE de Lille – University School of Management et professeur associé à Skema Business School. Ses recherches portent sur le contrôle de gestion et l'histoire de la comptabilité de gestion. Il est l'auteur d'articles dans des revues scientifiques et il a publié plusieurs ouvrages comme auteur ou coauteur.

ISBN 978-2-406-12987-5 (livre broché)
ISBN 978-2-406-12988-2 (livre relié)
ISSN 2103-5636

Henri Zimnovitch.

PRÉFACE

J'ai connu Henri Zimnovitch à la Sorbonne, où j'enseignais, vers le milieu des années 1980. C'était un étudiant parmi d'autres, juste un peu plus vieux et plus attentif que la moyenne. On sentait que son goût pour la philosophie tenait à quelque chose de plus profond, de plus grave, de plus douloureux peut-être que la simple curiosité intellectuelle, pourtant vive chez lui, ou que les contraintes d'un cursus universitaire, fût-il suivi assidûment. Lorsqu'il m'apprit en aparté, à la fin d'un de mes cours, qu'il était chef d'entreprise, en l'occurrence dans le recyclage des textiles, cela ne me surprit qu'à moitié. Je viens d'apprendre, lisant le témoignage de Serge Sztarkman dans l'avant-propos de ce livre, qu'il y avait là comme un tropisme familial : que son grand-père, puis son père, juifs émigrés d'Europe centrale, avaient été « fripiers » ou, comme il dit de lui-même, « chiffonniers ». À l'époque, j'y vis plutôt un choix idéologique, d'autant plus estimable que les soucis environnementaux, dont j'imaginais qu'ils étaient à l'origine de cette orientation, n'avaient pas encore pris, dans la vie économique, la place qu'ils occupent aujourd'hui.

Je fus davantage étonné lorsque j'appris, quelques années plus tard, qu'il était devenu assez riche – ayant vendu ses entreprises – pour décider librement d'une éventuelle activité professionnelle, et qu'il choisissait… la recherche et l'enseignement, en l'occurrence dans la comptabilité, la finance, le management et autres sciences de la gestion ! Rétrospectivement, je me dis à présent que j'avais tort d'être surpris : c'était le même goût pour la pensée, et le même sérieux un peu triste, qu'il manifestait, quinze ans plus tôt, dans mes cours ou dans nos discussions. Ce que cela doit à l'histoire de sa famille ou à la sienne, à son tempérament ou à l'époque, ce n'est pas à moi de le dire. Mais j'admire comme il sut, sur des sujets si austères et si importants, concilier passion et rigueur, amour de la pensée et respect du réel, enfin la liberté du chercheur et la responsabilité du citoyen. Ce beau volume lui rend légitimement hommage, et j'ai plaisir à m'y associer.

Sur les sciences de la gestion, dont j'ignore à peu près tout, je me garderai bien de me prononcer, sauf sur un point. Mon idée, parfois saluée ou critiquée dans les pages qui suivent, est qu'aucune science n'est morale ni immorale : parce que toutes ne se soucient que du possiblement vrai et du certainement faux, qui n'ont que faire du bien et du mal. J'en conclus que les sciences de la gestion, dans la mesure où elles méritent ce nom de sciences, ne sauraient tenir lieu de gestion, qui n'est pas une science mais un art, au sens où l'on en parle en médecine.

Quelle différence fais-je entre ces deux notions ? Celle-ci : une science, au sens où je prends le mot, exclut toute visée normative ou téléologique, dont un art, au contraire, ne peut se passer, puisque sa finalité interne (son but, sa visée) fait partie de son essence ou de sa définition. Les questions « Faut-il faire de la biologie ? », « À quoi sert la biologie ? » ou « La vie vaut-elle la peine d'être vécue ? » ne relèvent pas de la biologie, laquelle, de fait, est incapable d'y répondre et même de les poser (ce qui n'empêche pas les biologistes de le faire, ou plutôt ce qui impose, mais d'un autre point de vue, qu'ils le fassent). On remarquera que les techniques, de ce point de vue, sont du côté des sciences (dont elles résultent de plus en plus : c'est ce qu'on appelle les technosciences) bien davantage que des arts. C'est qu'elles n'ont que faire, elles non plus, de quelque finalité que ce soit. Un marteau peut servir à briser un crâne aussi bien qu'à planter un clou. La physique n'est pas moins technoscientifique dans une bombe atomique que dans une centrale nucléaire, ni dans celle-ci que dans une éolienne. Ni la biologie, selon qu'elle sert à tuer ou à sauver. Un biologiste qui chercherait à fabriquer une arme bactériologique tendant à supprimer toute vie sur terre ne cesserait pas pour cela de faire de la biologie. Alors qu'un médecin, même compétent, qui se sert de son savoir médical pour conseiller des tortionnaires ou pour faire des expérimentations aux dépens de ses victimes, comme le sinistre Mengele, peut bien faire, à ce moment-là, de la biologie, mais assurément pas de la médecine ! Pourquoi ? Parce que la médecine est un art, qui inclut comme tel sa finalité (en l'occurrence la santé ou le bien-être du patient) dans sa définition, ce qu'une science ne saurait faire.

Si l'on m'autorise cette analogie, ou plutôt ce modèle théorique, je dirai volontiers que la gestion, comme art, a évidemment besoin des sciences qui l'étudient ou la renforcent (un peu comme la médecine a besoin de la biologie), mais ne saurait s'y réduire. Sa finalité (l'efficacité ?

la rentabilité ? la pérennité ? la croissance ? l'utilité sociale ? la satisfaction des « parties prenantes » ?) est sans doute moins consensuelle ou plus diversifiée que celle de la médecine (tout le monde désire la santé, tout le monde ne désire pas la croissance), mais elle ne saurait pas davantage se déduire de la seule connaissance, ni donc de quelque science que ce soit. C'est où échoue le scientisme, qui n'est pas une science mais une idéologie et une illusion. De ce qui est, montre Hume, on ne saurait déduire ce qui doit être. Nul ne peut démontrer scientifiquement que la vie vaut mieux que la mort, ni la richesse mieux que la pauvreté. Simplement, les désirs, là-dessus, communément s'accordent. C'est le point décisif : il n'y a de but que pour et par un désir qui le vise. Mais comment l'atteindre sans connaître – si possible scientifiquement – les moyens qui le permettent ? C'est où sciences et techniques interviennent : pour proposer non des fins mais des moyens. Et où les arts (au sens où médecine et gestion en sont, qu'on ne confondra pas avec les beaux-arts) retrouvent leur nécessité propre : pour mettre ces moyens, que les sciences nous offrent, au service de certaines fins, qui sont les nôtres.

J'en tire une leçon importante, qui est que la gestion, comme la médecine, ne sera jamais trop scientifique, mais qu'il arrive, comme en médecine, qu'elle ne soit pas assez humaine ou humaniste (notamment quand on la réduit à une technique, ou quand on croit que la science pourrait suffire à son exercice). Je le dis souvent aux médecins, surtout hospitaliers : « Ne laissez pas aux "médecines douces" le monopole de la douceur ! » Je dis volontiers de même aux manageurs, comme aux chercheurs ou aux enseignants : « Ne comptez pas sur votre entreprise, ni sur le marché, ni sur les sciences de la gestion, pour être humanistes à votre place ! » C'est où les responsabilités respectives et des gestionnaires (qui pratiquent l'art de la gestion) et des enseignants-chercheurs (qui en transmettent ou en développent les sciences) s'enracinent sans se confondre (aucune théorie ne tient lieu de pratique, aucune pratique, de théorie) et s'articulent l'une à l'autre : dans l'incapacité du vrai à dire le bien, donc aussi à empêcher le pire. C'est une figure de ce que j'appelle le tragique, et j'aime qu'Henri Zimnovitch, dans les travaux si savants que nous lui devons, nous laisse, en tant qu'individus et fût-ce au sein des organisations, la responsabilité de l'affronter.

Où je retrouve quelque chose de la gravité que j'évoquais en commençant. Je l'ai dit souvent, là encore, aux chefs d'entreprise comme aux médecins : il n'y a pas de responsabilité heureuse, mais pas de bonheur humain sans responsabilité. Là-dessus, lisez l'Ecclésiaste : « En beaucoup de sagesse, beaucoup de tourments ; qui augmente son savoir augmente ses douleurs… » Ce qui n'empêche pas, précise le même auteur, que « la sagesse l'emporte sur la folie, comme le jour sur l'obscurité », comme la joie sur la tristesse ! Les sciences, même compliquées, sont toujours plus simples que nos existences, et valent toujours mieux (pour qui aime la vérité) que l'ignorance. Il reste que c'est l'action – donc aussi l'inaction – qui engage notre responsabilité. Méfiez-vous de la bonne conscience, plus encore que de la mauvaise !

André COMTE-SPONVILLE

AVANT-PROPOS

Le patron et le professeur

Le grand-père paternel d'Henri Zimnovitch[1] a fait partie de cette génération de Juifs émigrés qui, fuyant les pogroms et la misère du *Yiddishland*, sont arrivés en France au tournant du XXe siècle. Pour gagner leur vie, ils parcouraient les rues de Paris, en tirant une charrette, et rachetaient des vieux vêtements qu'ils revendaient après les avoir rafraîchis ; une activité de fripier que la plupart devaient sans doute déjà occuper dans le shtetl d'où ils venaient[2]. Le respect qu'Henri portait à son grand-père et son père[3] explique en bonne partie son choix de reprendre l'entreprise familiale et de suivre les études qui l'y ont préparé. Peu de temps après qu'il ait obtenu ses diplômes, son père, qui avait spécialisé l'entreprise dans le chiffon d'essuyage, lui laissa la direction de la société. Il la développa pendant quinze ans, notamment avec de nouvelles fabrications, sur de nouveaux marchés, ce qui lui permit de se retirer à moins de 40 ans des affaires, une fois qu'il eût vendu ses différentes activités à des repreneurs qui ont continué après lui à les faire prospérer.

Une partie de ces activités ont concerné la récupération textile et c'est par ce que j'ai perçu de l'apport d'Henri à cette corporation que je peux témoigner. Au début des années 1970, quand il commença à s'intéresser au métier, il était encore étudiant et il a participé au renouveau de la profession. Après la Seconde Guerre mondiale, les petits métiers, comme celui du chiffonnier traditionnel, avaient disparu. Il

1 Dans la profession, on disait Zimno.

2 Antoine Compagnon dit : « Le chiffonnier et le fripier sont deux personnages distincts. C'est le fripier que la tradition associe depuis le Moyen Âge a la judéité [...]. Après la grande époque du chiffonnage [au XIXe siècle], le XXe siècle a confondu le chiffonnier et le fripier. » (Compagnon, p. 296.)

3 Il faut dire qu'en plus de leur parcours professionnel, ils connurent les épreuves des guerres mondiales pour lesquelles ils furent décorés (Légion d'honneur, médaille des évadés...).

était plus intéressant d'acheter les chiffons à l'étranger, essentiellement aux États-Unis. Début 1970, le niveau de consommation en France ayant bien progressé et les questions écologiques émergeant, la question de collecter des vêtements usagés pour leur recyclage de façon industrielle fut posée à la profession, notamment au niveau syndical par mes prédécesseurs à la tête de la Fédération de la récupération, Claude Beaumont, et de son département textile, Jean-Claude Badel. Henri a fait partie de cette équipe qui a créé en 1976 la société Recollect, dont il fut administrateur jusqu'en 1990, qui réussit à collecter en France, tant au profit des entreprises que des associations caritatives qui étaient associées aux opérations, 20 000 tonnes/an[4]. Dans cette aventure collective, l'apport d'Henri se manifesta dans le souci de l'organisation de l'entreprise, le suivi des finances, la réflexion sur son développement. Sur ce dernier point, je veux relever son inclination à procéder à des études : ce fut, entre autres, une enquête Sofres sur « La motivation et les freins chez les Français à l'acte de donner leurs vêtements » ; une étude Cegos pour que la profession adopte une méthode de calcul des coûts par section homogènes, etc. Je dois dire que tous ses confrères et moi-même n'avons pas été toujours convaincus de la pertinence de ces dépenses.

Par contre, lorsque je me suis associé à Henri pour fonder la Compagnie française de recyclage textile, en 1983, je m'en suis remis en toute sécurité à lui pour les aspects administratifs, juridiques, comptables, ce qui m'a permis d'assurer la présidence de l'entreprise en me focalisant sur les questions liées à la production et au commercial. J'ai également apprécié ses conseils en matière de stratégie, même si je n'ai pas été toujours d'accord avec ses analyses, que je trouvais souvent excessivement pessimistes et laissant trop de part au rationnel, au point de décourager la nécessaire prise de risque.

Malgré les réussites qu'il a connues dans ses entreprises, je ne crois pas qu'Henri ait été pleinement heureux dans son métier d'alors ; aussi, lorsqu'il m'a informé de son désir de prendre de nouvelles orientations professionnelles, je n'ai pas cherché à l'en dissuader, et je l'ai même accompagné pour lui faciliter ce changement.

---

4 La collecte se faisait alors par sacs plastiques. Aujourd'hui, c'est essentiellement par conteneurs que se font les opérations, et les quantités ont décuplé, notamment grâce à l'écotaxe pour la récupération des textiles mise en place en 2006 et l'action du Relais.

Je suis sûr que, dans son activité académique, il a tiré profit de son expérience d'entrepreneur au sein d'une corporation connue pour son âpreté. Je peux dire aussi que celle-ci s'enorgueillit qu'un de ses membres soit devenu Professeur des universités.

Serge Sztarkman
Fondateur de la société Hersand
Ancien président
de la filière textiles de Federec

BIBLIOGRAPHIE

COMPAGNON, Antoine, *Les Chiffonniers de Paris*, Paris, Gallimard, 2017.

INTRODUCTION

De la théorie à la pratique en gestion (et retour)

Henri Zimnovitch se compara un jour devant moi à la chauve-souris de la fable de La Fontaine, qui, quand elle se retrouve face à une belette ennemie des souris, se défend de l'être en montrant ses ailes mais, avec une belette qui déteste les oiseaux, prétend ne pas l'être en arguant de son absence de plumage (Jean de La Fontaine, 1987)[1].

Il suffit de se référer à sa biographie pour comprendre le sens de cette comparaison, lui qui fut tour à tour gestionnaire praticien et académique. Praticien, Serge Sztarkman en offre un témoignage dans l'avant-propos. Les textes qui suivent montrent qu'il est également reconnu par la communauté des académiques en sciences de gestion.

Nous avons choisi d'ordonner les contributions en deux parties. La première comprend dans un premier chapitre une série de textes qui portent spécifiquement sur l'histoire de la comptabilité, sous-discipline de recherche dont Henri Zimnovitch s'est fait spécialiste, et dans un deuxième chapitre des textes sur l'histoire de la gestion, qu'il a également abordée. La seconde partie déborde ces thèmes pour s'intéresser plus largement au champ des sciences de gestion. Nous avons distingué un premier chapitre avec des contributions qui traitent des questions financières, une thématique à laquelle Henri Zimnovitch s'est intéressé à partir des années 2000 suite aux crises économiques, et, dans un second chapitre, nous avons regroupé des contributions qui couvrent les questions philosophiques propres aux sciences de gestion : la responsabilité et l'éthique en management, l'épistémologie. On trouvera ci-après une présentation de chacun des textes qui composent cet ouvrage.

1 On retrouvera une idée proche dans la contribution de Bernard Colasse, « Du métier de professeur de sciences de gestion : *final cut* », dans cet ouvrage.

Le premier chapitre de la première partie, traitant de l'histoire de la comptabilité, s'ouvre avec la contribution de Didier Bensadon, lequel revient sur la controverse associée à l'émergence des pratiques de consolidation des comptes de groupe en France durant les années 1970, à une époque où la pratique de la consolidation des comptes n'était pas encore définie dans un cadre légal. Il montre que cette diffusion a été le résultat d'un jeu d'acteurs articulé autour de l'opposition entre l'autorité administrative en charge de la surveillance des marchés financiers, la Commission des opérations de Bourse (COB), les praticiens confrontés à la mise en place de la consolidation et la profession comptable libérale. Garry D. Carnegie explore l'interface de l'histoire comptable avec chacun des domaines d'histoire spécialisés suivants : histoire des affaires, histoire de la gestion et de l'organisation, histoire économique et histoire financière ou histoire de la finance. L'objectif est de stimuler la discussion et une collaboration productive entre les chercheurs dans ces disciplines de l'histoire du commerce, en particulier avec la comptabilité, contribuant ainsi potentiellement à la fertilisation croisée de la recherche entre les disciplines. Les liens entre ces différents courants d'histoire du commerce ont, jusqu'à présent, attiré relativement peu ou pratiquement pas d'attention dans la littérature d'histoire spécialisée. L'auteur encourage, au contraire, les chercheurs qui visent une compréhension complète du passé en management à s'ouvrir à la littérature dans tous les courants spécialisés de l'histoire abordés précédemment. Si la recherche en comptabilité historique a élargi ses horizons au-delà de l'étude des techniques, méthodes et systèmes comptables, l'auteur encourage également les chercheurs à être plus ouverts à l'étude des sociétés autochtones, en prenant en compte la tradition orale de ces communautés, permettant ainsi d'accroître le respect et la compréhension de l'histoire et des pratiques des peuples autochtones. La contribution d'Eddy E. Felix traite de l'évolution de la comptabilité sur la durée d'une grande entreprise charbonnière en Belgique. À l'origine, le droit d'extraction de la houille dans la région de Houdeng était concédé par le seigneur haut justicier en raison d'un privilège accordé en 1340 par Guillaume II d'Avesnes. Le seigneur n'accordait le droit « d'ouvrir la terre » que pour des périodes très courtes, de l'ordre d'une saison ou de trois ans, sous forme de bail. Une innovation technique, l'approfondissement des fosses par le creusement d'un conduit à travers les terres de plusieurs seigneuries, sera à l'origine d'une forme entrepreneuriale nouvelle : un contrat par lequel les associés font des apports selon leurs états et dont les parts sont héréditaires. Le peuple représenté par les mineurs apporte son savoir-faire, la bourgeoisie marchande et les clercs apportent l'argent, la noblesse apporte la concession de ses terres à la Société du Grand Conduit et du Charbonnage de Houdeng, qui, en 1807, prendra le nom de Société civile charbonnière du Bois-du-Luc. Cette société, qui est probablement la plus ancienne société charbonnière capitaliste d'Europe, aura une existence très longue, de 1685 à 1974 (soit près de 300 ans), avec des statuts juridiques différents : société d'Ancien Régime (société civile) de 1685 à 1935 (soit pendant 250 ans) et société anonyme de 1936 à 1974, année de sa mise en liquidation. S'appuyant sur 250 ans d'archives, Eddy E. Felix montre l'évolution de la notion de capital investi, considéré originellement comme une mise de jeu, puis celle des organes de gestion, passant de l'assemblée générale des associés au conseil d'administration et à la direction générale que nous connaissons à la fin du XXe siècle. Également il s'intéresse au passage d'une comptabilité seigneuriale à la comptabilité moderne en partie double. Pour Yannick Lemarchand, l'histoire de la comptabilité est difficilement séparable de celle de ceux qui l'ont pratiquée, mais, en France tout au moins et en tant qu'individus, ces derniers restent largement méconnus. Les archives des Berthelin, maîtres de forges à Doulevant-le-Château, déposées aux Archives départementales de la Haute-Marne, lui ont permis de tirer l'un d'eux de l'anonymat et de retracer son parcours. Né en 1810, François Alexandre Julien Midrouet entre au service des Berthelin en 1829. Initialement chargé de la tenue des livres et rapidement devenu leur homme de confiance, il restera plus de 56 ans dans l'entreprise, ne la quittant que trois ans avant son décès. S'il est difficile de considérer cet itinéraire singulier comme représentatif de ceux des teneurs de livres de la période, il en montre au moins l'une des directions possibles, dans un secteur d'activité en pleine mutation. L'exemple de Midrouet montre que certains d'entre eux ont bénéficié d'une situation privilégiée par rapport au déclassement subi par leurs successeurs, anonymement regroupés dans les services comptables des grandes entreprises, que ce soit en termes de rapports avec des employeurs dont ils étaient les hommes de confiance que de rétributions symboliques susceptibles de compenser largement des rémunérations matérielles peu élevées. La contribution de Raluca

Sandu porte sur la réflexion autour de la perméabilité des disciplines, des emprunts plus ou moins réciproques, des possibilités de rapport inter-, multi-, trans- disciplinaires, et des contributions que celles-ci pourraient avoir ensemble à une nouvelle épistémologie. Elle se propose de clarifier des terminologies souvent considérées à tort comme interchangeables (multidisciplinarité, interdisciplinarité, transdisciplinarité…) et d'illustrer quelques postures de l'histoire et de la comptabilité, dans le cadre de la création de nouvelles connaissances. Ses propos sont suivis d'un point d'éclairage apporté par la sociologie à la résurgence des modes interdisciplinaires, pour ensuite discuter quelques postures et apports réciproques de l'histoire et de la comptabilité. Pour conclure, elle aborde la question de la transdisciplinarité et de l'éducation du manageur responsable, dans le contexte d'un possible changement de paradigme. Béatrice Touchelay étudie le développement de la catégorie « ménage » dans l'appareil statistique français après 1945. Si ce terme est ancien, sa généralisation et son utilisation statistique comme source de repérage et de comptage de la population datent du milieu du XXe siècle. Cette catégorie est définie progressivement à mesure du développement de la statistique publique française. Correspondant à l'ensemble des individus qui résident dans un même logement, le ménage ne pouvait pas être appréhendé comme unité statistique tant que les logements n'étaient pas eux-mêmes définis et comptabilisés par les statisticiens, ce qui ne sera le cas qu'à partir du recensement de 1954. Cette catégorisation offrira un moyen commode de classer la population par lieu de résidence et permettra de construire les échantillons interrogés lors des grandes enquêtes et sondages effectués par l'Insee. Toutefois, sa pertinence dépend de sa capacité à représenter une réalité et de sa neutralité. Aussi l'auteure présente-t-elle les débats suscités par la généralisation de cette catégorie et les limites qu'elle rencontre actuellement. Si son caractère global et sa capacité à atténuer les écarts sociaux expliquent son succès pendant les Trente Glorieuses, elle ne serait plus pertinente pour décrire les profonds dysfonctionnements économiques et sociaux induits par la dépression, puis par la stagnation économique française depuis les années 1970. Toutefois, elle reste en usage, car elle a pu s'adapter aux profonds bouleversements des réalités internes aux ménages depuis une trentaine d'années. Enfin, Dragos Zelinschi présente les différentes approches de la sociologie des professions. Si le fonctionnalisme domine entre les années

1920 et les années 1950-1960, d'autres approches se développent ensuite : d'abord l'interactionnisme symbolique et ensuite des perspectives critiques inspirées notamment par Weber. Si, pour les sociologues, la comptabilité constitue assez souvent, et depuis relativement longtemps, un objet de recherche, c'est seulement pendant les années 1980 que la sociologie commence à être utilisée pour comprendre l'évolution de la profession, dans le prolongement du mouvement qui propose d'étudier la comptabilité dans son contexte social et politique. D'autres contributions ont suivi, s'appuyant plus ou moins explicitement sur des modèles sociologiques. Néanmoins, même si une certaine diversité des points de vue subsiste, le paradigme critique, d'inspiration weberienne, semble dominer depuis quelque temps les recherches comptables sur l'histoire de la profession. La professionnalisation y est envisagée comme la constitution d'un monopole s'appuyant sur la construction sociale des compétences et l'installation de barrières à l'entrée. Les associations professionnelles de comptables y sont vues comme des structures politiques dont la finalité est de formuler, organiser, protéger et faire progresser les intérêts de leurs membres. Dans ce cadre, l'auteur analyse le concept de clôture sociale, central dans le paradigme critique, afin d'apprécier comment il peut aider à comprendre l'histoire de la profession comptable. Pour cela, il identifie plusieurs stratégies de ce type, qu'il considère comme étant les plus représentatives : autorisation par l'État, niveau d'éducation (crédentialisme), certifications accordées par la profession, représentation par des associations professionnelles, constitution de syndicats.

Une deuxième série de contributions, plus généralistes, traite, quant à elle, de l'histoire de la gestion. Olivier Basso s'intéresse à l'entrepreneuriat organisationnel. Depuis dix ans, cette notion semble s'être imposée, en revêtant de multiples formes organisationnelles, dans le monde des entreprises. Sur le plan de la recherche académique, le champ est florissant, avec le texte fondateur de Richard Peterson et Peter Berger intitulé « Entrepreneurship in organizations » (1971). Le mouvement de financiarisation et de mondialisation accompagnant le néolibéralisme a fait basculer l'équilibre entre les parties prenantes de la normalisation comptable. Les États en Europe continentale se sont retirés au profit des investisseurs internationaux avec une différenciation entre les normes applicables aux PME et celles applicables aux entités d'intérêt public. C'est cette histoire, avec les résistances à cette évolution, qu'Olivier Basso nous raconte, en cherchant à théoriser explicitement le phénomène de l'entrepreneuriat organisationnel, c'est-à-dire en tentant d'en décrire les caractéristiques et de le nommer, en examinant son apparition au sein d'entreprises évoluant dans le domaine de l'industrie musicale. Le texte met l'accent sur l'indétermination de la nature du phénomène étudié (affaire de stratégie ou de leadership, processus ou initiative individuelle…). Ce concept apparaît fortement problématique en étant tributaire d'une double filiation théorique ; stratégique et entrepreneuriale. Il se laisse appréhender par ces deux disciplines sans pour autant se résoudre entièrement dans une analyse unidimensionnelle, stratégique ou entrepreneuriale. D'autre part, l'auteur insiste sur la forte liaison qui unit les choix de structure, le degré de turbulence des environnements et l'émergence de l'entrepreneuriat comme seule réponse organisationnelle adaptée. Enfin, il décrit les contours et la problématique de l'action individuelle autonome dans un contexte organisationnel structuré. Nicolas Berland nous livre la stratégie contrariée de Saint-Gobain dans l'habitat et la responsabilité sociétale des entreprises (RSE). Entre la fin de 1968 et le début de 1969, Saint-Gobain fait l'objet d'une OPA inamicale lancée par le groupe BSN (Boussois-Souchon-Neuvesel, futur Danone dans les années 1990). L'échec de cette opération transformera profondément le groupe Saint-Gobain, qui s'alliera à la firme Pont-à-Mousson (PAM). Cette alliance entre le fabricant de verre et celui des tuyaux en fonte, rencontre de deux cultures de gestion très différentes, amènera à définir une stratégie pour ce nouvel ensemble. Elle fera de Saint-Gobain un groupe leader dans le secteur de l'habitat durable. À partir des archives de la Compagnie de Saint-Gobain et d'interviews avec différents cadres ayant participé à cette histoire, c'est cette aventure que nous raconte Nicolas Berland. Alain Burlaud et Christian Hoarau nous content quant à eux l'histoire contemporaine de la normalisation comptable. Elle se caractérise par les effets de la financiarisation et de la mondialisation, qui ont conduit à une autonomisation du droit comptable et à un pouvoir accru de la profession comptable. Cependant, des contre-pouvoirs ont émergé parallèlement pour faire obstacle à la tendance à l'autorégulation : les autorités boursières ; le pouvoir politique, qui, par exemple en Europe, a introduit la notion d'intérêt public européen ; la société dans son ensemble, qui demande plus de transparence et une extension du champ de l'information au domaine non financier selon des modalités comparables. Michel Gladu expose l'émergence d'une nouvelle rationalité économique fondée sur la liberté du commerce et des hommes, issue, entre autres, de la critique du modèle de gestion monopolistique de la Compagnie perpétuelle des Indes par le groupe de Vincent de Gournay (ci-après : groupe de Gournay) au XVIIIe siècle. De l'acquisition d'une importante expérience dans le commerce maritime et terrestre ainsi que dans le domaine commercial au XVIIIe siècle, serait né un savoir spécifiquement économique qui ne cessera de s'affirmer tout au long du siècle, pour finalement s'imposer, au siècle suivant, comme une véritable science, tout ceci dans le mouvement d'idées libérales porté par John Locke en Angleterre, dès la fin du XVIIe siècle, et relayé en France, au début du XVIIIe siècle, par Condillac et Montesquieu notamment. Ce mouvement n'aura de cesse de s'amplifier et de trouver, sous la houlette des encyclopédistes, des physiocrates et des amis du groupe de Gournay, un élan décisif qui aboutira, un peu plus tard, avec Adam Smith et J. B. Say, à la formation, au XIXe siècle, d'un puissant courant libéral en « économie ». La Compagnie des Indes, symbole de l'interventionnisme étatique en matière commerciale et financière au siècle des Lumières, retint naturellement l'attention des nouveaux « économistes », qui, comme Silhouette, puis Vincent de Gournay et Morellet ensuite, entreprirent sa critique systématique, en soulignant les dangers de l'octroi d'avantages et de privilèges, aussi bien dans l'exercice du commerce que dans celui de l'artisanat, qui scléroseraient l'« économie ». En prônant la nécessité de libérer totalement l'activité économique, cette critique mettait corrélativement l'accent sur le rôle central du négociant en tant qu'animateur et acteur rationnel. Jérôme Méric, au travers d'une étude de cas, nous expose la capacité transformatrice d'une pratique. Grâce au courant « *as practice* », il serait devenu intelligible que la stratégie d'une organisation puisse émaner de ce qui s'opère au quotidien à des échelles qui dépassent parfois celles de l'organisation, et très souvent celles de la direction générale, dans les murmures du quotidien. Il poursuit ainsi une réflexion déjà engagée sur le sujet, mais rappelle toutefois que ce courant n'a pas été en mesure, jusqu'à présent, de répondre à la question de la distinction entre une pratique stratégique et toute autre pratique, à l'échelle d'une organisation. Pour ce faire, il examine un changement de pratique musicale qui a contribué à une évolution profonde du monde musical mais aussi des structures politiques et sociales, et ce, jusqu'au début du XXe siècle. Le cas est celui de la *Seconda Pratica, ovvero perfettione della musica moderna* de Monteverdi. C'est l'ampleur de ses effets et surtout l'histoire de sa diffusion et des transformations qu'elle a opérées sur elle-même et son environnement social, économique et politique qui justifient qu'il sorte des sciences des organisations pour y revenir avec un regard plus aiguisé, et des esquisses de méthode pour répondre aux impasses de la discipline. Il postule ainsi l'intérêt de la recherche clinique et l'idée que l'histoire lui confère un recul réflexif qui compense à beaucoup d'égards l'action ou l'observation *in situ et in tempore*. Il défend également l'idée que le champ de l'histoire doit assumer, comme d'autres, sa porosité à d'autres sciences, et que la nature praxéologique des connaissances qu'il est censé produire est apte à se nourrir de l'étude de pratiques hors de la sphère des sciences de l'action collective. Toutefois, si l'on comprend bien qu'une pratique puisse devenir stratégique, on en perçoit mal le comment, et surtout par le fait que rien ne permet de déterminer *a priori* si une pratique est stratégique ou pas. Cet exercice de rétrospection sur une pratique musicale nous apprend que, pour qu'une pratique émergente ait des chances de transformer l'organisation (ou la société pour ce qui est de la *Seconda Pratica*), il faut une interaction entre la substance d'une nouvelle pratique, les projets portés dans la société, l'idéologie, les institutions et le contexte appropriatif. On en perçoit aisément les échos dans le contexte organisationnel. Hervé Stolowy s'intéresse au lanceur d'alerte avec un essai de perspective historique. Ce concept (« *whistleblower* » en anglais) est désormais bien connu, notamment dans le domaine des entreprises, avec par exemple les affaires Enron ou Madoff. Même si les termes de « *whistleblower* » ou « lanceur d'alerte » ont été formalisés, vers la fin du XXe siècle, avec Ralph Nader aux États-Unis et, en France, les sociologues Chateauraynaud et Torny, de nombreux écrits montrent que le concept est bien plus ancien. L'objectif de cette contribution est de réaliser un essai de perspective historique montrant que la terminologie employée pour caractériser ce concept a beaucoup évolué au fil du temps. L'auteur évoque les moments clés de l'utilisation du concept : la Grèce antique, Rome, le Talmud, les Évangiles, le Moyen Âge en France, Venise, la Révolution française, pour finir avec l'Occupation pendant la Seconde Guerre mondiale. Puis il conclut sa contribution avec une discussion des termes « dénonciation », « délation » et « accusation ». Bien que se situant à des périodes très éloignées les unes des autres et dans des contextes très différents, les situations évoquées décrivent à chaque fois le recours par les juges à des auxiliaires privés et spontanés. En évoquant ce à quoi elles ont abouti, Hervé Stolowy imagine (ou prédit) une partie du champ des possibles pour l'avenir des lanceurs d'alerte.

Dans la seconde partie, qui va, dans le cadre de la gestion, au-delà de l'histoire et de la comptabilité, le premier chapitre traite des questions financières. Il s'ouvre avec la contribution de Patrick Boisselier, qui nous propose une alternative à l'utilisation du coût du capital pour l'évaluation financière des PME. Si, sur un plan strictement théorique, la méthode la plus appropriée est logiquement l'évaluation par les flux de trésorerie, se pose toujours le problème du coût du capital, dont la précision est délicate. L'auteur propose de revenir sur les méthodes « traditionnelles », fondées sur le *goodwill*. Il met en évidence la faiblesse de certaines formules traditionnellement utilisées en évaluation d'entreprise, notamment quant au calcul du coût moyen pondéré du capital (CMPC), qui laissent une marge d'imprécision, ce qui pose un certain nombre de questions, notamment liées aux valeurs retenues dans l'actif servant à évaluer le *goodwill*. Les solutions faisant appel à une grande complexité mathématique ne manquent pas de laisser quelque peu perplexe, l'évaluation financière des entreprises demeurant, à bien des égards, un art lié à l'expérience de l'expert. L'auteur propose un modèle alternatif qui, même s'il peut être fragilisé par le recours au calcul des bêtas et s'il nécessiterait de plus amples précisions sur le plan du calcul des capitaux investis, a du moins le mérite d'être testable. Florence Depoers nous présente le *Carbon Disclosure Project* (CDP), ou comment les investisseurs institutionnels tentent de faire face au défi climatique. Le CDP mise sur la pression des marchés financiers pour augmenter la transparence des émetteurs de CO_2 afin de les sensibiliser au changement climatique et, au final, obliger les entreprises à gérer leurs émissions de CO_2. Chaque année, les plus grandes entreprises de la planète fournissent des données très précises sur la manière dont elles gèrent les risques liés au climat, données destinées à être utilisées par les investisseurs pour prendre leurs décisions d'investissement. En l'absence d'obligations d'information au niveau international, le CDP a réussi, au fil des campagnes, à atteindre des taux élevés de participation volontaire, tout en relevant les exigences de qualité des déclarations des entreprises. L'auteure nousapporte un éclairage sur l'émergence et le rôle de cet acteur, désigné en 2010 dans la *Harvard Business Review* comme étant la « plus puissante organisation non gouvernementale dont vous n'avez probablement jamais entendu parler ». Philippe Gillet s'intéresse aux fondements des marchés financiers, dont l'origine est très ancienne dans l'économie libérale. L'auteur observe et analyse ce phénomène, et en particulier met en évidence les causes qui expliquent le développement de ces marchés financiers à tel ou tel endroit ou à telle ou telle période. Selon lui, tout cela n'est pas le fruit du hasard, mais résulte, au contraire, de circonstances spécifiques qui se conjuguent à certains moments bien précis. Après avoir fait un état des lieux de l'industrie des marchés financiers, il nous expose la coexistence de différents types de financement de l'économie et la persistance de différences entre zones géographiques au regard des facteurs précités. Quatre périodes de l'histoire peuvent être retenues comme points de repère : l'Antiquité grecque, la Renaissance, la révolution industrielle de la fin du XIXe siècle et, enfin, la fin du XXe siècle avec l'apparition de la nouvelle économie numérique. Parallèlement à cela, des évolutions dans la culture, dans le poids de la religion sur la société et dans les convictions politiques ont amené tous les pays, y compris la plupart des pays communistes, à adopter le marché financier comme principal lieu d'allocation des capitaux. Cette victoire du libéralisme économique poussé à l'excès a amené de nombreux investisseurs et opérateurs vers des dérapages incontrôlés, de moins en moins tolérés par l'opinion publique, ce qui pousse aujourd'hui vers un besoin de plus de contrôle dans la finance internationale et conduit aujourd'hui les gérants de portefeuille à introduire de nouveaux critères dans la composition desdits portefeuilles : respect de l'environnement, des règles sociales et nouvelle gouvernance. Yves Levant, Véronique Malleret et Olivier de La Villarmois proposent un cadre d'analyse du Strategic Management Accounting (SMA), dont les premières publications sur ce thème datent pour l'essentiel du début des années 1990, avec une forme d'apogée, en termes de publications académiques, fin des années 1990-début des années 2000. Depuis le début des années 2010, les publications sur ce thème ou sur des sujets connexes, comme le *Strategic Cost Management* (SCM), se font plus rares, alors que l'on pourrait penser que les problématiques auxquelles sont confrontées les organisations rendent plus que jamais pertinentes les propositions du SMA. Les auteurs nous proposent un cadre d'analyse dont l'objectif est pédagogique et théorique. Tout d'abord, ils détaillent ce qu'est le SMA dans la littérature, dans toutes ses dimensions, puis ils mettent en évidence les contributions intellectuelles et les tentatives de structuration théorique de ce champ, avec le constat de relatif échec du SMA. Enfin, ils nous proposent une articulation des concepts de coût, valeur et prix. Alors que la comptabilité de gestion conventionnelle consiste en la comparaison des coûts au prix, l'introduction du concept de valeur constitue un apport décisif du SMA. Cela en fait un ensemble de techniques qui intègrent des informations externes à l'organisation et orientées vers la prise de décision stratégique. Alors que, dans les premiers travaux, la valeur pouvait être confondue avec le prix ou avait des acceptions variables (*i.e.* valeur pour l'entreprise, valeur actionnariale), la notion de valeur pour le client a émergé graduellement. Plus récemment, le concept s'est affiné de valeur d'usage et d'échange vers la *willingness to pay*. Malgré d'évidentes faiblesses conceptuelles à l'origine, l'existence d'un courant de recherche sur ce thème a permis de conforter progressivement le concept de valeur. Son opérationnalisation constitue aujourd'hui une perspective de recherche importante. Roland Pérez revient sur la financiarisation des stratégies des entreprises. Au-delà des déclarations péremptoires chères au débat public, qui tendent à remplacer une analyse argumentée, l'auteur veut apporter une appréciation distanciée sur des phénomènes économiques et sociétaux, sur une période longue, voire proposer un cadre conceptuel et théorique. La durée permet de constater des changements qui ne relèvent pas de variations conjoncturelles, mais qui expriment les évolutions profondes, comme c'est le cas de la *financiarisation* de la vie des grandes entreprises, lesquelles, pour la plupart, sont cotées en Bourse. Cette dernière s'exprime tant via les décisions relatives aux activités des firmes concernées que via celles concernant leurs modes de financement. Cependant, cette orientation n'est pas sans risque : plus précisément, elle tend à fragiliser les entités concernées. L'ancien cadre patrimonial d'analyse reste très prégnant, tant au niveau des TPE et PME que dans les grandes firmes lorsque celles-ci relèvent d'une gouvernance familiale privilégiant la pérennité de leur contrôle ou lorsqu'un recours immodéré aux mécanismes de financiarisation appelle des mesures d'urgence. Toutefois, l'évolution du monde contemporain (débats sociétaux, risques écologiques...) appelle à une prise en compte croissante des relations avec les différentes parties prenantes au-delà des seuls actionnaires, faisant apparaître le besoin d'un nouveau cadre conceptuel et théorique fondé sur les interactions entre les firmes et les écosystèmes dont ces dernières font partie. Pierre-Charles Pupion traite du cas des politiques de développement durable des banques européennes au travers de l'étude de leurs rapports annuels de développement durable. Quel type d'information sur le développement durable trouve-t-on dans ces rapports et dans quel but ? Pour cela, il cherche à déterminer à quelle(s) forme(s) de légitimation renvoient leurs discours et mesures pour rendre compte de leur action de développement durable. Y a-t-il une dissonance entre discours et mesures ? Les mesures (ou leur absence) proposées dans le cadre du développement nous éclairent-elles sur cette dissonance ? L'auteur examine comment les voies et moyens de rendre compte, tant en termes de narration que de mesure, s'articulent avec les attentes des différentes parties prenantes en termes de développement durable. Ensuite, il utilise une analyse textuelle pour répondre aux questions formulées en prenant pour terrain d'étude les rapports de développement durable de 21 grands groupes bancaires européens. Cette analyse met en évidence que, dans plus des deux tiers des rapports dédiés au développement durable, le pilier économique du développement durable est absent alors qu'il est étudié de façon approfondie dans le rapport annuel. Les trois autres piliers (environnemental, social et sociétal) sont abordés de façon quasi systématique pour les deux premiers et fréquemment pour le dernier. Les registres de persuasion les plus mobilisés sont ceux du logos et de l'ethos. Les rapports accordent en moyenne une place très faible au pathos. De plus, le discours n'est pas une réponse orientée vers les parties prenantes mais répond davantage aux principes sociétaux inscrits dans les lois, comme la lutte contre le réchauffement climatique ou pour l'égalité hommes-femmes. Les firmes recourent aux formes de légitimation dite « pragmatique » avec une explication de leur politique de développement durable mais aussi morale avec le recours à des processus normalisés ou certifiés.

Dans le second chapitre, nous trouvons une série de contributions traitant des perspectives philosophiques propres aux sciences de gestion. Ouvrant cette série, Bernard Colasse s'interroge sur le rôle du professeur de sciences de gestion. Ce qui fait, selon lui, l'originalité de ce dernier, c'est qu'il est un enseignant-chercheur dont les activités d'enseignement et de recherche sont en lien avec les pratiques de gestion dans les organisations. Ceci conduit l'auteur à questionner les relations entre l'enseignement et la recherche, entre l'enseignement et les pratiques et entre celles-ci et la recherche. Il ressort de sa réflexion qu'il existe différentes façons d'être un professeur de sciences de gestion. L'une de ces façons est incarnée de façon très originale par Henri Zimnovitch. Stéphane Lefrancq et Nicolas Praquin examinent la prudence au prisme de la philosophie. Ils se penchent sur les fondements de la pensée comptable, et veulent approfondir la recherche en comptabilité, par opposition à la recherche sur la comptabilité, en mobilisant une pensée complexe qui recourrait à des domaines de connaissance extérieurs à la comptabilité elle-même. Au travers de ce questionnement philosophique, les deux auteurs s'intéressent à la façon dont le concept de prudence, vu au travers de grands jalons de l'histoire de la philosophie, peut éclairer différemment son utilisation en comptabilité afin de montrer, d'une part, que la prudence est consubstantielle à l'activité humaine – et, de ce fait, assez logiquement reprise par la comptabilité – et, d'autre part, que la comptabilité, en recourant à ce concept, s'inscrit dans la continuité de cette consubstantialité. Néanmoins, l'évolution de ce concept montre que sa signification – et donc sa façon de s'inscrire dans l'activité humaine – est sujette à transformation au cours du temps. Cette modification de sens est également perceptible dans les pratiques comptables. Stéphane Lefrancq et Nicolas Praquin s'interrogent en conclusion sur les motifs de la rupture anthropologique que provoquerait l'IASB en refusant de la maintenir dans la révision de son cadre conceptuel. Denis Malherbe souhaite réhumaniser la responsabilité managériale, ce qu'il considère comme un défi pour les praticiens et les enseignants chercheurs en gestion : comment articuler la responsabilité managériale des praticiens à la responsabilité professionnelle des enseignants-chercheurs en management ? Ces derniers, autant que les praticiens du management, devraient savoir naviguer entre les écueils du dogmatisme et du sophisme, de la scolastique et de la pseudoscience. Que la voie empruntée passe par une herméneutique rigoureuse inspirée des sciences humaines, et notamment de la méthode historique, ou qu'elle s'inscrive dans une étroite proximité avec l'action selon le pragmatisme (telle la recherche-intervention), il s'agit là d'un défi majeur pour les sciences de gestion. Marc Nikitin traite de l'impossible quête des principes du management d'une communauté scientifique en attente de reconnaissance. Actuellement, si l'on trouve de nombreuses publications professionnelles qui proposent des principes de management, on peut aussi remarquer que la communauté scientifique internationale des chercheurs en management a abandonné la quête de tels principes, parce que des chercheurs ont soumis les faits qu'ils observaient à une analyse rigoureuse et menée scientifiquement. Ils ont tenté de produire une connaissance « savante », par opposition à la connaissance « vulgaire ». Marc Nikitin cherche à mettre au jour la façon dont cette connaissance savante a émergé. Depuis un siècle environ, des principes de management ont été mis en avant depuis ceux de Frederick Winslow Taylor et d'Henri Fayol dans les premières décennies du XXe siècle. On a vu leur résurgence à partir des années 1980, menée par des consultants ou des dirigeants, avec des ouvrages qui ont eu un impact considérable sur la communauté scientifique des chercheurs en management, montrant ainsi la persistante fragilité de cette dernière. En effet, la constitution de la connaissance « savante » avait, à partir des années 1960, abouti au constat que la quête de tels principes était vaine. Cela n'a pas empêché que se développe, à partir des années 1980, une pseudo-connaissance, appelée « Guru management », à destination des managers et avec un réel succès. Cet état de fait a fragilisé la communauté scientifique en management, qui a alors abandonné *de facto* toute posture prescriptive et, ce faisant, a renoncé à s'adresser directement à ceux dont elle étudie les comportements. Elle s'est donc repliée vers un discours sur le management des organisations. Mais, sur ce terrain, elle est directement concurrencée par d'autres communautés scientifiques et ne serait donc reconnue ni par la communauté des praticiens ni par le reste de la communauté scientifique des sciences humaines et sociales, faute d'avoir produit des énoncés mobilisables par d'autres disciplines. Benoît Pigé pose la question : le contrôle de gestion est-il en dehors de la morale ? Il existerait une tension entre deux formes d'appréhension du réel. Pour l'une, il se trouve une vérité qui est la conformité de la représentation à la chose. Pour l'autre, toute représentation renvoie aux intérêts poursuivis. Historiquement, le contrôle de gestion a émergé en réponse à des besoins qui témoignaient de ces deux formes d'appréhension du réel. Le caractère moral du contrôle de gestion dépendrait donc du rapport entre ces deux tendances. Un système de contrôle de gestion à but purement interne et managérial serait a-moral (c'est-à-dire en dehors de la morale), alors qu'un système de contrôle de gestion orienté vers la production d'informations à destination des diverses parties prenantes relèverait de la morale et pourrait donc être moral ou immoral selon sa contribution aux intérêts collectifs des dites parties prenantes. Benoît Pigé nous propose de sortir de cette opposition en se focalisant sur la nature de l'information qui alimente et irrigue le contrôle de gestion. La solution consisterait à trouver le moyen de réintroduire, au cœur du contrôle de gestion, la singularité des êtres et des choses. Il faut pour cela descendre au niveau du territoire, espace où une communauté d'individus partage un ensemble de règles et de normes afin d'essayer de vivre ensemble et lieu où chaque individu est confronté au visage de l'autre. Il n'est pas seulement nécessaire de prendre en compte les spécificités locales et les règles du jeu locales, mais il faut également considérer la singularité des acteurs avec lesquels l'organisation gère ses processus. Le contrôle de gestion territorialisé serait donc un contrôle de gestion qui intègre à la fois la diversité des territoires et la diversité des parties prenante. C'est dans la reconnaissance de la singularité de chaque acteur qu'il peut réintégrer une dimension morale et s'interroger sur la pertinence des outils qu'il déploie. Cela exige de repenser la création de nouveaux outils en prenant en compte la diversité des contextes et des acteurs. Henri Savall, Véronique Zardet et Laurent Cappelletti pensent que le capitalisme peut et doit être socialement responsable sur le terrain. Leur position, confortée par des observations faites à partir de l'implantation du contrôle de gestion socio-économique au sein de 2 000 entreprises et organisations depuis 1974, est que pour devenir socialement responsable, le capitalisme doit trouver un relais managérial lui-même socialement responsable au sein des entreprises. Sinon, les discours d'intention qui fleurissent ne peuvent pas s'incarner sur le terrain, risquant de frustrer, voire de provoquer la colère des parties prenantes (salariés, collectivités, clients etc.). Il serait donc possible pour le capitalisme de se responsabiliser. Pour cela, les analyses économiques et de gestion traditionnelles doivent être renouvelées pour observer ce qui se passe concrètement et réellement au cœur des organisations, lieu de la création de valeur socio-économique primaire. Cela conduit à une remise en cause des modèles rationnels traditionnels de prise de décision économique, à tous les niveaux d'observation de l'activité économique, sociale et politique.

Yves LEVANT
Professeur
IAE de Lille

Outre André Comte-Sponville qui a bien voulu rédiger la préface de cet ouvrage, nous remercions les amis du Professeur Henri Zimnovitch qui ont participé à cet ouvrage, l'IAE de Lille, le laboratoire Lumen (ULR 4999), Skema Business School ainsi que la Fédération professionnelle des entreprises du recyclage, sans lesquels la parution de cet ouvrage n'auraient pu avoir lieu, doivent être remerciés.

BIBLIOGRAPHIE

COMTE-SPONVILLE, André, *Du tragique au matérialisme (et retour)*, Paris, PUF, 2015.

LA FONTAINE, Jean de, « La chauve-souris et les deux belettes », in *Œuvres complètes*, Paris, NRF, 1987.

PETERSON, Richard, BERGER, Peter, « Entrepreneurship in organizations », *Administrative Science Quarterly*, vol. 16, n° 1, 1971, p. 97-106.

PREMIÈRE PARTIE

HISTOIRE ET SCIENCES DE GESTION

HISTOIRE DE LA COMPTABILITÉ

COMPTES DE GROUPE ET PILOTAGE DE LA PERFORMANCE

Retour sur une controverse entre préparateurs et régulateurs

INTRODUCTION

L'information extra-financière que publient certaines sociétés est perçue comme contributive de création de valeur (Cellier *et al.*, 2011 ; Rapport Ey, 2019). Elle permet d'attirer de nouvelles sources de financement et de renforcer la confiance des investisseurs et de celles et ceux qui sont impactés par les externalités de toute activité économique. Les questions autour de l'opérationnalisation, de la qualité et de la certification de cette information extra-financière sont clairement posées (Giordano-Spring et Rivière-Giordano, 2008 ; Gibassier *et al.*, 2018 ; Escaffre, 2020). Depuis plusieurs années, les milieux économiques et politiques sont mobilisés pour chercher de concert des solutions optimales visant à fournir une information fiable et de qualité (Sagnier, 2006 ; Bencheman et Chambost, 2010 ; Boyer-Allirol, 2013). Nous observons ainsi une constellation d'acteurs qui interagissent autour de ce « nouveau » concept et qui se positionnent pour en réglementer le contenu ou pour capter le marché de la production d'informations extra-financières (Quairel, 2004 ; Rivière-Giordano, 2007 ; Albertini, 2018). Très clairement, nous vivons actuellement l'émergence d'un nouvel outil de gestion et d'un nouveau dispositif de gestion censé augmenter la rationalité des acteurs économiques et sociaux. L'analyse du processus d'émergence des concepts comptables ou des outils du contrôle de gestion a été un thème de recherche fécond. Les travaux de Nikitin (1992), Lemarchand (1993), Zimnovitch (1997), Pezet (1998), Berland (1999) et Praquin (2003) ont apporté une profondeur de vue et une mise en perspective historique sur différents outils de gestion. Pour qui souhaite étudier le processus d'institutionnalisation de l'information extra-financière, un détour par l'histoire s'avère être indispensable[1].

Notre contribution aux hommages en l'honneur du Professeur Henri Zimnovitch vient rappeler les jeux d'acteurs autour de la diffusion des comptes de groupe en France durant les années 1970. Elle porte sur une question clivante qui a vu s'opposer l'autorité administrative en charge de la surveillance des marchés financiers (la Commission des opérations de Bourse – COB), les préparateurs d'états financiers consolidés et la profession comptable libérale : les comptes de groupe permettent-ils le pilotage de la performance d'un groupe de sociétés ?

Notre propos se situe dans le courant des années 1970, à une époque où la consolidation des comptes n'est pas encore définie dans un cadre légal (Bensadon, 2010). Il existe bien une méthodologie mise au point par le régulateur comptable français, mais la pratique est encore balbutiante. Au niveau européen, la maîtrise des processus de consolidation des comptes est encore très disparate (Borel, 1974 ; Ernst et Whinney, 1981 ; Diggle et Nobes, 1994). Mais au-delà de l'obligation légale de publication qui est en cours d'élaboration (septième directive européenne en préparation), c'est l'utilisation en interne à des fins de pilotage de la performance qui préoccupe les préparateurs et le Conseil supérieur de l'ordre des experts-comptables. À une époque où la recherche en sciences de gestion débute son processus d'institutionnalisation (Bessire *et al.*, 2015 ; Bensadon, 2017), cette question pénètre les quelques milieux académiques, comme le montre la conférence organisée à l'université Paris-Dauphine en 1978.

En nous appuyant sur les travaux du Comité d'études du financement des entreprises (CEFE), la première partie de cette contribution reviendra sur le rôle de la profession comptable libérale dans le débat autour de la pertinence des états financiers consolidés à des fins de pilotage de la performance. Ensuite, nous présenterons le point de vue des cadres administratifs et financiers, réunis au sein d'une puissante association professionnelle, le Centre national des cadres administratifs de direction (CENCA), qui ont la charge de préparer ces états financiers consolidés.

---

1 Nous ne saurions trop conseiller la lecture de Zimnovitch (2013).

Pour terminer, nous analyserons les positions prises par une poignée d'universitaires réunis à Paris-Dauphine sur la question de l'utilisation des comptes consolidés à des fins de pilotage de la performance.

LA PROFESSION COMPTABLE SE MOBILISE POUR PROMOUVOIR LA PRATIQUE DE LA CONSOLIDATION DES COMPTES

Au début des années 1970, les entreprises françaises publiant des comptes consolidés sont encore rares. Néanmoins, le Conseil supérieur de l'ordre des experts-comptables met en place un groupe de travail (le CEFE) chargé de réfléchir sur les enjeux de la consolidation des comptes. Outre certaines prises de position sur la préparation de ces états financiers, le CEFE souligne le caractère hautement stratégique des comptes de groupe à des fins de pilotage de la performance d'un groupe de sociétés.

LA POSITION DU COMITÉ D'ÉTUDES DU FINANCEMENT DES ENTREPRISES (CEFE)

Créé en 1965 par le Conseil supérieur de l'ordre des experts-comptables et comptables agréés, le Comité d'études du financement des entreprises rassemblait un groupe d'experts ayant pour objet de centraliser la documentation en matière de gestion financière, d'apporter aux dirigeants des moyens d'information et des conseils pratiques, de formuler des avis et suggestions à l'adresse des pouvoirs publics. Siégeaient en son sein des membres de l'Ordre des experts-comptables, des représentants des administrations économiques et financières, de l'Association professionnelle des banques, de l'Association nationale des sociétés par actions (ANSA), de la Société française des analystes financiers (SFAF), de la chambre syndicale des agents de change, de la presse économique et financière et des professeurs des facultés de droit et des sciences économiques.

Dès que la méthodologie élaborée sous l'égide du CNC fut approuvée par l'arrêté ministériel du 20 mars 1968 et que la COB la recommanda pour les sociétés devant publier des comptes consolidés, le CEFE mena une forte campagne promotionnelle pour que les principes contenus dans le rapport soient diffusés. La commission sur les comptes consolidés du CEFE réunissait un représentant de la Centrale des bilans de la Banque de France, un représentant de la Centrale des bilans de la Caisse des dépôts et consignations, un représentant de l'Insee, un représentant de la Compagnie P/S-G, un représentant de la Commission des opérations de Bourse, un représentant du service des études du Crédit national, un représentant de la Dafsa, un administrateur de la SFAF, M. Vitrac de la Compagnie française de l'Afrique occidentale et cinq experts-comptables (M. Masciarelli, Mennesson, Raffegeau, Rosenbaum et Simmonet). Entre janvier 1971 et avril 1972, les membres du CEFE se réunirent dans le but de diffuser, auprès de la grande majorité des experts-comptables français et des dirigeants des groupes français de petite taille, les principes contenus dans le rapport du CNC. La volonté affichée était de clarifier la méthodologie afin de la rendre bien plus accessible. L'idée d'une publication fut vite retenue et c'est sous un titre qui résume parfaitement la simplicité de l'objet qu'un ouvrage d'une quarantaine de pages au contenu fortement pratique fut publié aux éditions de l'OECCA en 1972 sous le titre *La consolidation : Pourquoi ? Comment ?*.

De nombreux exemples chiffrés permettent d'éclaircir le propos, et la volonté du CEFE est clairement affichée dès l'avant-propos. En effet, le lecteur est directement mis en situation :

> [...] cet assemblage de sociétés, dont votre famille et vous-même avez, soit la direction directe, soit le contrôle effectif, a servi l'extension considérable de vos activités et forme ce qu'on appelle communément un « groupe ». [...] Vous connaissez les principes de la consolidation des comptes qui, seule, permet d'atteindre ce double objectif et, bien à tort, vous pensez qu'il s'agit là d'une suite d'opérations complexes, réservées aux seules sociétés cotées en Bourse. Le but de cet ouvrage est de démontrer qu'au contraire, il s'agit d'appliquer aux comptes des groupes les mêmes principes que ceux en usage dans les sociétés qui les composent et, à partir de traitements relativement simples, d'obtenir les renseignements qui, jusqu'alors, vous font défaut. (CEFE, 1972, p. 7.)

On retrouve dans ces quelques lignes l'une des préoccupations de Simmonet (représentant de la Société française des analystes financiers), qui, lors des travaux du CNC, s'étonnait de l'orientation que prenaient les discussions en rappelant que le tissu économique français n'était pas seulement constitué de groupes français de dimension internationale et que de nombreux dirigeants de groupes de taille modeste méconnaissaient encore la technique de la consolidation.

LES COMPTES DE GROUPE ET LE PILOTAGE STRATÉGIQUE DU GROUPE

Dans cet ouvrage, sont présentés les principes et la technique de la consolidation. Il n'est pas utile de s'attarder sur le contenu dans la mesure où l'objectif du CEFE n'est pas de proposer une nouvelle méthodologie ou encore d'approfondir celle élaborée par le CNC.

En revanche, nous insisterons sur la fonction attribuée à la consolidation des comptes en tant qu'outil de gestion au service du pilotage du groupe. Contrairement aux analyses publiées par le CNC, cette fonction de la consolidation des comptes est très présente dans l'ouvrage. Comme aiment à le souligner les auteurs, « c'est au niveau de la politique générale que la consolidation apporte le plus d'éléments d'information » (CEFE, 1972, p. 9). La consolidation est présentée comme un outil de gestion essentiel pour le groupe car elle facilite le dialogue, la prévision, le contrôle et le diagnostic. C'est ensuite qu'elle est présentée comme instrument de communication destiné aux tiers (actionnaires, banquiers, créanciers, comptables nationaux).

Sur les questions liées au choix des filiales, les mêmes principes que ceux du rapport de 1968 sont énoncés. En revanche, sur les méthodes de consolidation, on retrouve les divergences qui s'étaient fait jour lors des discussions. En effet, la seule méthode de consolidation qui conduise à une véritable intégration est celle de l'intégration globale. La méthode de la mise en équivalence est sommairement présentée : « cette méthode ne permet pas une consolidation au sens propre. Elle se ramène à une réévaluation des titres de participation » (CEFE, 1972, p. 19). La méthode de l'intégration proportionnelle n'est évoquée qu'au détour d'une note. La justification apportée par les membres du CEFE de ne pas développer cette méthode de consolidation est en contradiction avec l'objectif de cette publication. En effet, le dirigeant d'un groupe de petite taille peut très bien avoir créé une ou plusieurs filiales communes :

> Le Conseil national de la comptabilité a recommandé une troisième méthode dénommée « intégration proportionnelle » pour les sociétés fermées dont la totalité des actions ou des parts est détenue par quelques sociétés ou groupes qui se partagent la propriété et les résultats au prorata de leur participation. En raison de son domaine d'application limité, de ses difficultés de mise en œuvre et de son caractère trop étroitement national, il ne paraît pas utile d'en parler ici. (CEFE, 1972, p. 15.)

En revanche, les auteurs insistent sur l'importance des commentaires et précisions qui doivent accompagner les comptes consolidés publiés. Enfin, ils reprennent les mêmes conclusions que celles du CNC sur l'homogénéisation des évaluations, l'annulation des profits internes et des opérations réciproques. Les craintes des éventuelles conséquences fiscales des réévaluations, d'ailleurs clairement formulées dans le rapport du CNC de 1968, sont écartées. En effet, la position de l'administration fiscale est désormais clarifiée car elle assure que les réévaluations faites à l'occasion d'une consolidation ne seront pas prétexte à imposition, le groupe n'ayant pas actuellement en France d'existence juridique. Le CEFE ne fut pas le seul organisme à œuvrer au sein de l'Ordre pour promouvoir la consolidation des comptes. Le Comité des diligences comptables normales, institué au congrès de l'Ordre dès 1963 et piloté par Robert Mazars, a également joué un rôle considérable dans la diffusion de la consolidation.

À peu près à la même période, ce sont les directeurs financiers des grands groupes français qui échangent leur expérience de la consolidation dans le cadre des travaux du CENCA.

LES DIRECTEURS COMPTABLES ET FINANCIERS FACE À LA PRATIQUE DE LA CONSOLIDATION DES COMPTES
Les *Best practices* du CENCA

Les directeurs comptables et financiers ne sont pas restés à l'écart de la réflexion. Réunis au sein du Centre national des cadres administratifs de direction (CENCA), ils soulignent l'inadaptation et l'incomplétude de la réglementation en vigueur et fustigent la position du régulateur boursier (la COB), obnubilé par le rôle de la consolidation des comptes comme vecteur de diffusion d'informations destinées au marché financier. Pour les cadres administratifs et financiers, le problème est mal posé. L'information comptable consolidée doit d'abord satisfaire les besoins internes de pilotage de la performance.

DES COMPTES CONSOLIDÉS D'ABORD UTILES AU PILOTAGE INTERNE DU GROUPE

Le Centre national des cadres administratifs de direction rassemblait des représentants des directions comptables et financières des grands groupes français : Elf (3)[2], BSN (2), CFP (3), Banque de France (2), Ciments Lafarge (2), Nobel-Bozel (2), Pennarroya (2), Peugeot (2), Pechiney-Ugine-Kuhlmann (2), Saint-Gobain (2), Citroën (1), Compagnie française de distribution (1), Compagnie industrielle et financière Babcook Fives (1), Groupe Compagnie des lampes (1), l'Institut français de gestion (1), L'Oréal (1), Rhône-Poulenc (1), Rhône-Progil (1) et Lorilleux Lefranc (1).

Le CENCA entreprit de mutualiser l'expérience acquise par ses membres afin de dégager les *best practices* susceptibles de favoriser la pratique de la consolidation en France. Les membres du CENCA ne se posent pas en doctrinaires, ils souhaitent seulement révéler l'étendue des problèmes concrets rencontrés et exposer les solutions apportées compte tenu de l'évolution constante des structures des groupes et de leur caractère souvent international. Le comité consolidation des grandes entreprises industrielles s'est réuni à 25 reprises entre février 1971 et mai 1973. Jean Force (préfacier de l'ouvrage du CENCA et directeur de la Centrale des bilans de la Banque de France) identifie deux fonctions à cette technique : aider au pilotage du groupe par une meilleure connaissance du potentiel et informer les tiers demandeurs d'informations financières : « la consolidation trouve son origine dans le besoin qu'éprouve le groupe de se connaître et de se faire connaître » (CENCA, 1974, p. 5).

Ils déplorent que l'information interne soit trop souvent considérée comme un sous-produit de l'information externe, qui est ressentie comme une obligation. Cette orientation est condamnée par les membres du CENCA : « cette attitude est regrettable car elle porte atteinte aux fondements et aux raisons d'être de la consolidation et, par voie de conséquence, engendre nombre de difficultés et de malentendus » (CENCA, 1974, p. 286). Les membres du CENCA regrettent que la priorité donnée à l'information externe, en raison du développement des réglementations, inverse les places respectives de l'information interne et externe.

2 Les chiffres entre parenthèses renvoient au nombre de représentants.

DÉFINIR LES FRONTIÈRES DE L'ENTITÉ GROUPE

Dans leur rapport, les directeurs financiers abordent la question des comptes consolidés autour de trois points : les conditions de la consolidation, les procédures préalables à la consolidation, les procédures de consolidation. Ils soulignent, lorsque c'est le cas, les divergences entre la pratique et les recommandations formulées dans le rapport du CNC de 1968. La détermination de l'ensemble à consolider doit commencer par une analyse menée au niveau de chacune des sociétés (basée sur les différents critères retenus par le CNC : dépendance, activité, taille, nationalité des sociétés). Par la suite, une analyse au niveau global est menée pour tenir compte des contraintes d'ordre économique, voire matériel. Concernant le niveau de dépendance, les groupes retiennent plus souvent un taux de participation proche de 10 %, qui correspond à la définition légale des titres de participation. Sur ce point, le taux de 33 % proposé dans le rapport du CNC est considéré comme trop restrictif.

Les groupes ayant des activités diversifiées excluent généralement les sociétés immobilières. Pour les groupes intégrés, les exclusions portent plutôt sur les sociétés commerciales ou de distribution. Le critère de taille est appréhendé de plusieurs façons. Les groupes retiennent soit la valeur absolue (c'est le cas de la majorité des groupes), soit une valeur absolue pondérée par le pourcentage d'intérêts financiers détenus par le groupe, soit enfin l'utilisation d'un seuil en valeur relative et pondéré par le pourcentage d'intérêts détenus dans le groupe[3].

Par la suite, une analyse plus globale du groupe est menée afin de préserver la valeur significative et la qualité des documents consolidés (CENCA, 1974, p. 28). Les dirigeants des groupes visent toutefois à ce que les exclusions effectuées ne conduisent pas à supprimer au total un pourcentage trop important de la masse à consolider.

Les membres de la commission consolidation du CENCA soulignent que les divergences sur les méthodes de consolidation proviennent du fait que les situations considérées comme exceptionnelles par le CNC, motivant donc une adaptation des règles, sont en fait relativement fréquentes et que la méthode de l'intégration proportionnelle n'est pas

3 Une méthode de calcul est proposée : le « poids » (K) d'une participation est ainsi obtenu en multipliant le pourcentage (X) d'intérêts financiers de la société consolidante dans cette participation par le pourcentage (Y) d'un élément de la participation par rapport au même élément de la société consolidante.

réservée aux seules sociétés fermées. De manière fréquente, les groupes retiennent la méthode de l'intégration globale pour consolider les filiales dans lesquelles la participation est inférieure ou égale à 50 %. Bien que cette notion de contrôle de fait se retrouve dans la plupart des groupes, elle ne concerne dans chacun d'eux qu'un nombre restreint de sociétés. De plus, elle s'accompagne d'une participation toujours supérieure à 40 %. En ce qui concerne la mise en équivalence, cette méthode est retenue pour les participations minoritaires. Les groupes s'écartent du seuil proposé par le CNC et retiennent comme critère l'exercice d'une action financière ou économique prépondérante mais sans nécessairement détenir un tiers des voix. Enfin, pour l'intégration proportionnelle, quelques groupes utilisent cette méthode pour des sociétés qui ne répondent pas à tous les critères de définition des sociétés fermées mais dont le nombre d'actionnaires est réduit.

LA FIABILISATION DES DONNÉES CONSOLIDÉES
ET TRAITEMENT DU *GOODWILL*

Les questions traitées portent sur l'homogénéité des informations au niveau des sociétés, l'harmonisation des méthodes en vue de l'ajustement des opérations du groupe, la collecte et la transmission au service de consolidation des informations en provenance des sociétés du groupe. De très nombreux modèles d'imprimés à compléter par les responsables comptables des filiales sont proposés en guise de guide méthodologique. Le but de cette harmonisation est de générer un langage commun et d'assurer dans les meilleures conditions l'ajustement des opérations intragroupes.

Les membres du CENCA soulignent que le problème des délais de production des états consolidés est considérable. Désormais, la plupart des groupes français ont tendance à adopter les techniques anglo-saxonnes (arrêtés intermédiaires et recours aux évaluations prévisionnelles pour la dernière période de l'exercice) afin de pouvoir publier dans des délais raisonnables des documents consolidés.

Un dernier point porte sur les travaux de vérification et de contrôle des informations émanant des sociétés du groupe (vérifications générales, vérifications des rapprochements des comptes intersociétés, retraitements des données comptables des sociétés, consolidation proprement dite). Deux points sont particulièrement développés : la conversion des comptes des sociétés étrangères et le traitement du *goodwill*. Pour la conversion des comptes des sociétés étrangères, deux méthodes sont évoquées :

- la conversion au cours des changes au 31 décembre (méthode la plus répandue) ;
- la conversion au taux de change en vigueur au moment de la réalisation de l'opération, les valeurs immobilisées et les capitaux propres (peu répandue).

Lors de la première consolidation des titres de participation, si la valeur comptable des titres est supérieure à la part correspondante d'actif net incorporée dans le bilan consolidé, plusieurs traitements sont appliqués. Quelques groupes procèdent à l'analyse de cette différence conformément à ce qui est préconisé par le CNC, d'autres groupes, peu nombreux, ne font cette analyse que pour les participations importantes concernant les grosses sociétés ; dans les autres cas, l'excédent est considéré comme une non-valeur. Une dernière catégorie de groupes assimile toujours l'excédent à une non-valeur et le fait figurer en négatif au passif du bilan consolidé au motif que « l'écart est relativement faible, par prudence, la notion de *goodwill* ou survaleur est essentiellement subjective » (CENCA, 1974, p. 15). En revanche, lorsque la valeur comptable des titres de participation est inférieure à la part correspondante d'actif net incorporée dans le bilan consolidé, la différence est généralement portée au passif du bilan consolidé sous différentes appellations : « différence de consolidation », « réserve résultant de consolidation », « plus-value de consolidation » et parfois en négatif du poste « *goodwill* » (CENCA, 1974, p. 158).

Lors des consolidations ultérieures, si le pourcentage de participation afférent aux sociétés déjà consolidées reste inchangé, la survaleur le reste également (sauf amortissements éventuels) et les variations d'actif net des sociétés, par rapport à la première consolidation, sont portées en « différence de consolidation » pour la part revenant à la société mère ; la part revenant aux autres actionnaires est portée dans le poste « intérêts hors groupe ». Mais le pourcentage de participation afférent aux sociétés déjà consolidées peut avoir subi une évolution. En cas de cession, le poste ayant enregistré la modification est ajusté proportionnellement à la diminution du pourcentage de participation. En cas d'acquisition de titres de participation, la différence entre leur prix d'achat et le pourcentage correspondant d'actif net à la date d'acquisition fait l'objet d'un calcul séparé (CENCA, 1974, p. 159). Ensuite, est abordée la question de l'amortissement de l'excédent de la valeur comptable sur la valeur mathématique des titres de participation. Lorsque cet excédent est traité comme une survaleur, il correspond à des plus-values latentes :

> Certains groupes ne calculent pas d'amortissement de la survaleur ; cette dernière est maintenue pour son montant d'origine à l'actif du bilan ; d'autres pratiquent un amortissement mais dans des conditions différentes. Si le poste « survaleur » représente toutes les plus-values latentes, son amortissement s'effectue par affectation de la part « groupe » des résultats dégagés par la société ; Si le poste « survaleur » représente seulement les plus-values sur éléments incorporels, il est amorti systématiquement sur 10, 25 ou 40 ans ; la part de survaleur afférente à des immobilisations corporelles et incluse dans ces dernières est amortie dans les mêmes conditions que les immobilisations corporelles auxquelles elle a été affectée. (CENCA, 1974, p. 160.)

C'est sur cette dernière réflexion que praticiens et professeurs de gestion organiseront à l'université Paris IX-Dauphine une table ronde sur le thème : « La consolidation des comptes, instrument de gestion ? ».

REGARDS CROISÉS SUR LA CONSOLIDATION DES COMPTES PRATICIENS ET DES UNIVERSITAIRES

À la fin des années 1970, la recherche en sciences de gestion est encore balbutiante (Colasse, 2012 ; Bensadon, 2017). Néanmoins une poignée d'enseignants-chercheurs[4] et de professeurs associés jugent alors utile et pertinent d'organiser une table ronde, le 15 février 1978, autour du thème : « La consolidation : un instrument de gestion ? ». Cette manifestation s'est déroulée à l'université Paris-Dauphine au sein du Centre d'études et de recherches en gestion (CEREG) pour débattre du caractère d'instrument de gestion de la consolidation des comptes.

---

4 Parmi les neuf universitaires, étaient présents le Doyen Houin, Professeur à Lille II, ainsi qu'A. Cibert, C. Berthet, O. Blocher, M. Boitard, B. Castagnede, R. Danziger, P. Didier, H. Tezenas du Moncel, Professeurs à l'université Paris-Dauphine.

APPORTS ET LIMITES DE LA CONSOLIDATION DES COMPTES

En guise d'introduction, André Cibert (Doyen du département) s'interroge sur le fait de savoir si l'augmentation quantitative du nombre de sociétés publiant des comptes consolidés s'accompagnait d'une amélioration des aspects qualitatifs. La réponse à cette question, il l'apporte lui-même en précisant :

> Il semble bien que l'information reste fondamentalement orientée vers les actionnaires, les investisseurs potentiels, les partenaires externes au groupe et que cette orientation joue en fait comme un frein sinon une limite à une évolution qualitative souvent jugée nécessaire. (CEREG, 1978, p. 1.)

Ce constat le conduit à s'interroger sur les contraintes qui joueraient contre une extension qualitative de l'information sur les groupes, qu'il s'agisse d'une amélioration pour les tiers qui en bénéficient déjà ou d'une orientation additionnelle vers la gestion interne. Afin d'introduire le débat à l'aide d'une expérience vécue, le cas de la CFP est présenté par Max Gérard[5], qui précise dans quelles circonstances cette société s'est penchée sur la question des bilans consolidés :

> Il se trouve que dans les années 1960, la CFP avait besoin de financements d'opérations en dollars et qu'il lui avait semblé bon, afin d'éviter toute position de change sur ces opérations, d'obtenir d'importantes banques américaines des prêts en dollars. [...] La CFP obtint dans d'excellentes conditions, les prêts qu'elle souhaitait, mais sous l'engagement d'avoir à fournir à ces établissements de crédit, des comptes consolidés annuels du groupe CFP. La seconde raison pour laquelle la CFP était intéressée par la connaissance de ses comptes consolidés tenait au souci qu'elle avait de pouvoir comparer ses performances de gestion avec celles de ses principaux concurrents anglo-saxons qui, tous, publiaient depuis longtemps de tels comptes. (CEREG, 1978, p. 12.)

Max Gérard précise que les comptes de groupe furent progressivement utilisés comme instrument de gestion afin que la direction de la CFP prenne conscience de l'importance des atouts ou des faiblesses du groupe vis-à-vis de ses homologues anglo-saxons. Ces comptes consolidés ont alors servi à prendre certaines orientations de gestion à moyen terme. Les comptes de groupe devenaient des instruments de gestion sectorielle des

5 Max Gérard est présenté à cette occasion comme directeur du Département fiscal-audit interne de la CFP et vice-président du Conseil national de la comptabilité.

activités du groupe. Mais Gérard d'insister sur les limites des comptes consolidés comme instruments de gestion en précisant que ces comptes de groupe devaient permettre « de prendre de meilleures décisions sur le plan de la stratégie opérationnelle ou financière mais qu'il serait nuisible de les utiliser pour la gestion courante qui doit, à l'intérieur des groupes, être décentralisée » (CEREG, 1978, p. 13).

La longue expérience de Max Gérard sur les comptes consolidés l'amène à être critique et à considérer que ces derniers ne sont pas la panacée de l'information comptable ; en aucun cas, ils ne doivent se substituer aux comptes sociaux (Genton et Gérard, 1969). S'il se félicite que les comptes consolidés passent outre les frontières juridiques des filiales et que les « aberrations » contenues dans les comptes sociaux soient corrigées, il souligne que « le bilan consolidé, comme tous les bilans dont il est issu, a toutes les vertus de l'exactitude arithmétique, mais tous les défauts d'une mauvaise estimation économique » (CEREG, 1978, p. 13). Ces critiques sont formulées en raison des principes qui sous-tendent la construction des bilans sociaux et du problème de l'inflation, auquel les réévaluations légales des bilans contenues dans les lois de finances 1977 et 1978 ne pourront remédier. À ce propos, Max Gérard formule le souhait que les pouvoirs publics prescrivent la tenue de comptabilités en valeurs historiques indexées, et attire l'attention des membres présents sur le fait que les principes comptables actuels ne sont plus adaptés à une époque où la monnaie est instable.

À la question de savoir si les comptes de groupe peuvent être utilisés comme instrument de gestion, R. Pirolli[6] apporte une réponse encore plus nuancée que celle de Max Gérard :

> Si les comptes consolidés mettent en évidence l'endettement du groupe, alors ils masquent les structures de financement individuelles ; s'ils permettent d'apprécier la trésorerie globale, ils ne contribuent pas à l'appréciation des besoins en fonds de roulement. Enfin, s'ils permettent d'apprécier le cash-flow global, ils n'en mettent pas l'origine en évidence. [...] L'information sur les groupes ne peut donc rester globale et quantitative. Elle doit devenir qualitative. Il faudrait disposer de documents d'interprétation, inexistants jusqu'ici, et notamment un tableau descriptif des liaisons réelles entre les différents éléments du groupe, ses prestations internes, ses opérations financières internes. (CEREG, 1978, p. 24.)

6 R. Pirolli fut expert-comptable, vice-président du Conseil supérieur de l'ordre des experts-comptables et des comptables agréés.

En guise de conclusion, il considère que la consolidation est nécessaire mais non suffisante. Le tableau de financement consolidé doit être établi et complété par des informations analytiques et des regroupements sectoriels indispensables pour la gestion.

En réaction aux propos de R. Pirolli, Robert Mazars[7] et André Reydel[8] rétorquent que les critiques formulées à l'égard des comptes consolidées ne doivent pas remettre en cause la pratique de la consolidation et qu'au contraire, sa présentation devrait être une obligation généralisée. Sur ce point crucial, soulevé par les deux experts-comptables, les représentants de la COB et de la Chancellerie apportent des réponses similaires. Bertrand d'Illiers n'oublie pas de rappeler que, dès 1969, la COB a œuvré en faveur d'une généralisation de la consolidation. C'est finalement la magistrate à la Chancellerie qui ramène le débat sur sa question initiale en rappelant la position du législateur :

> On l'a dit, les structures françaises s'avèrent très différentes de celles des groupes anglo-saxons surtout si l'on tient compte de l'emploi répandu des techniques d'autocontrôle. On ne saurait s'étonner dans ces conditions que ce soit à la protection des actionnaires que le législateur s'intéresse traditionnellement en priorité : sans pour autant négliger l'intérêt que les comptes consolidés peuvent présenter en tant qu'instrument de gestion, ce qu'il souhaite de ce point de vue est qu'ils soient – ou deviennent – un bon outil d'information externe. (CEREG, 1978, p. 28.)

---

7 Robert Mazars est le fondateur du cabinet d'audit et d'expertise-comptable qui porte le même nom. Actuellement, ce cabinet est le leader sur le national. Il dispose également d'une forte implantation au niveau international. À partir des années 1950 et jusqu'au début des années 2000, Robert Mazars fut un membre très influent au sein de la profession comptable française. Il occupa des postes à forte visibilité qui lui donnèrent l'occasion de diffuser sa perception de la comptabilité. Pour aller plus loin : https://www.mazars.fr/Accueil/Decouvrez-Mazars/Mazars-en-France/Robert-Mazars-l-hommage-au-pionnier (consulté le 04/05/2020).

8 André Reydel fut le président du Conseil supérieur de l'ordre des experts-comptables. Il fut aussi expert judiciaire, expert près la Cour de cassation, expert près le tribunal administratif de Paris, vice-président, puis président du groupe d'études des experts-comptables de la CEE, président de l'Académie de comptabilité, membre des jurys d'examen d'expert-comptable et du jury du concours d'agrégation des sciences de gestion (tiré du magazine des experts-comptables *SIC*, n° 336, octobre 2017).

L'INFORMATISATION DU PROCESSUS DE CONSOLIDATION COMME FACTEUR CLÉ DE SUCCÈS

La seconde partie de la table ronde accorde une large place au traitement informatisé des données, qui peut permettre de convertir les comptes consolidés en instrument de gestion. L'expérience menée au sein du groupe Pricel est alors présentée par J.-P. Lagrange (directeur administratif et financier du groupe Pricel). Celui-ci précise que les consolidations intermédiaires ont un intérêt plus grand pour le management dans la mesure où elles permettent de faire ressortir la performance du groupe. En plus de ces consolidations, il doit être organisé une « sous-consolidation » aux différents niveaux de responsabilités opérationnelles, avec toutes les possibilités de déconsolidation et d'analyse.

Outre la présentation des documents de synthèse classiques, J.-P. Lagrange précise que l'utilité de la consolidation comme instrument de gestion réside dans la possibilité de sortir des états complémentaires[9]. Pour intégrer les comptes de groupe dans le système d'information destiné à la gestion, il convient d'obtenir ces états de manière fréquente. À ce propos, seule une automatisation complète des traitements permet d'obtenir ce résultat. Pour y parvenir, il présente les fonctionnalités du logiciel de consolidation utilisé et insiste sur la dimension managériale de l'outil :

> Le logiciel est orienté vers le management reporting system selon lequel, un système de collecte et de traitement mensuel d'un nombre plus limité d'informations de type analytique permet la surveillance permanente des filiales et divisions du groupe en termes de gestion contrôlée et à la mesure individuelle, consolidée et sous-consolidée de la performance. (CEREG, 1978, p. 35.)

En guise de conclusion, il attire l'attention des participants sur l'évolution du métier de consolidateur :

> Ainsi, à condition de les assumer d'abord, il est possible de dépasser les techniques de consolidation pour faire des comptes de groupe des outils

---

9 Ces états complémentaires sont « le bilan de gestion qui regroupe sur une colonne les différents postes en quatre catégories : capitaux permanents, immobilisations, besoins de roulement, liquide ; le compte de valeur ajoutée qui montre comment elle est produite puis répartie entre le personnel, l'État, les partenaires financiers et enfin l'entreprise ; un compte de flux qui mesure et explique la variation de la position nette d'endettement de l'entreprise » (CEREG, 1978, p. 34).

> précieux de gestion. [...] Les tâches matérielles étant remises à l'ordinateur, la fonction des comptables de consolidation change de contenu. Elle tend vers le dialogue. [...] la mise en place du système d'information du groupe sera l'installation chez les filiales, au moyen d'un manuel comptable et financier et des applications informatiques adéquates, d'un système de base dont les sorties seront précisément organisées pour fournir, outre les informations nécessaires à la gestion des filiales, celles demandées pour les comptes de groupe, lesquelles seront adressées par bande magnétique. Mais cela est une autre histoire... (CEREG, 1978, p. 37.)

CONCLUSION

Sur le thème de la consolidation des comptes, durant les années 1970, plusieurs manifestations ont été organisées par différents acteurs : la profession comptable libérale, les directeurs financiers des groupes français regroupés au sein du Centre national des cadres administratifs de direction, un centre de recherche en gestion de l'université de Paris-Dauphine. Tous abordent la consolidation des comptes sous des aspects différents. Si l'Ordre des experts-comptables, par l'intermédiaire du Comité d'études et de financement des entreprises, cherche à promouvoir la consolidation des comptes auprès des dirigeants des groupes de taille modeste, le CENCA se préoccupe davantage de la façon de traiter les problèmes techniques que les auteurs du rapport du CNC de 1968 n'avaient que soulevés. De son côté, le CEREG ne s'intéresse pas aux difficultés d'élaboration des comptes consolidés, mais s'interroge pour savoir si ces derniers peuvent être des *instruments de gestion* et sur le rôle des systèmes d'information. À la fin des années 1970, pour les membres du CEFE et pour les directeurs financiers réunis au sein du CENCA, la réponse est claire : la consolidation des comptes doit d'abord servir au pilotage de la performance avant d'être utilisée comme un support d'informations à destination des tiers. Sur ce point, il existe une divergence profonde avec le régulateur boursier de l'époque (la Commission des opérations de Bourse), qui n'a qu'un seul leitmotiv : l'amélioration de la qualité de l'information consolidée publiée. En effet, lorsque la COB réunit près de 600 participants lors d'un congrès sur la consolidation des comptes en décembre 1983, ce sont les questions de convergence avec les normes internationales, de la première application des comptes consolidés et de leur certification par les commissaires aux comptes qui sont abordées., laissant de côté celles relatives au pilotage de la performance des groupes.

Didier Bensadon
Université Paris-Dauphine / PSL

BIBLIOGRAPHIE

ALBERTINI, Élisabeth, *La communication extra-financière : activités socialement responsables, capital immatériel et création de valeur des entreprises*, mémoire d'habilitation à diriger des recherches, Paris, université Paris-1 Panthéon-Sorbonne / IAE Paris, 2018.

BENCHEMAM, Faycel, CHAMBOST, Isabelle, « Quand l'analyse ISR devient financière : Une analyse des dispositifs cognitifs et organisationnels de légitimation », *Économies et Sociétés, Série KF, Entreprises et Finance*, vol. 44, n° 11, 2010, p. 65-81.

BENSADON, Didier, *Les comptes de groupe en France (1929-1985) : origines, enjeux et pratique de la consolidation des comptes*, Rennes, PUR, 2010.

BENSADON, Didier, « André Cibert (1912-2001) : Pionnier de l'enseignement et de la recherche en contrôle de gestion en France », *38e congrès annuel de l'Association francophone de comptabilité*, Poitiers, 2017.

BERLAND, Nicolas, *L'histoire du contrôle budgétaire en France : les fonctions du contrôle budgétaire, influences de l'idéologie, de l'environnement et du management stratégique*, doctorat en sciences de gestion, Paris, université Paris-Dauphine, 1999.

BERLAND, Nicolas, LEVANT, Yves, ZELINSCHI, Dragos, « Les motivations au découplage : l'exemple de l'introduction de l'IFRS 8 », *Finance Contrôle Stratégie*, vol. 16, n° 1, 2013, p. 25-49.

BESSIRE, Dominique, LEVANT, Yves, NIKITIN, Marc, « L'institutionnalisation de la recherche comptable et de l'AFC en France : un processus fragile », *Comptabilité Contrôle Audit*, vol. 21, n° 2, 2015, p. 97-127.

BOREL, J., « Pour une consolidation européenne des comptes », *Analyse financière*, n° 17, 1974, p. 1-3.

BOYER-ALLIROL, Béatrice, « Faut-il mieux réglementer le reporting extra financier ? », *Revue française de gestion*, vol. 39, n° 237, 2013, p. 73-95.

CELLIER, Alexis, CHOLLET, Pierre, GAJEWSKI, Jean-François, « Les annonces de notations extra financières véhiculent-elles une information au marché ? », *Finance Contrôle Stratégie*, vol. 14, n° 3, 2011, p. 5-38.

Centre national des cadres administratifs de direction (CENCA), *Les groupes industriels français face à la pratique de la consolidation : échangent leurs expériences*, Paris, Éditions du SEF, 1974.

COLASSE, Bernard, « Quelques réflexions sur le métier de professeur de sciences de gestion », *33e congrès de l'Association francophone de comptabilité (AFC)*, Grenoble, mai 2012.

Comité d'études du financement des entreprises (CEFE), *La consolidation : Pourquoi ? Comment ?*, Paris, Éd de l'OECCA, 1972.

Comité d'études du financement des entreprises (CEFE), « Les groupes de sociétés et la consolidation des comptes », *Revue française de comptabilité*, n° 44, 1974, p. 393-343.

Diggle, Graham, Nobes, Christopher, « European Rule-making in Accounting: The Seventh Directive as a Case Study », *Accounting and Business Research*, vol. 24, n° 96, 1994, p. 319-333.

Ernst & Whinney, *La Consolidation des comptes en Europe : les méthodes actuelles et l'impact prévisible de la Septième directive de la CEE*, Paris, ESI, 1981.

Ey, *L'observatoire du reporting extra-financier des entreprises du SBF120*, Paris, 2019.

Escaffre, Lionel, « La communication de l'information extra-financière applicable aux états financiers 2019 », *Option Finance*, 27 janvier 2020.

Genton, Joseph-Camille, Gérard, M., « L'expérience de la Compagnie française des pétroles des comptes consolidés », *Analyse financière*, n° 1, 1969, p. 48-54.

Gibassier, Delphine, Rodrigue, Michelle, Arjaliès, Diane-Laure, « Integrated Reporting is like God: no one has met Him, but everybody talks about Him. The power of myth in the adoption of management innovations », *Accounting Auditing and Accountability Journal*, vol. 31, n° 5, 2018, p. 1349-1380.

Giordano-Spring, Sophie, Rivière-Giordano, Géraldine, « Reporting sociétal et IFRS : quelle cohérence ? », *Revue française de gestion*, vol. 34, n° 186, 2008, p. 19-34.

Lemarchand, Yannick, *Du dépérissement à l'amortissement : enquête sur l'histoire d'un concept et de sa traduction comptable*, Nantes, Ouest Éditions, 1993.

Nikitin, Marc, *La naissance de la comptabilité industrielle en France*, doctorat en sciences de gestion, Paris, université Paris Dauphine, 1992.

Pezet, Anne, *Les fonctions des instruments de la décision d'investir : contribution à une technologie de l'investissement*, doctorat en sciences de gestion, Paris, université Paris-Dauphine, 1998.

Praquin, Nicolas, *Comptabilité et protection des créanciers : une analyse de la fonction technico-sociale de la comptabilité (1807-1942)*, doctorat en sciences de gestion, Paris, université Paris-Dauphine, 2003.

Quairel, Françoise, « Responsable mais pas comptable : analyse de la normalisation des rapports environnementaux et sociaux », *Comptabilité Contrôle Audit*, vol. 10, n° 1, 2004, p. 7-36.

Rivière-Giordano, Géraldine, « Comment crédibiliser le *reporting* sociétal ? », *Comptabilité Contrôle Audit*, vol. 13, n° 2, 2007, p. 127-147.

Sagnier, Pascale, « Promotion et Information ISR », *Revue d'économie financière*, n° 85, 2006, p. 245-249.

ZIMNOVITCH, Henri, *Les calculs du prix de revient dans la seconde industrialisation en France*, doctorat en sciences de gestion, Poitiers, université de Poitiers, 1997.

ZIMNOVITCH, Henri, « Histoire et Gestion : un rapport critique et fécond », in *Histoire et gestion*, L. Cailluet, E. Chessel et Y. Lemarchand (éd.), Paris, Vuibert, 2013, p. 97-110.

THE INTERFACE BETWEEN ACCOUNTING HISTORY AND OTHER FORMS OF SPECIALIST HISTORY WITHIN COMMERCE

INTRODUCTION

"Commerce" is a somewhat broad activity and involves social dealings. Other terms that may be used as an alternative are "exchange" or "trade", "interchange of goods and commodities", "commercial activities" or "affairs", and "merchandising". Commerce, however, is not easily misinterpreted and is the broad focus of this study. It calls into play aspects of culture, economics, law, politics and society, among others. Commerce has evolved over many centuries, contributed substantially to the economic and social development of nations and societies, and has attracted innumerable contributors to its history. It seems to be futile to estimate when and where commerce started and, therefore, from when the history of commerce can be traced. Notwithstanding this view, records identified as accounting records, however, have often been associated with the existence of commerce in societies around the globe.

On reflection, the history of accounting is one element of the history of commerce. It is not the only history of commerce. Accounting, however, is an instrumental anchoring device, the evidence of which is universally accepted as validly supporting the existence of commerce. Other key specialisations or disciplines emerged and developed within commercially orientated communities and were exported, for example, by colonising nations. For instance, during the early-to-mid-1800s, the professionalisation of accounting project emerged in Great Britain, leading to the formation of professional accounting associations, initially in

Scotland, and subsequently in England and Wales, and then elsewhere in the British Empire (Parker, 1989; Carnegie and Parker, 1999; Carnegie and Edwards, 2001; Ezzamel and Robson, 2009). There are various streams of commerce history, which have become established across time and space, most particularly in universities and similar institutions. In this contribution, the key focus is the history of accounting and its interface with other major specialist history streams within commerce.

The study's objective is to explore the interface of accounting history with each of the following specialist history areas: business history, management and organisational history, economic history and financial history or finance history[1], with the latter derived from banking history[2], and to stimulate discussion and productive collaboration among scholars across these disciplines of commerce history, particularly with accounting, thereby potentially contributing to the cross-fertilisation of scholarship across the disciplines. While there have been attempts in the past to both identify and improve the relationship between accounting history and business history, connections to other commerce history streams identified herein have hitherto attracted relatively little or virtually no attention in these categories of specialised history literature. Indeed, there is little connectivity between these fields of commerce history, reflecting rather limited collaboration between scholars drawn from across these fields. On the other hand, a broad-scope perception of the history of commerce would not be anticipated to ignore or even dismiss various streams of history in facilitating an integrated and robust understanding of the commerce history. Currently, it seems that the silos of academia, within the broad domain of commerce history, are durable and undesirable, but are not perceived as impregnable. It is never too late, however, to stimulate greater cross-fertilisation of scholarship across the specialist streams of commerce history explored.

---

1 In this study, the term "financial history" is deployed. This research specialisation is deemed to include a focus on banking history, with the latter field, however described previously, having a long heritage, dating from at least the early decades of the 20th century (see, for example, Cassis, 2016).

2 There are also other forms of specialist history streams, of course, which may not be broadly regarded as falling comfortably within the history of commerce, including military history, with key sub-fields of airforce, army and navy history, and transport and maritime history, and also emerging fields of specialist history such as environmental history (see, for instance, Walker, 2005; Townsend, 2015). Research in such specialist fields of history, however, is rarely adequately written without some interface with one or more streams of commerce history.

It was indeed a pleasure and a privilege to be invited to prepare this work as a deserving tribute in honour of Professor Henri Zimnovitch. Published in the English language, this contribution is concerned with articles, books and other contributions published in English (with just one exception)[3]. In short, this is acknowledged as a limitation of the work (see, for example, Parker, 1993). The author has had the pleasure of knowing Zimnovitch for around twenty-five years, primarily as a prominent French scholar in historical accounting research who regularly contributes to the English language accounting history literature. Recently, he jointly posed the question: "Is accounting history still a legitimate subject of study?" (Levant and Zimnovitch, 2017, p. 450). This contribution emerged following a study leave visit by the writer, as Visiting Professor, to Conservatoire National des Arts et Métiers (Cnam), where Zimnovitch had only recently been employed. During that visit spanning the month of September 2015, there were many long discussions between Zimnovitch, as host professor, and the writer of RMIT University, Melbourne, about the (then) present state and future directions of accounting history research. The idea for this contribution was spawn during that rewarding Cnam visit. In academia, it is true that some discussions produce outputs some or many years later. This is indeed one of those scenarios.

The remainder of this contribution is structured as follows. Initially, the association between evidence of the use of accounting records and evidence of the presence of commerce is addressed particularly in the context of Indigenous societies. The interface between accounting history and business history is then examined. There follows the consideration of the relationship between accounting history and management history and organisational history. The next section explores the relationship between accounting history and economic history and financial history. In the section thereafter, specific actions or activities are proposed on how to increase interdisciplinary research between accounting history and other specialist history areas in commerce. The final section, comprising discussion and concluding comments, addresses for the virtues of creating a stronger sense of community, engagement and innovation across all

3 This one exception, specifically Zimnovitch (2013), is written in the French language, and in whose honour this contribution has been prepared. This study deals with the link between management control and philosophy (Bensadon, 2019, personal communication addressed to the author dated 3 September).

the major established present-day streams of commerce history for the cross-fertilisation of scholarship purposes. Within this section, a general call is made for scholars in these specialist streams to be at least open to developing and refining an appreciation of their areas of specialisation in often ignored Indigenous contexts.

ACCOUNTING RECORDS AND EVIDENCE OF COMMERCE

The artefacts associated with the facilitation and development of commerce in different contexts are sometimes ignored, overlooked and even misunderstood. By means of illustration, many Indigenous peoples, such as the Aboriginal peoples of Australia, traced as far back as 60,000 years (or longer) in this great southern continent, were not credited by European settlers as having a tradition of commerce. The arrival of Europeans from the late 1780s, led by the British as colonisers, did not identify a tradition of written expression or traditional written documentation. There was no written evidence of transactions of commerce identified among the Indigenous peoples in Australia, and they were not recognised by European settlers as documenters of commerce evidenced elsewhere, for example, by means of clay tokens in Mesopotamia, cave tally marking, or cutting marks on portable sticks which are known today at least as early records of commerce in other countries or regions[4]. The existence of these artefacts, among others of the genre, is a vital precursor to explicating documentary evidence of trading and other transactions or exchanges within communities and societies. The absence of written or other known artefact-based accounts of commerce (i.e., "accounting records" as known today)[5] was taken as

4 See, for example, Schmandt-Besserat (1979, 1981, 1992, among others) and Mattessich (1987, 1994, 1998a, 1998b, among others). Also see Hirst (2018) which, at the time of writing, was last updated on 27 May 2018. According to Hirst (2018), the people of Upper Paleolithic were leaving tally marks on the walls of caves and cutting hash marks onto sticks they carried with them.

5 According to Fleischman, Mills and Tyson (1996, p. 61), for instance, "most important for accounting history is communicative evidence, usually taking the form of written documents".

implying that there was no commerce in such settings, including colonial Australia, contributing to an assumed lack of sophistication in Indigenous communities and society, and was to the detriment of Indigenous peoples throughout the then Colony of New South Wales of the British Empire.

Importantly, the lack of records that were credited as artefacts of commerce by early European settlers did not mean that Indigenous peoples did not have a long tradition of preparing their own unique artefacts or accounts for use in trading, exchange or ceremonial purposes, such as those identified in the footnote[6]. Accounting as a social construct, therefore, is a key determinant of the manifestation of commerce in any society in any location around the globe. In short, the absence of traditionally accepted records of accounts in European culture does not necessarily equate to valid determinations that no commerce of any kind existed in Indigenous communities and society in Australia.

Commerce may have existed and indeed thrived in societies which were not identified as preparing "traditional" accounts of commerce, as accepted in historical settings and even today, based on constrained understandings of colonising settlers and other disrupters of humans. As mentioned in the context of Indigenous Australians, this is at best a narrow perspective or, at worst, a misrepresentation or falsification of Indigenous peoples and their inter-community relations. This study calls for historians in the specialist fields of commerce history to be generally more open than previously to developing and refining an appreciation of their areas of expertise, and augmenting world views, within Indigenous communities and society.

6 Aboriginal peoples recorded commerce in which they were engaged, such as in bark paintings in Arnhem Land of Makassan sailing ships, see for example: https://www.nma.gov.au/defining-moments/resources/trade-with-the-makasar. Aboriginal peoples also created dreaming paths of Aboriginal nations across Australia, see for instance: https://www.qhatlas.com.au/content/aboriginal-dreaming-paths-and-trading-ways. Furthermore, they used message sticks for communication, such as in the form of invitations to significant events, such as corroborees where trade would take place, see for example: https://blog.qm.qld.gov.au/2012/11/06/message-sticks-rich-ways-of-weaving-aboriginal-cultures-into-the-australian-curriculum/ (all three web sites were last accessed 24 August 2019).

ACCOUNTING HISTORY AND BUSINESS HISTORY

Fifty years ago, at the time of writing, the relationship between accounting history and business history was identified in the earliest formal report produced to clarify the nature and purposes of accounting history, of the American Accounting Association's (AAAs), "Committee on Accounting History" (1970), which appeared as a supplement in *The Accounting Review* in 1970 (Napier, 1989, 2009). In the report, the ends of accounting history were declared as being "intellectual" and "utilitarian". Reference was made to both business history and economic history in the outline of the intellectual perspective in the following terms: "Finally, it contributes to a better understanding of economic and business history" (1970, p. 53). The report also stated, "The committee believes that research in accounting history with the collaboration of business and economic historians should be encouraged" (1970, p. 54). While the later statement may be regarded as a noble aspiration, accounting, business and economic history have tended to remain somewhat distant from each other across the past fifty years. Indeed, Walker (2005, p. 233) went so far to express the view that accounting history is a "myopic and introspective discipline" that would benefit from "greater inclusivity", and further pointed out that accounting history researchers "are similarly distant from the sister discipline of history" (Walker 2008, p. 312; also see Levant and Zimnovitch, 2017).

In comparison with business history, economic history has tended to take a macro view and endeavours to explain broad aggregative changes in the economy. On the other hand, business history tends to adopt a micro view looking at the characteristics of business organisations. Of these two fields, accounting history seems to have more in common with business history than economic history. However, the lines between these two streams are not sharply drawn with economic historians tending to address key questions that may seemingly be better classified as business history.

Accounting records (otherwise known broadly as "accounts"), including any formal and informal reports of any form derived from them, whether financial or non-financial in orientation or both, are an important source of information for historians of all kinds. Parker (1991, p. 1), publishing in

Business History, defined accounts more narrowly as "accounting records and financial statements prepared from them". Parker (1991) outlined several different ways in which accounts had been used in historical research. The author was, however, more concerned with pointing out the pitfalls for historians (and others) in drawing on accounts as a source of information. Presumably, Parker was keen to disseminate this use of accounts with a due care message to business historians as those most in need of advice on how accounts "can mislead historians (and others) as well as help them" (1991, p. 1). Overall, he recommended to business historians "not to discard accounts but to learn more about them" (Parker, 1991, p. 15; also see, for example, Marriner, 1980; Mason, 1982; Brief, 1990; Arnold, 1995). Mason (1982) encouraged business historians not to rely merely on the balance sheets and profit and loss statements which, he argued, are potentially the most misleading form of accounts, and encouraged the use of data in a less classified and summarised form, such as that sourced from journals, ledgers and daybooks. Such prescriptions or advice rest at the nub of what has been termed "the conventional interface" between accounting history and business history (Walker, 2005, p. 257).

As indicated, the fields of accounting history and business history have been associated as a means of developing our understanding of accounting's past, both as an important source of evidence for business history research[7], and as insight into business emergence, development and decline[8]. This discrete research approach to exploring the history of accounting is described by Carnegie and Napier (1996, p. 19) as "using accounting records in business history". Around the early-to-mid-1990s, other business historians were recognising the synergy that existed between business history and accounting history, with the former being the longer established sub-discipline of the two[9]. Gourvish and Mathias

7 Business history research has been defined as "the systematic study of individual firms on the basis of their business records" (Coleman, 1987, p. 142; also see Tosh, 2015, p. 83-85).

8 According to Paul Miranti in a personal communication addressed to the author dated 27 August 2019, business history and accounting history have developed some connections. For instance, Miranti pointed out "from an institutional perspective, the formation of the Academy of Accounting Historians and its journal [*Accounting Historians Journal*] was inspired to some extent by the work of Alfred D. Chandler Jr on the evolution of the theory of the firm".

9 The specialist journals *Business History Review* and *Business History*, for instance, were respectively first published in 1926 and 1958, see: https://www.cambridge.org/core/journals/business-history-review and https://www.tandfonline.com/loi/fbsh20 (last accessed

were prominent business historians among these scholars[10]. According to Mathias (1993, p. 271), for example, business historians have been "alerted in more specific terms than [they] used to be about the significance of accounting techniques as instrumental to managerial methods and organization" and, accordingly, are more likely to perceive accounting systems "as an influential attribute of a management system, offering insights into the nature of business organization and decision making, one of the variables in management efficiency". Similarly, Gourvish (1995, p. 14) called for case study-based business history research to be written with "specific analytical constructs in mind, so that it can present itself as a microcosm of a wider universe rather than as a microscopic entity trapped within its own universe". Accounting is clearly a major component of any corporation's history, depicting the story of periodic financial performance and financial position and related organisational developments, along with the demand for, and development and implementation of accounting ideas, methods and control systems.

Carnegie and Napier (2012), in revisiting their first joint article prepared together, published in *Accounting, Auditing & Accountability Journal* in 1996, referred to further commentaries that had appeared from that date on the synergy that exists between accounting history and business history (see, for example, Ville and Fleming. 1999/2000; Carnegie and Potter, 2000; Fleischman, Radcliffe and Shoemaker, 2003: Fridenson, 2007). Ville and Fleming (1999/2000) were seeking synergy from the perspective of "interdisciplinary research between accounting and business history", which appeared in the title of their contribution. Specifically, the authors emphasised the "powerful synergies" between these specialist research fields, connected by a concern for furthering

29 August 2019). As the pioneering journal in its field, *Business History Review* began publication in that year as the *Bulletin of the Business Historical Society* and was published under this title across 27 volumes until the end of 1953. On the other hand, the earliest specialist accounting history journal is the *Accounting Historians Journal.* The issues of this journal date back to 1974 and are published by the US-based Academy of Accounting Historians, which in 2016 became a section of the American Accounting Association), see: https://aaapubs.org/loi/aahj (last accessed 29 August 2019).

10 According to J. R. (Dick) Edwards in a personal communication to the author dated 26 August 2019, one of the founding editors of *Accounting, Business and Financial History*, he advised that Terry Gourvish, Peter Mathias, Michael Moss, Charles Munn and John Wilson were among the leading business and economic historians who attended the early annual conferences held under the auspices of the journal at the Cardiff Business School.

historical knowledge and understanding in commerce, and pointed to the use of historical evidence to augment an "understanding of how management accounting systems ... develop in our leading contemporary corporations" (Ville and Fleming, 1999/2000, p. 173). They also called for more research to be undertaken beyond the manufacturing sector, on which the available interdisciplinary literature of their concern was too heavily concentrated. Carnegie and Potter (2000, p. 289) drew attention generally to "understanding accounting's relevance, including its consequences, beyond the 'accounting craft' itself", noting that this broader concern "has been fuelled by the injection of intellectual agendas from other disciplines", particularly from non-business disciplines.

Taking a French perspective, Fridenson (2007, p. 375) issued "a plea for a warm and cosy relationship" between these two specialist fields, arguing that "business history is not a luxury merely for accounting historians, but a necessity", and also, in an appeal to business historians, stated that they "will benefit from closer contacts with the work and researches of accounting historians". Similarly, Fleischman et al., (2003) on the back outside cover of *Doing Accounting History* referred to "the synergistic relationships that exist between accounting and economic history, including business history ..." thereby classifying business history as part of economic history[11]. A successful early-created partnership between an accounting historian and a business/economic historian comprised Edwards and Boyns respectively –the founding editors of *Accounting, Business and Financial History*– who have authored articles published in *Business History* dating to the 1990s (Boyns and Edwards, 1995, 1997; Boyns, Edwards and Matthews, 2003)[12]. Their first co-authored article was published in *Accounting, Business and Financial History* (Boyns and Edwards, 1991) in the year following the publication of the first issue of the journal.

The movement towards business research focussed on different business disciplines or sub-disciplines dates back to 1959 when the Ford Foundation Report recommended that the business school should be

11 The "Google Scholar – Economic History" journal performance metrics published online annually rank both *Business History* and *Accounting History* among the leading scholarly journals in this field of research, see: https://scholar.google.com/citations?view_op=top_venues&hl=en&vq=bus_economichistory (last accessed 29 July 2019).

12 Edwards first published in *Business History* in the early 1980s (Edwards and Webb, 1982; also see Edwards and Newell, 1991 published in the same journal).

rooted in the underlying disciplines (Gordon and Howell, 1959). The faculty of a business school was proposed to "include researchers trained in these underlying disciplines who could conduct basic research that had implications for the practice of business" (Miles, 2019, p. 29; also see Gordon and Howell, 1959; Khurana and Penrice, 2011). Accordingly, business school professors would, from around that time, conduct research and "appreciate both the arena of discipline-based research and the context of business and [accordingly] would be able to bring more refined insights to the context of business" (Miles, 2019, p. 29). This key change in the strategy of business schools, however, has resulted in ongoing calls for more synergy across the sub-disciplines, as evidenced above in the case of accounting history and business history.

The connection between accounting history and business history is apparent particularly with respect to the legacy of Alfred D. Chandler (1918-2007). Chandler's achievement was essentially two-fold. First, his research on corporate strategies and structures rendered an understanding of competition dominated by oligopolies. Second, he contended that a new social class, professional business managers appeared with the proliferation of large corporations commencing in the 19th century[13]. Scholars following in Chandler's tradition, such as Miranti and his collaborators, generally perceive accounting as a facilitator of these two key trends (see, for example, Baskin and Miranti, 1997; Levenstein, 1998; Chandar and Miranti, 2009; McDonough, Schoderbek and Miranti, 2019)[14]. Broadly, accounting in such research is addressed in the broader context of information. Another line of inquiry relates to organisation building drawing on Chandlerian enterprise analysis. Chandar, Collier and Miranti (2014) illustrated this approach in examining the strategic and structural evolution of a prominent, multinational accounting professional services firm (now known as PricewaterhouseCoopers or PwC).

Developing the relationship in research between accounting history and business history, according to Carnegie and Napier (2012, p. 338), is indeed "a two-way process". These authors continued to address the research approach with the term "using accounting records in business

13 This further connection between business history and accounting history was addressed in another personal communication from Paul Miranti, dated 9 October 2019.

14 *A History of Corporate Finance* by Baskin and Miranti (1997) is a fine example of a collaboration between a financial historian (Baskin) and an accounting historian (Miranti).

history". Subsequently, they posed the question: "But is there a specific category of 'accounting' records?" (Carnegie and Napier, 2017, p. 78). In briefly responding, they drew upon Miller and Napier (1993, p. 631), who stated "there is no 'essence' to accounting, and no invariant object to which the name 'accounting' can be attached, which implies that accounting historians cannot limit themselves to those records classified by archivists as 'accounts', but must range widely through archives".

Despite calls for more synergy between accounting and business history, there has been little movement in terms of developing this "neighbourly relationship" (Mathias, 1993, p. 253) for the perceived benefit of both specialist research communities[15]. In a citation analysis study of 546 articles published from 1996 to 2008 in the three specialist accounting history journals published solely in the English language[16], Bisman (2011, p. 160) reported on the "relatively small overall" number of citations in these journals to a number of leading business and economic history journals, including *Business History*, *Economic History Review* and *Business History Review*. She concluded that the "well acknowledged desideratum for accounting historians to collaborate with, and draw on the work" of business and economics historians, largely "remains an unanswered challenge" (Bisman, 2011, p. 174-175). Commenting on these results, Carnegie (2014b, p. 1243) indicated that accounting historians "had relatively little engagement with periodicals beyond accounting". On the other hand, what Bisman did not specifically explore within her study period was the extent to which business historians had drawn on surviving accounting records in their research in the field, which appeared in publications in non-accounting historical journals, particularly in business history journals.

Importantly, however, Bisman (2011) ascertained that accounting historians were increasingly drawing upon the premier accounting journals in the sociological, critical and interpretive tradition, specifically

15 Furthermore, Boyns and Edwards (1991) observed that business historians have also tended to shun economic theory in their investigations.

16 These three specialist journals are the *Accounting Historians Journal*, *Accounting History Review* (previously *Accounting, Business and Financial History* until 2010) and *Accounting History*. The latter two journals were established respectively in 1990 and the New Series of *Accounting History* was established in 1995 and first published in 1996 (Carnegie, 2019b), respectively see: https://www.tandfonline.com/loi/rabf21 and https://journals.sagepub.com/home/ach (both sites last accessed 29 August 2019).

citing works from *Accounting, Organizations and Society* (*AOS*), *Accounting, Auditing & Accountability Journal* (*AAAJ*) and *Critical Perspectives on Accounting* (*CPA*). Accounting historians now embrace and draw upon perspectives from a diversity of disciplines ranging across economics, political science, sociology, theology, gender studies, art and literature, and others (see, for example, Parker, 2015; Carnegie and Napier, 2017; Carnegie, McBride, Napier and Parker, 2020). Indeed, accounting history research has developed "a substantial track record of using a variety of theoretical insights to better understand how and why accounting has contributed to, and affected by, organisational change and development" (Carnegie et al., 2020, Abstract). Therefore, in this study accounting history research may be published in specialised accounting history journals and in other accounting journals, such as *AOS*, *AAAJ* and *CPA*, and some select non-accounting journals.

While cross-citations among accounting history and business history journals are in relatively short supply, within the past five years or thereabouts, to the time of writing, there has been a tendency for some accounting historians to publish their works in business history journals, as well as in management history and management and organisational history journals (refer to the next section). However, this movement appears to be mostly a one-way flow where accounting historians are at least partly motivated to publish in journals, including historical journals, which are typically more highly ranked by journal ranking agencies than the specialist accounting history journals[17]. Recent articles by accounting researchers appearing in *Business History* include Jeacle and Parker (2013); Moerman, van der Laan and Campbell (2014); Frost, Lightbody, Carter and Halabi (2016); McBride, Hines and Craig (2016); O'Connell, De Lange, Stoner and Sangster (2016); Ding, Kininmonth and McKinstry, (2017); Jupe and Funnell (2017); McKinstry and Ding (2017) and Maran and Parker (2019)[18].

17 Accordingly, there is an incentive for some accounting history researchers to seek to publish in higher ranked journals in specialist (non-accounting) history fields, but not necessarily on the grounds of altruism alone. It is acknowledged, however, that the prime desire of some authors is the engagement with another discipline, most presumably to extend their horizons.

18 It is recognised that some of these authors may also be regarded as members of the business history community or may indeed regard themselves as members of both historical research communities.

Upon due reflection, however, there are connections between accounting and business history, which are not necessarily readily apparent in citation studies alone, that arise in the domain of institutional history. "Institutional history" is a term which is used to encapsulate "those studies that examine the development of the organisational and institutional infrastructure in accounting and business", including studies on the "various professionalization strategies adopted by specific organizations and bodies within specific locales" (Cobbin, Dean, Esslemont, Ferguson, Keneley, Potter and West, 2013, p. 408). There has been considerable research published, or which remains in progress, on the professionalisation of accounting, in a diversity of countries and regions along with the histories of key professional accounting firms, professional and academic accounting associations and other accounting organisations, including international accounting federations and bodies (see, for example, Previts, Parker and Coffman, 1990; Carnegie and Napier, 1996, 2012; Carnegie and Potter, 2000; Cobbin et al., 2013). Business histories of corporations, for instance, are of a similar ilk, even if not often specifically identified as such.

Another connection between accounting history and business history, among other specialist fields of history, is that the debates that have been occurring on a broader basis within history itself are also occurring in these parallel disciplines (Decker 2013, also see Gaffikin, 2011; Baskerville, Carrera, Gomes, Lai and Parker, 2017; Carnegie and Napier, 2017; Tyson and Oldroyd, 2017). Decker (2013, p. 156), for instance, outlined concern about "the silence of the archives", observing that "business records can suffer from different kinds of silences", which can lead to the "selective silencing by the researcher". Another example relates to the recent discussion in business history on the epistemological status of "the archive". Schwarzkopf (2012, p. 1-2) points out the "extraordinary survival of the epistemological position of realism in business history" and argues that realism "is not aware of the fact that it actually is an epistemological position". Contributions of the genre, primarily on historiography, enable cross-fertilisation to occur across the specialist history streams addressed in this study for the benefit of all researchers and, by implication, their readers.

ACCOUNTING HISTORY AND MANAGEMENT HISTORY AND ORGANISATIONAL HISTORY

Apart from business history journals and the underpinning research published in these journals, management history has also emerged in more recent decades, and has been followed by a later move towards a dual focus on management and organisational history. The *Journal of Management History* (*JMH*), for example, was first published in 1995 and, at the time of writing, is in its 25th year of publication. This journal is described on the publisher's web site as "an interdisciplinary journal and publishes rigorous, high-quality research using diverse methodologies and theoretical approaches" and "as a *management journal*, *JMH* is interested in papers that consider issues dealing with business, management and organizations, broadly defined" (emphasis in original)[19]. *Management & Organizational History* was first published in 2006 and, at the time of writing, is in its 14th year of publication. The journal, as described on the publisher's web site, "aims to publish high quality, original, academic research concerning historical approaches to the study of management, organizations and organizing … and addresses issues from all areas of management, organization studies, and related fields". The journal "is both empirical and theoretical [in orientation] … and facilitates interdisciplinary dialogue, especially between business and management history and organization theory[20]".

Mainstream business history and management history are closely compatible streams of specialist history of companies or corporations and other organisational types, and are broadly seen today as traditional fields of orientation (Rowlinson, Jacques and Booth, 2009). Such mainstream history has been criticised as a-historical, and there have

---

19 For further information, visit the *Journal of Management History* Emerald Publishing web site: http://www.emeraldgrouppublishing.com/products/journals/journals.htm?id=jmh (last accessed on 2 August 2019).

20 The ethos of *Management & Organizational History* is described on the Taylor & Francis web site as "reflective, ethical, imaginative, critical, interdisciplinary, and international, as well as historical in orientation". More information about the journal is available at the following link: https://www.tandfonline.com/loi/rmor20 (last accessed on 14 October 2019).

been repeated calls from the early-to-mid-1990s for an historical perspective in organisation studies (see, for instance, Zald, 1993; Kieser, 1994; Jacques, 1996; Burrell, 1997; Clegg, 2006). Clark and Rowlinson (2004, p. 331) heightened interest in moving towards a "historic turn" in management and organisation theory, using the term because it is at least potentially "useful in marshalling support for calls for more history, and a different approach to history". As argued by Jacques (2006, p. 45), within mainstream business and management history there is "a lack of understanding and a lack of debate related to theory, method and methodology-historiography", which, according to Rowlinson et al., (2009, p. 291), "makes it difficult to engage with management and organizational theory in general, or with critical management studies in particular". These latter authors pointed out that "business history proceeds as if the past is knowable … and remains resolutely empiricist and a-historical in the sense that its conceptualization and claims are relatively unexamined and, unlike organization studies, it lacks an explicit theoretical language" (Rowlinson et al., 2009, p. 291).

In the first issue of *Management & Organizational History* published in 2006, Booth and Rowlinson –the founding joint editors– outlined a 10-point agenda containing proposals for the future directions of management and organisational history stating, "there is an historical turn underway in management and organisation theory" (2006, p. 21). The founding joint editors added "insofar as this turn leads to a historical reorientation, rather than merely a supplement or integration of theory into management and organisational history, it is aligned with the reorientation from critical management and gender studies" (Booth and Rowlinson, 2006, p. 21). They also indicated a belief that "business history has become more open to an engagement with theory from sociology and cultural studies, even if many business historians remain in thrall to economics" (Booth and Rowlinson, 2006, p. 21). While an increased openness of business history to becoming more theoretically informed can be seen as laudable, tensions arose, however, as to how such openness is operationalised in research practice, such as in the dialogue which occurred between Taylor, Bell and Cooke (2009) and Toms and Wilson (2010) in *Management & Organizational History*[21].

21 At the time of publication, Toms and Wilson were joint editors of *Business History* and wrote "In defence of business history" as stated in the opening of their title.

Accounting history has the potential to offer insights to management and organisational history in how to become established as an academic discipline (Richardson, 2008; compare Weatherbee, 2012). The recognition of accounting as social practice, and not as technical practice alone, has offered greater scope and promise for accounting history research to be a valuable input for understanding the impacts of accounting on human behaviour and the full implications of accounting emergence and change for organisational and social functioning and development. Accounting historians are revealed as conceiving accounting as social practice[22]. strongly embedded in organisations and society as enabling and disabling actions and contributing to organisation and social change, which are ripe for analysis using an array of theoretical perspectives. Accounting is indeed pervasive in organisations and societies. According to Carnegie and Napier (2012, p. 354), theoretically informed historical accounting research can contribute to "making the members of society aware of the ways in which accounting impacts on them today and constrains their futures". Moreover, historians of organisations and management can usefully derive more comprehensive understandings from this rich vein of theoretically informed and theory developing research.

Around the time of writing, there were calls in business history for more fruitful synthesis between history and organisation studies, particularly in the interests of providing more cross fertilisation from other disciplines (see contributions in a special issue of *Business History Review*, for example, Freidman and Jones, 2017; Maclean, Harvey and Clegg, 2017; also see Zimnovitch, 2013 –written in French). Maclean et al. (2017, p. 479) adopted "the perspective of exploring what organization theory can contribute to business history", which they argued was contrary to the majority of works previously published on this topic. The editors of *Business History Review*, Friedman and Jones (2017, p. 455) could not envision "a single methodological path going forward" for business history; instead, the time has arrived "to engage explicitly

22 Accounting can also be understood moral practice (see, for example, Tsahuridu and Carnegie, 2018; Carnegie, Parker and Tsahuridu, 2020), which offers potential for the development of the discipline in positive ways. When appreciated as moral practice, accounting is "a practice whose actions and inactions influence others now and in the future, and helps shape the moral order of organizations and societies, which in turn affects individual and organizational behaviors" (Tsahuridu and Carnegie, 2018, third paragraph).

with alternative methodologies and to discuss their relative merits and shortcomings".

Within the past five years to the time of writing, accounting historians in small number have also been publishing in management history and management and organisational history journals, such as the *Journal of Management History* (Carnegie, 2016; Ritson and Parker, 2016; Leoni, 2017; Safari and Parker, 2017)[23] and *Management & Organizational History* (Maran, Castellini and Bisman, 2014; Levant and Maziane, 2017). Parker (2015), however, sees a bigger opportunity, in arguing that "accounting policy and practice arguably bear the marks of earlier management theory and practice, for example, in the concepts and applications of scientific management". According to Parker (2015, p. 144), who has a strong research track-record in this area, "these traces of influence merit much closer inspection by accounting historians and have the considerable potential to contribute to our contemporary discussions of accounting theory, practice and policy issues" (2015, p. 144; also see, Parker, 1997, 1999, 2016). On the other hand, there is little evidence of business, management and organisational historians who have contributed recently to accounting history research journals (see, for example, Corrigan, 2016; Stevenson-Clarke and Bowden, 2018). Such historians may consider, in general, that they do not have the relevant expertise to publish in historical accounting journals or some may hold the view that such specialist journals are concerned with accounting as a mere narrow, uninteresting or even dull, technical practice. Journal rankings has also contributed to pressures on scholars to at least attempt to publish in the highest-ranked journals possible, which is often driven by management directive in universities. Anecdotical evidence suggests that some accounting historians, however, have a tendancy to publish in a few of the higher ranked business history journals, where possible, which may also deter business historians from seeking to publish more readily in specialist accounting history journals.

23 Lee Parker, a prominent accounting and management historian, one of a small number of the kind, together with Philip Ritson have been publishing on management history since around the mid-2005 (see, for details, Parker, 2015). Parker's list of research interests on the RMIT University web site includes "Accounting and Management History", see: https://www.rmit.edu.au/contact/staff-contacts/academic-staff/p/parker-professor-lee (last accessed on 12 August 2019).

ACCOUNTING HISTORY AND ECONOMIC HISTORY AND FINANCIAL HISTORY

There are two parts in this section. First, the interface of accounting history and economic history is addressed. Second, the relationship between accounting history and financial history is considered.

ACCOUNTING HISTORY AND ECONOMIC HISTORY

As indicated by the AAA Committee of Accounting History (1970), historical accounting research was perceived as contributing to an enhanced understanding of economic history (as well as business history). The report stated that the AAA "must recognize that historical research is a continuing and necessary element in the overall research effort of scholars in an academic discipline" (1970, p. 55). Unsurprisingly, therefore, the AAA report argued that "accounting is at once professional and academic, and its history is no less relevant than medical history is to medicine, legal history is to law, economic history is to economics, and architectural history is to architecture" (1970, p. 55)[24].

This statement or others of the genre, however, should not have been a surprise to most or at least many readers. One of the key roles that Carnegie and Napier (1996, p. 9) discerned for accounting history research and publication –and indeed an earliest conceived role– was elaborating "the past as a status symbol" for accounting. Early writers on accounting often emphasised the long history of accounting, dating back to at least 1494 when Luca Pacioli's *Summa* was first published, or "accounting's historical origins, in order to enhance the status of what might otherwise have appeared as a mere technical practice" (1996,

24 The first specialist economic history journals to be published were the *Economic History Review* –the journal of The Economic History Society– and *The Journal of Economic History*, which were respectively established in 1926 and 1941. The year 1926, therefore, is the year of the establishment of the first dedicated journal in both business history (see footnote 2) and economic history. Further information about these two journals is available from the respective Wiley and Cambridge University Press web sites, see: https://onlinelibrary.wiley.com/journal/14680289 (last accessed on 5 August 2019) and https://www.cambridge.org/core/journals/journal-of-economic-history (last accessed on 5 August 2019).

p. 9) or, more generally, as a function to be done in business. In other words, it was important to establish that accounting had a long historical tradition and, in addition, that accounting practice was underpinned by theory. Early leading accounting lecturers, such as Charles Waldo Haskins (c1904) and Henry Rand Hatfield, of the USA addressed the historical origins and development of bookkeeping, with Hatfield (1924, p. 2) arguing that one of the elements of accounting practice, "if not conclusively proving, at least presumptively establish[ing] respectively" was "parentage and linkage" (also quoted in Carnegie and Napier, 1996, p. 10). Hatfield proceeded to narrate a history of accounting from Pacioli's *Summa* to the modern corporation operating in 1924 as a "story of progress". Parker (1969, p. 81-82), on the other hand, recognised a small number of writings on "Ancient Accounting" (i.e., pre-1494) –a bibliographical list that he continued to update from that time (also see Carmona and Ezzamel, 2009 which reviews an array of contributions by Schmandt-Besserat and Mattessich on this topic).

According to Tosh (2015, p. 61), "business history is regarded as economic [history] on the ground". Traditionally, business historians, however, have tended to shun economic theory in their investigations, according to Boyns and Edwards (1991). Furthermore, there has often been a mutual disdain between economists and accountants (see, for example, Boulding, 1977; Whittington, 1977; Boyns and Edwards, 1991; Napier, 1996). According to Boyns and Edwards (1991, p. 178), accounting history researchers generally "have confined their attention to accounting matters, rather than exploring wider issues such as the impact of practices upon economic development". On the other hand, these authors also argued that economic history researchers, "even those interested in the operation of financial markets, have usually paid only lip-service to accounting issues in their work" (Boyns and Edwards, 1991, p. 178).

The accounting and economics disciplines, however, deal with the same phenomena (i.e., economic activity) applying distinct viewpoints and different approaches. According to Sidebotham (1965, p. 130), "whilst economics seeks to explain economic behavior, accounting exists to record economic events and to provide a basis for economic policy". Circumstances at the time of writing have evidently not changed to any material extent in this respect. Ignorance is regarded as the key determinant of this situation (Boyns and Edwards, 1991). These authors claimed that "economists and economic historians simply do not know enough accounting, and accountants know insufficient economics, a situation which is not helped by a lack of inter-disciplinary teaching" (1991, p. 179), which appears to be largely unchanged since the early 1990s. Moreover, the application of a diversity of theoretical perspectives drawn from other disciplines in exploring accounting "in the contexts in which it operates" (Hopwood, 1983) has, in recent decades, moved conceptions of accounting towards accounting as social practice, "rather than as a technically rational or transcendental economic phenomenon" (Bryer, 2011, p. 324; also see Hopwood, 2002, 2005; Napier 2006).

An early contribution on accounting's past, specifically on scientific "bookkeeping", written by Yamey, appeared in the *Economic History Review* (second series) in 1949. Apart from Yamey (1949), there have been very few other publications of the genre appearing in this journal. Those written by accounting historians on accounting and accountants include Fleischman and Tyson (1993), Matthews, Anderson and Edwards (1997) and Fleischman, Oldroyd and Tyson (2011). However, these articles were not written in collaboration with economic historians. At the time of writing, circumstances appear to be either unchanged or to have even reversed. Accordingly, there is little further to incorporate about the interface between accounting history and economic history[25].

ACCOUNTING HISTORY AND FINANCIAL HISTORY

Turning attention to the study of financial history, *Accounting, Business and Financial History* was first published in 1990 and was published under this title until 2010. The journal's new title, *Accounting History Review* (from 2011), according to an announcement of the joint founding editors, meant that the journal would "no longer invite submissions on business and financial history" from March 2010 (Edwards and Boyns, 2010, p. 113). This perceived narrowing of research fields to focus more concentratedly on historical accounting research, however, would embrace publishing contributions which explore "the interfaces

25 In a personal communication with Lee Parker, dated 26 August 2019, he replied (same date) to a query posed by the writer on the relationship between these two fields indicating that he was unable to provide details of any contributions specifically relating to the accounting history –economic history interface.

between accounting history and other disciplines, including business and financial history" (Edwards and Boyns, 2010, p. 113). In rationalising these developments, the incoming editor, Stephen Walker, addressed the impact of "the new accounting history", generally regarded as heralded in an *AOS* article by Miller, Hopper, and Laughlin (1991), stating that these authors "signalled a broadening in the scope of interdisciplinary engagement by accounting historians" (Walker, 2011, p. 1; also see, for example, Carnegie, 2014a; Napier, 2006; Parker, 2015). Since the mid-to-late 1980s, accounting history researchers were "drawing on insights gained from anthropology, science, organisation theory and sociology. Moreover, engagement was not merely to be focused on connections with other subject areas" (Walker, 2011, p. 2; also see Bisman, 2012). Prior to this change of name, Walker (2009, p. 20) expressed the view that the annual references published in "*Accounting, Business and Financial History* concern English-language publications which fall in 'the general area of accounting history'", which is a glimpse on his thoughts at that time of writing.

Earlier, in 1994, the *Financial History Review* was established and is published for The European Association for Banking and Financial History established in 1990. As stated on the publisher's web site, the *Financial History Review* "seeks to embrace a broad approach to financial, banking and monetary history, which appeals to a wide audience of historians, economists and practitioners[26]". Submissions are welcomed which feature different perspectives that are explained on the publisher's web site as "including analytical narratives, theoretically-inspired research, advanced empirical analysis, and the interrelations between history, finance, policy, culture and society". Once again, however, it seems that hardly any scholars known as leading researchers in the accounting history community have published in this journal.

On the other hand, further calls for greater inclusivity between accounting historians and financial historians are likely to also go unheeded, as seems to have been the case to the time of writing for Gomes, Carnegie, Napier, Parker and West (2011, p. 393), who broadly called for accounting historians to collaborate with scholars in other

26 For additional information, visit the *Financial History Review* Cambridge University Press web site: https://www.cambridge.org/core/journals/financial-history-review (last accessed on 6 August 2019).

disciplines –"particularly, although not limited to, those studying the histories of *finance*, management, business and economics" (emphasis added)– for the mutual benefit of researchers and readers alike in these specialist fields. Rutterford (2009), for example, addressed research into the broad arena of "finance and financial institutions", as the title of her contribution, within various streams of commerce history, including accounting history.

INCREASING INTERDISCIPLINARY RESEARCH
Accounting history and specialist history areas

On the grounds that interdisciplinary research is very important, this study is intended to contribute to the cross-fertilisation of historical scholarship across the disciplines within commerce. Scholars who seek a full and comprehensive understanding of the past in commerce are encouraged to open their minds to the relevant literature in all specialist streams of history and are called upon to augment present day understandings of Indigenous peoples. Innovation and enterprise in collaboration is called for in increasing interdisciplinary research between accounting history and specialist history areas, which may be aided by a range of initiatives or measures.

By means of illustration, the following five actions or activities, as examples, may assist in creating a more inclusive interdisciplinary research of the genre (which are not listed in any order of significance). First, broaden the scope of conferences, colloquia and symposia, both national and international, to create new expanded networks of scholars from across commerce disciplines who seek to engage in and publish interdisciplinary historical research. Second, establish research project teams from within fields of commence history to formulate potent research projects to underpin applications for competitive external research funding with a view to increasing grant success and the associated profile of studies. Third, inculcate the mentality of undertaking interdisciplinary historical research that better informs national, regional or global priorities, rather than research that may be more motivated by personal agendas, for enhanced contemporary relevance and implications. Fourth, develop active networks of historical researchers within universities, which need to extend beyond School/Department based disciplines and Faculty/College divisions in order to create favourable conditions for interdisciplinary research engagement and aspiring innovative research proposals. Fifth and finally, develop respectful and productive relationships with Indigenous peoples and enhance understandings of Indigenous cultures, gathering insights and knowledge acquired in a non-judgemental way. These examples, however, should be perceived as a starting point in increasing and extending interdisciplinary research.

DISCUSSION AND CONCLUDING COMMENTS

This study has explored the interface between accounting history and other forms of specialist history within the long-established domain of commerce. Commerce history, as described, is an overarching term. It is multi-dimensional and encompasses several key specialised streams of historical research, including the key forms addressed in this study. While the focus of this investigation is on historical accounting research and its perceived relationship through this lens with other historical research specialisations, it remains apparent that these specific research communities, despite some clear advice or encouragement to the contrary, at least addressed to scholars in accounting history and business history, are not proactively seeking the cross-fertilisation of each other's research fields. However, interdisciplinary research perspectives in the sociological, critical and interpretive tradition, such as being adopted in accounting history and, more recently, in management and organisational history, connected to the advent of *Management & Organizational History*, is driving innovative scholarship and disrupting traditional understandings of scholarly historical research and how it is to be undertaken. The advent of multidisciplinary commerce history research proposals, projects and research teams across these specific disciplines, however, is a realisation which, unfortunately, seems to be some distance away at the time of writing. It is hoped, however, that this is not the case.

What is recognised from completing this work is that scholars who seek a full and comprehensive understanding of the past in commerce would be well advised to open their minds to the relevant literature in all the specialist streams of history addressed in this study. There are clear reasons as to why scholarly research has been driven towards narrow discipline-based habitats. Within higher education research across the globe, scholars within specific disciplines, such as commerce-related disciplines, are sufficiently alert to the fact that comprehensive or macro histories of commerce are probably not going to be broadly written by members drawn from just one of the specialised history streams. Rather, all such disciplines provide historical accounts and understanding which are at least worthy of consideration in developing research proposals, undertaking research studies, and writing-up and discussing and analysing the findings. For essentially the same reason, climate change around the globe is unlikely to be dealt with in any significant way, by means of members of one specific discipline, such as accounting, providing "the solution" to this "wicked problem" or answering "big questions" (see, for example, Carnegie, 2019a; Carnegie, 2020)[27]. Accounting is not a "silver bullet". However, professional accounting and accountants can be called to reflect upon, and materially rethink, the consequences of accounting emergence and change, such as in contributing to answering the planet's big questions and solving its wicked problems (see, for example, Carnegie, Parker and Tsahuridu, 2020)[28]. Indeed, the accounting discipline can play an important role in protecting the global environment, on which we depend, and in actively improving its condition. It is indeed timely and apt for contemporary and historical scholars in all disciplines to "meet new friends or colleagues" in other domains and, therefore, to both focus on introducing further interdisciplinary research perspectives into their specific disciplines, such as interdisciplinary accounting research, and to build multidisciplinary research proposals, projects and teams for greater cohesiveness and enhanced understandings of phenomena.

This study has not sought to predict the future of historical research in commerce and the underpinning key disciplines. Historical accounting

27 According to Carnegie (2020), such historical research may be described as "big-ticket" topics, issues and agendas offering both contemporary implications and relevance.

28 These authors proposed for consideration a new definition of accounting, stating it's key conceptions as follows: "Accounting is a technical, social and moral practice concerned with the sustainable utilisation of resources and proper accountability to stakeholders to enable the flourishing of organisations, people and nature."

research, however, has widened its horizons beyond the study of accounting techniques, methods and systems; that is, accounting as mere technical practice. During the past two to three decades, the focus has moved towards an appreciation and understanding of accounting's roles in organisations and society and the related impacts of accounting emergence and change on human behavior and the associated implications for organisational and social functioning and development; that is, accounting as social practice. In this way, accounting is a powerful means of governing. Historians in other specialist fields of commerce history are actively encouraged to develop their familiarity with, and appreciation of, these key conceptions of accounting. Accounting is not a technical practice alone; it should not be misunderstood or underestimated. As social practice, accounting is a pervasive enabling and disabling device. Extending the conceptions of historians in other commerce disciplines, beyond a mere focus on accounting as a neutral, if not benign, technical practice, appears to be necessary (see, for instance, Tsahuridu and Carnegie, 2018).

Finally, historians of accounting, among historians of other specialist forms of commerce history are encouraged to be collectively more open to developing and refining an appreciation of their areas of expertise within Indigenous communities and society. To do so necessitates recognition of the typically strong and longstanding oral tradition of these communities, by means of oral evidence of early styles of living, including notions of family or community, the roles of commerce and its organisation. Such potentially extended understandings may augment respect for, and tolerance of, the practices, lives, history and contributions of Indigenous peoples. Endeavouring to improve our understandings of the past in Indigenous contexts offers potential consequences for augmenting present day understandings of Indigenous peoples and may contribute to creating a more tolerant and accepting world in future.

Garry D. Carnegie
Emeritus Professor, RMIT University

BIBLIOGRAPHY

American Accounting Association, « Committee on Accounting History », Report, in *The Accounting Review*, vol. 45, Supplement, 1970, p. 53-64.

ARNOLD, Anthony J., « Should historians trust late nineteenth-century company financial statements? », *Business History*, vol. 38, nº 2, 1995, p. 40-54.

BASKERVILLE, Rachel, CARRERA, Nieves, GOMES, Delfina, LAI, Alessandro, PARKER, Lee David, « Accounting historians engaging with scholars inside and outside accounting: Issues, opportunities and obstacles », *Accounting History*, vol. 22, nº 4, 2017, p. 403-424.

BASKIN, Jonathan Barron, MIRANTI, Paul J., *A History of Corporate Finance*, Cambridge, Cambridge University Press, 1997.

BISMAN, Jayne Elizabeth, « Cite and seek: Exploring accounting history through citation analysis of the specialist accounting history journals, 1996 to 2008 », *Accounting History*, vol. 16, nº 2, 2011, p. 161-183.

BISMAN, Jayne Elizabeth, « Surveying the landscape: The first 15 years of *Accounting History* as an international journal », *Accounting History*, vol. 17, nº 1, 2012, p. 5-34.

BOOTH, Charles, ROWLINSON, Michael, « Management and organizational history: Prospects », *Management & Organizational History*, vol. 1, nº 1, 2006, p. 5-30.

BOULDING, Kenneth E., « Economics and accounting: The uncongenial twins », in W. T. Baxter, S. Davidson (eds), *Studies in Accounting*, 3rd edn, London, The Institute of Chartered Accountants of England and Wales, 1977, p. 86-95.

BOYNS, Trevor, EDWARDS, John Richard, « Do accountants matter? The role of accounting in economic development », *Accounting, Business and Financial History*, vol. 1, nº 2, 1991, p. 177-195.

BOYNS, Trevor, EDWARDS, John Richard, « Accounting systems and decision-making in the mid-Victorian period: The case of the Consett Iron Company », *Business History*, vol. 37, nº 3, 1995, p. 28-51.

BOYNS, Trevor, EDWARDS, John Richard, « The construction of cost accounting systems in Britain to 1900: The case of the coal, iron and steel industries », *Business History*, vol. 39, nº 3, 1997, p. 1-29.

BOYNS, Trevor, EDWARDS, John Richard, MATTHEWS, Mark, « Chandlerian image or mirror-image? Managerial and accounting control in the chemical industry: The case of Albright & Wilson, c. 1890 to c. 1939 », *Business History*, vol. 45, nº 4, 2003, p. 24-52.

BRIEF, Richard P., « Accounting error as a factor in business history », *Accounting, Business and Financial History*, vol. 1, n° 1, 1990, p. 7-21.

BRYER, Rob, « Book review of *The Routledge Companion to Accounting History* », *British Accounting Review*, vol. 43, n° 4, 2011, p. 324-325.

BURRELL, Gibson, *Pandemonium: Towards a Retro-Organization Theory*, London, Sage, 1997.

CARMONA, Salvador, EZZAMEL, Mahmoud, « Ancient accounting », in J.R. Edwards, S.P. Walker (eds), *The Routledge Companion to Accounting History*, Abingdon: Routledge, 2009, p. 73-94.

CARNEGIE, Garry D., « Historiography for accounting: Methodological contributions, contributors and thought patterns from 1983 to 2012 », *Accounting, Auditing & Accountability Journal*, vol. 27, n° 4, 2014a, p. 715-755.

CARNEGIE, Garry D., « The present and future of accounting history », *Accounting, Auditing & Accountability Journal*, vol. 27, n° 8, 2014b, p. 1241-1249.

CARNEGIE, Garry D., « The accounting professional project and bank failures: The case of the early 1890s Australian banking crisis », *Journal of Management History*, vol. 22, n° 4, 2016, p. 389-412.

CARNEGIE, Garry D., « *AAAJ*, thematic special issues and research innovation: Revisiting the next decade », *Accounting, Auditing & Accountability Journal*, vol. 32, n° 8, 2019a, p. 2193-2210.

CARNEGIE, Garry D., « Reflections on a journey with *Accounting History* as an international refereed journal, 1995-2019 », *Accounting History*, vol. 24, n° 4, 2019b, p. 523-539.

CARNEGIE, Garry D., « The past, present, and future of accounting history: A comment on the state of accounting history », *Accounting Historians Journal*, vol. 47, n° 1, 2020, p. 89-95.

CARNEGIE, Garry D., EDWARDS, John Richard, « The construction of the professional accountant: The case of the Incorporated Institute of Accountants, Victoria (1886) », *Accounting, Organizations and Society*, vol. 26, n° 4/5, 2001, p. 301-325.

CARNEGIE, Garry D., NAPIER C. J., « Critical and interpretive histories: Understanding accounting's present and future through its past », *Accounting, Auditing & Accountability Journal*, vol. 9, n° 3, 1996, p. 7-39.

CARNEGIE, Garry D., NAPIER Christopher J., « Accounting's past, present and future: The unifying power of history », *Accounting, Auditing & Accountability Journal*, vol. 25, n° 2, 2012, p. 328-369.

CARNEGIE, Garry D., NAPIER, Christopher J., « Historiography in accounting research », in Z. Hoque, L.D. Parker, M. A. Covaleski, K. Haynes, *The Routledge Companion to Qualitative Accounting Research Methods*, London and New York, Routledge, 2017, p. 71-90.

Carnegie, Garry D., Parker, Robert Henry, « Accountants and Empire: The case of co-membership of Australian and British accountancy bodies, 1885 to 1914 », *Accounting, Business and Financial History*, vol. 9, n° 1, 1999, p. 77-102.

Carnegie, Garry D., Potter, Brad N., « Accounting history in Australia: A survey of published works, 1975-1999 », *Australian Economic History Review*, vol. 4, n° 3, 2000, p. 287-313.

Carnegie, Garry D., Parker, Lee David, Tsahuridu, Eva, « It's 2020: What is accounting today? », *Australian Accounting Review*, 22 november 2020, en ligne: https://onlinelibrary.wiley.com/doi/full/10.1111/auar.12325 (last accessed on 15 January 2021).

Carnegie, Garry D., McBride, Karen M., Napier, Christopher J., Parker, Lee David, « Accounting history and theorising about organizations », *British Accounting Review*, vol. 52, n° 6, 2020, available at: https://www.sciencedirect.com/science/article/abs/pii/S0890838920300524 (last accessed on 15 January 2021).

Cassis, Youssef, « Financial history and history », in Y. Cassis, R.S. Grossman, C.R Schenk (eds), *The Oxford Handbook of Banking and Financial History*, Oxford, Oxford University Press, 2016, p. 17-40.

Chandar, Nandini, Miranti, Paul J., « Integrating accounting and statistics: Forecasting, budgeting and production planning at the American Telephone and Telegraph Company during the 1920s », *Accounting and Business Research*, vol. 3, n° 4, 2009, p. 373-395.

Chandar, Nandini, Collier, Deirdre, Miranti, Paul J., « Organizational evolution at Lybrand, Ross Bros. and Montgomery in the twentieth century », *Accounting History*, vol. 1, n° 1/3, 2014, p. 53-76.

Clark, Peter, Rowlinson, Michael, « The treatment of history in organisation studies: Towards an "historic turn"? », *Business History*, vol. 4, n° 3, 2004, p. 331-352.

Clegg, Stewart R., « The bounds of rationality: Power/history/imagination », *Critical Perspectives on Accounting*, vol. 17, n° 7, 2006, p. 847-863. (Presented as Keynote Address in 2001, Asia-Pacific Researchers in Organization Studies (APROS) Conference, Hong Kong).

Cobbin, Phillip, Dean, Graeme, Esslemont, Cameron, Ferguson, Patrick, Keneley, Monica, Potter, Brad, West, Brian, « Enhancing the accessibility of accounting and business archives: The role of technology in informing research in accounting and business », *Abacus*, vol. 49, n° 3, 2013, p. 396-422.

Coleman, Donald C., « The uses and abuses of business history », *Business History*, vol. 2, n° 2, 1987, p. 141-157.

CORRIGAN, Lawrence T., « Accounting practice and the historic turn: Performing budget histories », *Management & Organizational History*, vol. 1, n° 2, 2016, p. 77-98.

DECKER, Stephanie, « The silence of the archives: Business history, post-colonialism and archival Ethnography », *Management & Organizational History*, vol. 8, n° 2, 2013, p. 155-173.

DING, Ying Yong, KININMONTH, Kirsten, MCKINSTRY, Sam, « Cocooned: Path dependence and the demise of Anderson & Robertson, Scotland's last silk throwsters », *Business History*, vol. 59, n° 3, 2017, p. 382-407.

EDWARDS, John Richard, WEBB, Keith M., « The influence of company law on corporate reporting procedures, 1865-1929: An exemplification », *Business History*, vol. 2, n° 3, 1982, p. 259-279.

EDWARDS, John Richard, NEWELL, Edmund, « The development of industrial cost accounting before 1850: A survey of the evidence », *Business History*, vol. 3, n° 1, 1991, p. 35-57.

EDWARDS, John Richard, BOYNS, Trevor, « Editorial announcement », *Accounting, Business and Financial History*, vol. 20, n° 1, 2010, p. 113.

EZZAMEL, Mahmoud, ROBSON, Keith, « Accounting », in M. Alvesson, T. Bridgman, H. Willmont, H. (eds), *The Oxford Handbook of Critical Management Studies*, Oxford, Oxford University Press, 2009, p. 473-497.

FLEISCHMAN, Richard K., TYSON, Thomas N., « Cost accounting during the industrial revolution: The present state of historical knowledge », *Economic History Review*, vol. XLVI, n° 3, 1993, p. 503-551.

FLEISCHMAN, Richard K., MILLS, Patti A., TYSON, Thomas N., « A theoretical primer for evaluating and conducting historical research in accounting », *Accounting History*, NS, n° 1, 1996, p. 55-75.

FLEISCHMAN, Richard K., OLDROYD, David, TYSON, Thomas N., « Plantation accounting and management practices in the US and the British West Indies at the end of their slavery eras », *Economic History Review*, vol. 6, n° 3, 2011, p. 765-797.

FLEISCHMAN, Richard K., RADCLIFFE, Vaughan S., SHOEMAKER, Paul A. (Eds.), *Doing Accounting History: Contributions to the Development of Accounting Thought. Studies in the Development of Accounting Thought*, vol. 6, Bingley, Emerald Group Publishing, 2003.

FRIDENSON, Patrick, « The bilateral relationship between accounting history and business history: A French Perspective », *Accounting, Business and Financial History*, vol. 17, n° 3, 2007, p. 375-380.

FRIEDMAN, Walter A., JONES, Geoffrey, « Debating methodology in business history », *Business History Review*, vol. 9, n° 3, 2017, p. 443-455.

FROST, Lionel, LIGHTBODY, Margaret, CARTER, Amanda, HALABI, Abdel K., « A cricket ground or a football stadium? The business of ground sharing at the Adelaide Oval before 1973 », *Business History*, vol. 5, n° 8, 2016, p. 1164-1182.

GAFFIKIN, Michael, « What is (accounting) history? », *Accounting History*, vol. 16, n° 3, 2011, p. 235-251.

GOMES, Delfina, CARNEGIE, Garry D., NAPIER, Christopher J., PARKER, Lee David, WEST, Brian P., « Does accounting history matter? », *Accounting History*, vol. 16, n° 4, 2011, p. 389-402.

GORDON, Robert A., HOWELL, James E., *Higher Education for Business*, New York, Columbia University Press, 1959.

GOURVISH, Terry, « Business history: In defence of the empirical approach », *Accounting, Business and Financial History*, vol. 5, n° 1, 1995, p. 3-16.

HASKINS, Charles Waldo, *Business Education and Accountancy*, Frederick A. Cleveland (ed.), New York, NY, Harper & Brothers, 1904, reprinted New York, NY, Arno Press, 1978.

HATFIELD, Henry Rand, « An historical defence of bookkeeping », *The Journal of Accountancy*, vol. 37, n° 4, 1924, p. 241-253, reprinted in W.T. Baxter, S. Davidson (eds.), *Studies in Accounting*, 3rd edn., London, The Institute of Chartered Accountants in England and Wales, 1977, p. 1-10.

HIRST, K. Kris, « Clay token system: The three-dimensional precursors of ancient Mesopotamian writing », 2018, see: https://www.thoughtco.com/clay-tokens-mesopotamian-writing-171673 (last accessed on 12 April 2020).

HOPWOOD, Anthony G., « On trying to study accounting in the contexts in which it operates », *Accounting, Organizations and Society*, vol. 8, n° 2/3, 1983, p. 287-305.

HOPWOOD, Anthony G., « If only there were simple solutions, but there aren't: some reflections on Zimmerman's critique of empirical management accounting research », *European Accounting Review*, vol. 11, n° 4, 2002, p. 777-785.

HOPWOOD, Anthony G., « After 30 years », *Accounting, Organizations and Society*, vol. 30, n° 7/8, 2005, p. 585-586.

JACQUES, Roy Stager, *Manufacturing the Employee: Management Knowledge for the 19th to 21st Centuries*, London, Sage, 1996.

JACQUES, Roy Stager, « History, historiography and organization studies: The challenge and the potential », *Management & Organizational History*, vol. 1, n° 1, 2006, p. 31-50.

JEACLE, Ingrid, PARKER, Lee David, « The "problem" of the office: Scientific management, governmentality and the strategy of efficiency », *Business History*, vol. 55, n° 7, 2013, p. 1074-1099.

JUPE, Robert E., FUNNELL, Warwick N., « "A highly successful model": The rail franchising business in Britain », *Business History*, vol. 59, n° 6, 2017, p. 844-876.

KHURANA, Rakesh, PENRICE, Daniel, « Business education: The American trajectory », in M. Morsing, A.S. Rovira (eds), *Business Schools and their Contribution to Society*, Los Angeles, Sage, 2011, p. 3-15.

KIESER, Alfred, « Why organization theory needs historical analysis and how this should be performed », *Organization Science*, vol. 5, n° 4, 1994, p. 608-620.

LEONI, Giulia, « Social responsibility in practice: An Italian case from the early 20th century », *Journal of Management History*, vol. 23, n° 2, 2017, p. 133-151.

LEVANT, Yves, MAZIANE, Leila, « The Republic of Salé (1627-1641/1666): An alternative pirate organization model », *Management & Organizational History*, vol. 12, n° 1, 2017, p. 1-29.

LEVANT, Yves, ZIMNOVITCH, Henri, « Epistemology and management science: Is accounting history still a legitimate subject of study? », *Accounting History*, vol. 22, n° 4, 2017, p. 450-471.

LEVENSTEIN, Margaret, *Accounting for Growth, Information Systems and the Creation of the Large Corporation*, Stamford CA, Stanford University Press, 1998.

MACLEAN, Mairi, HARVEY, Charles E., CLEGG, Stewart R., « Organization theory in business and management history: Present status and future prospects », *Business History Review*, vol. 91, n° 3, 2017, p. 457-481.

MARAN, Laura, CASTELLINI, Monia, BISMAN, Jayne, « Peter Leopold's reform of Tuscany (1774): Management, organization and regulation at the local level », *Management & Organizational History*, vol. 9, n° 1, 2014, p. 26-44.

MARAN, Laura, PARKER, Lee David, « Non-financial motivations in mergers and acquisitions: The Fiat–Ferrari case », *Business History*, 2019, https://doi.org/10.1080/00076791.2019.1597854 (last accessed on 25 January 2021).

MARRINER, Sheila, « Company financial statements as source material for business historians », *Business History*, vol. 22, n° 2, 1980, p. 203-235.

MASON, Julian, « Accounting records and business history », *Business History*, vol. 24, n° 3, 1982, p. 293-299.

MATHIAS, Peter, « Business history and accounting history: A neighbourly relationship », *Accounting, Business and Financial History*, vol. 3, n° 3, 1993, p. 253-273.

MATTESSICH, Richard, « Prehistoric accounting and the problem of representation: On recent archaeological evidence of the Middle East from 8000 B.C. to 3000 B.C. », *Accounting Historians Journal*, vol. 14, n° 2, 1987, p. 72-91.

MATTESSICH, Richard, « Archaeology of accounting and Schmandt-Besserat's contribution », *Accounting, Business and Financial History*, vol. 4, n° 1, 1994, p. 5-28.

MATTESSICH, Richard, « Recent insights into Mesopotamian accounting of the 3rd millennium B.C. – successor to token accounting », *Accounting Historians Journal*, vol. 25, n° 1, 1998a, p. 1-27.

MATTESSICH, Richard, « Follow-up to: "Recent insights into Mesopotamian accounting of the 3rd millennium B.C. – successor to token accounting": correction to Table 1 », *Accounting Historians Journal*, vol. 25, n° 2, 1998b, p. 147-149.

MATTHEWS, Derek, ANDERSON, Malcolm, EDWARDS, John Richard, « The rise of the professional accountant in British management », *Economic History Review*, vol. L, n° 3, 1997, p. 407-429.

MCBRIDE, Karen, HINES, Tony, CRAIG, Russell, « A rum deal: The purser's measure and accounting control of materials in the Royal Navy, 1665-1832 », *Business History*, vol. 58, n° 6, 2016, p. 925-946.

MCDONOUGH, Ryan P., MIRANTI, Paul J., SCHODERBEK, Michael P., « Alfred D. Chandler's Integrated Learning Base: Toward the classification and measurement of corporate innovation », *Accounting History*, vol. 25, n° 4, 2019, p. 558-579.

MCKINSTRY, Sam, DING, Ying Yong, « Business success and the architectural practice of Sir George Gilbert Scott, c1845-1878: A study of hard work, sound management and networks of trust », *Business History*, vol. 59, n° 6, 2017, p. 928-950.

MILES, Edward W., *The Purpose of the Business School: Alternative Views and Implications for the Future*, Cham, Palgrave Pivot, 2019.

MILLER, Peter B., NAPIER, Christopher J., « Genealogies of calculation », *Accounting, Organizations and Society*, vol. 18, n° 7/8, 1993, p. 631-647.

MILLER, Peter B., HOOPER, Trevor, LAUGHLIN, Richard, « The new accounting history: An introduction », *Accounting, Organizations and Society*, vol. 16, n° 5/6, 1991, p. 395-403.

MOERMAN, Lee, VAN DER LAAN, Sandra, CAMPBELL, David, « A tale of two asbestos giants: Corporate reports as (auto) biography », *Business History*, vol. 56, n° 6, 2014, p. 975-995.

NAPIER, Christopher J., « Research directions in accounting history », *British Accounting Review*, vol. 21, n° 3, 1989, p. 237-254.

NAPIER. Christopher J., « Academic disdain? Economists and accounting in Britain, 1850-1950 », *Accounting, Business and Financial History*, vol. 6, n° 3, 1996, p. 427-450.

NAPIER, Christopher J., « Accounts of change: 30 years of historical accounting research », *Accounting, Organizations and Society*, vol. 31, n° 4/5, 2006, p. 445-507.

NAPIER, Christopher J., « Historiography », in J.R. Edwards, S.P. Walker (eds), *The Routledge Companion to Accounting History*, Abingdon, Routledge, 2009, p. 231-249.

O'CONNELL, Brendan, LANGE, Paul de, STONER, Greg, SANGSTER, Alan, « Strategic manoeuvres and impression management: Communication approaches in the case of a crisis event », *Business History*, vol. 58, n° 6, 2016, p. 903-924.

PARKER, Lee David, « Informing Historical Research in Accounting and Management: Traditions, Philosophies and Opportunities », *Accounting Historians Journal*, vol. 24, n° 2, 1997, p. 111-149.

PARKER, Lee David, « Historiography for the new millennium: Adventures in accounting and management », *Accounting History*, NS, vol. 4, n° 2, 1999, p. 11-42.

PARKER, Lee David, « Accounting historiography: Looking back to the future », *Meditari Accountancy Research*, vol. 23, n° 2, 2015, p. 142-157.

PARKER, Lee David, « The global Fayol: Contemporary management and accounting traces », *Entreprises et Histoire*, n° 83, 2016, p. 51-63.

PARKER, Robert Henry, *Management Accounting: An Historical Perspective*, London, Macmillan, 1969.

PARKER, Robert Henry, « Importing and exporting accounting: The British experience », in A.G. Hopwood (ed), *International Pressures for Accounting Change*, Herts, Prentice-Hall, 1989, p. 7-29.

PARKER, Robert Henry, « Misleading accounts? Pitfalls for historians », *Business History*, vol. 33, n° 4, 1991, p. 1-18.

PARKER, Robert Henry, « The scope of accounting history: A note », *Abacus*, vol. 29, n° 1, 1993, p. 106-110.

PREVITS, Gary John, PARKER, Lee David, COFFMAN, Edward N., « An accounting historiography: Subject matter and methodology », *Abacus*, vol. 26, n° 2, 1990, p. 136-157.

RICHARDSON, Alan J., « Strategies in the development of accounting history as an academic discipline », *Accounting History*, vol. 13, n° 3, 2008, p. 247-280.

RITSON, Philip A., PARKER, Lee David, « You're in the Army now! Historical lessons for contemporary management theorists », *Journal of Management History*, vol. 22, n° 3, 2016, p. 320-340.

ROWLINSON, Michael, JACQUES, Roy Stager, BOOTH, Charles, « Critical management and organizational history », in M. Alvesson, T. Bridgman, H. Willmont (eds) *The Oxford Handbook of Critical Management Studies*, Oxford, Oxford University Press, 2009, p. 286-303.

RUTTERFORD, Janette, « Finance and financial institutions », in J.R. Edwards, S.P. Walker (eds), *The Routledge Companion to Accounting History*, Abingdon, Routledge, 2009, p. 369-389.

SAFARI, Maryam, PARKER, Lee David, « Transitioning business school accounting from binary divide to unified national system: A historical case study », *Journal of Management History*, vol. 23, n° 3, 2017, p. 337-367.

SCHMANDT-BESSERAT, Denise, « Reckoning before writing », *Archaeology*, vol. 32, n° 3, 1979, p. 23-31.

SCHMANDT-BESSERAT, Denise, « Tablets and tokens: A re-examination of the so-called "Numerical Tablets" », *Visible Language*, vol. 15, n° 3, 1981, p. 321-344.

SCHMANDT-BESSERAT, Denise, *Before Writing*, vol. 1: *From Counting to Cuniform*, Austin, University of Texas Press, 1992.

SCHWARZKOPF, Stefan, « What is an archive–and where is it? Why business historians need a constructive theory of the archive », *Business Archives*, n° 105, 2012, p. 1-9.

SIDEBOTHAM, Roy, *Introduction to the Theory and Context of Accounting*, Oxford, Pergamon, 1965.

STEVENSON-CLARKE, Peta, BOWDEN, Bradley, « Difference of purpose: The usage of railway accounts in Victoria and Queensland (1880-1900), a comparative study », *Accounting History*, vol. 23, n° 1/2, 2018, p. 231-251.

TAYLOR, Scott, BELL, Emma, COOKE, Bill, « Business history and the historiographical operation », *Management & Organizational History*, vol. 4, n° 2, 2009, p. 151-166.

TOMS, Steve, WILSON, John, « In defence of business history: A reply to Taylor, Bell and Cooke », *Management & Organizational History*, vol. 5, n° 1, 2010, p. 109-120.

TOSH, John, *The Pursuit of History: Aims, Methods and New Directions in the Study of History*, 6th edn., London, Longman, 2015.

TOWNSEND, Robert B., « The rise and decline of history specializations over the past 40 years », *Perspectives on History*, December 2015, see: https://www.historians.org/publications-and-directories/perspectives-on-history/december-2015/the-rise-and-decline-of-history-specializations-over-the-past-40-years (last accessed on 15 August 2019).

TSAHURIDU, Eva, CARNEGIE, Garry D., « Accounting as a social and moral practice », IFAC Global Knowledge Gateway, 30 July 2018, available at: https://www.ifac.org/global-knowledge-gateway/ethics/discussion/accounting-social-and-moral-practice (last accessed on 29 June 2019).

TYSON, Thomas N., OLDROYD, David, « The debate between postmodernism and historiography: An accounting historian's manifesto », *Accounting History*, vol. 22, n° 1, 2017, p. 29-43.

VILLE, Simon, FLEMING, Grant, « Desperately seeking synergy: Interdisciplinary research in accounting and business history », *Pacific Accounting Review*, vol. 11, n° 1/2, 1999/2000, p. 173-180.

WALKER, Stephen P., « Accounting in history », *Accounting Historians Journal*, vol. 32, n° 2, 2005, p. 223-259.

WALKER, Stephen P., « Innovation, convergence and argument without end in accounting history », *Accounting, Auditing & Accountability Journal*, vol. 21, n° 2, 2008, p. 296-322.

WALKER, Stephen P., « Structures, territories and tribes », in *The Routledge Companion to Accounting History* (Eds, Edwards, J. R., Walker, S. P.). Routledge: Abingdon, 2009, p. 11-29.

WALKER, Stephen P., « Editorial », *Accounting History Review*, vol. 21, n° 1, 2011, p. 1-5.

WEATHERBEE, Terrance G., « Caution! This historiography makes wide turns: Historic turns and breaks in management and organization studies », *Management & Organizational History*, vol. 7, n° 3, 2012, p. 203-218.

WHITTINGTON, Geoff, « Accounting and economics », in B. Carsberg, T. Hope (eds). *Current Issues in Accounting*, Oxford, Philip Allan, 1977, p. 192-212.

YAMEY, Basil Selig, « Scientific bookkeeping and the rise of capitalism », *Economic History Review*, Second Series, vol. 1, n° 2/3, 1949, p. 99-113.

ZALD, Mayer N., « Organization studies as a scientific and humanistic enterprise: Towards a reconceptualization of the foundations of the field », *Organization Science*, vol. 4, n° 4, 1993, p. 513-528.

ZIMNOVITCH, Henri, « Essay on a critical and fruitful relationship between history and management », in L. Cailluet, Y. Lemarchand, M.-E. Chessel (eds), *History and Management Science*, Paris, Vuibert, 2013, p. 87-112.

LES CHARBONNAGES DU BOIS-DU-LUC À HOUDENG

250 ans d'évolution des organes de gestion et de la comptabilité dans une société de type d'Ancien Régime (1685-1935)

INTRODUCTION

Sous l'Ancien Régime, dans les villages du Comté de Hainaut, le droit d'extraire la houille est concédé par le seigneur haut justicier. À Houdeng, il l'est par le seigneur local, en suite d'un privilège accordé en 1340 par Guillaume II d'Avesnes. Le seigneur haut justicier n'accorde le droit « d'ouvrir la terre » que pour des périodes très courtes, de l'ordre d'une saison ou de trois ans, sous forme de bail, aux manants ou commerçants entrepreneurs. Ce droit est concédé, éventuellement par appel public aux amateurs, moyennant le paiement du cens et de l'entrecens. Le cens est l'impôt à payer pour obtenir l'autorisation d'ouvrir une fosse et d'en extraire le charbon. Cette redevance est mobile et renouvelée tous les ans. L'entrecens est la redevance proportionnelle à l'extraction, un tantième sur la production payable en nature ou en argent. Outre la précarité des contrats, le cens et l'entrecens, d'autres charges et obligations pèsent sur l'exploitation charbonnière. Le seigneur prend soin de stipuler qu'il rejette sur le preneur les dégâts miniers occasionnés par les travaux des fosses ainsi que l'obligation de remblayer les terres des ouvrages souterrains abandonnés. L'exploitation du charbon se faisait dans des conditions rudimentaires. Les affleurements de veines charbonneuses sont exploités au moyen d'excavations à ciel ouvert, par galeries et puits. Les couches superficielles épuisées, il faut creuser plus en profondeur, mais, à partir de vingt mètres, les problèmes de l'eau deviennent insurmontables. L'usage du charbon de terre est à l'époque d'un intérêt purement local, aussi personne ne prend le risque d'investir dans des ouvrages sérieux et rentables que l'on sera obligé de déplacer, d'abandonner ou de détruire à brève échéance. Innovation technique, l'approfondissement des fosses par le creusement d'un conduit à travers les terres de plusieurs seigneuries est à l'origine d'une forme entrepreneuriale nouvelle : un contrat par lequel les associés font des apports selon leurs états et dont les parts sont héréditaires. Le peuple représenté par les mineurs apporte son savoir-faire, la bourgeoisie marchande et les clercs apportent l'argent, la noblesse apporte la concession de ses terres. La Société du Grand Conduit et du Charbonnage de Houdeng est probablement la plus ancienne société charbonnière capitaliste d'Europe et donc du monde (Puissant, 2016). Sa structure capitaliste lui permet de faire face à la phase initiale de la première révolution industrielle. Cette société aura une existence d'une incroyable longévité, de 1685 à 1974, soit près de trois cents ans, et se caractérisera par sa rapidité d'adaptation aux nouvelles techniques industrielles. L'histoire de la Société des Charbonnages du Bois-du-Luc peut être divisée en deux grands chapitres : la société d'Ancien Régime, société civile de 1685 à 1935 (soit pendant deux cent cinquante ans) et la société anonyme de 1936 à 1974, année de sa mise en liquidation. S'appuyant sur la conservation de deux cent cinquante ans d'archives des charbonnages du Bois-du-Luc, la présente recherche s'intéresse à l'évolution de la notion de capital investi, considérée originellement comme une *mise de jeu*, à celle des organes de gestion, passant de l'assemblée générale des associés au conseil d'administration et à la direction générale que nous connaissons à la fin du XXe siècle. Elle s'intéresse particulièrement à la fonction de receveur, à l'origine le principal commis de l'établissement, dont les fonctions vont se démembrer progressivement. Enfin, par cette étude, nous assistons au passage de la comptabilité du domaine seigneurial à celui de la comptabilité à parties doubles.

LE CONTRAT D'ASSOCIATION DU 14 FÉVRIER 1685

Le projet de conduit de deux kilomètres de long à trente mètres de profondeur, que mûrissent depuis longtemps trois charbonniers, ne peut se concevoir dans les limites étroites des coutumes et usages de la fin du XVIIe siècle. Il faut créer un cadre nouveau, adapté à l'ampleur d'un projet dont les promoteurs savent qu'ils n'en verront pas la fin. Il faut concevoir des relations contractuelles nouvelles et trouver des capitaux. À l'époque, le droit est le fait de la coutume, et dans les Pays-Bas espagnols, il varie encore de lieu à lieu et de corps social à corps social ; il n'existe pas de code contenant des règles uniformes applicables à tous. Les hommes de loi n'ont pas de précédents, pas de références, il faut tout inventer. Un contrat d'association est passé le 14 février 1685 entre Robert Caupain, bailli de la seigneurie de Houdeng, Claude François Legoeulle, greffier et receveur de la seigneurie de Houdeng, Louis Navarre et André Blaireau, négociants de Binche, et trois maîtres charbonniers : Simon Blanquet, Auger Pourbaix et Charles Simon de Houdeng :

> Se sont résolus de faire ouvrir un conduit pour en tirer les eaux et sécher les veines où la houille du terroir de Houdeng et la entour pour à ce moyen en pouvoir extraire le charbon et qu'auparavant que d'y parvenir il conviendra d'exposer indispensablement assez grosses sommes d'argent pour subvenir tant aux journées des ouvriers et outils nécessaires ou creuser la terre, bois, cordes et autres choses requises voire de fournir au dédommagement des propriétaires particuliers ou Seigneurs par où il sera nécessaire de passer. (AEM n° 15012.1.)

Le greffier François Legoeulle souscrit 5 des 11 parts créées, dont 4 au profit de Jean François Le Danois de Neufchâtel, comte de Cernay, seigneur de Houdeng, grand maréchal de Hainaut, dont dépend l'autorisation d'exploitation. Le contrat prévoit que les trois maîtres charbonniers recevront chacun 15 patards par jour pour le paiement de leur travail, mais, comme en leur qualité d'associé ils doivent participer aux risques de l'entreprise, ils n'en recevront que 10, le solde leur sera restitué sur les marchandises à livrer (art. 2). Le contrat prévoit également que les trois maîtres devront mettre à la disposition de la société les outils et équipements déjà en usage sur le chantier, et que ceux-ci leur seront restitués aux mêmes conditions que pour le solde de la rémunération de leur travail (art. 3). Les autres associés, c'est-à-dire les financiers, bourgeois, et la noblesse par forme d'avance, paieront les ouvriers et feront les achats de matériaux nécessaires, à temps et à heure, en proportion de leurs parts, à peine de répondre de dommages et intérêts (art. 3). Ils seront remboursés de ces avances lorsque la société profitera des travaux (art. 4). Aucune des résolutions votées par l'assemblée générale en exécution du contrat du 14 février 1685 ni les résolutions du 26 avril 1919 modifiées par l'assemblée générale extraordinaire du 25 mars 1929 ne prévoient d'appel de fonds pour former le capital ni *a fortiori* n'en fixent le montant. Les statuts initiaux de la Société des Charbonnages du Bois-du-Luc ne prévoient pas l'existence même d'un capital. La notion de capital aux sens juridique et comptable du mot est non seulement inconnue mais également inconcevable pour les associés. C'était le cas dans le domaine seigneurial, et ce l'est toujours dans le domaine public. Pour les associés, il s'agit de faire, sous différentes formes, des avances (remboursables ou récupérables), avec le risque de les perdre si la mine ne produit pas le charbon attendu. C'est comme un jeu, une loterie – ils utilisent d'ailleurs le mot « mise ». C'est la raison pour laquelle Charles Simon se retire, réduisant le nombre de parts à dix. Il faudra attendre 1936 et la transformation de la société civile en société anonyme pour voir l'évaluation et la détermination d'un capital. Si la notion de capital est inconnue pour les fondateurs de la société, ce qui leur est parfaitement bien connu et compris est par contre la notion de parts dans une société. Ces parts sont héréditaires. Elles suivent l'évolution des biens patrimoniaux et parfois sont dispersées au sein d'une même famille ou à l'extérieur, car les cessions de parts sont autorisées. On arrive vite à un éclatement des parts dans la société. En 1808, on vend devant notaire le sixième du tiers de 1/92, soit 1/1656 de part de la société (AEM n° 2771). Les titres vendus proviennent pour la plupart des parts ouvrières, et les acheteurs sont le plus souvent possesseurs des parts bourgeoises ou de la noblesse. Ces deux dernières catégories sociales réunissent progressivement entre leurs mains la majorité des parts et tendent même à se fondre, les bourgeois enrichis épousant des membres de la petite noblesse, des écuyers… (Parmentier, 1985, p. 19). Un registre spécial est tenu, dans lequel ces parts sont inscrites avec indication des droits d'usufruit et des autres charges dont elles sont grevées. Tout transfert ou mutation doit être signifié par voie d'huissier. À partir du 1er janvier 1860, il est tenu deux registres. Le premier contient les mutations entre vifs survenues par acte d'achat, de donation ou de retrait social. L'autre sert à transcrire les mutations par décès en vertu de testament, liquidation ou partage de succession. Chacun des registres est muni d'une table alphabétique et chronologique sommaire (CA 31/03/1859). Jusqu'à la transformation de la société civile en société anonyme le 28 mars 1936, les parts sont représentées par le dividende afférent à une répartition de 100 000 francs.

LES ORGANES DIRIGEANTS

L'ASSEMBLÉE GÉNÉRALE

La possession de parts donne droit au partage des bénéfices, mais permet également de prendre part aux décisions. L'article 12 du contrat de société indique que les délibérations pour toutes les questions intéressant la gestion des fosses se feront à la pluralité des voix et avis, qui est à entendre selon le nombre de parts possédées. La dispersion des parts et la multiplication du nombre d'actionnaires conduisent en 1731, au terme d'une délibération bien motivée, à l'exclusion des propriétaires d'un trop petit pourcentage de parts :

> Les dits associés ayant aussi considérés que n'y ayant eu originairement que dix parts ou états dans ladite société, et que le nombre est tellement multiplié par la subdivision entre les descendants, d'aucuns qu'il n'est point possible de les admettre aux assemblées ni de convenir des choses utiles à ladite société parce que les uns n'ont que le viager de leur part, que la plupart de certaines branches sont ouvriers, lesquels, sous prétexte qu'eux ou leurs parents ont quelques parts ne veuillent obéir au préposé et ne travaillent qu'à leur mode, étant plus portés pour les ouvriers que pour la société, et n'engendrent que des désordres et mutineries, ils sont résolus que dorénavant il n'y aura qu'un député de chaque état qui interviendra aux assemblées, comptes et résolutions. (AG 20/09/1731.)

Un seul représentant par dixième, deux en 1779, sont admis aux réunions de l'assemblée des députés de la société, qui ont lieu quatre fois par an à Mons, à l'Hôtel de l'Aigle d'Or, et qui sont suivies d'un dîner.

À partir de 1828, les assemblées générales se tiennent à Houdeng, au siège social (Delattre, 1935, p. 106), puis, à partir de 1848, dans la maison directoriale (Quairiaux, 2016, p. 49). Pendant la guerre de 1914-1918, devant les difficultés de se déplacer, les réunions se tiennent à Bruxelles, rue Royale, au siège de la Société Générale de Belgique. Par les résolutions des 21 juillet et 20 octobre 1800, l'assemblée générale procède à une première réorganisation. Elle charge un comité de quatre membres de la représenter pendant les intervalles de ses réunions et établit le règlement fixant les attributions du comité et celui des receveur et contrôleur. Selon un projet présenté par le conseil, l'assemblée du 18 janvier 1802 décide qu'il n'y aura plus que quatre assemblées de députés chaque année. Le 22 juin 1807, la société prend le nom de Société civile charbonnière du Bois-du-Luc. À cette occasion, elle reprend les statuts de 1685, qu'elle fait authentifier par le notaire Wibier, à Mons, dans l'étude duquel les documents officiels sont déposés. Par une résolution du 27 février 1845, il est décidé que pour siéger à l'assemblée générale, il suffit de présenter un vingtième du capital, quelle que soit l'origine des procurations et sans que celles-ci doivent provenir d'une seule et même souche. Lors de l'assemblée générale du 28 février 1852, il est décidé que les jetons de présence attribués aux membres de l'assemblée générale et du comité d'administration seront uniformes, leur valeur étant fixée à 50 francs. Par une résolution du 23 juillet 1904, l'assemblée vote un texte interprétant et complétant les statuts par les résolutions organiques antérieures. Ce texte est publié et distribué. Toutefois, en 1916, l'assemblée décide de réviser le texte qui devait être mis en vigueur en 1917, mais cela est rendu impossible par les événements. C'est finalement l'assemblée générale extraordinaire du 26 avril 1919 qui coordonne toutes les résolutions prises jusque-là par les mandataires qualifiés du corps social. Les statuts et résolutions organiques de la Société civile des charbonnages du Bois-du-Luc, La Barette et Trivières, Saint-Denis, Obourg et Havré, à Houdeng-Aimeries, sont une nouvelle fois coordonnés, dix ans plus tard, en l'étude du notaire Degand à Mons le 22 avril 1929. La société est transformée en société anonyme sous la dénomination de Société anonyme des Charbonnages du Bois-du-Luc par-devant le notaire Paul Demaret à Houdeng-Goegnies, le 28 mars 1936. L'assemblée générale extraordinaire du 24 juillet 1936 devant Camille Hauchamps, notaire à Ixelles, porte le capital social à 45 000 000 frans sans apports nouveaux.

LA FONCTION DE RECEVEUR OU COMMIS ET SON ÉVOLUTION DESCENDANTE

Le contrat de société du 14 février 1685 prévoit :

> Que pour garder le droit du Seigneur et des dits comparchonniers, il sera choisy de main commune un homme, qui devra tenir notice du nombre et quantité de charbon qui se débitera, aux prix convenus entre tous, et en recevra l'argent sy on le trouve à propos, pour en être fait ainsi… (art. 5.)

Dès l'origine, la conduite et la direction du charbonnage sont confiées au receveur ou commis. Son rôle et ses fonctions sont précisés dans le « Règlement conçu et arrêté par les associés pour la conduite et direction du charbonnage » du 22 avril 1699. Ce règlement définit la mission du commis assermenté de « garder le droit de toute la société et de chacun en particulier et de bien et loyalement exercer ladite charge et d'observer le présent règlement » et la manière de rendre compte de sa mission. On verra dans cette fonction se succéder des descendants des fondateurs charbonniers, et notamment un Blanquet et des Pourbaix. Selon les travaux de V. Delattre, Joseph Laurent sera le premier à occuper ce poste important. Il prête serment le 22 avril 1699, et c'est à cette occasion qu'est rédigé le règlement (Delattre, 1935, p. 51). On peut se demander si, à la fin du XVIIe-début XVIIIe siècle, la besogne du receveur est réellement absorbante, car, en 1709, Joseph Laurent cumule sa fonction de receveur du charbonnage avec celle de receveur du droit de marcottage. Le marcottage est un droit perçu sur le charbon transporté en Hainaut. Toutefois, le premier receveur Joseph Laurent voit son contrat dénoncé à la suite d'une mauvaise gestion des finances de la société. Son incapacité ayant amené du désordre, l'assemblée a recours à l'autorité du seigneur de Houdeng, qui nomme l'avocat De Wesemael pour réorganiser la fonction. Il faut exercer plus de surveillance sur le receveur et séparer les fonctions. La vente du charbon est désormais soumise à la vérification d'un contrôleur assermenté qui doit remettre mensuellement des comptes. La direction des travaux est confiée à deux chefs ouvriers, Jacques Gobert et Jean Blanquet le jeune, qui assurent ce service en 1725, sans autre salaire qu'une charrée de charbon (Delattre, 1935, p. 52). Le premier contrôleur Jean-Baptiste Laurent entre en fonction en 1724 au traitement annuel de 160 livres, et Martin Delattre est appelé à remplacer Joseph Laurent comme receveur. La charge de receveur comporte des risques, en raison des sommes importantes qui passent par ses mains, et on juge prudent d'exiger une caution dont l'importance grandira progressivement. C'est ce qui vaut à Auger Blanquet, désigné en 1734 pour succéder à Martin Delattre, de devoir renoncer à ses fonctions par impossibilité de fournir les cautions réglementaires (Delattre, 1935, p. 52). C'est Charles Augustin Joseph Pourbaix (1711-1779), le petit-fils du fondateur Auger Pourbaix, d'abord contrôleur, puis receveur, qui est élu, avec un traitement de 600 livres par an. On serait tenté de se représenter le receveur, qui gagne 600 livres an et qui a tout un personnel à ses ordres, comme un grand seigneur ou peu s'en faut ; il n'en est rien. Ainsi, le premier qui se présente sur la liste à la mort de Charles Pourbaix en 1779, c'est son fils Martin-Joseph ; or, ce dernier est cabaretier. Cette particularité présente des inconvénients, non pas, comme on pourrait le croire, parce que cela peut nuire au prestige du premier employé du charbonnage, mais parce qu'on peut craindre la compromission du chef avec ses clients, les ouvriers du charbonnage. Ainsi le comprend l'assemblée, qui lui enjoint de revendre son comptoir (Delattre, 1935, p. 53). Le receveur se plaindra bientôt d'être lésé dans ses intérêts, allégeant que sa principale clientèle lui vient des charbonnages voisins, et Martin-Joseph Pourbaix, receveur du charbonnage, est autorisé à racheter son comptoir. Martin-Joseph ne profite pas longtemps de sa licence. Sa mort, après deux ans de fonction, laisse la place à François Roland (Delattre, 1935, p. 53). Or, Roland est aussi marchand de bière. Profitant de l'exemple de son prédécesseur, il commence par se soumettre à ne faire aucun commerce, mais bientôt il risque une plainte auprès des associés, qui lui accordent une indemnité annuelle de 50 livres en compensation de la perte de son commerce. La charge de receveur est ensuite dévolue à Joan-Joseph Haye, au gage de 25 livres par mois, « à charge de ne pouvoir vendre aucune boisson », auquel succède Constantin Pourbaix en 1791. Le règlement du 22 avril 1699, qui s'articule autour des activités du commis ou receveur, sera ainsi périodiquement adapté et modifié, et notamment en 1779. Ce nouveau règlement prévoit qu'outre la prestation de serment, le commis donnera caution de 12 000 livres et les obligations comptables sont précisées :

> Le commis ou receveur du charbonnage présentera aux maîtres associés, au commencement de chaque mois et au plus tard vers le dix, un état de tout ce qu'il aura débité, vendu, reçu et payé. Cet état sera explicatif et distribué par chapitre respectivement à la recette de chaque seigneurie de laquelle on aura tiré et vendu du charbon.

Pour ce qui concerne la comptabilité des dépenses, elle est réglementée de la manière suivante :

> [...] respectivement aux mises (dépenses), les journées des ouvriers formeront la première mise, le payement des droits d'entrecens la seconde, toutes les délivrances faites à l'usage des fosses (investissement, biens et services divers) la troisième, les dommages payés la quatrième, le boni distribué aux associés [...] et les rentes dues par la société la cinquième, et finalement les gages du receveur et contrôleur, l'audition des comptes à distribuer aux associés, gages des directeurs, du maréchal et tout ce qui n'est point compris dans les mises précédentes formeront la sixième et dernière mise.

De plus, chaque jour au soir, le receveur confrontera son registre du débit avec celui du contrôleur pour reconnaître s'il ne s'est point glissé « d'abus dans l'un ou l'autre d'iceux ». La comptabilité restera marquée par les dispositions initiales jusqu'au XXe siècle. Les associés attendent du commis ou receveur à la fois la prise de responsabilités opérationnelles, des obligations comptables et de contrôle, qui parfois s'entremêlent puisqu'il est secondé par le contrôleur chargé de la vérification des ventes ; celui-ci est donc plus ou moins le censeur du receveur. En 1802, André Pourbaix, second receveur à la fosse du Bois-du-Luc, est chargé de la direction des ouvrages intérieurs, poste reconnu comme étant le plus important et comme requérant des connaissances et des aptitudes spéciales (Delattre, 1935, p. 109). Cet employé ayant une occupation plus pénible que celle de second receveur, il serait juste de lui accorder une augmentation de paye. La même assemblée constate que l'emploi de contrôleur n'a été jusqu'à présent que celui d'un copiste et propose de l'employer plus utilement (AG 18/02/1802). En 1812, Jean Philippe Roland, nommé receveur en remplacement de son père démissionnaire, est encore le personnage principal du charbonnage, mais le comité des régisseurs a déjà pris une partie de ses prérogatives. Au fil du temps, avec l'agrandissement du site, il devient impossible pour le receveur de visiter cinq fosses en activité, une machine à feu, de diriger les ouvrages de dix bandes d'ouvriers, de faire la mesure de leurs ouvrages et de fournir les matériaux nécessaires à leur achèvement.

Un autre Charles Augustin Joseph Pourbaix, âgé de 24 ans, succède en 1825 comme receveur à Jean-Philippe Roland, décédé. Il est le fils de Séraphin Joseph, petit-fils de Charles Augustin Pourbaix et arrière-petit-fils de Martin Joseph Pourbaix, qui a exercé l'emploi de receveur de la société d'une manière irréprochable jusqu'en 1782 (AG 02/08/1824). En 1847, Dieudonné Delattre, garde-magasin, succède à Charles Pourbaix (Delattre, 1935, p. 110) et a comme successeur, en 1851,, qui sera chargé d'introduire la comptabilité à parties doubles (CA 25/10/1851). Émile Delrue est secondé par François Stekke. Comme « caissier », ce dernier estime appartenir à la catégorie des « employés supérieurs » et réclame un logement de fonction, qui lui est accordé (Quairiaux, 2016, p. 64). Le receveur perçoit maintenant un traitement très inférieur à celui des directeurs du Bois-du-Luc et d'Havré, fixé à 10 000 francs l'an, tandis qu'il doit se contenter de 3 700 francs. Le décès d'Émile Delrue provoque une réunion du comité du 19 septembre 1882, qui désigne le caissier François Stekke pour assurer l'intérim du défunt. Le 30 novembre suivant, François Stekke est nommé receveur avec François Roland, agent comptable à Bois-du-Luc, comme adjoint. Cette promotion lui vaut une revalorisation de ses appointements qui atteignent 5 000 francs en 1889. Le 27 février 1894, l'assemblée décide une hausse des appointements des trois principaux dirigeants. Le traitement du directeur passe de 12 000 francs à 15 000 francs, celui de l'ingénieur principal suit avec 8 000 francs contre 7 000 francs. Le receveur Stekke reste à la traîne avec 5 500 francs (Quairiaux, 2016, p. 77). En 1898, son traitement passe à 6 000 francs. Cette progression ne doit pas masquer le fait que ses responsabilités s'amenuisent. Dans un premier temps, le receveur présente, comme ses prédécesseurs, le rapport mensuel sur la situation de l'entreprise au comité d'administration. Au cours des dernières années de la direction de Victorien Bourg et au début de la direction de son fils Victor, un administrateur, Jules Isaac, présente régulièrement le compte rendu mensuel commercial et financier sur la marche de l'entreprise. Ce rôle est normalement dévolu au receveur et au directeur (Quairiaux, 2016, p. 52). Cette prérogative échappe très vite au receveur et, après le décès de l'administrateur Jules Isaac en 1885, va revenir aux directeurs Bourg et Degueldre (Quairiaux, 2016, p. 53). C'est à l'occasion de l'examen détaillé du bilan de l'exercice social 1916-1917 qu'apparaissent pour la première fois les mots « chef-comptable ». Le chef-comptable expose, avec le directeur général, au comité d'administration les différents postes du bilan (CA 28/03/1917). Il effectue la mission de l'agent comptable, l'agent qui rend les comptes. Il s'agit de Charles Pary, employé de la société qui, en 1905, a été chargé des fonctions d'agent comptable en remplacement d'Alphonse Druart, révoqué pour détournement de fonds (CA 25/11/1905). En 1912, Charles Pary est mandaté pour signer conjointement avec le directeur général toutes les pièces de comptabilité, mandats, chèques, accréditifs et toutes autres valeurs quelconques. Le comité de régie du 1er avril 1920 procède à des nominations et des adaptations de rémunérations. Charles Pary, chef-comptable, et Jules Thurion, chef du service commercial, voient leurs rémunérations portées respectivement à 10 200 francs et 7 800 francs, tandis qu'Arthur Gaudier est nommé caissier à titre définitif au traitement de 8 500 francs. Après 34 années de bons services, Charles Pary est démissionnaire pour prendre sa retraite. Le comité de régie du 24 mars 1926 profite de son départ pour créer le poste de chef des services administratifs. Ce poste nouveau, qui a le contrôle des services dans les deux sections (Bois-du-Luc et Havré), est confié à Georges Trémouroux, licencié en sciences commerciales et consulaires, qui bénéficiera d'un traitement fixe de 15 000 francs. C'est le premier universitaire engagé dans les services administratifs. Émile Mahoux, premier adjoint, prend les fonctions d'agent comptable au traitement de 12 000 francs. Arthur Gaudier, caissier, portera à l'avenir le titre de trésorier, plus adéquat à ses fonctions. La gestion administrative technique et commerciale se dégage ainsi lentement des pratiques de l'Ancien Régime. La révolution industrielle est entrée depuis longtemps aux Charbonnages du Bois-du-Luc et le receveur, qui a déjà vu le comité des régisseurs reprendre une partie de ses fonctions en 1800, fait toujours partie de la direction de l'entreprise, mais son rôle et sa rémunération se dévalorisent. À partir de la seconde moitié du XIXe siècle, la fonction se scinde et se spécialise entre l'agent comptable et le caissier, qui sont coiffés, après la Première Guerre mondiale, par le chef du service administratif, le futur directeur administratif et financier du XXe siècle.

LE COMITÉ DE RÉGIE

Après avoir fait des recherches pour l'amélioration de la direction du charbonnage, l'assemblée générale du 20 octobre 1800 institue dans son sein un « comité » qui, selon l'article 1er de son règlement :

> [...] sera chargé de tout le détail qui jusqu'à présent a fait la plus grande partie des occupations des receveurs et contrôleurs, de manière que le service de ces employés sera restreint à la recette, au contrôle, à la surintendance sur les ouvriers avec droit de les renvoyer, à l'inspection des ouvrages, à la distribution des ouvriers aux différentes fosses et l'exposition vis-à-vis du Comité des objets nécessaires à l'exploitation de l'entreprise, à la fourniture desquels ce dernier devra pourvoir (art. 1).

Ce comité, à l'origine composé de quatre membres, est chargé de représenter l'assemblée pendant les intervalles de ses réunions, de suivre les affaires contentieuses et surveiller tous les objets qu'ils croient mériter leur attention, observant que pour tout ce qu'ils décident, ils sont obligés de le communiquer et d'être d'un avis unanime. Selon un projet présenté le 18 janvier 1802, il n'y aura que quatre assemblées générales des députés, et les huit autres assemblées seront tenues par le comité. L'assemblée générale du 11 octobre 1802 décide qu'il sera passé, à charge de la société, à chacun des membres du comité, une indemnité raisonnable (12 scalins) pour chaque audition des comptes à laquelle ils interviendront. Le 28 octobre 1817, le nombre des membres du comité est porté à cinq, et à sept en 1929. En 1918, eu égard aux circonstances qui peuvent rendre difficile la tenue régulière de réunions fréquentes et des décisions rapides, il est décidé d'allouer aux membres de l'assemblée générale une indemnité annuelle de 2 000 francs (pour quatre réunions par an), augmentée de 6 000 francs pour les membres du comité (frais de déplacement compris). Dans la version des statuts et résolutions organiques de 1929, mais en usage depuis 1919, les décisions du comité sont prises à la majorité des voix, celle du président étant prépondérante en cas de partage (art. 10). Dans la pratique et dans les rapports des réunions, ce comité s'appelle comité d'administration, et comité de régie après 1919, et il se réunit tous les mois. En 1936, lors de la transformation de la société civile en société anonyme, les membres du comité de régie forment le conseil d'administration.

LE CONSEIL DE SURVEILLANCE

En 1919, la surveillance des opérations sociales est confiée à un conseil de surveillance composé de sept membres (AGE 26/04/1919). Auparavant, cette mission était confiée aux membres volontaires du comité d'administration. Le conseil de surveillance a le droit d'inspecter et contrôler, sans les déplacer, les livres et les écritures sociales. Il vérifie l'exactitude des inventaires en corps ou par délégation. D'une manière générale, les rapports du conseil de surveillance sont succincts. Ces rapports indiquent comment les membres du conseil de surveillance ont vérifié les inventaires des magasins, dénombré, pesé les articles mis en concordance avec les fiches. Par de nombreux pointages et vérifications, ils vérifient la concordance des écritures avec les chiffres du bilan. Parfois ils font des commentaires plus personnalisés : « nos vérifications nous ont permis de constater une fois de plus le bon fonctionnement de nos services, et il nous plaît d'en féliciter notre Direction générale qui joint la bienveillance à l'autorité et à la fermeté » (CS 14/02/1928). En 1936, lors de la transformation de la société civile en société anonyme, les membres du conseil de surveillance forment le collège des commissaires.

LE CONSEIL GÉNÉRAL

Institué en 1919, le conseil général est formé par le comité de régie et le conseil de surveillance. Au conseil général sont réservées la nomination, la suspension, la révocation et la fixation du traitement du directeur général ainsi que des agents dont la rémunération atteint ou excède 30 000 francs par an. Le conseil général s'occupe des acquisitions et aliénations d'immeubles quand l'importance de l'opération excède 100 000 francs, de la répartition d'acomptes sur dividendes et de la fixation du taux pour racheter les parts sociales offertes en vente par les associés.

LA FONCTION DE DIRECTEUR

Nous avons vu qu'à l'origine, le commis avait des responsabilités opérationnelles qu'il gardera même sous l'empire du nouveau règlement de 1800. Dans la pratique, la direction des ouvrages est exercée par les maîtres-charbonniers fondateurs de la société, puis par leurs fils et petits-fils. Jusqu'au début du XIXe siècle, l'expérience du terrain paraît suffire. En 1817, François Bourg, qui, dès 1807, avait fait preuve d'habileté dans l'exécution de travaux de mines, est nommé directeur des ouvrages (Delattre, 1935, p. 109). Il inaugure une véritable dynastie familiale à la tête de l'entreprise. En 1835, Victorien Bourg est adjoint à son père, le directeur des travaux. Au sortir du collège de Mons, il fréquente les bureaux de l'architecte de la ville, de l'ingénieur du corps des Mines et du géomètre Leclercq, puis il subit l'examen d'arpenteur juré et fait un stage dans des charbonnages du Pays de Liège (Delattre, 1935, p. 110). C'est après cette formation théorique et pratique aux frais de la société que Victorien Bourg rejoint les Charbonnages du Bois-du-Luc, dont il deviendra le directeur général en succédant à son père.

En 1842, Alexandre Bourg, le second fils du directeur, qui a terminé ses deux années à l'École spéciale des mines ouverte à Mons en 1836-1837, est attaché à la société pour dresser et tenir à jour les plans du charbonnage et pour concourir à la direction des travaux du fond. C'est le premier ingénieur civil entré aux Charbonnages du Bois-du-Luc. En 1855, Victorien Bourg succède à son père et devient directeur tant du service administratif que du service technique. Au décès de Victorien Bourg en 1880, son fils Victor devient le directeur du siège du Bois-du-Luc et Charles Demaret directeur du siège d'Havré, développé entre-temps. La famille Bourg débute la diversification des activités du charbonnage par la fabrication de coke utilisé en métallurgie et par les locomotives des chemins de fer. Après des essais comparatifs de différents procédés en 1846, la production de coke commence en 1847 pour atteindre 150 tonnes par jour en 1854, soit plus de la moitié de la houille extraite. La Société du Bois-du-Luc fait construire par la Société Semet-Solvay, à Ville-sur-Haine, près du charbonnage d'Havré, 75 fours à coke avec récupération des sous-produits (ammoniaque, goudron, naphtaline) (Delattre, 1935, p. 135). La famille Bourg jette aussi les bases d'une politique sociale paternaliste, dont les fameux « carrés ». Les maisons ouvrières de la Cité de Bosquetville constituent l'une des plus belles illustrations (Quairiaux, 2016, p. 11). Arrivé à la tête de l'entreprise à la suite du décès de Victor Bourg le 29 décembre 1891, Omer Degueldre (1859-1912) est nommé directeur général, titre qu'il inaugure dans la société. Ingénieur civil des mines entré au service de l'entreprise en 1882, il attire l'attention dès 1886 par la mise au point d'un système de fermeture automatique des plans inclinés qui porte son nom (Quairiaux, 2016, p. 100). En 1887, il remplace le directeur Victor Bourg pour donner lecture du rapport mensuel sur le siège du Bois-du-Luc (CA du 30/05/1887). Ses premières interventions aux assemblées montrent son intention d'imposer sa marque (Quairiaux, 2016, p. 5). Cet objectif est d'autant plus facile à atteindre que l'assemblée lui accorde des pouvoirs plus étendus que ceux de ses prédécesseurs, il devient rapidement le seul maître à bord. En effet, le 30 septembre 1894, un acte passé devant le notaire Edmond Ribeaucourt de La Louvière définit ses prérogatives dans les matières administratives, techniques et commerciales. Diplomate consommé, Degueldre feint de solliciter les lumières du conseil pour lui imposer ses propres vues. Pendant sa carrière qui sera brève, puisqu'il décède en 1912 à l'âge de 53 ans après une courte maladie, il témoigne d'une inventivité remarquable en perfectionnant les équipements d'extraction. Préoccupé par la perspective de l'épuisement des gisements, il continue de diversifier la production de coke avec la société Solvay pour produire des huiles légères (benzol et hydrocarbures divers). À ses qualités d'entrepreneur s'ajoute un sens consommé de la rentabilité et de la communication. Au décès d'Omer Degueldre en 1912, c'est Paul Descampe qui lui succède. Pendant les premiers mois de la Première Guerre mondiale, d'août à novembre 1914, le directeur général Descampe et l'ingénieur principal André sont seuls face à l'occupant pour prendre des décisions urgentes de toute nature. L'arrêt de l'activité charbonnière n'est pas envisageable pour l'existence du charbonnage et la conservation des ouvriers et de leurs familles, tandis que l'autorité allemande menace de mettre sous séquestre les mines, ce qui suspendrait le travail. Le comité d'administration ne peut se réunir pour la première fois que le 19 novembre 1914 à Bruxelles. Tout en approuvant les mesures sociales prises par Descampe (un jour de travail sur deux malgré l'accumulation des stocks, suspension de la perception des loyers, poursuite de la mise en place de l'éclairage électrique des maisons ouvrières), il est décidé que le directeur général doit s'opposer à toute réquisition et ne livrer le charbon que contraint et forcé. Cette attitude est confirmée en avril 1915 : le directeur doit se placer au point de vue patriotique tout en se conformant à l'exemple des autres exploitations. L'assemblée générale du 31 août 1915 estime qu'il y a lieu de poursuivre les travaux d'amélioration des installations et de l'outillage, de façon à tirer parti dans la plus large mesure de la reprise des affaires que l'on espère voir se produire après la conclusion de la paix. C'est ainsi que, lors de la présentation d'un rapport expliquant la marche des travaux pendant les neuf premiers mois de l'année 1915, l'ingénieur principal André présente un plan pour développer l'extraction (AG 26/10/1915). Paul Descampe s'étant retiré en 1916, c'est Léon André, le concepteur du plan d'investissements, qui le remplace et qui devient directeur général. Il poursuit la politique d'investissements d'expansion décidée en 1915, mais aussi celle des investissements de rationalisation, pour améliorer la productivité des outils existants. Pendant la guerre, l'utilisation des marteaux-piqueurs pneumatiques, adoptés bien avant la loi du 1er janvier 1912, continue à se généraliser. Pour l'assemblée générale tenue à Bruxelles le 28 novembre 1918, soit 17 jours après la fin de la guerre, le directeur général Léon André rédige un texte tendant à montrer sa détermination à sauver les infrastructures menacées de destruction (charges de dynamite posées à partir du dimanche 27 octobre 1918), ce qu'il fit avec beaucoup de sang-froid. Léon André est toujours le directeur général en 1935, au deux cent cinquantième anniversaire de la société, qui décide de se transformer en société anonyme.

LA COMPTABILITÉ

LA COMPTABILITÉ DU CHARBONNAGE DANS LA PRATIQUE

Aux débuts de la société, la comptabilité du Charbonnage du Bois-du-Luc est une comptabilité de domaine servant à la perception du droit d'entrecens dû au seigneur. C'est à la fois un titre de perception d'impôts, mais aussi un instrument de contrôle des recettes et des dépenses dont il est périodiquement rendu compte aux associés. Cette comptabilité tenue en mode de finance vise à déterminer l'encaisse au départ des recettes et des dépenses. Pendant tout le XVIIIe siècle, la comptabilité du charbonnage est tenue sur des feuilles de papier de 33,50 x 40 cm pliées en deux, soit quatre pages, et reliées par une ficelle pour former des cahiers mensuels. Les cahiers reprennent en premier la constatation des recettes. La partie gauche du feuillet comporte l'indication du nom du client et des quantités fournies tandis que, sur la partie de droite, sont indiqués en livres, sols et deniers les montants ventilés selon les qualités du charbon (gaillettes, failfil de forge) ainsi que les cannées (perception du droit d'entrecens du seigneur).

À partir de 1750, la partie de droite comporte des colonnes. Ces feuillets sont additionnés sans report sur le feuillet suivant. Viennent ensuite les mises, c'est-à-dire les dépenses. La première somme des mises est le paiement des ouvriers, qui est effectué mensuellement. La seconde somme des mises est constituée par les autres paiements. Les pièces justificatives (quittances) sont percées en leur milieu et jointes au cahier par une ficelle. Les données chiffrées de chaque page sont additionnées par mises et recettes, et appuient un compte qui est ouï, vérifié et arrêté par les maîtres associés. Le compte périodique des associés se fera sur papier timbré à 75 centimes pendant l'Administration française du Département de Jemappes (de 1795 à 1814). La comptabilité va évoluer au cours du XIXe siècle de la même manière que le contexte économique et social. La fin de l'Ancien Régime correspond, après la bataille de Fleurus en 1794, à l'annexion des Pays-Bas autrichiens et de la principauté de Liège à la France. Le comté de Hainaut devient le Département de Jemappes, la société féodale est abolie, et avec elle la suppression des privilèges, en particulier les droits seigneuriaux de cens et d'entrecens.

La comptabilité sous la première révolution industrielle (XIXe)

La société participe pleinement à la révolution industrielle, mais la comptabilité est toujours une comptabilité d'Ancien Régime, qui va évoluer lentement. En sa séance du 11 avril 1824 tenue à Mons, pour obtempérer aux lettres de l'ingénieur des mines relatives à la redevance proportionnelle, le comité décide que le journal grand-livre qui a été tenu en double (l'un par le receveur, l'autre par le contrôleur) peut sans inconvénient pour la comptabilité n'être tenu désormais qu'en un seul registre. En 1846, la comptabilité reste toujours marquée par les dispositions du règlement de 1699, modifié en 1779, qui définit les obligations du commis, la forme et le contrôle de la comptabilité de la société. L'augmentation de la surface du site entraîne des modifications dans l'organisation de la comptabilité. La recette est à présent décentralisée et perçue dans trois caisses : une caisse tenue au siège principal, une autre au Rivage (Mons), et une troisième à La Barette. La dépense est ventilée en trois parties, mais elle est à présent présentée de manière normalisée sur un document préimprimé :

1. La première partie porte sur les acquisitions, réparations et entretien des agrès : chandelles, huile à brûler, bois de charpente, cordages, paille, avoine, chevaux, etc. La société pratique ce que l'on appelle maintenant le *self billing.* Les fournisseurs de bois, de transport, d'un cheval, de la construction d'un bateau sur le chantier du Rivage reçoivent un titre préimprimé de la société qui est complété par l'indication de leur nom, de la description des quantités et du prix des biens livrés. Comme au siècle précédent, les factures et documents comptabilisés sont percés en leur milieu et fixés à l'état de la dépense par un cordon.

2. La deuxième partie de la dépense porte sur les journées des ouvriers, les ouvrages marchandés, les dommages, les appointements des employés, des brigadiers et des rouliers. Comme au siècle précédent également, le paiement des ouvriers de la quinzaine s'appuie sur une feuille nominative reprenant matricule, nom et prénom, nombre de journées, somme à payer et, en observation, la qualification de l'ouvrier. Les salaires payés vont de 50 centimes à 2 francs par jour. Les employés sont payés mensuellement et signent également l'état nominatif pour l'acquit de leurs gages ou appointements. Les appointements les plus élevés sont ceux de Charles Pourbaix, receveur-comptable, et de Victorien Bourg, directeur-adjoint, qui perçoivent chacun des appointements de 100 francs pour le mois de mai 1846. Ces appointements correspondent à 30 jours aux gages de 3,33 francs par jour.

3. La troisième partie porte sur les dépenses extraordinaires, c'est-à-dire notamment les investissements. Il semble ressortir, de l'examen des documents, que l'imputation de certaines dépenses entre ces trois chapitres n'est pas toujours cohérente, en particulier pour les travaux relatifs aux valeurs immobilisées (ce terme n'apparaît qu'en 1861). La comptabilité, toujours tenue *en mode de finance*, est accompagnée d'une forme nouvelle de comptabilité : la comptabilité des matières.

Tableau des extractions, vente et consommation du charbon de terre

Cette comptabilité des matières traite des données quantitatives sous la forme d'un « Tableau des extraction, vente et consommation du charbon de terre » établi chaque quinzaine. En 1846, cette comptabilité des matières est reprise sur de grandes feuilles de papier imprimé, qui sont complétées par les données recueillies. Ce tableau reprend jour par jour et par fosse :

- l'extraction de charbon ventilée selon les diverses qualités : cufats, gros, gaillettes ou gailletin, menu, sale (ventilation exprimée en unités de mille (500 kilogrammes) ou d'hectolitre) ;
- les ventes par jour, par qualité et prix : gros à 10 francs ou à 8 francs le mille, menu à 1 franc, 85, 75 ou 40 centimes l'hectolitre.
- les consommations internes, exprimées en qualités et unités de mesure, sont appuyées par des relevés journaliers de consommation pour chaque machine à épuisement (pour l'exhaure des eaux), machines à vapeur (pour l'extraction), comptoir, magasin, chambre des gardes d'écuries, maison de machiniste, ateliers des charpentiers et foyers extraordinaires.

Les tableaux se réconcilient entre eux d'une manière logique et rigoureuse en tenant compte du charbon qui reste invendu selon le bordereau précédent. Le tableau intègre le solde en caisse de la quinzaine précédente, la recette des trois points de vente, la dépense, et donne le solde nouveau de la caisse. Ce document est clôturé dans les 15 jours qui suivent, certifié par le receveur et soumis au comité d'administration qui se réunit tous les mois. Ce « Tableau des extraction, vente et consommation du charbon de terre » fait partie intégrante du compte soumis aux associés et en constitue certainement la partie majeure. Outre les données quantitatives de l'extraction, de la vente et des consommations intérieures, ce tableau détermine deux éléments clefs de l'actif du bilan tel qu'il était conçu à l'époque : l'encaisse et le stock de charbon restant en nature invendu mais évalué au prix de vente. Il constitue le recto du rapport, tandis que le verso comporte deux parties : celle de gauche avec la dépense et les dettes passives, celle de droite avec les dettes actives et le résultat.

LE PASSAGE À LA COMPTABILITÉ À PARTIES DOUBLES

Le débat est lancé à l'assemblée générale du 7 février 1849 par Mme la comtesse de Gagemont, qui donne lecture d'une proposition commençant comme suit :

> L'utilité d'une comptabilité régulière exigée de tous les agents comptables d'une société industrielle étant la chose la plus nécessaire à sa sûreté et à sa prospérité, il convient que la vérification des livres se fasse de la même manière. [...] On profitera de l'ouverture du chemin de fer vers Mons qui offre un débouché sur la France, et la société, envoyant ses charbons à Paris, devra y établir un agent dont la nomination ainsi que les conditions qui lui seront imposées donneront à la société l'occasion d'un nouveau règlement auquel devront se soumettre tous ses facteurs et agents comptables. (AG 07/02/1849.)

Une commission composée de trois membres est chargée de préparer un projet, mais c'est le décès du receveur Dieudonné Delattre qui oblige le comité d'administration à prendre d'urgence les mesures commandées par les circonstances, dont la décision de tenir la comptabilité du charbonnage à parties doubles à partir de 1852. La nomination d'un nouveau receveur, Émile Delrue, est une occasion favorable pour établir ce nouveau mode de comptabilité. En effet, le comité d'administration du 24 février 1853 approuve et arrête, pour être soumis à l'assemblée générale prochaine, le bilan de l'année 1852 dressé conformément aux livres de la nouvelle comptabilité. Malheureusement, ce premier bilan n'a pas été retrouvé jusqu'à présent. La dernière année de comptabilité conservée aux Archives de l'État à Mons (AEM) est l'année 1883, et la comptabilité y est toujours décrite comme ci-avant. À partir de 1900, les archives gérées par la Saicom Asbl (Sauvegarde des archives industrielles du Couchant de Mons) sont conservées verticalement dans les caves des locaux administratifs des charbonnages avec d'autres ressources : les plans des bâtiments et machines, carnets et documents du personnel. Ces archives n'ont jusqu'à présent jamais été inventoriées et ont été déplacées et dispersées en différents endroits dans des conditions ne permettant pas leur exploitation. C'est grâce à la bonne volonté de l'équipe de la Saicom que certains éléments d'archives comptables ont été mis à jour pour compléter cette recherche.

L'ÉVOLUTION DE LA COMPTABILITÉ

Depuis le 1er janvier 1882, toutes les opérations de la comptabilité se font avec l'unité de tonne métrique au lieu de l'unité hectolitre. Cette méthode est beaucoup plus rationnelle, en ce sens que les prix de vente portent sur 1 000 kilogrammes (CA 27/02/1882). L'examen des bilans et inventaires de l'exercice social 1899-1900 fait apparaître des discordances entre les sections du Bois-du-Luc et d'Havré pour la présentation des frais de premier établissement (CA 14-15/05/1900), en conséquence de quoi s'instaure une normalisation comptable entre les deux sièges. En 1901, la documentation comptable remise mensuellement aux administrateurs est faite sur des documents standardisés, imprimés et complétés manuellement, comportant, pour les sections du Bois-du-Luc et d'Havré, six divisions :

1. Compte rendu Débit, Crédit, Bilan, notes et observations.
2. Renseignement et appréciation de la production par bure (puits).
3. Renseignement du prix de revient par bure.
4. Récapitulation des ventes et consommations, État de la clientèle.
5. État récapitulatif des entrées et sorties des magasins.
6. Rapport du directeur sur la marche des travaux.

La comptabilité est scindée selon un plan en 5 titres sous 12 chapitres subdivisés par des articles.

Table 1

Division 1 : Compte rendu Débit – Crédit *(extraits)*

Titre premier : le capital social immobilisé

Chapitre 1er : Premier établissement

Titre 2 : les éléments du prix de revient

Chapitre 2 : Travaux préparatoires
Chapitre 3 : Exhaure
Chapitre 4 : Extraction
Chapitre 5 : Transport

Ces quatre chapitres du Titre 2 étant subdivisés en articles :

1. Main-d'œuvre
2. Fournitures des magasins
3. Fournitures des ateliers
4. Consommation de charbons
5. Emploi de chevaux
6. Amortissement du matériel

Chapitre 6 : Frais généraux

Titre 3 : l'objet de la société : Recettes réelles

Chapitre 7 et Chapitre 8 : Compte général charbons

Articles :

1. Ventes aux fosses
2. Ventes aux rivages et agences
3. Consommations propres
4.
5. Imputations au compte profits et pertes

Titre 4 : les opérations auxiliaires

Chapitre 9 : Magasins

Chapitre 10 : Ateliers généraux

Titre 5 : le capital roulant

Chapitre 11 : Comptes particuliers

1. Capital, fonds de prévision
2. Comptes d'obligation, cautionnements
3. Dividendes
4. Maisons et autres propriétés
5. Actions retraites et achetées
6. Caisses de prévoyance
7. Caisse particulière de secours
8. Caisse d'épargne
9. Compte de divers
10. Banque
11. Profits et pertes

Chapitre 12 : Service financier

1. Caisse
2. Portefeuille

Saicom – CBL1901 (document non inventorié).

Ce plan des comptes ne permet pas de produire directement le bilan qui est fait mensuellement, mais dont la confection est facilitée par des documents préimprimés à compléter. Nous pouvons constater que ce plan des comptes est l'héritier des pratiques remontant au règlement de 1779, parce qu'il répond à la demande précise des dirigeants : contrôler le flux de la production (données quantitatives) et le prix de revient (données financières ou monétaires). La distribution de dividendes mensuels n'a jamais été faite sur base du résultat comptable, mais suivant les disponibilités de la caisse. À partir de 1906, le comité décide de faire subir un examen aux employés qui postulent à l'emploi d'agent comptable. M. François, expert-comptable, agent comptable du Syndicat des cokes à Bruxelles, est nommé pour dresser le programme de l'épreuve avec le directeur, de surveiller le concours et de coter le travail des récipiendaires (CA 27/01/1906). La même année est prise la décision de l'achat de deux machines à écrire et d'une machine à calculer (CA 30/06/1906). En 1916, pendant la Première Guerre mondiale, face à l'augmentation des prix des objets d'approvisionnement et des tentatives de fraudes, le comité décide, sur la proposition du directeur général, de moderniser l'organisation du service des approvisionnements et magasins et nomme un ingénieur, ancien directeur technique de charbonnage, pour organiser ce service par l'utilisation de méthodes modernes de classement et d'inventaire permanents sur fiches. Des diagrammes mensuels de consommation seront dressés pour chaque matière de façon à contrôler de près l'emploi et à veiller à la plus stricte économie dans chaque service (CA 27/09/1916). Pour l'assemblée générale de Bruxelles du 28 novembre 1918, qui se tient donc 17 jours après l'Armistice, le service de la comptabilité est en mesure de faire un bilan complet de l'exploitation du charbonnage pendant toute la durée de la guerre et pour les dix premiers mois de l'année 1918. C'est ainsi que l'on apprend que la comparaison des extractions effectuées pendant la période de guerre, soit du 1er août 1914 au 26 octobre 1918, et celle réalisée pendant la période précédente, du 1er août 1909 au 26 octobre 1913, respectivement de 1 486 950 tonnes et 2 513 676 tonnes, indique pour la période de guerre une production réduite à 59,15 % de l'extraction antérieure. Pour l'exercice en cours, commençant le 1er avril 1918, les sept premiers mois de l'exercice comparés aux sept mois correspondants de l'exercice précédent présentent un bénéfice de 2 090 702,49 francs contre 1 297 675,89 francs, soit une augmentation de 793 026,60 francs ou 61 %. Pour les mêmes époques, le prix de revient moyen est passé de 21,51 francs à 31,59 francs la tonne, tandis que le prix de vente est passé de 27,60 francs à 41,42 francs la tonne. La société ouvre un grand-livre par année. Le grand-livre de l'année 1924 est accompagné d'un index alphabétique des comptes. C'est ainsi par exemple que toutes les opérations portant sur le « Matériel d'extraction » portées au grand-livre commencent à la page 6, se poursuivent à la page 7 et se terminent à la page 24, parce que la page 8 est réservée au « Matériel de terrassement ». On voit un conservatisme certain en matière comptable, bien compréhensible dans une société déjà deux fois centenaire, mais pourquoi changer ce qui fonctionne bien ?

CONCLUSION

Héritiers de la gestion du domaine seigneurial, les organes de gestion et la comptabilité des Charbonnages du Bois-du-Luc ont subi une lente évolution. À l'origine, les associés qui souscrivent les parts de l'association ne savent pas où leur engagement va les conduire, puisqu'aucun montant de capital n'est fixé et qu'ils ne peuvent résilier le contrat aussi longtemps que le conduit n'est pas achevé et parfait, c'est-à-dire mis à veine. Ils utilisent d'ailleurs le mot « mise » comme dans les jeux d'argent. Il faudra attendre deux cent cinquante ans et la transformation de la société civile en société anonyme pour qu'un montant de capital soit fixé. Au départ, la société est administrée par son assemblée générale, initialement composée de six personnes, mais avec le temps et les successions de parts, après deux générations, elle doit constater que la multitude conduit à la confusion et décide que seuls les députés représentant un dixième par branche familiale des fondateurs seront admis aux assemblées. Ces députés sont le premier volet à l'origine des conseils d'administration actuels. La gestion journalière est tout d'abord confiée au commis ou receveur, qui a pour mission de veiller à l'intérêt général et à celui de chacun des associés en particulier. Si, à l'origine, la charge est peu absorbante, il devient progressivement impossible au seul commis ou receveur, avec l'agrandissement du site, d'assurer la tâche, tandis que se crée un comité qui reprend une partie de ses fonctions. C'est ici le deuxième volet à l'origine des organismes statutaires que nous connaissons actuellement : conseil d'administration, collège des commissaires, directeur général. D'autre part, le receveur se voit dépassé par l'évolution technologique, qui est confiée à un directeur des travaux. La complexification de la gestion de l'entreprise conduit le receveur à être le subordonné de l'agent comptable et à se spécialiser finalement à la tenue de la trésorerie. Au départ, la comptabilité tenue en mode de finance n'enregistre que la recette et les dépenses ventilées en trois chapitres :

1. Acquisition, réparations et entretien des agrès.
2. Journées des ouvriers et ouvrages marchandés, appointements.
3. Dépenses extraordinaires non dénommées ci-avant.

À cette comptabilité de caisse, vers 1840, vient se greffer une comptabilité des matières.

Cette comptabilité, centralisée dans le « Tableau des extraction, vente et consommation du charbon de terre », est extrêmement développée et devient l'outil principal de la gestion du charbonnage. Compte tenu du cycle économique de l'époque, la comptabilité en mode de finance est pourtant parfaitement adaptée aux nécessités de l'entreprise. Les salaires de près d'un millier d'ouvriers sont calculés, comptabilisés et payés chaque quinzaine ; la production de charbon, sa consommation et sa vente sont parfaitement suivis. Le comité d'administration reçoit sans retard chaque mois les comptes des établissements et peut prendre les décisions nécessaires, dont le paiement mensuel d'un dividende déterminé en fonction de l'existence en caisse. La comptabilité à parties doubles n'apparaît que progressivement à partir de la deuxième moitié du XIXe siècle et elle est due à l'évolution des pratiques pour l'enregistrement des opérations de caisse, les mouvements des comptes courants des clients, pour les ventes à crédit et la comptabilisation des effets reçus en paiement des charbons livrés, mais ne modifie en rien les tableaux servant à suivre l'évolution de la production et du prix de revient. Héritière du domaine seigneurial, la Société des Charbonnages du Bois-du-Luc est une entreprise purement capitaliste. Elle investit, exploite des ressources naturelles, le travail des ouvriers et rémunère ses actionnaires par l'octroi de dividendes, et pourtant, ce n'est qu'à la fin de l'époque d'Ancien Régime qu'elle adopte la comptabilité à parties doubles. L'observation de la comptabilité des Charbonnages du Bois-du-Luc des XVIIIe et XIXe siècles vient ainsi à contrepied de la théorie de Werner Sombart (1863-1941), qui considère que la comptabilité en parties doubles est une condition préalable essentielle du capitalisme. Nous voyons ici, comme Yannick Lemarchand (1995), que le choix d'un modèle comptable est déterminé par l'appartenance sociale des apporteurs de capitaux, ainsi que par les traditions et les conditions d'exploitation propres à chaque branche d'activité.

Eddy E. FELIX
Expert-comptable et conseil fiscal
(Belgique)

BIBLIOGRAPHIE

DOCUMENTS DE PREMIÈRE SOURCE

Archives de l'État à Mons (AEM).

AEM 15.012.1, Délibérations des associés puis de l'assemblée générale.

AEM 15.012.1, Règlement conçu et arrêté par les associés pour la conduite et direction du charbonnage du 22 avril 1699.

AEM 15.012.1, Assemblée du 14 février 1740.

AEM 15.012.1, Rapport de l'Assemblée du 17 juin 1788.

AEM 15.012.3, Comptabilité 1720-1723.

AEM 15.012-21, Comptabilité 1750-1751 et 1720-1805.

AEM 15.012-64, Comptabilité juillet 1861-décembre 1870.

AEM Archives notariales, 2771, Alexis Masson, 8 février 1808.

Sauvegarde des archives industrielles du Couchant de Mons (Saicom) Asbl à Houdeng-Aimeries.

Registres des résolutions de l'assemblée générale de la Société du Bois-du-Luc à Houdeng.

Ces registres comprennent les résolutions de l'assemblée générale (AG), du comité ou du conseil d'administration (CA), du comité de régie (CR), du conseil de surveillance (CS).

Registre n° 2 de 1800 à 1824, Registre n° 3 de 1824 à 1830, Registre n° 4 de 1830 à 1840, Registre n° 5 de 1841 à 1846, Registre n° 6 de 1847 à 1861, Registre n° 7 de 1861 à 1870, Registre n° 8 et n° 9 de 1871 à 1889, Registre n° 10 de 1889 à 1896, Registre n° 11 de 1896 à 1911, Registre n° 12 de 1911 à 1920, Registre n° 13 de 1920 à 1931.

Société civile des Charbonnages du Bois-du-Luc, La Barette et Trivières, Saint-Denis, Obourg, Havré, Statuts et résolutions organiques, Bruxelles, S.A. Weissenbrugh, 1929.

Société anonyme des Charbonnages du Bois-du-Luc, Houdeng-Aimeries, Statuts modifiés – nominations, Imprimerie du Moniteur belge, 1936.

RÉFÉRENCES

DELATTRE, Victor, *Le Bois-du-Luc et les premiers charbonnages de Houdeng in Bois-du-Luc 1685-1935*, livre dactylographié, Bibliothèque du Musée de Mariemont, 1935.

LEMARCHAND, Yannick, « Style mercantile ou mode de finances. Le choix d'un modèle comptable dans la France d'Ancien Régime », *Annales H.S.S.*, 50e année, 1995, p. 159-182.

PARMENTIER, Colette, « Évolution des structures de la Société du Bois-du-Luc », in *Bois-du-Luc 1685-1985*, La Louvière, Atelier du Bois-du-Luc, 1985.

PLUMET, Joseph (abbé), « La Société du Grand Conduit et du Charbonnage de Houdeng, 1685-1899 », in *Bois-du-Luc 1685-1935*, livre dactylographié, Bibliothèque du Musée de Mariemont, 1935.

PUISSANT, Jean, « Préface », in *Bois-du-Luc et ses ingénieurs. Sur les pas d'un bâtisseur visionnaire, Omer Degueldre*, Versailles, Become, 2016.

QUAIRIAUX, Yves, *Bois-du-Luc et ses ingénieurs. Sur les pas d'un bâtisseur visionnaire, Omer Degueldre*, Versailles, Become, 2016.

VIE ET MORT D'UN COMMIS DE FORGE OU « DU TENEUR DE LIVRES AU RÉGISSEUR »

François Alexandre Julien Midrouet (1810-1889)

INTRODUCTION

Depuis bientôt une trentaine d'années, Henri Zimnovitch consacre ses recherches à l'histoire des techniques comptables et de leurs usages, des recherches dans lesquelles il a su faire la part belle aux acteurs, parfois en leur rendant hommage en raison de leurs réalisations (Zimnovitch, 2001), d'autres fois en dénonçant leurs atermoiements, leurs erreurs et leurs insuffisances (Zimnovitch, 1996, 1997). Dans l'appel à communications des 22es Journées d'histoire du management et des organisations, qui se sont déroulées sous sa houlette au Cnam en mars 2017 et dont le thème était « Biographies et histoire du management », il proposait, parmi bien d'autres orientations, de « se focaliser sur tel ou tel individu pour mieux donner à comprendre le rôle de la multitude d'acteurs anonymes qui tissent l'étoffe des entreprises ». C'est le propos de cette contribution à cet ouvrage qui lui est dédié.

L'histoire de la comptabilité est difficilement séparable de celle de ceux qui l'ont pratiquée, peut-elle d'ailleurs se comprendre sans les connaître, sans s'interroger sur ce qu'ils ont été ? En France, l'histoire des experts-comptables et des commissaires aux comptes a fait l'objet de nombreux travaux[1] mais celle des comptables d'entreprises n'a guère été abordée que par Labardin (2010a, 2010b). Dans les deux cas, les travaux ont porté sur des professions, des groupes, mais quid des individus ?

1 On peut mentionner par exemple ceux de Bocqueraz (2000), Ramirez (2005), Touchelay (2005, 2006), Dattin (2012) et Praquin (2012).

On trouve quelques biographies d'auteurs comptables mais où sont les teneurs de livres ? Hors de France, nombreuses sont les biographies de professionnels ayant joué un rôle dans la création des organisations professionnelles ou des grands cabinets ou encore d'enseignants ayant fait avancer la réflexion et progresser la technique. Mais là encore, où sont les comptables d'entreprises ? Qu'en est-il des obscurs, des anonymes, de ceux dont il ne subsiste d'autres traces que des écritures comptables oubliées dans des registres poussiéreux délaissés par les habitués des archives ?

J'ai tenté d'en tirer un de cet anonymat, un peu à la façon de Corbin (1998) avec Louis-François Pinagot, sans imaginer parvenir à une reconstitution aussi fouillée et talentueuse de sa vie et de son univers, faute d'espace, de temps et surtout de compétences, mais avec davantage d'informations directes sur un personnage qui a laissé beaucoup plus de traces que Pinagot. D'ailleurs, à la différence de Corbin, je ne suis pas parti d'un nom trouvé en ouvrant au hasard un registre d'état civil ! Il y eut d'abord, il y a plus de trente ans, la découverte d'un manuscrit anonyme intitulé *Tenue des livres en partie double des forges*, daté de 1818, dans les archives des Berthelin, maîtres de forges à Doulevant-le-Château, déposées aux archives départementales de la Haute-Marne[2]. Dans une précédente publication, j'ai présenté ce manuscrit ainsi que celui que je pense avoir été son auteur : Jules Rozet (1800-1871), maître de forges au Clos-Mortier à Saint-Dizier (Lemarchand, 2017). Mais c'est le teneur de livres qui a ramené ce manuscrit du Clos-Mortier, où il a été formé à cette technique par son auteur, qui m'intéresse ici : François Alexandre Julien Midrouet. Né le 9 janvier 1810, entré au service des Berthelin en 1829, il y demeure jusqu'en 1886, peu de temps avant son décès le 13 mai 1889, âgé de 79 ans.

On ne connaît guère les teneurs de livres, alors même que les employés de bureau et notamment les comptables ont joué un rôle décisif dans le

2 AD Haute-Marne 6 J 37, Fonds Berthelin, Forges de Doulevant-le-Château, Journal, 1811-1829. Les archives de l'ensemble de la famille Berthelin, originaire de Troyes, furent récupérées en 1929 par la Société académique de l'Aube, grâce à la diligence du notaire chargé de la dispersion des meubles du château de Doulevant (La Perrière, 1931). Elles furent déposées en 1930, le fonds étant partagé entre les archives départementales de l'Aube, pour la partie commerciale troyenne (3 F), et celles de la Haute-Marne, pour l'usine métallurgique (6 J). Exploité notamment par Woronoff (1974, 1984) et Delorme (2002), ce dernier fonds semble hélas ne jamais avoir fait l'objet d'une étude d'ensemble, malgré son importance tant pour l'histoire de la métallurgie que pour celle de la région.

développement du capitalisme industriel au XIXe siècle (Gardey, 1995, 2008 ; Zakim, 2018). Or, il ne semble pas que l'un d'eux ait laissé de véritable récit autobiographique, du moins en France. Si la correspondance du commis bayonnais Louis Favreau (Barros et Doussantousse, 2004) s'y apparente quelque peu, elle ne couvre qu'une période limitée de sa vie. De même, si des éléments figurent parfois dans les préfaces de ceux qui ont rédigé des manuels (Nikitin, 2010, p. 5), ils ne permettent guère d'aller très loin. À défaut, c'est à partir de la littérature que Labardin (2010b) a tenté de tracer le « portrait du teneur de livres en tant que reflet de l'idéal du début du XIXe siècle », ceci en illustration de la distinction qu'il effectue entre le « teneur de livre » et le « comptable » ou, plutôt, « l'employé comptable » comme produit de la transformation des fonctions confiées à ceux qui tiennent les comptes et de leurs conditions de travail durant la seconde moitié du XIXe siècle.

Or, les archives des Berthelin offraient la possibilité d'approcher de près le « vécu » de l'un de ces teneurs de livres. C'est ainsi qu'il a par exemple été possible de suivre l'évolution du compte courant de Midrouet sur plus de trente ans. Mais bien d'autres sources ont été mises à contribution : les registres d'état civil, les recensements de population, les archives notariales et celles de l'Enregistrement, ainsi que le cadastre. La presse consultable en ligne a également été sollicitée, ainsi que les ouvrages de Didier (1871) et Pissot (1874), sur l'histoire de Doulevant-le-Château, deux contemporains de Midrouet, dont l'un au moins – Pissot – était son ami. Ceci a permis, en le contextualisant, de retracer à grands traits son parcours, tant professionnel que social, et de tenter en particulier d'apprécier son ascension sociale.

À la forge de Doulevant, les relations relèvent de ce que Lamanthe (2011) qualifie de « paternalisme réel » : un paternalisme qui « n'a pas le côté artificiel et construit des pratiques observées dans les grandes entreprises industrielles » et « revêt un caractère plus "spontané" », et où « la relation salariale s'inscrit *de facto* dans des rapports traditionnels qui sont en continuité avec les autres rapports sociaux ». Midrouet s'y révèle très proche de l'idéal-type du teneur de livres tel qu'esquissé par Labardin, évoluant dans une relation de fidélité et de proximité avec son patron (Labardin, 2007, p. 38-39) et s'inscrivant « dans une vie entière dédiée à une entreprise et souvent à une famille » (Labardin, 2010b, p. 58). Homme de confiance des Berthelin, il accède aux fonctions de régisseur durant les années 1840 et ses responsabilités s'élargissent bien au-delà de la tenue des livres. On le voit intervenir dans les achats de terres et les ventes de coupes de bois, s'occuper de la correspondance commerciale et surtout prendre en charge les mouvements de fonds et le recouvrement des créances.

Cependant, sa vie sociale se déploie au-delà du cadre étroit de l'entreprise, même si c'est la place qu'il y occupe qui détermine cette possibilité de dépassement ! Car il n'est pas que « l'écrivain de la forge » : de 1830 à 1850, il est aussi celui qui, auprès du maire Louis Berthelin, enregistre au jour le jour les événements essentiels de la vie de ses concitoyens de Doulevant – naissances, mariages et décès – et qui, chaque fin d'année, en fait le décompte, comme une sorte de bilan annuel ! Cette chronique villageoise – sept cents personnes environ vivent dans la commune – se double d'une chronique intime puisqu'il est conduit à inscrire lui-même sur les registres d'état civil certains des épisodes essentiels de sa propre existence : son mariage, les naissances de ses deux filles, le décès de la seconde à l'âge de 7 mois et celui de son épouse moins de deux ans plus tard !

Après la révolution de 1848, c'est la population de Doulevant qui lui confie de nouvelles responsabilités en l'élisant conseiller municipal. Et durant toutes les années 1860, l'administration de la commune duplique celle de la forge : Octave Berthelin, né deux ans après l'arrivée de Midrouet dans l'entreprise, occupe le fauteuil de maire et le régisseur est son adjoint ! Il rejoint finalement le petit groupe des notabilités locales, sachant que notabilité ne signifie pas nécessairement richesse – Midrouet n'a pas vraiment accumulé une fortune, loin de là – mais reconnaissance, influence et responsabilités. En 1871, le mariage de sa fille avec un architecte vient consacrer son ascension sociale, fruit de sa fidélité.

S'il est difficile de considérer ce parcours singulier comme représentatif de ceux des teneurs de livres ayant entamé leur carrière sous la monarchie de Juillet, il en montre au moins l'une des directions possibles, dans un secteur d'activité en pleine mutation. Car en filigrane du récit de la vie de l'un des derniers représentants d'une espèce en voie de disparition – les teneurs de livres – se dessine aussi celui de la fin d'une industrie fondée sur une technologie dépassée – la métallurgie basée sur le bois et l'énergie hydraulique – voire d'un type d'entreprise héritière du domaine seigneurial, dans laquelle un hobereau, probablement plus préoccupé de politique que du fonctionnement de ses fourneaux, se repose sur son régisseur pour faire valoir son bien. Au moment où Midrouet cesse de travailler, il y a déjà longtemps que les progrès techniques et la concentration ont commencé à modifier totalement la physionomie du secteur ! Teneurs de livres et régisseurs ont disparu, comptables et ingénieurs sont leurs homologues des grandes entreprises, mais les conditions de travail ne sont plus les mêmes.

Or, si la littérature a largement documenté la montée en puissance des employés de bureau à la fin du XIXe siècle, on ne connaît guère ceux qui les ont précédés. L'exemple de Midrouet montre qu'en effectif restreint au sein de la petite entreprise industrielle, ils ont bénéficié d'une situation privilégiée par rapport au déclassement subi par leurs successeurs, anonymement regroupés dans les services comptables des grandes entreprises, que ce soit en termes de rapports avec des employeurs dont ils étaient les hommes de confiance que de rétributions symboliques susceptibles de compenser largement des rémunérations matérielles parfois peu élevées.

Ce qui suit est d'abord organisé en trois temps : une présentation de l'homme et de ses origines familiales, une tentative de reconstitution de sa carrière aux forges de Doulevant, puis un examen des différentes étapes de son accès à la notabilité. Vient ensuite, en guise d'épilogue et la mort venue, la question de l'explication de la durée exceptionnelle de sa carrière !

Entre les faits que les sources m'ont permis d'établir avec une relative certitude, il y a de multiples interrogations et des hypothèses plus ou moins étayées, des doutes, des questions restées sans réponse. Comme toujours dans un exercice de ce type, la rédaction a fait naître de nouvelles questions qui, en temps normal, m'auraient conduit à parcourir les quelque six cents kilomètres me séparant des archives de la Haute-Marne, seulement les délais impartis pour la remise de ce texte et le coronavirus m'en ont empêché ! J'espère seulement que le dédicataire de cet ouvrage ne m'en tiendra pas trop rigueur !

FRANÇOIS ALEXANDRE JULIEN MIDROUET

PREMIÈRE RENCONTRE

Durant les années 1810 à 1830, la comptabilité en partie double l'emporte sur la tenue des livres en recette et dépense dans les entreprises industrielles, en particulier dans les activités minières et métallurgiques (Nikitin, 1992 ; Lemarchand, 1995). Il en va de même aux forges de Doulevant, où l'examen des livres[3] de la période 1774-1829 montre un premier passage, d'une comptabilité en recette et dépense à un système de comptabilité en partie simple, avec la tenue parallèle de comptes courants ouverts aux ouvriers, voituriers, forgerons et correspondants à partir des environs de 1780. Lorsqu'en 1829, décision est prise de passer à la partie double, les Berthelin se préoccupent de la formation du commis qui sera chargé d'assurer cette transition, ainsi qu'en témoigne une lettre datée du 20 mars 1829, adressée à Jean-Nicolas Berthelin par un dénommé Michegaud, de Saint-Dizier[4] :

> Ainsi que nous en étions convenus, Messieurs vos fils et moi, j'ai vu M. Périn Menaucourt[5] qui m'a promis de se charger d'apprendre la tenue des livres au jeune Midrouet, leur futur commis. Il m'a cependant observé que le travail des maîtres de forges était tout différent du sien et qu'il serait avantageux que ce jeune homme prît des leçons d'un bon teneur de livres de maître de forge. Il m'avait même parlé, pour cela, du commis de M. Jacquot[6], dont il fait du cas, et il avait offert de se charger de le faire recevoir à Bienville. Depuis j'ai réfléchi que M. Jules Rozet, devant tenir ses affaires avec beaucoup d'ordre et de soin, il serait peut-être possible d'obtenir qu'il donnât des leçons à ce jeune homme si l'un de vous, Messieurs, vouliez l'en prier.

Les Berthelin retiennent le conseil, ainsi que le confirme une lettre signée dudit Rozet, datée du 17 avril 1829 :

---

3 AD Haute-Marne, 6 J 34 à 6 J 37.

4 AD Haute-Marne, 6 J 166, Lettres reçues, 1829.

5 Périn-Ménaucourt était banquier à Wassy, ville dont il était le maire, située à mi-chemin entre Saint-Dizier et Doulevant-le-Château (Lamy, 1839, p. 421-422).

6 Il s'agit de l'un des deux frères Jacquot, Marcel et Joseph, maîtres de forges à Bienville et Eurville, deux localités voisines situées de part et d'autre de la Marne à quelques kilomètres au sud-est de Saint-Dizier (Moine, 1996, p. 65 ; Delorme, 2002).

> Si j'avais connu plus tôt votre détermination de prendre un commis de bureau, je vous aurais offert un des miens que je ne puis plus garder car il est sur le point de se marier. Il entend très bien la tenue des livres en partie double, les comptes de banque et les comptes de bois. Au besoin il surveillerait la forge car ici la tirerie était sous sa direction immédiate, il est docile et de bonne conduite, mais puisque vous en avez arrêté un autre qui est tout à fait neuf dans cette partie, il s'agit de l'instruire et sous ce rapport je suis disposé à faire tout ce qui dépendra de moi pour vous être agréable. Je dois simplement vous faire quelques observations à ce sujet. La tenue des livres en partie double ne serait pas une chose difficile pour vous, si vous vouliez l'apprendre, pas plus qu'elle ne l'a été pour moi. Il n'en est pas de même pour un jeune homme dont l'intelligence n'a pas été cultivée de bonne heure et qui n'est pas accoutumé à raisonner ses actions. J'en ai fait l'expérience sur deux jeunes commis dont je me suis occupé successivement. L'un d'eux travaille depuis deux ans dans mon bureau, il est laborieux et ne manque pas d'intelligence, cependant je ne voudrais pas encore lui confier mes livres, si je n'étais pas en état de lever toutes les difficultés qui peuvent se présenter et dont il ne sortirait pas seul. Votre commis peut venir quand il voudra et aussi souvent qu'il voudra dans mon bureau, je lui indiquerai l'ouvrage élémentaire qu'il doit étudier, mes livres lui seront ouverts, on lui montrera l'ordre. Il pourra même y travailler, mais je pense qu'après quelques mois d'un travail de ce genre il ne sera pas en état d'établir dans vos écritures un ordre nouveau et de le suivre fidèlement. Je souhaite vivement qu'il en soit autrement n'ayant rien de plus à cœur, dans cette circonstance, que de vous être agréable.

Manifestement plus habile que ne le supposait Rozet, l'apprenti devenu commis se montre rapidement à la hauteur de la tâche attendue de lui. En effet, à partir du 1er janvier 1830, soit huit jours avant que Midrouet ne fête son vingtième anniversaire, les livres des Berthelin sont tenus en partie double[7] et un compte lui est ouvert dans le livre des ouvriers et commis[8]. S'il ne perçoit un premier acompte que le 18 avril 1830, son compte est crédité le 1er juin 1831 « pour deux années de traitement échues ce jour à 425 F,850 ». C'est donc le 1er juin 1829 que Midrouet est entré à leur service, après un apprentissage relativement bref chez Rozet.

Comment et pourquoi a-t-il été choisi par les Berthelin ? La plupart du temps, on recrute les commis de forges parmi les proches, c'est-à-dire la famille ou, à défaut, dans le voisinage local (Woronoff, 1984, p. 303). Sans constituer une garantie absolue, le recrutement de proximité est un

7 AD Haute-Marne, 6 J 38, Journal, 1830-1834 ; 6 J 48, Grand livre, 1830-1833 ; 6 J 140, Inventaires, 1830-1842.

8 AD Haute-Marne, 6 J 75, f° 163.

moyen de s'assurer de la loyauté du futur employé : obligé tant vis-à-vis de ses employeurs que de ceux qui le leur ont présenté, il ne doit décevoir ni les uns ni les autres, il ne peut trahir sans déchoir et risquer d'entraîner sa famille dans sa chute. Au sein d'une communauté villageoise aussi resserée que celle de Doulevant et des quelques bourgs voisins, où tout le monde se connaît ou presque, une réputation peut être rapidement détruite ; autrement dit, la fidélité est socialement construite !

Midrouet n'a aucun lien familial avec les Berthelin, mais il est né à Arnancourt, une bourgade située à moins de quatre kilomètres de Doulevant. Il fallait d'abord que les Berthelin lui fassent confiance, et s'il n'est pas inconcevable qu'il se soit présenté directement à eux pour solliciter un emploi, il est plus vraisemblable qu'il ait été introduit par une tierce personne, informée des besoins des maîtres de forges et pensant qu'il pouvait y correspondre. Je formulerai plus loin une hypothèse sur l'identité d'une telle personne, mais ce qui importe pour le moment, c'est de voir qu'il est recruté en fonction des aptitudes que ses futurs employeurs ont su déceler chez lui au regard de leurs attentes. Ils ont jugé que Midrouet disposait des capacités nécessaires à l'exécution des tâches qui allaient lui être confiées, sinon les réserves exprimées par Rozet auraient dû les en dissuader, notamment la difficulté « pour un jeune homme dont l'intelligence n'a pas été cultivée de bonne heure et qui n'est pas accoutumé à raisonner ses actions » de maîtriser la tenue des livres en partie double au-delà des tâches élémentaires. Il n'en a rien été !

Pour les négociants du XVIIIe siècle, la qualité de l'écriture est la principale qualité que l'on attend du teneur de livres (Labardin 2010a, p. 53), mais c'est tout aussi vrai pour les entrepreneurs du XIXe, pour lesquels elle « est un critère important de recrutement dans les bureaux » (Gardey, 2008, p. 77), et les maîtres de forges ne font pas exception. Pour eux, « les directeurs et autres régisseurs doivent écrire correctement et savoir tenir les livres. L'écriture n'est pas affaire négligeable : la précision de la correspondance, la rigueur et la clarté des comptes en dépendent » (Woronoff, 1984, p. 303). Midrouet ne connaît encore rien à la tenue des livres, mais qu'à cela ne tienne, on lui fait prendre des leçons ! Même si les Berthelin n'envisagent peut-être pas déjà d'en faire leur régisseur, ils ont eu la possibilité d'apprécier la qualité de son écriture. Fine, régulière, élégante, sobre et sans fioritures excessives, tout en étant relativement affranchie des modèles scolaires du moment, celle-ci constituait pour lui un atout indéniable. Présente dans le manuscrit ramené de chez Rozet, à titre de guide et de référence, et offrant quelques caractéristiques qui permettent de l'identifier sans hésitation, on la retrouve dans les livres de comptes des Berthelin à partir de septembre 1829 et elle apparaît moins d'un an plus tard dans les registres d'état civil de Doulevant. Elle va y demeurer pendant une vingtaine d'années, le teneur de livres assurant durant cette période une partie des tâches relevant normalement d'un secrétaire de mairie.

Cette écriture, comme son maniement de la syntaxe – même si les formules des écritures comptables et des enregistrements d'état civil ont un caractère stéréotypé – ou encore sa maîtrise de divers types de calculs comptables et financiers montrent qu'il a poursuivi sa scolarité au-delà de l'enseignement primaire.

Mais de quel milieu est-il issu ? Que savons-nous de sa famille et du rapport de cette dernière à l'éducation ?

SES ORIGINES SOCIALES

En présentant les commis de forges, Woronoff (1984, p. 305) constate que « nous sommes très mal renseignés sur l'origine sociale de ces divers commis ». À défaut d'apporter une réponse générale à cette question, l'étude des actes de mariage, de naissance et de décès offre un moyen d'appréhender, de manière certes approximative mais cependant significative, le milieu social dont est issu un personnage donné, notamment par les indications sur les métiers exercés, tant par les parents que par les témoins aux mariages ou par les parrains et marraines avant la Révolution. Or, il a été possible de remonter assez facilement quatre générations du côté paternel comme du côté maternel[9], ce qui conduit à des trisaïeuls nés durant la seconde moitié du XVIIe siècle et s'étant mariés à la charnière avec le siècle suivant.

Le père, Philippe Midrouet (1779-1814), était bonnetier à Arnancourt, mais les Midrouet qui l'ont précédé – Joseph (1732-1813), Pierre (1700-1750) et Claude (1664-1733) – étaient tous laboureurs. Il est cependant précisé, dans l'acte de mariage de Philippe (16 juillet 1804), que son père Joseph était propriétaire. C'est probablement une famille d'agriculteurs

9 Ceci notamment grâce aux relevés effectués par les membres du Cercle généalogique de Haute-Marne, en accès libre sur Internet : http://www.actes52.fr/. Mais, bien sûr, les indications fournies ici proviennent toutes des actes originaux.

au statut un peu plus élevé que la plupart de ses homologues, qui a su nouer des alliances en dehors de la paysannerie. Ainsi, en 1730, Pierre Midrouet épouse Françoise Vienne (1706-1782), fille de Didier Vienne (1670-1732), recteur d'école à Courcelles-sur-Blaise. De même, en 1767, Joseph Midrouet épouse Marie Anne Ambonville (1745-1804), dont le père était tisserand et le grand-père maternel cordonnier.

La mère, Marie Françoise Paris (1777-1852), venait d'une famille de meuniers : son arrière-grand-père Joseph Paris (1681-1751) était meunier, tout comme ses deux grands-pères, Claude Paris (1706-1788) et Joseph Fromont, son père Jean-Nicolas Paris (1744-1819), ainsi que ses oncles Paris : Joseph (1743-1795), Jean (1747-1838) et François (1750-1835). Si Joseph, l'un des cinq frères de Marie Françoise, disparaît lors de la retraite de Russie, les quatre autres deviennent meuniers : Jean-Nicolas (1776-1855), Pierre (1782-1867), Jacques (1875- ?) et Edmé (1789-1861). L'endogamie professionnelle est de mise : Jean-Nicolas et Pierre épousent leurs cousines germaines Jeanne et Marie, filles de leur oncle Jean Paris, tandis que leur sœur Marie-Magdelaine (1781-1854) épouse Charles Huguenin, le meunier de Doulevant-le-Château, lui-même membre d'une autre grande famille de la corporation ! Ce dernier meurt en juin 1819 et sa veuve épouse un an plus tard son garçon meunier, Pierre Maugery, de dix ans son cadet, qui va assurer la continuité de l'entreprise. Son frère Jacques n'épouse pas la fille d'un meunier mais celle du notaire et maire de Morancourt – il y a pire en matière de mésalliance !

Or, les meuniers sont généralement considérés par les historiens comme faisant partie des « élites rurales ». Dès le Moyen Âge, « Le meunier ne se présente pas seulement comme un technicien ou un simple domestique [...] il occupe une place charnière entre puissants et dominés qui lui assure fortune, pouvoir, influence et crainte respectueuse. » (Pichot, 2002, p. 89.) Il n'est pas du tout certain que les Paris correspondaient vraiment à ce schéma mais au moment où François entre en apprentissage, ils exploitent plusieurs moulins situés dans un rayon d'une quarantaine de kilomètres autour de Doulevant. On retrouve ses grands oncles François et Jean respectivement à Arnancourt et à Saint-Urbain, ses oncles à Saint-Urbain (Jean-Nicolas), Wassy (Pierre et Jacques) et enfin Bouzancourt (Edmé), sans oublier sa tante Marie-Magdelaine, installée à Doulevant même. Quatre de ces moulins sont situés sur la Blaise, dont les eaux fournissent l'énergie nécessaire à la forge de Doulevant, ce qui en fait des interlocuteurs que ne peuvent négliger les Berthelin, la gestion des cours d'eau pouvant être source de conflits entre utilisateurs, surtout en période de basses eaux (Woronoff, 1984, p. 266-267) ! C'est d'ailleurs ce qui conduit à penser que c'est probablement par sa tante Marie Magdelaine Paris, dont le moulin est situé à quelques centaines de mètres en amont du bief de la forge, que Midrouet a été introduit auprès d'eux.

Sans doute les deux familles, dans lesquelles la pratique de l'écriture est attestée par la présence de signatures dans les registres paroissiaux dès la fin du XVIIe siècle, étaient-elles soucieuses d'assurer un certain niveau d'éducation à ceux de leurs enfants qu'elles jugeaient susceptibles d'en tirer parti, suivant en cela l'exemple du groupe des élites rurales, dont l'un des moyens de réussite était la « maîtrise d'une culture pratique comprenant l'écriture et le calcul » permettant « d'organiser l'activité économique et d'accéder aux métiers de la plume, du droit, au clergé » (Jessenne et Menant, 2007, p. 18).

Philippe Midrouet, qui n'était probablement qu'un petit fabricant actionnant un métier à tricoter pour le compte de la bonneterie troyenne, meurt en 1814, alors que François n'a que 4 ans. Il ne laisse à son épouse Marie Françoise Paris qu'un mobilier évalué à 400 francs et trente ares de terres labourables[10] – rien d'extraordinaire ! Celle-ci a néanmoins fait en sorte que son fils accède à un niveau d'éducation qui lui a ensuite permis de s'adapter très rapidement aux tâches qui lui ont été confiées, notamment le passage de la comptabilité de l'entreprise à la partie double après seulement quelques semaines d'initiation à cette technique. Selon toute vraisemblance, il a dû effectuer sa scolarité primaire à Arnancourt, son village natal, où l'existence d'une école est attestée dès le dernier tiers du XVIIe siècle (Fayet, 1879, p. 369). Ensuite, sans doute a-t-il suivi un enseignement général du type de celui qui était dispensé alors dans les collèges communaux créés sous l'Empire (Huitric, 2016), peut-être dans celui de Wassy, une petite ville située à une douzaine de kilomètres de Doulevant, chef-lieu de l'un des trois arrondissements de la Haute-Marne, où résidaient ses oncles Pierre et Jacques Paris. Tout cela avant de passer quelques semaines chez Rozet, à Saint-Dizier, et de rejoindre la forge.

10 AD Haute-Marne, 3 Q 17/2, Table des successions et absences, Bureau d'enregistrement de Doulevant-le-Château, 1804-1815.

CINQUANTE-SIX ANS AU SERVICE DE LA FAMILLE BERTHELIN

La fidélité, la proximité avec le chef d'entreprise et la confiance qui conduit à l'extension des responsabilités, que Labardin (2007) présente comme caractéristiques de la relation entre le teneur de livres et son employeur, se retrouvent tout à fait dans le cas de Midrouet. Est-il pour autant ce « personnage discret, travailleur, toujours situé dans l'ombre » des œuvres de fiction étudiées par Labardin (2010b, p. 56) ? Difficile de l'affirmer sans entrer aussi dans la fiction, car les éléments dont on dispose ne permettent guère d'en cerner avec certitude les traits psychologiques. Pourtant, le patronyme lui-même fleure bon le stéréotype littéraire ! Porté localement mais finalement peu répandu, commençant en outre par une syllabe quelque peu dépréciative, on ne peut s'empêcher d'imaginer une certaine ressemblance entre François Midrouet et Anselme Popinot, le commis de César Birotteau (Balzac, 1837 ; Labardin, 2010b, p. 56). Tous deux ont 19 ans lorsqu'ils sont embauchés par leurs employeurs respectifs, le premier correspond-il à la description que Balzac (1837, p. 101-102) donne du second : « sage et affectueux, un peu honteux, mais plein d'ardeur, doux comme un mouton, mais courageux au travail, dévoué, sobre, il était doué de toutes les vertus d'un chrétien des premiers temps de l'Église » ? Pourquoi pas ? Pour autant, la supposée ressemblance s'arrête là, car Midrouet ne connaîtra pas un destin aussi prestigieux que celui de Popinot, que l'on retrouvera comte et pair de France dans *Le Cousin Pons* (Balzac, 1847, p. 49), après avoir été ministre de l'Agriculture et du Commerce.

Pour en savoir un peu plus sur le teneur de livres, il faut d'abord situer le contexte géographique et économique de son activité, puis faire connaissance avec les Berthelin et leur entreprise, pour aborder enfin les fonctions qui lui sont confiées.

DOULEVANT ET LA MÉTALLURGIE HAUT-MARNAISE

Le bourg de Doulevant-le-Château est situé dans une région forestière, environ à mi-chemin entre Chaumont et Saint-Dizier. Son nom fait allusion au château qui s'y dressait jusqu'au milieu du XVIIIe siècle et dont le premier occupant fut Érard de Joinville, petit-fils de Jean de Joinville, l'ami de Saint-Louis et son premier biographe (Pissot, 1874, p. 28 ; Didier, 1871, p. 27).

Comme dans la plupart des localités de la région situées le long des cours d'eau, l'activité métallurgique y est pratiquée depuis plusieurs siècles, et au moment où Midrouet débute dans sa carrière, la Haute-Marne est le premier département métallurgique français. En 1836, elle occupe le premier rang pour la production de fonte et de fer avec respectivement 14,8 % et 11 % de la production nationale de ces deux matières (André, 1991, p. 63). Bénéficiant d'un minerai abondant et de qualité, dotée d'un important réseau hydrographique et d'un massif forestier conséquent, elle réunit les trois composantes clés de la métallurgie traditionnelle – minerai, énergie hydraulique et charbon de bois – et ses produits sont très réputés (André, 1991, p. 58).

Mais cette industrie est menacée, car des changements technologiques importants interviennent dès la fin des années 1820 avec l'introduction des méthodes anglaises : substitution de la houille au charbon de bois et utilisation de la machine à vapeur. Les maîtres de forges haut-marnais tentent de s'adapter en adoptant un procédé mixte, la « méthode champenoise », dans laquelle le combustible végétal reste utilisé dans les hauts-fourneaux pour l'obtention de la fonte, tandis que la houille le remplace pour l'obtention du fer par l'affinage de la fonte. La qualité de leurs produits et une certaine supériorité de la fonte au bois sur la fonte au coke leur permettent de maintenir momentanément leur rang, mais d'autres événements viennent bientôt contrecarrer leurs efforts.

La crise économique et financière de 1847, à l'origine de la révolution de 1848, se traduit notamment par l'arrêt des investissements des compagnies ferroviaires, ce qui provoque une forte baisse de la demande de produits métallurgiques. En 1848, les prix des fontes et des fers diminuent de 40 % et la production chute brutalement. Si une reprise s'amorce durant les années 1850, le département perd son premier rang de producteur de fonte en 1860, dépassé par la Moselle et bientôt par le Nord, puis par la Saône-et-Loire avec Le Creusot. La production de la fonte au bois, telle qu'elle se pratique encore à Doulevant, où elle est devenue la seule activité en raison du coût élevé de l'approvisionnement en houille, est la première victime de cette évolution (Bulard, 1904, p. 312). En 1869, le prix de la fonte produite à Doulevant dépasse de 20 % celui de la fonte au coke produite à Chamouilley, une localité située sur la Marne à quelques kilomètres au sud-est de Saint-Dizier et beaucoup mieux placée, en termes d'accès aux voies de communication, pour écouler sa production (André, 1991, p. 71-72). Nonobstant les qualités attribuées à la fonte au bois, sa compétitivité est donc largement remise en cause.

Dernier espoir, la construction d'un chemin de fer de Wassy à Doulevant est déclarée d'utilité publique le 26 décembre 1878 et confiée à une société anonyme créée par Octave Berthelin et quelques maîtres de forges de la haute vallée de la Blaise[11]. Mis en service le 25 août 1881, il ne permet pas d'inverser la tendance. À la fin de la décennie 1880, il ne reste quasiment plus aucun haut-fourneau fonctionnant au bois ; celui de Doulevant cesse ses activités en 1886 pour faire place à une distillerie. Si, en 1847, on dénombrait dans le département 112 établissements consacrés à la métallurgie de base (fourneaux, forges et fonderie), ils ne sont plus que 35 environ vers 1890, pour la plupart installés dans le nord du département, vers la ville de Saint-Dizier, mieux desservie par les voies ferrées et les canaux (Moine, 1996, p. 62).

LES BERTHELIN, LA FORGE ET DOULEVANT

Originaire de Troyes, issu d'une importante famille de négociants anoblis grâce à l'acquisition d'offices de secrétaires du roi, Jean-Nicolas Berthelin Duchauffour (1753-1837), écuyer, fait l'acquisition des forges de Doulevant en 1783 (La Perrière, 1931 ; Woronoff, 1984, p. 112-113). Ses fils Louis (1778-1866) et Jean (1776-1868) prennent la direction de l'entreprise en 1814 après avoir été associés à sa gestion durant plusieurs années (Woronoff, 1974, p. 138 ; 1984, p. 300). Enfin, Octave (1832-1908), fils de Louis, prend la suite durant les années 1850.

---

11 *Bulletin des lois*, 1879, n° 436, p. 433-458. Cette ligne a été définitivement fermée en mars 1991.

FIG. 1 – Le château des Berthelin.
© L. Laurent éditeur, Doulevant-le-Château,
coll. Lemarchand, droits réservés aux ayants droit.

Si le château des sieurs de Joinville a disparu du paysage depuis plus d'un siècle, il est remplacé à partir de 1828 par celui des Berthelin (*cf.* illustration ci-dessus). Édifié sur une légère butte, massif et sans grâce malgré son perron à double rampe et ses colonnes à l'antique, il symbolise le pouvoir de cette famille de maîtres de forges qui se succèdent sur trois générations, tant à la tête de l'entreprise qu'à la mairie et au conseil général[12], et font vivre directement ou indirectement une grande partie de la population. La forge est située à l'extérieur du village, à environ cinq cents mètres de la sortie nord, de part et d'autre de la route principale. À l'ouest, le château, la ferme et les écuries font face aux bâtiments de la forge et aux maisonnettes destinées aux ouvriers et employés, situés à l'est (*cf.* illustration ci-dessous).

12 Maires de Doulevant : Jean-Nicolas Berthelin (1792-1798, 1807-1817), Louis Berthelin (1830-1861), Octave Berthelin (1861-1888) ; conseillers généraux du canton de Doulevant-le-Château : Jean-Nicolas Berthelin (1833-1836), Louis Berthelin (1836-1858), Octave Berthelin (1858-1871, 1877-1895).

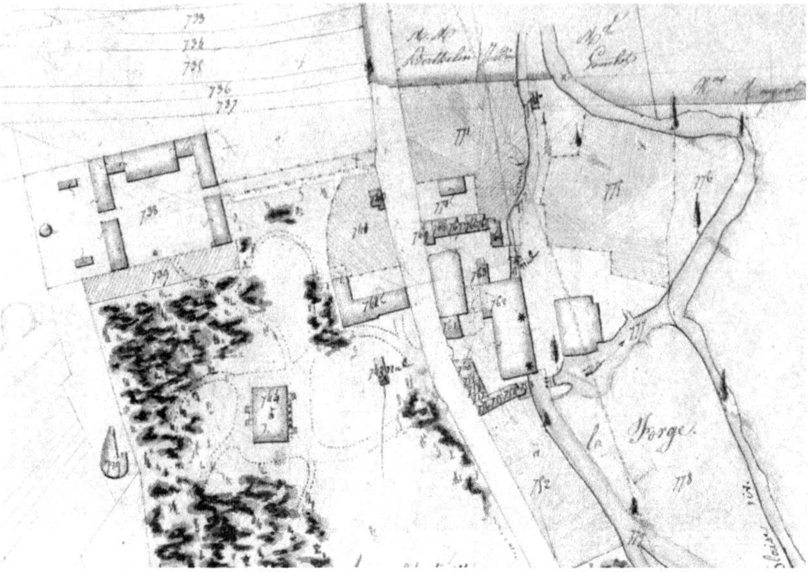

FIG. 2 – Le quartier de la Forge, Plan cadastral napoléonien, Doulevant-le-Château, section D-A.D. Haute-Marne, 3 P 2/179-7.

L'ensemble – dénommé le « quartier de la Forge » dans les recensements – abrite environ un dixième d'une population dont l'effectif oscille autour de sept cents sur l'ensemble de la période considérée (*cf.* tableau ci-dessous). Pour l'usine proprement dite, l'enquête industrielle de 1839-1847, réalisée à partir des déclarations des industriels, donne un effectif de 24 ouvriers dont 4 enfants (ministère de l'Agriculture et du Commerce, 1847, p. 214-215), mais elle mobilise et fait vivre une main-d'œuvre extérieure beaucoup plus nombreuse. À l'image de ce que décrit Bulard (1904, p. 240-242) à propos de la forge de Cirey-sur-Blaise, située à sept kilomètres en amont de Doulevant, plusieurs autres corps de métiers sont associés à l'activité de l'entreprise. Il y a d'abord les minerons qui extraient le minerai, les ouvriers qui le lavent et le broient, ainsi que les bûcherons et les charbonniers qui assurent la préparation du combustible. Mais il faut y ajouter une multitude de voituriers, souvent des agriculteurs consacrant une partie de leur temps à cette activité, qui transportent le minerai et le charbon de bois à l'usine, puis les produits finis vers la partie navigable de la Marne, en aval de Saint-Dizier. En 1818, pour 24 « ouvriers internes », les Berthelin font travailler à l'extérieur 11 minerons, 85 forestiers, 28 voituriers[13], soit au total 148 personnes. Durant la période qui nous intéresse, le nombre moyen de ménages vivant à Doulevant s'établit à 225, et même si certains des travailleurs externes résident dans d'autres communes, on peut considérer que c'est au moins la moitié de la population qui tire tout ou partie de ses moyens d'existence de l'activité de l'usine, car on ne doit pas oublier les commerçants et les artisans chez qui toutes ces personnes se fournissent.

	Population totale	La Forge
1831	662	?
1836	700	84
1841	707	89
1846	704	70
1851	770	80
1856	673	67
1861	702	65
1866	716	74
1871	704	?
1876	685	67
1881	698	62
1886	655	48
1891	611	36

Population de Doulevant-le-Château, 1831-1891.
Source : recensements de population et site cassini.ehess.fr.

Les Berthelin jouent aussi le rôle de bienfaiteurs pour la petite bourgade, en aidant par exemple l'enseignement primaire. C'est ainsi qu'en 1855, Jean Berthelin achète la maison qui jouxte l'école des filles – privée – afin de permettre son agrandissement (Didier, 1871, p. 98).

13 Inventaire du patrimoine culturel Champagne-Ardenne, fiche Doulevant-le-Château, http://inventaire-patrimoine.cr-champagne-ardenne.fr/dossier/haut-fourneau-affinerie-puis-distillerie-puis-usine-de-petite-metallurgie/d6424d9b-a8bf-4ed8-a380-c3c8c37ddd62#interet.

Du côté de l'école des garçons – laïque –, sa belle-sœur Mme Berthelin, veuve de Louis, « contribue à la dépense faite annuellement à l'occasion de la distribution des prix, pour une somme d'environ 40 francs » (Didier, 1871, p. 97). Dans sa *Notice historique et religieuse sur le bourg et les seigneurs de Doulevant-le-Château*, l'abbé Didier, leur contemporain, délivre un satisfecit à la municipalité en matière d'entretien de la voirie, malgré l'intense trafic qui emprunte quotidiennement certaines de ses artères, et remercie la générosité du dernier maire de la dynastie : « Les rues sont propres, ont en partie des trottoirs et sont éclairées au moyen de réverbères, donnés par monsieur Octave Berthelin en 1862 au sujet de son mariage et de son entrée en fonction, comme nouveau maire de la commune. » (Didier, 1871, p. 89.)

L'implication des Berthelin dans la vie politique locale n'a rien d'exceptionnel, les maîtres de forges exercent très souvent des mandats départementaux et communaux, et « nulle part le phénomène n'est aussi éclatant qu'en Haute-Marne [...] À l'échelle de la commune, il s'agit véritablement d'une hégémonie. Peu de maîtres de forges ne sont pas maires pendant quelques années au moins [...] Une tradition se crée, expression et garantie d'une influence, qui persistera, en dépit des vicissitudes politiques, dans l'histoire longue de la sidérurgie » (Woronoff, 1984, p. 134). Parmi beaucoup d'autres, les exemples bien connus des Schneider (Offerlé, 1995) et des Wendel (Jeanneney, 1976) sont là pour en témoigner. D'ailleurs, le fait que le maire de la « ville-usine » soit le patron de la grande entreprise locale est « le principe même de la construction du fief, qui caractérise les politiques paternalistes » (Hamman, 2008, p. 41), seulement il y a paternalisme et paternalisme !

Ce que l'on observe à Doulevant, comme dans bien d'autres entreprises métallurgiques au cours de la période étudiée (Noiriel, 1988, p. 19-25), relève de ce que Lamanthe (2011) nomme le « paternalisme réel ou l'entreprise comme cercle familial effectif », qu'elle oppose au « paternalisme comme stratégie explicite de gestion ». Ce dernier se manifeste à la fin du XIXe siècle dans les grandes entreprises de l'industrie lourde, comme chez les Schneider au Creusot, et vise à un « contrôle total » de la main-d'œuvre « par une prise en charge de l'ensemble des secteurs de l'existence » (Noiriel, 1988, p. 30). Tout autre est le « paternalisme réel » des petites firmes rurales, dans lequel, selon Lamanthe (2011), l'orientation donnée aux rapports sociaux de production s'explique en particulier par la place conservée par l'aristocratie dans l'activité industrielle :

> Dans une certaine mesure, cette couche sociale a transposé dans les entreprises industrielles qu'elle dirige les rapports ancestraux qu'elle entretenait avec les populations placées sous sa domination [...] Dans ce contexte, le salarié est assimilé à un membre, inférieur, de la famille.

Il l'est d'autant plus ici que, dans un univers aussi resserré que le quartier de la Forge, chaque salarié est parfaitement connu de son patron, surtout s'il loge au château, tel Midrouet à ses débuts !

DU TENEUR DE LIVRES AU RÉGISSEUR

Lorsqu'il est engagé, le patriarche Jean-Nicolas Berthelin est dans sa soixante-quinzième année – il meurt en 1837, âgé de 83 ans. Mais, dès le début, Midrouet travaille sous la seule direction de ses fils Jean, célibataire, et Louis, qui vient d'épouser une lointaine cousine, Marie Aimée Michel de Crémat, de vingt-cinq ans sa cadette. Lors du recensement de 1836, le plus ancien dont nous disposons, sept ans après son entrée dans l'entreprise, il fait partie du « ménage » des frères Berthelin, lequel regroupe alors 14 personnes. Outre Jean, Louis, son épouse et leurs trois enfants, le château familial abrite sept domestiques (deux hommes et cinq femmes) ainsi que le commis ! Difficile de faire mieux en termes de proximité physique, non seulement avec ses employeurs, Jean et Louis Berthelin, mais aussi avec celui qui leur succédera, Octave, fils de Louis, qui naît deux ans après l'arrivée de Midrouet et se trouve familiarisé dès sa petite enfance avec le teneur de livres.

Cinq ans plus tard, le recensement de 1841 le présente installé avec sa sœur Marie, de quatre ans son aînée, dans l'une des petites maisons qui jouxtent les bâtiments de l'usine. Il ne quittera le quartier de la Forge que dans les dernières années de sa vie. Entre-temps, il épouse en décembre 1843 Marguerite Julie Royer – j'y reviendrai plus loin. Bientôt se profile sa promotion au rang de régisseur, mais il s'avère qu'il n'est pas le seul à porter ce titre. Alors quel est son travail ? Quelles sont ses responsabilités ? Pour quelle rémunération ?

L'administration de la forge : des commis et des régisseurs

Au moment de son arrivée, le régisseur se nomme Jean-Nicolas Euvrard. En 1815, ce dernier a épousé la fille du précédent régisseur, Antoine Royer, et lui a rapidement succédé[14]. Il va occuper cette fonction jusqu'à son départ, à la fin des années 1840, âgé d'un peu plus de 60 ans. Au milieu des années 1830, un troisième personnage intègre les bureaux comme « commis au bois », Claude Prosper Piot, dont le rôle est de contrôler le travail des bûcherons et des charbonniers (Woronoff, 1984, p. 305).

Recruté pour tenir les livres de comptes et y introduire la partie double, Midrouet accède aux fonctions de régisseur après le départ d'Euvrard. Nous n'avons pas de précisions sur la date exacte et les modalités de cette montée en grade, mais c'est en 1848 que l'on voit pour la première fois la mention « régisseur de forges » accolée à son nom. Ceci dans l'acte de décès du docteur Claude Duchêne, intervenu le 6 août, où il apparaît en tant que déclarant, « ami du défunt ». La signature du maire, Louis Berthelin, vient en quelque sorte authentifier l'usage du titre !

Cependant, un nouveau personnage fait son apparition en janvier 1847 : Alexandre Prieur, auparavant régisseur de la forge de Vraincourt, propriété des frères Berthelin louée à partir de cette date à la Société Bougueret, Martenot et Cie de Châtillon-sur-Seine. Quatre ans plus jeune que Midrouet, il a également été régisseur du fourneau de Bréthenay, rattaché à Vraincourt. Quel est son rôle ? Est-il considéré comme un simple commis ou a-t-il lui aussi le titre de régisseur ? Quelles sont ses attributions et responsabilités ? Retrouvée dans le livre des comptes personnels, une note précisant ses conditions de rémunération apporte quelques éléments de réponse :

> Le 4 juin 1858 je suis convenu avec monsieur Prieur régisseur à la forge de Doulevant de porter son traitement à 1 500 francs l'année au lieu de 1 200 francs porté précédemment. Nous lui tiendrons compte aussi de 6 francs par fournée de chaux. Pour ces dernières années, je lui avais promis comme une petite gratification cette augmentation, qui cessera en 1859 d'après l'augmentation de 300 francs de plus de traitement promis ce jour. J. Berthelin, ce 4 juin 1858[15].

---

14 Euvrard est en effet qualifié de « régisseur des forges de Doulevant » en tant que témoin pour un acte de notoriété délivré à Jean-Nicolas Berthelin le12 février 1817, établi par le notaire de Doulevant (Archives nationales, Légion d'honneur, LH/209/46).

15 AD Haute-Marne, 6 J 63, note intercalée dans le registre, à hauteur du compte courant d'Alexandre Prieur.

Il est donc lui aussi « régisseur », on ne sait depuis quand mais c'est en parallèle avec Midrouet. Responsable d'un four à chaux, dont on ne sait s'il est situé à Doulevant ou dans un autre lieu, il a probablement d'autres responsabilités, mais on ne les connaît pas. Alors, qu'est-ce qu'un régisseur et quel est son rôle par rapport à celui du maître de forges ?

Selon Woronoff (1984, p. 102), « à l'intérieur du faire-valoir direct la participation du propriétaire n'est pas partout de même nature. Elle atteint une intensité maximale là où le maître de forges est réellement présent, embauche, surveille et vend lui-même, tel Berthelin. Sinon, une partie du processus est assurée par un directeur ou régisseur, les choix de production, la correspondance commerciale, les mouvements de fonds demeurant du ressort du propriétaire ». Chez les Berthelin, ce qui valait sans doute pour la période étudiée par Woronoff – la Révolution et l'Empire – ne se vérifie plus nécessairement par la suite. Sous la direction de Louis Berthelin, puis de son fils Octave, la délégation semble l'emporter et se révèle aussi plus complexe. Si on peut penser que les missions d'Antoine Royer, puis de Jean-Nicolas Euvrard relevaient essentiellement du suivi technique de la production et des livraisons et qu'Alexandre Prieur a pris leur suite, le travail de Midrouet est manifestement d'une autre nature.

Quel travail ? Quelles responsabilités ?

Certes, Midrouet tient les livres de comptes, mais l'examen de la comptabilité et de la correspondance de l'entreprise montre que, dès les années 1830, on lui confie des responsabilités variées. En 1834, par exemple, il est chargé de la vente du château de Lévigny, dans l'Aube, propriété des Berthelin, ce qui lui vaut une gratification de 300 francs en sus de sa rémunération annuelle, qui s'élève alors à 600 F[16]. À de nombreuses reprises, à partir de 1837, il procède à l'acquisition de biens immobiliers[17] pour le compte des Berthelin, en faisant lui-même l'avance des fonds et, dans un cas au moins, en participant à la plus-value réalisée lors de la revente[18]. Divers éléments de la correspondance montrent qu'il intervient également dans les ventes de coupes de bois du patrimoine forestier des Berthelin.

16 AD Haute-Marne, 6 J 76, f° 110.
17 AD Haute-Marne, 6 J 59, f° 113.
18 AD Haute-Marne, 6 J 61, f° 64.

Il s'occupe aussi de la correspondance commerciale, pas simplement comme copiste mais comme rédacteur. Pour les liasses et registres que j'ai pu examiner, la correspondance reçue de 1851 à 1869 lui est directement adressée[19], et les lettres expédiées de 1861 à 1864 et de 1866 à 1870 sont signées de sa main[20]. À la variété des tâches qui lui sont confiées fait d'ailleurs écho la variété des formules employées à son égard par les expéditeurs des courriers qui lui sont nommément adressés : « représentant de MM. Berthelin frères, maîtres de forges » en 1855, « régisseur de la maison de M. Berthelin » l'année suivante ou encore « régisseur chez MM. Berthelin frères, propriétaires et maîtres de forges » et « directeur des forges » en 1860.

Mais une de ses activités revêt une importance particulière, tant par son caractère décisif pour l'entreprise que par les risques qu'il encourt lui-même, ainsi que nous allons le voir bientôt, c'est la prise en charge des mouvements de fonds et en particulier du recouvrement des créances.

Cette multiplicité de tâches fait qu'à partir de janvier 1863, il est déchargé de l'une d'elles. C'est une autre écriture que la sienne qui apparaît au grand livre, celle d'un nouveau teneur de livres : Charles Octave Michel. Le recrutement de ce dernier est une parfaite illustration de ce « paternalisme réel », déjà évoqué, qui imprègne les rapports sociaux au sein de ces entreprises, dans lesquelles la sphère du travail et la sphère familiale sont fortement imbriquées, ainsi que le souligne Lamanthe (2011). Né en 1842, Charles est le fils d'Étienne Michel, valet de chambre des Berthelin, et son second prénom permet de penser qu'Octave Berthelin, alors âgé de 10 ans, l'a porté sur les fonts baptismaux. De même, tout porte à croire que Midrouet a assuré sa formation de commis une fois sa scolarité achevée. Ce dernier et le père de Charles n'ont qu'un an de différence et sont arrivés à peu près en même temps au château ! D'ailleurs, quelques années plus tard, Charles est rejoint dans les bureaux de la forge par son frère Henri Alexandre, né le 30 juillet 1854, dont le second prénom est aussi celui de Midrouet, témoin du père lors de la déclaration de naissance !

19 AD Haute-Marne, 6 J 177 et 178.
20 AD Haute-Marne, 6 J 195 et 197. On ne dispose pas des copies de lettres de 1855 à 1860.

Pour quelle rémunération ?

Au départ, le compte de Midrouet figure dans le livre des « comptes courants des employés et ouvriers de la forge commis, forgerons, minerons, charbonniers, manouvriers ». Il est crédité de 850 francs le 1er juin 1831 « pour 2 années de traitement échues ce jour[21] », soit 425 francs par an. Ce montant annuel est rétroactivement porté à 500 francs à partir du 1er juin 1831, puis il passe à 600 francs en 1834 et à 800 francs en 1835. Chaque fin d'année, ce compte est créditeur, et il est même porteur d'intérêts à 5 % sur un solde de 500 francs du 1er juin 1831 au 1er janvier 1833. Il cesse d'être mouvementé après avril 1836 pour être soldé par un versement de 132,96 francs à l'intéressé en juillet 1839[22] !

Entre-temps, c'est dans la série des livres des « comptes courants personnels[23] » que l'on retrouve un compte ouvert à Midrouet en août 1836, alors que le traitement inscrit au crédit de son compte est porté à 900 francs. Bien qu'il y soit désigné sous l'appellation de commis, le voilà donc parmi les tiers qui traitent avec l'entreprise, ce qui indique sinon un changement de statut, du moins une évolution des responsabilités qui lui sont confiées. Et même s'il a pu bénéficier d'intérêts créditeurs en 1833, c'était de manière ponctuelle, tandis que c'est un véritable compte courant porteur d'intérêts réciproques qui lui est désormais ouvert : intérêts créditeurs ou débiteurs selon l'évolution du solde du compte. Ceux-ci sont calculés annuellement, selon la méthode classique des nombres de jours, encore appelée « méthode directe », telle que l'on peut la trouver exposée dans les manuels de tenue des livres ou d'arithmétique commerciale du XIXe siècle[24]. Seulement les sommes en jeu commencent à être importantes ! Cette série de livres est malheureusement interrompue de 1838 à 1842 et s'arrête en 1868, mais l'analyse des mouvements de son compte montre que Midrouet est directement impliqué dans le recouvrement des créances, sa rémunération nette dépendant de la rapidité avec laquelle il parvient à en encaisser les montants !

Son compte est débité par le crédit du compte « effets à recevoir », pour le montant de ceux dont il doit obtenir le recouvrement à l'échéance et

21 AD Haute-Marne, 6 J 75, f° 163.

22 AD Haute-Marne, 6 J 76, f° 110.

23 AD Haute-Marne, 6 J 59, 61, 62, 63, les cotes 60, 64 et 65 ayant été laissées vacantes dans l'attente d'une hypothétique découverte des registres manquants !

24 *Cf.*, par exemple, Degrange, 1830, p. 250-254.

aussi, probablement, de ceux qu'il doit porter à l'escompte afin d'obtenir des liquidités. Dans les deux cas, il est crédité des sommes obtenues par le débit du compte « caisse ». Il lui arrive également d'être crédité par le débit du compte « effets à recevoir » lorsqu'il n'obtient que de nouveaux effets en lieu et place de liquidités.

La fonction ainsi confiée à Midrouet témoigne de l'aspect crucial du financement à court terme et de la gestion de la trésorerie pour la métallurgie. D'ailleurs, l'expression « fonds de roulement » trouve son origine dans le vocabulaire des maîtres de forges, pour lesquels le mot « roulement » désigne tout simplement l'activité productive (Lemarchand, 2016). En effet, la durée du cycle d'exploitation est excessivement longue dans ce secteur, surtout tant que l'on utilise le combustible végétal. Il s'écoule généralement plus d'un an entre l'achat du bois sur pied et la possibilité d'utiliser le charbon. Or, il faut entre-temps payer les bûcherons, les charbonniers et les voituriers, tout comme il faut payer les minerons qui extraient le minerai et les voituriers qui le transportent. Une fois les matières rassemblées, il faut encore que le débit de la rivière soit suffisant pour faire fonctionner le fourneau. Enfin, la vente n'intervient pas forcément aussitôt la coulée terminée, et les délais de transport viennent encore retarder le paiement, lequel s'effectue au mieux à la livraison et plus souvent à terme, au bout de trois, six ou neuf mois (Woronoff, 1974, p. 151). Le mécanisme incitatif mis en place par les Berthelin n'a d'autre objectif que de pourvoir au mieux aux besoins de trésorerie de l'entreprise, mais la responsabilité confiée à Midrouet se révèle rapidement très coûteuse pour lui.

Une comparaison avec les rémunérations de Prieur est à cet égard très révélatrice. Ainsi que le montre le graphique ci-dessous, le traitement annuel de Midrouet est supérieur à celui de Prieur. Lors du recrutement de ce dernier, Midrouet gagne 400 francs de plus, puis seulement 300 francs à partir de 1852 ; après l'augmentation obtenue par Prieur en 1858, le différentiel initial en faveur de Midrouet est rétabli en 1859.

Graphique 1 – Rémunérations annuelles des régisseurs.

Seulement, si les deux bénéficient du même régime de compte courant porteur d'intérêts réciproques, ils ne vont pas en profiter de la même manière ! Au début, le système est favorable à Midrouet : de 1843 à 1847, sa rémunération cumulée, intérêts compris, s'élève à 9 644,56 francs, pour un fixe de 7 500 francs, soit 30 % en plus ! Le mécanisme d'intéressement est alors tout à son avantage, mais la crise vient inverser la donne. À la baisse de la demande de produits métallurgiques viennent s'ajouter la crise financière et le manque de liquidités (Rowley, 1986)[25]. Midrouet devient bientôt débiteur et, entre février 1847 et juillet 1949, il n'apporte pas un centime à la trésorerie de la forge. Même si son compte revient tout près de l'équilibre en 1852, son solde ne cesse de se dégrader ensuite, à tel point qu'entre janvier 1859 et juillet 1864, l'entreprise ne lui verse pas le moindre émolument !

La conséquence est claire : du fait des intérêts débiteurs, que lui-même calcule avant de se les imputer – bel exemple de loyauté –, sa rémunération effective se situe bien en dessous de sa rémunération théorique (graphique ci-dessous). Seul un legs de 1 500 francs de Jean Berthelin, décédé en 1868, lui permet cette année-là de retrouver un niveau de

25 Au mois d'avril 1848, le maître de forges Jules Rozet note que les banquiers de Saint-Dizier manquent totalement de numéraire et refusent d'en délivrer (Delorme, 2002).

rémunération supérieur à son traitement annuel théorique. Finalement, de 1848 à 1868, sa rémunération effective atteint seulement un peu plus de 27 000 francs pour une rémunération théorique de 37 000 francs ! Il subit ainsi une perte d'environ 27 % et se retrouve débiteur d'environ 16 000 francs au 31 décembre 1867.

GRAPHIQUE 2 – Rémunération de Midrouet.

Prieur n'a pas les mêmes responsabilités que Midrouet et son traitement est inférieur, mais il n'est pas exposé aux mêmes risques financiers. Comme son train de vie, sans doute modeste – celui d'un veuf assisté d'une domestique –, ne lui occasionne pas trop de dépenses, il ne perçoit chaque année qu'une portion de son traitement – 70 % en moyenne de 1848 à 1868 – et laisse le reste à la disposition de l'entreprise. Ceci lui vaut chaque année des intérêts créditeurs et, au 31 décembre 1867, il est créancier de 10 409,32 francs, tandis que Midrouet en doit 16 103,80 ! À partir de 1854, même s'il semble assumer une responsabilité manifestement plus lourde que celle de Prieur, sa rémunération nette devient inférieure à celle de ce dernier (*cf.* graphique ci-dessous).

GRAPHIQUE 3 – Rémunérations effectives comparées.

Malheureusement, les données relatives à ces rémunérations ne vont pas au-delà de la fin des années 1860. Or, Midrouet va encore passer près d'un quart de siècle dans l'entreprise ! Mais si nous ne disposons quasiment d'aucune information sur son activité de régisseur durant cette période, nous en possédons en revanche sur sa vie en dehors de l'entreprise.

L'ACCÈS PROGRESSIF À LA NOTABILITÉ

Le mariage de Midrouet est l'une des premières étapes significatives d'une ascension sociale qui est inséparable de son activité au service de la collectivité, elle-même étroitement liée à sa position au sein de la forge, d'abord dans ce que l'on pourrait appeler la « tenue » des registres d'état civil, puis en tant que conseiller municipal et ensuite d'adjoint au maire. Le mariage de sa fille Maria en 1871 est certainement vécu par lui comme la consécration de cette ascension.

UN MARIAGE RÉUSSI

Le 10 décembre 1843, François Midrouet épouse Marguerite Julie Royer, née en 1826 et donc de seize ans sa cadette, fille de François Royer (1796-1869), gendarme, et de Marie Millot (1800-1882). Cette dernière, fille d'un brigadier de gendarmerie, Jacques Millot (1771-1847), chevalier de la Légion d'honneur[26], est liée par sa mère Marie-Anne Georges (1746-1846), dont le père Claude était sculpteur et le frère Jean-Nicolas juge de paix à Doulevant, à plusieurs familles de notables de la région : aux Georges d'abord, qui comptèrent sous l'Ancien Régime plusieurs magistrats et titulaires d'office[27] ; puis, par ses deux grands-mères, Anne et Élisabeth Peuchot, à une famille originaire de Doulevant dont était notamment issu Claude-Cyrille Peuchot (1745-1817), un bénédictin qui prêta serment à la Constitution civile du clergé et auquel on confia, en 1791 l'organisation des archives de la Haute-Marne (Patry, 1909) ; enfin, à la famille de Jean-Louis Laloy, dont l'épouse Jeanne Peuchot, sœur d'Anne et d'Élisabeth, donna vie aux plus célèbres enfants de Doulevant : Jean-Nicolas Laloy (1745-1804), médecin à Chaumont, qui fut successivement député aux états généraux et à la Constituante, de 1789 à 1791, puis maire de Chaumont de 1791 à 1796, et Pierre-Antoine Laloy (1749-1846), avocat à Chaumont en 1789, qui représenta la Haute-Marne à l'Assemblée législative, siégea ensuite à la Convention, au Conseil des Cinq-Cents, puis à celui des Anciens, etc. (Lorain, 1913).

Il n'a pas été possible de retrouver le contrat de mariage passé le 9 décembre 1843 devant Gény, notaire à Nully, les dossiers de cette étude antérieurs à 1850 n'ayant pas été sauvegardés, mais une autre source a permis d'apprendre qu'en cette occasion, les grands-parents maternels de Marguerite lui ont légué un terrain boisé d'une quarantaine d'ares[28]. Quoi qu'il en soit, même si la profession de son beau-père n'est pas des plus prestigieuses, cette union relie Midrouet à quelques-unes des familles les plus en vue de la région. Il est alors en passe de devenir régisseur – si ce n'est déjà fait – et l'on considère probablement des deux

26 Archives nationales, Légion d'honneur, LH/1881/20.

27 *Cf.* la liste des nombreux héritiers de Catherine Georges, de Domblain (Haute-Marne), énumérés dans une annonce de vente de terrains lui ayant appartenu, *Journal de Champagne*, 28 août 1786, p. 140.

28 Ce contrat et cette donation sont mentionnés dans le contrat de mariage de la fille de Midrouet, conclu devant le même notaire. AD Haute-Marne, 4 E 66/297, Me Gény, notaire à Nully, 27 mai 1871.

côtés qu'il s'agit d'un mariage réussi. Seulement la jeune Marguerite est de santé fragile. Après avoir mis au monde deux filles – Maria, née le 30 septembre 1844, et Marie-Clotilde, née le 31 janvier 1846 et décédée le 31 août de la même année –, elle meurt en avril 1848.

Maria va vivre auprès de ses grands-parents maternels, tandis que Midrouet engage Irma Maupérin, âgée de 20 ans, en tant que « domestique » ou « cuisinière », selon les catégories des recensements. Dernière des quatre filles d'un journalier du bourg, elle s'installe chez lui et va l'assister jusqu'à ses derniers jours, demeurant ainsi à son service pendant plus de quarante ans. Resté sans héritier après la mort de Maria, cinq ans avant la sienne, il lui léguera la moitié de son patrimoine.

AU SERVICE DE LA COLLECTIVITÉ

Connu d'abord au sein de la petite communauté du quartier de la Forge, Midrouet entre progressivement en contact avec le reste de la population de Doulevant par le biais du rôle qui lui est rapidement confié dans la rédaction des actes d'état civil. Puis il intègre le conseil municipal au tournant des années 1840-1850 et devient l'adjoint au maire une décennie plus tard.

Le scribe de l'état civil

À partir de juillet 1830, on retrouve l'écriture de Midrouet dans les registres d'état civil de la commune de Doulevant. Au-delà du rôle de teneur de livres, il joue donc celui de secrétaire auprès du nouveau maire, Louis Berthelin. La chose ne saurait surprendre tant la porosité entre pouvoir économique et pouvoir politique semble alors totale dans cette petite commune. En effet, la plupart du temps, le maire reçoit les déclarations de naissance et de décès directement « en sa demeure » et non dans la « maison commune ». Il ne se rend de manière systématique dans cette dernière que pour la publication des promesses de mariage et leur célébration. Lors des déclarations de naissance ou de décès effectuées au château des Berthelin, Midrouet et ses collègues Euvrard, Piot ou, plus tard, Prieur, puis Michel tiennent très souvent lieu de témoins, comme « amis du comparant » pour les naissances, à défaut d'autres personnes conviées par le père, ou comme « amis du défunt ». Jusqu'en décembre 1850, période à laquelle il cesse d'être le plumitif de service,

Midrouet rédige la quasi-totalité des actes d'état civil et signe comme témoin environ les quatre cinquièmes des actes de naissances.

En vingt ans, il voit donc défiler une bonne partie de la population locale et inscrit leurs moments de bonheur ou de malheur dans les registres d'état civil ! Les tables décennales 1833-1842 et 1843-1852 de l'état civil répertorient au total 344 naissances, 118 mariages et 297 décès, soit 759 actes pour la commune. C'est à peu de chose près le nombre d'événements qu'il a eu à consigner de 1830 à 1850. Seulement, plusieurs personnes sont impliquées dans chacun de ces actes : il ne faut pas oublier les deux parents lors des naissances et le ou la conjoint/e lors du mariage ! En supposant que les personnes décédées vivaient seules, ce qui est évidemment très réducteur, on voit que ces 759 événements, heureux ou malheureux, concernaient directement près de 1 600 individus, soit plus de deux fois la population de Doulevant ! Une population qu'il connaît donc dans son intimité, qui le connaît aussi et finit par lui confier de nouvelles responsabilités.

Le conseiller municipal et l'adjoint au maire

Le 23 juillet 1850, il enregistre et signe pour la première fois un acte de naissance en tant que « membre du conseil municipal, délégué en l'absence du maire et de l'adjoint, pour remplir les fonctions d'officier de l'état civil de la commune ». Cette délégation signifie qu'il est le « premier conseiller municipal », selon l'ordre du tableau dressé suivant le nombre des suffrages obtenus lors des élections. Or, depuis l'été 1848, les conseillers municipaux sont élus au suffrage universel, et ce premier rang témoigne de la confiance que lui accordent les Doulevantais, une confiance confirmée par un acte d'état civil du 29 mars 1854 dans lequel il apparaît toujours en tant que « premier conseiller municipal » après de nouvelles élections suite à la loi du 7 juillet 1852. Car si la désignation du maire et de l'adjoint par les préfets est redevenue la règle, après le bref intermède de la deuxième République, les conseillers sont toujours élus au suffrage universel. Il est alors le troisième personnage de la municipalité, derrière Louis Berthelin et l'adjoint Charles Mutel, un jeune commerçant.

En janvier 1861, Louis Berthelin, âgé de 83 ans, achève son dernier mandat de maire ; son fils Octave, 29 ans, lui succède avec pour adjoint

Midrouet[29], qui a enregistré sa naissance en 1832 ! L'administration de la commune duplique désormais celle de la forge et c'est Louis, qui décédera cinq ans plus tard, que l'on voit le 16 octobre de la même année célébrer un mariage en tant que « premier membre du conseil municipal », remplissant les fonctions d'officier d'état civil « en l'absence et par délégation de MM. le Maire et adjoint », son fils et son ancien commis ! Il est fort probable que le nom de Midrouet a été suggéré au préfet ou au sous-préfet par les Berthelin eux-mêmes, cette accession au poste d'adjoint étant à la fois une façon de le récompenser pour son travail, durant les trente années déjà passées à la forge, et pour Octave le moyen d'avoir un collaborateur dont il connaît l'efficacité et la loyauté.

L'équipe est renouvelée dans ses fonctions en 1865[30] et, durant cette décennie, Midrouet appose sa signature au bas de la moitié des actes d'état civil, parfois en tant que témoin mais beaucoup plus souvent en tant qu'officier d'état civil en remplacement d'Octave Berthelin, fréquemment absent. Car outre les déplacements motivés par son mandat de conseiller général, celui-ci apprécie aussi les voyages familiaux, parfois pour plus d'un mois, éventuellement en dehors de France, non sans courir quelques dangers[31].

Après les élections du 25 septembre 1870, un nouvel adjoint lui succède, Pierre Arsène Pron, ancien greffier de la justice de paix de Doulevant, lui-même très vite remplacé par Constant Pissot, notaire, après la loi du 14 avril 1871 qui rétablit l'élection du maire et de l'adjoint parmi les conseillers municipaux élus au suffrage universel. Midrouet figure encore parmi ces derniers car on le voit réapparaître en 1873 dans un acte d'état civil comme « premier conseiller[32] ». La loi du 20 janvier 1874 revient de nouveau au régime de la désignation du maire et de l'adjoint par le préfet et si Berthelin, monarchiste, est renouvelé comme

---

29 Décret du 16 janvier 1861, *Le Siècle*, 24 janvier 1861, p. 2.

30 « Décrets impériaux de renouvellement des maires et adjoints des communes de l'Empire », *Bulletin officiel du ministère de l'Intérieur*, 1865, n° 11, p. 565.

31 « Monsieur Berthelin, ancien conseiller général de la Haute-Marne, maître de forges à Doulevant-le-Château, l'un des plus riches propriétaires de la Champagne, qui, pour des raisons de santé, était allé passer l'hiver avec sa famille à Alger, vient d'être victime d'une tentative d'assassinat. Un guide, qui l'accompagnait dans une excursion aux environs de la ville, l'a frappé par derrière et l'a laissé mourant sur place. Néanmoins, monsieur Berthelin respirait encore lorsqu'on est venu à son secours, et aux dernières nouvelles, on ne désespérait pas complètement de le sauver. » (*Le Figaro*, 22 février 1874).

32 Acte de décès de Bernard Baudry, 11 mars 1873.

maire, c'est encore avec un nouvel adjoint : Nicolas Paillet[33], capitaine d'infanterie en retraite et chevalier de la Légion d'honneur.

Je n'ai pas trouvé de mentions ultérieures de l'appartenance de Midrouet au conseil, mais toutes ces années passées dans l'équipe municipale, son mariage, son rang de régisseur de la forge et sa connaissance intime des villageois sont autant d'éléments qui lui ont très probablement permis d'intégrer le cercle restreint des notabilités de ce petit chef-lieu de canton. Y figurent notamment ceux que l'abbé Didier (1871, p. 90) désigne sous le vocable de « fonctionnaires » : le notaire, l'huissier, le percepteur, le receveur des contributions indirectes et celui de l'enregistrement, le directeur des postes, le brigadier de gendarmerie, ou encore le médecin et le vétérinaire, ainsi sans doute que quelques commerçants et artisans influents.

Célébré en 1871, le mariage de sa fille apparaît comme la consécration de son ascension sociale et vient s'ajouter aux rétributions sociales déjà « perçues » de sa fidélité aux Berthelin.

LE MARIAGE DE MARIA MIDROUET

Si l'année 1871 est l'une des plus troublées que vit la petite commune, à l'image du reste du pays, c'est certainement la plus heureuse pour Maria Mathilde Midrouet et son père. Maria, qui n'a que 4 ans lorsque sa mère décède en 1848, passe le reste de son enfance chez ses grands-parents maternels, François Royer et Marie Millot, auprès desquels elle figure dans les registres des recensements de 1851 et 1856. Puis elle quitte Doulevant, car on ne la retrouve plus dans le recensement de 1861, mais elle réapparaît chez ses grands-parents dans celui de 1866. Sans doute a-t-elle séjourné entre-temps dans un pensionnat, peut-être à Wassy, comme j'en ai formulé l'hypothèse pour son père, mais ce n'est qu'une hypothèse !

Quelques années plus tard, le 29 mai 1871, alors que la Semaine sanglante vient juste de mettre un terme tragique à la Commune de Paris et que Doulevant est occupé par un escadron de cavalerie wurtembergeois (Pissot, 1874, p. 177), la jeune femme de 26 ans épouse Jean-Ferdinand Deconde, architecte à Wassy, de cinq ans son aîné. Ce mariage – le seul de l'année 1871 dans la bourgade – est célébré par

33 *Journal officiel*, 15 mars 1874.

Octave Berthelin, et parmi les témoins de l'épouse figure Jules Frampas, cousin germain de son père et régisseur de forges à Cirey-sur-Blaise, dont il va être reparlé plus avant.

Épouser un jeune homme de Wassy[34], qui plus est architecte, fils d'un armurier de la ville, c'est assurément faire un beau mariage ! Si les attraits et les qualités de la future mariée, l'éducation qu'elle a reçue, ainsi que la réputation de son père sont des éléments qui ont certainement facilité cette union, des considérations matérielles ont également pu intervenir. Selon les termes de leur contrat de mariage[35], le marié apporte, outre ses effets personnels, non estimés, les livres composant sa bibliothèque, divers tableaux et dessins, son matériel d'architecte et les recouvrements qui lui restent à faire, le tout s'élevant ensemble à une valeur de 2 200 francs. De son côté, Mademoiselle Midrouet « apporte en mariage et se constitue en dot », en sus de ses effets personnels, non estimés, divers meubles et objets mobiliers d'une valeur de 3 500 francs. Mais la comparaison ne s'arrête pas là ; il faut y ajouter 2 600 francs en numéraire, 51 francs de rente à 3 % sur l'État, un livret de la Caisse d'épargne de l'arrondissement de Wassy d'un montant de 140 francs, enfin des terres héritées de sa mère et de son arrière-grand-père Jacques Millot. La jeune femme n'exerçant aucune profession, ses apports ont donc été financés par son père et sa grand-mère maternelle – le grand-père est décédé en 1869 – sans que l'on sache dans quelles proportions. Le contrat comporte enfin un article par lequel Midrouet donne irrévocablement à sa fille, « en considération du futur mariage », un ensemble de terres dont le revenu annuel est évalué, pour le calcul des droits d'enregistrement, à 204 francs, soit une valeur de 5 100 francs capitalisée à 4 %, taux retenu par l'administration de l'enregistrement pour ce type d'actif.

La dot est définie par l'article 1540 du Code civil de 1804 comme « le bien que la femme apporte au mari pour supporter les charges du mariage », celui-ci étant, aux termes de l'article 214, tenu de la loger et de « lui fournir tout ce qui est nécessaire pour les besoins de la vie, selon ses facultés et son état ». Seulement, au XIXe siècle, la dot est aussi et surtout « une occasion de conquérir ou de garder une place dans la société par le mariage, un instrument de stratégie matrimoniale. La dot

34 Sous-préfecture de la Haute-Marne, Wassy était l'un des trois chefs-lieux d'arrondissement du département avec Langres et Chaumont, siège de la préfecture. La ville a perdu ce statut au XXe siècle au profit de Saint-Dizier, devenue entre-temps économiquement plus importante.

35 AD Haute-Marne, 4 E 66/297, Me Gény, notaire à Nully, 27 mai 1871.

[...] devient l'élément central d'une transaction dont l'objectif est de réussir le mariage de l'enfant doté » (Laroche-Gisserot, 1988, p. 1440). D'autant plus que « les chances de se marier sans dot au XIXe siècle sont généralement tenues pour presque nulles » (Laroche-Gisserot, 1988, p. 1441). Dans la plupart des mariages, les apports de la mariée sont plus importants que ceux du marié, comme dans le cas présent. Or, à Rouen, dans les années 1886-1887, Chaline constate justement que la disproportion la plus forte entre les apports de l'homme et de la femme se rencontre chez les fonctionnaires et dans les professions libérales, des catégories socioprofessionnelles dans lesquelles, selon son expression, « profession vaut dot » (Chaline, 1970, p. 268) – ceci explique cela !

Une partie de l'apport de Maria Midrouet n'est pas évaluée dans le contrat – les terrains hérités de sa mère et de son arrière-grand-père –, mais une estimation de son apport total est effectuée pour le partage de sa succession suite à son décès, en 1884. Sur la base des montants figurant au contrat de mariage et des prix obtenus entre-temps de la réalisation des titres de rentes et des terrains[36], elle s'élève à 13 756 francs. Pour apprécier ce montant, on dispose de deux éléments de comparaison : à Paris, « les dots ou plus largement les apports compris entre 5 000 F et 10 000 F ne sont pas rares dans les milieux artisans, petits artisans, employés et ils correspondent en gros au niveau d'aisance d'un petit bourgeois [...] la moyenne bourgeoisie vise des dots de 20 000 F » (Laroche-Gisserot, 1988, p. 1445), et à Rouen, la moyenne, toutes catégories sociales confondues, se situe entre 10 000 francs et 20 000 francs sous le Second Empire (Chaline, 1970, p. 263). Or, ni Doulevant ni Wassy ne sont comparables à Rouen ou Paris et, replacée dans son contexte économique et social, même si elle n'est pas d'un montant extraordinaire, la dot de la fille Midrouet est donc loin d'être ridicule. Elle donne la mesure de ce que son père pouvait et était prêt à faire pour lui assurer ce qu'il considérait certainement comme le meilleur avenir pour elle.

Midrouet avait peut-être déjà rêvé d'une telle union pour sa fille en enregistrant, le 17 février 1849, le mariage de la fille de son prédécesseur Jean Euvrard. Ce jour-là, Marguerite Euvrard épousait un fonctionnaire, Pierre Vidal, receveur de l'enregistrement et des domaines à Doulevant, venu de Lozère où son père avait exercé les professions d'avocat et de notaire.

---

36 AD Haute-Marne, 3 Q 47/464, Registre de recettes, déclarations des mutations par décès, Wassy, 12 juin 1884, Succession de Maria Mathilde Midrouet, Joly, notaire à Wassy.

Malheureusement, ainsi que l'avons déjà mentionné, treize ans après son mariage, Maria meurt, sans postérité, à seulement 39 ans ! Midrouet, qui a alors 74 ans, voit s'effondrer tout espoir d'avoir une descendance, et à la tristesse provoquée par la mort de sa fille vient probablement s'ajouter celle qu'il éprouve quotidiennement face au déclin inéluctable de l'entreprise à laquelle il a consacré toute sa vie !

ÉPILOGUE

S'il apparaît encore comme régisseur le 10 octobre 1885, en tant que déclarant d'un décès, le recensement de 1886 le montre vivant dans le bourg et désormais qualifié de « rentier ». L'usine vient de cesser son activité métallurgique et Octave Berthelin tente de la reconvertir en distillerie, tandis que la population du quartier de la Forge voit son effectif réduit de moitié par rapport à 1841. Midrouet cesse très bientôt de jouir de sa situation de rentier : il meurt à 79 ans, le 13 mai 1889.

HOMMAGES *POST MORTEM*

Deux personnages viennent déclarer son décès et leur présence a valeur de symbole, d'autant que ni l'un ni l'autre n'étant ses voisins immédiats, on peut supposer qu'une fois avertis de l'événement, ils ont tenu à s'occuper de cette formalité, qui continue de revêtir une certaine solennité, eu égard à l'amitié et à la considération qu'ils avaient pour lui. Le plus jeune, Charles Michel, déjà rencontré, a succédé à Midrouet comme teneur de livres et, dans le recensement de 1886, il est inscrit comme « régisseur ». C'est en quelque sorte un héritier ! L'aîné, Constant Émile Pissot (1827-1892), est l'un des personnages phares de la commune : ancien notaire de Doulevant, il a aussi été adjoint au maire et conseiller d'arrondissement durant les années 1880, puis maire à la suite d'Octave Berthelin, de 1890 à son décès en 1892. Décoré du Mérite agricole en 1887 pour « services importants rendus à l'agriculture par ses publications et ses conférences[37] », passionné de

37 Arrêté du 7 décembre 1887, *La Semaine agricole*, 28 janvier 1888.

géologie, de botanique et d'entomologie, membre de plusieurs sociétés savantes, président de la Société des amis des sciences et des arts du canton de Doulevant (Martinet, 1892), qui a fondé le musée cantonal de Doulevant (en activité de 1877 à 1947), enfin historien local, Pissot est en quelque sorte « l'intellectuel » du village et c'est tout à l'honneur de Midrouet d'avoir été son ami.

LES HÉRITIERS ET L'HÉRITAGE

Si on peut parler d'un héritage technique ou d'une filiation professionnelle entre Midrouet et Charles Michel, d'autres ont reçu des biens. N'ayant pas d'héritier direct, c'est par un testament déposé moins de deux mois avant sa mort qu'il a institué « comme légataires à titre universel et chacun pour moitié » son cousin germain Jules Frampas, ancien régisseur de forges à Cirey-sur-Blaise, fils de Pierre Frampas et de sa tante Marie Midrouet, et sa domestique Irma Maupérin, également « légataire à titre particulier[38] ».

Le legs à titre universel comprend d'abord un ensemble de créances et de valeurs diverses s'élevant à 1 886,45 francs, dont deux actions du chemin de fer de Doulevant évaluées 2 francs ! Viennent ensuite une dizaine de parcelles de terrains d'une superficie totale d'environ sept hectares, dont le revenu global est évalué à 323 francs, ce qui correspond à un capital de 8 075 francs au denier 25 (4 %). Enfin, une maison sise à Doulevant, avec dépendance et un jardin attenant d'une contenance de six ares, d'un revenu de 200 francs, soit une valeur de 4 000 francs au denier 20 (5 %). Le tout est partagé à parts égales entre les deux légataires, et Irma Maupérin reçoit en outre, à titre particulier, le mobilier du défunt, estimé à 340 francs. Finalement, son patrimoine est évalué à environ 14 300 francs, à peine un peu plus que la dot de sa fille !

Mais un montant global n'est guère significatif et toute tentative de comparaison avec des chiffres issus d'enquêtes comme celle de Daumard (1973) ne serait guère pertinente car celles-ci concernent des grandes villes alors que les conditions de vie en milieu rural sont bien différentes. Propriétaire de son logement et disposant d'un jardin pouvant leur fournir une bonne partie de leur nourriture, Midrouet et sa domestique

38 AD Haute-Marne, 3 Q 17/311, Registre de recettes, déclarations des mutations par décès, Doulevant, 4 novembre 1889, Succession de François Midrouet, Boudard, notaire à Nully.

pouvaient sans doute vivre sans trop de problèmes avec les revenus des terres et des quelques valeurs qu'il possédait. C'est de toute façon ce qu'ils ont fait pendant au moins trois ans.

POURQUOI UNE AUSSI LONGUE CARRIÈRE ?

Rester plus de cinquante-six ans au service de la même entreprise, c'est exceptionnel ! Ses collègues Euvrard et Prieur ont quitté la forge beaucoup plus tôt, respectivement entre 60 et 63 ans et entre 55 et 62 ans. En l'absence de système de retraite, l'âge de fin d'activité était probablement fonction de l'épargne accumulée et de l'état de santé. Euvrard, décédé à 65 ans, a peut-être été contraint de s'arrêter pour des raisons de santé. Prieur, qui disposait d'une épargne certainement confortable, a pu partir à peu près au même âge qu'Euvrard. Décédé à 72 ans en 1886, il a pu profiter au minimum d'une dizaine d'années de retraite. Alors pourquoi Midrouet est-il parti aussi tard ? Sa dette vis-à-vis de l'entreprise a-t-elle continué à augmenter, le contraignant à y rester le plus longtemps possible ? C'est une hypothèse que l'on ne peut pas exclure, surtout au vu de la modestie de son héritage.

Mais une autre explication paraît tout aussi plausible. Octave, auprès de qui il travaille depuis trente à trente-cinq ans, qu'il connaît depuis sa naissance, qui a vingt-deux ans de moins que lui et qui, sous le simple rapport des âges, aurait pu être son fils, est à coup sûr quelqu'un avec qui il a une relation très forte et qu'il s'interdit probablement d'abandonner dans une période difficile. On voit d'ailleurs que, jusqu'au bout, il doit se battre pour l'entreprise. Ainsi, dans l'une des dernières lettres adressées à Monsieur Midrouet « directeur à Doulevant[39] », datée du 12 septembre 1884, Pierre Thomas, marchand de bois à Bologne, lui reproche de vouloir mettre en adjudication des coupes de bois dont il lui aurait promis la vente afin de compenser un préjudice subi lors d'une vente antérieure. Or, ce Pierre Thomas vient d'être élu président de l'Union générale des marchands de bois de France le 13 juillet 1884 à Paris[40] et on imagine que la partie ne va pas être facile : « je vous connais trop droit en affaires pour ne pas tenir à votre parole et j'y compte », ajoute-t-il, un brin menaçant !

39 AD Haute-Marne, 6 J 182, Lettres reçues, 1880-1884.
40 *Le Petit Troyen*, 1er août 1884.

Au-delà même de ce qui le lie à Octave, peut-être estime-t-il avoir une dette vis-à-vis de la forge, une dette d'un autre ordre que celle qui a pu figurer au débit de son compte. Même si elle n'a pas été très généreuse avec lui en termes de rémunérations matérielles, ne lui a-t-elle pas apporté bien davantage ? L'essentiel de ses relations, de ses amis, une reconnaissance, un statut social et pourquoi pas un certain prestige ! Ce sont là des rétributions symboliques, mais elles sont loin d'être négligeables !

Peut-être éprouve-t-il aussi le sentiment diffus d'avoir une responsabilité particulière, d'autant qu'il est le « doyen » de la forge, celui qui en connaît les moindres détails, le dépositaire de sa mémoire et sans doute un fédérateur. Ainsi que le souligne Woronoff (1984, p. 306), « les commis diffèrent radicalement des autres travailleurs. Ils s'identifient à l'entreprise, en lui donnant les moyens du contrôle, de la cohésion, de la durée. Par eux, l'entreprise est plus qu'une juxtaposition d'artisans et d'ouvriers, une addition de force de travail sous un même capital, elle devient davantage un lieu de coopération ».

D'ailleurs, malgré des conditions de travail certainement difficiles, les habitants du quartier de la Forge forment une véritable communauté. Les liens tissés entre eux se lisent dans les registres d'état civil et il serait possible d'en donner plusieurs exemples, comme celui d'un ouvrier de la forge, fils d'un ouvrier de la forge, qui épouse une domestique[41] ou celui d'un jardinier du château qui se marie avec la fille d'un cocher[42]. Et bien sûr, tous les témoins sont des habitants du quartier de la Forge, dont Midrouet, et tout se passe devant un Berthelin ! On retrouve là le « paternalisme réel ou l'entreprise comme cercle familial effectif » de Lamanthe (2011), tout comme on y retrouve l'essentiel des facteurs d'appartenance qui déterminent l'attachement à l'entreprise, tels qu'identifiés par Meyssonnier (2006, p. 57-60) pour les ingénieurs d'aujourd'hui, notamment la durée, la réciprocité, la mise en confiance, le sentiment de reconnaissance, les relations entre les personnes, l'intérêt du travail, l'intégration des exigences de l'entreprise ou encore les manifestations communautaires et symboliques. Autant de facteurs qui ont probablement fait que Midrouet n'a peut-être jamais envisagé d'autre possibilité que de continuer de « régir » la forge jusqu'au bout !

41 Jean Collin et Françoise Marchal, 30 juillet 1856.

42 Pierre Thiriet et Adeline Vautrin, 20 novembre 1865.

On imagine mal les employés des services comptables des grandes entreprises de la fin du siècle et du début du suivant adoptant la même attitude, alors que leurs conditions de travail se sont largement dégradées par rapport à celles de leurs aînés, ainsi que l'ont montré les travaux de Gardey (1995) et Labardin (2010a, 2014) pour la France, ou de Seltzer (2010) pour la banque britannique, et ce, sans réelle compensation financière, sans réel espoir de promotion et, au-delà du matériel, sans véritables rétributions sociales.

Yannick LEMARCHAND
Professeur émérite
Université de Nantes

BIBLIOGRAPHIE

SOURCES PRIMAIRES

Archives départementales de la Haute-Marne

AD Haute-Marne, 6 J Fonds Berthelin.
AD Haute-Marne, 6 J 34 à 6 J 37, Journal, 1774-1829.
AD Haute-Marne, 6 J 38, Journal, 1830-1834.
AD Haute-Marne, 6 J 48, Grand livre, 1830-1833.
AD Haute-Marne, 6 J 59, Comptes courants personnels, 1834-1837.
AD Haute-Marne, 6 J 61, Comptes courants personnels, 1843-1853.
AD Haute-Marne, 6 J 62, Comptes courants personnels, 1853-1865.
AD Haute-Marne, 6 J 63, Comptes courants personnels, 1866-1868.
AD Haute-Marne, 6 J 66, Livre de caisse, 1830-1833.
AD Haute-Marne, 6 J 75, Comptes courants des employés et ouvriers de la forge commis, forgerons, minerons, charbonniers, manouvriers, 1826-1832.
AD Haute-Marne, 6 J 76, Comptes courants des employés et ouvriers de la forge commis, forgerons, minerons, charbonniers, manouvriers, 1833-1839.
AD Haute-Marne, 6 J 140, Inventaire, 1840-1842.
AD Haute-Marne, 6 J 166, Lettres reçues, 1829.
AD Haute-Marne, 6 J 177, Lettres reçues, 1851-1859.
AD Haute-Marne, 6 J 178, Lettres reçues, 1860-1869.
AD Haute-Marne, 6 J 182, Lettres reçues, 1880-1884.
AD Haute-Marne, 6 J 195, Copies de lettres, 1861-1864.
AD Haute-Marne, 6 J 197, Copies de lettres, 1866-1870.
AD Haute-Marne, 3 Q, Enregistrement.
AD Haute-Marne, 3 Q 17/2, Tables des successions et absences, Bureau d'enregistrement de Doulevant-le-Château, 1804-1815.
AD Haute-Marne, 3 Q 17/311, Registre de recettes, déclarations des mutations par décès, Doulevant, 1889-1890.
AD Haute-Marne, 3 Q 47/464, Registre de recettes, déclarations des mutations par décès, Wassy, 1884.

Archives en ligne

Registres paroissiaux et d'état civil
Collection départementale : http://archives.haute-marne.fr/document/FRAD052_00000001E
Collection communale : http://archives.haute-marne.fr/document/FRAD052_Edepot_etat-civil
Recensements de la population : http://archives.haute-marne.fr/document/FRAD052_00000158M

RÉFÉRENCES

ANDRÉ, Louis, « L'industrie métallurgique en Haute-Marne au XIXe siècle », *Les Cahiers haut-marnais*, n° 186-187, 1991, p. 57-77.

BALZAC, Honoré de, *César Birotteau*, Paris, Houssiaux, 1837, réédition de 1855.

BALZAC, Honoré de, *Le Cousin Pons*, Paris, Houssiaux, 1847, réédition de 1855.

BULARD, M., « L'industrie du fer dans la Haute-Marne », *Annales de Géographie*, vol. 13, n° 69-70, 1904, p. 223-242, p. 310-321.

BOCQUERAZ, Claude, *The Professionalisation Project of French Accountancy Practitioners before the Second World War*, thèse de doctorat en Sciences de gestion, Nantes, Genève, universités de Nantes et de Genève, 2000.

CHALINE, Jean-Pierre, « Les contrats de mariage à Rouen au XIXe siècle : étude d'après l'enregistrement des actes civils publics », *Revue d'histoire économique et sociale*, vol. 48, n° 2, 1970, p. 238-275.

CORBIN, Alain, *Le monde retrouvé de Louis-François Pinagot sur les traces d'un inconnu, 1798-1876*, Paris, Flammarion, 1998.

DATTIN, Christine, *Du Code de Commerce de 1807 à la loi de 1966 : la lente émergence du commissariat aux comptes. De la fonction à la profession*, thèse de doctorat en Sciences de gestion, Nantes, université de Nantes, 2012.

DAUMARD, Adeline, *Les Fortunes françaises au XIXe siècle enquête sur la répartition et la composition des capitaux privés à Paris, Lyon, Lille, Bordeaux et Toulouse, d'après l'enregistrement des déclarations de succession*, Paris-La Haye, Mouton, 1973.

DEGRANGE, Edmond, *La tenue des livres rendue facile, ou Nouvelle méthode d'enseignement de la tenue des livres en simple et double partie*, 18e édition, Paris, Saintin, 1830.

DELORME, Philippe, *Jules Rozet maître de forges et notable en Haute-Marne au XIXe siècle (1800-1871)*, thèse de doctorat en histoire, Paris, université Paris I-Panthéon-Sorbonne, 2002.

DIDIER, Charles (abbé), *Notice historique et religieuse sur le bourg et les seigneurs de Doulevant-le-Château. (Suivie d'une courte notice sur les communes du Canton)*, Wassy, Guillemin, 1871.

FAVREAU, Louis, *« Bayonne, le... ». Lettres d'un jeune employé de commerce bayonnais à un ami, sur Bayonne, Biarritz, Le Boucau, la guerre de 1870, l'Espagne 1866-1877*, présenté par Jacques Barros et Françoise Doussantousse, Biarritz, Atlantica, 2004.

FAYET, Pierre, *Recherches historiques et statistiques sur les communes et les écoles de la Haute-Marne*, Langres-Paris, F. Dangien-D. Dumoulin, 1879.

GARDEY, Delphine, *Un monde en mutation : les employés de bureau en France, 1890-1930 : féminisation, mécanisation, rationalisation*, thèse de doctorat en histoire, Paris, Paris-VII, 1995.

GARDEY, Delphine, *Écrire, calculer, classer comment une révolution de papier a transformé les sociétés contemporaines, 1800-1940*, Paris, La Découverte, 2008.

HAMMAN, Philippe, « Patrons et milieux d'affaires français dans l'arène politique et électorale (XIXe-XXe siècles) : quelle historiographie ? » *Politix*, vol. 4, n° 84, 2008, p. 35-59.

HUITRIC, Solenn, *Transformer les collèges communaux en lycées. La coproduction d'une action publique (1830-1880)*, thèse de doctorat en histoire, Lyon, université de Lyon, 2016.

JEANNENEY, Jean-Noël, *François de Wendel en République*, Paris, Seuil, 1976.

JESSENNE, Jean-Pierre, MENANT, François, « Introduction », in *Les élites rurales dans l'Europe médiévale et moderne*, J.-P. Jessenne et F. Menant (éd.), Toulouse, Presses universitaires du Mirail, 2007, p. 7-52.

LABARDIN, Pierre, « La surveillance des comptables en France (fin du XVIIIe siècle – Entre-deux-guerres) : le passé d'une nécessité illusoire », *Gérer et comprendre*, n° 88, 2007, p. 36-46.

LABARDIN, Pierre, *L'émergence de la fonction comptable*, Rennes, Presses universitaires de Rennes, 2010a.

LABARDIN, Pierre, « Du teneur de livres au comptable. Le regard de quelques écrivains européens », *Comptabilité Contrôle Audit*, vol. 16, n° 2, 2010b, p. 49-68.

LABARDIN, Pierre, « The spatial downgrading of accounting clerks: the case of Pont-à-Mousson », *Accounting History Review*, vol. 24, n° 1, 2014, p. 27-45.

LAMANTHE, Annie, *Les métamorphoses du paternalisme : histoire, dynamiques et actualités*, Paris, CNRS Éditions, 2011, <http://books.openedition.org/editionscnrs/21348>.

LAMY, Charles, *Annuaire général du commerce*, Paris, Société des annuaires, 1839.

LA PERRIÈRE, Henri de, « Notes sur l'époque révolutionnaire tirées de la correspondance commerciale de la maison Fromageot-Berthelin », *Mémoires de la Société académique d'agriculture des sciences, arts et belles-lettres du département de l'Aube*, n° 94, 1931, p. 97-145.

LAROCHE-GISSEROT, Florence, « Pratiques de la dot en France au XIXe siècle », *Annales. Économies, sociétés, civilisations*, vol. 43, n° 6, 1988, p. 1433-1452.

LEMARCHAND, Yannick, « Style mercantile ou mode des finances, le choix d'un modèle comptable dans la France d'Ancien Régime », *Annales Histoire Sciences sociales*, vol. 50, n° 1, 1995, p. 159-182.

LEMARCHAND, Yannick, « Fonds de roulement (concept) », in *Dictionnaire historique de comptabilité des entreprises*, D. Bensadon, N. Praquin et B. Touchelay (éd.), Villeneuve-d'Ascq, Presses universitaires du Septentrion, 2016, p. 162-165.

LEMARCHAND, Yannick, « Manuscrit trouvé à Chaumont… ou diffusion et apprentissage de la partie double dans l'industrie au début du XIXe siècle », in *L'histoire comme méthode pour comprendre le management. Mélanges en l'honneur du Professeur Marc Nikitin*, M. Floquet, P. Labardin et Y. Levant (éd.), Paris, L'Harmattan, 2017, p. 291-314.

LORAIN, Charles (abbé), « Histoire de Jean-Nicolas Laloy (né à Doulevant-le-Château). Docteur en médecine – Maire de Chaumont (1745-1804) », *Mémoires de la Société des lettres, des sciences, des arts, de l'agriculture et de l'industrie de Saint Dizier, années 1912-1913*, t. XIV, 1913, p. XX-254.

MARTINET, Jacques Ernest, « Nécrologie Émile Pissot », *Mémoires de la société des sciences naturelles et archéologiques de la Creuse*, n° 2, t. 7, 1892, p. 431-433.

MEYSSONNIER, Rebiha, « Les sources d'attachement à l'entreprise, du point de vue du salarié : l'exemple des ingénieurs », *Revue de gestion des ressources humaines*, n° 60, 2006, p. 48-70.

Ministère de l'Agriculture et du Commerce, *Statistique de la France – Industrie*, Paris, Imprimerie royale, 1847.

MOINE, Jean-Marie, « Phénomène dynastique et petite et moyenne entreprise : la métallurgie haut-marnaise aux XIXe et XXe siècles », *Entreprises et histoire*, n° 12, 1996, p. 61-74.

NIKITIN, Marc, *La naissance de la comptabilité industrielle en France*, thèse de doctorat en sciences de gestion, Paris, université Paris Dauphine, 1992.

NIKITIN, Marc, « Les auteurs comptables : une élite à géométrie variable », *Cahier de recherche du Laboratoire orléanais de gestion*, n° 2, 2010.

NOIRIEL, Gérard, « Du "patronage" au "paternalisme" : la restructuration des formes de domination de la main-d'œuvre ouvrière dans l'industrie métallurgique française », *Le Mouvement social*, n° 144, 1988, p. 17-35.

OFFERLÉ, Michel, « Les Schneider en politique », in *Les Schneider, Le Creusot. Une famille, une entreprise, une ville*, C. Mathieu et D. Schneider (dir.), Paris, Fayard-Réunion des musées nationaux, 1995, p. 288-305.

PATRY, Henri, *Le bénédictin Claude-Cyrille Peuchot, premier archiviste de la Haute-Marne (1745-1817)*, Besançon, Jacquin, 1909.

PICHOT, Daniel, « Le moulin et l'encellulement dans l'Ouest français (XIe-XIIIe siècle) », in *Moulins et meuniers dans les campagnes européennes IXe-XVIIIe siècle*, M. Mousnier (éd.), Toulouse, Presses universitaires du Mirail, 2002, p. 80-94.

PISSOT, Constant-Émile, *Notice historique sur Doulevant-le-Château*, Wassy, Guillemin, 1874.

PRAQUIN, Nicolas, « Commercial legislation and the emergence of corporate auditing in France, 1856-1935 », *Accounting History Review*, vol. 22, n° 2, 2012, p. 161-189.

RAMIREZ, Carlos, *Contribution à une théorie des modèles professionnels : le cas des comptables libéraux en France et au Royaume-Uni*, thèse de doctorat en Sociologie, Paris, EHESS, 2005.

ROWLEY, Anthony, « Deux crises économiques modernes : 1846 et 1848 ? », *Revue d'Histoire du XIXe siècle – 1848*, n° 2, 1986, p. 81-90.

SELTZER, Andrew J., « Salaries and promotion opportunities in the English banking industry, 1890-1936 ». *Business History*, vol. 52, n° 5, 2010, p. 737-759.

TOUCHELAY, Béatrice, « Les professionnels de la comptabilité vus par les administrations fiscales françaises des années 1920 aux années 1960 : experts, faussaires ou charlatans ? », *Entreprises et histoire*, vol. 39, n° 2), 2005, p. 59-76.

TOUCHELAY, Béatrice, « Bribes du discours fondateur sur les origines de l'Ordre des experts-comptables et des comptables agréés français, ou comment masquer son âge », *Entreprises et histoire*, vol. 42, n° 1, 2006, p. 64-83.

WORONOFF, Denis, « Maîtres de forges et marchands : la vente des fers de Doulevant (Haute-Marne) de 1783 à 1815 », in *Actes du 95e Congrès national des sociétés savantes Reims – 1970. Section d'histoire moderne et contemporaine*, t. 2. *Histoire champenoise*, Paris, 1974, p. 137-158.

WORONOFF, Denis, *L'industrie sidérurgique en France pendant la Révolution et l'Empire*, Paris, EHESS, 1984.

ZAKIM, Michael, *Accounting for capitalism: the world the clerk made*, Chicago, The University of Chicago Press, 2018.

ZIMNOVITCH, Henri, « La "quarantaine" des coûts standard chez Saint-Gobain : 1920-1960 », *Comptabilité Contrôle Audit*, vol. 2, n° 2, 1996, p. 5-24.

ZIMNOVITCH, Henri, *Les calculs du prix de revient dans la seconde industrialisation en France 1880-1960*, thèse de doctorat en Sciences de gestion, Poitiers, 1997.

ZIMNOVITCH, Henri, « Berliet, the obstructed manager: too clever, too soon ? », *Accounting, Business & Financial History*, vol. 11, n° 1, 2001, p. 43-58.

MULTI-, INTER-, TRANSDISCIPLINARITÉ

Postures de l'histoire de la comptabilité dans le projet d'unité des connaissances

INTRODUCTION

Les nombreux articles et ouvrages, les adresses en conférences, les notes de position d'Henri Zimnovitch, ainsi que les discussions passionnantes et enrichissantes que les auteurs de cet ouvrage ont certainement portées à maintes occasions avec lui témoignent manifestement de ses affinités pour plus qu'une discipline, explorant avec érudition des terrains de méthodes et de pensées bien au-delà de ce qu'on appelle sciences de gestion ou comptabilité. Cela a ouvert spontanément la réflexion autour de la perméabilité des disciplines, des emprunts plus ou moins réciproques, des possibilités de rapport inter-, multi-, transdisciplinaires et des contributions qu'elles pourraient avoir ensemble à une nouvelle épistémologie.

Ce chapitre se veut donc un recueil de quelques notes frugales inspirées par ces discussions, se proposant de clarifier les terminologies souvent considérées à tort comme interchangeables (multidisciplinarité, interdisciplinarité, transdisciplinarité...) et d'illustrer quelques postures de l'histoire et de la comptabilité dans le cadre du chemin de création de nouvelles connaissances[1].

Ces notes sont donc regroupées en quatre sous-parties, en commençant par des clarifications conceptuelles, suivies d'un point d'éclairage apporté

1 Les directions explorées par ce chapitre se sont nourries des discussions avec Henri Zimnovitch dans le cadre préliminaire de mon projet de préparation de l'HDR, ainsi que des éclairages apportés par mes collègues sur les enjeux de l'éducation métadisciplinaire (Bernard Sinclair-Desgagné) et de la consilience (Frédéric Munier), des débats qui ne viennent que de commencer et pour lesquels je les remercie vivement.

par la sociologie à la résurgence des modes interdisciplinaires, pour ensuite discuter quelques postures et apports réciproques de l'histoire et de la comptabilité dans le cadre précédemment posé. La partie finale abordera la question de la transdisciplinarité et de l'éducation du manageur responsable, dans le contexte d'un possible changement de paradigme.

MULTI-, INTER-, TRANSDISCIPLINARITÉ
Quelques usages et clarifications conceptuelles

Nous assistons aujourd'hui à un « retour » à la mode de l'interdisciplinarité, sur le fond d'un débat brûlant autour des changements de paradigmes économiques et sociaux, face à la complexité accrue des problèmes à traiter (environnementaux, de migration, etc.), exigeant ainsi un dialogue plus ouvert des disciplines. Cependant, les modes induisent aussi la propagation de vocabulaires imprécis, les transferts de sens et l'utilisation polyvalente de concepts tels interdisciplinarité et multidisciplinarité dans des contextes (souvent « disciplinaires ») différents. L'étymologie des mots discipline et disciple remonte à une même racine, « *discere* », qui signifie « apprendre » en latin. Cela est particulièrement significatif pour notre positionnement, car les disciplines et leur apprentissage sont définis dans l'action et en transformation, ce qui nous permettra de donner en fin de chapitre une ouverture pragmatique et programmatique vers l'éducation du manageur responsable. Alvargonzáles (2011) clarifie les distinctions entre multidisciplinarité, interdisciplinarité et transdisciplinarité dans une approche linguistique :

- la *multidisciplinarité* (« *multus* », en latin, signifie beaucoup ou plusieurs) se réfère à une activité associée à plusieurs disciplines, des disciplines multiples ou plus qu'une discipline ;
- *l'interdisciplinarité* (« *inter* », en latin, signifie entre, mutuel, réciproque) se réfère à une activité développée entre des disciplines existantes, ou bien dans une relation réciproque entre celles-ci ;
- enfin, *transdisciplinarité* (« trans » signifie à travers, outre, au-delà) se réfère à des activités qui transcendent les disciplines, qui vont à travers les différentes disciplines et au-delà d'une discipline individuelle.

Il faut noter néanmoins que la première section de ce chapitre ne se propose pas de clarifier les terminologies en donnant des définitions immuables, mais plutôt de présenter quelques usages des termes qui permettront de cartographier à la fois les significations de ces mots et les pratiques rattachées, en suivant l'idée que « la signification d'un mot est son usage dans le langage » (Wittgenstein, 2005, § 43).

De ce point de vue, la revue de littérature dressée par Choi et Pak (2006) sur l'utilisation de ces termes est particulièrement significative. La frontière des disciplines est ainsi un point de différenciation central, car la multidisciplinarité multiplie les approches, mais reste dans les frontières de chaque discipline, en même temps l'interdisciplinarité recoupe et relie les disciplines dans une approche coordonnée et cohérente, et enfin la transdisciplinarité intègre les sciences naturelles et sociales dans un contexte des humanités et transcende ainsi les frontières classiques des disciplines (Choi et Pak, 2006, cités par Alvargonzáles, 2011). Jacobs et Frickel (2009) analysent à leur tour d'autres classifications et distinctions entre la *cross-* ou multidisciplinarité (contributions de deux ou plusieurs domaines à une problématique), interdisciplinarité ou pluridisciplinarité (intégration de connaissances provenant de deux ou plusieurs domaines) ou transdisciplinarité (connaissance produite collectivement par des experts et praticiens de différents domaines). Nous retenons ainsi un deuxième élément structurant, en plus de la frontière disciplinaire, qui est le degré d'intégration et d'interconnexion des connaissances.

En partant de cette revue de littérature, et d'autres articles similaires, nous pouvons déceler dans la transdisciplinarité un véritable programme, bien au-delà d'une simple curiosité, sensibilité, ou du respect collégial et épistémique à l'égard des autres disciplines et de leurs objets d'étude. La question de la légitimité scientifique et d'une essence propre à la transdisciplinarité se pose d'emblée. Les textes d'Edgar Morin sur l'interdisciplinarité (notamment à travers les différents tomes de sa Méthode), le très engagé « manifeste » sur la transdisciplinarité de Nicolescu (1996), l'existence de structures actives comme la fondation du Centre international de recherches et études transdisciplinaires, ainsi que l'élaboration de la charte de la transdisciplinarité sont autant d'exemples des différents niveaux possibles d'analyse et d'action : épistémologique, logique, politique, voire métaphysique (comme le manifeste le veut) :

> Si la multidisciplinarité et l'interdisciplinarité renforcent le dialogue entre les deux cultures, la transdisciplinarité permet d'envisager leur unification ouverte. Les considérations précédentes [...] offrent une base méthodologique de la conciliation de deux cultures artificiellement antagonistes – la culture scientifique et la culture humaniste, par leur dépassement dans l'unité ouverte de la culture transdisciplinaire. (Nicolescu, 1996, p. LXII.)

Le syntagme « conciliation de cultures » renvoie plus ou moins volontairement au concept de consilience, utilisé avec des niveaux et significations légèrement différentes par Whewell (1840), Gould (2012), etc. La consilience en tant qu'« unité des connaissances » est avancée par Wilson comme solution pour réduire la distance qui se creuse entre les sciences et les humanités, à l'ère de la spécialisation et des hautes technologies. Le rôle et la position de chaque discipline dans l'ensemble, ainsi que la question de la hiérarchisation sont significatives, et sur ce point Gould s'en démarque en considérant que « la consilience [...] émerge d'un patchwork d'affirmations indépendantes, et non d'une soumission moutonnière à cause fallacieuse » (Gould, 2012, p. 41). Il n'y a pas donc de hiérarchie des disciplines dans cet effort d'unification des connaissances. À l'origine du concept de consilience se trouve l'expression de Whewell (1840), « *consilience of inductions* », représentant métaphoriquement un « saut ensemble » des connaissances, percues sous l'angle de la logique et des méthodes de connaissance.

Cependant, comme déjà précisé, l'interdisciplinarité, la transdisciplinarité, la consilience font de plus en plus écho dans des projets et des programmes à portée sociétale, et le phénomène n'est pas nouveau. Nous prenons l'exemple de America's Cybernetics Group aux États-Unis (1946-1953), réunissant de manière régulière ses membres (dont Norbert Wiener, Gregory Bateson, etc.) pour discuter la science « transdisciplinaire » de la cybernétique, dans le contexte des théories de l'information, des théories des jeux et des théories des systèmes (Dicks, 2019). Selon l'auteur, la cybernétique offre ainsi un terrain commun « transdisciplinaire » pour aborder la biologie, l'écologie, la psychologie, la politique, la robotique, l'intelligence artificielle. Une réponse autochtone à ce mouvement est donnée en France par le « Groupe des Dix » (dont Edgar Morin, Joël de Rosnay, René Passet), qui lance, entre 1968 et 1976, un puissant programme transdisciplinaire pour traiter les questions sociétales dans leur complexité tout en mettant à profit les avancées des sciences pour un développement durable (Vivien et Dicks, 2019). En France, l'ambition de certains de ces auteurs est de créer une métaphysique (Edgar Morin, Michel Serres), et pour d'autres d'en trouver des applications dans l'action politique (Michel Rocard, Jacques Delors, Jacques Attali).

Ces deux exemples transatlantiques sont illustratifs des terrains d'influence que les projets transdisciplinaires peuvent avoir (pour la science et les changements de paradigmes, ou bien dans le domaine politique). Nous allons donc reposer dans les sections suivantes la question de l'interdisciplinarité dans son contexte social et professionnel, également en ce qui concerne le domaine de l'éducation. À partir du cadre ainsi posé, nous allons aborder des questions sur les postures de l'histoire et de la comptabilité : parle-t-on d'emprunts de méthodes ? d'éclairages réciproques ? de simple contextualisation ? ou bien font-elles partie d'un projet plus vaste, transgressant toutes ces dimensions, et intégrant l'apprentissage, en fidèle référence aux origines étymologiques du mot « discipline » ?

QUAND LA SOCIOLOGIE APPORTE SON ÉCLAIRAGE AUX AUTRES DISCIPLINES

Dans cette section, nous allons regarder de plus près comment les différentes écoles, groupes, communautés scientifiques structurent les disciplines et formulent les projets interdisciplinaires. Pour simplification, nous allons nommer dans cette section « interdisciplinaire » toute démarche qui sort du champ traditionnel des disciplines, sans reprendre les distinctions et nuances précédentes. Dans la plupart des cas, pour garder la précision terminologique souhaitée, il s'agit effectivement de phénomènes d'interdisciplinarité, en intégrant des connaissances entre plusieurs domaines.

Nous avons déjà précisé que le retour à l'interdisciplinarité est un phénomène d'actualité, lié certes à une prise de conscience de la complexité des phénomènes nécessitant une lecture croisée, voire transcendante, des disciplines « traditionnelles ». Cependant, l'interdisciplinarité n'est pas nouvelle, même dans ses formes modernes, et ne semble pas s'être développée ni ultérieurement ni en opposition avec les « disciplines ». Abbott (2001) considère ainsi que l'interdisciplinarité s'est développée en même temps que les disciplines, et non après. Il donne l'exemple de la fondation Rockefeller, qui a mené cette politique d'interdisciplinarité pour donner un caractère « scientifique » aux sciences sociales. Le besoin de légitimation y est donc dès le début, car, selon Abbott, il faut former les scientifiques à l'interdisciplinarité, donc d'une certaine manière, un peu paradoxale, les spécialiser dans l'interdisciplinarité. Le regard du sociologue des professions permet d'analyser la structuration des disciplines par le « marché » académique, et la réplication des modèles et des structures des organisations d'enseignement supérieur. Cela institutionnalise pour une longue période une forte configuration « disciplinaire », à quelques notables exceptions. Abbott étudie ainsi la structure des départements aux US, inchangée dans la plupart des cas depuis 1890-1910. Selon Abbott (2001), cette organisation par départements (comme groupes ayant une identité et un pouvoir dans l'organisation) est apparue originellement aux États-Unis et s'est répandue en Europe[2] uniquement après la Seconde Guerre mondiale. Par contraste, le modèle répandu en Allemagne était celui du « *Bildung* » (une culture de développement personnel), accompagné d'une organisation par chaires autour de sujets spécifiques de recherche et de personnalités, plutôt qu'autour de disciplines (Abbott, 2001). En France, les structures patronales et l'enseignement vocationnel semblent structurer le champ, tout comme le système des collèges en Grande-Bretagne, plutôt qu'une organisation par disciplines. Abbott considère aussi que la propagation d'une logique par disciplines tient d'un phénomène de démocratisation, permettant la mobilité de carrière entre des unités d'universités différentes et promouvant des groupements « d'égaux », qui sont les « *peers* ». Les disciplines ont offert ainsi la macrostructure du marché du travail, avec des carrières construites plutôt au sein d'une même discipline qu'au sein d'une même université (Abbott, 2001). Cela est

2 Il faut noter que des exceptions existent, sur la base de fortes traditions interdisciplinaires, comme à Oxford et Cambridge ; aussi, des initiatives récentes témoignent d'une organisation et gouvernance possible autour de l'interdisciplinarité, comme la création d'académies interdisciplinaires en remplacement des départements au sein de mon établissement d'enseignement supérieur.

renforcé par le développement progressif de systèmes de gouvernance et d'administration des *curricula* autour de disciplines (« *majors* »). Nous pouvons rajouter que l'internationalisation de l'enseignement supérieur ne fait que marquer encore plus cette structuration, reflétée et répliquée par les écoles doctorales entre autres. Panozzo (1995) montre comment les écoles doctorales servent à institutionnaliser certains modèles dominants. Il s'appuie sur l'exemple de la recherche en comptabilité, dominée par une matrice disciplinaire (dans le sens de Kuhn) venant des États-Unis, et y oppose un courant émergent européen soucieux des différences et de la variété des approches méthodologiques. En observant les évolutions ultérieures, notamment au niveau des agendas éditoriaux, de l'apparition et du développement des conférences spécifiques, du niveau de participation et du nombre de publications, nous pouvons témoigner d'une plus grande représentation de cette variété, avec néanmoins un revers de la médaille qui est sa forte fragmentation. L'interdisciplinarité s'inscrit dans ce mouvement, et souffre des mêmes maux. La théorie d'Abbott sur l'interdisciplinarité (2001) est en fait une théorie de la division fractale, ce qui explique la fragmentation d'aujourd'hui, et le sentiment d'inabouti pour certains cas, malgré des exceptions qui se démarquent par un positionnement fort, et une culture, voire une identité, construite autour de l'interdisciplinarité (comme les universités d'Oxford et Cambridge). Jacobs et Frickel (2009) montrent cependant que l'interdisciplinarité connaît aujourd'hui un véritable essor, à la fois via la multiplication des publications (tendance observée entre 1990 et 2007 sur la base de Thompson ISI), ainsi que par les initiatives de plus en plus nombreuses des doyens dans l'enseignement supérieur, du financement des centres de recherches, de la formation d'équipes multidisciplinaires et de la création des chaires abordant les grandes questions dans une approche intégrée. La vision de la fragmentation d'Abbott est contredite partiellement par Turner (2000, cité par Jacobs et Frickel, 2009) dans le sens où l'interdisciplinarité ne souffre pas nécessairement de cette fragmentation (en opposition avec les modèles structurés et structurants autour de disciplines), mais qu'au contraire, ce phénomène témoigne d'une nouvelle division du travail en réponse à des finalités nouvelles (assurer un financement régulier, aider au replacement de collègues d'autres unités, apporter des réponses attendues par des parties prenantes de plus en plus variées, etc.). Encore plus, la grande variété des approches, des équipes, des formes et des méthodes interdisciplinaires témoigne du fait que les chercheurs et les académiques sont de plus en plus attendus sur des questions sociétales complexes, qui sortent du domaine d'une seule discipline. Abbott pose néanmoins la question suivante, que nous reprenons dans le contexte de l'histoire (et) de la comptabilité : pourquoi, malgré son existence de longue date, l'interdisciplinarité n'a-t-elle pas modifié les paradigmes « intellectuels » ? Une des réponses données par l'auteur est que les paradigmes interdisciplinaires sont orientés par problèmes, donc ont un cycle de vie assez court. Cependant, nous pouvons dire que l'orientation par problèmes, à la différence de l'orientation par thématiques disciplinaires devient une question importante de méthode dans le contexte des sujets complexes abordés aujourd'hui. Encore plus, si nous reprenons la définition des problématiques donnée par Nikitin (2006), les problématiques en gestion se formulent comme questions récurrentes des manageurs, donc leur vie n'est pas si courte qu'on l'imagine. Nous allons approfondir ainsi dans la quatrième section l'idée que la comptabilité offre un terrain inattendu propice à la transdisciplinarité par la nature appliquée et éclectique des questionnements qu'elle ouvre.

HISTOIRE ET COMPTABILITÉ, HISTOIRE DE LA COMPTABILITÉ
Au-delà des postures disciplinaires

Nous formulons dans cette section quelques questions autour de la posture de l'histoire de la comptabilité dans le mouvement interdisciplinaire : est-ce une méthode ? une discipline à part entière ? un objet de recherche ? un élément de contextualisation ?

Parker et Guthrie ont réalisé en 2014 un état de l'art et une analyse critique des trajectoires du courant interdisciplinaire dans la recherche en comptabilité. Leur étude montre, encore une fois, que la recherche interdisciplinaire s'organise par problématiques, et s'avère être plus axée sur des questions sociétales. Ces observations sont en ligne avec les études d'Abbott et Turner, et se basent sur plusieurs décennies de recherche interdisciplinaire en comptabilité. Il est intéressant de noter que, selon Roslender et Dillard (2003), cités par Parker et Guthrie (2014), l'interdisciplinarité en comptabilité représente tout domaine *autre que l'économie*, qui reste donc fortement associée au courant dominant. Dans cette perspective, l'interdisciplinarité semble perçue comme altérité au courant dominant de la recherche en comptabilité, au moins historiquement. Une illustration est donnée ainsi par la catégorisation des revues en économie et gestion réalisée par le CNRS. Dans la présentation de la catégorie 1, la plus prestigieuse, il est précisé que « l'organisation différente des sciences économiques et des sciences de gestion explique que ces revues sont uniquement généralistes en économie alors qu'elles sont propres à certains champs en gestion » (CNRS, 2020) L'excellence demande ainsi aux sciences de gestion une plus forte spécialisation.

La liste CNRS est organisée par thématiques, et nous y retrouvons donc la comptabilité et l'histoire en tant que catégories distinctes : « Comptabilité et contrôle de gestion », respectivement « Histoire de la pensée économique, histoire économique et des affaires, méthodologie, philosophie économique ». Encore plus, en identifiant les domaines peu populaires, voire qui sont souvent l'objet de restrictions dans les revues des courants dominants en comptabilité, Parker et Guthrie (2014) citent sans surprise en tête de liste l'histoire de la comptabilité (p. 220). Cela montre-t-il que le rendez-vous entre la comptabilité et l'histoire est raté ou bien, au contraire, cela ouvre-t-il la place à plusieurs forums d'expression, au risque de la fragmentation des communautés ? Abbott (2001) donne l'exemple édifiant de la rencontre de l'histoire avec la sociologie, entre 1965 et 1990. Encore une fois, la manière dont les questions sont posées oriente les champs disciplinaires, de manière narrative en histoire et de manière analytique en sociologie. Plus qu'une question de méthode, cela fait écho à la vision statique ou dynamique (temporelle) de la vie sociale. Cela change selon Abbott entre 1960 et 1970, avec de plus en plus d'emprunts de méthodes (les historiens commencent à avoir une approche plus analytique, les sociologues commencent à s'intéresser à des phénomènes uniques, comme la naissance du capitalisme). À partir de ce mouvement de perméabilité réciproque aux méthodes des autres disciplines, on s'attendait soit à un conflit pour remettre en place les plaques tectoniques, soit à une synthèse. Or, cela n'a pas été le cas, car le phénomène, selon Abbott (2001), n'arrive pas à changer les champs disciplinaires, se résumant à des « paradigmes générationnels qui s'en prenaient aux orthodoxies disciplinaires ».

Est-ce que la rencontre de l'histoire avec la comptabilité retrace le même scénario ? Il est intéressant de comparer les chronologies, car, au moment où la théorie positiviste commençait à prendre une place centrale dans la recherche en comptabilité, on commence, en sociologie, à prendre des distances d'avec les orthodoxies théoriques (utilisation des modèles, des variables au lieu des acteurs, etc.). Beattie (2014) fait une analyse réflexive du tournant narratif dans la recherche en comptabilité. Dans son article, elle se propose de cartographier, en s'appuyant sur sa propre carrière de recherche, les étapes, les théories et les méthodes utilisées dans la recherche en comptabilité sur le thème des éléments narratifs de la communication financière. Le cadre théorique qu'elle propose montre bien comment l'interdisciplinarité prend son sens au moment où l'orientation est faite par problématiques. En même temps, l'approche montre que, dans ce cas précis, le mouvement part du domaine disciplinaire de la comptabilité, qui s'ouvre vers des théories et des méthodes provenant d'autres disciplines. Nous avons donc une illustration parfaite de la théorie fractale d'Abbott (2001) sur les fragmentations interdisciplinaires.

Un exemple de succès de l'interdisciplinarité est donné par ce même auteur, qui montre que les études de genre ont représenté un point de convergence abouti entre l'histoire et la sociologie (Abbott, 2001). Nous pouvons rajouter sans risque la comptabilité dans ce schéma, à la vue de la légitime popularité des études de genre dans notre domaine. Cela se traduit, d'un point de vue institutionnel, dans l'existence des revues, des conférences interdisciplinaires, des équipes de recherche, des chaires et de nouvelles disciplines/thématiques d'enseignement autour de ce projet, à portée sociétale. Le fait que l'interdisciplinarité ne soit pas neutre, mais représente souvent le pendant d'un projet plus vaste, est illustré par la création de groupes distincts et très variés dans la recherche en comptabilité. Parker et Guthrie (2014) attirent aussi l'attention sur la fragmentation des communautés de recherche interdisciplinaire en comptabilité. S'il y a rarement des concentrations par établissements, cela a l'avantage de la création de réseaux à échelle globale, dont les conférences et les congrès en constituent la cartographie et la chronologie en même temps (le triptyque APIRA, IPA, CPA retrace ainsi l'histoire du projet interdisciplinaire international en comptabilité). Le schéma des fractales se trouve encore plus compliqué par l'existence des traditions nationales, qui représentent un facteur supplémentaire de fragmentation.

Nous pouvons déplorer cette fragmentation encore plus dans la recherche en histoire de la comptabilité, à la fois au niveau de la France et à l'international. Le mouvement d'une recherche régionale vers une recherche internationale en histoire de la comptabilité est assez récent et demande des stratégies spécifiques (Gomes *et al.*, 2015). Encore plus, les frontières disciplinaires (ou plus exactement les institutions constituées autour des disciplines) sont parfois moins perméables que les frontières nationales et régionales. Ainsi, il serait intéressant de retracer la participation des chercheurs en comptabilité aux conférences d'histoire, et des chercheurs en histoire aux conférences en comptabilité. La théorie d'Abbott se trouverait probablement confirmée, car les échanges restent marginaux, exotiques et souvent soumis aux tests de légitimité. Par contre, un nouveau champ se crée autour d'un objet de recherche spécifique, qui est « l'histoire de la comptabilité ».

Dans leur article, Levant et Zimnovitch (2017) posent d'ailleurs la question de la légitimité de l'histoire de la comptabilité en tant qu'objet d'étude. Ils mettent ainsi en avant la dualité de l'histoire, qui est à la fois une science, avec l'obligation de respecter la vérité, et une forme de narration, un processus littéraire ayant le but de convaincre. L'existence d'approches différentes, et d'une multitude de méthodes historiographiques marque le champ, à la différence de disciplines matures comme l'économie. Les auteurs attirent notamment l'attention sur les risques du dogmatisme, du sophisme et de la scolastique, en se basant sur le cadre d'André Comte-Sponville, et recommandent des voies de recherche peu explorées (sports, agriculture, hôpitaux), et l'exploration de nouveaux types d'archives (films, photographie, littérature). Ils donnent des recommandations pour légitimer l'histoire de la comptabilité en tant qu'objet de recherche, par l'application de méthodologies robustes, et une épistémologie basée sur le pragmatisme comme théorie de la vérité. Cela nous donne l'occasion de retourner à la question principale du projet interdisciplinaire. La légitimité du projet vient à la fois de la pertinence des questions abordées, certes, mais aussi de ses fondations épistémologiques. Cependant, les différentes disciplines ont leurs propres socles épistémologiques, et l'interdisciplinarité est définie souvent différemment, en fonction de la discipline qui se prête au jeu de la perméabilité. Les interrogations sur le caractère « scientifique » de ces approches sont récurrentes, et déjà se poser cette question équivaut à se positionner dans un paradigme spécifique, qui est celui positiviste. Les fractales qui représentent la fragmentation de nos communautés de recherche interdisciplinaire semblent donc déstabiliser le projet d'unité des connaissances. Donc, pour le consolider, faut-il, comme le souhaitent les promoteurs du projet transdisciplinaire, procéder à la fondation d'une nouvelle épistémologie ? Et est-ce que l'éducation pourrait aussi jouer un rôle fédérateur dans le cadre de ce projet ?

L'ÉDUCATION DU MANAGEUR RESPONSABLE
Accomplissement du projet transdisciplinaire

Le lien de plus en plus faible entre la recherche, l'enseignement et les pratiques est souvent déploré en comptabilité. Encore plus, la question centrale de la responsabilité des manageurs qu'on forme ouvre la voie vers des interrogations importantes sur l'avenir de la recherche, de l'éducation et des pratiques. Ces questionnements sont particulièrement pertinents dans le contexte du projet transdisciplinaire et légitiment ce type de positionnement. Nous considérons que la comptabilité et l'histoire de la comptabilité peuvent représenter un terrain de convergence prolifique par la nature même des questions de pratique sociale et professionnelle qui sont posées. Les manuels d'introduction à la comptabilité commencent souvent avec une question sur sa nature : art, science ou technique ? Ce besoin de clarification vient d'un besoin de légitimation à portée disciplinaire, et l'article de Hines (1989) aborde déjà la question de la construction sociale de la profession comptable, qui doit se légitimer de manière permanente, en absence d'un corpus de connaissances « scientifiques » reconnues, comme c'est le cas dans d'autres professions. Cependant cette même ambiguïté de plans devient un atout précieux dans une perspective transdisciplinaire. Déjà, par la nature des questions qu'elle pose, la comptabilité a besoin des éclairages de plusieurs disciplines. L'histoire peut jouer dans ce sens le rôle d'une méthode d'enseignement, en plus d'une méthode de recherche, par la contextualisation des pratiques et le sens qui en découle, par une conscience de la récurrence des problèmes (problématiques) et par le fait d'éviter à l'apprenant de prendre pour acquises certaines techniques, pratiques et évidences trompeuses. On y retrouve donc une remise permanente en question, et un esprit critique et pratique bien en ligne avec le projet d'éducation humaniste inspiré par Montaigne. Encore plus, la comptabilité (dans son sens large, comprenant aussi la question de la responsabilité) est concernée par de nombreux questionnements éthiques, environnementaux, sociétaux, à forts enjeux et à grande complexité. Le professionnel comptable est très soucieux de maintenir sa réputation, et sa légitimité, en tant que praticien responsable.

La revue *Journal of Business Ethics* a dédié un numéro spécial en 2020 à la formation du manageur responsable. Dans ce cadre, Laasch *et al.* (2020) ont lancé l'appel à un vaste projet transdisciplinaire intégrant des connaissances de plusieurs disciplines (interdisciplinaires) et plusieurs secteurs (intersectorielles), impliquant des chercheurs, des enseignants, des apprenants et des praticiens dans un processus collectif de création de connaissances. Nous assistons ainsi à l'apparition d'un nouveau paradigme dans l'éducation, qui peut jouer un rôle moteur également pour la recherche. Le besoin de donner des solutions aux problèmes complexes sur le terrain demande ainsi des réponses multi-, inter-, transdisciplinaires et appelle à l'intégration des secteurs (y compris celui académique).

CONCLUSION

Ce chapitre a réuni quelques réflexions inspirées par Henri Zimnovitch sur le statut de l'histoire de la comptabilité, sa légitimité comme objet d'étude et ses postures possibles dans le cadre du projet d'unité des connaissances. Cela laisse autant de questions ouvertes, qui invitent à des projets de recherche et d'enseignement. Comme nous l'avons vu, le projet interdisciplinaire rencontre souvent des difficultés dans le partage des langages, des concepts et des postures épistémologiques. Il faut donc s'assurer que, dans le cadre de ce projet ambitieux, on ne recrée pas la tour de Babel dans une nouvelle cacophonie des disciplines. Au lieu donc de poser des ambitions trop audacieuses dans ce programme (comme une nouvelle épistémologie ou bien une nouvelle métaphysique), nous proposons plutôt un ancrage pragmatique dans les pratiques, s'appuyant sur l'apprentissage collectif entre chercheurs et praticiens, et orienté par les problématiques complexes du terrain. La comptabilité peut constituer ainsi un terrain possible de convergence des savoirs.

En guise de conclusion, nous rappelons que la discipline tire sa racine étymologique de « *discipulus* », qui est le disciple, l'apprenant. Cela est d'autant plus vrai pour la transdisciplinarité, qui ne peut exister qu'en tant que projet vivant, dans la transmission et le partage de connaissances.

Raluca SANDU
Skema Business School –
université Côte d'Azur

BIBLIOGRAPHIE

ABBOTT, Andrew, *Chaos of Disciplines*, Chicago, The University of Chicago Press, 2001, p. 259.

ALVARGONZÁLEZ, David, « Multidisciplinarity, Interdisciplinarity, Transdisciplinarity, and the Sciences », *International Studies in the Philosophy of Science*, vol. 25, n° 4, 2011, p. 387-403.

BEATTIE, Vivien, « Accounting narratives and the narrative turn in accounting research: Issues, theory, methodology, methods and a research framework », *British Accounting Review*, vol. 46, n° 2, 2014, p. 111-134.

DICKS, Henry, « Physics, philosophy and poetics at the end of the Groupe des Dix: Edgar Morin and Michel Serres on the nature of Nature », *Nature Sciences Sociétés*, vol. 27, n° 2, 2019, p. 169-177.

GOULD, Stephen Jay, *Le renard et le hérisson. Pour réconcilier la science et les humanités*, Paris, Éditions Points, 2012.

GOMES, Delfina, GIOVANNONI, Elena, GUTIÉRREZ-HIDALGO, Fernando G., ZIMNOVITCH, Henri, « Moving from regional to international publishing in accounting history: Pressures, issues, strategies and implications », *Accounting History*, vol. 20, n° 2, 2015, p. 183-205.

HINES, Ruth D., « Financial Accounting Knowledge, Conceptual Framework Projects and the Social Construction of the Accounting Profession », *Accounting, Auditing & Accountability Journal*, vol. 2, n° 2, 1989, p. 72-92.

JACOBS, Jerry A., FRICKEL, Scott, « Interdisciplinarity: A Critical Assessment », *Annual Review of Sociology*, n° 35, 2009, p. 43-65.

LAASCH, Oliver, MOOSMAYER, Dirk, ANTONACOPOULOU, Elena, SCHALTEGGER, Stefan, « Constellations of Transdisciplinary Practices: A Map and Research Agenda for the Responsible Management Learning Field », *Journal of Business Ethics*, n° 162, 2020, p. 735-757.

LEVANT, Yves, ZIMNOVITCH, Henri, « Epistemology and management science: Is accounting history still a legitimate subject of study? », *Accounting History*, vol. 22, n° 4, 2017, p. 450-471.

NICOLESCU, Basarab, *La Transdisciplinarité. Manifeste*, Paris, Éditions du Rocher, 1996.

NIKITIN, Marc, « Qu'est-ce qu'une problématique en science de gestion et comment l'enseigner ? », *Comptabilité Contrôle Audit*, vol. 12, n° 3, 2006, p. 87-100.

PANOZZO, Fabrizio, « The making of the good academic accountant », *Accounting, Organizations and Society*, vol. 22, n° 5, 1997, p. 447-480.

Parker, Lee David, Guthrie, James, « Addressing directions in interdisciplinary accounting research », *Accounting, Auditing & Accountability Journal*, vol. 27, n° 8), 2014, p. 1218-1226.

Vivien, Franck-Dominique, Dicks Henry, « Introduction – De la légende dorée aux querelles d'héritage : le Groupe des Dix en transversale », *Natures Sciences Sociétés*, vol. 27, n° 2, 2019, p. 125-136.

Wittgenstein, Ludwig, *Recherches philosophiques*, Paris, Gallimard, 2005.

LA CATÉGORIE « MÉNAGE » DANS L'APPAREIL STATISTIQUE FRANÇAIS APRÈS 1945

Une catégorie symbolique des Trente Glorieuses ?

INTRODUCTION

Le terme « ménage » est ancien mais sa généralisation et son utilisation statistique comme source de repérage et de comptage de la population datent du milieu du XXe siècle. La catégorie est définie progressivement à mesure du développement de la statistique publique française. Le « ménage » regroupe l'ensemble des individus qui résident dans un même logement. Il ne peut pas être appréhendé comme unité statistique tant que les logements ne sont pas définis et comptabilisés par les statisticiens. Or, les connaissances dans ce domaine se précisent lentement.

À partir du recensement de 1954, les données quantitatives sur le logement et sur les personnes qui les occupent sont suffisamment élaborées pour que la catégorie « ménage » devienne un élément essentiel au repérage de la population. Le recours à cette catégorie offre un moyen commode de classer la population par lieu de résidence. Il permet de construire les échantillons interrogés lors des grandes enquêtes et sondages effectués par l'Insee[1] et le Credoc[2] (enquêtes sur les conditions de vie des ménages, sur leur consommation…). La sélection d'un certain nombre de « ménages » pour constituer des *échantillons maîtres* tenus à jour (élimination en cas d'absence de réponse) permet aussi d'organiser des enquêtes régulières. Ces échantillons pallient l'absence de fichier démographique exhaustif. Ils servent à obtenir des informations auprès

1 Insee : Institut national de la statistique et des études économiques.

2 Credoc : Centre de recherche pour l'étude et l'observation des conditions de vie.

de « ménages » représentatifs de l'ensemble de la population entre deux recensements démographiques[3]. Ces différents usages témoignent du succès de la catégorie « ménage » à partir des années 1950-1960.

Comme toutes les catégories statistiques, celle du « ménage » est à la fois une unité statistique, une construction rigoureuse du statisticien désireux de représenter la réalité sociale et une entité réelle. Sa pertinence dépend de sa capacité à représenter une réalité (la catégorie s'avère incapable, par exemple, de faire connaître une population nomade). Sa pertinence dépend aussi de sa neutralité (influence éventuelle sur la réalité qu'elle est censée décrire). Les fonctions discriminantes de la catégorie « ménage » (la catégorisation *stigmatise* des populations et peut ainsi contribuer à les exclure) ou les conséquences de son usage pour les individus concernés (intériorisation de la position attribuée par le classement statistique) doivent être précisées afin d'évaluer ses enjeux. La présentation des débats suscités par la généralisation de la catégorie et celle des limites qu'elle rencontre actuellement complètent l'analyse critique.

L'approche de la catégorie « ménage » se construit en trois temps. La première étape présente un bref historique de la catégorie en soulignant la richesse de ses origines puis en précisant sa définition et son usage actuels. Les débats suscités par sa généralisation sont abordés dans un second temps. Ils s'inscrivent dans le contexte de la reconstruction et de la formation d'un puissant appareil public de statistiques qui faisait défaut avant-guerre. La catégorie « ménage » devient le symbole d'une certaine idée de la statistique publique française qui se développe après la Seconde Guerre mondiale. Sa généralisation par l'Insee à partir de 1954 révèle la domination d'une conception de la statistique qui privilégie le petit groupe (famille nucléaire) sur l'individu. Ce constat permet d'aborder la dernière étape de l'analyse, qui consiste à présenter la catégorie comme un symbole des Trente Glorieuses[4]. La catégorie

3 Un ménage, au sens du recensement de la population, désigne l'ensemble des personnes qui partagent la même résidence principale, sans que ces personnes soient nécessairement unies par des liens de parenté. Un ménage peut être constitué d'une seule personne. Il y a égalité entre le nombre de ménages et le nombre de résidences principales. Les personnes vivant dans des habitations mobiles, les bateliers, les sans-abri, et les personnes vivant en communauté (foyers de travailleurs, maisons de retraite, résidences universitaires, maisons de détention…) sont considérés comme vivant hors ménage.

4 Les acquis des « Trente Glorieuses », c'est-à-dire des années de forte croissance économique succédant à la Seconde Guerre mondiale, sont aujourd'hui très contestés, voir en particulier : Pessis *et al.* (2013).

« ménage » contribue en effet à mettre en avant les aspects positifs de la forte croissance économique des années 1950 et 1960. Toutes les enquêtes effectuées auprès des ménages concluent à une amélioration des niveaux de vie, mais elles font peu ressortir les difficultés spécifiques des plus démunis (occupants des logements très vétustes non retenus par les enquêteurs… – personnes âgées, par exemple). Ces enquêtes ne soulignent pas non plus les particularités des composantes individuelles du ménage (aides familiales…). Parce qu'elle privilégie le nombre sur l'individu, la catégorie « ménage » contribue à gommer les cas particuliers. Elle gomme aussi les écarts et les inégalités (inégalités de genre et dispersion des revenus ou inégalités des niveaux de vie par tête). Qu'il s'agisse du revenu, des départs en vacances, du niveau de confort, etc., chaque phénomène étudié perd en précision dès que le « ménage » est la référence de l'étude.

On peut proposer comme hypothèse de travail que c'est justement le caractère global de la catégorie et sa capacité à atténuer les écarts sociaux qui expliquent son succès pendant les Trente Glorieuses. Comme l'indique Thomas Piketty dans son étude sur l'inégalité des fortunes en France (Piketty, 2001[5]), cette capacité vaut également pour la grille des CSP (catégories socioprofessionnelles), qui est une autre construction statistique symbolique des Trente Glorieuses.

Le prolongement de l'analyse jusqu'à aujourd'hui montre que la catégorie « ménage » n'est pas plus pertinente pour décrire les profonds dysfonctionnements économiques et sociaux induits par la dépression, puis par la stagnation économique française depuis les années 1970 qu'elle ne l'était pour souligner les effets pervers de la forte croissance de l'après-guerre. Si la catégorie reste en usage, elle le doit à sa capacité à s'adapter aux profonds bouleversements des réalités internes aux ménages depuis une trentaine d'années.

5 Thomas Piketty précise que la généralisation de l'usage de la grille des catégories socioprofessionnelles introduites en 1951 gomme en grande partie les situations extrêmes en matière de revenus et de fortune.

LES ORIGINES LOINTAINES D'UNE DÉFINITION ET SES LIMITES

Le lien entre le « ménage » et la famille-foyer constitue une première origine du terme. Le terme « ménage » définit en effet la vocation des travaux de ménage dans la famille envisagée comme une entreprise. Jusqu'au XIXe siècle, les travaux de ménage sont répartis entre le ménager (terme du XVIe siècle) et la ménagère de façon relativement souple selon les activités dominantes du foyer (Perrot, 1998). Ainsi, par exemple, le travail à domicile modifie le partage des tâches et entraîne une prise en charge de travaux de ménage par l'homme (cuisine ou balayage). Avec la montée puis la généralisation du salariat hors du domicile au XIXe, la ménagère remplace définitivement le ménager pour l'entretien du foyer. L'homme reste le ménager, c'est-à-dire le chef de ménage. Le terme ménager est de moins en moins utilisé, puis il tombe en désuétude. Celui de ménagère se diffuse au contraire. Il est sexué. La ménagère hérite des fonctions du ménage. Elle éclipse le ménager. La ménagère est attachée au foyer. Elle est exclue du salariat et ne peut être rémunérée que par des travaux d'appoint (ménages et ventes ponctuelles). La ménagère se trouve dans une situation de dépendance à l'égard du salaire de l'homme. La position de chef de ménage n'est plus liée à sa contribution effective aux tâches ménagères mais à son apport monétaire. Ce glissement de sens est resté : le ménage est le domaine de la ménagère, mais c'est l'homme qui est « chef de ménage » parce qu'il est celui qui apporte le salaire. Ce glissement n'exclut pas que la femme continue à gérer la paie dans les familles ouvrières. Cette caractéristique est déjà soulignée par les enquêtes de Le Play vers 1850. Elle est aujourd'hui encore un fait notable des enquêtes genre de vie de l'Insee.

Le terme de « ménage » est longtemps resté synonyme de « famille ». Il véhicule la norme familiale et n'est pas toujours exempt de connotation morale et religieuse. Les visées moralisatrices et hygiénistes des études de Le Play puis de Villermé sur les familles ouvrières au XIXe siècle sont évidentes. Les objectifs restent similaires dans les enquêtes des observateurs sociaux britanniques du tournant du XXe siècle. Le but des quantitativistes durkheimiens qui entreprennent les premières enquêtes sur les conditions d'existence des familles-ménages de paysans et d'ouvriers (Maurice Halbwachs) n'est pas moralisateur mais scientifique. Le terme « ménage » reste synonyme de famille, mais son usage ne poursuit pas d'objectif normatif. La catégorie s'est imposée comme un outil commode de l'analyse. Il n'en reste pas moins que dans le sens commun, l'équivalence entre ménage et famille est presque systématique. Cette assimilation signifie que, derrière la catégorie statistique, se cache toute une structure hiérarchique qui est celle de la famille. La catégorie statistique entérine cette hiérarchie en créant la catégorie de « chef de ménage » ou « personne de référence » pour les enquêtes et sondages de l'Insee ou d'organismes privés (études de marché...). Le « chef de ménage » comme la « personne de référence » est le plus souvent l'homme, conjoint, source de revenu monétaire. Il constitue le « repère » qui permet de classer l'ensemble des individus composant le ménage dans telle CSP. Les politiques familiales de l'après-Seconde Guerre mondiale comme celles du logement utilisent cette référence pour évaluer les besoins et définir les pratiques.

La poussée de la salarisation des femmes est dissimulée sauf si elle s'accompagne d'une augmentation des ménages composés de femmes seules et salariées. C'est plus généralement le travail féminin qui est peu valorisé par la catégorie, puisque les activités économiques des épouses d'indépendants (agriculteurs, commerçants...), parfois comptabilisées comme « aides familiales », disparaissent dès qu'elles sont en ménage... La généralisation du travail salarié féminin après 1968 et l'affirmation de la famille nucléaire, puis l'éclatement de la cellule familiale à partir des années 1970-1980 modifient de façon radicale la composition des ménages. La taille du ménage se réduit, le nombre de ménages augmente et la « personne de référence » est plus fréquemment une femme (chômage du conjoint ou bien famille monoparentale ou encore célibat).

La catégorie ménage résiste à ces bouleversements. Elle représente donc un intérêt particulier pour le statisticien qui l'utilise. Cette résistance tient à sa définition, qui correspond au « sens commun ». Le ménage est en effet une catégorie ancienne qui s'impose dès que l'on veut chiffrer sans recourir à l'individu. Les ensembles localisés dénommés « feu » puis « foyer » sont les ancêtres de la catégorie sous l'Ancien Régime. Le « feu » ou le « foyer » évoque chacun un lieu d'habitation partagé par plusieurs individus. Le terme « ménage », quant à lui, fait directement référence aux individus sans renvoyer explicitement à leur lieu de résidence. Au sens statistique, pourtant, la référence au lieu est implicite. Ainsi, par exemple, les populations nomades ne seront pas comptabilisées parmi les ménages, puisque leur résidence est mobile.

Pour utiliser la catégorie « ménage », il faut que le logement soit défini comme unité statistique et localisé avec précision. La progression de la statistique des logements est très lente. Elle commence par l'établissement du cadastre et les enquêtes sur la propriété bâtie, qui permettent de repérer les habitations. Ces informations sont complétées par l'organisation régulière du dénombrement des maisons par commune à partir de 1846. Parallèlement, la SGF[6], ancêtre de l'Insee, utilise les recensements démographiques quinquennaux pour obtenir quelques informations quantitatives sur les logements. Dans le dernier tiers du XIXe siècle, les bulletins individuels de recensement sont distribués par logement. Le recensement de 1901 introduit la première définition de la pièce, qui permet d'approfondir les connaissances. Les recensements suivants comptabilisent systématiquement l'ensemble des logements. Ceux de 1911 et de 1926 indiquent la répartition des logements par nombre de pièces pour les grandes villes. Une grille approximative précisant le nombre de personnes par pièce sert à estimer le surpeuplement. Le statisticien utilise donc le logement comme point de repère des populations bien avant qu'il ne le connaisse avec précision. Il en va de même de la catégorie « ménage », qui est utilisée à deux reprises par la SGF pour faire des enquêtes dans la région parisienne avant 1911 (enquête sur les budgets[7], puis sur les prix). Pour des raisons budgétaires, la SGF n'organise aucune nouvelle enquête directe auprès des ménages entre les deux guerres.

À partir de la Libération, l'amélioration des connaissances sur le logement est indispensable pour reconstruire et reloger. Un premier effort pour évaluer la taille et le confort des logements est fourni par le recensement de mars 1946. Le questionnaire comporte un bordereau de maison permettant de distinguer les immeubles ordinaires et spéciaux et les habitations mobiles. Il comprend également une feuille de ménage

6 SGF : Statistique générale de la France.

7 La SGF introduit et utilise la technique du carnet de compte rempli par la ménagère pour la première enquête de consommation entreprise en France. L'enquête comme les efforts entrepris en matière de suivi des prix sont des réactions à la « croisade des ménagères » contre la vie chère de 1911.

qui contient un cadre spécial destiné à évaluer les éléments de confort du logement. Les résultats du recensement sont complétés par une enquête spécifique organisée par l'Insee auprès d'un échantillon de ménages en 1952. Les définitions se précisent alors puisque la cuisine est comptée comme une pièce alors qu'elle ne l'était pas au recensement de 1946. L'enquête informe sur le nombre de pièces et sur les caractéristiques du logement et du loyer selon la catégorie professionnelle des locataires. Les connaissances sur le logement et sur les ménages se stabilisent avec le recensement de 1954. Le bulletin de recensement se compose d'une feuille de ménage et d'une feuille de logement qui contient une question sur le statut d'occupation. Les premiers résultats du recensement sont exploités au vingtième et ils sont publiés dès 1957 (un délai rapide). Leur présentation systématique sous la forme de tableaux à double ou triple entrée croisant les caractéristiques des ménages (CSP), des logements et des zones d'habitation facilite leur interprétation.

Les enquêtes auprès des ménages deviennent systématiques. Leur développement dépend bien davantage des capacités financières (crédits budgétaires, effectifs) du service central de la statistique publique que de la volonté des statisticiens. Les crédits de l'Insee sont sans commune mesure avec ceux de la SGF. Ils lui permettent de développer les enquêtes auprès des ménages malgré le contexte de crise aiguë du logement qui empêche de comptabiliser un nombre non négligeable de personnes, impossibles à localiser. La catégorie s'impose néanmoins avec force jusqu'à nos jours.

DÉFINITIONS

Le ménage se compose de l'ensemble des occupants d'une résidence principale, qu'ils aient ou non des liens de parenté (Champsaur, 1997). Il peut ne comprendre qu'une seule personne. Les personnes vivant dans des habitations mobiles et la population des foyers ne font pas partie des ménages. La famille (couple et enfants célibataires) est un élément du ménage. Les membres d'un ménage n'appartenant pas à une famille sont distingués et dénommés « personnes isolées ». La « personne de référence de la famille » est le « chef de ménage » dans le langage courant. Il s'agit de l'homme du couple ou du parent dans le cas d'une famille monoparentale.

Le sens commun emploie le terme « ménage » au pluriel (les ménages). Dans le vocabulaire commun, les ménages sont assimilés aux familles nucléaires, alors que pour le statisticien, le ménage est composé par les individus qui partagent le même logement. La définition statistique est relativement souple. Elle s'adapte à l'évolution des formes familiales, puisque l'Insee assimile les enfants de 25 ans et plus qui demeurent au foyer à des enfants du foyer. Il introduit également la catégorie de « ménage complexe », qui est constitué de plusieurs couples, ou bien d'une famille avec ascendants, collatéraux ou un enfant devenu adulte, ou de plusieurs personnes sans lien de couple ou de filiation. La souplesse de la catégorie lui permet ainsi d'intégrer des ménages considérés hier comme atypiques, comme ceux de la « cohabitation juvénile » des années 1970 par exemple.

En s'adaptant aux changements de sa composition, la catégorie « ménage » gomme une partie de ces changements. Elle demeure identique en surface alors qu'elle assimile des transformations majeures des modèles familiaux. Cette apparente stabilité peut freiner la prise de conscience et la recherche d'explications des changements en cours. Le statisticien constate qu'une très grande partie des ménages actuels est qualifiée de « complexe », mais il n'explique pas la nature du changement. Les chiffres bruts fournis par le statisticien, qui révèlent une forte augmentation du nombre total des ménages en France depuis une dizaine d'années, doivent être expliqués si l'on veut comprendre l'évolution de la société dans son ensemble et non seulement celle des entités statistiques « ménages ».

ENJEUX DE LA GÉNÉRALISATION DE LA CATÉGORIE

À partir de 1954, la catégorie « ménage » et le logement sont donc largement utilisés par les statisticiens de l'Insee. Cette situation résulte d'un combat entre deux conceptions de la statistique au moment de l'organisation du système de statistique publique autour de l'Ined[8], créé en 1945, et de l'Insee, fondé l'année suivante. La généralisation de la

8 Institut national des études démographiques.

catégorie « ménage » est un des signes de la « victoire » des conceptions de l'Insee sur celles de l'Ined : le ménage l'emporte sur l'individu pour constituer les échantillons de la plupart des enquêtes nationales à partir du recensement démographique de 1954. Les travaux sociodémographiques de l'Ined, qui dispose de moyens humains et financiers largement inférieurs à ceux de l'Insee, restent centrés sur l'individu. Malgré leur incontestable qualité scientifique, ces travaux ont une notoriété plus étroite que ceux de l'Insee. Ils s'appuient sur des échantillons également plus étroits et dont la représentativité n'est pas systématiquement démontrée.

L'un des protagonistes les plus actifs de cette polémique est le polytechnicien, statisticien démographe Alfred Sauvy. Alfred Sauvy fait toute sa carrière à la SGF entre 1922 (recrutement comme statisticien adjoint) et la Libération. Il met au point les premières projections démographiques et contribue à améliorer les connaissances en matière de conjoncture économique. Il est convaincu de la nécessité de combler le retard du développement de la statistique publique française et contribue à l'adoption de la loi sur la statistique obligatoire en 1938. Alfred Sauvy condamne cependant le changement d'échelle du service de statistique introduit par la création du Service national de statistiques (SNS), qui incorpore la SGF en 1941 (Sauvy, 1978). Ce changement d'échelle est pourtant irréversible. Il bouleverse radicalement les méthodes et l'organisation du service central de la statistique publique française. Ainsi, alors que la SGF compte environ 130 personnes en 1939 et qu'elle ne dispose d'aucun relais régional[9], le SNS dispose de directions régionales installées dans les grandes villes et de près de 8 000 personnes (dont un grand nombre de vacataires). Il est équipé en matériel mécanographique moderne servant à exploiter rapidement des fiches cartonnées. Alfred Sauvy critique la présence de mécanographes, qui sont des techniciens, à côté des spécialistes de la recherche statistique et mathématique, qui sont les statisticiens. Il regrette le laboratoire d'étude qu'était la SGF et considère que les moyens techniques, humains et financiers accordés au nouveau service ne permettent pas d'amélioration notable de la mesure statistique. Il dénonce l'existence de coûteuses directions régionales et l'héritage de la mécanographie acquis par l'Insee en avril 1946…

Alfred Sauvy est détaché à sa demande au secrétariat d'État à la Famille en avril 1945, puis il devient le premier directeur de l'Ined. Il

9 Excepté l'Office statistique de Strasbourg, hérité du Reich allemand en 1918.

reproduit alors l'organisation de la SGF dans cette petite structure de recherche démographique... Parallèlement, Alfred Sauvy reste très attentif aux évolutions de l'Insee. Son examen est particulièrement critique pendant la période des fondations. Dans un premier temps, il critique la conservation de fichiers démographiques issus de l'Occupation. Ces fichiers ne sont plus tenus à jour et ils tombent en désuétude, mais Alfred Sauvy condamne la création de nouveaux fichiers de personnes (le fichier électoral confié à l'Insee par la loi d'août 1946). Les fichiers sont jugés dangereux pour les libertés individuelles. Malgré la forte personnalité et le passé de résistant du premier directeur général de l'Insee, Francis-Louis Closon, Alfred Sauvy ne désamorce pas ses critiques. Outre les fichiers, il dénonce publiquement le coût et l'organisation de l'Insee à l'occasion de l'exploitation du recensement démographique de 1946.

Les méthodes employées par l'Insee, et particulièrement la place de la catégorie « ménage » dans ses études, constituent alors pour Alfred Sauvy un nouveau sujet de critiques. Les ménages deviennent en effet des bases d'enquêtes par sondage qui sont jugées solides sur le plan probabiliste grâce à la méthode d'échantillonnage (dite « méthode Thionnet ») introduite à l'Insee depuis 1946. Cette méthode est fortement inspirée des techniques utilisées aux États-Unis. Elle s'appuie sur le tirage au sort des échantillons dans les fichiers de l'Insee (fichier électoral et fichier des établissements en particulier). Alfred Sauvy et Jean Stoetzel, collaborateur de l'Ined spécialiste des sondages[10], critiquent cette méthode. Ils lui reprochent sa lenteur. La méthode Thionnet exige en effet un certain délai pour construire les échantillons, pour les redresser lors des enquêtes régulières et pour fournir une estimation systématique des marges d'erreurs. Alfred Sauvy défend les sondages par quotas qui composent leurs échantillons par choix raisonnés (sondage auréolaire) sans fournir d'estimation rigoureuse des marges d'erreurs. Cette méthode, dite « méthode Gallup » ou encore méthode des psychosociologues, s'appuie sur une base de sondage étroite. Elle retient l'individu comme unité de base de sondage et permet de fournir rapidement des résultats. L'Ined reste ainsi une « vigie » comme l'était la SGF.

---

10 Jean Stoetzel introduit les sondages d'opinion en France avant la Seconde Guerre mondiale. Il travaille au SNS et à la Fondation Carrel pendant l'Occupation, puis rejoint l'Ined comme chargé de mission avant de diriger l'Institut français d'étude de l'opinion publique (Ifop).

Disposant de moyens budgétaires et humains largement supérieurs, l'Insee cherche au contraire à perfectionner ses échantillons. Il utilise les résultats du recensement de 1954 pour construire la catégorie « ménage » à partir des données individuelles. Il constitue alors des échantillons maîtres établis sur la base des ménages représentatifs de l'ensemble de la population. Les ménages sollicités pour les enquêtes ne sont plus choisis de façon aléatoire. Le statisticien peut évaluer leur représentativité. Il n'est plus dépendant de fichiers qui ne représentent qu'une partie des réalités. L'échantillon maître permet à l'Insee et au Credoc d'organiser la première enquête de consommation auprès de 22 800 ménages en 1956.

Le débat entre l'Insee et l'Ined oppose une recherche d'exhaustivité qui gomme les différences et une volonté de véracité ponctuelle utilisant l'individu (conception sans doute plus humaniste) qui met en avant l'individualité. Les enquêtes de l'Ined font ressortir les inégalités (de comportement, de mode de vie…) alors que celles de l'Insee soulignent au contraire l'uniformisation du mode de vie.

LE « MÉNAGE », UNE CATÉGORIE SYMBOLIQUE DES TRENTE GLORIEUSES

À partir de 1954, le nombre des ménages augmente à mesure de la résolution de la crise du logement et de la diminution de la taille des familles. Dans les années 1960, le ménage est devenu l'unité de consommation par excellence. Il est celui des cadres de Georges Pérec. Le chef de ménage est l'homme salarié. Le ménage est le pivot de la promotion sociale de l'époux et de la mobilité géographique et sociale des enfants. La ménagère disparaît parmi les aides familiales ou les femmes au foyer… Le ménage ouvrier s'embourgeoise (problématique de Serge Mallet ou de Pierre Belleville opposée à celle de la paupérisation de Maurice Thorez) ; le ménage des employés rejoint les classes moyennes ; celui des cadres est le guide de la consommation… En bref, la catégorie symbolise les réussites des Trente Glorieuses.

Le choix du ménage comme unité statistique favorise la disparition de certaines ombres au tableau des Trente Glorieuses : l'individu est l'unité statistique utilisée pour les enquêtes sur les personnes âgées (et non sur les ménages de…) ou sur les conditions de logement des jeunes ou des immigrés… Même additionnés, les résultats des enquêtes auprès des individus donnent une impression moins massive que ceux des enquêtes qui utilisent les ménages représentatifs de la population totale. Le collectif (ménage ou CSP) bénéficiaire de la croissance est davantage valorisé que l'individuel. L'image de la société renvoyée par la généralisation du ménage comme unité de base fait disparaître l'individu comme la solitude et l'isolement. Les CSP ou les ménages ont un rôle uniformisateur.

La catégorie « ménage » est un reflet des croyances optimistes des Trente Glorieuses. Elle dissimule une croyance dans la pérennité de la cellule familiale, du plein-emploi et dans l'amélioration illimitée des conditions de vie. Cette catégorie véhicule ces croyances et elle contribue à les diffuser. On peut avancer par exemple que la hiérarchie interne au « ménage », qui distingue une « personne de référence » ou « chef de ménage » dans le langage commun, peut contribuer à fossiliser des inégalités internes au couple composant le ménage. En effet, rares sont les couples qui choisiraient de désigner une épouse, même active et avec un niveau de qualification supérieur au conjoint, comme « personne de référence » du ménage. Aucun argument statistique ne s'oppose pourtant à ce choix. On peut aussi remarquer qu'une personne seule qui réside dans un logement constitue un « ménage » à part entière, alors que celle qui n'a pas de logement n'existe pas en tant que « ménage ». Ces deux remarques sur la définition de la catégorie suffisent à souligner qu'elle véhicule des « valeurs » sociales assez rigides : le travail rémunéré, la famille ou bien le logement. Ces valeurs correspondent moins à la réalité de la fin du XXe siècle et la catégorie « ménage » est un peu dépassée…

LES LIMITES ACTUELLES DE LA CATÉGORIE

L'usage de la notion de « ménage » continue à masquer certaines réalités. Ainsi, la référence au logement est particulièrement gênante lorsqu'il s'agit d'évaluer des populations instables, exclues ou en cours d'exclusion... Le phénomène des squats, celui de la pauvreté grande et petite, celui de l'indigence qui passe par la perte de logement et ou par le logement en meublé, les difficultés des populations en foyer, etc., ne peuvent pas être appréhendés à travers cette catégorie. L'éclatement de la cellule familiale, le retour de réelles difficultés de logement et le phénomène de l'exclusion comme celui de la grande pauvreté permettent aujourd'hui de critiquer cette catégorie.

La catégorie « ménage » est actuellement l'objet d'une réflexion à l'Insee. Certaines enquêtes soulignent ses imperfections. Une enquête sur le devenir des personnes sorties du RMI, effectuée en 1998 auprès d'un échantillon représentatif des allocataires inscrits au 31 décembre 1996, fait apparaître que la statistique administrative basée sur les individus surestime le nombre des isolés au sens familial et social parmi les allocataires du RMI. *A contrario*, une enquête de l'Insee de 1998 sur les ménages en situation de grande pauvreté souligne les aspects pervers du phénomène en montrant que deux revenus, même très faibles, pallient en général les principaux besoins du ménage. L'enquête signale également que la présence d'un second revenu peut servir de prétexte aux employeurs ou bien justifier des politiques restrictives en matière d'aide sociale. L'entreprise ou l'agence d'intérim ont intérêt à penser que le salarié à peine payé est en « ménage »... (Gardes et Loisy, 1998)

Malgré ces remarques, les principales enquêtes conservent cette référence au ménage. Quelques résultats récents font apparaître des évolutions intéressantes : le poste logement pèse désormais plus lourd que le poste alimentation dans les dépenses des ménages (Rignols, 2002). Cette évolution s'explique par l'augmentation de 47 % du nombre de ménages en France entre 1962 (14,6 millions) et 1990 (21,5 millions). Les ménages sont plus nombreux qu'il y a dix ans, mais ils sont aussi plus petits. L'amélioration des conditions de logement (de la surface par habitant) mais aussi l'augmentation de la solitude se cachent derrière ces constats. La proportion des personnes vivant seules dans leur logement a doublé en trente ans (de 6,1 % de la population totale en 1962 à 12,6 % en 1999). Les personnes âgées de plus de 60 ans constituent plus de la moitié des personnes vivant seules. La situation, hier la plus classique, de personnes vivant dans un ménage composé d'un couple avec enfants ne concerne aujourd'hui que 56 % des Français (1999).

Voici donc quelques pistes de réflexion autour d'une catégorie statistique qui, comme bien d'autres, est trop souvent utilisée sans être comprise, et qui est, de ce fait, employée à tort comme un instrument neutre de classement et de description du monde social. La définition du ménage sur le site de l'Insee, consultée en mai 2020[11], montre que cette mise en ordre du monde social par la catégorie sociale « ménage » n'est pas neutre :

> Définition
> Un ménage, au sens du recensement de la population, désigne l'ensemble des personnes qui partagent la même résidence principale, sans que ces personnes soient nécessairement unies par des liens de parenté. Un ménage peut être constitué d'une seule personne. Il y a égalité entre le nombre de ménages et le nombre de résidences principales.
>
> Remarque
> Les personnes vivant dans des habitations mobiles, les bateliers, les sans-abri, et les personnes vivant en communauté (foyers de travailleurs, maisons de retraite, résidences universitaires, maisons de détention…) sont considérées (sic) comme vivant hors ménage.

Pour conclure, on doit bien sûr s'interroger sur les effets de leur classement – ou plutôt de leur « éviction » statistique…

Béatrice TOUCHELAY
Université de Lille

11 Source : https://www.insee.fr/fr/metadonnees/definition/c1881 (consulté le 17/05/2021).

BIBLIOGRAPHIE

CHAMPSAUR, Paul, *Tableaux de l'économie française. 1997-1998*, Paris, Insee, 1997.

GARDES, Francois, LOISY, Christian, « La pauvreté selon les ménages : une évaluation subjective et indexée suivant leur revenu », *Économie et Statistique*, n° 308-310, octobre 1998, p. 95-112.

PERROT, Michelle, *Les femmes ou les silences de l'histoire*, Paris, Flammarion, coll. Champs, 1998.

PESSIS, Céline, TOPCU, Sezin, BONNEUIL Christophe, *Une autre histoire des « Trente Glorieuses » : modernisation, contestations et pollutions dans la France d'après-guerre*, Paris, La Découverte, 2013.

PIKETTY, Thomas, *Les hauts revenus en France au XXe siècle. Inégalité et redistributions, 1901-1998*, Paris, Bernard Grasset, 2001.

RIGNOLS, Élisabeth, « La consommation des ménages depuis quarante ans », *Insee Première*, n° 832, février 2002.

SAUVY, Alfred, *La vie économique des Français de 1939 à 1945*, Paris, Flammarion, 1978.

COMPRENDRE L'HISTOIRE DE LA PROFESSION COMPTABLE

Les apports du concept de clôture sociale

INTRODUCTION

L'étude sociologique des professions est marquée par une chronologie claire des différentes approches. Ainsi, le fonctionnalisme domine entre les années 1920 et les années 1950-1960, lorsque se développent d'autres approches, d'abord l'interactionnisme symbolique et ensuite des perspectives critiques inspirées notamment par Weber (Dubar *et al.*, 2011 ; Champy, 2012). Pour les sociologues, la profession comptable constitue un objet de recherche habituel (par exemple Macdonald, 1985 ; Abbott, 1988), et ce, depuis relativement longtemps.

En revanche, dans les recherches en comptabilité, c'est seulement pendant les années 1980 que la sociologie commence à être utilisée pour comprendre l'évolution de la profession (Poullaos, 2008), dans le prolongement du mouvement qui propose d'étudier la comptabilité dans son contexte social et politique (Burchell *et al.*, 1980). Il faut mentionner ici le papier fondateur de Wilmott (1986, p. 559), qui tente d'« incorporer certaines des idées des perspectives fonctionnaliste et interactionniste dans un cadre théorique essentiellement critique » appliqué à l'histoire de la profession comptable britannique. D'autres contributions ont suivi, s'appuyant plus ou moins explicitement sur des modèles sociologiques variés : la tradition fonctionnaliste et déterministe dans Matthews *et al.* (1998) ou Matthews (2005), l'écologie des professions d'Abbott (1988) dans Edwards *et al.* (2007), une sorte de fonctionnalisme dynamique dans Carnegie et Edwards (2001), etc.

Néanmoins, même si une certaine diversité des points de vue subsiste, le paradigme critique, d'inspiration weberienne, semble dominer depuis quelque temps les recherches comptables sur l'histoire de la profession (Matthews, 2005 ; Poullaos, 2008 ; Matthews, 2017). La professionnalisation est envisagée ici comme la constitution d'un monopole s'appuyant sur la construction sociale des compétences et l'installation de barrières à l'entrée. Les associations professionnelles de comptables sont vues comme des structures politiques dont la finalité est de formuler, organiser, protéger et faire progresser les intérêts de leurs membres (Willmott, 1986). Le but de ce papier est d'analyser le concept de clôture sociale, central dans le paradigme critique, et d'apprécier comment il peut aider à comprendre l'histoire de la profession comptable.

La première partie détaille les principaux courants qui ont marqué la sociologie des professions, en se focalisant sur la clôture sociale et ses origines. La deuxième partie fait ressortir les principales évolutions du concept, ainsi que la façon dont il est mobilisé dans la recherche sur la professionnalisation de la comptabilité. La conclusion propose quelques pistes pour l'avenir.

LA SOCIOLOGIE DES PROFESSIONS ET LA CLÔTURE SOCIALE

La sociologie des professions, mais aussi un grand nombre des notions y appartenant, se rattachent à une tradition anglo-saxonne, alors qu'en France se sont développées plutôt la sociologie du travail et celle des organisations (Dubar *et al.*, 2011).

CHRONOLOGIE DES DIFFÉRENTES APPROCHES

La notion de profession sera utilisée ici dans un sens restreint, celui anglo-saxon (ses membres disposent de droits spécifiques, peuvent se constituer en association autonome et reconnue, organiser la formation et interdire la pratique de l'activité aux non-membres), en la distinguant d'une occupation (dont les membres pourront éventuellement uniquement se syndiquer)[1] (Menger, 2003 ; Dubar *et al.*, 2011).

1 À titre d'exemple, selon cette définition, les experts-comptables et les commissaires aux comptes forment en France une profession, mais pas les contrôleurs de gestion.

Il semble communément admis que les professions représentent « des corps organisés d'experts qui appliquent des connaissances ésotériques à des cas particuliers. Ils disposent de systèmes complexes d'éducation et de formation et mettent en place des examens d'admission et d'autres conditions préalables d'accès. Ils sont normalement dotés d'un code éthique qui régit les comportements des membres » (Abbott, 1988, p. 4). Les quelques caractéristiques citées ici sont au cœur des différentes tentatives de cerner le concept de profession d'un point de vue sociologique depuis les années 1930[2] : organisation en association, compétences et savoir exclusifs, système d'éducation dédié, accès contrôlé, code éthique.

Le courant fonctionnaliste, chronologiquement le premier, émerge pendant les années 1920 en Grande-Bretagne et aux États-Unis et restera prépondérant jusque dans les années 1950 (Champy, 2012). Il s'appuie sur une sociologie déterministe, dans la ligne des travaux de Durkheim. Le fonctionnalisme prend différentes formes qui partagent néanmoins trois idées principales (Dubar *et al.*, 2011, p. 70) :

- Les professions, avec leurs modalités spécifiques de se développer et de s'organiser, occupent une place centrale dans les sociétés modernes.
- Elles remplissent une fonction vitale, à savoir d'assurer la cohésion du système social.
- L'étude des professions aide à comprendre le fonctionnement du monde social.

L'analyse de la professionnalisation occupe ici une place centrale. Il s'agit du processus à travers lequel un groupe d'individus pratiquant la même activité réussit à se faire reconnaître comme une profession (à savoir le passage d'une occupation vers une profession à proprement parler). Au cours de ce processus, le groupe adopte progressivement les attributs d'une profession : règles garantissant l'autonomie, institutions assurant l'éducation et la formation mais aussi la reproduction des règles, constitution d'associations appliquant ces règles et socialisant les membres, et finalement une déontologie établissant un modèle idéal de pratique (Abbott, 1988 ; Dubar *et al.*, 2011).

---

2 Pour une discussion autour de la définition « anglo-saxonne » des professions, voir Saks (2012). L'introduction de l'ouvrage de Dubar *et al.* (2011) propose elle aussi plusieurs définitions, ainsi qu'une analyse comparative de la signification de la notion de profession en France par rapport aux pays anglophones.

Les années 1950-1960 voient émerger le courant interactionniste, promu par l'école de Chicago. Si le fonctionnalisme étudie surtout comment les professions participent à l'organisation sociale, l'interactionnisme considère celles-ci, mais également les métiers ou les emplois, comme des formes d'accomplissement de soi (Dubar *et al.*, 2011 ; Champy, 2012).

Selon les tenants de cette approche, les groupes professionnels (*occupational groups*) sont issus d'interactions qui déterminent les individus qui pratiquent une même activité à s'organiser, à lutter pour leur autonomie et leur territoire, et à se défendre contre les concurrents. La vie professionnelle est définie comme « un processus biographique qui construit les identités tout au long du déroulement du cycle de vie, depuis l'entrée dans l'activité jusqu'à la retraite, en passant par tous les tournants de la vie (*turning points*) » (Dubar *et al.*, 2011, p. 100-101). Les interactions des membres d'une profession avec l'environnement agissent sur leur vie professionnelle (en particulier sur leur trajectoire ou carrière), qui à son tour influence le fonctionnement du groupe professionnel. À l'inverse, la vie professionnelle aura un impact sur les rapports des individus avec l'environnement. Les groupes professionnels tentent d'obtenir la reconnaissance de la société à travers le déploiement de rhétoriques professionnelles et la recherche de protections légales. Le degré de réussite est différent et dépend de la position de la profession en question dans la division morale du travail[3] et des coalitions établies.

Vers le milieu des années 1960, de nouvelles approches plus critiques se font jour, qui puisent dans les travaux de Marx ou Weber, parfois les deux (Saks, 2010 ; Dubar *et al.*, 2011). Certains auteurs (Champy, 2012) présentent cette sociologie critique des professions comme un prolongement naturel de l'approche interactionniste.

Une place essentielle est accordée ici aux dispositifs de contrôle des marchés, les professions étant regardées comme des monopoles abusifs. Le lien entre savoir et pouvoir est mis en avant, et le crédentialisme[4] constitue l'un des instruments utilisés pour assurer le contrôle (Saks,

3 La hiérarchisation des métiers ou professions en fonction du prestige et de la valeur qui leur sont attribués.

4 Le crédentialisme, concept développé dans les années 1970, notamment par Collins (*cf.*, par exemple, Collins, 1971), désigne « la tendance des sociétés modernes à fonder l'accès aux positions sociales sur les diplômes, et sur des diplômes de plus en plus élevés parce qu'on les croit socialement justes et économiquement efficaces » (Dubet *et al.*, 2011, p. 243).

2010). Les justifications morales et les motivations vocationnelles des professionnels sont contestées et ceux-ci sont considérés comme des travailleurs agissant collectivement pour établir le monopole sur un marché, afin d'assurer leur mobilité sociale. Les recherches de Paradeise (1988, p. 12), pour qui la « professionnalisation est un processus visant à la production de marchés du travail fermés », s'inscrivent clairement dans cette même lignée.

Contrairement à l'approche fonctionnaliste, les professions ne sont pas ici des composants de la structure sociale, mais des construits sociaux ou des constructions historiques « qui ne possèdent naturellement aucun trait commun mais qui produisent historiquement, dans et par leur rapport avec l'État et leurs actions collectives, un système de justifications que l'on peut appeler professionnalisme. Celui-ci est analysé comme une stratégie politique et non comme une exigence fonctionnelle ou une résultante de configurations relationnelles » (Dubar *et al.*, 2011, p. 120). Le rôle du chercheur sera de comprendre les mécanismes historiques de production et de légitimation de cette forme de monopole économique et de fermeture sociale.

Les concepts communs des approches critiques (la monopolisation économique, la clôture sociale et la légitimité politique) sont tous d'origine weberienne. Dans ce qui suit, nous insisterons sur l'un de ces concepts, qui nous paraît central, à savoir la clôture sociale.

LA CLÔTURE SOCIALE SELON WEBER

Chez Weber, le concept *per se* de « clôture sociale » est absent ; ici, nous faisons nôtre la définition de Parkin (1974, p. 3) :

> Par clôture sociale, Weber entend le processus par lequel les collectivités sociales cherchent à maximiser les récompenses en restreignant l'accès aux récompenses et aux opportunités à un cercle restreint d'éligibles. Cela implique de distinguer certains attributs sociaux ou physiques identifiables comme justification de l'exclusion.

En s'inspirant également de Weber, Larson affirme que la clôture sociale consiste dans deux processus distincts mais liés : l'instauration d'un monopole sur certaines activités et la reconnaissance d'un savoir légitime indispensable à l'exercice professionnel (Dubar *et al.*, 2011). Il s'agit donc à la fois de la fermeture économique d'un marché (à travers le monopole) et de la fermeture culturelle d'un groupe (par l'appropriation du savoir). En définitive, « le raisonnement de base de la théorie de la clôture est simple : plus la clôture caractérisant une profession est importante, plus les récompenses dont bénéficient les professionnels sont grandes » (Weeden, 2002, p. 60).

Pour revenir aux textes originels, Weber (1922) décrit deux types de relations sociales : ouvertes et fermées vers l'extérieur. Les premières n'interdisent à personne de participer à l'activité en jeu, tandis que les secondes excluent la participation pour certains acteurs, la limitent ou la soumettent à des conditions. Une relation sociale fermée pourra garantir à ceux qui en bénéficient un meilleur accès à des ressources, ou des chances sociales ou économiques monopolisées.

Weber définit ensuite le processus de fermeture d'une communauté. Plus le nombre d'acteurs engagés dans la compétition est important par rapport aux possibilités de gain, plus ceux-ci auront intérêt à limiter la concurrence. Certains compétiteurs utiliseront alors certains attributs de leurs adversaires pour tenter de les exclure et monopoliser des opportunités spécifiques, majoritairement de nature économique. La nature des attributs choisis (race, langue, niveau d'éducation, etc.) compte peu, car, en définitive, on aura recours à ceux qui sont les plus évidents. La concurrence continuera d'exister au sein de ce groupe de compétiteurs, qui adopte une attitude commune par rapport à l'extérieur. Le groupe formera donc désormais une « communauté d'intérêt » qui tentera de s'organiser de manière rationnelle. Une étape essentielle est la mise en œuvre, par le groupe lui-même s'il en a le pouvoir ou par d'autres acteurs (souvent politiques), d'une réglementation qui confirme le monopole. La « communauté d'intérêts » se transformera ainsi en une « communauté de droit ». Pour Weber (1922), ce type de processus se reproduit souvent et génère par exemple la propriété foncière ou les monopoles des corporations.

Weber traite la constitution des corporations ou des professions comme un cas particulier. Pour lui, il s'agit d'un groupe d'individus dont la caractéristique commune est une qualité à acquérir à travers la formation, la pratique, etc. Le plein exercice de la profession ne sera autorisé que pour ceux qui ont terminé un noviciat rattaché à une formation prédéfinie, qui ont fait la preuve de leurs aptitudes et sont éventuellement passés par une période d'attente ou qui ont rempli d'autres critères. En tout cas, les membres de la profession, tout en restant en concurrence, auront un intérêt psychologique et matériel à ce que leurs confrères réalisent un travail de bonne qualité. Ils seront pourtant tentés de limiter les candidatures possibles (à travers les conditions d'admission).

Le processus de clôture sociale de la comptabilité se déroule selon des schémas différents et avec des résultats très variables selon les pays. Ainsi, pour évoquer deux cas emblématiques, l'association professionnelle des comptables a été créée en France par la loi, ce qui a assuré immédiatement une fermeture effective de la pratique, tandis qu'au Royaume-Uni, les comptables sont cités comme exemple pour leur échec à obtenir le monopole légal :

> Il apparaît que les *chartered accountants*[5] ont atteint un degré de contrôle du marché qui assure des avantages intéressants pour tous et, pour ceux qui se trouvent au sommet, des revenus qui peuvent bien dépasser ceux d'autres professionnels. Néanmoins ce contrôle du marché n'a pas été atteint par une reconnaissance *de jure*, mais à travers trois stratégies : (a) la création d'organisations professionnelles réputées pour la compétence, la probité et la respectabilité des membres, (b) le regroupement de ces organisations tout en conservant une bonne réputation, (c) la mise en œuvre d'un contrôle fragmentaire en obtenant des restrictions légales pour certaines activités au bénéfice des associations les plus importantes. (Macdonald, 1985, p. 554.)

De toute façon, indépendamment du pays, il reste très difficile pour les comptables professionnels d'arriver à obtenir un monopole complet et définitif. Par conséquent, les recherches académiques tentent plutôt de comprendre le déroulement du processus de clôture, sans se concentrer exclusivement sur ses résultats (*cf.* Richardson, 1997). Selon Macdonald (1985, p. 554), « il faudrait probablement envisager le concept de monopole légal comme un idéal-type qui peut se rencontrer rarement sur le terrain ».

5 Le titre de *chartered accountant* est intraduisible en français ; voir plus loin pour des explications concernant son origine et sa signification.

LES ÉVOLUTIONS DU CONCEPT DE CLÔTURE SOCIALE

Nous insistons ici sur trois développements du concept de clôture sociale, proposés à partir des années 1970 par trois sociologues majeurs : Parkin, Murphy et Collins.

ENTRE WEBER ET MARX : LES TRAVAUX DE PARKIN

En se rapportant aux travaux de Weber, mais aussi à la pensée marxienne, Parkin (1974, 1979) ouvre la définition de la clôture sociale vers d'autres formes d'action sociale collective visant à maximiser les avantages ou les opportunités. Outre le processus d'exclusion (*exclusionary closure*) – celui étudié classiquement par Weber –, il décrit un autre type de processus, celui d'usurpation (*usurpationary closure*), mis en œuvre par les acteurs exclus eux-mêmes pour défendre leurs propres intérêts. L'association des deux donne lieu à un processus dual (*dual closure*) qui intervient lorsqu'un groupe subordonné met en place une démarche d'exclusion contre une partie de ses membres, tout en étant engagé dans un processus d'usurpation par rapport à un groupe dominant. Le processus de clôture sociale consiste dans l'exercice du pouvoir pour accroître ou défendre les avantages du groupe considéré : dans l'exclusion, le pouvoir s'exerce de haut en bas, tandis que dans l'usurpation, il s'exerce du bas vers le haut.

Pour Parkin, il n'y a pas d'équivalence entre les deux types de processus, puisque :

> l'exclusion est la forme prédominante de clôture dans toutes les sociétés stratifiées. Historiquement, la montée et la consolidation des groupes dominants se sont réalisées à travers une prise de contrôle monopolistique sur des ressources prisées telles que la terre, le savoir ésotérique ou les armes par un cercle restreint de personnes éligibles définies par certaines caractéristiques. (Parkin, 1979, p. 47.)

Les pratiques d'exclusion à travers lesquelles un groupe améliore sa situation et ses avantages en fermant l'accès aux autres peuvent être assimilées à l'exploitation capitaliste définie par Marx (appropriation par le capital de la plus-value que le travail génère), envisagée dans un sens étendu.

Dans la société capitaliste moderne, Parkin identifie deux principaux types d'instruments d'exclusion qui agissent différemment :

1. l'institution de la propriété, qui limite l'accès aux moyens de production et à ses fruits ;
2. la formation et les diplômes scolaires ou professionnels, destinés à contrôler et surveiller l'accès aux positions clés dans la division du travail – il s'agit du crédentialisme, déjà mentionné.

Parkin accorde une importance égale à ces deux types d'instruments, ce qui est contestable (Murphy, 1984) : en effet, dans le système capitaliste, c'est l'institution de la propriété qui prédomine.

Selon cette perspective, la professionnalisation est vue « comme une stratégie destinée, parmi d'autres, à limiter et contrôler l'arrivée de nouveaux venus à l'intérieur d'une occupation afin de préserver ou améliorer sa valeur de marché » (Parkin, 1979, p. 54). Selon Parkin, c'est surtout la deuxième catégorie d'instruments (à savoir la formation et les diplômes) qui accompagne les tentatives de certains groupes d'atteindre le statut de profession. À notre avis, la réalité est plus complexe, et cela est clairement visible pour les premières associations de comptables, qui tentent de regrouper l'élite des praticiens : il s'agit de l'élite intellectuelle, certes, mais également des comptables fortunés, avec un bon statut social et moral.

Le processus de clôture de la profession tel qu'il est décrit ici, mené par un groupe dominant, (auto)qualifié comme l'élite des praticiens, rencontre souvent des obstacles et présente de nombreuses limites (Richardson, 2017). Cela entraîne automatiquement l'exclusion d'une partie de ceux qui pratiquent la comptabilité, car ils ne satisfont pas aux critères définis par le groupe dominant. Dans certains cas, ces comptables exclus peuvent réagir, tenter de s'affirmer et d'obtenir des avantages à travers des stratégies d'usurpation (Parkin, 1979). Ainsi, en Italie, les comptables non diplômés parviennent à influencer le législateur et à bénéficier du statut professionnel au début des années 1900 (Coronella *et al.*, 2015). Des tentatives similaires, mais cette fois infructueuses, sont entreprises en Allemagne par une association d'auditeurs vers la même époque (Evans, 2018).

Il arrive également que d'autres associations émergent, principalement selon deux modalités distinctes :

1. Les premières associations professionnelles de comptables sont constituées essentiellement de praticiens libéraux et se focalisent sur les activités les plus lucratives ou prestigieuses, en ignorant par exemple le calcul des coûts. Cela conduit à l'apparition d'associations « spécialisées » regroupant les comptables salariés ou les contrôleurs de gestion. Par exemple, la Compagnie des chefs de comptabilité, qui réunit l'élite des comptables salariés, est fondée en France en 1924. En 1919, est créée au Royaume-Uni l'association des professionnels de la comptabilité des coûts (ICWA – Institute of Cost and Work Accountants), aujourd'hui CIMA (Chartered Institute of Management Accountants).
2. Les restrictions introduites par les associations dominantes entraînent des réactions de la part des praticiens exclus, qui tentent de s'organiser à leur tour. Il s'agit ici à nouveau de véritables stratégies d'usurpation, comme cela se produit en Grande-Bretagne et en Irlande, où la profession comptable est *de facto* dominée par les associations les plus puissantes, détentrices de chartes royales, sans qu'il y ait de clôture par voie légale ou politique. En conséquence, les comptables qui ne remplissent pas les conditions (assez restrictives) pour y accéder essaient de se structurer et constituent de nombreuses associations concurrentes vers la fin du XIXe siècle. Ces associations parviennent à trouver leur place sur le marché[6], mais entrent néanmoins en conflit avec les associations dominantes.

Par exemple l'ACCA (Association of Chartered Certified Accountants) connaît une histoire mouvementée mais finalement couronnée de succès : elle se forme à travers des fusions successives à partir d'associations de comptables « de seconde zone » (dont la plus ancienne est fondée en 1891) et obtient la charte royale en 1974 (Briston et Kedslie, 1997). Elle se lance dès le début dans une stratégie de développement dirigée vers l'international en s'implantant dans de nombreux pays du monde (*cf.*, par exemple, Dessalegn *et al.*, 2012).

6 À l'époque, la demande pour assurer le travail comptable et fiscal augmente constamment, y compris dans les petites entreprises, pour lesquelles employer un *chartered accountant* n'est pas nécessaire et coûte, de toute manière, trop cher.

Un autre cas intéressant est celui de la SIAA (Society of Incorporated Accountants and Auditors), dont l'implantation en Irlande prend la forme d'un processus d'usurpation au détriment de l'association professionnelle dominante des comptables irlandais (O'Regan, 2013).

MURPHY ET LES DIFFÉRENTES FORMES D'EXCLUSION

S'inscrivant partiellement dans la lignée de Parkin (1974, 1979), Murphy (1984, 1988) aborde indirectement dans ses écrits la clôture sociale, puisqu'il étudie plutôt la constitution des classes sociales. Selon lui, il existe trois modes différents d'exclusion :

- principal : « le jeu des règles d'exclusion soutenues par l'appareil judiciaire (et en fin de compte militaire) de l'État, qui constitue le déterminant principal de l'accès au pouvoir, ressources ou opportunités dans la société ou de l'exclusion » (Murphy, 1984, p. 555) ; il s'agit par exemple du droit à la propriété privée dans les sociétés capitalistes ;
- dérivé : « les règles de monopolisation des opportunités dans la société qui sont dérivées directement de la forme principale d'exclusion, mais en sont néanmoins séparées » (Murphy, 1984, p. 555) ; la structure légale de la propriété privée dans les sociétés capitalistes entraîne par exemple la mise en place d'exigences en matière de diplômes pour occuper certains postes ;
- contingent : « bien qu'elles ne découlent pas directement de la forme d'exclusion principale, la nature même de ces règles d'exclusion dépend du contexte dominé par la forme d'exclusion principale et leur existence même dépend de la forme principale » (Murphy, 1984, p. 556).

Dans la plupart des sociétés, fonctionne, selon Murphy, une structure d'exclusion en tandem (*tandem exclusionary structure*) qui associe un seul mode principal d'exclusion à plusieurs processus dérivés et contingents. Il relève trois types de telles structures, qu'il met en lien avec l'organisation de la société :

- une structure basée sur les lignées héréditaires, comme c'est le cas dans les sociétés aristocratiques ;

- une structure basée sur la propriété privée des moyens de production, dans les sociétés capitalistes ;
- une troisième basée sur l'appartenance au Parti communiste, dans les sociétés où fonctionne le socialisme d'État.

Certaines sociétés ont une double structure d'exclusion (*paired exclusionary structure*), avec deux modes principaux d'exclusion.

En étudiant l'histoire de la profession comptable, il est facile de repérer les critères d'exclusion, qui varient peu quels que soient l'époque ou le pays concernés. Il s'agit en réalité d'un constat plus général (*cf.* aussi Parkin, 1979) : comme le remarque Weber (1922) lui-même, bien que toutes caractéristiques puissent justifier la clôture sociale, celles qui sont effectivement choisies restent souvent les mêmes : origine sociale, religion, langue, race, genre, niveau d'éducation et droits de propriété.

Ainsi, en comptabilité, de nombreuses recherches ont souligné l'exclusion basée sur le genre (*cf.* Haynes, 2017, pour une revue de littérature complète) : indépendamment de l'environnement, de nombreuses restrictions visent les femmes aux débuts de la professionnalisation de la comptabilité. Celles-ci occupent par ailleurs une position inférieure dans la société. Certes, il arrive qu'elles pratiquent la comptabilité, notamment parce qu'il s'agit d'une main-d'œuvre bon marché, voire gratuite, mais leur travail est la plupart du temps confiné dans la sphère familiale ou limité à des tâches subalternes. Parfois, même si les femmes obtiennent le droit d'accéder au statut professionnel, une hiérarchie basée sur le genre est établie au sein de la profession, et ce, sous contrôle patriarcal (Walker, 2011).

D'autres modalités d'exclusion peuvent être liées à la nationalité, l'origine ethnique ou le pays de résidence et se manifestent surtout en situation coloniale ou post-coloniale. Ici, la discussion est plus complexe, car le processus de professionnalisation reprend souvent les normes déjà en vigueur dans la société : un exemple immédiat est celui de l'Afrique du Sud au temps de l'apartheid (Hammond *et al.*, 2009). D'une manière plus générale, les histoires de la profession comptables font apparaître deux mouvements contraires (*cf.* Hopper *et al.*, 2017) :

1. Un contrôle exercé par les comptables du pays colonisateur ou dominant, avec de nombreuses interdictions imposées aux praticiens locaux. Les tendances impérialistes de la profession comptable britannique ont été longuement discutées, y compris dans des pays

situés en dehors de l'Empire (Dessalegn *et al.*, 2012). Dans ce même mouvement, s'inscrit le projet professionnel des comptables québécois (1879), qui suppose l'exclusion des praticiens francophones (Spence et Brivot, 2011). Ici, le critère est certes la langue, mais le cadre reste toujours celui d'un rapport de force, car, à l'époque, la vie économique dans la province est contrôlée par les anglophones.

2. À l'inverse, une réaction de la part des comptables des pays dominés, qui tentent d'exclure les expatriés (Richardson, 2017), comme une forme de résistance à l'impérialisme ; cette réaction peut être analysée aussi comme un processus d'usurpation (Parkin, 1979). Ainsi, aux Philippines, le projet de professionnalisation des comptables locaux se déploie contre les colonisateurs américains (Dyball *et al.*, 2007).

L'apprentissage préalable, le niveau d'études ou la réussite à des examens internes, d'ordinaire obligatoires pour accéder à la profession, sont d'autres moyens de restreindre l'accès (Richardson, 2017). L'apprentissage entraîne la reproduction implicite des règles d'exclusion fonctionnant chez le professionnel mentor, et ces règles peuvent déjà inclure des critères relatifs au genre, à l'origine ethnique, à la religion, etc.

Les conditions de moralité apparaissent souvent comme des prérequis pour accéder à la profession, ce qui est néanmoins discutable, car les normes sociales et culturelles sur lesquelles ces conditions s'appuient peuvent être biaisées (Richardson, 2017).

La profession comptable prétendra toujours que ces restrictions, quelle qu'en soit la nature, servent l'intérêt général. Cette rhétorique cache habituellement un substrat idéologique tout à fait identifiable : une vision néolibérale de la société, par exemple, dans le cas des comptables professionnels américains (Baker, 2005).

Le pouvoir des associations comptables est considérable car ce sont elles qui définissent l'intérêt général et fixent les modalités pour le défendre (Dellaportas et Davenport, 2008). Les restrictions précédemment examinées sont intégrées dans les codes déontologiques que la profession élabore, adopte et fait appliquer. Le but est de démontrer le respect des principes fondamentaux de la conduite professionnelle tels que l'expertise, le savoir, la compétence et l'intégrité, et, en définitive, de traduire en pratique la notion d'intérêt général (Dellaportas et Davenport, 2008). Par ailleurs, les institutions sociales et culturelles conditionnent les schémas d'exclusion en vigueur, et plus généralement le contenu même des codes d'éthique (Richardson, 2017).

LE CRÉDENTIALISME COMME PRINCIPAL OUTIL DE CLÔTURE – COLLINS

Parmi les trois évolutions de la notion de clôture sociale que nous discutons ici, l'approche de Collins (Collins et Sanderson, 2009) est sans doute la plus éloignée des textes fondateurs de Weber.

Dans le monde contemporain, la propriété matérielle a perdu beaucoup de son poids, au détriment de ce que Collins appelle la propriété sous forme de position sociale (*positional property*), c'est-à-dire la place qu'un individu occupe dans la hiérarchie d'une organisation, place à laquelle il accède sur la base de son éducation. Une véritable société de la sinécure se développe, où certains détiennent des postes lucratifs sans qu'ils aient besoin de réellement travailler : c'est le cas dans les administrations, mais aussi dans les grandes entreprises qui dominent leur marché ou dans les professions organisées.

Collins analyse explicitement la démarche de monopolisation mise en œuvre par certaines professions, en particulier les médecins et les avocats, pour améliorer leur situation. Il considère que, dans leurs tentatives d'atteindre et de maintenir leur statut élevé et leurs récompenses économiques, la mystification et le secret occupent une place tout aussi importante que les véritables connaissances et compétences.

La position privilégiée de certains individus ou groupes conduit à une distribution inégale des richesses dans la société. Pour Collins, la solution serait de faire confiance aux marchés, qui tendent naturellement vers l'égalité des avantages économiques ; ainsi, la concurrence libre et la dérégulation permettraient de résorber les inégalités (*cf.* aussi Murphy, 1984, pour une discussion comparative et critique).

Selon cette perspective, c'est le pouvoir qui est le véritable moyen de sélection ; les connaissances et compétences constituent des critères secondaires dépendant de la balance de pouvoir.

> L'éducation peut être donc considérée comme un signe d'appartenance à un groupe donné (possiblement parfois sa caractéristique définitoire), et non pas un signe de compétence technique ou de réussite. Les exigences en matière d'éducation peuvent ainsi refléter les intérêts du groupe qui a le pouvoir de les imposer. (Collins, 1971, p. 1008.)

Pour illustrer l'importance accordée, au moins pendant les débuts de la professionnalisation, au développement d'un corps de connaissances et à l'éducation des comptables, il nous paraît intéressant d'évoquer le cas de la Société académique de comptabilité (SAC). En France, c'est la première association aux ambitions nationales (Bocqueraz, 2001), constituée en 1881 pour améliorer la situation des praticiens et diffuser le savoir comptable.

La transmission des connaissances et la mise en place d'examens font explicitement partie des moyens d'action pour atteindre ses objectifs : dès l'année de sa création, la SAC conçoit un programme d'enseignement et commence à délivrer des diplômes sur trois niveaux. Les pouvoirs publics suivent le mouvement initié par la SAC et introduisent, à partir de 1927, des diplômes officiels correspondant aux mêmes trois niveaux, avec un succès croissant (Degos, 2002).

Le titre que les professionnels de la comptabilité se donnent eux-mêmes représente un outil pour contrôler l'accès à la profession et monopoliser le marché (Parker, 2005). Dans le monde anglophone, l'intitulé *chartered accountant* désigne au départ les membres de l'une des six associations professionnelles britanniques ayant reçu une charte royale (*royal charter*), fondées à partir des années 1850. Graduellement, cet intitulé s'est détaché de sa signification originelle en devenant une marque, un signe de prestige, repris par des professionnels comptables en quête de reconnaissance et légitimité. C'est le cas notamment dans les anciens ou actuels pays membres du Commonwealth : ainsi, au Canada, en Inde ou dans la République d'Irlande, les *chartered accountants* sont membres d'associations qui ne détiennent pas de charte royale (Parker, 2005 ; Verma et Gray, 2006). Au niveau international, le titre de *certified public accountants*, apparu aux USA dans les années 1890, est néanmoins plus diffusé. En France, l'intitulé d'expert-comptable a occupé dans le passé une place similaire, puisque les praticiens y ont souvent eu recours pour améliorer leur image. Son usage n'est de toute façon pas réglementé jusqu'à la création par l'État de l'Ordre des experts-comptables et des comptables agréés en 1942.

CONCLUSION

Une fois la clôture sociale définie, les critères d'exclusion repérés et le processus décrit, la difficulté principale consiste à comprendre comment les stratégies de clôture sont opérationnalisées (*cf.* O'Regan, 2008), à savoir faire apparaître les modalités concrètes d'action. D'abord, il est évident que la mise en pratique du processus de clôture est différente en fonction du contexte. Dans les pays où il est possible de fermer l'accès à la profession par voie légale (clôture *de jure*), les comptables concernés tentent principalement d'influencer les autorités pour adopter une loi qui leur soit favorable. Là où l'État n'a pas un rôle important à jouer, c'est-à-dire surtout dans les pays anglo-saxons, intervient plutôt une clôture *de facto* au bénéfice de certaines associations puissantes. Ici, les actions de comptables se limitent à leur légitimation et affirmation au sein de la société.

Des pistes particulièrement utiles sont fournies dans Weeden (2002), qui élabore un modèle de clôture sociale des professions. Ses observations portent sur le cas des États-Unis, mais, à notre avis, elles sont largement généralisables. L'auteure tente de clarifier la théorie de la clôture sociale en décrivant quatre mécanismes principaux qui relient les pratiques de clôture à proprement parler aux récompenses reçues par les professionnels : restreindre l'offre de praticiens, amplifier la demande de services professionnels, canaliser la demande vers la profession et faire connaître la qualité des services fournis. « Ces mécanismes sont déclenchés par une ou plusieurs stratégies de clôture, les pratiques profondément institutionnalisées à travers lesquelles la clôture est assurée » (Weeden, 2002, p. 60). Plusieurs stratégies de ce type (ou instruments de clôture – *closure devices*) sont identifiées : autorisation par l'État, niveau d'éducation (crédentialisme), certifications accordées par la profession, représentation par des associations professionnelles, constitution de syndicats. À part ces stratégies, considérées comme étant les plus représentatives, Weeden (2002) mentionne deux autres formes de clôture : la clôture basée sur la propriété privée et celle qui s'appuie sur les réseaux sociaux. L'intérêt du travail de Weeden réside, d'une part, dans la distinction entre les mécanismes de clôture et les stratégies mises en œuvre, et, d'autre part, dans une analyse très fine et détaillée des stratégies.

Stratégies \ Mécanismes	Restreindre l'offre	Amplifier la demande	Canaliser la demande	Faire connaître la qualité
Autorisation par l'État	+	-	+	+
Crédentialisme	+	-	+	+
Constitution d'associations	-	+	+	+
Propriété privée	+	-	-	+
Réseaux sociaux	-	+	+	-

Adapté de Weeden (2002).

Ce tableau, qui peut s'avérer utile pour comprendre la professionnalisation de la comptabilité, reprend les mécanismes de clôture déjà mentionnés, qui nous semblent universels, mais les stratégies ont été retravaillées, ainsi que les correspondances entre mécanismes et stratégies.

Dragos ZELINSCHI
IAE, université de Nantes

BIBLIOGRAPHIE

ABBOTT, Andrew, *The system of professions; an essay on the division of expert labor*, Chicago, University of Chicago Press, 1988.

BAKER, C. Richard, « What is the meaning of "the public interest"? Examining the ideology of the American public accounting profession », *Accounting, Auditing and Accountability Journal*, vol. 18, n° 5, 2005, p. 690-703.

BOCQUERAZ, Claude, « The development of professional associations: the experience of French accountants from the 1880s to the 1940s », *Accounting, Business and Financial History*, vol. 11, n° 1, 2001, p. 7-27.

BRISTON, Richard J., KEDSLIE, Moyra J. M., « The internationalization of British professional accounting: the role of the examination exporting bodies », *Accounting, Business and Financial History*, vol. 7, n° 2, 1997, p. 175-197.

BURCHELL, Stuart, CLUBB, Colin, HOPWOOD, Anthony G., HUGHES, John, NAHAPIET, Janine, « The roles of accounting in organizations and society », *Accounting, Organizations and Society*, vol. 5, n° 1, 1980, p. 5-27.

CARNEGIE, Garry D., EDWARDS, John Richard, « The construction of the professional accountant: the case of the Incorporated Institute of Accountants, Victoria (1886) », *Accounting, Organizations and Society*, vol. 26, n° 4/5, 2001, p. 301-325.

CHAMPY, Florent, *La sociologie des professions*, Paris, PUF, 2012.

COLLINS, Randall, « Functional and Conflict Theories of Educational Stratification », *American Sociological Review*, vol. 36, n° 6, 1971, p. 1002-1019.

COLLINS, Randall, SANDERSON, Stephen K., *Conflict Sociology. A Sociological Classic Updated*, New York, Routledge, 2009.

CORONELLA, Stefano, SARGIACOMO, Massimo, WALKER, Stephen P., « Unification and dual closure in the Italian accountancy profession (1861-1906) », *European Accounting Review*, vol. 24, n° 1, 2015, p. 167-197.

DEGOS, Jean-Guy, « Une brève histoire des diplômes d'expertise comptables français (1927-1997) », in *Technologie et management de l'information : enjeux et impacts dans la comptabilité, le contrôle et l'audit*, Actes du 23e Congrès de l'AFC, Toulouse, 2002.

DELLAPORTAS, Steven, DAVENPORT, Laura, « Reflections on the public interest in accounting », *Critical Perspectives on Accounting*, n° 19, 2008, p. 1080-1098.

DESSALEGN, Getie Mihret, KIERAN, James, MULA, Joseph M., « Accounting professionalization amidst alternating state ideology in Ethiopia », *Accounting, Auditing and Accountability Journal*, vol. 25, n° 7, 2012, p. 1206-1233.

DUBAR, Claude, TRIPIER, Pierre, BOUSSARD, Valérie, *Sociologie des professions*, 3e édition, Paris, Armand Colin, 2011.

DUBET, François, DURU-BELLAT, Marie, VÉRÉTOUT, Antoine, « Emprise des diplômes, jugements de justice et cohésion sociale », *Sociologie et Sociétés*, vol. 43, n° 1, 2011, p. 225-259.

DYBALL, Maria Cadiz, POULLAOS, Chris, CHUA, Wai Fong, « Accounting and empire: professionalization-as-resistance. The case of Philippines », *Critical Perspectives on Accounting*, vol. 18, n° 4, 2007, p. 415-449.

EDWARDS, John Richard, ANDERSON, Malcolm, CHANDLER, Roy Anthony, « Claiming a jurisdiction for the "Public Accountant" in England prior to organisational fusion », *Accounting, Organizations and Society*, vol. 32, n° 1/2, 2007, p. 61-100.

EVANS, Lisa, « Shifting Strategies: the Pursuit of Closure and the "Association of German Auditors" », *European Accounting Review*, vol. 27, n° 4, 2018, p. 683-712.

HAMMOND, Theresa, CLAYTON, Bruce M., ARNOLD, Patricia J., « South Africa's transition from apartheid: the role of professional closurein the experiences of black chartered accountants », *Accounting, Organizations and Society*, vol. 34, n° 6-7, 2009, p. 705-721.

HAYNES, Kathryn, « Accounting as gendering and gendered: A review of 25 years of critical accounting research on gender », *Critical Perspectives on Accounting*, n° 43, 2017, p. 110-124.

HOPPER, Trevor, LASSOU, Philippe, SOOBAROYEN, Teerooven, « Globalisation, accounting and developing countries », *Critical Perspectives on Accounting*, n° 43, 2017, p. 125-148.

MACDONALD, Keith M., « Social closure and occupational registration », *Sociology*, vol. 19, n° 4, 1985, p. 541-556.

MATTHEWS, Derek Robert, « The development of British accountancy in the nineteenth century: A technological determinist approach », *Business History*, vol. 48, n° 4, 2005, p. 501-528.

MATTHEWS, Derek Robert « Accountants and the professional project », *Accounting, Auditing and Accountability Journal*, vol. 30, n° 2, 2017, p. 306-327.

MATTHEWS, Derek Robert, ANDERSON, Malcolm, EDWARDS, John Richard, *The priesthood of industry: the rise of the professional accountant in British management*, Oxford, Oxford University Press, 1998.

MENGER, Pierre-Michel, « Introduction », in *Les professions et leurs sociologies. Modèles théoriques, catégorisations, évolutions*, P.-M. Menger (dir.), Paris, Éditions de la Maison des sciences de l'homme, 2003.

MURPHY, Raymond, « The Structure of Closure: A Critique and Development of the Theories of Weber, Collins and Parkin », *The British Journal of Sociology*, vol. 35, n° 4, 1984, p. 547-567.

MURPHY, Raymond, *Social Closure. The Theory of Monopolization and Exclusion*, Oxford, Clarendon Press, 1988.

O'REGAN, Philip, « "Elevating the profession": the Institute of Chartered Accountants in Ireland and the implementation of social closure strategies 1888-1909 », *Accounting, Business and Financial History*, vol. 18, n° 1, 2008, p. 35-59.

O'REGAN, Philip, « Usurpationary closure and the professional project: the case of the Society of Incorporated Accountants and Auditors in Ireland », *Accounting History Review*, vol. 23, n° 3, 2013, p. 253-271.

PARADEISE, Catherine, « Les professions comme marchés du travail fermés », *Sociologie et Sociétés*, vol. 20, n° 2, 1988, p. 9-21.

PARKER, Robert Henry, « Naming and branding: accountants and accountancy bodies in the British Empire and Commonwealth, 1853-2003 », *Accounting History*, vol. 10, n° 1, 2005, p. 7-46.

PARKIN, Frank, *Strategies of Social Closure in Class Formation. In The Social Analysis of Class Structure*, F. Parkin (ed.). London, Tavistock, 1974.

PARKIN, Frank, *Marxism and class theory: a bourgeois critique*, New York, Columbia University Press, 1979.

POULLAOS, Chris, « Professionalisation », in *The Routledge companion to accounting history*, J.R. Edwards, S.P. Walker (eds), New York, Routledge, 2008.

RICHARDSON, Alan J. « Social closure in dynamic markets: the incomplete professional project in accountancy », *Critical Perspectives on Accounting*, n° 8, 1997, p. 635-653.

RICHARDSON, Alan J., « Accountancy Profession », in *The Routledge Companion to Critical Accounting*, R. Roslender (ed.), New York, Routledge, 2017.

SAKS, Mike, « Analyzing the professions: the case for the neo-weberian approach », *Comparative Sociology*, n° 9, 2010, p. 887-915.

SAKS, Mike, « Defining a Profession: The Role of Knowledge and Expertise », *Professions and Professionalism*, vol. 2, n° 1, 2012, p. 1-10.

SPENCE, Crawford, BRIVOT, Marion, « "No French, no more": language-based exclusion in North America's first professional accounting association, 1879–1927 », *Accounting History Review*, vol. 21, n° 2, 2011, p. 163-184.

VERMA, Shraddha, GRAY, Sidney J., « The creation of the Institute of Chartered Accountants of India: the first steps in the development of an indigenous accounting profession post-independence », *Accounting Historians Journal*, vol. 33, n° 2, 2006, p. 131-156.

WALKER, Stephen P., « Professions and patriarchy revisited: accountancy in England and Wales, 1887-1914 », *Accounting History Review*, vol. 21, n° 2, 2011, p. 185-225.

WEBER, Max, *Économie et Société*, [1922], trad. française, Paris, Plon, 1995.

WEEDEN, Kim A., « Why do some occupations pay more than others? Social closure and earnings inequality in the United States », *American Journal of Sociology*, vol. 108, nº 1, 2002, p. 55-101.

WILLMOTT, Hugh, « Organising the profession: a theoretical and historical examination of the development of the major accountancy bodies in the UK », *Accounting, Organizations and Society*, vol. 11, nº 6, 1986, p. 555-580.

HISTOIRE DE LA GESTION

CONTRIBUTION À L'HISTOIRE D'UN CONCEPT

À la (re)découverte d'un article pionnier sur l'« entrepreneuriat organisationnel »

INTRODUCTION

En 2009, la *Revue française de gestion* consacrait un numéro spécial à « l'entrepreneuriat organisationnel », dont le propos introductif soulignait que cette expression – « traduction de plusieurs expressions de langue anglaise (*intrapreneurship*, *corporate venturing*, *corporate entrepreneurship*…), souvent utilisées mais non exactement synonymes – désigne un phénomène qui apparaît de plus en plus au cœur des préoccupations de nombreuses entreprises. » (Basso et Fayolle, 2009). Dix ans après, la notion d'« intrapreneuriat » semble s'être imposée, en revêtant de multiples formes organisationnelles, dans le monde des entreprises (par exemple Maniak *et al.*, 2019). Sur le plan de la recherche académique, le champ est également florissant, ainsi qu'en attestent les revues de littérature successives (par exemple Kuratko, 2010 ; Lisein et Degré, 2011 ; Corbett *et al.*, 2013).

La plupart des experts (par exemple Bouchard, 2009, p. 1) s'accordent à reconnaître que le premier article consacré au *corporate entrepreneurship* paraît en 1969 (Westfall, 1969) et le premier ouvrage dédié au *corporate venturing* en 1978 (Fast, 1978). En parallèle, deux articles de Norman Macrae paraissent dans *The Economist* en 1976 (Macrae, 1976) et en 1982 (Macrae, 1982) et annoncent la montée du phénomène. Ils sont encadrés par la publication de quelques articles académiques (Roberts et Frohman, 1972 ; Rothwell, 1975 ; Maidique, 1980) avant la parution, en 1985, du best-seller de G. Pinchot, *Intrapreneuring* (Pinchot, 1985), qui constitue assurément « le manifeste de l'entrepreneuriat organisationnel, présenté voire exalté à travers une galerie de portraits d'intrapreneurs, véritables héros de l'innovation au sein de grandes organisations souvent rétives au changement » (Basso et Fayolle, 2009).

De manière étonnante, un article semble avoir échappé à la sagacité des chercheurs, alors même qu'il porte directement sur la thématique nouvelle de l'intrapreneuriat et qu'il paraît dans une revue académique de premier plan. Il s'agit d'un texte fondateur de Richard Peterson et David Berger intitulé « Entrepreneurship in organizations », publié dans la revue *Administrative Science Quarterly* en 1971.

De manière étonnante, l'analyse de cette contribution permet de dévoiler les principales questions qui structurent le champ de « l'entrepreneuriat organisationnel » et de situer la place problématique de cette thématique au sein des sciences de gestion. Le texte est en effet l'un des premiers à théoriser explicitement le phénomène de l'entrepreneuriat organisationnel, c'est-à-dire à tenter d'en décrire les caractéristiques et de le nommer, en examinant son apparition au sein d'entreprises évoluant dans le domaine de l'industrie musicale[1].

Les auteurs sont ainsi conduits à aborder trois thématiques majeures, qui structurent désormais le champ des études en *corporate entrepreneurship* : d'une part, le texte met, plus ou moins volontairement, l'accent sur l'indétermination de la nature du phénomène étudié (affaire de stratégie ou de leadership, processus ou initiative individuelle…) ; d'autre part, il insiste sur la forte liaison qui unit les choix de structure, le degré de turbulence des environnements et l'émergence de l'entrepreneuriat comme seule réponse organisationnelle adaptée ; enfin, il décrit finement les contours et la problématique de l'action individuelle autonome dans un contexte organisationnel structuré.

1 Et plus particulièrement le rock'n roll, dont Richard Peterson a été un grand spécialiste reconnu (par exemple Peterson, 1991).

LE PHÉNOMÈNE DE L'ENTREPRENEURIAT ORGANISATIONNEL

Le cadre théorique mobilisé par l'article est celui, alors naissant, de l'école dite « de la contingence ». Les apports de Lawrence et Lorsch (1965), Emery et Trist (1967) et Perrow (1967) sont articulés pour proposer ce qui demeure le référentiel d'une grande part de la réflexion gestionnaire : la nature spécifique du contexte, à l'extérieur ou à l'intérieur d'une entité organisationnelle considérée, induit des modes de travail plus ou moins réglés par les routines du métier et/ou par des procédures formalisées qui définissent et prescrivent les tâches à accomplir. C'est dans l'espace du non-routinier que l'entrepreneur organisationnel fait son apparition.

L'ENTREPRENEURIAT ORGANISATIONNEL : UN PHÉNOMÈNE DIFFICILE À DÉFINIR

Dès l'introduction de l'article, la première occurrence du terme « *entrepreneurship* » reflète la difficulté réelle à situer le concept et témoigne d'un malaise qui traverse toute la littérature à venir sur le thème. Le passage, au style contourné, est éloquent : « *under turbulent conditions* [...] *the organization must rely on* [...] *inspirational strategy. This leadership style is identified here as entrepreneurship* » (p. 97). Analysons la séquence rhétorique. L'adoption d'une modalité d'action entrepreneuriale renvoie d'abord au choix d'une stratégie dite « inspirée ». L'entrepreneuriat apparaît alors comme un type possible de *strategy making processes.* Cet ancrage est désormais récurrent dans la littérature spécialisée sur le *corporate entrepreneurship*, ainsi que l'attestent les travaux fondateurs de « l'école de McGill » (par exemple Khandwalla, 1972 ; Mintzberg, 1973 ; Miller et Friesen, 1977, 1978) et de l'orientation entrepreneuriale (par exemple Covin et Slevin, 1989 ; Zahra, 1993 ; Lumpkin et Dess, 1996).

Mais cette stratégie est elle-même immédiatement requalifiée de « style de leadership » (« *leadership style* »), ce style étant à son tour baptisé du terme « entrepreneuriat ». Ce qui nous paraît important ici, ce n'est pas tant l'absence de définition du terme, légitime dans un passage introductif, que l'extrême embarras que manifestent les auteurs pour qualifier la nature du phénomène qui est évoqué : s'agit-il d'un processus stratégique ? D'une forme de leadership ? A-t-on affaire à un individu, à un processus ou à une posture… ? Autant de termes, d'expressions et d'interrogations que l'on retrouvera ultérieurement dans la littérature de recherche consacrée au sujet.

L'une des clefs explicatives de ce mélange des genres (stratégie *versus* leadership, collectif *versus* individu, processus *versus* acteur…) réside peut-être dans la spécificité de la stratégie de type entrepreneurial : l'extrême turbulence des environnements conduit *in fine* à la négation des programmes d'actions propres aux stratégies classiques qui supposent, pour se projeter de manière structurée, des points de repère stables et un cadre de référence inchangé (par exemple Covin et Slevin, 1989, 1991, ou Miller, 1983). Lorsqu'une telle assurance fait défaut, la stratégie doit s'inventer tout en se déployant et sa formulation ne peut être extrêmement formalisée sans courir le risque de perdre sa flexibilité. De ce fait, elle est l'œuvre d'un individu ou d'un collectif qui puise son inspiration au-delà de l'application des outils classiques, inopérants dans un tel contexte : la stratégie devient essentiellement vision et l'on retrouve là une caractéristique essentielle du leadership (par exemple Bennis, 1989). La stratégie entrepreneuriale serait le nom donné aux stratégies non planificatrices. Une telle dénomination indique alors non l'absence de stratégie mais la nature émergente de la réflexion qui ne précède pas l'action, mais s'en nourrit et s'élabore peu à peu selon les opportunités qui sont identifiées (Mintzberg et Waters, 1985). L'article passe ensuite rapidement de l'identification d'une fonction entrepreneuriale définie en termes schumpétériens à la caractérisation d'un rôle, d'une catégorie professionnelle, en l'occurrence le métier de « réalisateur artistique » (*record producer*[2]). Mais la fin de l'article et sa partie conclusive renouent avec une approche en termes de processus stratégique : « *entrepreneurship is a process variable which may be seen in the leadership roles of widely divergent historical and organizational contexts* » (p. 103).

L'entrepreneuriat organisationnel est ici dépeint comme un « mal nécessaire » pour une organisation dont tout ou partie est soumis à un environnement turbulent. Il devient la seule modalité adéquate pour s'adapter à un contexte si changeant qu'il défie les règles de programmation de l'action. Et il constitue un pis-aller, car il pose problème à

2 Son rôle consiste à contrôler les sessions d'enregistrement, à « coacher » et guider les artistes d'interprétation et à superviser les enregistrements, le mixage audio et le *mastering*.

l'organisation dans laquelle il s'inscrit en générant ses propres règles de fonctionnement, nées de son interaction directe avec la turbulence : des stratégies organisationnelles doivent donc être adoptées pour le cantonner et limiter ses effets déstabilisateurs (« *to contain its disruptive effects* », p. 103). En d'autres termes, l'entrepreneuriat organisationnel apparaît comme un phénomène ambigu, à double face, qui semble questionner la séparation stricte entre l'organisation et le marché : il sert de modalité médiatrice entre l'organisation et les zones de turbulence auxquelles celle-ci peut être confrontée « *wherever fashion or novelty is essential to organizational survival* ».

L'entrepreneuriat organisationnel représente donc une réponse bancale mais appropriée pour une organisation qui doit survivre dans ces espaces de marché non stabilisés, en recherche constante de nouveauté et où le renouvellement rapide des produits est la règle du jeu. À titre d'exemples, les auteurs évoquent également l'industrie du cinéma, de l'édition, de la mode, et les organismes de recherche, dont le financement est toujours complexe et incertain. C'est bien la nature d'un certain contexte, par définition contingent, qui conduit l'organisation à adopter la modalité entrepreneuriale pour une part de ses activités.

LA THÈSE DE LA CONTINGENCE

Le secteur de la musique populaire constitue le terrain majeur de l'étude analysée ; il permet de reprendre et d'illustrer l'hypothèse de Lawrence et Lorsch (1967) : le degré de formalisation organisationnelle est inversement proportionnel à la turbulence de l'environnement. La notion de « turbulence » a été précédemment définie (Emery et Trist, 1965) pour qualifier l'état changeant d'un environnement, externe à l'organisation, qui échappe à l'analyse et à la prédiction (type IV).

Dans un tel espace d'incertitude, le travail de chacun et l'action collective ne peuvent être guidés, structurés par les procédures qui résolvent habituellement la plupart des problèmes opérationnels et des difficultés courantes constituant la trame du travail quotidien. En d'autres termes, confrontée à un contexte turbulent, l'organisation[3] (*organization*) comme

---

3 Rappelons ici que les langues française et anglaise diffèrent parfois fortement dans leur découpage conceptuel. Ainsi, le vocable « organisation » recouvre en français trois acceptions que la langue anglaise distingue avec soin : il renvoie indifféremment à la fois à l'acte d'organiser (« organizing »), à l'entité résultante (« organization ») et à la modalité

entité se révèle moins puissante à agir comme capacité organisatrice (*organizing*) à même de cadrer précisément les actions des acteurs et de leur indiquer la marche à suivre selon les cas rencontrés. C'est l'impossibilité de réduire la diversité des cas dissemblables par un traitement routinier qui ouvre la possibilité d'un autre mode d'action.

Cette distinction des espaces de travail (réductibles ou non réductibles en routines) s'enracine explicitement dans la réflexion sur les systèmes techniques initiée par Perrow (1967). Ce dernier pose une thèse et distingue deux cas de figure : d'une part, la complexité des grandes organisations est directement liée à la nature de leur technologie de production (processus de transformation des matières premières) ; d'autre part, ces systèmes techniques peuvent être classés en deux catégories selon leur capacité à traiter ou non un grand nombre d'exceptions et à recourir ou non à une démarche de recherche analytique et de logique de traitement. La nature des tâches à accomplir commande donc l'organisation du travail collectif et la structure de l'organisation : les tâches routinières appellent la spécialisation, la hiérarchie et un pouvoir centralisé, alors que celles qui échappent par définition à la routine demandent d'autres principes.

Dans l'optique définie par Perrow en 1967[4], le principe de variation de la structure organisationnelle provient du système technique lui-même. C'est la technologie qui est la variable explicatrice de la diversité des organisations du travail : le principe est immanent et non externe à l'organisation, et la raison du choix n'est pas interrogée. Le pas supplémentaire que semblent franchir Peterson et Berger, à la suite de Emery

---

selon laquelle cette entité est structurée (« structure »). Nous tâcherons donc de préciser, chaque fois que nécessaire, le sens prêté au terme (Desreumeaux, 2005).

4 Perrow semble par la suite avoir effectué une critique assez radicale de son approche, notamment en la replaçant dans une perspective historique. « *But it wasn't until I read Harry Braverman and others that I realized how much of a mystification the theory was. The historical record showed that bureaucracies were set up to control the work force without any change in the technology initially, and only after a compliant, wage dependent work force was assembled were technologies created to fit this favorable structure. At the macro level at least, the causal direction could be reversed, and go from structure to technology* » (Source : This Week's Citation Classic, *Current Contents*, n° 14, 6 avril 1981). « Mais ce n'est que lorsque j'ai lu Harry Braverman et d'autres que j'ai réalisé à quel point la théorie était une mystification. Les archives historiques ont montré que les bureaucraties ont été mises en place pour contrôler la main-d'œuvre sans aucun changement dans la technologie au départ, et ce n'est qu'après la constitution d'une main-d'œuvre conforme et dépendante des salaires que les technologies ont été créées pour s'adapter à cette structure favorable. Au niveau macro au moins, la direction causale pourrait être inversée, et passer de la structure à la technologie. »

et Trist (dont l'article, paru en 1965, est antérieur à celui de Perrow, publié en 1967), et qui sera repris sans ambiguïté par les chercheurs postérieurs, c'est d'affirmer que le choix du processus de production, et d'organisation du travail au sens large, est lui-même dépendant de l'environnement externe de l'organisation. Or, l'industrie musicale de la fin des années 1960 se caractérise par un marché très instable, marqué notamment par une grande volatilité des consommateurs, dont les préférences évoluent très vite : à la différence de celles des périodes précédentes, les tendances de l'époque sont devenues difficilement identifiables. Cette situation appelle donc la mise en œuvre d'une autre modalité de fonctionnement dans l'entreprise, voire la reconnaissance d'une autre « fonction », la fonction entrepreneuriale.

LA FONCTION ENTREPRENEURIALE ET SA DÉPENDANCE ENVIRONNEMENTALE

L'introduction de la notion d'entrepreneur au sein de l'organisation prend son sens pour neutraliser l'effet déstabilisant de certains des marchés que l'entreprise dessert. De ce fait, l'entrepreneuriat organisationnel, pourtant paré des habits de l'autonomie créatrice, apparaît *in fine* comme une adaptation contrainte à l'environnement.

L'ENTREPRENEURIAT : UNE « FONCTION » DÉVOLUE À UN RÔLE

C'est dans un tel cadre théorique que Peterson et Berger introduisent le concept d'entrepreneur avec une nouvelle acception : il ne désigne plus ici la ou les personnes qui possèdent une entreprise (p. 98), mais renvoie à une « fonction ». Ce déplacement de sens est placé sous le patronage de Schumpeter (1934), dont la définition de l'entrepreneur comme opérateur de nouvelles combinaisons de ressources est entièrement reprise. Le nouvel emploi du terme est ainsi justifié : « *Schumpeter identified it* [*i.e. the entrepreneur*[5]] *as a function which may be carried out by persons in many different positions*[6] ». On retrouve effectivement chez Schumpeter des propos qui légitiment cette extension du terme :

5 Notre ajout.

6 « Schumpeter l'a identifié [*i.e.* l'entrepreneur] en tant que fonction qui peut être exercée par des personnes occupant de nombreux postes différents ».

> *[the] entrepreneurial function need not to be embodied in [...] a single physical person. Every social environment has its own ways of filling the entrepreneurial function [... it] may be and oft en is filled cooperatively. With the development of the largest-scale corporations this has evidently become of major importance : aptitudes that no single individual combines can thus be built into a corporate personality ; on the other hand, the constituent physical personalities must inevitably to some extent, and very often to a serious extent, interfere with each other.*
>
> « [la] fonction entrepreneuriale n'a pas besoin d'être incarnée par [...] une seule personne physique. Chaque environnement social a ses propres manières de remplir la fonction entrepreneuriale [... elle] peut être et est souvent remplie de manière coopérative. Avec le développement des entreprises à plus grande échelle, cela est évidemment devenu d'une importance majeure : des aptitudes qu'aucun individu ne combine ne peuvent ainsi être intégrées dans une personnalité corporative ; d'autre part, les personnalités physiques constitutives doivent inévitablement dans une certaine mesure, et très souvent dans une mesure grave, interférer les unes avec les autres. » (Schumpeter, 1949, p. 71-72, cité notamment par Hagedoorn, 1996.)

Le raisonnement des auteurs est alors le suivant : cette fonction, qui est vectrice de nouveauté et donc d'imprévus, s'inscrit en tension avec la grande organisation[7], par définition soucieuse d'ordonner et de maîtriser le travail collectif. Cependant, celle-ci n'a d'autres solutions que d'embrasser l'entrepreneuriat lorsqu'elle est confrontée à la turbulence irréductible d'une part importante de son environnement. En analysant la chaîne de valeur de l'industrie musicale, et les métiers propres à une entreprise de disques (*recording company*), les auteurs (p. 99) repèrent les espaces où la fonction entrepreneuriale s'exerce. La fabrication matérielle est caractérisée par un outil de pressage automatisé et flexible et capable de procéder à des changements rapides de masters (séries courtes, contenu musical indifférent...). Sa faculté d'adaptation à la turbulence des marchés est donc immédiate et intégrée à la programmation machinique, qui amortit tout choc possible d'une variation dans la demande. Le département Ventes et Promotion peut être négativement

7 Peterson et Berger (p. 98) évoquent en effet deux autres manières de gérer la tension entrepreneur-organisation rendue nécessaire par un environnement turbulent : soit l'entreprise concernée est de petite taille et faiblement structurée (*loosely*), de telle sorte que l'entrepreneur manage son propre business à sa guise ; soit l'organisation, seule ou en alliance (oligopole), parvient à annuler la turbulence externe et rendre caduque la nécessité d'une approche entrepreneuriale. Les éléments constitutifs de la typologie classique de Miller (1983), qui, pour qualifier le comportement stratégique des entreprises, croise le degré de turbulence de l'environnement et la taille de l'organisation, sont déjà identifiés.

impacté par les variations de consommation ; pourtant, ce département tend apparemment à ignorer cette dimension de turbulence. C'est le troisième département, la Production artistique, en charge d'identifier et de signer les futurs succès (« *hit records* »), qui interagit directement avec la turbulence.

Le département Production artistique présente des caractéristiques propres : le responsable doit maintenir la cohérence financière (« *a semblance of financial order* ») en faisant travailler ensemble des profils professionnels très différents (techniciens, artisans, artistes), avec des contrats limités au projet et en exploitant des actifs loués (studios). Les ressources sont donc mobilisées pour le temps du projet, et la faculté d'adaptation aux changements incessants dérive d'une organisation « lâche », « desserrée » (« *the production division is loosely organized* »), d'un arrangement, d'une adaptation, d'un compromis sur le plan organisationnel (« *structural accomodation* »). Par définition s'exerce ici une fonction non réductible à un corpus de règles de production de l'action (« *nonroutinizable function* »). Pour pouvoir cependant la contrôler, sa prise en charge est affectée à une classe d'individus, le « producteur artistique ». Cette catégorie professionnelle incarne la fonction entrepreneuriale : le travail du producteur comporte le traitement en parallèle d'une grande variété de tâches et d'interactions avec de nombreux professionnels. Son activité multifacette comprend la phase amont de recherche d'opportunités (veille et recherche de talents), la sélection, avec l'artiste, des titres prometteurs qu'il estime intuitivement correspondre au goût du public, et l'arrangement de toutes les opérations d'enregistrement (composition et coordination des équipes) jusqu'à l'édition de la bande originale (*master tape*), voire la participation, plus ou moins souhaitée par le département Ventes, à la phase de promotion. Les extraits d'entretiens rapportés montrent la dimension émotionnelle et intuitive du métier, qui suppose sensibilité artistique, diplomatie, séduction et rigueur. Le producteur doit être un généraliste multitâche, comparable à un chef d'orchestre, et il doit effectuer de nouvelles combinaisons de ressources existantes. Les termes utilisés ici reprennent les éléments mobilisés par la description de l'entrepreneur individuel identifiée dans les textes classiques (par exemple Brockhaus, 1982 ; Drucker, 1985).

De ce fait, l'organisation recourt à plusieurs tactiques possibles pour maîtriser le risque associé à cette fonction (« *entrepreneurial delegation* ») : limitation d'engagement de ressources (cadrage budgétaire), diversification des risques d'investissement (multiplication des essais couplée à une baisse du montant unitaire de la mise), évaluation rapide du potentiel du produit (dépenses promotionnelles ajustées à la courbe des classements des premières ventes) et licenciement rapide des producteurs en cas d'échec commercial. Les actions du manager entrepreneurial doivent donc être régulées par le cadre organisationnel, qui s'efforce d'autoriser l'autonomie créatrice requise et de la circonscrire pour éviter toute dérive chaotique. La rationalisation de l'action entrepreneuriale dans l'organisation passe de ce fait par sa localisation spatiale et fonctionnelle (le département Production) et par la mise en place de procédures de limitation des risques (rareté organisée des ressources, mesure de la performance…).

UNE MISE EN PERSPECTIVE HISTORIQUE

La dernière partie de l'article examine l'hypothèse de Lawrence et Lorsch (1967), qui postulent une corrélation inverse entre, d'une part, le degré de turbulence de l'environnement et l'intensité de l'entrepreneuriat qui lui correspond et, d'autre part, le niveau de formalisation de la structure du sous-système organisationnel considéré. La thèse est confrontée à l'histoire contrastée de l'industrie musicale. Celle-ci s'articule nettement en deux périodes : jusqu'en 1955, le secteur est marqué par une domination oligopolistique qui assure stabilité et régularité dans les revenus et les opérations et appelle des structures organisationnelles formalisées ; la révolution de la musique rock coïncide avec plusieurs changements sensibles (technologies, marchés, organisations) et a engendré l'organisation entrepreneuriale évoquée plus haut. L'époque plus récente (les années 1960) est marquée, nous révèlent les auteurs, par une turbulence plus intense, un risque d'erreur accru des producteurs face à un public dont les goûts sont de moins en moins prévisibles. Par conséquent, la fonction entrepreneuriale s'est accentuée et autonomisée en provoquant des changements dans la chaîne de valeur : transformation des producteurs en entrepreneurs indépendants, recentrage des grandes majors sur la fabrication et la vente, rachat des petits indépendants performants, joint-venture entre producteurs et majors, retrait du segment de la musique populaire (« *rock and soul music markets* »)… Parallèlement à cela, la concentration en cours du secteur (fusions) participe de la tentative des acteurs de reprendre le contrôle (« *reenoligopalization* ») de leur environnement et d'en réduire la turbulence. Cet élément vient peut-être, selon nous, modérer la perspective déterministe propre à l'approche contingente (Desreumaux, 2005) en réintroduisant l'action libre au niveau de la population des entreprises considérées. Cependant, à aucun moment dans le texte de Peterson et Berger, une stratégie entrepreneuriale n'est envisagée comme une option stratégique distincte reflétant par exemple les choix des dirigeants de mettre en œuvre une approche innovante, quelle que soit par ailleurs la nature du secteur (Miller, 1983). De ce fait, les industries citées en exemple présentent les caractéristiques d'un environnement contraignant où, par définition, l'ensemble des acteurs doit composer avec la dimension entrepreneuriale sous peine de disparaître, même si ces derniers peuvent par ailleurs tenter de restaurer collectivement les paramètres de stabilité.

LE MARQUAGE DU CHAMP

Le recours au texte précédemment analysé et les questions qu'il appelle sur la nature et la portée du phénomène étudié permettent de s'interroger sur la définition du domaine de l'entrepreneuriat organisationnel. Par ailleurs, le recours au cadre théorique d'une « contingence déterminante » interdit apparemment de concevoir une approche entrepreneuriale non seulement adaptative mais résolument proactive, signant par là un retrait décisif de l'acteur (même si l'initiative peut être reprise au niveau de la population des organisations pour reconfigurer le secteur). C'est cette tension que nous avons identifiée comme fil conducteur de nos travaux et que nous exposerons en un second temps dans cette partie.

L'étude du phénomène d'« entrepreneuriat organisationnel » par Peterson et Berger révèle une thématique complexe et multidimensionnelle. Pour en rendre compte, les auteurs sont tenus de mobiliser des concepts fort différents, issus des différentes sciences de gestion : stratégie individuelle des firmes, analyse sectorielle, diagnostic marketing de l'offre et de la demande, approches de l'innovation, théorie et histoire des organisations, comportement organisationnel, entrepreneuriat… À cet égard, les analyses proposées par l'article de 1971 expriment les difficultés de définition de la notion de *corporate entrepreneurship* et rappellent l'extrême jeunesse d'une thématique qui hésite structurellement entre deux filiations : la pensée stratégique, d'une part, et l'entrepreneuriat, d'autre part. Cette double appartenance est, à notre avis, révélée dans le texte étudié, avec, d'une part, la caractérisation du *corporate entrepreneurship* comme processus stratégique et, d'autre part, la reprise des attributs prêtés à l'entrepreneur indépendant pour décrire le comportement du « manager entrepreneur ».

Elle n'a cessé de hanter les textes qui se sont efforcés, au cours des décennies suivantes, de faire le point sur l'évolution des recherches dans le domaine : les tenants de la pensée stratégique, principalement représentés par le *Strategic Management Journal* (par exemple Stopford et Baden-Fuller, 1994) et l'*Academy of Management Journal* (par exemple Lumpkin et Dess, 1996) et ceux de l'entrepreneuriat (par exemple Sharma et Chrisman, 1999 ; Shane et Venkatamaran, 2000), principalement portés par *Entrepreneurship : Theory and Practice* et *Journal of Business Venturing*, semblent voués à s'ignorer malgré quelques tentatives de rapprochement entre les deux courants. Citons par exemple l'essai d'articulation (Brown, Davidsson et Wiklund, 2001) de la théorie des opportunités entrepreneuriales de Stevenson (Stevenson et Gumpert, 1985) avec celle de l'orientation entrepreneuriale (Covin et Slevin, 1989), ou encore l'effort entrepris par Dess et Lumpkinn (1996) d'établir un pont entre les notions d'« initiatives stratégiques autonomes » (Burgelman, 1983a, 1991) et d'« orientation entrepreneuriale ».

Ces tentatives de synthèse, partielle ou totale, se révèlent souvent décevantes, car elles paraissent inévitablement conduire à l'expansion artificielle des rares concepts définis, en les sommant d'intégrer les apports issus d'autres perspectives, pour conclure à une opérationnalisation problématique, voire impossible des construits ainsi élargis. L'article fameux de Dess et Lumpkin (1996), intitulé « *Clarifying the entrepreneurial orientation construct and linking it to performance* », qui s'efforce d'enrichir la définition de l'orientation entrepreneuriale en y ajoutant notamment deux dimensions, nous semble illustrer pleinement la difficulté de l'exercice (Basso *et al.*, 2009). L'expression composée de *corporate entrepreneurship* rend compte du télescopage, jugé paradoxal (Thornberry, 2001) ou même illusoire[8] (Ghoshal et Bartlett, 1995), entre l'univers d'une entreprise déjà créée

8 « *Unable to create successful processes, managers threw small amounts of resources at mavericks, calling them "skunk works" or new venture groups, and then closed their eyes and prayed for magic.* » / « Incapables de créer des processus réussis, les managers ont jeté de petites quantités de ressources sur les non-conformistes, les appelant "*skunk works*" ou nouveaux groupes d'entreprises, puis ont fermé les yeux et prié pour la magie. » (Goshal et Bartlett, 1995, p. 142).

et l'action de l'entrepreneur indépendant, défini comme créateur d'une nouvelle organisation (Gartner, 1985), d'une nouvelle activité (Burgelman, 1984) ou d'une innovation commercialisable…

On pourrait certes objecter que l'on oublie ici un troisième terme, qui a suscité de nombreux débats chez les chercheurs en entrepreneuriat : le processus. Comme leurs collègues étudiant la nature variée du leadership et des leaders (par exemple Bono, 2014), les chercheurs en entrepreneuriat se sont longtemps confrontés à la question du profil et des attributs propres à l'entrepreneur, et ils ont semblablement décidé de déplacer la question sur la caractérisation des processus entrepreneuriaux (Gartner, 1988). Ainsi, Shane et Venkataraman (2000, p. 218) définissent le champ de l'entrepreneuriat comme « *the scholarly examination of how, by whom, and with what effects opportunities to create future goods and services are discovered, evaluated, and exploited*[9] ». De ce fait, les typologies généalogiques du *corporate entrepreneurship* décrivent la plupart du temps le phénomène comme l'une des deux espèces dépendantes d'un genre premier qui serait le processus entrepreneurial *per se* (Sharma et Chrisman, 1999). Celui-ci se monnaie alors selon deux axes : il peut s'entendre comme procédant *ex nihilo*, et on le qualifie alors d'entrepreneuriat indépendant (*independant entrepreneurship*), et correspond à la création d'une entreprise[10], mais il peut être également identifié comme s'inscrivant dans le cadre d'une organisation déjà existante, et on le dénomme alors « entrepreneuriat organisationnel » (*corporate entrepreneurship*) ou « intrapreneuriat » (*intrapreneurship*), ces deux labels soulignant le caractère « dépendant » ou « interne » du phénomène.

De ce fait, selon l'angle retenu, stratégique ou entrepreneurial, la racine du phénomène étudié concernerait davantage l'entreprise confrontée à une problématique spécifique, telle que la revitalisation (par exemple Stopford et Baden-Fuller, 1990), ou bien l'acteur organisationnel, individu ou groupe des intrapreneurs, en charge d'un projet de développement ou de la définition d'une stratégie innovante (par exemple Dougherty et Hardy, 1996). En d'autres termes, la recherche s'inscrirait, d'un côté, dans une perspective de processus de fabrication de la stratégie[11] (*strategy making*

9 « […] l'examen scientifique de comment, par qui et avec quels effets les opportunités de création de biens et services futurs sont découvertes, évaluées et exploitées ».

10 Activité, organisation…

11 Avec souvent le maintien d'une ambiguïté forte sur la dimension considérée, à savoir : la forme, la manière dont s'élabore la stratégie, ou bien le contenu, la détermination de la stratégie.

process) et, de l'autre, elle prendrait appui sur une théorie de l'acteur et du processus entrepreneurial. Une telle distinction ne recoupe pas exactement les lieux de publication : on ne peut réellement affirmer qu'au plan de l'organisation en mouvement, dont les processus sont les actions collectives repérables, répondrait celui de l'individu en action, dont les décisions et actes fondent la dynamique entrepreneuriale. La réflexion sur l'articulation entre les approches en entrepreneuriat et en stratégie a été ravivée par les jeux de rivalité institutionnelle. La création, en 2008, par la Strategic Management Society (SMS) d'une revue *Strategic Entrepreneurship Journal* a été interprétée comme l'illustration de ce que « *strategy is succeeding in its take-over of the academic field of entrepreneurship* » (Baker et Pollock, 2007), suscitant ainsi plusieurs mises au point vigoureuses réaffirmant l'autonomie du champ de recherche en entrepreneuriat (par exemple Meyer, 2009).

CONCLUSION

Le concept de *corporate entrepreneurship* apparaît donc fortement problématique en étant tributaire d'une double filiation théorique, stratégique et entrepreneuriale. Entendons-nous bien : il ne s'agit pas d'une simple question de niveau d'analyse (organisation *versus* individu) mais de l'application de concepts et théories qui sont dérivés de champs de nature différente. La stratégie veille à « identifier la construction d'un avantage durable » (Porter, 1985), alors que l'entrepreneuriat se préoccupe de la « création de nouvelles activités » (par exemple Bhave, 1994). Le phénomène de *coporate entrepreneurship* s'inscrit à la frontière des deux thématiques ; en ce sens, il se laisse appréhender par les deux disciplines sans pour autant se résoudre entièrement dans une analyse unidimensionnelle, stratégique ou entrepreneuriale (par exemple Kuratko et Audretsch, 2009 ; Hitt *et al.*, 2011).

Olivier Basso
Cnam

BIBLIOGRAPHIE

BASSO, Olivier, FAYOLLE, Alain, BOUCHARD, Véronique, « L'orientation entrepreneuriale. Histoire de la formation d'un concept », *Revue française de gestion*, n° 195, 2009, p. 175-192.

BASSO, Olivier, FAYOLLE, Alain, « L'entrepreneuriat organisationnel. Enjeux et perspectives », *Revue française de festion*, n° 195, 2009, p. 87-91.

BAKER, Ted, POLLOCK, Timothy S., « Making the Marriage Work: The Benefits of Strategy's Takeover of Entrepreneurship for Strategic Organization », *Strategic Organization*, n° 3, 2007, p. 297-312.

BENNIS, Warren G., « Managing the dream: leadership in the 21st century », *Journal of Organizational Change Management*, vol. 2, n° 1, 1989, p. 6-10.

BHAVE, Mahesh P., « A process model of entrepreneurial venture creation », *Journal of Business Venturing*, vol. 9, n° 3, 1994, p. 223-242.

BONO, Joyce E., SHEN, Winny, YOON, David J., « Personality and Leadership: Looking Back, Looking Ahead », in *The Oxford Handbook of Leadership and Organizations*, D.V. Day (ed.)., Oxford, Handbooks, 2014, p. 199-220.

BOUCHARD, Véronique, *Intrapreneuriat, Innovation et Croissance : entreprendre dans l'entreprise*, Paris, Dunod, 2009.

BROWN, Terrence E., DAVIDSSON, Per, WIKLUND, Johan, « An operationalization of Stevenson's conceptualization of entrepreneurship as opportunity based behaviour », *Strategic Management Journal*, vol. 22, n° 10, 2001, p. 953-968.

BURGELMAN, Robert A., « Intraorganizational ecology of strategy making and organizational adaptation: Theory and field research », *Organization Science*, vol. 2, n° 3, 1991, p. 239-262.

CORBETT, Andrew, COVIN, Jeffrey G., O'CONNOR, Gina C., TUCCI, Christopher L., « Corporate Entrepreneurship: State-of-the-Art Research and a Future Research Agenda »,*Journal of Product Innovation Management*, vol. 3, n° 5, 2013, p. 812-820.

COVIN Jeffrey G., SLEVIN Dennis P., « A conceptual model of entrepreneurship as firm behaviour, Entrepreneurship », *Theory and Practice*, vol. 16, n° 1, 1991, p. 7-25.

COVIN, Jeffrey G., SLEVIN, Dennis P., « Strategic Management of Small Firms in Hostile and Benign Environments », *Strategic Management Journal*, vol. 10, n° 1, 1989, p. 75-87.

DESREUMAUX, Alain, *Théorie des Organisations*, 2e édition, Paris, Éditions Management et Société, 2005.

DOUGHERTY Deborah, HARDY Cynthia, « Sustained product innovation in large, mature organizations: Overcoming innovation-to-organization problems », *Academy of Management Journal*, vol. 39, n° 5, 1996, p. 1120-1153.

EMERY, Fred E., TRIST, Eric L., « The causal texture of organizational environments », *Human Relations*, vol. 18, n° 1, 1965, p. 21-32.

FAST, Norman D., *The rise and fall of corporate new venture divisions*, Ann Arbor (Mich), UMI Research Press, 1978.

GARTNER, William B., « A conceptual framework for describing the phenomenon of new venture creation », *Academy of Management Review*, vol. 10, n° 4, 1985, p. 696-706.

GARTNER, William B., « Who is the entrepreneur is the wrong question », *American Journal of Small Business*, vol. 12, n° 4, 1988, p. 11-32.

GHOSHAL, Sumantra, BARTLETT, Christopher A., « Building the Entrepreneurial Corporation: New Organisational Processes, New Managerial Tasks », *European Management Journal*, vol. 13, n° 2, 1995, p. 139-155.

HAGEDOORN, John, « Innovation and entrepreneurship: Schumpeter revisited », *Industrial and Corporate Change*, vol. 5, n° 3, 1996, p. 883-896.

HITT, Michael A., IRELAND, R. Duane, SIRMON, David G., TRAHMS, Cheryl A., « Strategic Entrepreneurship: Creating Value for Individuals, Organizations, and Society », *The Academy of Management Perspectives*, vol. 25, n° 2, 2011, p. 57-75.

KHANDWALLA, Pradip N., Environment and its impact on the organization, *International Studies of Management and Organization*, vol. 2, n° 3, 1972, p. 297-313.

KURATKO, Donald F., « Corporate Entrepreneurship: An Introduction and Research Review », *International Handbook Series on Entrepreneurship*, vol. 5, n° 2, 2010, p. 129-163.

KURATKO, Donald F., AUDRETSCH, David B., « Strategic Entrepreneurship: Exploring Different Perspectives of an Emerging Concept », *Entrepreneurship Theory and Practice*, vol. 33, n° 1, 2009, p. 1-17.

LAWRENCE, Paul R., LORSCH, Jay W., « Differentiation and Integration in Complex Organizations », *Administrative Science Quarterly*, vol. 12, n° 1, 1967, p. 1-30.

LISEIN, Olivier, DEGRÉ, Julie, « Comprendre les pratiques d'entreprises en matière d'intrapreneuriat : une proposition de caractérisation », *Revue internationale PME*, vol. 24, n° 2, 2011, p. 167-210.

LUMPKIN, G. Tom, DESS, Gregory G., « Clarifying the Entrepreneurial Orientation Construct and Linking It to Performance », *Academy of Management Review*, vol. 21, n° 1, 1996, p. 135-172.

MACRAE, Norman, « The coming entrepreneurial revolution », *The Economist*, 25 décembre 1976.

Macrae, Norman, « Intrapreneurial now », *The Economist*, 17 avril 1982.

Maidique, Modesto, « Entrepreneurs, champions, and technological innovation », *Sloan Management Review*, vol. 21, n° 2, 1980, p. 59-76.

Maniak, Rémi, Georget, Valentine, Rayna, Thierry, *Intrapreneuriat : dépasser la mythologie des super-héros*, Rapport de l'Observatoire de l'Innovation, Publishroom, 2019.

Miller, David J., « The correlates of entrepreneurship in three types of firms », *Management Science*, vol. 29, n° 7, 1983, p. 770-791.

Miller David, Friesen Peter H., « Archetypes of Strategy Formulation », *Management Science*, vol. 24, n° 9, 1978, p. 921-933.

Miller, Danny, Friesen, Peter H., « Strategy-making in context: ten empirical archetypes », *Journal of Management Studies*, vol. 14, n° 3, 1977, p. 253-280.

Meyer, G. Dale, « Commentary: on the integration of strategic management and entrepreneurship: views of a contrarian », *Entrepreneurship: Theory and Practice*, vol. 33, n° 1, 2009, p. 341-351.

Perrow, Charles, « A framework for the comparative analysis of organizations », *American Sociological Review*, vol. 32, n° 2, 1967, p. 194-208.

Peterson, Richard A., Berger, David G., « Entrepreneurship in organizations: Evidence from the popular music industry », *Administrative Science Quarterly*, vol. 16, n° 1, 1971, p. 97-106.

Peterson, Richard A., « Mais pourquoi donc en 1955 ? Comment expliquer la naissance du rock », *Vibrations, musique médias et société*, hors-série « Rock : de l'histoire au mythe », A. Hennion (dir.), M. Munder (trad.), 1991, p. 9-39.

Pinchot, Gifford, *Intrapreneuring: why you don't have to leave the corporation to become an entrepreneur*, New York, Harper&Row, 1985.

Porter, Michael E., *Competitive Advantage*, New York, Free Press, 1985.

Roberts, Edward B., Frohman, Alan L., « Internal entrepreneurship: strategy for growth », *The Business Quarterly*, vol. 37, n° 1, 1972, p. 71-78.

Rothwell, Roy, « Intracorporate entrepreneurs », *Management Decision*, vol. 13, n° 3, 1975, p. 142-154.

Shane, Scott, Venkataraman Sankaran, « The promise of entrepreneurship as a field of research », *The Academy of Management Review*, vol. 25, n° 1, 2000, p. 217-226.

Sharma, Pramodita, Chrisman, James J., « Toward a Reconciliation of the Definitional Issues in the Field of Corporate Entrepreneurship », *Entrepreneurship: Theory & Practice*, vol. 23, n° 3, 1999, p. 11-27.

Stevenson, Howard H., Gumpert, David E., « The heart of entrepreneurship », *Harvard Business Review*, vol. 63, n° 2, 1985, p. 85-94.

Stopford, John M., Baden-Fuller Charles, « Corporate rejuvenation », *Journal of Management Studies*, vol. 27, n° 4, 1990, p. 399-415.

STOPFORD, John M., BADEN-FULLER Charles, « Creating Corporate Entrepreneurship », *Strategic Management Journal*, vol. 15, n° 7, 1994, p. 521-536.

THORNBERRY, Neal, « Corporate entrepreneurship: antidote or oxymoron? », *European Management Journal*, vol. 19, n° 5, 2001, p. 526-533.

WESTFALL, Steven L., « Stimulating Corporate Entrepreneurship in U.S. Industry », *Academy of Management Journal*, vol. 12, n° 2, 1969, p. 235-246.

QUAND LA STRATÉGIE S'INSCRIT DANS LA DURÉE

La stratégie contrariée de Saint-Gobain dans l'habitat et la RSE : *Too clever, too soon*

INTRODUCTION

Entre la fin de 1968 et le début de 1969, Saint-Gobain fait l'objet d'une OPA inamicale lancée par le groupe BSN (Boussois-Souchon-Neuvesel, futur Danone dans les années 1990). Si l'opération échoue, elle transforme toutefois profondément le groupe Saint-Gobain. En effet, celui-ci s'allie, dans la foulée, à un chevalier blanc, la firme Pont-à-Mousson (PAM), pour surmonter les difficultés consécutives à une bataille boursière. L'alliance entre le fabricant de verre et celui des tuyaux en fonte est annoncée en juillet 1969 et la fusion est scellée en 1970. Ce mariage est la rencontre de deux cultures de gestion très différentes. Il sort de ce creuset un groupe nouveau, Saint-Gobain-Pont-à-Mousson[1] (SGPM). L'osmose entre les deux entités ne produit pas la domination de l'une des entités sur l'autre ni la juxtaposition de deux entreprises mais une synthèse originale qui transforme radicalement la stratégie du groupe. Il faut alors définir une stratégie pour ce nouvel ensemble. Une solution est très tôt trouvée, mais va mettre trente ans à se concrétiser. Si BSN est devenu un cas d'école en stratégie, suite à sa propre transformation stratégique suite à l'OPA ratée, passant du contenant (le verre) au contenu (les produits frais), un cheminement identique mais plus tortueux a été suivi par SGPM. Dès le départ, le nouveau groupe se définit, sous la férule de Roger Martin, comme un groupe centré

1 Saint-Gobain-Pont-à-Mousson devient, dix ans plus tard, Saint-Gobain.

sur l'habitat. Mais la taille de l'entreprise, l'existence de nombreux « anciens secteurs » qu'il faut revendre, le souci de les revendre sans trop de casse, l'organisation propice à de nombreuses baronnies ou encore l'agenda économico-politique (crises pétrolières, arrivée de la gauche au pouvoir) vont complexifier la mise en œuvre. Pour autant, Saint-Gobain est aujourd'hui un groupe leader dans le secteur de l'habitat durable.

Pour réaliser cette histoire, nous avons eu accès aux archives de la Compagnie de Saint-Gobain (CSG) des années 1960 au début des années 2000 et réalisé des interviews avec différents cadres ayant participé à cette histoire (une liste de ces personnes est présentée en annexe).

C'est l'histoire de cette transformation que nous voulons conter dans cet article. Comment les précurseurs ont défini une stratégie qui n'avait rien d'évident et ont peiné à la mettre en place. Le temps long est omniprésent dans cette histoire et nous semble bien définir ce qu'est une stratégie. Nous verrons d'abord le contexte dans lequel s'est construite la nouvelle stratégie. Puis, dans la deuxième partie, nous montrerons comment deux mondes se rencontrent et fusionnent. La troisième partie développera la situation qui prévaut de l'OPA à la crise pétrolière, qui vient bouleverser la stratégie du groupe. La quatrième partie développera les dix ans d'incertitude que traverse le groupe entre la crise pétrolière de 1973, celle de 1979, l'arrivée de la gauche au pouvoir et la nationalisation. Enfin, la cinquième partie exposera, à partir de la privatisation de 1986, le contexte qui devient particulièrement porteur pour relancer le projet stratégique, aller vers l'aval et jouer la carte RSE.

LA CONSTRUCTION D'UNE NOUVELLE STRATÉGIE

La nouvelle stratégie est directement le fruit de la rencontre de deux groupes qui identifient le plus petit commun dénominateur pour définir un nouvel envol. C'est aussi la rencontre de deux mondes aux traditions et aux cultures différentes qu'il va falloir unir. L'héritage de la fusion permet la redéfinition de la stratégie, ce qui nécessite la sortie des secteurs anciens.

Le 24 juillet 1969[2], la fusion Saint-Gobain/Pont-à-Mousson est annoncée. Le 25 juillet 1969, Arnaud de Vogüé, président de Saint-Gobain, et Roger Martin, président de PAM (Pont-à-Mousson), annoncent ensemble à la télévision la fusion Saint-Gobain-Pont-à-Mousson. C'est à cette occasion que semble être défini le nom du nouvel ensemble (Roger Martin, 1984). Arnaud de Vogüé, riche de son expérience média consécutive à l'OPA, est beaucoup plus à l'aise que Roger Martin. À la question du journaliste sur le nom du groupe, Arnaud de Vogüé se tourne vers Roger Martin et propose Saint-Gobain-Pont-à-Mousson (SGPM). Timide face à la caméra, Roger Martin acquiesce. Touchante scène où la réalité de l'opération ne se traduit pas à l'écran. Certes Saint-Gobain est deux fois plus gros que PAM, certes, pour des raisons fiscales, Saint-Gobain absorbe PAM[3] et fait ainsi des économies dans le montage financier, mais c'est bien de PAM que vient la nouvelle équipe dirigeante[4]. Roger Martin devient président du nouvel ensemble et amène avec lui ses fidèles de PAM : Hubert Cousin, Robert Vandange, Roger Fauroux, Roger Pagezy. Même si Benoît Pirlot[5] prend un poste de vice-président directeur général, plus qu'honorifique, il quitte le groupe en 1976. La presse ironise sur l'opération. Roger Martin a suivi les tuyaux pour passer de la sidérurgie (dont il se désengage à grande vitesse) pour aller vers la robinetterie[6]. Sous l'ironie, c'est bien la nouvelle stratégie qui affleure, où le plus petit commun dénominateur touche à l'habitat.

LA RENCONTRE DE DEUX MONDES

Cette fusion n'a rien d'évident sur le plan industriel et culturel. C'est la rencontre entre deux acteurs aux réalités bien différentes. Les différences sont profondes.

2 Note du 24 juillet 1969, « Pourquoi la fusion avec PAM ».
3 Discours de fusion, Roger Martin, CSG 00066/006 pour 1970, 1972 et 1973 et CSG 62/14.
4 CSG 62/14.
5 Peu connu de PAM avant la fusion. Une note du 22 avril 1969 écorche son nom pour annoncer sa promotion chez Saint-Gobain : Pirlot est devenu « Pierlot ». CSG 62/14.
6 CSG 62/14.

> Donc il y a eu une coexistence qui a été finalement assez bien menée et, au niveau des équipes, si vous voulez, il ne s'est pas passé grand-chose parce que les sociétés industrielles des deux groupes étaient tellement différentes, dans les activités industrielles, qu'elles n'avaient rien à se dire. Entre Pont-à-Mousson, qui fabriquait des tuyaux de fonte pour les collectivités publiques, pour les communes, pour les acheteurs de canalisations, et Saint-Gobain, qui avait comme clients principaux les grandes entreprises du bâtiment et l'automobile, je veux dire, il n'y avait pas de contact, de conflit industriel parce qu'il n'y avait pas de contact, il n'y avait en fait aucune parenté, c'était un conglomérat. Et dans la direction générale, les gens sont restés en place, c'est-à-dire les gens qu'on retrouvait, les directeurs qu'on retrouvait dans Saint-Gobain/Pont-à-Mousson, après la fusion, étaient ceux qu'on retrouvait à la tête des grandes entités de part et d'autre de cette espèce de frontière technique et culturelle. Le problème se situait dans la couche très mince, celle des grands dirigeants, et essentiellement des présidents et des directeurs généraux, moi essayant en junior de trouver ma route. (Interview de Roger Fauroux.)

Le verre[7] est un marché local car il s'exporte mal, ce qui protège les marges (interview de Philippe Grapin[8]). La fonte est un marché mondial avec de faibles marges. Des erreurs de calcul sur les coûts de transport et c'est un gros marché de perdu. On imagine sans peine l'impact sur les pratiques de management, dont on s'attend à ce qu'elles soient plus rigoureuses chez les Mussipontains[9]. Nous verrons plus tard en quoi ces deux caractéristiques sont importantes, tant pour la structuration des outils de gestion, héritée de PAM, que sur le type de marché sur lequel se positionne au final le groupe sous l'ère Beffa (liste interview) : des marchés locaux et nationaux.

Une lettre du 1er juillet 1969, d'un certain Paul Couty[10], s'inquiète de l'avenir. La formule d'un directoire à deux têtes inquiète. L'auteur de la missive voit mal, d'une part, pourquoi Suez ne voudrait pas en être et, d'autre part, ce qui adviendra après le départ d'Arnaud de Vogüé. L'auteur alerte Roger Martin sur le risque pour lui de perdre le pouvoir alors que Saint-Gobain vaut deux fois plus que PAM. Les notes de Roger Martin sont intéressantes : « la vie est un risque ». Si l'auteur s'inquiète de ce que l'opération soit avant tout financière plutôt qu'industrielle, la note de marge de Martin pour lui-même ne laisse guère d'équivoque :

---

7 CSG Hist 50/01.

8 Voir la liste des interviews en annexe.

9 Du nom de la ville de Pont-à-Mousson.

10 CSG 62/14.

« Faux ». L'ambiguïté de la nature du rapprochement et de la stratégie, industrielle ou financière, existe donc dès le début et se poursuit ensuite dans les années suivantes. En substance, c'est ce même reproche qui est adressé à Saint-Gobain quand certains la qualifient, dans les années 2000, de conglomérat. Pour les créateurs de Saint-Gobain, ce point de vue ne reflète décidément pas la réalité.

L'HÉRITAGE DE LA FUSION

Une fois la fusion réalisée, il faut structurer le nouvel ensemble. C'est aussi durant cette période qu'est définie une nouvelle stratégie pour le groupe, ce qui implique de sortir des secteurs anciens qui sont devenus marginaux.

LA STRUCTURATION DU GROUPE

La nouvelle équipe se lance alors dans des tâches de réorganisation[11] qui sont décrites dans les discours du 29 juin 1970 et du 26 janvier 1972 de Roger Martin[12]. La situation était toutefois complexe et nécessitait une mise en ordre rapide. Roger Martin[13] stigmatise ainsi la situation de Saint-Gobain[14]. Il la compare à une nébuleuse dans laquelle il est très difficile de se repérer.

> On ne sait pas combien il y a de société dans ce groupe ! Des nébuleuses, que j'évoquais l'an dernier, il fallait faire des constellations[15].

En 1970, des comptes consolidés sont enfin produits et certifiés, mais leur qualité demeure sans doute insuffisante au vu de la rapidité avec laquelle ils ont été produits. Formellement, le groupe produit des comptes consolidés. Il s'agit surtout de montrer la volonté du groupe

11 CSG Hist 00066/4 et CSG Hist 0085/24.
12 CSG 66/06.
13 Discours de 1972, CSG 00066/006 et CSG 62/14.
14 CSG Hist 64/11.
15 CSG Hist 64/11. Note du 13 mars 1972 de Roger Martin sur l'incapacité à connaître le nombre de filiales du groupe.

d'être clair et conforme. Mais au moins deux témoins, Jean-Claude Breffort et… Roger Fauroux, font remonter les comptes consolidés à la fin des années 1970. Encore en 1973, l'exercice reste incertain pour la production des comptes 1972 : « on pense que le chiffre d'affaires sera de[16]… ». En 1973, ce sont 127 sociétés qui seraient consolidées.

LA REDÉFINITION DE LA STRATÉGIE

La stratégie des quarante prochaines années est construite à l'occasion de la fusion du nouvel ensemble. Dès 1969, il semble que, pour les nouveaux dirigeants, SGPM sera une entreprise de l'habitat[17]. Le document d'information du 1er août 1969 sur la fusion précise ainsi que le marché visé est celui de la « maison[18] ». L'idée est réaffirmée dans une note confidentielle du 17 septembre 1971 sur la restructuration des activités habitat de la compagnie : « la Compagnie doit s'orienter autour de marchés et non plus autour de produits[19] » et :

> L'alliance, enfin la fusion Pont-à-Mousson/Saint-Gobain, ce n'est pas uniquement la fonte d'un côté et le verre de l'autre, parce qu'il se trouve que les deux groupes ont développé plein d'autres activités à côté. Alors, Saint-Gobain reste connu comme un groupe verrier, Pont-à-Mousson comme un groupe de fonte, mais l'intérêt de la fusion, c'était justement toutes les activités non totalement évidentes, mais qui tournaient quand même autour des matériaux de construction ou des matériaux un peu de haute performance. (Interview de Jean-François Phelizon, DGA de Saint-Gobain-Pont-à-Mousson.)

En témoigne également, en 1971, l'importance volumétrique du document de la direction du plan consacré à l'habitat[20]. Si cette stratégie semble pleinement se réaliser dans les années 1990 et encore plus dans les années 2000, cela n'a pourtant rien d'évident pour l'ensemble hétéroclite de l'époque présent dans le verre, et pas simplement pour l'habitat (que l'on pense à la gobeleterie ou aux pare-brise de voiture) et les tubes en fonte, mais aussi dans la chimie, le papier ou encore le

---

16 CSG 00066/006, Discours de 1974. Discours de 1973, Intro de 1973, y compris la partie montrant la difficulté à consolider le bilan, présentation de Price Waterhouse.

17 Note du 24 juillet 1969, photos 1058-1061. Note Viannay 1972, CSG Hist 18/05 et, dès 1969, CSG Hist 00085/26 et CSG Hist 50/01.

18 CSG Hist 85/024.

19 CSG 00313/18.

20 CSG Hist 50/01, CSG Hist 17/06 : il existe un plan habitat, établi en janvier 1972, étudiant l'évolution du groupe uniquement à partir des activités habitat (PAM).

pétrole. La définition de cette stratégie s'accompagne d'une mise en œuvre prudente et ordonnée. On ne se dépêche pas de vendre[21] les métiers qui ne sont pas au cœur du nouvel ensemble, d'abord parce qu'on attend les bonnes opportunités, mais aussi parce qu'il n'est pas dans la culture sociale du groupe de se séparer du personnel (même si les crises remettent plus tard profondément en cause cette politique sociale).

La réflexion autour du développement du groupe ne se fait pas uniquement sur des critères financiers. Le 6 avril 1976[22], une note du directeur du plan rend compte d'une conférence du Boston Consulting Group (2/02/1976) sur la présentation de sa célèbre matrice. L'allocation des ressources (et donc investir ou désinvestir) ne doit pas se faire uniquement sur des critères financiers mais aussi en fonction des taux de développement des marchés et de la place de l'entreprise sur ces marchés. Mais il reste toutefois difficile de savoir si ce type de raisonnement est développé dans le groupe ou s'il reste un épiphénomène.

On ne peut s'empêcher ici de faire un parallèle avec l'évolution sur la même période du groupe BSN. Suite à l'échec de l'OPA et aux crises que connaît le secteur du verre plat dans les années 1970, Antoine Riboud (fondateur et président de Danone jusqu'en 1996) réoriente peu à peu BSN du contenant au contenu, jusqu'à former le groupe Danone dans les années 1990. Cette transformation stratégique est devenue un standard de la formation à la stratégie dans les cursus de gestion. Le groupe SGPM suit en fait une transformation tout aussi radicale pendant la même période. Ce qui est remarquable est l'inscription dans la durée et le temps long de ces transformations. Pour SGPM, Roger Martin semble faire sienne la formule de Camille Cavallier, fondateur de PAM : « il n'est rien de grand que le temps ne contribue à façonner » (repris de la biographie de Roger Martin, 1984). La formule trouve ici une expression concrète et stratégique. Roger Martin s'attelle à formuler une équation compliquée – verre + fonte = habitat – qu'il appartient à ses successeurs de résoudre.

LA SORTIE DES SECTEURS ANCIENS

Au moment de la fusion, le groupe hérite, venant de Saint-Gobain et de PAM, d'activités qui ne sont plus au cœur de la stratégie, voire qui

---

21 CSG Hist 00019/10, CSG Hist 00019/10 et CSG 006/09.

22 CSG Hist 19/10.

posent carrément problème. Il en va ainsi du pétrole et de la chimie. SGPM sort du pétrole en 1971 (Martin, 1984). Pour la chimie, la tentation existe en 1972 de fusionner avec Rhône-Poulenc, mais l'idée fait long feu et échoue (Martin, 1984, p. 326). SGPM sort alors de ce secteur. Il faut attendre 1978 pour sortir du secteur du nucléaire.

Le cas de la sidérurgie est intéressant car il témoigne des atermoiements de l'époque et de la prudence avec laquelle il faut considérer les sources disponibles. PAM a commencé à sortir de la sidérurgie dans les années 1960 avec la vente de ses participations dans l'Hadir. Cela avait été, par ricochet, l'une des raisons de l'entrée de Suez au capital de PAM. Dans son ouvrage autobiographique, Roger Martin se donne le beau rôle d'avoir vu juste à propos de la sidérurgie, ce qui vaudra au groupe d'échapper au naufrage de ce secteur après le premier choc pétrolier. Toutefois, il semble, selon Daviet (1989), que toutes les participations n'aient pas été soldées au moment de la fusion. En témoigne le papier que lui ferait signer Arnaud de Vogüé, au moment de la fusion, l'obligeant à délaisser ce secteur. La tentation de rester dans ce secteur est-elle due à un complexe de PAM par rapport aux grands maîtres de forges ? En tout cas, la sortie est définitive en 1975.

DE L'OPA À LA CRISE PÉTROLIÈRE

Cette première partie de l'histoire est celle des projets et des valeurs portés par le groupe et ses dirigeants. En témoigne une interview de Roger Martin de 1974 dans *Les Échos*. Il y est interrogé sur le succès de la fusion, alors que le chiffre d'affaires du groupe a doublé. Le titre de l'article semble bien refléter l'état d'esprit de ce dirigeant : « le profit n'est ni notre loi ni notre morale, il est une obligation et notre garde-fou ». Même son de cloche dans le rapport que le journaliste du *Nouvel Observateur* produit sur le groupe en 1972 : « L'habitat fut l'étoile (car il n'y a pas de terre promise et le monde entier doit être son royaume) ; la Valeur Ajoutée le signe ; le Profit, les tables de la loi ».

RSE et habitat sont au cœur de la stratégie du groupe. Trop tôt ? Le premier choc pétrolier et la fin des Trente Glorieuses mettent un coup d'arrêt brutal à cette dynamique. Une décennie d'incertitudes et d'atermoiements s'ouvre alors pour le groupe.

1975-1986 : DIX ANS D'INCERTITUDES

Le groupe est fortement touché par les deux chocs pétroliers et l'incertitude politique de 1978. Ces événements le conduisent à envisager des diversifications face à un monde qui semble s'essouffler. Une réorganisation a lieu en 1978 pour répondre à ces chocs, mais l'alternance politique de 1981 se traduit par la nationalisation du groupe et par la fin et l'échec des tentatives de diversification.

La deuxième moitié des années 1970 correspond à la fin d'un monde pour des industriels, des salariés et des politiques qui ne le savent pas encore et mettent plus ou moins de temps à le réaliser. Un nouveau modèle est à inventer.

LES CHOCS PÉTROLIERS ET L'INSTABILITÉ POLITIQUE

La France et le groupe sont frappés dès 1974 par le premier choc pétrolier[23]. Les effets ne se font pas sentir tout de suite. Malgré la présentation un peu théâtrale que fait Roger Martin dans son livre de l'annonce de l'échec des négociations avec l'Opep (Martin, 1984), il n'est pas sûr que le groupe comprenne tout de suite ce qui arrive. Mais la crise est sévère. En France, en septembre 1975, 54,9 % des usines sont en chômage partiel. C'est le verre qui semble le premier touché en profondeur. Le rapport du CCE 1974 de SGI (Saint-Gobain Industrie) donne une bonne idée des impacts de la crise sur le verre[24]. Un autre document de 1976 confirme la très mauvaise situation de SGI[25]. Dans une lettre de 1975, Pirlot, le directeur général adjoint du groupe, justifie le chômage partiel avec la conjoncture. Le 3 octobre 1975[26] voit la signature d'une convention cadre entre l'État et la Fédération du verre pour éviter les licenciements et financer le chômage partiel. La gobeleterie semble sévèrement touchée, mais on hésite à fermer les sites :

23 CSG 06/26.
24 CSG Hist 71/30.
25 CSG Hist 19/13.
26 CSG Hist 18/05.

> Si nous décidons d'affronter les conséquences sociales de cette décision [arrêt définitif], l'arrêt me paraît personnellement la meilleure solution car nous avons probablement mieux à faire au niveau SGI que de concentrer hommes, temps et finances à un problème aussi difficile[27]. (Francis Mer, à l'époque DG de SGI.)

> Il y a eu un triage entre les activités, et il a été décidé entre nous, essentiellement parce que Francis Mer n'aimait pas du tout l'activité gobeleterie, qui était une hémorragie d'argent horrible.
>
> On avait l'impression d'être assez en retard, au point de vue management. Ce qui était peut-être une idée fausse, d'ailleurs, mais c'était l'idée qu'on en avait de l'extérieur. Et moi, j'étais un extérieur qui était assez lointain puisque j'appartenais, avant mon arrivée, à une multinationale non française. Donc je n'avais aucun contact (pratiquement) avec la politique française ni avec l'establishment français, donc j'avais des idées toutes faites, obligatoirement. Donc je suis entré là, on m'a envoyé voir ce qu'il se passait à La Chapelle-Saint-Mesmin. Je lui ai rendu compte et je lui ai dit qu'il fallait réduire les effectifs très puissamment, et l'activité de trois fours à un four de manière radicale, ou bien fermer. Nous sommes allés voir Roger Fauroux, évidemment. Pas tout seuls, d'ailleurs, nous avions un groupe. Roger Fauroux pratiquait déjà le management avec une équipe de direction, et donc j'ai exposé à Roger Fauroux mon analyse. Alors il a bien insisté pour savoir si, à mon avis, la seule alternative à une réduction drastique était la fermeture, fermeture que lui conseillait d'ailleurs par ailleurs Francis Mer depuis plusieurs années avec insistance. (Interview de Claude Picot.)

Le 9 février 1976, la direction financière et administrative de SGI écrit :

> L'enveloppe des investissements ne peut évidemment qu'effrayer quand on connaît le cash-flow. Peut-être faut-il consacrer quelques millions à des opérations de retraite anticipée ou de séparations à l'amiable et mettre à des postes clefs des chefs énergiques.

Le 23 février 1976, dans une note personnelle de Francis Mer sur la fermeture d'une usine dans la division gobeleterie, il indique à ce dernier qu'il faut contrôler le nombre d'exemplaire du document de synthèse envoyé, vu son caractère explosif. On sent la tension monter. Les premières mesures prises par le groupe sont des ajustements conjoncturels tels que la réduction des heures travaillées, le chômage technique, l'arrêt des embauches. On retarde l'ouverture de certains sites de production.

27 CSG Hist 00019/10, Service du plan 1976 à 1984, Plan SGI, 22/01/1976.

Pour autant, cette politique de préservation de l'emploi à un coût. Le maintien de l'emploi en 1975 est estimé à 42 633 milliers de francs. On reproche aussi un double discours du groupe. Des cadres interrogés lors de la traditionnelle réunion annuelle de 1975[28] soulignent les contradictions du groupe, qui ne veut pas licencier, mais licencie et ferme quand même des sites. Lors de cette réunion, beaucoup de questions montrent l'inquiétude. Nous ne disposons malheureusement pas des réponses… données oralement. Dans un discours de 1975, Roger Fauroux, directeur général du groupe, note : « ce qui marque, c'est que les belles années où l'activité doit augmenter fortement (*cf.* plan de 1972) sont finies : activités en baisse, récessions… ». De même, le discours de Roger Fauroux en 1976, quand il devient DG, dans lequel il rappelle que le groupe a maintenu l'emploi en faisant baisser la rentabilité et en sacrifiant l'actionnaire[29]. En 1977, PAM essuie ses premières pertes depuis 1946[30] et privilégie l'embauche de jeunes n'ayant jamais travaillé[31]. Dans une note de 1977, la Direction semble réaffirmer les responsabilités du groupe en matière d'emploi et les conséquences stratégiques. Il faut accepter les sureffectifs.

Afin d'être moins dépendant des banques et de l'endettement, le groupe réalise une augmentation de capital et vend les Maisons Phénix pour 300 millions de francs en 1977. Le financement de la crise s'est aussi beaucoup réalisé par augmentation des dettes : émission obligataire en 1975, nouvel emprunt auprès de BNP (100 millions de francs, à 10,35 %). Un tableau très intéressant permet d'avoir une vue globale de l'augmentation de l'endettement[32].

Toutefois, dès 1977, il apparaît clair que les solutions défensives (préservation de l'emploi et recours à la dette) ne suffisent pas. Pour Fauroux[33] :

> L'accroissement d'activité va créer dans les années à venir beaucoup moins d'emplois que n'en suppriment le progrès de nos techniques et les gains de

28 CSG 66/6.
29 CSG Hist 19/05.
30 CSG Hist 19/45.
31 CSG Hist 00019/15, 1er semestre 1977, de la direction du personnel, 2 mai 1977 : tenant compte du caractère particulièrement aigu du chômage des jeunes de moins de 25 ans, la direction générale estime devoir anticiper au maximum l'embauche de ces 200 agents en faisant appel, dans toute la mesure du possible, à des candidats de moins de 25 ans n'ayant jamais travaillé.
32 CSG Hist 19/08.
33 CSG Hist 19/08.

> productivité. Si SGI ne veut pas devenir destructrice d'emplois, il lui faut envisager des activités nouvelles, soit prolongeant ses activités actuelles, soit se situant dans des secteurs tout à fait différents. Lors de la réunion du 14 juillet dernier, ce problème a été très largement abordé, et vous avez chargé MM. Duplantier, Boutier et Beffa d'étudier les solutions possibles.

Des solutions sont proposées en innovant dans le solaire, les enduits extérieurs… Il faut chercher créativité et innovation. Attaquée de toute part, la Direction s'interroge, par la voix de Roger Fauroux : « Si supprimer le capitalisme devait supprimer la crise, il faudrait le faire[34] ».

LES TENTATIVES DE DIVERSIFICATION : VACHES À LAIT, DILEMMES ET POIDS MORTS

Très rapidement après le premier choc pétrolier, le groupe se lance dans l'informatique, qui semble un secteur d'avenir par comparaison avec les secteurs traditionnels, jugés vieillissants et donc peu porteurs de croissance. On est en plein dans des raisonnements stratégiques de type matrice stratégique, montrant comment des secteurs matures doivent être remplacés par de nouveaux domaines d'analyse stratégique « star » :

> Le grand projet est de trouver une forme de diversification hors des industries traditionnelles. L'analyse aboutit à la conclusion que la croissance liée à l'automobile, au bâtiment, aux travaux publics, à l'emballage et à l'équipement industriel sera désormais ralentie pour longtemps. Seules des industries neuves, à technologie de pointe, peuvent espérer retrouver le rythme des années glorieuses de la croissance. Si l'entrée de Saint-Gobain dans l'informatique relève en partie de hasards anecdotiques, elle s'insère bien dans une vision d'ensemble cohérente, bien que les dirigeants de l'époque l'aient assez mal exposée à leur personnel. (Daviet, 1989, p. 288.)

C'est dans ce contexte que le groupe se diversifie en 1978 dans CII Honewey Bull. À cela vient s'ajouter Olivetti en 1980. Il semble qu'Alain Minc, directeur financier du groupe, soit l'un des acteurs de cette diversification. Cette nouvelle branche informatique doit assurer un relais de croissance pour le groupe, et Roger Fauroux voudrait mettre Jean-Louis Beffa à la tête de cet ensemble. Mais l'aventure s'arrête en 1982 par la vente de l'ensemble de l'activité, en partie sous la pression de l'État :

---

34 CSG Hist 00019/05.

> On faisait de la « grosse informatique » avec Honeywell Bull et on faisait de la bureautique avec Olivetti. Tout ça, ça a duré deux ans ou trois ans et, à la nationalisation, Alain Minc a été chargé d'aller expliquer aux autorités qu'il faudrait faire des filières à la française et les remettre dans d'autres mains, ce qui a été fait, et donc on est revenus sur notre périmètre plus industriel. (Interview Breffort.)

Dans un article interne de 1981, la diversification dans l'informatique est décrite comme un « numéro d'équilibriste pressé[35] ». SGPM n'a qu'une vache à lait pour financer l'opération : les tuyaux en fonte. Au-delà du financement de l'informatique, il apparaît qu'une deuxième vache à lait est nécessaire.

Une deuxième tentative de diversification est faite, à la fin de cette parenthèse de dix ans, avec la tentative de prise de contrôle de la Compagnie générale des eaux (CGE). Le raisonnement semble simple : Saint-Gobain, présent dans les tuyaux, veut se diversifier dans l'aval dans un secteur où les *cash-flows* sont réguliers et plus ou moins assurés. En 1984, le groupe tente une prise de contrôle de la CGE en prenant 34 % du capital. L'opération échoue et la part de Saint-Gobain redescend à 20,7 %, puis à 5 %. C'est toutefois l'occasion de réaliser une bonne plus-value, qui facilite ensuite la redéfinition du groupe. Saint-Gobain semble avoir sous-estimé les implications politiques liées à l'entrée dans ce secteur.

Le groupe se pose beaucoup de questions sur le devenir de la branche papier et de la gobeleterie. La branche papier souffre depuis longtemps. En 1978, un rapport a été commandé à Arthur D. Little sur la filière papier[36]. En fait, le problème dépasse largement Saint-Gobain et touche à l'organisation de la filière en France. On envisage des regroupements, la création d'un ONF (Office national des forêts). On se demande comment réagirait l'administration dans une économie planifiée[37]… La crise de l'industrie vient aussi de la réduction de la demande et de la forte augmentation des investissements en France, en Scandinavie et en Allemagne[38]. Toutefois, la solution semble sans issue dans un secteur où la coopération entre acteurs est réduite. Ainsi, un article du *Nouvel*

35 Nationalisation, Doc rev 0202 (nom de la boîte d'archive et du document).

36 CSG 0063/69.

37 CSG 0063/68.

38 CSG 0063/65.

Observateur de 1976 montre que le patronat de cette industrie refuse les rapprochements[39]. La seule stratégie de survie est alors la réalisation d'économies de coûts qui asphyxient peu à peu la gestion.

La situation est assez similaire pour la gobeleterie. Une note confidentielle du 23 juillet 1971 s'interroge déjà sur son avenir dans le groupe. Francis Mer, lors de la réalisation du plan 1974-1979, rédige une synthèse montrant que la gobeleterie pose problème depuis plusieurs années. En 1976, trois notes très sévères sur la gobeleterie montrent les difficultés du secteur. En 1983, le constat se veut plus précis[40]. L'intensité capitalistique est trop élevée, le coût du travail en France est trop important, la formation de la main-d'œuvre pose problème et la technologie s'est banalisée. Les éléments de diagnostic ne sont pas nouveaux ni exclusifs à la gobeleterie. Ils s'inscrivent assez bien dans une évolution financiarisée de la société (on fuit les secteurs trop gourmands en capital et fondés sur une concurrence par les coûts).

LE BILAN DE LA NATIONALISATION : LE RENFORCEMENT DU RECENTRAGE

Paradoxalement, la période de nationalisation permet à Saint-Gobain de mettre en œuvre des restructurations profondes. Le groupe sert même de modèle via le développement de Saint-Gobain développement, qui est visité en 1984 par François Mitterrand. Cette structure, en faisant de l'accompagnement social, permet de fermer de nombreux sites.

En 1977, une note est produite sur les responsabilités du groupe en matière d'emploi et les conséquences stratégiques[41]. Le pacte social[42] semble hérité de Saint-Gobain et soutenu par les RH. Chez Saint-Gobain, on ne licencie pas. L'idée n'est pas nouvelle. Un article sur les réductions d'effectifs en 1970-1971 fait déjà état de la nécessité de reclassement[43]. Dès lors que les solutions traditionnelles ne suffisent plus, il faut inventer un plan plus global. Il prend pour nom Saint-Gobain Promotion[44], qui se

39 CSG 0063/66.

40 CSG 691/10.

41 CSG Hist 19/05, CSG Hist 00019/16, CSG Hist 00019/14 et CSG Hist 00019/15.

42 CSG Hist 18/05, CSG Hist 0066/004 (Adssa) et CSG Hist 0079/012 (par ex. sur les retards).

43 CSG Hist 18/05, CSG Hist 0066/004 (Adssa) et CSG Hist 0079/012 (par ex. sur les retards).

44 CSG Hist 00019/10 et CSG 00409/61.

transforme en 1983 en Saint-Gobain Développement[45]. Saint-Gobain n'est ni la première ni la seule entreprise à développer ce type d'initiative. Dès les années 1960, l'expérience a été mise en place par les Charbonnage de France. Il semble aussi que BSN ait précédé Saint-Gobain dans cette voie, sans doute sous l'effet du discours d'Antoine Riboud de 1972[46] (Tubiana, 2015). Ainsi, BSN a testé la méthode lors de la fermeture de son centre de Rive-de-Gier en 1974. Pour autant, la démarche est loin d'être partagée par toutes les entreprises, clivant ainsi une distinction forte entre plusieurs types de patronats : celui qui accompagne les fermetures de site et celui qui ne les accompagne pas. Cette initiative est aussi à remettre en perspective avec les inquiétudes liées aux perspectives des élections législatives de 1978. Sauvegarder l'emploi ne fait pas l'unanimité. Par exemple, l'un des cadres (Ménez) veut en 1978 revenir sur les promesses liées à l'emploi[47].

Saint-Gobain Promotion[48] est créé en 1978 pour faire de l'accompagnement social et, selon les mots de Francis Mer, « faciliter les problèmes de reconversion de Saint-Gobain[49] ». Il s'agit d'attirer des acteurs économiques sur les zones où des unités doivent fermer, à la manière de la Délégation interministérielle à l'aménagement du territoire (Datar)[50], voire d'investir à la manière de *venture capital*. Pour autant, l'exercice est compliqué car il faut officialiser la fermeture, ce qui crée des tensions, et les dossiers sont longs à aboutir (entre un à deux ans). Un fonctionnement assez complet du système est décrit dans un rapport de 16 pages[51] du 8 juillet 1981, où il est déjà question des 3 000 emplois ainsi sauvegardés. Mais ce traitement social du chômage a un coût[52], comme le rappelle Roger Martin dans son livre (1984).

45 CSG 00864/36.

46 En 1972, il prononce à Marseille, lors des assises du Conseil national du patronat français (CNPF), un discours qui en fait un des promoteurs du concept de développement durable : « Conduisons nos entreprises autant avec le cœur qu'avec la tête et n'oublions pas que si les ressources d'énergie de la terre ont des limites, celles de l'homme sont infinies s'il se sent motivé. » http://www.danone.com/fr/groupe/histoire.html.

47 CSG Hist 19/08.

48 CSG 00409/61.

49 CSG 00409/61.

50 La Délégation interministérielle à l'aménagement du territoire et à l'attractivité régionale était une administration française chargée, de 1963 à 2014, de préparer les orientations et de mettre en œuvre la politique nationale d'aménagement et de développement du territoire.

51 CSG 00409/61.

52 CSG 00864/23.

La période de la nationalisation marque le point d'orgue du traitement social de la crise et va, par certains côtés, permettre au groupe d'ajuster ses effectifs, aussi étrange que cela puisse paraître.

> Nous avons été aidés en ce qui concernait la gestion des effectifs. Autrement dit, les réductions d'effectifs des usines auxquelles nous avons procédé n'auraient pas été possibles ou auraient été beaucoup plus difficiles à mener dans un régime de total libéralisme. Parce que là, les syndicats, vous n'avez pas connu ça directement, mais les syndicats étaient autrement puissants qu'ils ne le sont aujourd'hui. La CGT était quand même très puissante. Et le Parti communiste aussi, parce que Maréchal, avec l'âge, s'est libéralisé, mais enfin il était quand même membre du Parti communiste. (Interview de Roger Fauroux.)

En 1984, le Président Mitterrand se déplace aux Miroirs, le siège du groupe à La Défense. À la recherche d'une solution au chômage de masse qui frappe la France, il vient mettre en valeur la solution proposée par Saint-Gobain pour le reclassement des salariés touchés par des fermetures de sites : Saint-Gobain Développement. La structure a été créée en 1983, dans le plus grand silence médiatique, et est dirigée par José Bidegain, un ancien de BSN, où il a déjà développé ce type de solutions (Tubiana, 2015). Pour comprendre les racines de cette initiative sociale, il faut toutefois revenir quelques années en arrière.

Saint-Gobain Promotion change donc de nom en 1983 pour devenir Saint-Gobain Développement. Un article du *Point* de 1984, à cette occasion, rappelle que Saint-Gobain Développement est une sorte de mini Datar et que Rhône-Poulenc, Pechiney, Thomson, Usinor-Sacilor (plus récemment) ont fait de même. *La Tribune de l'économie* (31 janvier 1986) se demande toutefois si cette initiative survivra à la « dénationalisation[53] ».

L'initiative a soulevé l'intérêt de la CGT et de la Cour des comptes. La CGT, via le cabinet Secafi, analyse en 1986 les coûts liés aux restructurations entre 1982 et 1986, par branche. Cela se traduit par une productivité accrue (VA/effectifs). Il en coûte de 180 000 à 200 000 francs par personne (soit la totalité du bénéfice consolidé) pour faire baisser les effectifs de 6,1 % en France. Il faut en outre deux ans pour mettre en œuvre une action (contre deux mois pour la filiale Certain Teed aux États-Unis), ce qui pose problème dans la course à la modernisation. En cinq ans, en France, la main-d'œuvre a baissé de 30 %, sans remous mais

53 CSG 00864/36.

à un coût élevé. De même, la Cour des comptes juge que Saint-Gobain Développement est une réussite, peu coûteuse et constitue un savoir-faire que viennent chercher les autres entreprises. C'est moins cher que de garder des emplois. Un emploi maintenu coûte 200 000 francs ; un licenciement coûte 100 000 francs ; un emploi créé par Saint-Gobain Développement, si Saint-Gobain Développement n'est jamais remboursé, coûte 37 448 francs.

Le rapport général « Pour une dénationalisation performante » de la commission Entreprises publiques et dénationalisations (janvier 1986)[54] revient sur les résultats des entreprises nationalisées. Le rapport critique les résultats positifs de Saint-Gobain, car le redressement est lié à un artifice comptable, qui élimine du bilan les activités déficitaires, et des facteurs conjoncturels favorables, par exemple. Un changement de méthode comptable semble avoir un impact important sur les comptes.

Dans un autre registre, la CGT est aussi insatisfaite. Pour Henri Maréchal, administrateur salarié, la nationalisation n'a rien changé. Il regrette en outre que le conseil d'administration n'ait pas été consulté sur la vente des filiales (dénationalisations en douce). Très critique, il avait eu l'occasion d'en faire part directement au Président Mitterrand lors de sa venue aux Miroirs en 1984. Au moment de lui serrer la main, Henri Maréchal dit, assez crûment, sa déception de l'expérience socialiste à Mitterrand, tout cela sous l'œil amusé de Roger Fauroux. *L'Humanité*, en 1986, partage la même analyse sur « les instruments du pouvoir ». *Le Monde* du 29 septembre 1986 reprend les propos d'un membre de la CGT :

> Le retour au privé ? C'est un bien. Avec l'État, on pouvait faire huit ans de grève, ça ne gênait personne. Avec des capitalistes ils perdront de l'argent. Alors ils lâcheront… Autrefois on demandait une augmentation de salaire à quelqu'un qui voulait gagner de l'argent. Au temps de la nationalisation on nous modérait : ne revendiquez pas trop vous aggraveriez les difficultés de la boîte et du pays.

Pour ce qui est de Saint-Gobain, l'entreprise se sort très bien de cette période de nationalisation, au prix d'un endettement accru. *L'Express* du 10 octobre 1986 note toutefois que, « condamné à beaucoup investir (7 % du chiffre d'affaires) pour restructurer son appareil industriel, Saint-Gobain

54 CSG 00566/17.

a accumulé les dettes depuis six ans. Entre 1980 et 1985, son endettement à moyen et à long terme a doublé, passant de 7,5 à 14,7 milliards de francs. Dans le même temps, les fonds propres augmentaient à peine (de 11,5 à 12,3 milliards de francs). Les dettes dépassent donc les fonds propres, ce qui n'est pas le cas de ses principaux concurrents ». *L'Usine nouvelle* du 28 août 1986 rapporte les propos de J.-H. David, le directeur financier et futur DG du groupe : « Saint-Gobain commence à récolter les fruits d'une politique de modernisation qui a coûté très cher en charges financières, en investissements de recherche, en économies d'énergie et en réductions d'effectifs ». Au final, la période de nationalisation semble avoir permis à l'entreprise de se restructurer et de se préparer aux échéances futures, dont la privatisation est le dernier acte de cette période de turbulence.

DE 1986 À 2000 :
L'OUVERTURE AUX MARCHÉS

Suite à la privatisation, la période qui s'ouvre (les « années Beffa ») est celle d'un contexte post-privatisation renouvelé, de l'internationalisation et du changement de périmètre du groupe par croissance externe, et de l'élaboration d'une doctrine stratégique structurante : la « doctrine Beffa ».

LE CONTEXTE POST-PRIVATISATION

Le contexte financier et économique qui prévaut après la privatisation définit un environnement favorable de relance financière. Le contre-choc pétrolier améliore fortement les prix de revient (de 10 % soit 500 millions de francs de résultat). En revanche, la baisse du dollar diminue le bénéfice. Le passage de 20,7 % à 5 % de la prise de participation dans la CGE dégage du cash pour 1 milliard de francs de plus-value. Une émission de 8 millions de certificats d'investissement est lancée. Enfin, un emprunt obligataire de 600 millions de francs est émis. Le groupe est donc armé financièrement pour lancer une nouvelle stratégie.

Le contexte est aussi celui de la forte baisse des taux d'intérêt, qui permet l'explosion des valeurs boursières. Allié au développement des facilités de financement liées à la montée en puissance des marchés financiers, ce sont des opportunités de croissance nouvelle qui s'ouvrent pour les grandes entreprises. La globalisation ouvre de nouveaux marchés et permet de s'approvisionner à moindre coût. Le choc sur l'emploi demeure, mais pour des groupes comme Saint-Gobain, le gros de la vague est passé. La chute du mur de Berlin, quelques années plus tard, renforce le phénomène de globalisation. À la suite de la privatisation, Jacques-Henri David propose une nouvelle composition de l'actionnariat du groupe afin de le mettre à l'abri « des sautes d'humeur des analystes financiers de Londres, les plus volatils des actionnaires[55] ». Beffa[56] reçoit en 1990 le prix de Manager de l'année 1989, comme Roger Martin quelques années avant lui – Roger Fauroux trouve d'ailleurs que Beffa ressemble à Roger Martin.

L'INTERNATIONALISATION PAR LA CROISSANCE EXTERNE ET LES RECOMPOSITIONS DE PÉRIMÈTRE DU GROUPE

Le groupe est déjà familier des rachats d'entreprise. Toutefois, à l'instar de ce qui se passe dans le reste de l'économie, le rythme s'accélère et le régime de croissance de la firme est modifié, aidé en cela par une industrie de la haute finance qui ne se contente plus d'accompagner, mais propose de plus en plus souvent des *deals* sur des cibles identifiées, l'offre créant ainsi sa propre demande[57]. Cette stratégie de croissance externe est également rendue nécessaire par le souci de diversification à l'international du groupe, ce qui impose des délais de réalisation incompatibles avec le développement des seules compétences internes. La croissance externe ouvre « un champ d'opportunités considérables » permettant le renforcement des leaderships, l'accès à des facteurs de croissance rapide comme les zones géographiques, les niches, les effets de gamme et, enfin, l'exploitation des synergies directes (coûts, gammes, priorité forte aux marchés/zones/niches en croissance) devient plus forte que la croissance interne (tirée par le marketing, les nouveaux

55 CSG 3 1293, *L'Expansion* du 17 juillet, 10 septembre 1987.

56 Doc Rev 844, Saint-Gobain Information 1988 du 27 avril 1989 au 30 novembre 1990, 20 juillet 1990.

57 CSG 2050/12. Un rapport de 1999 de CCF Charterhouse indique, du point de vue d'un analyste, ce que Saint-Gobain devrait faire : « une grosse acquisition ! plutôt que de petites consolidations ou de la croissance interne », « le business case suit... sur Meyer Est-ce que l'opération s'est faite ? Apparemment il y a eu une offre. L'opération est presque livrée clé en main. »

produits, la croissance géographique, l'internet). Tout se passe comme si le dilemme (ou recherche d'équilibre) entre la productivité et l'emploi des années 1970-1980 avait été remplacé par un dilemme (ou recherche d'équilibre) entre la croissance interne *versus* la croissance externe à partir des années 1990.

En 1996 est publié dans la revue *Le Mois*[58] une interview « questions-réponses » avec Beffa. Ce dernier positionne la place de la croissance externe du groupe dans sa stratégie :

> Depuis la privatisation [...]. En termes de chiffre d'affaires, 50 % des activités du Groupe en 1986, soit 39 milliards de francs, ont été cédées. Les activités conservées sont passées de 39 à 44 milliards de francs durant la décennie. Mais aujourd'hui elles ne représentent plus que 43 % de Saint-Gobain, puisque 57 % des activités actuelles du Groupe ont été acquises pendant cette décennies.

Il annonce pourtant dans le même numéro :

> Le développement interne est devenu prioritaire. Jusqu'à présent, le principal moteur du développement de Saint-Gobain a été la croissance externe par acquisitions. Le développement interne demeure insuffisant. Or, c'est le moyen de croissance rentable le moins coûteux, le plus durable et aussi le plus mobilisateur.

Mais il n'abandonne pas la croissance externe, même si, en 1996, une page semble se tourner[59]. Sans doute fait-il référence aux deux grandes opérations du groupe : le rachat de Norton, puis celui de Poliet en 1996, qui marquent le déploiement du groupe vers l'aval, dans l'habitat. Ces achats sont l'occasion de confronter le management du groupe à d'autres modèles et d'en faire ressortir sa vraie nature.

SORTIR DES SECTEURS HISTORIQUES

L'évolution du verre creux et celui de la gobeleterie sont d'autres bons exemples de cette gestion raisonnée, qui consiste à sortir prudemment des secteurs non directement liés à la stratégie[60], même si elle ne constitue pas cette fois la *success story* du groupe.

---

58 Revue *Le Mois*, n° 41, septembre 1996.

59 Pourtant, en 1999, dans la revue *Le Mois* de sept.-oct 1999 (Doc Rev 855) : « la croissance interne toujours trop faible ».

60 CSG Hist 00019/10 et CSG Hist 0066/009.

L'idée de sortir du secteur de la gobeleterie avait été formulée en 1978 lors de la crise[61]. En effet, le secteur semble trop commodifié (les produits sont banalisés) et ne présente pas d'avenir à long terme. La sortie était donc « prévisible » de longue date. Le verre creux est alors géré comme une vache à lait, qui permet de générer du cash pour les autres investissements du groupe. Certes, l'avenir aurait pu être différent si des investissements avaient été faits, en innovation notamment, en innovant sur les outils de production :

> Donc il m'a dit : « OK, vous faites la réduction d'effectifs. » Effectivement, il fallait réduire très brutalement, de 800 et quelques personnes à 280 je crois, ou quelque chose comme ça, d'un seul coup ! Je me suis débrouillé, je me suis présenté devant le CE contre l'avis du préfet, qui ne voulait pas, mais il ne s'est rien passé de grave. Et dans la pratique, nous l'avons fait.
>
> Et donc nous avons étanché les pertes de la gobeleterie, ce qui ne résolvait pas le problème de fond stratégique de la gobeleterie, puisque c'est un sujet dont on s'est débarrassé, dont je me suis débarrassé, 15 ans plus tard. [...][62].
>
> Mais, je pratiquais la doctrine que, pour vendre, pour ne pas se vendre avec des pertes colossales, il faut vendre une opération qu'on a à peu près redressée. Sinon ça coûte les yeux de la tête. Et c'était un des problèmes sur lesquels Saint-Gobain cafouillait souvent, et a continué à « cafouiller » souvent jusque dans les années 1990. Parce que les analyses étaient souvent très bien faites, les diagnostics très bien portés, la plupart des gens de Saint-Gobain étaient des gens très intelligents, très rationnels et très capables : et simplement, après, il fallait faire ! Et le « fallait faire facile », c'était vendre, en payant ce qu'il fallait, sous des formes variées dont je vous dispense. Mais dans la pratique, vendre une hémorragie, ça coûte extrêmement cher, et ça nous a souvent coûté extrêmement cher. Beaucoup plus qu'on peut l'imaginer. Et là, je ne voulais pas le faire. Beffa, qui n'était pas encore en poste, mais a soutenu Alain Gomez dans ce cas-là, et a convaincu Roger Fauroux que réduire les pertes, et si possible gagner un peu d'argent et savoir attendre le temps où on pouvait vendre, était une bonne stratégie. Donc, nous avons gardé la gobeleterie, qui s'est mise d'ailleurs à gagner un peu d'argent pendant, disons jusqu'en 1996, où j'ai revendu en bloc toute la gobeleterie française, espagnole et allemande. Parce qu'entre-temps, nous avions dû acheter une gobeleterie allemande mais en prix négatif, en achetant une autre partie du verre creux. Et nous l'avons vendue pour un prix tout à fait convenable. Voilà l'histoire de ma première aventure. (Interview de Claude Picot.)

L'histoire est assez proche pour le verre creux.

---

61 CSG Hist 19/08.

62 CSG Hist 19/08.

L'ÉLABORATION D'UNE DOCTRINE STRATÉGIQUE STRUCTURANTE : LA « DOCTRINE BEFFA »

Face à tant d'opportunités, il faut faire des choix. Nous en avons retenu trois pour cet article (parmi ceux que nous avons pu identifier) :

- le choix de marchés locaux ;
- une réaffirmation du pouvoir central au détriment des pays ;
- la construction d'un groupe de l'habitat.

Le choix de marchés locaux

Une doctrine stratégique s'élabore assez rapidement après la privatisation. Le groupe fuit les marchés de commodités, car on ne peut résister aux bas coûts des entreprises des pays émergents que la mondialisation a fait apparaître.

> C'est très difficile si on est dans un métier de commodités, même si on tient à un certain nombre de choses, dans le meilleur métier de commodité, c'est-à-dire là où la concurrence est réduite, comme dans le ciment, à cause de la proximité du produit, ou dans le plâtre, qui a exactement les mêmes logiques. Je trouve que les rentabilités historiques que nous constatons dans Saint-Gobain restent plus faibles que cela, ou en tout cas plus vulnérables. *In fine*, si un produit est vraiment une commodité, Saint-Gobain doit le vendre à des fonds de LBO. Il doit dégager les pays à croissance trop faible, typiquement la France, ou l'Europe au sens large, pour aller investir dans les pays où c'est intéressant. Ce qui est intéressant dans les pays émergents, ce n'est pas obligatoirement que le bas coût. Le bas coût, c'est important dans les métiers où ça se déclasse. Dans les métiers où ça ne se déclasse pas, ce qui important, c'est la croissance, ce n'est pas le bas coût. Mais être le premier, comme Saint-Gobain, à faire le premier *float* de glace en Colombie, par exemple, c'est intéressant : on positionne. Saint Gobain, au Brésil, est indéracinable. Le premier, c'est ce que l'on appelait la professionnalisation, c'est-à-dire on ne fait que ce que l'on fait mieux que les autres. Si on n'est pas meilleurs que les autres, ce n'est pas la peine. Alors il l'avait résumé, c'était « *First in second out* ». (Interview Beffa.)

> On a eu une stratégie très claire d'internationalisation, parce que, maintenant, on est dans soixante-quatre pays et ce n'était pas le cas il y a vingt ans, donc ça, c'est évident. Maintenant, il y a un autre élément important dans la stratégie de Saint-Gobain, c'est de devenir de plus en plus local et d'abandonner, autant que faire se peut, les marchés mondiaux, c'est-à-dire ne pas être dépendant ni des cours de change, ni des Américains, ni des Chinois. Quand

on a fait l'acquisition de Poliet et donc de tous les magasins de distribution, là, on n'a pas la crainte de voir Home Depot venir débarquer en Europe, ni les Chinois d'ailleurs. Et donc, paradoxalement, si vous voulez, la part des marchés réellement internationaux au sein du groupe n'a cessé de décroître. Quand on avait le papier-bois, c'était le marché mondial, quand le prix du *kraft liner* baisse en Suède, il baisse aussi aux États-Unis, en Europe, etc. Le verre plat, c'est continental, ce n'est pas tout à fait mondial. Le verre plat était en crise aux États-Unis pendant trente ans, alors qu'en Europe, ça se passait très bien. (Interview Phelizon.)

Il faut investir sur des marchés régionaux, présentant des barrières à l'entrée, et être leader sur ce marché (n° 1 ou 2) afin de bénéficier de marges relativement protégées – on retrouve les caractéristiques du marché du verre qui voyage mal ! Mais cette compétition régionale ne doit pas masquer qu'une compétition internationale subsiste[63] :

Lorsque les produits eux-mêmes ne circulent pas d'un bout à l'autre du globe à cause des coûts de transport – c'est le cas de nombreux produits verriers ou papetiers de Saint-Gobain –, la compétition est mondiale, parce que les ressources financières, les innovations technologiques, les idées marketing, elles, circulent, et de plus en plus vite.

La longue durée avec les fluctuations, avec les éléments. Dès le départ, j'ai eu quatre ou cinq règles de gestion. La première, c'était que, comme le disaient bien d'autres, comme Jack Welsh, je ne voulais rester que dans des positions de leader, même si le métier apparaissait moins attrayant. C'est tout à fait l'inverse de la stratégie de Lagardère, qui entrait sans arrêt dans les nouveaux secteurs, mais pas dans la position de leader. J'avais été vacciné par l'entrée de mon groupe dans l'informatique, où il était rentré en achetant Olivetti et Bull, et j'étais contre. Donc on nous en a débarrassés et j'ai juré ensuite de rester que dans des métiers de leader. J'ai toujours pris des positions, cela m'a aidé à vendre la moitié du groupe, et le nouveau groupe, je l'ai acheté comme ça. La deuxième chose, c'était que je voulais être diversifié et le plus cohérent possible, bien que je sois passé d'une cohérence de matériaux, le slogan à la privatisation – c'était des matériaux technologiques –, pour en arriver finalement à l'habitat, ce qui entraîne la vente d'un métier qui est excellent. Et le reste, c'est-à-dire la bouteille, je pense que si nous étions un groupe familial, on ne vendrait pas la bouteille. Mais les marchés sont paresseux et les analystes encore plus. Par conséquent, les analystes étant séparés, entre les analystes packaging et analystes habitat, ils n'aiment pas devoir analyser des choses qui ne sont pas dans leur spécialité. Donc le marché empêche un bon équilibre dans certains domaines. (Interview Beffa.)

63 CSG 00747/1, Discours de Beffa, conf. Manager de l'année, 19 octobre 1989.

Il faut innover pour préserver ses marges, ce qui n'apparaît pas d'emblée évident dans un secteur qui, au regard d'une analyse de type BCG, apparaît comme mature. Ce type d'analyse avait conduit aux diversifications des années 1970-1980. C'est donc bien une rupture qui est proposée ici, et qui va se traduire par un positionnement original.

> Je pense que l'innovation a toujours été fondamentale, ne serait-ce que pour faire une valeur ajoutée différenciante, même dans les pays en pleine croissance, mais sans arrêt enrichir vos matériaux. La grande différence, sur le marché du bâtiment, entre les produits que Saint-Gobain donne au marché et les produits que Lafarge donnait, c'est que Lafarge donne des produits qui ont très peu bougé, tandis que Saint-Gobain donne sans arrêt des produits qui bougent, c'est-à-dire des VEP plus intelligents, des plâtres, des combinaisons de plâtres, des choses comme ça, et ça nécessite une gestion très spéciale de l'innovation. Personnellement, j'ai une vision que les idées viennent des startups et j'ai fait un organisme dans Saint-Gobain qui s'appelle Nova, qui a pour but de repérer toutes les startups dans les types de produits qui peuvent intéresser Pont-à-Mousson. Mais après, on fait un *deal* ou bien, si on attaque, le grand groupe a de bonnes chances de la pulvériser parce qu'il a une gamme, une puissance financière, déjà le réseau mondial. Mais il faut être extraordinairement attentif aux startups. Ce que je ne sais pas, c'est comment cela va évoluer avec Internet. Ce que je considère comme un défi pour mon successeur. Et pour ça, le vrai problème, c'est qu'Internet n'est compris, dans tous ses développements, y compris dans un groupe comme Saint-Gobain, que par les gens au-dessous de 40 ans. Et il y a beaucoup de dirigeants au-dessus. Donc il faut former des commandos de jeunes. C'est ce que j'ai recommandé à mon successeur. Je ne sais pas si c'est lié à ça, mais je pense que c'est un peu lié quand même. (Interview Beffa.)

L'affirmation d'une cohérence stratégique fondée sur l'habitat

L'achat de Poliet en 1996 permet de rééquilibrer le portefeuille habitat sur l'Europe sur le marché de la rénovation, en étant plus proche du client et moins sensible à la conjoncture[64]. L'activité construction augmente alors à 28,5 % des ventes, l'emballage recule, la France reprend du terrain par rapport aux États-Unis[65]. Pour autant, l'achat de Poliet[66] n'est pas uniquement motivé par une baisse de l'intensité capitalistique, mais est plutôt vu comme un moyen de stabilisation et un moyen de se rapprocher du client final pour mieux le comprendre.

64 « Revue » 13 mai 1996 : Poliet.
65 CSG 2050/2.
66 CSG 2050/5.

Je l'ai fait pour plusieurs raisons. Je l'ai fait d'abord pour donner un sens du marché à un groupe trop ingénieur à mes yeux. La deuxième raison, je l'ai fait pour faire un métier qui était encore non structuré en Europe et que j'avais le temps de structurer puisque j'ai pris la position de leader européen. Troisièmement, Point P était le leader français. Lapeyre, ce n'est pas ce que je cherchais, d'ailleurs c'est un groupe qui est bon en B to B, pas en B to C. Et finalement, je voulais un groupe qui était léger en capital et qui avait, notamment par acquisitions, un potentiel de croissance en pays industrialisés, notamment européens, et qui me recentrait en plus sur la France. Parce que sinon, je partais à mon goût pour le grand large et ça m'a mis dans des métiers légers en investissement, ça m'a rapproché du marché, et donc j'avais un équilibre dans lequel la croissance pour l'industrie était en pays émergents et la croissance pour la distribution était en zone Europe. (Interview Beffa.)

Le troisième axe qui est assez intéressant celui-là, qui a donné lieu à l'acquisition de ce que l'on appelle chez nous la distribution. Parce que c'est assez curieux d'imaginer un groupe aussi industriel que Saint-Gobain (300 ans) Pont-à-Mousson (150 [ans]), et puis on se retrouve aujourd'hui parmi les premiers distributeurs mondiaux de matériaux de construction. On se dit : « Qu'est-ce qu'il s'est passé ? » Alors, ce qui s'est passé, c'est deux choses.

C'est, premièrement, la mondialisation. La mondialisation, pour Saint-Gobain, elle a amené deux choses dans les listes. La première, c'est que dans une économie qui devient de plus en plus mondialisée, les petits sont marginalisés, et donc il fallait, à ce moment-là, trouver un moyen de faire grossir le groupe, arriver à 20, 30, 40 milliards de chiffre d'affaires et ne pas rester une petite grosse PME de quartier. C'était Paribas qui était propriétaire du groupe à l'époque. C'est une enseigne française qui avait 3 000 points de vente, c'est un réseau maillé en France, superbe. Et donc Beffa, très vite, a trouvé que ça, c'était une opportunité 1) de faire grossir le groupe à l'intérieur de nos modestes moyens, et puis 2) – mais ça, ça fait plutôt partie des justifications *a posteriori*, quand on fait la stratégie *a posteriori* – il a trouvé que ça avait deux avantages, c'est ce qu'il a appelé après les métiers régionaux par rapport aux grands métiers mondiaux. C'est que quand vous êtes sur des métiers mondiaux, c'est-à-dire l'automobile, toutes les commodités, vous êtes sur des marchés où vous avez effectivement en face de vous tous les pays à *low cost* qui sont notoirement favorisés par rapport à nous dans nos entreprises, 1/ parce qu'ils n'ont pas forcément les mêmes règles du jeu, 2/ parce qu'ils ont des taux de main-d'œuvre qui sont extrêmement bas.

Et puis, deuxièmement, vous êtes face à la problématique des monnaies, c'est-à-dire du dollar qui peut être manipulé. Quand vous êtes distributeur à Marseille, le dollar, vous vous en fichez, ce n'est pas votre sujet, et les Chinois, vous dites : « Vous pouvez toujours venir. »

C'est le moment – et ça c'est le troisième grand axe de sa stratégie –, on est sortis des grands métiers mondiaux pour ne rester que dans ceux où l'on est vraiment le meilleur. On est sortis de beaucoup de métiers : il y avait le

> papier, il y avait les fibres de renforcement, des choses comme ça, dont on est sortis justement pour aller nous développer plutôt sur des marchés régionaux. Alors, dans les marchés régionaux, on a eu, bien sûr, la distribution, mais on a eu aussi des choses comme des produits d'isolation. Vous savez : la laine de verre. La laine de verre, ça ne voyage pas, enfin ça voyage très bien, il n'y a pas de problème, mais ça coûte extrêmement cher parce que vous remplissez cette pièce, ça fait 3 kg, c'est du vide. La plaque de plâtre, ça voyage sur 300 kilomètres, mais vous ne faites pas traverser l'océan à des plaques de plâtre. C'est comme le ciment : ça se produit localement et ça arrose autour. Voilà. Donc ça, ça a été l'autre très grande contribution de Beffa. (Interview Breffort.)

Si le groupe est souvent perçu, à partir de cette période, comme un conglomérat, il revendique pour autant une grande cohérence. Il garde le souci de réconcilier une rigueur de court terme avec une cohérence de long terme. La rigueur à court terme est obtenue par la baisse des coûts mais aussi par une gestion prudente et raisonnée des mouvements stratégiques.

Dès après la fusion Saint-Gobain-Pont-à-Mousson, la stratégie du groupe devait être centrée sur l'habitat, comme nous l'avons déjà évoqué. Dès cette époque, le groupe s'interrogeait sur l'intensité capitalistique de son développement. Puis les crises économiques et politiques sont passées par là. Il semble qu'à partir de 1987, l'équation soit en passe d'être résolue grâce aux diversifications vers l'aval et à l'innovation.

> À partir de là, le 11 décembre 1985, il y a eu un fameux conseil d'administration présidé par Beffa, avec les directeurs généraux des sociétés, plus les membres qu'ils fréquentaient. C'est là où ils ont consolidé cet axe, et je dirais que c'est une date assez fondamentale, 1985, parce que Jean-Louis Beffa, qui voyait très loin, s'apercevait qu'on ne pourrait pas rester longtemps dans le bois, dans la cellulose du pin, dans tous ces métiers divergents – même aujourd'hui, on se sépare de la bouteille. Son idée était de dire : il faut que l'on devienne important dans le bâtiment, et Saint-Gobain ne peut vivre que s'il est leader de son métier. On était déjà leader en isolation, on était n° 2, presque n° 1, on avait contré les Américains, alors que l'on dépendait complètement d'eux. Ça, c'est sur la période antérieure, si vous voulez, mais *a priori* il fallait que l'on soit leader. Pont-à-Mousson, avec sa fonte ductile, était leader aussi. Le vitrage, on n'était pas tout à fait leader parce qu'il y avait Pilkington. Donc voilà, ce que je dégage de tout cela, c'est que M. Beffa avait une idée directrice au départ, c'était de se séparer d'un certain nombre de métiers, de s'axer sur ce qu'il appelle, ou ce que Pierre-André de Chalendar appelle aujourd'hui, l'habitat durable, et d'être le leader mondial des matériaux de construction. C'est ça, un petit peu, l'aboutissement. Ça a été un peu long, pardonnez-moi, mais tout cela s'est fait

> progressivement. Voilà, finalement, c'est l'axe habitat durable, leader matériaux de construction. Et effectivement, je me souviens, quand on a hésité sur la vente de cellulose du pin, à l'époque, nos dirigeants avaient tiré la conclusion suivante, c'est que jamais on n'aurait pu être leader du bois, de la filière bois, parce qu'il y a des intérêts américains, il y a des intérêts finlandais gigantesques. Tandis que nous, on a fait notre trou dans un certain nombre de disciplines. Le verre, on est presque leader mondial. Et pourquoi on a gardé l'automobile, par rapport à l'habitat ? C'est un habitat mobile. (Interview Daucy.)

Le choix d'aller vers l'aval du marché avec le rachat de Poliet s'explique par plusieurs raisons.

> Je suis un homme têtu qui avait des idées dès le départ. Il y a un moment où j'ai découvert la distribution, par un de mes collaborateurs qui m'a dit : « Attention, il s'est créé un groupe Point P qui va être très important », et je me suis dit : « [...] donc il faut que je l'achète. » Je l'ai acheté d'abord et avant tout parce que je pensais que le pouvoir passait du producteur au distributeur. (Interview Beffa.)

Il faut d'abord grossir pour éviter les OPA. Le groupe vient de sortir de la branche papier (qui, comme le verre creux, était en sursis depuis plusieurs années) pour les considérations stratégiques décrites précédemment (marché mondialisé et branche consommatrice de capitaux).

> Par exemple, la branche papier, qui a été vendue en 1998, ça demandait des capitaux énormes. [...] plus que cinq sociétés au monde. Ça demandait énormément de capitaux. (Interview Pierret.)

La longue durée dans le groupe ne peut être mieux illustrée que par la volonté de construire un groupe dans l'habitat.

CONCLUSION

Saint-Gobain est aujourd'hui un groupe centré sur l'habitat durable. Cela combine une vision stratégique de long terme, lancée dès Roger Martin et reprise à leur compte par les présidents successifs et des considérations plus récentes sur la RSE. Le fait d'y avoir accolé l'adjectif « responsable » est certes un signe des temps et renvoie à la RSE, mais ce n'est pas une récupération dans la mesure où l'équilibre de l'intérêt des parties prenantes est un autre sujet structurant du groupe sur la longue période.

Cette histoire est donc aussi celle des valeurs portées par le groupe et ses dirigeants. Roger Martin est déjà très conscient des responsabilités d'une grande maison comme la sienne, comme en témoigne son interview de 1970 dans *Les Échos* :

> Responsabilités vis-à-vis du pays, Saint-Gobain/Pont-à-Mousson, par sa taille, compte dans son économie ; vis-à-vis de nos actionnaires (il ne s'agit pas d'une position doctrinale, mais d'une contrainte beaucoup plus grave : le respect d'une règle du jeu sans laquelle le jeu n'est pas possible) ; responsabilités vis-à-vis de vous surtout et de tous ceux qui se dévouent à notre entreprise, et qui en vivent.

Enfin, comment passer sous silence ces préoccupations de 1972, qui résonnent avec beaucoup de modernité à l'heure où certains redécouvrent le bien-être au travail ?

> Le produit national brut ne se confond pas avec le bonheur national brut, mais faute d'une corrélation mathématique entre les deux, je me contente de la conviction que dans une très large mesure le second passe par le premier. La très large mesure n'est pas ici une clause de style, la sagesse des bonnes femmes retrouve tous ses droits. Le mieux est l'ennemi du bien et à courir trop vite après le PNB on risque de sacrifier d'une manière intolérable le BNB. L'humanité est condamnée à cheminer sur une crête entre deux précipices. La vie est un risque et le management un numéro d'équilibriste[67].

Certains sont trop intelligents, trop tôt[68].

Nicolas Berland
Université Paris-Dauphine, PSL

---

67 Discours de 1973, CSG 00066/006.

68 Le lecteur attentif n'aura pas manqué de remarquer que le titre du présent article est un clin d'œil à celui d'Henri Zimnovitch (2001, p. 43-58).

ANNEXE
Liste des personnes interviewées

Roger Fauroux (président de la fin des années 1980 à 1986).
Jean-Louis Beffa (président à partir de 1986).
Jacques-Henri David (directeur financier et directeur général).
Jean-François Phélizon (directeur financier et directeur général adjoint).
Jean-Claude Breffort (directeur général adjoint chez Saint-Gobain, en charge du développement international).
Xavier Grenet (DRH).
Daniel Picot (manager de la branche verre).
Daniel Wappler (DHR de la branche vitrage).
Jean-Claude Pierret (contrôleur de gestion 1980-2005).
Philippe Grapin (manager de la branche Vitrage).
Daniel Julienne (manager usine de Chalon-sur-Saône).
Francis Vallin (manager usine de Chantereine).
Jacques Xavier (RH de la branche Conditionnement).
Robert Daussy (manager branche Habitat).
Jean-Paul Straetmans (directeur de la recherche).
Henri Maréchal (syndicaliste CGT, membre du conseil d'administration durant la période de nationalisation).

BIBLIOGRAPHIE

Daviet, Jean-Pierre, *Une multinationale à la francaise – Saint-Gobain (1665-1989)*, Paris, Fayard, 1989.

Martin, Roger, *Patron de droit divin*, Paris, Gallimard, 1984.

Tubiana, Jérôme, *La saga Danone*, Paris, J.-C. Lattes, 2015.

Zimnovitch, Henri, « Berliet, the obstructed manager: too clever, too soon? », *Accounting History Review*, vol. 11, n° 1, janvier 2001, p. 43-58.

L'HISTOIRE CONTEMPORAINE DE LA NORMALISATION COMPTABLE

Le choc de la financiarisation et de la mondialisation

INTRODUCTION

La comptabilité est un miroir de la société, comme le montre son histoire. Voici quelques jalons avant d'aborder l'histoire contemporaine :

- l'ordonnance de Colbert de 1673, largement reprise par le Code de commerce de 1807, visait à développer le commerce en instituant un climat de confiance : une justice adaptée aux besoins des commerçants et une comptabilité instrument de preuve en cas de litige. La comptabilité restait une affaire privée ;
- la fiscalité s'invita dans la comptabilité avec la création de l'impôt sur les bénéfices industriels et commerciaux en 1917 pour financer l'effort de guerre. La comptabilité devient une affaire qui concerne l'ensemble des citoyens ;
- le plan comptable et le plan de comptes font leur apparition en 1943 avec le souci d'articuler comptabilité privée et comptabilité nationale pour les besoins d'une économie dirigée. Cette conception multipartenariale sous l'autorité des pouvoirs publics fut reprise dans les plans comptables de 1947, 1957 et 1982. La production de ce plan comptable associait toutes les parties prenantes dans une Commission de normalisation comptable, créée en 1941, qui existe encore aujourd'hui sous le nom d'Autorité des normes comptables (ANC).

La norme comptable, à chaque évolution, n'efface pas la norme antérieure mais vient la compléter. Le champ de la comptabilité s'élargit ainsi à de nouveaux publics par cercles concentriques.

À partir des années 1970, le paysage mondial largement fondé sur la révolution industrielle change considérablement au profit d'une mondialisation du commerce, comme le montre le tableau suivant, ajoutant de nouveaux cercles au schéma précédent.

	Valeur des exportations mondiales de marchandises		PIB mondial	
	Indice 100 en 2005	Taux de croissance annuel	Indice 100 en 2005	Taux de croissance annuel
1970	3		34	
1980	20	+ 21,0 %	51	+ 4,0 %
1990	34	+ 5,5 %	70	+ 3,0 %
2000	62	+ 6,0 %	88	+ 2,0 %
2010	146	+ 9,0 %	111	+ 2,5 %
2014	180	+ 2,0 %	121	+ 1,0 %

Évolution comparée des exportations mondiales
de marchandises et du PIB mondial.
Source : OMC.

Le taux de croissance des exportations étant très largement supérieur à celui du PIB, il ne s'agit pas d'une croissance homothétique mais d'un véritable changement de modèle. De plus, la mondialisation fut aussi financière. Le mouvement de financiarisation et de mondialisation des chaînes de valeur est accompagné d'un développement théorique[1] et/ou idéologique[2] essentiel à la légitimation des politiques accompagnant ce mouvement : le néolibéralisme. Dès lors, l'équilibre entre les parties prenantes de la normalisation comptable bascule : retrait des États en Europe continentale au profit, partout, des investisseurs internationaux

1 Théorie : « Représentation rationnelle ou idéale, en sous-entendant [...] que les faits (ou la pratique) ne lui correspondent pas exactement » (Foulquié, 1982, p. 726).

2 Idéologie : « Système plus ou moins cohérent d'idées, d'opinions ou de dogmes, qu'un groupe social ou un parti présentent comme une exigence de la raison, mais dont le ressort effectif se trouve dans le besoin de justifier des entreprises destinées à satisfaire des aspirations intéressées et qui est surtout exploité par la propagande. » (Foulquié, *ibid.* p. 337).

et différenciation des normes applicables aux PME de celles applicables aux entités d'intérêt public (ETI). C'est cette histoire, avec les résistances à cette évolution, que nous allons développer.

LA PÉRIODE DE GESTATION D'UNE NORMALISATION COMPTABLE INTERNATIONALE : 1970 À 2000

En réponse à la financiarisation et à la mondialisation de l'économie, le besoin de normes comptables internationalement reconnues s'est fait plus pressant. Il fut pris en charge par l'Union européenne (la Communauté européenne à l'époque) par différents pays, dont principalement les États-Unis, et par un organisme *ad hoc*, l'International Accounting Standards Committee (IASC).

LES DIRECTIVES COMPTABLES EUROPÉENNES

La production de normes comptables est un des attributs de la souveraineté, la comptabilité étant un bien commun (Burlaud et Pérez, 2012). C'est ainsi que les principales puissances économiques se sont dotées de telles normes, tout comme, dans d'autres domaines, elles ont normalisé les systèmes de mesure – par exemple, en France, l'adoption du mètre en 1795 par la Convention (Jedrzejewski, 2002) – ou des dispositifs techniques (par exemple, les normes de sécurité électrique, etc.) ou encore les dispositifs de contrôle (par exemple, le Service des poids et mesures du ministère des Finances ou, dans notre domaine, le commissariat aux comptes).

La construction européenne supposait des transferts de souveraineté des États membres au profit de l'Europe. La normalisation comptable en fit partie.

La 4e directive européenne a défini les règles comptables applicables aux comptes annuels (c'est-à-dire individuels) des sociétés de capitaux. Son élaboration commence vers 1967 lorsque, à la demande de la Commission européenne, des travaux préparatoires sont initiés par le groupe d'études Droit des sociétés au sein du groupe d'étude des experts-comptables de la Communauté économique européenne (CEE), créé en 1961 (Bensadon *et al.*, 2016). À l'issue de ces discussions, le 10 octobre 1971, la Commission européenne présente sa 1re proposition de 4e directive au Conseil des ministres européen. Elle est ensuite soumise pour avis au Parlement européen le 16 novembre 1972, puis au Conseil économique et social européen le 22 février 1973. À la suite de ce premier parcours, la Commission européenne présente, le 28 février 1974, une proposition modifiée de 4e directive qui sera finalement adoptée en Conseil des ministres européen le 25 juillet 1978. Il a fallu ensuite transposer la directive dans les différents droits nationaux, ce que la France fit en 1983, mais l'Italie seulement en 1991.

Il aura donc fallu plus de vingt ans pour produire et mettre en application une norme comptable dans l'ensemble des pays européens. Ce délai peut paraître déraisonnable, mais nous allons voir que c'est fréquent dans ce domaine. Il a en effet fallu trouver un compromis permettant de combiner la flexibilité du concept d'image fidèle avec les avantages de la sécurité juridique et de la simplicité d'une codification, au prix aussi d'une multitude d'options qui sont autant de limites à la portée de la directive.

Si la diversité des normes comptables nationales faisait obstacle à la comparaison des comptes annuels des sociétés au sein de la CEE[3], la situation était encore bien pire en ce qui concernait les comptes consolidés (Bensadon *et al.*, 2016, p. 333 *et sq.*). Au Royaume-Uni, des sociétés publiaient des comptes de groupe dès 1910 ! En Allemagne, la loi avait introduit l'obligation de publier des comptes consolidés en 1965. En France, il fallut attendre la publication de la 7e directive sur les comptes consolidés, le 13 juin 1983, puis sa transposition dans notre droit national par la loi du 31 janvier 1985 et son décret du 17 février 1986. L'arrêté d'application intégrant le règlement CRC 99-02 fut signé le 22 juin 1999.

Au niveau européen, le chemin fut également long. En 1974, la Commission sollicite le groupe de travail des experts-comptables comme elle l'avait déjà fait pour les comptes annuels. Ce dernier propose un

---

3 La CEE ne devint Union européenne (UE) que le 1er novembre 1993.

projet de directive transmis pour avis par le Conseil des ministres au Conseil économique et social européen en 1977, puis au Parlement en 1978. Les modifications demandées ont ouvert de nouvelles négociations, la directive n'étant finalement signée par le Conseil que le 13 juin 1983. Le processus aura duré une dizaine d'années, notamment du fait qu'aucun pays européen, excepté l'Allemagne, n'avait à l'époque une définition juridique du concept de groupe.

Le dispositif normatif sera complété le 10 avril 1985 par la 8e directive concernant l'agrément des personnes chargées du contrôle légal des documents comptables, c'est-à-dire, en France, les commissaires aux comptes.

Nous retiendrons de cette présentation de la création d'un droit comptable européen trois points essentiels :

- la difficulté des négociations dues à l'importance des enjeux économiques et, de ce fait, la longueur du processus, qui se mesure en dizaine d'années ;
- le fait que la puissance publique s'appuie sur les compétences techniques des professionnels au risque de perdre une partie de son indépendance, de son impartialité, de sa vocation à représenter légitimement un intérêt supérieur ;
- enfin, le fait qu'aucun cadre conceptuel ou théorique n'ait été produit.

LA NORMALISATION COMPTABLE AUX ÉTATS-UNIS

Après avoir vu la gestation d'une normalisation comptable en Europe, il est intéressant de comparer avec le chemin parcouru dans un État-continent dont les pratiques, dans ce domaine, influencent le monde entier : les États-Unis.

Avant la crise de 1929, il n'y avait pas de droit comptable aux États-Unis, mais des pratiques dominantes (Colasse, 2009, p. 173). La profession comptable, représentée par l'American Institute of Certified Public Accountants (AICPA), créé en 1887, mit sur pied en 1938 le Committee on Accounting Procedures (CAP), qui publia des Accounting Research

Bulletins (ARB) proposant la résolution de problèmes techniques. Il fut remplacé en 1959 par l'Accounting Principles Board (APB), qui publia des « *Opinions* » dont la plupart sont encore en vigueur et constituent un véritable référentiel normatif. Elles furent complétées par des « *Statements* », qui constituaient des lignes directrices, mais insuffisantes pour assurer la cohérence des normes et constituer un véritable cadre conceptuel. Jusqu'en 1973, la normalisation comptable américaine est entre les mains des praticiens, sans l'arbitrage d'une autorité ayant la légitimité de la puissance publique.

Le Financial Accounting Standards Board (FASB) fut créé en 1973 et placé sous l'autorité de la Financial Accounting Foundation. Le FASB comportait, à l'origine, 7 membres, représentant notamment l'American Accounting Association (AAA, universitaires), l'AICPA (professionnels de la comptabilité) et le Chartered Financial Analysts Institute (CFAI, professionnels de la finance).

Ces changements sont significatifs. Au terme « *Accounting* », désignant une discipline qui se veut neutre et au service d'une pluralité de parties prenantes, codifiée à la suite d'une crise majeure, on accole désormais le mot « *Financial* », qui désigne un objectif ou une perspective bien particulière.

Les pouvoirs publics, c'est-à-dire le Congrès, prirent en main la normalisation comptable via son mandataire, la Securities and Exchange Commission (SEC), qui donne force de loi aux normes produites par le FASB, les Statements of Financial Accounting Standards (SFAS). En outre, depuis 2003, la SEC exige que le financement du FASB soit entièrement public, assuré par une redevance payée par les sociétés cotées.

Le FASB est le premier normalisateur ayant explicité son cadre conceptuel, actuellement composé de 7 Statements of Financial Accounting Concepts (SFAC). Il précise que l'information financière à usage général est essentiellement produite pour satisfaire les besoins des investisseurs.

Cette évolution montre que la normalisation comptable, considérée initialement comme un domaine réservé aux professionnels et pour les besoins des professionnels, est devenue un bien public, une composante d'une politique publique relevant de la responsabilité de l'État. Toutefois, ce dernier se limite ici à un rôle de censeur puisqu'il « sous-traite » la production des normes aux professionnels. Mais ces normes ne s'appliquent qu'aux entreprises faisant appel public à l'épargne, ainsi qu'à leurs filiales. Les PME ne sont pas tenues de respecter les SFAS ; elles tiennent une « comptabilité fiscale », à la différence de l'UE, qui normalise la comptabilité de toutes les sociétés commerciales.

LA NAISSANCE D'UNE NORMALISATION COMPTABLE INTERNATIONALE

L'importance du marché financier américain a assuré aux normes américaines un territoire d'application bien plus large que les États-Unis. Mais, pour autant, les « *Opinions* » de l'APB et les SFAS ne pouvaient, officiellement, devenir des normes mondiales, ce qui eût impliqué que tous les autres pays renoncent à cette part de leur souveraineté au profit d'un pays tiers, fût-il la première puissance mondiale.

En 1973, dix organisations professionnelles, dont l'ordre des experts-comptables français[4] représenté par Robert Mazars, créèrent une association, l'International Accounting Standards Committee (IASC), basée à Londres. Son objectif était de publier des normes comptables, les International Accounting Standards (IAS). Mais une organisation privée ne pouvait prétendre qu'à un pouvoir d'influence faute d'une quelconque autorité. Les premières normes, publiées à partir de 1975, étaient plus des recueils de bonnes pratiques, laissant de nombreuses options et posant quelques interdits, chaque pays s'efforçant de préserver ses pratiques nationales. Les membres de l'IASC ne prenaient d'autre engagement que de faire leurs « meilleurs efforts » pour appliquer les IAS dans leur propre pays. Mais, dans la plupart de ces pays, à l'exception du Royaume-Uni à l'époque, la profession comptable n'était déjà plus ou n'avait jamais été le normalisateur…

On était donc loin de l'objectif de transparence, de comparabilité, d'efficience des marchés dans le monde entier. En 1998, le président de l'IASC, Georges Barthès de Ruyter, un Français qui deviendra plus tard président du Conseil national de la comptabilité (CNC) et membre du jury du concours d'agrégation en sciences de gestion, lança le projet

4 Les neuf autres pays sont l'Allemagne, l'Australie, le Canada, les États-Unis, l'Irlande, le Japon, le Mexique, les Pays-Bas et le Royaume-Uni.

« *Comparability* » pour justement réduire les options. Ce travail était d'autant plus nécessaire que l'International Organization of Securities Commissions (Iosco) en faisait une condition pour accepter les IAS en lieu et place des normes nationales. Cet appui fit l'objet d'un accord signé en octobre 1997 lors du Congrès mondial de l'International Federation of Accountants (IFAC) à Paris[5]. L'Iosco s'engageait à recommander à ses membres[6] la reconnaissance des IAS à la condition qu'elles soient complétées selon ses vœux dans un délai maximum de deux ans. Ce fut chose faite en 1998, un an avant l'échéance. Pour ne pas rester un organe confidentiel et sans pouvoir réel, il fallait que l'IASC ait cette reconnaissance.

Outre l'accord avec l'Iosco, l'IASC, qui fut menacé d'être absorbé par l'Ifac, organisation mondiale créée en 1977 lors du Congrès mondial de Munich, trouva finalement un accord selon lequel tous les membres de l'Ifac, une centaine d'organisations professionnelles à cette époque, devenaient aussi membres de l'IASC. Cette décision fut préparée lors d'une réunion commune Ifac/IASC au Congrès mondial de Tokyo en 1987, et un rapport fut demandé pour instruire les formes de ce rapprochement à une commission présidée par John Bishop (Australie). Le « Bishop Working Party Report » fut adopté par les deux organisations en 1989, établissant clairement le partage des rôles : l'IASC se voit reconnaître le monopole de la normalisation comptable et l'Ifac le monopole de tout le reste, c'est-à-dire la normalisation de l'audit, de l'éthique, de la formation initiale et continue, et la normalisation de la comptabilité publique… qui s'appuie largement sur les IAS !

La normalisation par la profession (et pour la profession ?) posait cependant un problème de légitimité (Burlaud et Colasse, 2010) et se heurtait au pouvoir des normalisateurs nationaux qui avaient acquis leur indépendance face à la profession. C'est ainsi que fut créé en 1992 le « G4+1 », regroupant les normalisateurs nationaux d'Australie, du Canada, des États-Unis, du Royaume-Uni et de Nouvelle-Zélande. Outre le fait qu'ils étaient tous anglophones et politiquement proches, ils avaient

5 Le Congrès mondial de la profession comptable était organisé tous les cinq ans. La périodicité est aujourd'hui de quatre ans. René Ricol fut, lors de ce congrès, élu « *President elect* » et devint de ce fait président de l'Ifac en 2002 pour un mandat se terminant en 2006.

6 Pour la France, la Commission des opérations de Bourse (COB), qui deviendra l'Autorité des marchés financiers (AMF).

en commun de promouvoir un cadre conceptuel, contrairement à la tradition européenne continentale ou japonaise. Cela posait la question de la représentativité du G4+1.

De 1992 à 2001, le G4+1 produisit des papiers de recherche jugés de grande qualité et utilisés par l'IASC pour produire ses propres normes. Un Joint Working Group associa les deux organisations pour préparer l'IAS 39 sur les instruments financiers. Cette coopération mit fin à l'existence du G4+1 mais fut un stimulant pour pousser l'IASC à se réformer. La qualité technique ne suffisait pas, il y avait une question de légitimité.

La Conférence des Nations unies sur le commerce et le développement (Cnuced) créa en 1982 l'Intergovernmental Working Group of Experts on International Standards of Accounting and Reporting (ISAR), basé à Genève, afin de produire des normes comptables mondiales. Ce groupe, extrêmement large, bénéficie d'une excellente représentativité géographique (le tiers-monde y est très bien représenté) et de la légitimité d'une organisation intergouvernementale, les gouvernements étant supposés représenter l'intérêt général de leur pays. L'Isar publie tous les ans un rapport intitulé « *International Accounting and Reporting Issues* », des « *Guidances* » traitant des bonnes pratiques et de formation, des « *Research Papers* » et d'autres documents sur la RSE, le *reporting* environnemental, social et de gouvernance, le développement durable, etc. Mais la dispersion des centres d'intérêt, la taille de l'assemblée, qui se réunit une fois par an à Genève, la rotation rapide des délégués et leur manque de professionnalisme et de compétences techniques n'ont pas permis à l'Isar de véritablement concurrencer l'IASC.

À la fin des années 1990, les IAS existent et ont acquis une certaine notoriété dans les milieux professionnels. Reste à savoir comment elles vont s'imposer.

LA NORMALISATION INTERNATIONALE À LA CONQUÊTE DU POUVOIR DANS LES ANNÉES 2000

La période de gestation, qui aura duré trente ans, de 1970 à 2000, fut darwinienne : il y eut bien des tentatives de normalisation internationale, mais peu survécurent. La conquête du pouvoir par l'IASC, qui ambitionnait de devenir un « législateur » mondial, devait passer par une stratégie de légitimation dans quatre directions :

- légitimité politique fondée sur l'indépendance du normalisateur ;
- légitimité politique fondée sur la reconnaissance des IAS par la puissance publique, qui seule dispose du pouvoir de coercition ;
- légitimité procédurale fondée sur le *due process* ;
- légitimité substantielle accrue grâce au cadre conceptuel. La légitimité substantielle, fondée sur la qualité des normes était déjà acquise, entre autres du fait du support technique important, apporté de façon informelle par les « Big Five[7] », les cinq grands cabinets d'audit. Mais la cohérence d'ensemble donnée par un cadre conceptuel faisait défaut.

DE L'IASC À L'IASB
Affirmer un pouvoir indépendant des intérêts particuliers

Rendre l'indépendance plus visible supposait une structure modernisée et plus professionnelle, à l'image de celle du FASB.

Selon un témoin de l'époque, Gilbert Gélard, qui siégea aux *boards* de l'IASC, puis de l'IASB de 1988 à 2005, certains reprochaient à l'IASC, à la fin des années 1990, d'être difficilement gérable : il y aurait eu trop

7 Au début des années 2000, Arthur Andersen existait encore aux côtés de Deloitte, Ernst & Young, KPMG et PWC.

de monde autour de la table, et deux conceptions opposées de la façon de normaliser s'affrontaient (Gélard, 2005). D'une part, il y avait les partisans d'une conception politico-représentative selon laquelle les représentants des différentes parties prenantes devaient débattre pour trouver un consensus ou, à tout le moins, un compromis, quitte à sacrifier un peu la qualité et la cohérence technique des normes. Cette conception, défendue par la Commission européenne, supposait un *board* nombreux car devant être représentatif de l'ensemble des intérêts particuliers. Mais, la somme des intérêts particuliers ne faisant pas l'intérêt général, d'autres, dont le FASB et les membres du G4+1, proposaient une organisation privilégiant l'expertise technique avec un *board* composé de membres employés exclusivement et à temps plein, indépendants et n'ayant pas de comptes à rendre au normalisateur de leur pays d'origine.

Pour instruire le débat, l'IASC créa en 1997 une Strategic Working Party présidée par Ed Waitzer (Canada). Finalement, l'organisation actuelle fondée sur le modèle des experts indépendants fut adoptée à l'unanimité des membres du *board* de l'IASC à Venise le 9 septembre 1999. Il en est résulté une structure assez complexe censée garantir son indépendance grâce à des dispositions statutaires relatives aux membres du *board* et grâce à une multiplicité d'organes associant pouvoirs et contre-pouvoirs. Les membres de l'IASB ne peuvent avoir de lien financier quelconque avec une partie prenante du fait de l'interdiction de tout cumul de rémunérations. Quant à l'organigramme de l'IASB, largement inspiré de celui du FASB, il comportait, pour simplifier, les quatre grands organes suivants :

- l'IASC Foundation, fondation de droit privé dont le siège est dans le Delaware (États-Unis), assemblée composée de 22 membres (les *trustees*), qui finance l'IASB et nomme les membres des trois comités qui suivent ;
- l'IASB, organe techniquement indépendant, composé de 14 membres salariés, qui produit les IAS puis les International Financial Reporting Standards (IFRS) en s'appuyant sur une équipe, le *staff*, de professionnels eux-mêmes salariés ;
- l'International Financial Reporting Interpretations Committee (IFRIC), composé de 15 membres, qui publie des interprétations relatives aux normes afin d'en faciliter la compréhension suite aux

questions soulevées par leur mise en œuvre ; ces interprétations doivent être approuvées par l'IASB et ont la même autorité que les normes ;
- l'IFRS Advisory Council (IFRSAC), qui a pour mission de conseiller l'IASB lors de la préparation de son programme de travail. Il est composé de 50 membres représentant l'ensemble de la communauté comptable : analystes financiers, préparateurs des comptes (entreprises), universitaires, auditeurs, normalisateurs et organisations professionnelles (experts-comptables et commissaires aux comptes). À l'IFRSAC s'ajoutent une vingtaine d'autres organes consultatifs représentant diverses parties prenantes : marchés financiers, économies émergentes, finance islamique, PME, assurances, etc.

Le FASB n'étant toujours pas convaincu de l'indépendance de l'IASB, et il ne fut pas le seul, il fut décidé de créer, en janvier 2009, une structure supplémentaire, le Monitoring Board (MB), qui doit assurer le lien entre les *trustees* de l'IFRS Foundation et les autorités publiques, c'est-à-dire essentiellement les « gendarmes » de la Bourse, et accroître la redevabilité (*accountability*) de la Fondation. Le MB contrôle le respect des statuts de la Fondation et valide la nomination des *trustees*.

Cette réorganisation ne résout cependant pas tous les problèmes. L'indépendance des membres du *board* est réelle d'un point de vue formel. Mais ils sont intimement liés par une vision commune du rôle de la comptabilité ou plus exactement de l'information financière dans la société : servir les besoins (et les intérêts ?) des investisseurs, les autres parties prenantes passant au second plan (Burlaud et Colasse, 2010, p. 159). Cela se traduit par une évolution du vocabulaire utilisé. Ainsi, les IAS sont rebaptisées « IFRS », le mot « *accounting* » disparaissant même totalement pour être remplacé par « *financial reporting* ». On est bien au service de la finance.

Encore faudrait-il être plus précis : le monde de la finance n'est pas homogène. Quoi de commun entre le capitalisme familial ayant une vision patrimoniale à long terme de l'entreprise et le nomadisme boursier des gestionnaires de portefeuilles avec des objectifs purement financiers à court terme ? Les autres parties prenantes ont bien sûr aussi des préoccupations financières. Mais ce ne sont pas les mêmes perspectives : solvabilité à plus ou moins longue échéance pour les créanciers, continuité de l'exploitation à long terme et maintien du capital industriel pour les salariés et les collectivités locales, etc.

Enfin, l'IASB a hérité de l'acquis de l'IASC en reprenant à son compte tous les IAS ; seules les nouvelles normes seront baptisées « IFRS ».

La nouvelle structure du fait de sa complexité et d'un subtil équilibre des pouvoirs permet de montrer, tout au moins formellement, l'indépendance du normalisateur.

L'UNION EUROPÉENNE ADOPTE LES IFRS
La recherche d'une légitimité politique

Si l'IASB est un organe d'experts cooptés, encore faut-il que ces derniers soient au service du public, comme l'affirment les statuts. Il manquait donc à l'IASB une légitimité politique, sans pour autant passer par un système d'élection. Le salut vint de l'UE, qui, par le règlement n° 1606/2002 du 19 juillet 2002 sur l'application des normes comptables internationales, imposa aux sociétés européennes faisant appel public à l'épargne de publier des comptes consolidés en IFRS à compter des exercices ouverts le 1er janvier 2005. Rappelons qu'un règlement européen s'impose directement aux États membres sans devoir être transposé dans les législations nationales. L'expérience des délais de transposition des directives comptables avait servi de leçon. Pour les comptes consolidés des sociétés non cotées, les États membres de l'UE restent libres d'autoriser ou d'imposer les IFRS. L'Europe devient ainsi le premier « client » de l'IASB.

L'article 1 du règlement justifie l'adoption des normes comptables internationales (le sigle « IFRS » n'est jamais utilisé) par le fait de « garantir un degré élevé de transparence et de comparabilité des états financiers et, partant, un fonctionnement efficace du marché communautaire des capitaux et du marché intérieur ». La comptabilité n'est plus un bien commun mais un outil au service d'une catégorie de parties prenantes, sauf à supposer que le marché financier sert l'intérêt général.

L'article 2 introduit des restrictions qui sonnent comme une façon d'affirmer un reste de souveraineté : les normes comptables internationales ne peuvent être adoptées que si elles ne sont pas contraires aux principes suivants :

- 4e directive du 25 juillet 1978, art. 2, § 3 : « les comptes annuels doivent donner une image fidèle du patrimoine, de la situation financière, ainsi que des résultats de la société » ;
- 7e directive du 13 juin 1983, art. 16, § 3 : « les comptes consolidés doivent donner une image fidèle du patrimoine, de la situation financière, ainsi que des résultats de l'ensemble des entreprises comprises dans la consolidation » ;
- et si elles répondent à l'intérêt public européen.

Il est important de noter que l'article 2 du règlement, *a priori* essentiel, n'a pas eu d'effet. Tout d'abord, la notion de patrimoine est totalement ignorée par les IFRS du fait qu'elles constituent un droit comptable « hors sol » et totalement autonome. Or la définition du patrimoine relève d'autres branches du droit, le droit civil en France, par exemple. La directive n° 2013/34 du 26 juin 2013, abrogeant les 4e et 7e directives, reprend en son article 3 la référence au patrimoine, mais pour les seuls comptes annuels, ce qui met le droit comptable européen en cohérence avec les IFRS si ces dernières ne s'appliquent qu'aux comptes consolidés.

Reste l'intérêt public européen. Aucun texte européen n'en donne une définition. S'agit-il de la gestion collective d'intérêts particuliers ? En tout cas, le concept est suffisamment large pour permettre de s'opposer à l'adoption d'à peu près n'importe quelle norme. Les travaux préparatoires à la directive soulignent néanmoins deux composantes de cet intérêt public européen : ne pas handicaper la compétitivité des entreprises européennes et ne pas nuire à la stabilité des marchés financiers.

Les statuts de l'IASB proclament aussi que le normalisateur agit au nom de l'intérêt public, mais qui serait alors un intérêt public mondial ! Ne pouvant donner un contenu concret au concept d'intérêt public européen, l'UE a apporté une réponse institutionnelle avec la reconnaissance de l'Efrag, European Financial Reporting Advisory Group (Hossfeld et Muller-Lagarde, 2018).

L'Efrag, organisme privé, fut créé en 2001 par la profession comptable européenne, préparateurs, utilisateurs et normalisateurs, et reconnu officiellement par la Commission européenne en 2006. Il apporte une aide technique à la Commission, qui, par ailleurs, s'appuie sur un organe politique, l'Accounting Regulatory Committee (ARC). L'Efrag a émis des réserves sur deux sujets : la comptabilisation des instruments financiers

(IAS 39, puis IFRS 9), qui posait la question de la juste valeur, et la macrocouverture (*idem*, p. 42 *et sq.*).

Suite au rapport Maystadt de 2013, l'Efrag a été profondément réformé en octobre 2014. Il comportait un conseil de surveillance (*supervisory board*) de 16 membres et un comité technique (*technical experts group*) de 12 membres. Aujourd'hui, en fonction de la nécessité d'avoir des pouvoirs et contre-pouvoirs, l'Efrag est organisé de la façon suivante :

– assemblée générale : composée de différents organismes professionnels européens et de normalisateurs nationaux (l'ANC pour la France), elle nomme les membres et le président du *board* et vote le budget ;
– *board* : composé de 17 membres (8 organisations professionnelles européennes, 8 normalisateurs nationaux et un président), il prend les décisions quant aux prises de positions sur les IFRS ;
– *technical experts group* : composé de 16 membres (4 nommés par les normalisateurs nationaux et 12 personnalités qualifiées), il donne des avis au *board*. Les membres consacrent 15 % à 20 % de leur temps de façon bénévole à cette activité et sont nommés pour un an ;
– Consultative Forum of Standard Setters : il regroupe tous les normalisateurs nationaux européens et s'assure que le *board* exprime bien un point de vue européen.

Cette réorganisation, qui a professionnalisé l'expression d'un point de vue européen, illustre deux choses :

– la normalisation comptable est une chose trop sérieuse pour laisser carte blanche au « sous-traitant », à savoir l'IASB ;
– mais on ne trouve pas de chemin pour sortir d'un débat limité aux experts du monde de la finance.

En conclusion, l'adoption des IFRS par l'UE a permis à l'IASB de jouer dans la cour des grands et de gagner en légitimité politique.

LA RECHERCHE D'UNE LÉGITIMITÉ PROCÉDURALE
Le *due process*

Le *due process* est le mode de consultation formelle des différentes parties prenantes mis en place par le normalisateur afin de garantir le respect des contraintes démocratiques lors de la prise de décision (Bensadon *et al.*, 2016, p. 337 et 338 ; Burlaud et Colasse, 2010, p. 156, 157, 159 *et sq.* ; Anne Le Manh-Béna, 2009). La mise en œuvre d'un tel processus remonte à la Carta Magna du XIIIe siècle en Angleterre, fut reprise dans la Constitution américaine et fut transposée à la normalisation comptable par les organes concernés aux États-Unis, au Canada et au Royaume-Uni dans les années 1960 et 1970, puis par l'IASC. Mais initialement, dans ce dernier cas, la procédure était assez peu rigoureuse. Les appels à commentaires étaient limités aux parties prenantes choisies par l'IASC et aux normalisateurs nationaux, les réponses n'étaient pas rendues publiques et les délibérations se faisaient à huis clos. L'Iosco en fit d'ailleurs le reproche à l'IASC en 1987, et il y fut remédié avec la création de l'IASB puis la publication du *Due Process Handbook*, un ouvrage de 58 pages, en 2006.

Il repose sur trois grands principes :

- la transparence : les réunions de l'IASB et de l'Ifric sont publiques et sont enregistrées ;
- la consultation complète et juste (*full and fair*) de toutes les parties prenantes, dont toutes les réponses sont publiées sur le site de l'IASB ;
- la responsabilité (*accountability*) : l'IASB doit évaluer, sans nécessairement quantifier, l'impact des nouvelles normes ou la modification de normes existantes au regard de certains critères, dont l'amélioration de la comparabilité des états financiers, et motiver ses décisions.

Deux cas de figure doivent être envisagés : l'adoption d'une nouvelle norme et les ajustements annuels des normes existantes. L'adoption d'une nouvelle norme passe par les étapes suivantes :

- préparation du programme de travail (*agenda*) de l'IASB à partir des sujets proposés par ses membres ou par des tiers (normalisateurs nationaux, autorités de régulation des marchés financiers, organisations professionnelles, etc.) puis présentation de ce programme pour avis à l'IFRS *Advisory Council* ;

- l'IASB avec son équipe technique et, le cas échéant, avec l'appui d'autres normalisateurs prépare un exposé des motifs (*discussion paper*) qui n'est pas obligatoire et le projet de norme, l'exposé-sondage (*exposure draft*), accompagné d'une lettre de commentaire (*comment letter*) ; toute personne intéressée est invitée à répondre ;
- les commentaires sur l'exposé-sondage, obligatoirement en anglais, proviennent essentiellement des normalisateurs nationaux, des autorités boursières, des organisations professionnelles, des grands cabinets (les *Big Four*), des directeurs financiers de grands groupes internationaux et quelques universitaires ; ils sont publiés sur le site de l'IASB, font l'objet d'un examen et parfois d'une réponse, et sont synthétisés dans le *Report and Feedback Statement* ;
- en fonction des résultats de la consultation, l'IASB peut soit préparer un nouvel exposé-sondage en cas de changements importants, soit adopter la norme avec ou sans modifications mineures ;
- deux ans après la date d'entrée en application de la norme, l'IASB doit faire une étude d'impact (*post-implementation review*) en interrogeant le « public » (*request for information*) et en prenant en compte ses propres observations.

La modification de normes existantes se fait dans le cadre d'une procédure annuelle (*annual improvements process*). Un seul exposé-sondage regroupant toutes les propositions de modifications est publié par l'IASB et fait l'objet d'un appel à commentaire.

Cependant, cette construction idéale peut n'être qu'une façade :

> Rédiger des commentaires sur un mémoire préliminaire ou un exposé-sondage mobilise des ressources considérables [...]. Faute de telles ressources, de nombreuses parties concernées par la normalisation comptable internationale, les pays du tiers-monde en particulier, sont sous-représentées. Le *due process* peut donc être comparé à un vote sur des questions d'une grande technicité avec une participation payante au scrutin et sans que le résultat de ce vote ait une valeur contraignante pour celui qui l'organise. Le *due process* est le support d'une gouvernance par les experts. Dans ces conditions, comment s'étonner que le « taux d'abstention » soit élevé et soit voisin de 100 % chez ceux qui ne disposent pas, par ailleurs, d'un fort pouvoir de pression sur l'IASB ? (Burlaud et Colasse, 2010, p. 160.)

UNE LÉGITIMITÉ SUBSTANTIELLE RENFORCÉE
Le cadre conceptuel

Afin que la normalisation comptable ne se fasse pas « au fil de l'eau » sur la base de raisonnements de circonstance, lorsque les problèmes se posent, le besoin de principes généraux cohérents, stables et explicites se fait sentir. Le pragmatisme a ses limites ; il faut une théorie, un raisonnement déductif et non une codification des pratiques selon une démarche inductive. Le FASB fut pionnier en publiant, entre 1978 et 1985, six SFACs répondant au besoin d'un cadre conceptuel. Mais il est pour une bonne part l'aboutissement de travaux académiques publiés dès les années 1930 (Bensadon *et al.*, 2016, p. 412 et 413). Il fut largement repris par l'IASC en 1989.

À certains égards, la publication d'un cadre conceptuel jusque-là implicite est une démarche courageuse. Le cardinal de Retz aurait dit dans ses *Mémoires* : « On ne sort de l'ambiguïté qu'à ses dépens. » En explicitant le raisonnement et les choix sous-jacents à une décision, on se prive des marges de manœuvre qu'offre l'ambiguïté, et on prit le flanc à la critique. Le débat technique ponctuel prend alors une dimension politique.

Le 18 septembre 2002, à Norwalk (États-Unis), un accord fut signé entre le FASB et l'IASB en vue de faire converger les deux référentiels et de coordonner leurs travaux futurs dans le souci d'améliorer la comparabilité des états financiers. Un mémorandum, signé en février 2006, prévoyait la publication d'un cadre conceptuel commun.

La phase A de l'écriture de ce cadre conceptuel commun, portant sur les objectifs et les caractéristiques qualitatives de l'information financière, fut achevée en septembre 2010. Mais les phases B à G sont restées inachevées. Aujourd'hui, suite à un certain nombre de désaccords, la coopération entre les deux normalisateurs est à l'arrêt, et c'est seul que l'IASB a publié le 29 mars 2018 son nouveau cadre conceptuel complet. Ce qui a aussi rendu le « divorce » plus facile ou plus tentant, c'est la décision de la SEC, le 16 novembre 2007, de supprimer l'obligation pour les sociétés cotées aux États-Unis ayant opté pour les IFRS de publier un état de rapprochement entre les US-GAAP et les IFRS, redonnant ainsi aux US-GAAP leur autonomie. Cette obligation était jugée trop coûteuse par les entreprises concernées.

On pourrait conclure aujourd'hui que, ayant un cadre conceptuel complet, un ensemble de normes évoluant au fil de l'actualité, une structure organisationnelle d'une complexité reflétant la complexité d'une normalisation comptable mondiale au service de la finance, l'IASB signe la fin de cette histoire. En réalité, d'autres défis l'attendent.

DE L'HISTOIRE À LA PROSPECTIVE
Les nouveaux défis pour l'IASB

Deux défis importants menacent le développement de la sphère d'influence de l'IASB :

- il ne satisfait pas les besoins de toutes les entreprises, et notamment des petites et moyennes, qui ne sont pas gérées dans une perspective boursière ;
- il se limite à une vision purement financière de l'information, alors que les investisseurs ont de plus en plus besoin d'une vision plus large de la performance de leur cible.

LA DIFFICILE PRISE EN COMPTE DES BESOINS DES PME

L'ambition de l'IASB est de devenir le normalisateur mondial de la comptabilité. Cela suppose de lever un obstacle : la complexité des IFRS. À titre illustratif, le *Handbook* représente deux volumes, totalisant, avec les conseils d'application (*Guidances*), environ 4 500 pages ! Complexité de sens et complexité d'abondance sont, à la rigueur, acceptables pour les grands groupes multinationaux disposant en interne de compétences suffisantes, des ressources financières et informatiques nécessaires et pouvant justifier ces efforts par la complexité de leurs modèles économiques et montages juridiques. Les auditeurs des sociétés cotées, essentiellement aujourd'hui les *Big Four*, peuvent également suivre, d'autant plus qu'ils ont largement inspiré les IFRS. Mais cela dépasse les moyens et les besoins des PME, qui représentent pourtant 95 % des entreprises (Delvaille *et al.*, 2016, p. 184).

Conscient de ces difficultés, l'IASB s'engage dans le projet IFRS pour PME en 2003. En juin 2004, il publie un avant-projet (*discussion paper*) accompagné de huit questions, dont la première était : « Faut-il des normes de communication financière spécifiques aux PME ? » Toutes les réponses dont nous avons eu connaissance répondent par l'affirmative à cette question et soutiennent l'opportunité du projet (Burlaud, 2007, p. 127). Ce début encourageant conduisit à la publication d'un exposé-sondage (*exposure draft*) en février 2007. Les réponses et commentaires reçus conduisirent l'IASB à modifier substantiellement le projet en supprimant les références croisées aux IFRS complètes, la plupart des choix complexes, la consolidation proportionnelle, etc. La norme définitive fut publiée en 2009.

Elle fut accueillie favorablement par les bailleurs de fonds, dont notamment la Banque mondiale (Delvaille *et al.*, 2016, p. 186 *et sq.*), qui souhaitait l'imposer dans tous les pays émergents qu'elle finance afin d'avoir un recueil d'informations financières cohérentes et comparables. Dans les *Reports on the Observance of Standards and Codes* (ROSC), elle compare systématiquement les normes nationales aux IFRS, qui constituent une sorte de *benchmark* et prône la convergence. Les pressions furent extrêmement fortes, notamment sur l'Organisation pour l'harmonisation en Afrique du droit des affaires (Ohada), tant et si bien que le Système comptable de l'Ohada révisé (Syscohada révisé)[8] intégra cette volonté de convergence. L'Ohada et les cabinets qu'elle fait travailler avaient été payés pour cela.

En dépit de ces bonnes nouvelles pour l'IASB, le succès des IFRS PME fut extrêmement limité sur le terrain pour de multiples raisons. Cette norme restait complexe, inadaptée aux besoins et à la réalité des pays émergents, coûteuse à mettre en place, et surtout, incompatible avec les besoins du fisc des différents pays. Sans que cela fût dit, la norme ne satisfaisait pas les besoins d'investisseurs inexistants mais ceux de la Banque mondiale. Si elle pouvait peser sur les choix des normalisateurs nationaux ou régionaux, tel l'Ohada, elle ne le pouvait pas vraiment sur les pratiques des entreprises et des cabinets locaux. Dans les pays les plus avancés, elle n'eut pas beaucoup de succès puisqu'elle ne fut pas adoptée par les États de l'UE, l'Australie, le Canada, sans compter les États-Unis puisqu'ils n'ont pas du tout adopté les IFRS (Delvaille *et al.*, (2016, p. 187).

---

8 Règlement n° 01/2017/CM/Ohada du 9 juin 2017 portant harmonisation des pratiques des professionnels de la comptabilité et de l'audit dans les États membres de l'Ohada.

Les PME ne produisent souvent des comptes dans les règles de l'art que pour les besoins du fisc et des organismes sociaux. Pour les besoins internes, l'essentiel est le suivi de la trésorerie et des comptes de tiers. Quant au *reporting* externe, il peut se faire à partir de la liasse fiscale faute d'un actionnariat mobile et faute d'analystes financiers. Les banques s'intéressent plus aux sûretés réelles que peuvent apporter les dirigeants. Enfin, faute d'un commissaire aux comptes dans la plupart des PME/TPE, il n'y a aucune sanction en cas d'adaptation « maison » des normes comptables à condition de respecter les règles fiscales. Quant aux experts-comptables et comptables agréés, ils n'ont pas pour mission de sanctionner leurs clients.

En conclusion, la norme IFRS pour PME est plus un outil servant à faire pression sur les normalisateurs nationaux pour obtenir une convergence qu'une norme utilisée effectivement par les entreprises pour produire leurs états financiers.

QUAND LA COMPTABILITÉ FINANCIÈRE NE SUFFIT PAS À REPRÉSENTER FIDÈLEMENT LA PERFORMANCE

Une entreprise n'est pas une caisse enregistreuse, même pour les investisseurs ! Elle a une responsabilité sociale et environnementale longtemps ignorée qui intéresse pourtant toutes les parties prenantes. Ainsi, en 1776, Adam Smith écrivait :

> Ce n'est pas de la bienfaisance du boucher, du brasseur ou du boulanger que nous attendons notre dîner, mais de leur souci de leur propre intérêt.

Sous une autre forme, Milton Friedman reprit la même idée, précisant que la seule responsabilité de l'entreprise était de faire du profit en respectant « les règles du jeu, c'est-à-dire celles d'une compétition ouverte et libre, sans duperie ni fraude[9] ». Les IFRS sont totalement compatibles avec cette vision du monde, celle d'un *homo œconomicus*.

Mais, parallèlement au capitalisme financier, qui fait de l'investisseur le décideur suprême, le destinataire privilégié de l'information financière et le juge de la « redevabilité » (*accountability*) des dirigeants, s'est développée une conception plus large de l'entreprise. Il s'agit d'une institution qui vit par et pour une collectivité d'hommes dont l'ambition ne se limite pas à l'accumulation du profit. De plus, pour fournir une information pertinente

---

9 Milton Friedman, *New York Times Magazine*, 19 septembre 1970.

aux investisseurs, on ne peut se contenter de produire des informations financières indépendamment de tout contexte. Le scandale déclenché par une pollution industrielle ou par une atteinte aux droits de l'homme peut avoir des conséquences financières qui mettent en péril l'entreprise. C'est autrement plus important pour les investisseurs que, par exemple, le traitement comptable des engagements pris envers les clients du fait d'un programme de fidélité tel que les « miles » des compagnies aériennes.

En réponse à ces limites de la comptabilité financière, et plus généralement d'une conception purement économique du rôle de l'entreprise dans la société, se développe au début des années 1970 l'idée d'une comptabilité environnementale (Colasse, 2009, p. 489), mais aussi d'une « comptabilité » tel le bilan social rendu obligatoire par la loi du 12 juillet 1977 pour les entreprises de plus de 300 personnes. Nous allons voir que cet élargissement du champ de la comptabilité pose des problèmes conceptuels, mais que la normalisation et les pratiques progressent néanmoins. Les expérimentations précèdent le cadre conceptuel, comme ce fut le cas pour la comptabilité financière.

La responsabilité sociale et environnementale (RSE) suppose que l'on sache ce qu'il faut entendre par « responsabilité ». Le Code civil la définit par ses conséquences.

> Tout fait quelconque de l'homme, qui cause à autrui un dommage, oblige celui par la faute duquel il est arrivé à le réparer[10].

La comptabilité sait parfaitement traiter la responsabilité civile (provisionner des dommages et intérêts, par exemple) ou pénale lorsque la sanction est pécuniaire (versement d'une amende, par exemple). Mais la responsabilité s'est élargie et prend une dimension morale pouvant être sanctionnée sans un jugement. Par exemple, confier la fabrication de produits à un sous-traitant dans un pays du tiers-monde qui fait travailler des enfants dans des conditions indignes n'est pas un délit pour le donneur d'ordre qui n'est pas l'employeur. Mais le donneur d'ordre peut avoir une responsabilité morale s'il a connaissance de ce fait et être condamné par le « tribunal de l'opinion », perdre son capital de sympathie et, finalement, perdre des clients[11].

---

10 Article 1382. Il date du Code civil de 1804 et n'a jamais été modifié.

11 On fait ici allusion à l'affaire Nike, en 1997, qui faisait travailler des enfants chez ses sous-traitants en Asie.

La RSE va au-delà des tiers ayant avec l'entreprise des relations contractuelles. Ainsi, les pollutions peuvent créer un dommage à autrui sans que les victimes soient identifiables. L'émission de gaz à effet de serre nuit sans doute à l'humanité entière, mais sans que l'on puisse associer une victime à un pollueur. L'humanité n'est juridiquement pas une personne morale. Le législateur, dès 1810, avait pris des dispositions sanctionnant les atteintes à la sécurité, puis à l'environnement en passant par des contrôles administratifs préventifs (Christophe, 1995, p. 26). Mais il y a aussi, pour sanctionner cette responsabilité ou une prise de risque irresponsable, le *name and shame*, la sanction morale qui a un coût.

L'information étant performative (Burlaud et Niculescu, 2016), elle devait favoriser la prise de conscience, parallèlement à la financiarisation et à la mondialisation, de l'existence de biens communs dont la préservation ne pouvait être assurée par des mécanismes de marché. Il en découla une demande d'informations non financières devant être produites par les grandes entreprises. Plus précisément, il s'agit de faire entrer dans les critères de décision des clients ou des investisseurs des considérations extra-financières en passant par la sanction financière, infligée indirectement aux entreprises les moins « vertueuses ».

Le développement de l'information non financière, outre le bilan social, fut d'abord le fait d'initiatives individuelles. Divers modèles de « comptabilité verte » ont été conçus, et des entreprises se sont prêtées au jeu. Le passage d'une approche volontaire à une approche obligatoire prit du temps. La question fut abordée en 2011 par l'OCDE dans ses « Principes directeurs à l'intention des entreprises multinationales ». Mais l'OCDE ne dispose pas d'un pouvoir régalien. Le 22 octobre 2014, le Parlement européen et le Conseil adoptèrent la directive 2014/95 relative à « la publication d'informations non financières et d'informations relatives à la diversité par certaines grandes entreprises et certains groupes ».

> La communication d'informations non financières est [...] essentielle pour mener à bien la transition vers une économie mondiale durable, en associant la rentabilité à long terme à la justice sociale et à la protection de l'environnement[12].

Toutefois, la directive ne propose pas un cadre normé d'indicateurs et s'en remet à des initiatives privées pour opérationnaliser l'objectif, tout

12 Directive 2014/95, considérant n° 3.

comme le règlement comptable de 2002 s'en remettait, de fait, à l'IASB. Et les initiatives furent nombreuses. Pour s'en tenir aux principales, il y eut, au niveau international, l'Iso 26000 *Lignes directrices relatives à la responsabilité sociétale* et la Global Reporting Initiative (GRI). Ces deux approches consistent à définir un ensemble d'indicateurs normés. En France, un universitaire, le Professeur Jacques Richard, a conçu le modèle Care[13] consistant à appliquer le mécanisme de l'amortissement utilisé pour mesurer la consommation du capital immobilisé et financer son renouvellement au capital humain et au capital naturel.

Mais le vagabondage normatif ne permet pas d'assurer la neutralité, l'exhaustivité et la comparabilité de l'information et ne permet pas de sanctionner les manipulations. En application de la directive européenne, le président de la République a signé, le 19 juillet 2017, l'ordonnance n° 2017-1180 relative à la publication d'informations non financières par certaines grandes entreprises et certains groupes d'entreprises. Ces grandes entreprises sont tenues de publier une « déclaration de performance extra-financière » insérée dans le rapport de gestion. Elle traite des conséquences sociales et environnementales de son activité, du respect des droits de l'homme, de la lutte contre la corruption, du changement climatique, du développement durable, de l'économie circulaire, de la lutte contre le gaspillage alimentaire, des conditions de travail, de la lutte contre les discriminations et de la promotion des diversités. Ces informations doivent être vérifiées par un tiers indépendant dont le rapport est transmis aux actionnaires, à l'image de ce que fait le commissaire aux comptes. Le décret n° 2017-1265 du 9 août 2017 fixe les modalités d'application de l'ordonnance. Il précise les seuils au-dessus desquels l'information doit obligatoirement être publiée et donne, lorsqu'ils s'avèrent pertinents et proportionnés, une liste détaillée d'items reprenant ce qu'exige l'ordonnance. La logique est plus celle du bilan social que d'une comptabilité qui nécessite une unité de mesure unique telle la monnaie.

En conclusion, on voit que la comptabilité s'est muée en information financière puis que cette dernière s'accompagne d'informations non financières. Mais les étapes de la normalisation de ces dernières sont les mêmes que celles par lesquelles est passée la normalisation comptable internationale :

---

13 Comptabilité adaptée renouvellement de l'environnement. Marque déposée.

- des pratiques et des normes issues d'initiatives privées ;
- un relais pris par la puissance publique pour donner force de loi à un modèle ;
- un mécanisme de certification de l'information produite par un tiers indépendant.

CONCLUSION

L'histoire, qu'il s'agisse de celle d'un homme, d'une institution ou d'un objet, n'est pas une simple collection d'anecdotes, même si elle s'en nourrit. De ces anecdotes, il faut tirer des enseignements permettant d'expliquer, de comprendre l'enchaînement des faits, de dégager les liens de causalité.

Partons de notre phrase introductive : « La comptabilité est un miroir de la société. » Il faut comprendre que le miroir, s'il donne une image du réel, sans états d'âme, est aussi un outil de transformation du réel car nous sommes en présence d'un miroir déformant de par ses imperfections ou parce qu'il a été manipulé sciemment. De plus, il ne peut représenter la totalité du réel. Il ne s'adresse qu'à un seul sens, la vue (sans relief), mais il ignore ce qui active l'odorat, le toucher, l'ouïe et le goût. Ce miroir imparfait produit une image imparfaite pour instruire les questions que nous nous posons pour agir.

L'histoire de la comptabilité est une réponse aux trois questions fondamentales suivantes qui structurent la comptabilité :

- pour qui l'information est-elle produite ? ;
- pour en faire quoi ? ;
- comment est-elle produite ?

Pour qui ? Nous avons vu que le « public » de la comptabilité s'est élargi au fil du temps. Il s'agissait initialement de servir les besoins de l'entrepreneur (gestion des comptes du commerçant, en partie double), puis ceux de la communauté des entrepreneurs (instrument de preuve en cas de litige entre commerçants), puis du fisc et plus généralement des pouvoirs publics, des salariés, des investisseurs et, de plus en plus, de la société dans son ensemble.

Pour quoi ? pour quelles décisions ? Bien sûr, chaque acteur a ses propres besoins d'information. Mais la normalisation comptable les réduit à des besoins simples. La réalité ne l'est pas. Ainsi, les besoins et les objectifs de l'entrepreneur ne sont pas les mêmes quand il s'agit d'une entreprise individuelle, de l'associé dans une PME familiale ou du dirigeant d'une grande entreprise. De même, les besoins et les objectifs des investisseurs ne sont pas les mêmes selon qu'il s'agit d'un petit épargnant, d'un investisseur institutionnel ou d'actionnaires salariés.

Comment ? La normalisation, que ce soit dans le domaine de la comptabilité ou dans d'autres domaines, est une prérogative régalienne au même titre que le droit de battre la monnaie. Elle est produite par des institutions publiques ou privées sous une forme de tutelle publique qui permettent de marier les compétences techniques des professionnels et les impératifs politiques ou de pouvoir. Ces normes sont performatives, c'est-à-dire qu'elles façonnent le réel. Ceux qui produisent des biens ou services supposés conformes aux normes sont contrôlés par des experts indépendants, comme les commissaires aux comptes, ou des services de l'État, comme le fisc ou le service des poids et mesures.

L'histoire contemporaine de la normalisation comptable se caractérise par les effets de la financiarisation et de la mondialisation, qui ont conduit à une autonomisation du droit comptable et un pouvoir accru de la profession. Mais des contre-pouvoirs ont émergé parallèlement pour faire obstacle à la tendance à l'autorégulation : les autorités boursières, le pouvoir politique, qui, par exemple en Europe, a introduit la notion d'« intérêt public européen », la société dans son ensemble, qui demande plus de transparence et une extension du champ de l'information au domaine non financier selon des modalités comparables.

Alain Burlaud
et Christian Hoarau
Professeurs émérites du Cnam

BIBLIOGRAPHIE

BENSADON, Didier, PRAQUIN, Nicolas, TOUCHELAY, Béatrice (dir.), *Dictionnaire historique de comptabilité des entreprises*, Lille, Presses universitaires du Septentrion, 2016.

BURLAUD, Alain., « Faut-il un droit comptable pour les PME ? », *La Revue du financier*, n° 168, novembre-décembre 2007, p. 121-137.

BURLAUD, Alain, COLASSE, Bernard, « Normalisation comptable internationale : le retour du politique ? », *Comptabilité Contrôle Audit*, vol. 16, n° 3, 2010, p. 153-175.

BURLAUD, Alain, PÉREZ, Roland, « La comptabilité est-elle un bien commun ? », in M. Nikitin et C. Richard (eds), *Comptabilité, société, politique. Mélanges en l'honneur du Professeur Bernard Colasse*, Paris, Economica, 2012, p. 216-233.

BURLAUD Alain, « Les comptes doivent-ils dire le "vrai" ou le "bon" ? À propos du cadre conceptuel de l'IASC/IASB », *Revue française de comptabilité*, n° 467, 2013, p. 17-20 ; n° 468, 2013, p. 38-41 ; n° 470, 2013, p. 27-31.

BURLAUD, Alain, HOARAU, Christian, « IFRS-PME contre directive européenne n° 34 », in P. Gensse, E. Séverin et N. Tournois (dir.), *L'entreprise revisitée. Méditations comptables et stratégiques.* Aix-en-Provence, Presses universitaires de Provence, 2015, p. 29-41.

BURLAUD, Alain, NICULESCU, Maria, « L'information non financière au service d'une "croissance responsable" : perspective européenne », *Revue française de comptabilité*, n° 495, 2016, p. 63 à 66.

CAPRON, Michel, *Les normes comptables internationales, instruments du capitalisme financier*, Paris, La Découverte, 2005.

CHRISTOPHE, Bernard, *La comptabilité verte. De la politique environnementale à l'écobilan*, Paris, De Boeck, 1995.

COLASSE, Bernard, *Les grands auteurs en comptabilité*, Paris, EMS, 2005.

COLASSE, Bernard, *Encyclopédie de comptabilité, contrôle de gestion et audit*, Paris, Economica, 2009.

DELVAILLE, Pascale, LE MANH-BÉNA Anne, MAILLET, Catherine, « Enjeux et limites de l'application des IFRS aux PME », in A. Burlaud et A. Thauvron (dir.), *La comptabilité en action. Mélanges en l'honneur du Professeur Geneviève Causse*, Paris, L'Harmattan, 2016, p. 183 à 193.

FOULQUIÉ, Paul, *Dictionnaire de la langue philosophique*, Paris, PUF, 1982.

GÉLARD, Gilbert, « De l'IASC à l'IASB : un témoignage sur l'évolution structurelle de la normalisation comptable internationale », *Revue française de comptabilité*, n° 380, 2005, p. 14-16.

HOARAU, Christian, « Place et rôle de la normalisation comptable nationale : le cas de la France », *Revue française de gestion*, n° 147, 2003, p. 33-47.

HOARAU, Christian, « Fair value et instruments financiers : de la convergence à la divergence internationales », in *La régulation financière peut-elle sortir l'Europe de la crise ?*, Paris, PUF, 2014.

HOSSFELD, Christopher, MULLER-LAGARDE, Yvonne, ALEXANDER, David, PÖSCHKE Moritz, ZEVOUNOU Lionel, *L'intérêt public européen*, Autorité des normes comptables, Working Paper, 2018.

JEDRZEJLEWSKI, Franck, *Histoire universelle de la mesure*, Paris, Ellipses.

LE MANH-BÉNA, Anne, *Le processus de normalisation comptable par l'IASB : le cas du résultat*, doctorat en science de gestion, Cnam, 2009.

MAYSTADT, Philippe, *Should IFRS standards be more « European » ?*, European Commission, Mission to reinforce the EU's contribution to the development of international accounting standards, 2013, en ligne : https://ec.europa.eu/info/sites/info/files/2013-11-12-maystadt-report_en.pdf. (last accessed on 10 January 2021).

RICHARD, Jacques, PLOT, Emmanuelle, *La gestion environnementale*, Paris, La Découverte, 2014.

TOUCHELAY, Béatrice, « À l'origine du plan comptable français des années 1930 aux années 1960, la volonté de contrôle d'un État dirigiste », *Comptabilité Contrôle Audit*, vol. 11, n° 3, 2005, p. 61-88.

LA CRITIQUE DU MODÈLE DE GESTION MONOPOLISTIQUE DE LA COMPAGNIE PERPÉTUELLE DES INDES PAR LE GROUPE DE GOURNAY AU XVIIIe SIÈCLE

ou l'émergence d'une nouvelle rationalité « économique » fondée sur la liberté du commerce et des hommes

INTRODUCTION

L'acquisition d'une importante expérience dans le commerce maritime et terrestre, ainsi que dans le domaine financier – dont nombre d'auteurs s'étaient déjà efforcés de retirer et de préciser les principes – marque, au XVIIIe siècle, la naissance d'un nouveau rameau sur le grand arbre de la connaissance : celui d'un savoir spécifiquement « économique[1] » qui ne cessera de s'affirmer tout au long du siècle, pour finalement s'imposer, au siècle suivant, comme une véritable science. Mais ce surgeon n'a dû sa croissance qu'aux facteurs conjugués d'une intelligibilité mieux maîtrisée des activités économiques et d'une conception novatrice de la liberté humaine. Ces deux facteurs ont marché d'un même pas, et le grand mouvement d'idées libérales qui a été porté par John Locke en Angleterre, dès la fin du XVIIe siècle, et relayé en France au début du XVIIIe siècle par Condillac et Montesquieu notamment, n'aura de cesse de s'amplifier et de trouver sous la houlette des encyclopédistes, des physiocrates et des amis du groupe de Vincent de Gournay un élan décisif qui aboutira avec Adam Smith et J. B. Say – un peu plus tard – à la formation, au XIXe siècle, d'un puissant courant libéral en « économie ».

1 Nous mettons entre guillemets les mots « économie » ou « économistes », ou encore « économique » pour en souligner le sens particulier qu'ils avaient au XVIIIe siècle et sur lequel nous donnons un certain nombre de précisions dans les pages ci-après.

La Compagnie des Indes, symbole de l'interventionnisme étatique en matière commerciale et financière au siècle des Lumières, retint naturellement l'attention des nouveaux « économistes » qui, comme Silhouette, dans un premier temps, puis Vincent de Gournay et Morellet ensuite, en entreprirent la critique systématique. Il serait faux, en outre, de croire que cette critique « libérale » ne se soit exprimée qu'à la seule occasion de l'examen de la situation de la Compagnie des Indes. En tant que responsable du Bureau du commerce, Vincent de Gournay a multiplié les observations et souligné les dangers de l'octroi d'avantages et de privilèges aussi bien dans l'exercice du commerce que dans celui de l'artisanat, lesquels, selon lui, à travers « l'exclusif » et les corporatismes dont ils ont été l'expression, sclérosaient « l'économie ». En prônant la nécessité de libérer totalement l'activité « économique » des nombreuses contraintes auxquelles elle était soumise, cette critique mettait corrélativement l'accent sur le rôle central du négociant en tant qu'animateur et acteur rationnel. Or, ce nouveau cadre d'exercice d'activité impliquait, pour ce dernier, une nouvelle façon d'agir et de penser. Mais, selon quelles règles et quels principes ? Comment ? Et avec quel impact sur son chiffre d'affaires ?

Pour répondre à ces questions, nous partirons des textes sur lesquels s'est développée la critique gournaysienne en faveur du commerce libre. Tout d'abord, et principalement, de ceux figurant dans le *Mémoire sur la situation de la Compagnie des Indes* (1755), ses « Remarques » (2008a), le texte de Morellet lui-même (1769) et celui de Gournay (1755) intitulé : « Observations sur le rapport fait à M. le Contrôleur général… ». Nous y ajouterons, bien sûr, ses remarques (2008b) sur les *Traités sur le commerce de Josiah Child* et également, ses *Mémoires et lettres* (2017) pour être complet. Nous ferons référence, également, à Turgot, qui a été l'élève de Gournay. Ces textes apportent un éclairage unique et décisif sur la question du maintien ou non du monopole de la Compagnie des Indes et, au-delà, sur la liberté du commerce en général. D'autres auteurs, comme les physiocrates, ont également abordé la question de la liberté d'entreprendre, mais sans jamais se référer explicitement au commerce et encore moins à la Compagnie des Indes, et, de surcroît, dans un cadre de pensée très différent[2]. Nous reprendrons les idées

2 Les physiocrates défendaient la liberté d'entreprendre. Cependant, considérant l'agriculture comme la principale source de richesse d'une nation, ils n'accordaient qu'une valeur secondaire au commerce.

défendues par Morellet et Gournay pour les analyser et les confronter aux résultats de l'expérimentation à laquelle elles ont donné lieu. Notre réflexion s'articulera autour des trois thèmes suivants : 1) une nouvelle approche de la rationalité « économique », 2) la mise en œuvre de la nouvelle rationalité dans l'examen de la situation de la Compagnie des Indes, 3) l'expérimentation des nouveaux principes « économiques » à la fin du XVIIIe siècle et leur résultat.

UNE NOUVELLE APPROCHE DE LA RATIONALITÉ « ÉCONOMIQUE »

Nous voudrions tenter, préalablement à notre exposé, de dissiper les diverses ambiguïtés que peut faire naître dans l'esprit du lecteur le mot « économie » utilisé à propos du XVIIIe siècle. En effet, si ce mot existait bien à cette époque, il ne recouvrait pas, bien évidemment, le champ théorique d'aujourd'hui et ne se distinguait pas non plus de ce que l'on appelle, de nos jours, les « sciences de gestion ». Il s'agissait, avant tout, d'un savoir très général et peu formalisé portant essentiellement sur les pratiques commerciales et administratives du pays, dont de nombreux auteurs avaient précisé les règles dans un souci de bonne conduite des affaires, qu'il s'agisse de celles d'une entreprise ou de celles de l'État. Cependant, dans la seconde partie du XVIIIe siècle, le débat gagne en profondeur, et des interrogations naissent à propos des fondements mêmes des conceptions « économiques » qui prévalent alors. Le poids de l'absolutisme royal et sa présence dans quasiment tous les secteurs d'activité du pays à travers de nombreuses réglementations tatillonnes et la perception d'impôts souvent considérés comme inadaptés – sinon injustes – est ressenti comme un frein au développement des affaires dont la rentabilité ne semble pouvoir être acquise qu'au prix d'une plus grande liberté accordée à ses acteurs.

Alors qu'apparaissent les premiers signes d'un changement politique majeur qui va entraîner la chute de la royauté, la pensée « économique » entame, elle-même, un aggiornamento qui va se caractériser par un changement de paradigme au plan de la raison. Ainsi, à une rationalité structurant la vie des affaires selon un ordre naturel voulu par Dieu va se substituer progressivement une raison fondée sur la liberté d'entreprendre dégagée du carcan des lourdeurs d'une administration royale omniprésente. Car cette liberté ne devient en effet féconde que lorsqu'elle s'allie à la raison comme le soulignait Quesnay, chef de file des physiocrates :

> La liberté de l'homme ne consiste donc pas simplement dans le pouvoir d'agir ou de ne pas agir, elle renferme aussi celui d'examiner, et d'apprécier les motifs qui doivent préférablement nous déterminer.

Ainsi, la liberté « *consiste dans le pouvoir de délibérer pour se déterminer avec raison à agir, ou à ne pas agir* » (Quesnay, 2005, p. 42)[3].

LA CONCEPTION CLASSIQUE DE LA RATIONALITÉ « ÉCONOMIQUE » AU XVIIIe SIÈCLE

C'est dans la deuxième partie du XVIIIe siècle qu'ont été produits la plupart des écrits de la nouvelle génération d'« économistes », qu'il s'agisse de Vincent de Gournay et de ses amis ou des physiocrates. La conception classique de « l'économie » y est analysée, discutée et critiquée. Mais qu'entend-on exactement par « économie » classique ? Les deux grandes encyclopédies de l'époque proposent, chacune en ce qui la concerne, un état des lieux argumenté sur la question. Il s'agit, tout d'abord, de l'article « Économie » de l'encyclopédie Panckoucke, où cette « science » est présentée comme une activité qui obéit à « l'ordre naturel » dont les physiocrates se sont faits les ardents défenseurs. Cet article qui a été rédigé par Guillaume de Grivel (1784-1788)[4] fait en quelque sorte le pendant à celui de Jean-Jacques Rousseau portant sur le même sujet, qui a été publié, à peu près à la même époque, dans l'encyclopédie de Diderot et d'Alembert. Aussi, après avoir évoqué la thèse de Grivel, nous examinerons, dans un deuxième temps, le concept « d'ordre naturel » développé par François Quesnay. Enfin, nous nous intéresserons à la critique qu'en a donnée Rousseau dans le *Dictionnaire raisonné.*

---

3 Les mots en italique figuraient ains dans le texte d'origine. On notera que l'exercice de cette liberté est, pour le courant physiocratique, presque exclusivement lié au travail de la terre.

4 Jean Nicolas Démeunier, auteur et directeur de la publication de l'*Encyclopédie méthodique*, a précisé dans l'Avertissement qu'il donne à la page II du tome premier de cette encyclopédie que « Mr de Grivel à qui *la théorie de l'éducation* et *l'ile inconnue* ont mérité l'estime du public, a fait un grand nombre de morceaux désignés par la lettre initiale (G) ou par son nom entier ».

« L'économie » selon Guillaume de Grivel

Cet encyclopédiste nous indique que « ce mot [, dit l'ancienne encyclopédie,] vient du grec *oïkos*, maison, et de *nômos*, loi, et ne signifie originairement que le sage et légitime gouvernement de la maison, pour le bien commun de toute la famille. Le sens de ce terme a été dans la suite étendu au gouvernement de la grande famille, qui est l'État » (Grivel, 1784-1788, p. 184). Après avoir rappelé qu'il existait une économie sociale[5] et une économie privée, il indique que l'économie générale (ou politique), qui est l'objet de son article, est une expression qui regroupe, en fait, tous les types d'économie :

> C'est de l'économie politique seulement dont il peut être ici question, quoiqu'il dépende en quelque sorte de l'économie sociale et de l'économie privée, et que les trois ne fassent qu'*un tout indivisible*[6] assujetti au calcul, et au même calcul applicable à de grandes et à de petites proportions, mais toutes résultantes de l'ordre. (*Ibid.*, p. 184.)

Cette approche présente un double intérêt au plan épistémologique :

– Tout d'abord, elle nous confirme que la « science économique[7] » de cette époque ne pratiquait pas la différenciation entre entités ou entre niveaux d'activité et que l'économie traitait aussi bien de l'administration d'une entreprise que de l'activité globale du pays. Nous retrouvons, d'ailleurs, ce même type d'approche chez un économiste comme François Quesnay. Quand celui-ci rédige son article « Fermiers » (Quesnay, 2005, p. 127), il étudie avec minutie un modèle d'exploitation agricole type (correspondant à une entreprise de petite taille) où il retient trois variables principales : les chevaux, les bœufs et les arpents de terre cultivable. Il étudie plusieurs combinaisons possibles et en établit les coûts (*ibid.*, p. 133). Puis il poursuit son raisonnement en élargissant son champ de réflexion au pays tout entier dont il calcule la production agricole (*ibid.*, p. 138). Il passe ainsi du niveau de l'entreprise à celui de la nation comme s'il ne s'agissait que d'une même et seule

5 Il faut entendre par « économie sociale » l'économie où les principaux acteurs sont des groupements de personnes, qu'il s'agisse de sociétés ou d'autres entités.

6 L'italique est de nous.

7 Ici dans le sens de « savoir économique ».

entité. Comme le fait remarquer Larrère (1992, p. 182) : « Dans cette comptabilité agricole s'invente l'économie ».

– Ensuite, elle nous donne la clé qui explique pourquoi, entre les économies sociale, privée et générale, il n'y a pas de différences pour la « science économique » : la raison en est que ces différentes économies obéissent toutes à un même ordre : l'ordre naturel. Grivel (1784-1788) précise que « l'ordre naturel est le principe du tout ensemble ; il est l'ordre individuel, de l'action et du repos de l'homme, de leur objet et de leur moyen. Il fait naître de celui-ci l'ordre domestique, de cet autre, l'ordre social intérieur, et de ce dernier enfin, l'ordre politique, qui est l'ordre social, général et supérieur. Non seulement la véritable économie consiste dans l'ordre, mais elle en est le moyen » (*ibid.*, p. 184).

Le concept d'ordre naturel constitue donc le principe de base qui organise et rationalise la science de « l'économie » du XVIIIe siècle. Quesnay, dans son étude intitulée *Évidence*, en a explicité le contenu.

La définition de l'ordre naturel par François Quesnay

L'ordre naturel est celui qui confère à l'homme des droits dont l'origine et la nature sont justifiées par son appartenance à l'humanité. Ainsi, la liberté dont il jouit, son droit à revendiquer la propriété et sa propre liberté doivent être compris comme autant d'éléments innés et universels inhérents à la personne et constitutifs de son humanité. Il nous semble indispensable, donc, de revenir sur ce concept « d'ordre naturel » tel qu'il est conçu par les physiocrates et d'en comprendre toute l'étendue que lui donnent les droits naturels qui le fondent. L'ordre naturel est l'ordre le plus avantageux pour le genre humain parce que son application à la conduite des hommes en société permet la satisfaction de leurs intérêts. Tel est l'axiome de base retenu par Quesnay. Mais, en fait, pour lui l'ordre naturel se décline en un ordre physique et métaphysique[8] qui forme un tout indissociable et dont Dieu garantit la cohérence et la réalité.

8 Dans le propos de Quesnay, le mot « métaphysique » recouvre aussi bien les idées abstraites que la morale.

– L'ordre physique

De l'ordre physique sont tirées des *vérités réelles* et des *vérités idéales*. Les premières sont celles qui nous sont données par les sensations ; lesquelles nous font connaître, de façon authentique, notre corps mais aussi les objets qui lui sont extérieurs. Le critère de vérité est celui de l'« évidence » (Quesnay, 2005, p. 62) :

> Ainsi j'entends par évidence une certitude à laquelle il nous est impossible de nous refuser, qu'il nous est impossible d'ignorer nos sensations actuelles[9].

C'est par le travail de la mémoire que nous objectivons nos connaissances, car en les reconnaissant dans nos actions nous pouvons leur donner un caractère réel et permanent :

> En effet, nous éprouvons continuellement, par l'exercice alternatif des sens et de la mémoire sur les mêmes objets, que la mémoire ne nous trompe pas, lorsque nous nous ressouvenons que ces objets nous sont connus par la voie des sens. (*ibid.*, p. 70.)

Quesnay finalise ce processus de formation des connaissances naturelles en indiquant qu'« ainsi les causes sensibles qui agissent sur nos sens et qui sont les objets de nos sensations, sont [elles]-mêmes les objets de nos connaissances et la source de notre intelligence… » (*ibid.*) Cependant, la mémoire comme tous les organes , pour des raisons tenant à la maladie ou à leur « dérangement », peut être amenée à se dérégler et ne plus assurer sa fonction d'authentification des sensations. Ce dérèglement peut entraîner alors une sujétion de l'intelligence aux passions les plus mauvaises, et même provoquer des désordres moraux. Enfin, les secondes – les vérités idéales – consistent en idées abstraites qui traduisent, non pas la réalité des choses, mais seulement les rapports qui unissent les objets entre eux.

– L'ordre métaphysique

L'ordre métaphysique produit des *vérités surnaturelles*[10]. S'il apparaît distinct de l'ordre physique par sa nature même, l'ordre métaphysique

9 L'italique est de Quesnay.

10 Quesnay les nomme encore « vérités révélées ».

ne l'est pas quant à sa finalité puisque c'est par lui que l'ordre naturel trouve sa justification, et cela grâce à l'intervention de Dieu. Quesnay affirme que « l'homme reçoit ses sensations par l'entremise des organes du corps, mais ses sensations elles-mêmes et sa raison sont l'effet immédiat de l'action de Dieu sur l'âme » (*ibid.*, p. 87). C'est donc par Dieu que l'ordre naturel trouve son accomplissement dans l'homme et que ce dernier acquiert ainsi sa propre dignité :

> Ainsi, on ne doit point chercher dans le corps ni dans l'âme, ni dans le composé de l'un et de l'autre, la forme constitutive de l'homme moral, c'est-à-dire du principe actif de son intelligence, de sa force d'intention, de sa liberté, de ses déterminations morales, qui le distinguent essentiellement des bêtes. Ces attributs résultent de l'acte même du premier principe de toute intelligence et de toute activité ; de l'Être Suprême qui agit sur l'âme, qui l'affecte par des sensations, qui exécute ses volontés décisives et qui élève l'homme à un degré d'intelligence et de force d'intention, par lesquelles il peut suspendre ses décisions, et dans lesquelles consiste sa liberté. (*ibid.*, p. 83.)

Quesnay résume sa pensée en soulignant « que nos connaissances évidentes ne suffisent pas, sans la foi, pour nous connaître nous-mêmes, pour découvrir la différence qui distingue essentiellement l'homme ou l'animal raisonnable, des autres animaux… » (*ibid.*, p. 86).

Il résulte des propos de l'auteur que l'ordre naturel auquel est soumis l'homme sur la terre se constate, d'abord, dans la connaissance sûre (évidences) qu'il a des choses physiques, mais aussi dans le travail de la mémoire et de l'intelligence qui, sous l'égide de l'intelligence divine, est à même de s'assurer de la validité des « vérités réelles ». En définitive, comme le souligne Marianne Fischman, « Quesnay, parti de la définition d'un ordre naturel physique dont les lois s'énoncent sous la forme de "vérités réelles", fait finalement valoir son caractère métaphysique en tant qu'ordre créé par Dieu » (Fischman, 1998, p. 67).

– Le droit naturel, fondement de l'ordre naturel

Au chapitre v de l'*Essai physique sur l'économie animale* (Quesnay, 2005, p. 111), intitulé « Du droit des hommes réunis en société sous une autorité souveraine », Quesnay précise que « les lois naturelles sont ou physiques ou morales » (*ibid.*, p. 121). Il en décrit la portée :

> On entend ici par loi physique le cours réglé de tout événement physique de l'ordre naturel évidemment le plus avantageux au genre humain. On entend ici par loi morale la règle de toute action humaine de l'ordre moral conforme à l'ordre physique évidemment le plus avantageux au genre humain. Ces lois forment ensemble ce qu'on appelle la loi naturelle. (*Ibid.*, p. 130.)

L'auteur en rappelle le poids dans l'organisation et le fonctionnement de la société :

> Tous les hommes et toutes les puissances humaines doivent être soumis à ces lois souveraines instituées par l'Être suprême : elles sont immuables et irréfragables, et les meilleures lois possibles, par conséquent la base du gouvernement le plus parfait est la règle fondamentale de toutes les lois positives[11] ; car les lois positives ne sont que des lois de manutention relatives à l'ordre évidemment le plus avantageux pour le genre humain. (*Ibid.*, p. 141.)

Cette loi naturelle est donc celle qui organise et structure toute l'activité économique, qu'elle soit entrepreneuriale ou étatique.

La critique de Jean-Jacques Rousseau

Si le philosophe nous donne une étymologie identique à celle de Grivel, il n'en va pas de même lorsqu'il s'agit d'évoquer le fond de la question : Rousseau, qui ne partage pas la philosophie des nouveaux « économistes », conteste fondamentalement l'idée de considérer l'État comme une extension de la famille :

> Quand il y aurait entre l'État et la famille autant de rapport que plusieurs auteurs le prétendent, il ne s'en suivrait pas pour cela que les règles de conduite propres à l'une de ces deux sociétés fussent convenables à l'autre : elles diffèrent trop en grandeur pour pouvoir être administrées de la même manière, et il y aura toujours une extrême différence entre le gouvernement domestique, où le père peut tout voir par lui-même, et le gouvernement civil, où le chef ne voit presque rien par les yeux d'autrui. (Rousseau, 1755, t. 5, p. 337.)

En fait, le philosophe critique cet ordre naturel, mais ne penche pas pour autant du côté des solutions avancées par Vincent de Gournay ou Quesnay. Il y est même opposé car, pour lui, l'idée d'un ordre naturel paraît tout aussi néfaste pour la société qu'une libéralisation des

11 Les lois positives sont celles qui sont établies par les hommes par opposition à celles de la nature.

rapports marchands au seul profit du marché. Ce que recherche avant tout Rousseau, c'est une justice sociale qui organise les rapports sociaux pour le bien du plus grand nombre, ce qui implique que la rationalité de « l'économie » doit être non seulement compatible avec cette finalité de justice, mais soumise à la volonté générale du peuple, qui en fixe les règles par des lois. Le philosophe le rappelle de façon claire :

> Je conclus donc que, comme le premier devoir du législateur est de conformer les lois à la volonté générale, la première règle de l'*économie* publique est que l'administration soit conforme aux lois. (*Ibid.*, p. 340.)

Ainsi, donc, la rationalité de « l'économie » tient tout entière, selon lui, dans sa conformité à la logique de la volonté populaire. Entre une rationalité qui est l'expression d'un ordre naturel créé par Dieu et une rationalité conforme à une volonté générale codifiée par des lois, Vincent de Gournay va ouvrir une troisième voie, celle d'une rationalité fondée sur une « économie » libre, ouverte et responsable dont le négociant sera le pivot.

LES NOUVEAUX PRINCIPES « ÉCONOMIQUES » DU CERCLE DE VINCENT DE GOURNAY

Le terme de « cercle », qui est dû à Loïc Charles (2011, p. 70)[12], regroupe différents acteurs et auteurs de la vie économique française du XVIIIe siècle dont les idées se sont répandues dans les milieux économiques à partir de 1750 pour s'estomper, en fait, quelque dix années plus tard, avec la disparition de son chef de file, Vincent de Gournay, en 1759, sans que pour autant leur influence sur les milieux d'affaires ait cessé véritablement. Parmi ses plus fidèles représentants, il y a lieu de citer, bien sûr, l'abbé Morellet, mais aussi des hommes dont la réputation, pour certains, s'est étendue bien au-delà du cercle qui les a vus naître, tels que Véron Duverger de Forbonnais, Silhouette ou encore Clicquot de Blervache. L'influence du groupe de Gournay a trouvé également des relais parmi des parlementaires en vue de l'époque comme Turgot ou Malesherbes. On notera que la plupart des membres de ce cercle informel étaient à même de revendiquer une solide expérience de la vie des affaires, mais également un parcours souvent prestigieux au sein d'une

12 C'est en ce sens que nous favorisons l'expression « cercle de Gournay » plutôt que celle d'« école de Gournay ».

administration royale sur laquelle ils n'ont pas hésité, par ailleurs, à porter un regard souvent critique, au prix même de leur évincement, comme cela fut le cas du contrôleur général Silhouette. On peut noter à cet égard que Vincent de Gournay n'est devenu intendant du commerce (1751) sous le ministère Maurepas qu'après avoir exercé pendant plus de quinze ans la profession de négociant en Espagne (Schelle, 2014, p. 16), et notamment à Cadix, où il put apprendre tous les rouages d'une économie orientée vers le grand commerce (Cadix était une sorte d'entrepôt de toutes les marchandises arrivant d'Amérique du Sud, mais aussi le lieu où s'échangeaient les piastres à deux colonnes, qui constituaient les devises propres au commerce avec les Indes orientales) et soumise à une réglementation lourde et émaillée de privilèges dont seuls les grands du Royaume d'Espagne profitaient réellement. Véron Duverger de Forbonnais connut lui aussi la vie des affaires en travaillant aux côtés de son père (1735) pour aller ensuite en Espagne et en Italie et, finalement, s'initier au grand commerce maritime avec son oncle à Nantes (Fleury, 1915). Enfin, on peut également rappeler que Clicquot de Blervache exerça les fonctions d'inspecteur général des manufactures et qu'il publia un ouvrage audacieux critiquant ouvertement le système en place et dont le titre était *Le réformateur* (Clicquot de Blervache, 1756). Tous ces acteurs de la vie économique et administrative et économique de la deuxième partie du XVIIIe siècle ont eu en commun le désir de réformer, à la lumière de leur propre expérience de gestionnaire, un système dont les échecs répétés mettaient en péril la monarchie elle-même.

Pour nos développements, nous nous appuierons principalement sur les écrits de Vincent de Gournay lui-même. Ses textes rassemblés, d'une part, dans ses *Mémoires et lettres* (2017), d'autre part, dans ses « Remarques » (2008a) et, enfin, les « Observations » intégrées dans le Mémoire intitulé *L'examen des avantages et des désavantages de la prohibition des toiles peintes* de Véron Duverger de Forbonnais (1755, p. 72 à 90). Nous ferons appel pour compléter ces textes à ceux de ses plus fidèles collaborateurs tels que Morellet et Turgot.

Nous avons retenu parmi les différents thèmes traités par Vincent de Gournay ceux qui nous paraissaient le plus à même de mettre en valeur les principes d'une rationalité propre à la gestion, même si – comme on a déjà pu le préciser plus haut – cette dernière en tant que savoir différencié n'existait pas à l'époque. Nous examinerons donc en premier lieu le thème de l'intérêt personnel, puis celui de la liberté du commerce et des affaires ainsi que celui de la diffusion du savoir « économique », et enfin celui de la réappropriation par l'homme de la rationalité.

La recherche de l'intérêt personnel : fondement de l'« économie »

La compréhension de « l'économie » avait conduit les encyclopédistes, et plus généralement les philosophes qui se rattachaient au courant des Lumières, à s'interroger sur les raisons profondes qui expliquaient et justifiaient l'existence de « l'économie » en tant qu'activité humaine fondamentale. Helvétius, qui avait rencontré à plusieurs reprises l'abbé Morellet et qui avait évoqué avec lui ce sujet, partait de l'hypothèse – tout comme Montesquieu, Rousseau ou Diderot – que la vocation fondamentale de l'homme était le bonheur ; bonheur compris comme une satisfaction donnée à ses désirs et à ses aspirations physiques, matérielles et même spirituelles. Ce point de vue apparaissait à l'époque, sinon comme une idée révolutionnaire, du moins comme une position largement contraire à celle défendue par l'Église catholique, qui considérait que le bonheur était inséparable du salut. Pour Helvétius, le bonheur de chacun ne passait pas par la rédemption chrétienne, mais plutôt par la nécessaire reconnaissance d'un ego qui avait des droits irréfragables à être heureux. Helvétius, dans son livre *De l'esprit* (1758), posait comme axiome que l'intérêt personnel guidait le monde :

> Je me crois en droit de conclure que l'intérêt personnel est l'unique et universel appréciateur du mérite des actions des hommes. (*Ibid.*, discours II, chapitre II, p. 54.)

Il ajoutait :

> L'on verra que, toujours le même dans ses jugements, le public ne prend jamais conseil que de son intérêt ; qu'il ne proportionne point son estime pour les différents genres d'esprit à l'inégale difficulté de ces genres, c'est-à-dire au nombre et à la finesse des idées nécessaires pour y réussir, mais seulement à l'avantage plus ou moins grand qu'il en retire. (*Ibid.*, discours II, chapitre XII, p. 121.)

Bentham, qui était un familier de l'œuvre d'Helvétius et dont il ne cachait pas l'influence, ne disait pas autre chose lorsqu'il affirmait :

> Il est certain que tout homme agit en vue de son propre intérêt ; ce n'est pas qu'il voit toujours son intérêt là où il est véritablement ; car, par là, il obtiendrait la plus grande somme de bien-être possible ; et si chaque homme, agissant avec connaissance de cause dans son intérêt individuel, obtenait la plus grande somme de bonheur possible, alors l'humanité arriverait à la suprême félicité, et le but de toute morale, le bonheur universel serait atteint. (Bentham, 1834, p. 27.)

C'est pourquoi, une fois l'intérêt personnel admis comme principe moteur de l'activité « économique », l'exercice du commerce ne constituait plus, par lui-même, une activité moralement critiquable. C'est d'ailleurs pour cette raison que Vincent de Gournay demanda l'ouverture de cette activité aux nobles sans que ceux-ci ne tombent en dérogeance[13].

Cependant, la question qui se posait était celle de savoir si les intérêts particuliers étaient compatibles avec l'intérêt général. Sur ce point, Rousseau estimait que cela était impossible :

> Il est faux que dans l'état d'indépendance la raison nous porte à concourir au bien commun par la vue de notre propre intérêt : loin que l'intérêt particulier s'allie au bien général, ils s'excluent l'un l'autre. (Rousseau, 1762, p. 52.)

À l'inverse, l'auteur de *La fable des abeilles ou les fripons devenus honnêtes gens* (Mandeville, 1740, p. 75) défend l'idée qu'un intérêt particulier égoïste et mauvais est de nature à servir l'intérêt général, comme l'affirme le sous-titre de son livre « Où l'on prouve que les vices des particuliers tendent à l'avantage du public ». Mais Bentham opposera la nécessité morale[14], qui « régularise l'égoïsme et, comme un intendant actif et sage, [elle] administre notre revenu de félicité, de manière à nous en faire retirer le plus d'avantages possible » (1834, p. 193). Montesquieu et Rousseau soulignent eux aussi les dangers intrinsèques d'un intérêt particulier mal contenu et, s'il est vrai que selon eux cet intérêt n'est pas mauvais en soi, il faut cependant impérativement le borner par des lois qui assurent la préservation de l'intérêt général. Vincent de Gournay, qui n'ignore rien de ces théories philosophiques, estime quant à lui que la recherche de l'intérêt particulier n'est pas seulement légitime, elle

---

13 Selon *l'Encyclopédie* de Diderot et d'Alembert, « dérogeance est un acte contraire à quelque dignité ou privilège, par lequel on est censé y renoncer, dont, et en tout cas, on est déchu ». Le commerce et le travail de la terre étaient interdits aux nobles, sous peine de dérogeance, à l'exception du grand commerce maritime.

14 Il parle de déontologie.

permet aussi et avant tout le développement de l'efficacité économique. Comme il le rappelle à propos de l'artisan de confectionneur d'étoffes :

> Son intérêt particulier lui apprendra toujours comment il les doit faire pour en avoir le débouché ; qu'un sujet n'en est pas moins soumis à son Prince pour faire des étoffes suivant son génie. (Vincent de Gournay, 2008, p. 75.)

Turgot, dans son *Éloge à Gournay*, évoquant le travail des artisans, le dira de façon plus explicite encore : « L'intérêt particulier abandonné à lui-même produira toujours plus sûrement le bien général que les opérations de gouvernement toujours fautives et nécessairement dirigées par une théorie vague et incertaine » (Turgot, 1759, p. 22). Élargissant son point de vue, il ajoute :

> Or, il est clair que l'intérêt de tous les particuliers, dégagé de toute gêne, remplit nécessairement toutes ces vues d'utilité générale. (*Ibid.*, p. 18.)

Ainsi, c'est sur la base d'un intérêt particulier « bien entendu », comme l'a souligné Montesquieu (1748)[15], que la réalisation de profits par les commerçants et les artisans pouvait devenir source d'enrichissement pour eux-mêmes et pour la nation tout entière.

La liberté du commerce et de l'administration des affaires

C'est dans l'exercice libre de leur activité que tous les acteurs de la vie économique trouvent la satisfaction de leur propre intérêt. Nous la retrouvons dans cette formule[16], chère à Gournay, « laisser faire, laisser passer », dont Mirabeau en a fait la louange :

> Un autre plus ardent encore sut, dans le sein du commerce où il avait été élevé, puiser ces vérités simples et naturelles mais alors si étrangères qu'il exprimait par le seul axiome, qu'il eût voulu gravé sur toutes les barrières quelconques *laisser faire et laisser passer*. Reçois, ô excellent Gournay, cet hommage dû à ton génie créateur et propice[17]. (Mirabeau, 1768.)

15 « Il est heureux pour les hommes d'être dans une situation où, pendant que leurs passions leur inspirent la pensée d'être méchants, ils ont pourtant intérêt de ne pas l'être » (Montesquieu, 1772, livre XXI, chapitre XX, p. 475).

16 « Ces deux mots "laisser faire et laisser passer", étant deux sources continuelles d'actions, seraient donc pour nous deux sources continuelles de richesse » (Vincent de Gournay, 2017, p. 58).

17 Extrait du journal : *Éphémérides du citoyen ou bibliothèque raisonnée des sciences morales et politiques*, coll. Institut Copernic, tome second, p. 67-68.

Cette liberté doit actionner prioritairement quatre leviers essentiels de la performance « économique », savoir : la concurrence, la déréglementation, la suppression des corporatismes et la formation des hommes à la nouvelle « science » du commerce.

– La concurrence

Gournay voit dans le monopole le type même d'organisation économique qui est néfaste pour les commerçants et le pays parce qu'il empêche la concurrence :

> On entend, je crois par monopoleur, quelqu'un qui cherche à rassembler et à se rendre maître de toute une denrée pour la vendre ensuite le plus cher qu'il lui est possible, par la nécessité où chacun se trouve de passer par ses mains ? Or personne ne peut se rendre seul maître d'une denrée que lorsque le commerce en est gêné, et que quelqu'un a la liberté d'en acheter à l'exclusion des autres : si l'on permet donc à tout le monde d'acheter du blé et d'en faire des magasins sous certaines règles générales, bien des gens auront peut-être envie de devenir monopoleurs ; mais dans le fait, personne ne le sera parce que la concurrence qui naîtra de la liberté fera que beaucoup de gens voulant acheter du blé, personne ne s'en emparera en entier. (Vincent de Gournay, 2008b, p. 86.)

Et il ajoute qu'« un magasin ouvert en fait ouvrir cent, personne ne voulant être le dernier dans la crainte d'être obligé de garder une denrée[18] dont la conservation est fort difficile et fort coûteuse ; c'est le concert[19] qui fait les monopoles ; mais la liberté, empêchant le concert, empêche le monopole » (*ibid.*, p. 86). Et il rappellera à propos du commerce du blé que « [...] c'est une maxime fondamentale que, pour que le commerce fleurisse, il faut qu'il soit libre [...] » (*ibid.*, p. 85). La question de la liberté donnée aux armements de s'installer dans n'importe quel port de France sera également l'occasion pour l'intendant du bureau du commerce de se déclarer favorable à une plus grande concurrence entre entreprises appartenant au même secteur d'activité. Car celle-ci produirait « nécessairement une plus grande économie dans nos armements et notre navigation, seul moyen de conserver notre commerce, attaqué

18 L'auteur parle ici du blé.

19 Le mot « concert » est pris dans le sens « d'entente ». Le *Dictionnaire universel des mots français* (1690), d'Antoine Furetière, indique : « Concert signifie, figurément, l'accord de plusieurs personnes en l'exécution de quelques desseins. »

comme il l'est aujourd'hui par des nations plus économes que nous, et à qui l'argent coûte moins » (*ibid.*, p. 146). Et il se propose d'étendre cette concurrence entre les ports du royaume :

> Le même principe qui porte à désirer que l'on rende le commerce commun et libre à tous les ports du royaume, sous les mêmes règles comme il est en Angleterre et en Hollande, fait désirer aussi que l'on examine s'il ne conviendrait pas d'étendre à nos ports de l'Océan la permission d'envoyer des navires au Levant concurremment avec Marseille. (*Ibid.*, p. 172.)

Mais c'est Turgot qui résume le mieux la vision de Gournay sur la nécessité de l'établissement d'une saine concurrence entre producteurs et consommateurs :

> La liberté d'acheter et de vendre est le seul moyen d'assurer, d'un côté, au vendeur un prix capable d'encourager la production, de l'autre, au consommateur la meilleure marchandise au plus bas prix. (Turgot, 1759, p. 19.)

En d'autres termes, la situation de concurrence est celle qui garantit le mieux la réalisation de profits au négociant.

– La déréglementation

La déréglementation, Gournay la réclame à cor et à cri, car les textes coercitifs qui sont appliqués aux entreprises constituent, pour elles, des obstacles inutiles et coûteux, alors que les Anglais et les Hollandais, dont le commerce est prospère, s'en sont débarrassés depuis longtemps. Il y a d'abord la lourdeur des règlements qui sont imposés aux artisans et à leurs compagnons et qui portent sur l'organisation et la gestion de leur travail. Dans ses « Remarques » portant sur le chapitre 8 du livre de Child, Gournay s'en plaint ouvertement :

> On a si fort multiplié les règlements dans nos fabriques que l'on a cru que l'on pouvait conduire le commerce sans hommes de commerce. (Vincent de Gournay, 2008b, p. 194.)

Par ailleurs, l'administration royale a recours souvent aux amendes et aux pénalités de toutes sortes pour punir les comportements non conformes. Dans un courrier du 1er septembre 1752 adressé à Trudaine, qui était alors son ministre de tutelle, Gournay donne son « Avis sur la création d'un projet de règlement pour l'établissement d'une Caisse générale sur les amendes » :

> Dans le principe où je suis que le commerce peut et doit se conduire sans confiscations et sans amendes pour raison de fabriques et que notre commerce et nos manufactures n'acquerront jamais l'accroissement dont elles sont susceptibles, tandis que nous suivrons le système opposé qui est contraire à celui de toutes les nations commerçantes de l'Europe, je ne puis être de l'avis de l'établissement d'une caisse générale [...]. (*Ibid.*, p. 175.)

Il termine sa lettre en faisant remarquer « qu'il est fâcheux de faire supporter à nos fabricants les appointements des inspecteurs, car, sans vouloir discuter ici s'ils sont nuisibles aux fabriques, il est certain que le fabricant français qui contribue à payer un inspecteur est dès lors plus chargé que le fabricant anglais ou hollandais, son concurrent, qui n'en paie point » (*ibid.*, p. 176)[20]. S'agissant du public en général, dont certains affirment qu'il serait abusé sans réglementation, il en conteste l'idée avec vigueur :

> Les règlements ont été faits, dit-on, pour empêcher le public d'être trompé ; mais le public n'achète point en corps et ne nous a point chargés de ses affaires. Le public n'est autre chose que chaque particulier qui achète ou pour sa propre consommation, ou pour faire commerce ; dans ces deux cas, il doit savoir mieux que personne ce qui lui convient. (*Ibid.*, p. 78.)

Mais il y a plus critiquable encore. En effet, non seulement la réglementation freine le développement des affaires, mais elle en favorise le dévoiement par la fraude :

> Une des choses qui favorise encore le plus la contrebande chez nous sont des formalités sans nombre, auxquelles nous avons assujetti le commerce permis et légitime ; souvent un homme après avoir passé par trois ou quatre bureaux est saisi au cinquième, parce que la corde à laquelle son plomb était attaché s'est usée, ou que les plombs sont effacés ; en sorte que, jusqu'à ce qu'une marchandise soit arrivée à destination, elle est dans un risque continuel d'être saisie, souvent sans la faute du propriétaire ; tout cela favorise le contrebandier qui, n'ayant qu'un seul risque à courir, qui est celui d'être pris, met toute son étude à s'en garantir soit par force ou par adresse et y réussit ordinairement. (Vincent de Gournay, 2017, p. 52.)

20 *Ibid.*, p. 176.

Gournay aspire pour la France à une « économie » libérée de ses contraintes administratives, comme cela existe dans des pays au commerce florissant comme l'Angleterre et la Hollande, afin de laisser au commerçant ou au manufacturier la possibilité de prendre des décisions rationnelles qui soient conformes à son intérêt personnel.

– La suppression des corporatismes

L'expérience de Gournay en tant qu'intendant du commerce lui a fait comprendre que l'un des obstacles majeurs au développement du commerce est l'existence d'îlots de privilèges et de droits interdisant l'ouverture d'une profession à de nouveaux acteurs. Dans ses « Remarques », il fustige ces corporatismes qui ruinent les possibilités de croissance des affaires :

> Mais ces choses que l'intérêt particulier cache au sujet ne doivent pas échapper aux yeux du gouvernement, qui doit sentir qu'un des plus grands obstacles à l'industrie, à la naturalisation des étrangers et à l'augmentation des sujets du Roi, sont les statuts et les privilèges des communautés ; il ne faut que lire ceux des fabricants, des passementiers, tireurs d'or, des teinturiers et des principales communautés de Lyon pour en sentir la barbarie. (Vincent de Gournay, 2008, p. 175.)

Et le résultat d'une telle politique est qu'elle prive les entreprises de gens qui sont à même de leur faire profiter de leur savoir-faire et de leurs idées innovantes :

> Mais ceux qui sont en possession de ses privilèges, pour peu qu'ils aient des connaissances d'industrie n'ont pas à craindre que d'autres, qui sont plus industrieux et plus ingénieux, leur enlèvent et les privent de leurs profits en exerçant les mêmes arts et métiers. (*Ibid.*, p. 181.)

Le fonctionnement de ces corporations se traduit le plus souvent par des conflits qui les minent durablement et qui lèsent gravement le commerce dans son entier :

> Comment a-t-on pu se flatter qu'on pourrait diviser en professions aussi analogues et dépendantes en quelque façon les unes des autres pour la composition et la perfection des étoffes sans les mettre dans le cas d'entreprendre tous les jours l'une contre l'autre, et de se regarder toujours comme ennemies et, au lieu de concourir à étendre le commerce, ne s'occuper qu'à se détruire les unes les autres et avec elles la totalité du commerce de Lyon. (*Ibid.*, p. 35.)

Ainsi, le corporatisme non seulement empêche le commerçant d'agir librement, mais en plus il lui occasionne des dépenses inutiles et coûteuses.

LA « SCIENCE DU COMMERCE », UN GAGE DE RÉUSSITE POUR LE NÉGOCIANT

Le royaume de France manque de sujets qui disposent d'une bonne connaissance de « l'économie ». L'intendant du commerce en fait le constat douloureux :

> En France au contraire, ceux qui font nos lois, n'étant point hommes de commerce [...]. (*Ibid.*, p. 192.)

La noblesse, qui ne peut exploiter ni terre ni commerce, sous peine de dérogeance, est incitée par Gournay à s'initier au commerce :

> Il serait à désirer que la haute noblesse et les personnes les plus distinguées de robe prissent les lumières du commerce et ne dédaignassent pas de s'intéresser dans les entreprises de négociants [...]. (Vincent de Gournay, 2017, p. 33.)

Mais partout dans l'administration le manque de culture commerciale est patent :

> On a livré presque entièrement l'administration des fabriques à des inspecteurs ; ces hommes sans connaissance des principes du commerce ont fait des règlements par état, en multipliant les lois. (Vincent de Gournay, 2008, p. 194.)

Il y a bien sûr, en premier lieu, l'apprentissage, qui doit autoriser la formation de bons maîtres et de bons ouvriers. Mais l'accession à un grade supérieur est difficile, et son coût est élevé. Commentant le chapitre 7 du livre de Child, Vincent de Gournay constate :

> L'exclusion aux apprentis mariés, la longueur des apprentissages, qui dans certaines communautés sont de quinze ans et dans la plupart de dix, la cherté des réceptions à la maîtrise, dont le prix est encore doublé ou triplé pour les étrangers [...] font connaître qu'il n'y a point d'absurdité dont l'intérêt particulier ne s'avise et que l'usage ne rend ensuite familier. (*Ibid.*, p. 175).

Cette inculture qui nuit tant à « l'économie » de notre pays, il veut la conjurer par l'apprentissage des règles du commerce et leur diffusion parmi le plus grand nombre de personnes :

> Ceux qui réfléchiront à l'ouvrage de M. Child reconnaîtront que le commerce n'est point une science obscure et abstruse[21], mais que les principes en sont aussi simples qu'ils en sont certains. (*Ibid.*, p. 330.)

Simplement parce que « la science du commerce n'est autre chose que de savoir tirer parti des avantages de son pays, d'y mettre l'argent et les hommes en action, et les terres en valeur. Y a-t-il quelqu'un dans le monde de trop élevé pour s'occuper d'objets aussi nécessaires au bonheur et à la puissance de tout État quelconque ? » (*ibid.*, p. 219). Car la connaissance du commerce a pour vertu de rendre la vie « économique » plus saine et plus efficace :

> C'est que l'esprit de commerce entraîne avec soi celui de frugalité, d'économie, de modération, de travail, de sagesse, de tranquillité, d'ordre et de règle. Ainsi, tandis que cet esprit subsiste, les richesses qu'il produit n'ont aucun mauvais effet. (Montesquieu, 1772, livre V, chapitre VI, p. 56).

On voit que la science du commerce au sens où l'entend Gournay est un savoir qui concerne autant le développement des affaires que l'intérêt général, et même la morale. Pour lui, le commerce n'est pas seulement un art et une technique, mais aussi une vertu. Par ses effets bienfaisants, le savoir « économique » est alors un facteur de paix sociale, comme le rappelait Montesquieu quelques années avant lui lorsqu'il déclarait que « l'effet naturel du commerce est de porter à la paix » (Montesquieu, 1772, livre XX, chapitre I, p. 411). Le partage d'une culture « économique » par le plus grand nombre est la condition même du succès pour le négociant et pour tous ceux qui traitent avec lui, car la réalisation des affaires se fait, alors, selon des principes et des règles communes qui en facilitent la réalisation et la réussite.

UNE RÉAPPROPRIATION DE LA RAISON « ÉCONOMIQUE » PAR L'HOMME

La liberté ne conditionne pas la raison, elle lui offre seulement le cadre plénier d'un exercice complet de sa capacité à pouvoir structurer les données de l'expérience en un savoir logique et utilisable par l'homme. Or, avec le cercle de Gournay, ce nouveau « savoir économique » replace la rationalité au cœur de l'activité du négociant et de ses projets là où son libre arbitre le conduit à prendre des décisions conformes aux buts

21 « Difficile à comprendre, obscure, absconse », *Dictionnaire Larousse*.

qu'il s'est fixés. De cette manière s'opère un déplacement épistémologique significatif dans lequel la logique de la loi naturelle disparaît au profit de celle de l'intérêt personnel, c'est-à-dire un temps où la raison « économique » perd son caractère hétéronome pour se mettre au service du négociant. Et le rôle de cette nouvelle rationalité est de rendre compatible une liberté ouverte à l'innovation et aux risques, avec un intérêt personnel soucieux de gains. Ainsi, au lieu d'être une contrainte pour lui, elle devient une alliée puissante qui participe à l'élaboration de solutions nouvelles qui rendent tangibles le développement de ses affaires et la réalisation de profits[22]. Tout le travail de Morellet et de Gournay consistera alors à tracer les lignes de force par lesquelles cette nouvelle rationalité va s'imposer concrètement dans la vie du négociant.

LA MISE EN ŒUVRE DE LA NOUVELLE RATIONALITÉ DANS L'EXAMEN DE LA SITUATION DE LA COMPAGNIE DES INDES

Le mémoire de l'abbé Morellet sur « la situation de la Compagnie des Indes » (1769) se compose de deux éléments : d'une part, une analyse sur la situation financière proprement dite de la Compagnie, dont il tire des conclusions à charge, et, d'autre part, une critique plus générale portant sur le système « économique » dont cette société fut, en quelque sorte, le symbole. Le contexte dans lequel cet ouvrage parut mérite d'être rappelé ici, tant ce texte y contribua. En effet, la première critique de Gournay sur la Compagnie des Indes remonte à 1752, à une époque où celle-ci connaissait déjà des difficultés, mais dont l'ampleur semblait

22 Le profit n'a pas encore été conceptualisé au XVIIIe siècle. Le *Dictionnaire raisonné* de Diderot et d'Alembert (t. 13, p. 428) en donne une définition qui montre son caractère imprécis et général « PROFIT, GAIN, LUCRE, ÉMOLUMENT, BÉNÉFICE. Le *gain* semble être quelque chose de très casuel, qui suppose des risques et du hasard : voilà pourquoi ce mot est d'un grand usage pour les joueurs et pour les commerçants. Le *profit* paraît être plus sûr, & venir d'un rapport habituel, soit du fonds, soit d'industrie : ainsi l'on dit les *profits* du jeu, pour ceux qui donnent à jouer ou fournissent les cartes ; et le *profit* d'une terre, pour exprimer ce qu'on en retire outre les revenus fixés par les baux. » Le profit n'est pas différencié de l'intérêt personnel par Adam Smith, mais commence à l'être avec J. B. Say.

maîtrisable. Si cette critique – dont le texte est reproduit en deuxième partie de l'ouvrage de Morellet – n'eut pas un effet considérable sur les actionnaires et le pouvoir royal, elle n'en fut pas moins le point de départ d'une série d'interrogations sur la pertinence du choix de la forme monopolistique pour le grand commerce indien. Ce questionnement faisait par ailleurs écho aux polémiques qui s'étaient déjà produites quelques décennies auparavant à propos de la liberté du commerce des toiles peintes et du grain, dont Gournay et Morellet avaient été les brillants avocats[23]. À toutes ces discussions était associée celle de la liberté du commerce, dont l'enjeu dépassait largement celui du simple commerce puisqu'étant de nature, sinon à remettre en cause le régime politique lui-même, du moins à en contester l'autoritarisme à la faveur d'une plus grande liberté individuelle. Cette critique trouva un écho d'autant plus large avec la Compagnie des Indes que celle-ci connaissait une situation de quasi-faillite. L'impact qu'eut la publication du mémoire de Morellet fut alors considérable car il proposait ni plus ni moins que de mettre un terme au monopole de la Compagnie, c'est-à-dire de la priver – c'est du moins ce que pensait la majorité des actionnaires – d'une partie importante de son chiffre d'affaires, et donc de son bénéfice[24]. La séance du 29 mars 1769, présidée par le banquier Panchaud, fut consacrée à la lecture du mémoire du Comte de Lauraguais, qui contestait la thèse de Morellet. L'assemblée resta hésitante et ne crut pas devoir trouver dans les propositions de Lauraguais une solution aux problèmes qui se posaient à elle. Lorsque Necker, ancien contrôleur général des finances, s'empara du dossier (1769), une nouvelle dimension fut donnée à l'affaire. Cependant, en dépit d'un argumentaire qui contrait assez efficacement celui de Morellet sur un certain nombre de points cruciaux, Necker ne put obtenir gain de cause au profit des partisans du monopole. En effet, Morellet lui répondit, et le contrôleur général des finances Maynon d'Invault, qui s'était rallié aux idées de Gournay lui donna raison, ce qui se traduisit par la promulgation de l'arrêt du 13 août 1769.

Dans un premier temps, nous rappellerons, de façon succincte, les résultats du diagnostic posé par l'abbé Morellet (1769) sur les cinquante

23 Notamment : « Examen des avantages et désavantages de la prohibition des toiles peintes ».
24 En fait, tous ceux qui avaient placé une partie de leur fortune ou, plus simplement, leurs économies dans le capital de la Compagnie des Indes craignaient fort que les événements de 1719 (faillite Law) se reproduisent.

années d'activité de la Compagnie des Indes, puis, dans un deuxième temps, nous analyserons les solutions proposées par le cercle de Gournay – sur la base des nouveaux principes « économiques » édictés par Vincent de Gournay pour rendre profitable le commerce avec les Indes orientales.

LE MÉMOIRE DE 1769 DE L'ABBÉ MORELLET SUR LA COMPAGNIE DES INDES OU L'HISTOIRE D'UNE RATIONALITÉ DÉFAILLANTE

L'analyse de la situation de la Compagnie des Indes a fait l'objet de nombreux mémoires, qui ont été établis dans le but, soit de défendre le monopole de la Compagnie, soit, au contraire, d'en demander la suppression. Le mémoire de l'abbé Morellet (1769), qui entre dans cette dernière catégorie, présente l'avantage, par rapport aux autres mémoires, de fournir à l'appui de sa thèse de nombreux éléments chiffrés sur la Compagnie. En outre, ce mémoire contient, en annexe, les observations de Vincent de Gournay sur le rapport qui avait été établi par M. de Silhouette au contrôleur général des finances sur la situation financière de la Compagnie des Indes en 1755 (Vincent de Gournay, 1755). Ces deux documents[25] se complètent et défendent âprement – sans doute parfois aussi de façon polémique – l'idée selon laquelle le monopole de la Compagnie des Indes doit être supprimé au profit d'un commerce libre, ouvert aux particuliers.

Ces deux auteurs développent leur thèse en deux étapes, pas toujours bien délimitées, mais toujours perceptibles : tout d'abord, ils dressent un inventaire des faiblesses et des défauts dont la Compagnie leur apparaît souffrir, puis, dans un second temps, ils tentent de démontrer, à partir des principes « d'économie » qu'ils ont établis, les résultats qu'on obtiendrait en les appliquant à la gestion de la Compagnie. En fait, ils utilisent les nouveaux principes de rationalité tels que Gournay a pu les définir comme une grille de lecture : tous les événements et toutes les décisions essentielles de la Compagnie sont passés au crible d'une rationalité pensée par des acteurs libres et responsables.

Morellet, dans les première et deuxième questions de son mémoire de 1769 et Vincent de Gournay dans son mémoire (publié par Morellet à la

25 Pour le mémoire de l'abbé Morellet, notre analyse porte essentiellement sur les pages 173 à 260, relatives à la « troisième question ». Les « première question » et « deuxième question » du mémoire traitant essentiellement des aspects financiers et comptables de la Compagnie.

fin de son propre mémoire), dénoncent tous deux, à propos de la situation de la Compagnie des Indes, et à quinze ans d'intervalle, les mêmes défauts et les mêmes échecs qui ont marqué, selon eux, la gestion de cette société. Si les éléments de réponse apportés à la « première question » et à la « deuxième question » du mémoire de l'abbé Morellet n'abordent presque exclusivement que l'aspect financier de la Compagnie, en revanche ceux concernant la première partie de la « troisième question » s'attachent à démontrer que l'État s'est ruiné en soutenant la Compagnie et qu'elle ne peut plus compter sur son soutien. Mais c'est en fait dans la seconde partie (Morellet, 1769) de cette dernière question que la philosophie du commerce est exposée par l'auteur, de sorte que l'ouvrage trouve sa justification et son unité dans cette dernière partie. Cette démonstration étant suivie du texte de Vincent de Gournay de 1755, qui se présente en fait comme l'argumentaire de référence pour Morellet.

Un constat général est fait par le censeur de la Compagnie : depuis qu'elle existe, la Compagnie affiche une rentabilité qui ne cesse de baisser. Morellet compare, d'une période de quatre ans sur l'autre, l'évolution, depuis 1725 et pendant quarante ans, du « capital de commerce » de la Compagnie et de « son revenu libre ». Le capital de commerce correspond au capital de la société duquel on retranche « les fonds morts[26] » et le principal des rentes viagères. Quant au « revenu libre » de l'exercice, il est composé principalement du produit de la ferme du tabac reçu dans l'année, duquel on déduit le montant des rentes viagères annuelles. L'examen des bilans, ainsi retraités, fait ressortir que la Compagnie a perdu, de 1725 à 1769, 70 415 724 livres (*ibid.*, p. 120) et, si l'on y ajoute la partie des sommes versées par les actionnaires directement au capital, cette perte monte à 84 188 524 livres (*ibid.*, p. 121). Ces sommes sont importantes, et l'auteur du mémoire en attribue la cause à l'existence du monopole et de la situation politique :

> Nous pourrions faire voir que toutes les causes des pertes passées, vices d'administration, frais d'établissement, dépenses excessives, guerres en Europe ou dans l'Inde, etc. sont, ou inhérentes à la constitution de toute compagnie à privilège exclusif, ou des suites nécessaires de la situation politique de l'Europe. (*Ibid.*, p. 125.)

26 « On entend par fonds morts les bâtiments tant civils que militaires et autres effets qui, pouvant être utiles à l'administration du commerce, n'en sont pas les instruments immédiats » (Morellet, 1769, p. 68).

Cette analyse globale des causes, Morellet va la détailler dans la deuxième partie de la réponse à la troisième question, à partir des nouveaux principes rationnels définis par Vincent de Gournay auxquels il donne une large application. Dès le début, il en rappelle le principe essentiel :

> Toujours le bien général résulte du bien-être des individus, et le bonheur particulier est la seule route qui conduise sûrement au bonheur général. (*Ibid.*, p. 175.)

Les déficiences de la Compagnie résultent donc de la non-application de ce principe rationnel défendu par Morellet et Vincent de Gournay.

LES REMÈDES DU CERCLE DE GOURNAY

Morellet et Gournay ont détaillé les mesures découlant d'une mise en œuvre de leurs nouveaux principes « économiques ».

Encourager l'enrichissement personnel

Le commerce des Indes orientales, ainsi que celui des Amériques, ont attiré des personnes provenant d'horizons sociaux différents qui rêvaient toutes de faire fortune aux colonies. Ce moteur inusable de la vie des affaires est mis en exergue par Morellet :

> Je dirai que ces espérances sont fondées sur une grande vérité qu'on ne peut méconnaître, la force puissante de l'intérêt particulier, et sur l'expérience mille fois répétée de tout ce que l'intérêt et la liberté réunis ont fait faire aux hommes de difficile et de grand. (*Ibid.*, p. 186.)

Il est à l'origine de l'initiative et de l'essor des entreprises conduites par des particuliers :

> Un commerçant particulier se meut, s'agite dans l'enceinte où sa fortune et son état actuel le tiennent renfermé, il parvient bientôt à l'étendre, il cherche et découvre de nouvelles routes à la richesse et les suit avec ardeur, il porte ses spéculations au Nord, au Midi, en Asie, en Amérique, des vaisseaux volent à ses ordres et apportent de toutes les parties de la terre des objets de désirs et de besoins pour les hommes, et des richesses pour lui. (*Ibid.*, p. 198.)

Il souligne alors que les bénéfices qu'acceptent ces entreprises peuvent être plus modestes que ceux des grandes compagnies et leur suffire :

> C'est là une chose connue et constante ; mais c'est ce qu'on verra presque toujours arriver dans les entreprises de compagnies à privilèges exclusifs, parce que leurs fonds sont bornés ; au lieu que ceux du commerce général n'ont de bornes que celles que met la nature même de l'entreprise à la quotité des bénéfices, qui sont encore suffisants pour le commerce particulier, longtemps après avoir cessé de l'être pour une compagnie. (*Ibid.*, p. 204.)

En fait, l'enrichissement des particuliers suit un principe de logique gestionnaire, sans doute déjà connu et expérimenté par les négociants de l'époque, selon lequel une petite entité s'adapte mieux aux conditions d'un marché instable et risqué que de grosses sociétés appelées à gérer des structures lourdes, peu maniables et génératrices de frais.

Renforcer l'initiative et l'ardeur entrepreneuriale

Les défenseurs du monopole estiment que les opérations menées sur toutes les mers du globe à destination des terres lointaines comme l'Amérique ou les Indes orientales sont vouées à l'échec si elles ne peuvent bénéficier de la protection d'une compagnie puissante et bien installée à l'instar de la Compagnie française. L'auteur du mémoire de 1769 ironise sur les risques inconsidérément gonflés par ses détracteurs :

> Ils imaginent le vaisseau d'un négociant de Nantes ou de Bordeaux, arrivant dans les ports de l'Inde comme à une plage tout à fait inconnue, habitée par des sauvages, et n'y trouvant aucun Européen qui puisse le diriger ou s'intéresser à son commerce en en partageant les profits. (Morellet, 1769, p. 184.)

Et si on fait l'hypothèse d'une totale hostilité de tous les intervenants au marché libre, qu'ils soient anglais, indiens, chinois ou même français travaillant au sein d'une compagnie, alors « faudrait-il encore penser que le commerce libre s'établira en plus ou moins de temps malgré ces obstacles » (*ibid.*, p. 225). En effet, le commerce libre est mené par des négociants qui ont l'habitude de s'exposer aux risques, fussent-ils les plus extrêmes, parce que ces risques sont générateurs de profits et qu'ils font partie intégrante de la vie du chef d'entreprise. Car ce dernier dispose de capacités créatives et d'un dynamisme qui lui fait entrevoir et adopter les solutions adéquates :

> Je crois qu'au moins personne n'est en droit de borner les effets de cette multitude de forces toujours agissantes, dirigées par l'intérêt particulier qui sait si bien atteindre à son but. (*Ibid.*)

Et comme le résume bien l'abbé, « parce que ces négociants auraient un intérêt d'aller dans l'Inde plus grand que les risques qu'ils essuieraient » (*ibid.*, p. 237).

Contrôler les frais de structure

La recherche du profit implique la mise en place de politiques de surveillance et de contrôle des frais qui soient restrictives. Parmi les sources de frais sujettes à des débordements importants figurent en première place les frais administratifs. Traditionnellement considérés comme potentiellement nocifs pour l'exploitation, ces frais sont le plus souvent, en ce qui concerne les postes les plus élevés au sein de la Compagnie des Indes, le reflet, à cette époque, des emplois justifiés essentiellement par l'amitié, le favoritisme et le népotisme. Morellet souligne le poids toujours inconsidéré des frais de structure d'une compagnie, comme le rappelle Gournay lui-même :

> Il a toujours été évident que sa régie est bien peu analogue à l'esprit du commerce, qu'elle a fait beaucoup de dépenses très étrangères à son objet. (*Ibid.*, p. x.)

Et les chiffres sont là pour le rappeler d'après l'auteur du mémoire, s'agissant du commerce des Indes :

> Ce n'est pas qu'il n'ait donné, et qu'il ne donne même encore des bénéfices bien capables d'exciter l'industrie des négociants ; mais ces bénéfices ont été absorbés par des frais immenses. En effet, on voit que les frais ordinaires montent à près de 10 millions pour un commerce d'environ 15 millions de retours ; c'est-à-dire que ces frais sont de plus de 70 % du fonds du commerce. Que le commerce particulier épargne seulement 30 % ou 40 % de ces frais, qu'il les emploie à ouvrir et aplanir la route qu'il veut faire, il n'y a point d'obstacle qui puisse l'arrêter. (*Ibid.*, p. 188.)

Cette remarque fait écho à celle de Vincent de Gournay qui affirmait que « c'est une chose reconnue que les frais de régie d'une compagnie étant fort chers et surchargés de beaucoup de dépenses étrangères au commerce, elle ne peut faire que les commerces qui donnent de grands profits, tels que 100 % ou 80 % : tous les commerces qui rapportent moins sont perdus pour les compagnies » (Vincent de Gournay, « Supplément », 1755, *in* Morellet, p. x). Il revient du même coup sur la capacité d'adaptation des petites entités à s'en affranchir et à réaliser des bénéfices substantiels proportionnés à leur taille :

> Les difficultés sont évaluables en argent, et celui qui peut en mettre le plus à les vaincre en triomphe sûrement. Or le commerce particulier a bien plus de ressources pour cela, parce qu'il fait moins d'autres frais inutiles. Il faut qu'une compagnie paye des directeurs, des syndics, des gouverneurs, des employés sans nombre ; elle se croit dans la nécessité de représenter, on substitue le faste et la dignité à la simplicité du négociant. Le commerce libre épargne ces dépenses, en grande partie nécessaires aux compagnies. Or ce qu'il épargne ainsi, il l'emploie à vaincre les difficultés, ou à se contenter d'un moindre profit. (Morellet, p. 187.)

On notera que Gournay, dans son mémoire de 1755, en avait déjà fait l'observation :

> On peut y joindre la négligence et le peu d'intérêt que prennent les régisseurs à conduire une affaire qui n'est proprement celle de personne. Les effets de cette négligence ne sont que trop constatés par le mémoire de M. de S***. (Vincent de Gournay, *in* Morellet, p. XI.)

Ainsi, et comme l'avait déjà fait remarquer Mahé de La Bourdonnais quelques années auparavant, « un pouvoir partagé fait que l'affaire de tout le monde n'est l'affaire de personne » (Mahé de La Bourdonnais, 1827).

Morellet imagine alors ce que pourrait être la gestion de ce commerce avec les particuliers. Il aborde le problème des droits et taxes que les Indiens prélèvent sur les importations françaises :

> Les princes de l'Inde chargeront les marchandises ou le commerce particulier de droits plus considérables que ce que paye la Compagnie […]. (Morellet, 1769, p. 185.)

Mais c'est dans de telles situations que se révélera la supériorité du mode de gestion des particuliers :

> Ces droits seront encore fort pesants, le commerce particulier se réduira à une plus grande économie pour conserver des profits plus grands. On mettra plus d'intelligence dans les armements, plus de sagesse dans les dispositions des voyages. Si ces moyens ne suffisent pas, on se contentera de profits beaucoup moindres, sans que le commerce cesse pour cela de se faire et de s'étendre. (*Ibid.*)

En définitive la maîtrise des frais de gestion n'est possible et efficace que dans des entreprises dont les dimensions restent raisonnables :

> En effet, l'esprit d'économie nécessaire, pour réussir dans les affaires du commerce, ne peut se perpétuer que chez les particuliers : ceux d'entre eux qui l'ont le plus pour leurs affaires propres le perdent bientôt quand il est question d'agir pour des compagnies. Cet esprit subsistera encore plus difficilement dans une compagnie qui sera régie à Paris que partout ailleurs, surtout si le roi y est intéressé ; il est bien difficile que la brigue[27] ou la faveur n'influe un peu plus tôt ou un peu plus tard sur le choix des directeurs. D'ailleurs une façon de voir ou de penser différente dans ceux qui se succéderont pour veiller à la régie suffira toujours pour déranger le système d'administration le mieux établi. (*Ibid.*, p. 188.)

Maîtriser la gestion du personnel

La question du personnel est centrale dans des entreprises aussi exposées aux risques que celles qui font le commerce avec les Indes et la Chine. La conduite des gens d'équipages, des subrécargues et autres personnels embarqués, comme d'ailleurs des personnes à terre, nécessite une grande expérience, des méthodes et une structure adaptées :

> Une autre différence à l'avantage du commerce libre, et qui met le commerçant particulier en état de surmonter les difficultés, est qu'il est exempt, au moins en grande partie, des pertes que les compagnies essuient par la négligence ou par l'infidélité de leurs employés, de leurs chefs mêmes et de leurs administrateurs. Parmi ceux qui font leurs affaires, qui achètent ou vendent pour elles, qui sont dépositaires de leurs effets, qui en reçoivent des salaires à quelque titre que ce soit, il y en a toujours un grand nombre qui sacrifient les intérêts de la Compagnie au leur, et qui lui causent souvent des pertes d'autant plus grandes que l'entreprise est plus considérable. (*Ibid.*, p. 188.)

C'est la raison pour laquelle, le commerce initié par des entreprises de taille plus modeste que celle d'une société comme la Compagnie des Indes arrivera toujours à éviter ce type de frais imputables à une incapacité pour cette dernière à contrôler convenablement son personnel :

---

27 « Brigue : désir ambitieux qu'on a d'obtenir quelque charge ou dignité, où l'on tâche de parvenir plus par adresse que par mérite » (Furetière, tome premier, 1690). *Dictionnaire universel, contenant tous les mots français, tant vieux que modernes et les termes de toutes les sciences et des arts divisé en trois tomes*, tome premier, Rotterdam : Arnout et Reinier Leers.

> Or ce genre de pertes ne tombent que rarement sur les particuliers, dans le cas d'un commerce libre. Un négociant voit par ses yeux ; ce sont ses enfants, ses parents, ses associés qui l'aident dans ses entreprises ; tous sont également intéressés à ménager les fonds du commerce qui leur appartiennent et à multiplier les profits qu'ils doivent partager. Quant aux subalternes, ils sont veillés de plus près. Comme ils ont à répondre de leur conduite à peu de personnes et quelquefois à une seule, la malversation est sûrement punie. La protection d'un directeur prévenu soutient quelquefois un fripon, dans un poste important, contre le bien des affaires d'une compagnie. Un négociant chasse son commis sans tant de façons. Cette justice prompte et éclairée maintient l'exactitude et la fidélité, retranche des causes de déprédations, augmente les profits du commerce, et par conséquent les moyens de vaincre les difficultés qui peuvent le traverser. (*Ibid.*, p. 195.)

De plus, le commerce libre dispose de plus de souplesse pour diversifier ses embauches et trouver des personnels moins coûteux que ceux de la Compagnie :

> Il s'établira une navigation de l'Isle de France dans l'Inde qui se fera avec une très grande économie d'hommes et d'argent, parce que l'on n'y emploiera que des lascars très bons matelots du pays, qui ne se nourrissent que de riz et dont la solde est infiniment au-dessous de celle du matelot français. Plusieurs de ces lascars pourront même s'établir dans la Colonie, si on leur laisse le libre exercice de leur religion. (*Ibid.*, p. 245).

Un autre point essentiel dans la gestion du personnel affecté au grand commerce maritime est celui de sa rémunération. L'un des attraits de ce commerce est celui de pouvoir faire des opérations de pacotille, c'est-à-dire de faire du commerce pour soi-même dont le bénéfice vient ainsi augmenter sa paye. Selon Morellet, cette pacotille a constitué pour la Compagnie des Indes un véritable fléau dans la mesure où elle avait pris des proportions énormes au détriment de son propre commerce :

> On peut le dire, puisque c'est une chose connue, la Compagnie n'a jamais fait à son profit plus de la moitié du commerce de l'Inde. Un vaisseau de 900 tonneaux n'emporte pas communément plus de 500 tonneaux en marchandises pour le compte de la Compagnie à son départ d'Europe. Je ne dirai rien de tout ce qui peut se passer dans l'Inde et en Chine de contraire à ses intérêts. Au retour, la pacotille des officiers et employés fait une grande partie du chargement. Tous les frais du commerce sont payés par elle, tandis qu'elle voit lui échapper une grande partie des profits. Si un négociant particulier veut sacrifier le tiers de son gain à faciliter son expédition, je ne crois pas que personne puisse soutenir, avec quelque connaissance de cause, que le commerce dans l'Inde lui sera impossible. (*Ibid.*, p. 189.)

Et de citer un cas qui, comme le laisse entendre l'auteur du mémoire, a dû se répéter sans doute d'autres fois. Il s'agit d'une affaire dont la Compagnie a eu connaissance, manifestement, après coup :

> [...] instruite qu'il était arrivé à la fin de l'année dernière à Lisbonne deux cargaisons très riches de marchandises de Bengale et de la côte de Coromandel ; elle a été assurée que ces cargaisons avaient été chargées sur deux vaisseaux portugais pour le compte des propres employés de la Compagnie française et que probablement elles provenaient en partie des achats qu'ils avaient faits des Anglais. Ce que les employés ont fait en fraude du privilège de la Compagnie, il est vraisemblable qu'ils le feront bien plus aisément lorsqu'ils pourront adresser ces mêmes marchandises à des correspondants français et que ces envois seront par conséquent beaucoup plus considérables. Disons encore qu'on sait que, l'année dernière, il est arrivé à l'Orient pour plus de deux millions de marchandises de l'Inde en pacotilles par les vaisseaux de la Compagnie, et qu'il était encore resté à l'Isle de France le chargement d'un vaisseau en marchandises de l'Inde, qui n'avait pu trouver place sur les vaisseaux de la Compagnie. (*Ibid.*, p. 233.)

Cet engouement pour la pacotille n'avait pas épargné les îles de France et de Bourbon, dont La Bourdonnais était le gouverneur. Ainsi, lorsqu'il avait formé le projet de faire de l'Isle de France l'entrepôt du commerce de la Compagnie, et alors même que cette nouvelle organisation avait reçu l'accord du siège à Paris, il se heurta à l'opposition de nombreuses personnes qui estimaient qu'un tel projet devait entraîner des dépenses trop considérables, mais surtout « qui peut-être auraient été inutiles, parce que beaucoup de gens étaient intéressés à s'opposer à cet arrangement qui leur ôtait les moyens de faire la pacotille » (*ibid.*, p. 245).

Réduire les frais financiers

Comme cela a été dénoncé avec force par Morellet, et par Vincent de Gournay dès 1755, la Compagnie vivait à crédit et devait donc supporter de très lourdes charges financières qui grevaient fortement ses bénéfices, en raison, notamment, du taux élevé auquel elle empruntait :

> Ses opérations ont fait connaître qu'il y a plus de vingt-cinq ans qu'elle ne travaille pas sur ses propres fonds ; et il y a eu des temps où ceux qu'elle a voulu se procurer sur son crédit en Europe même ont dû lui coûter plus de 12 % à 15 % par an : en sorte qu'ayant toujours de gros intérêts à payer, ces intérêts ont consommé tous les profits qu'elle a pu faire, et les pertes sont restées à sa charge. (Vincent de Gournay, 1755, p. x.)

La cause en étant, selon nos deux contempteurs, son commerce déficitaire :

> Il est encore mieux prouvé par les faits que celui qu'a fait notre Compagnie des Indes ne lui a pas été utile puisqu'elle est aujourd'hui considérablement endettée. (*Ibid.*, p. XVI.)

Il est donc impératif que le nouveau commerce de l'Inde ne soit pas soumis à de tels frais.

Rendre plus efficace et plus saine l'organisation du commerce

Il s'agit là d'une problématique récurrente pour la Compagnie des Indes. Les dimensions de l'affaire, son organisation et son fonctionnement même sont à l'origine de la plupart de ses maux pour Morellet. C'est pourquoi, selon lui, le commerce libre, plus inventif et plus imaginatif, saura trouver des solutions aux problèmes qu'il rencontrera dans son commerce avec les Indes, car le commerce indépendant sait s'adapter :

> Il ne trouvera point de marchandises toutes fabriquées : il fera les premières cargaisons moins complètes. Mais comme, par cette raison même, les marchandises, les toiles fabriquées et prêtes à l'arrivée des vaisseaux auront été mieux vendues, l'année suivante on en trouvera davantage de faites, et ainsi jusqu'à ce que le commerce ait pris la forme la plus convenable aux intérêts combinés des acheteurs et des vendeurs. (Morellet, 1769, p. 185.)

C'est grâce à ses qualités d'adaptabilité que le commerce particulier règle les difficultés rencontrées :

> Si ce nouvel obstacle peut être surmonté, c'est bien plutôt par l'industrie particulière et libre, toujours active, ingénieuse et cachée, que par une compagnie dont tous les mouvements sont lents et toutes les démarches publiques. (*Ibid.*, p. 205.)

Mais, jusque dans les comptoirs, l'organisation peut être améliorée, par simplification des procédures. Il serait donné à ceux des nationaux qui travailleraient pour le commerce libre au sein des colonies un pouvoir et une autorité qui leur permettraient de faire régner, par eux-mêmes, l'ordre dans les affaires. Et, en cas de litiges, les affaires seraient déférées devant une juridiction locale indienne :

> Les chefs des comptoirs, représentant non plus la Compagnie actuelle, mais la Compagnie vraiment *française* de tous les négociants de la Nation, veilleraient à l'exécution des marchés faits entre les Français et les gens du pays. Ils auraient, pour punir et empêcher les friponneries entre les nationaux, la même autorité dont ils jouissent aujourd'hui. En cas de vexation, ils porteraient les plaintes du commerce aux princes du pays. Si les nations européennes le traversaient, ils s'en plaindraient en France, et on saurait bien faire cesser les injustices et les violences. En un mot, toutes les facilités que les établissements de la Compagnie donnent à son commerce aujourd'hui pourraient être, et seraient en effet, à l'usage du commerce libre. (*Ibid.*, p. 190.)

Cette nouvelle organisation permettrait, par ailleurs, de mettre fin à certains abus de position auxquels se livraient certains membres de la Compagnie. Ainsi, aux Mascareignes, où le commerce n'existait que très peu puisqu'il s'agissait d'endroits destinés essentiellement au stockage des marchandises et à la relâche des navires, les habitants ne pouvaient trouver leur subsistance que dans les magasins de la Compagnie. Mais l'accès à ces entrepôts ne leur était possible qu'avec l'accord du gouverneur; ce qui conférait à ce dernier un quasi-pouvoir de vie et de mort sur les habitants. Il pouvait les priver, à tout moment, des biens les plus élémentaires à leur survie :

> De là, ces monopoles qui procuraient aux garde-magasins et aux amis du gouverneur des fortunes aussi rapides qu'indécentes. Ils connaissaient la consommation de l'Isle; ils étaient des premiers instruits des envois faits par la Compagnie, qui jamais n'étaient proportionnés aux besoins; d'après un calcul assuré, ils achetaient, sous des noms empruntés, toute une partie de marchandises qu'ils revendaient ensuite à cent et deux cents pour cent de bénéfice. (*Ibid.*, p. 241.)

Ce type d'abus, imputable à une organisation incapable de surveiller et de sanctionner les auteurs des faits, semblait, d'après le rédacteur du mémoire, s'être généralisé :

> Les personnes les moins curieuses et les moins initiées dans l'intérieur de la Compagnie des Indes n'ont pu ignorer que quelques membres de la direction ont trouvé un avantage plus présent et plus immédiat à faire des affaires particulières avec la Compagnie des Indes qu'à s'occuper uniquement du bien de ses affaires générales. (Vincent de Gournay, 1755, p. x.)

Pour éviter ces dérives, Gournay prévoyait de conserver la structure de la Compagnie des Indes, mais uniquement pour lui confier l'exercice d'un pouvoir régalien (impôts, armées, fortifications, etc.), l'activité commerciale étant dévolue aux particuliers :

> Les frais de régie immenses dont il est surchargé, qui ont absorbé et absorberont toujours les profits du commerce, on leur proposât que la Compagnie restât uniquement chargée de l'entretien et de la garde de ses forts et de ses possessions, tant aux Indes qu'à la côte d'Afrique ; qu'elle ouvrit le commerce dans les possessions aux Indes, tant à tous les gens du pays qu'aux sujets du roi qui voudraient y aller négocier ; qu'elle y établît des douanes où elle percevrait 5 % tout au plus sur toutes les marchandises qui y seraient apportées de divers endroits de l'Inde. (*Ibid.*, p. XIX.)

De même :

> Les frais de régie à Pondichéry se réduiraient aux appointements du gouverneur, à ceux du conseil souverain, au paiement de la garnison et aux appointements d'un directeur de la douane et de quelques commis ; dans les autres comptoirs, ces frais seraient encore moindres. (*Ibid.*, p. XXII.)

Promouvoir la liberté du commerce dans les comptoirs

Vincent de Gournay a étudié le commerce de la Compagnie des Indes dans plusieurs régions.

– Le commerce avec Moka

Le commerce du café avec Moka n'engageait que peu de vaisseaux de la Compagnie, et de plus elle ne disposait pas des « fonds suffisants pour faire l'achat de la totalité des cafés qu'elle voulait se procurer » (Morellet, p. 195). Les particuliers participaient à ce commerce et utilisaient donc les vaisseaux de la Compagnie pour leur propre compte et revendaient, à la Compagnie à Pondichéry, le café qu'ils avaient acheté à Moka, et « on payait le tout, ou en argent avec les fonds qui étaient arrivés de France dans cet intervalle par les vaisseaux d'Europe ou en marchandises, ou en lettres de change sur France » (*ibid.*, p. 195). Ainsi, cette branche d'activité bénéficiait déjà de la liberté du commerce, qu'il convenait donc seulement de renforcer.

– Le commerce avec Surate

Morellet considère que le marché de Surate peut continuer à être exploité comme il l'a été jusqu'à présent par la Compagnie. En effet, « les particuliers continueront à faire ce commerce, et avec beaucoup plus d'avantages qu'une compagnie, parce que l'intérêt étant plus immédiat y apportera plus d'industrie » (*ibid.*, p. 197). Le poivre, l'une des ressources de la côte de Malabar, pose des problèmes de dépérissement et de transport, mais son commerce reste avantageux. De plus, c'est une épice qui se vend bien sur toute la côte asiatique.

> D'ailleurs ce comptoir est nécessaire au commerce particulier, dont un des principaux objets est l'échange des marchandises du Bengale et de la côte de Coromandel avec celles de la côte de Malabar. Au reste, ce commerce peut se faire par les particuliers à peu près comme celui de Moka, et comme il se faisait pendant l'administration de M. Dupleix. (*Ibid.*, p. 198.)

– Le commerce avec la Chine

L'intérêt du commerce en Chine tient à deux facteurs principaux : le premier est qu'on peut le pratiquer sans avoir recours à de gros investissements et le second en raison des fortes marges que l'on peut dégager sur les produits importés de ce pays. En effet, s'agissant du premier de ces facteurs, il est vite apparu à la Compagnie que, pour réaliser un commerce profitable avec la Chine et avec les autres pays qui y venaient aussi commercer, l'établissement d'un comptoir n'était pas nécessaire, et l'envoi sur place d'un personnel relativement important, comme cela était le cas en Inde, ne s'imposait pas ici, même si la présence d'employés en plus grand nombre constituait certainement un avantage pour la réalisation des affaires. Seuls quelques négociants, restant sur place, permettraient d'assurer le suivi et la conclusion de contrats portant sur les marchés les plus courants. En ce qui concerne le second facteur, les produits comme le thé, la porcelaine ou les soieries offraient des marges très nettement supérieures à celles que l'on obtenait avec les produits indiens :

> Ce commerce lui a rendu jusqu'à 140 % de bénéfice d'achat à la vente. On conçoit facilement que des négociants de Nantes ou de Bordeaux, qui sont des commerces dans lesquels le bénéfice de l'achat à la vente n'est pas la dixième partie de celui-ci, pourront fort bien entreprendre et soutenir le commerce de Chine. Le défaut d'employés sédentaires à la Chine pourrait donc laisser

> au commerce libre des gains beaucoup moins considérables que ceux de la Compagnie, sans qu'il cessât d'être possible et de se soutenir. (*Ibid.*, p. 202.)

De plus, la ville de Canton est gérée habilement par les Chinois, et les échanges s'y déroulent entre pays sans heurts :

> La ville de Canton est un marché très considérable dans lequel sont admises toutes les nations : elles y vivent et y contractent sous l'autorité des lois du pays. Les contestations, auxquelles leur rivalité peut donner lieu, ne s'y décident point par la violence ; enfin elles ne peuvent y combattre que par les efforts de l'industrie. (*Ibid.*, p. 201.)

Il apparaît donc que le commerce avec la Chine puisse s'ouvrir sans difficulté aux particuliers.

– L'accroissement du commerce avec les Indes

Le commerce avec les Indes a toujours posé des problèmes à la Compagnie parce que, si d'un côté elle y voyait le moyen de donner à ses dirigeants et à ses employés le moyen de compléter des appointements qu'elle ne souhaitait pas ou ne pouvait pas augmenter, d'un autre elle y discernait une concurrence dont le succès risquait de se faire au détriment de son propre chiffre d'affaires. Comme la Compagnie des Indes vivait sous le régime de « l'exclusif » et ne pouvait donc autoriser un tel commerce sans se trouver en contradiction avec son statut privilégié, elle ne l'autorisait que dans la mesure où celui-ci ne prenait pas une importance trop marquée. Sous le régime monopolistique, la Compagnie a seule le droit « de porter des marchandises de l'Europe dans l'Inde, et d'en rapporter des retours ; ainsi, les particuliers sont totalement dans la dépendance de la Compagnie ; leur commerce est nécessairement restreint à certaines espèces de marchandises, et ils ne peuvent se charger de celles qui sont propres pour la consommation d'Europe, ou ils ne peuvent s'en défaire qu'en les vendant aux agents de la Compagnie qui leur font la loi » (*ibid.*, p. 239). Aussi bien, si ce commerce était rendu libre, comme le demandent les opposants au monopole, « combien il deviendrait florissant, si ceux qui l'exercent pouvaient faire leurs retours en France » (*ibid.*, p. 240), « parce qu'au bénéfice que leur donne le commerce d'Inde en Inde ils joindraient celui qu'ils feraient sur les retours en France » (*ibid.*, p. 241).

À l'inverse de la Compagnie française, l'East India Company, elle, encourageait le commerce d'Inde en Inde, et son exemple inspirait les nouveaux « économistes ». Avec la disparition du monopole souhaité par Morellet et Vincent de Gournay, la possibilité de faire du commerce avec les Indes devenait une nécessité, voire une quasi-obligation. Et ce commerce avait de plus un effet bénéfique pour l'État, « parce qu'il produit des droits de douane dans les comptoirs au profit des différentes compagnies ; qu'il contribue à étendre le crédit de la Nation, et qu'enfin les compagnies elles-mêmes trouvent souvent de grandes ressources dans la fortune et dans le crédit de ces commerçants » (*ibid.*, p. 239). En définitive, l'abbé Morellet s'interrogeait :

> Le seul commerce d'Inde en Inde prenant l'étendue dont il est susceptible ne serait-il pas un objet plus important, plus avantageux, ou au moins aussi avantageux que tout le commerce de la Compagnie ? (*Ibid.*, p. 241).

– Le commerce avec les îles de France et de Bourbon

La Compagnie des Indes a fait bénéficier ces îles d'un statut économique et administratif particulier à cette époque. En effet, elles n'ont pas été colonisées dans le but d'en faire des comptoirs, mais plutôt des entrepôts et des ports de relâche pour tous les navires en route vers le golfe du Bengale. Le régime institué par Mahé de La Bourdonnais (1735-1748) sur ces îles était singulièrement sévère – voire tyrannique –, et les populations européennes qui y étaient soumises avaient du mal à vivre correctement. Il s'ensuivait un manque d'initiative et d'allant qui étaient préjudiciable à l'activité de la Compagnie :

> Les habitants de l'Isle de France ont longtemps gémi sous le gouvernement le plus despotique et le plus capable d'étouffer toute émulation ; leur sort dépendait entièrement du gouverneur, seul vendeur et seul acheteur pour la Compagnie. (*Ibid.*, p. 242.)

Cette situation créait aussi un fort découragement parmi la population qui ne souhaitait qu'une chose c'était de quitter l'île :

> Le colon, dégoûté par ces vexations et par cette dépendance absolue, n'avait d'autre ressource que de vivre aux dépens de la Compagnie, s'il pouvait en trouver les moyens, sinon dès qu'il avait amassé quelque fortune il se hâtait de repasser en France, et il ne restait dans la Colonie que l'indigent ou le favorisé. (*Ibid.*, p. 242.)

La solution pour redynamiser ces îles consiste à y ramener des négociants :

> Du moment que la liberté sera rendue à ce commerce, plusieurs négociants pourront se fixer à l'Isle de France, ou au moins des facteurs de négociants français, qui, de là, dirigeront leurs différentes opérations dans les autres parties de l'Inde. Ces négociants encourageront encore la culture, ils attireront des ouvriers et accroîtront d'autant la population (*ibid.*, p. 245).

Dans ces îles, le vent de la liberté était bien le seul qui ne soufflât pas ; mais sa venue ici était certainement plus attendue que partout ailleurs au sein de la Compagnie.

L'ensemble des mesures préconisées par Gournay et Morellet visaient non seulement à obtenir l'arrêt d'un système considéré comme inefficace, mais plus encore à favoriser le renouvellement et l'extension d'un marché que seuls des intervenants indépendants étaient susceptibles, à leurs yeux, de mener à bien. Cette théorie allait être soumise, quelques années plus tard, à l'épreuve des faits.

L'EXPÉRIMENTATION DU COMMERCE LIBRE À LA FIN DU XVIIIe SIÈCLE ET SES RÉSULTATS

Quelques mois après la publication du mémoire de Morellet, le roi, par un arrêt du 13 août 1769, déclare (article 1er) que « l'exercice du privilège exclusif de la Compagnie des Indes aux îles de France et Bourbon, aux Indes, à la Chine et dans les mers au-delà du cap de Bonne-Espérance sera et demeurera suspendu jusqu'à ce qu'il en soit ainsi par S.M. autrement décidé[28] ». L'ouverture du grand commerce maritime aux particuliers ne fait pas pour autant taire les oppositions entre ses défenseurs et ses contradicteurs. Au vu des résultats portant sur la première décennie d'exploitation, les partisans des deux camps s'affrontent sur la base de

28 Guyot. Texte intégral de l'arrêt *in Répertoire universel et raisonné de jurisprudence civile, criminelle, canonique et bénéficial*, tome quatrième, 1784, p 251-253, et « Lettres patentes autorisant tous les armateurs à négocier dans les Indes, en Chine et dans les mars au-delà du Cap de Bonne-Espérance, en dérogation du privilège de la Compagnie des Indes, à condition que les vaisseaux feront retour dans le port de Lorient, 13 août 1769, 6 septembre 1769 », A.N., série Hérault C, C 2696.

statistiques plus ou moins exactes, et souvent orientées dans le sens souhaité par les protagonistes. Il nous a paru néanmoins intéressant d'essayer de se fixer une opinion – à partir des chiffres d'affaires publiés – sur le succès éventuel du nouveau commerce en retenant plus particulièrement trois documents dont nous avons voulu limiter la présentation à leurs seuls éléments chiffrés et aux commentaires qui les accompagnaient. En revanche, nous n'avons pas voulu retenir le texte établi, en 1788, au bénéfice des actionnaires (Hardoin de La Reynnerie, 1778), qui évoque cette question en faisant valoir des éléments uniquement à charge du commerce libre et dont le propos apparaît donc trop partisan. En revanche, l'article publié dans l'Encyclopédie Panckoucke (1784) et la position défendue par le comte de Chaptal dans son livre sur l'industrie française (Chaptal, 1819, tome premier, chapitre XX, p. 129 *sqq.*) nous ont semblé apporter des informations plus objectives. Nous joignons en outre à notre documentation le tableau figurant en annexe de *l'Histoire philosophique* de l'abbé Raynal (Raynal, 1781), qui donne une statistique portant sur la même période.

Cependant, avant d'analyser les chiffres portés sur ces différents documents, il convient de préciser que les années étudiées (1770-1785) sont marquées par deux événements majeurs qui ne restent pas sans effet sur la période considérée : c'est tout d'abord la guerre d'indépendance américaine, avec son extension à toutes nos colonies – Indes comprises – qui entraînera à cette époque un ralentissement du commerce maritime outre-mer et qui s'arrêtera avec le traité de Versailles, par le biais duquel la France perd quasiment tout son empire colonial[29]. Puis, c'est l'établissement d'une nouvelle compagnie pour le compte de la France, le 14 avril 1785. De sorte que le commerce libre a bénéficié de la totalité du marché pendant environ neuf ans.

29 De 1769 à 1780, Haïder Ali, nabab de Bangalore et allié des Français, réussit à reconquérir aux Indes un territoire important, au détriment des Anglais qui se trouvaient, de fait, presque exclus de ce pays. Les efforts déployés par ces derniers connurent un certain succès pour finalement être stoppés par Suffren. La mort du nabab Haïder Ali et le calamiteux traité de Versailles (3 septembre 1783) mirent un terme définitif aux ambitions de la France dans cette partie du monde.

LES CHIFFRES DE L'ARTICLE DE L'ENCYCLOPÉDIE PANCKOUCKE

Dans son article « Indes », l'encyclopédiste rapporte les chiffres qu'il a collectés, dans deux tableaux, dont l'un représente le montant des importations des produits d'Indes réalisées par les particuliers, et l'autre, celui des importations réalisées par la Compagnie des Indes. On notera que, pour le commerce libre, le tableau étudie sept années (1771-1777), alors que son titre en annonce neuf (1769-1777)[30] et qu'en ce qui concerne la Compagnie le tableau en examine cinq, bien que son titre fasse référence à une période de huit années (1764-1769)[31]. Par ailleurs, il convient de garder à l'esprit que la période examinée correspond globalement à un temps de paix (1766-1777)[32]. Enfin, il y a lieu de remarquer que, dans le premier tableau, il s'agit d'une période où la Compagnie n'exerce plus son commerce, alors que dans le second le commerce libre n'est pas encore autorisé. De sorte que les chiffres présentés traduisent, dans chaque tableau, une forme de commerce qui n'est pas concurrencé par l'autre.

ANNÉES	MARCHANDISES (en livres)		TOTAL du produit net (en livres)
	DE L'INDE	DE LA CHINE	
1771	3 256 620	5 173 712	8 430 332
1772	9 180 129	4 699 843	13 879 972
1773	8 711 734	5 822 047	14 533 782
1774	8 475 691	8 575 808	17 051 500
1775	10 906 218	10 912 593	21 818 812
1776	19 402 422	6 504 327	25 906 749
1777	16 616 961	10 110 327	26 727 288
	76 549 775	51 798 657	128 348 435
Année commune des 7	10 935 682	7 399 808	18 335 491

Relevé général du produit, net d'escompte, des importations faites par le commerce particulier, depuis 1769, jusqu'à l'époque de la guerre de 1777. Encyclopédie Panckoucke, *Finances*, tome 2, p. 576.

30 Il apparaît que l'auteur a opéré comme s'il faisait un sondage en ne retenant que quelques années sur une période donnée.

31 *Dito.*

32 La guerre aux Indes, qui recommence avec la guerre d'Amérique, commence à avoir des effets sur le commerce colonial à partir de 1777.

ANNÉES	MARCHANDISES (en livres)		TOTAL du produit net (en livres)
	DE L'INDE	DE LA CHINE	
1766	5 831 782	7 122 399	12 954 181
1767	10 522 030	4 499 656	15 021 686
1768	15 947 950	5 841 223	21 789 173
1769	9 905 021	4 894 359	14 799 380
1770	10 816 224	5 354 972	16 171 196
	53 023 007	27 712 609	80 735 616
Année commune des 5	10 604 601	5 542 521	16 147 123

Relevé général du produit, net d'escompte, des importations faites par la Compagnie des Indes depuis 1764 et vendues jusqu'en 1771 inclusivement.
Encyclopédie Panckoucke, *Finances*, tome 2, p. 576.

Les données chiffrées de ces tableaux doivent être corrigées du montant de l'escompte de 10 % qui a été déduit des sommes d'origine, comme le précise le titre lui-même de chacun des tableaux : « Relevé général du produit, net d'escompte… » Ainsi, en appliquant aux totaux du tableau un coefficient de 1/0,9, nous pouvons retrouver le montant brut des ventes avant application de l'escompte à 10 %. Si l'on reprend ces chiffres après correction, nous obtenons le tableau ci-après :

Moyennes	MARCHANDISES (en livres)		TOTAL du produit net (en livres)
	DE L'INDE	DE LA CHINE	
Commerce libre	12 150 758	8 222 009	20 372 767
Monopole Compagnie	11 782 890	6 158 357	17 941 247
Écarts	367 868	2 063 652	2 431 520
%	3	25	12

L'examen des chiffres montre qu'il n'y a pas de différences véritablement significatives entre les chiffres moyens d'affaires réalisés par le commerce libre et ceux de la Compagnie des Indes. De plus, l'écart total de 12 % doit être relativisé, car il existe un biais dans la comparaison qui est proposée. En effet, d'un côté, le commerce libre, qui venait de se créer, bénéficiait sans doute de l'enthousiasme et de l'élan des débuts prometteurs, alors que, de l'autre, la Compagnie était exsangue, et ses moyens si diminués qu'elle n'était certainement plus en mesure de fournir les efforts et l'énergie nécessaires à la réalisation d'un chiffre d'affaires normal. Même si l'on ne prend pas en compte ce biais, il faut bien admettre que cet écart reste faible et qu'il ne plaide pas en faveur d'un commerce libre qui serait plus avantageux que celui de la Compagnie des Indes.

Quelques éléments d'explication peuvent être avancés, sans que ceux-ci aient un caractère exhaustif. En effet, le commerce outre-mer comme on le pratiquait au XVIIIe siècle se caractérisait par un cycle d'exploitation assez long. Entre le moment où l'on armait un vaisseau et le moment où l'on vendait à Lorient les marchandises que l'on avait achetées aux Indes, il fallait compter un délai de deux ans environ. De plus, les risques étaient particulièrement élevés puisque, sur la période étudiée (1769-1776), le commerce libre a armé environ 187 navires et qu'il n'en est revenu que 121, soit une perte d'environ 30 %[33]. Par ailleurs, pour être rentables, les vaisseaux devaient afficher une capacité minimale de 600 tonneaux, qui était la taille critique généralement admise, à cette époque, pour le commerce des Indes[34]. L'ensemble de ces facteurs nécessitait l'emploi de capitaux importants. Alors que dans le commerce traditionnel, le tonnage des bateaux, les risques et la durée des voyages étaient largement moins importants, et, par voie de conséquence, les capitaux investis étaient nécessairement moindres.

L'ANNEXE STATISTIQUE DE L'ABBÉ RAYNAL

Cette annexe est intéressante, car les chiffres qui y sont donnés correspondent de façon exacte à ceux qui figurent dans l'Encyclopédie Panckoucke. Une légère différence apparaît, cependant, au niveau de la taille de l'échantillon retenu par l'abbé Raynal puisqu'il y incorpore, en plus, l'année 1778 et le montant des ventes relatif aux îles de France et Bourbon (voir tableau ci-dessous). Si l'on exclut du calcul les ventes des îles mais prenons en compte l'année 1778, la moyenne des chiffres d'affaires ressort à 17 776 327 livres, soit une moyenne inférieure à celle

33 Encyclopédie Panckoucke, Finance, tome 2, p. 577.
34 *Ibid.*

établie par l'encyclopédiste (18 335 491 livres). Cette différence, qui s'explique par la faiblesse du chiffre de l'année 1778 qui tire la moyenne vers le bas, souligne encore un peu plus le fait que le commerce libre, en termes d'activité, était donc très proche de celui de la Compagnie (17 941 247 livres).

Années des ventes	Marchandises (en livres)			Total Produit net
	des Indes	de la Chine	Isles de France et de Bourbon	
1771	3 256 620	5 173 712	1 906 171	10 336 503
1772	9 180 129	4 699 843	1 468 173	15 348 145
1773	8 711 734	5 822 047	650 128	15 183 909
1774	8 475 691	8 575 808	563 904	17 615 403
1775	10 906 218	10 912 593	507 769	22 326 580
1776	19 402 422	6 504 327	1 019 329	26 926 078
1777	16 616 961	10 110 327	782 475	27 509 763
1778	9 561 869	4 300 303	164 021	14 026 193
Total	86 111 644	56 098 960	7 061 970	149 272 574

Récapitulation		Année commune
Marchandises des Indes	86 111 644	10 763 956
De la Chine	56 098 960	7 012 370
Des Isles de France & de Bourbon	7 061 970	882 746
Total	149 272 574	18 659 072

Relevé général du produit net, escompte à dix pour cent déduit des marchandises des Indes, de la Chine & des Isles de France & de Bourbon, provenant du commerce particulier, depuis la suspension du privilège exclusif de la Compagnie des Indes & dont la vente s'est faite publiquement au port de l'Orient, dans les années ci-après.
Abbé Raynal, « Supplément à l'histoire philosophique et politique », 1781, annexes.

LE TABLEAU STATISTIQUE DU COMTE DE CHAPTAL

Le tableau dressé par cet auteur montre, dans sa partie gauche, les produits des ventes enregistrés par le commerce libre à une époque où la Compagnie des Indes avait disparu, alors que sa partie droite donne, pour les années 1787-1789, les chiffres d'affaires qui ont été réalisés par les particuliers et par la nouvelle Compagnie des Indes créée par Calonne en 1784. La source de ces chiffres n'est pas mentionnée, ce qui rend leur vérification difficile. Bien qu'exprimés en francs, leur comparaison avec des données antérieures exprimées en livres ne pose pas de difficultés majeures pour la période étudiée en raison de la proximité des valeurs de ces deux monnaies[35]. Si l'on rapproche la valeur moyenne[36] des chiffres d'affaires (de 1771 à 1777) calculée par Chaptal (20 294 000), d'une part, de celle obtenue par l'encyclopédiste (20 372 767), d'autre part, on peut constater que l'écart est de 78 767 unités. En fait, cet écart, qui représente moins de 1 % du terme le plus élevé de la comparaison, doit être considéré comme nul.

35 Taux de conversion livre/franc = 1,02 (source : Levasseur, 1893, p. 59). Ce taux prend en compte la valeur intrinsèque des monnaies, c'est-à-dire leur valeur calculée suivant le poids d'or et d'argent qu'elles contiennent.

36 Au XVIIIe siècle, on n'utilise pas l'expression « année moyenne », mais celle d'« année commune ».

Nature des marchandises et indication des lieux d'où elles viennent	1771	1772	1773	1774	1775	1776	1777
1°) Îles de France & de Bourbon							
Café	1 868 000	445 000	2 492 000	1 116 000	1 874 000	3 248 000	....
2°) Inde							
Épiceries	228 000	1 264 000	331 000	178 000	538 000	2 449 000	91 000
Mouchoirs	238 000	1 332 000	1 030 000	341 000	381 000	....	352 000
Mousselines	800 000	4 636 000	8 650 000	6 038 000	1 652 000	12 000 000	....
Toiles	1 028 000	3 825 000	4 770 000	3 134 000	11 468 000	10 183 000	842 000
3°) Chine							
Porcelaine	186 000	276 000	313 000	375 000	439 000	200 000	....
Soie	176 000	715 000	924 000	835 000	1 091 000	1 382 000	38 000
Thé	7 264 000	3 094 000	4 674 000	5 766 000	9 876 000	3 399 000	....
Objets divers	812 000	1 549 000	1 197 000	2 418 000	2 560 000	3 380 000	295 000
Totaux généraux par année	**12 600 000**	**17 136 000**	**24 381 000**	**20 201 000**	**29 879 000**	**36 241 000**	**1 618 000**

Tableau comparatif des importations des Indes orientales sous le régime des compagnies privilégiées et sous le commerce libre.
Première époque sous le commerce libre pendant les années ci-après (en francs).
(L'année moyenne du commerce total est de 20 294 000 francs.)

La partie droite du tableau donne un autre point de vue sur l'importance relative des deux formes de commerce. La séquence qui figure ci-dessous permet de faire apparaître les différences de ventes réalisées par le commerce particulier et celui de la Compagnie de Calonne sur une même période, et donc en situation de concurrence. On notera cependant que l'échantillon sélectionné est, en définitive, très petit. En effet, seulement deux années (1787 et 1788) peuvent être retenues parce que ce sont les seules qui sont complètes et donc comparables. L'année 1789, qui ne présente quant à elle aucun chiffre pour la Compagnie (celle-ci n'ayant plus d'activité à ce moment-là), ne peut entrer dans les termes de la comparaison.

Nature des marchandises et indication des lieux d'où elles viennent	1787		1788		1789	
	Par la Compagnie	Par les particuliers	Par la Compagnie	Par les particuliers	Par la Compagnie	Par les particuliers
1°) Îles de France & de Bourbon						
Épiceries	....	....	....	7 000	....	....
Café	....	2 656 000	....	4 764 000	....	4 590 000
Coton	....	147 000	....	813 000	....	1 129 000
2°) Inde						
Café	187 000	29 000	....	....	....	1 684 000
Épiceries	1 757 000	772 000	294 000	53 000	....	8 000
Mouchoirs	1 339 000	3 500 000	1 262 000	317 000	....	117 000
Mousselines	4 284 000	9 622 000	8 171 000	877 000	....	704 000
Toiles	6 399 000	21 488 000	7 784 000	5 999 000	....	1 432 000
3°) Chine						
Épiceries	161 000	50 000	317 000	8 000	....	9 000
Porcelaine	41 000	36 000	98 000	153 000	....	25 000
Soie	274 000	....	1 789 000	75 000	....	....
Thé	741 000	20 000	3 478 000	14 000	....	2 000

Toiles Nankin	507 000	134 000	1 631 000	64 000	....	76 000
Objets divers réunis	595 000	1 620 000	660 000	339 000	....	340 000
Totaux par espèce de commerce	**16 285 000**	**40 074 000**	**25 484 000**	**13 483 000**	....	**10 116 000**
Totaux généraux par année, des deux commerces	**56 359 000 F**		**38 967 000 F**		**10 116 000 F**	

Tableau comparatif des importations des Indes orientales sous le régime des compagnies privilégiées et sous le commerce libre.
Deuxième époque sous le régime des compagnies pendant les années ci-après (en francs).
L'année moyenne du commerce total est de 35 147 000 francs.

Si l'on fait la moyenne sur deux ans des commerces des produits de l'Inde, on obtient les résultats suivants :

Moyennes	Marchandises (en livres)		Moyenne sur 2 ans (en livres)
	1787	1788	
Commerce libre	16 285 000	25 484 000	20 884 500
Monopole Compagnie	40 074 000	13 483 000	26 778 500
Totaux	56 359 000	38 967 000	47 663 000

La lecture de ce tableau nous apporte deux enseignements majeurs :

1. la moyenne des ventes de la Compagnie, sur deux ans, est supérieure à celle du commerce libre ;
2. la moyenne totale des ventes (47 663 000) est égale à un peu plus du double de celle des ventes de la période 1771-1777 (20 284 000).

On peut observer que l'écart qui existe entre la moyenne des ventes du commerce libre (20 884 500) et celle des ventes de la Compagnie (26 778 500) est de 22 % ; ce qui est significatif. Ce chiffre contredit, au moins sur le laps de temps examiné, l'idée défendue par Morellet et Vincent de Gournay selon laquelle le commerce libre serait plus florissant que celui d'une compagnie. On notera par ailleurs que le doublement de la moyenne des ventes totales regroupant celles du commerce libre et celles de la Compagnie pour la période 1787-1788 est le signe que les marchés indien et chinois étaient capables d'absorber une demande bien largement supérieure à celle des années précédentes.

En définitive, il apparaît que le commerce particulier, sur toute la période étudiée (1771-1788), n'a pas apporté véritablement la preuve de sa supériorité par rapport au commerce réalisé par les compagnies. Cependant, ce jugement doit être relativisé, car les séquences chronologiques présentées par le comte de Chaptal sont, malheureusement, partiellement lacunaires (ainsi, une période d'au moins cinq ans aurait été plus convaincante pour la deuxième partie du tableau), et – élément plus important encore – son étude porte uniquement sur les chiffres d'affaires des entreprises et non sur leurs résultats, ce qui en réduit notablement la portée. Il eût fallu posséder les chiffres réels des exploitations des particuliers et des compagnies pour pouvoir trancher définitivement dans un sens ou dans un autre ; mais cela aurait nécessité la réalisation d'une étude spécifique que l'absence de documents comptables et financiers suffisamment complets concernant les particuliers rendait, de toute façon, hasardeuse.

CONCLUSION

Sans doute l'œuvre de Vincent de Gournay et celle de l'abbé Morellet n'ont-elles pas connu tout le succès et la reconnaissance qu'elles auraient mérité de recevoir, en raison, principalement, de leur caractère particulièrement novateur pour l'époque, mais aussi de l'inquiétude et des craintes qu'elles n'ont pas manqué de faire naître dans l'esprit des dirigeants. Les tentatives avortées de réforme des règles économiques que proposa Turgot, sur la base des principes de Gournay – alors qu'il est contrôleur général des finances sous Louis XVI – permettent difficilement de penser le contraire. En fait, c'est surtout au plan de la théorie économique que les thèses de Gournay et de Morellet connaîtront une véritable postérité, en faisant naître un courant libéral qui, avec Adam Smith notamment, connaîtra un essor remarquable au XIXe siècle pour se poursuivre jusqu'à nos jours. Cependant, en recentrant la réflexion sur l'intérêt personnel des acteurs de la vie économique, elle ouvrait également la voie aux théories qui allaient faire de l'entreprise une entité libre et indépendante d'un système centralisateur, et un lieu privilégié de la formation du profit. Mais, et c'est certainement là son triomphe le plus sûr, elle sut aussi marcher d'un pas égal aux côtés de tous ceux qui avaient voulu donner à tout un peuple l'espoir d'une liberté nouvelle et partagée.

Michel GLADU
Expert-comptable,
docteur en sciences de gestion

BIBLIOGRAPHIE

BENTHAM, Jérémie, *Déontologie ou science de la morale*, traduit de l'anglais par Benjamin La Roche, Paris, Charpentier, 1834.

CHAPTAL, Jean-Antoine (comte), *De l'industrie française*, Paris, Renouard, 1819.

CHARLES, Loïc, LEFÈBVRE, Frédéric, THÉRÉ, Christine (dir.), « Le cercle de Vincent de Gournay : savoirs économiques et pratiques administratives en France au milieu du XVIIIe siècle », Paris, Ined, 2011.

CLICQUOT DE BLERVACHE, Simon, *Le réformateur*, Amsterdam, Arkstée & Merkus, 1756.

DÉMEUNIER, Jean Nicolas (dir.), *Encyclopédie méthodique, économie politique et diplomatique*, Paris, Panckoucke, 1784-1788.

FISCHMAN, Marianne, « Le concept quesnayen d'ordre naturel », *Cahiers d'économie politique*, vol. 32, 1998, p. 67-97.

FLEURY, Gabriel, *Véron Duverger de Forbonnais, sa famille, sa vie, ses actes, ses œuvres*, Le Mans, De Saint-Denis, 1915.

FURETIÈRE, Antoine, *Dictionnaire universel, contenant tous les mots français, tant vieux que modernes et les termes de toutes les sciences et des arts divisé en trois tomes*, tome premier, Rotterdam, Arnout et Reinier Leers, 1690.

GRIVEL, Guillaume, « Économie », in J. N. Démeunier (dir.), *Encyclopédie méthodique, Économie politique et diplomatique*, Paris, Panckoucke, 1784-1788.

GUYOT, Joseph-Nicolas, *Répertoire universel et raisonné de jurisprudence civile, criminelle, canonique et bénéficial*, tome quatrième, Paris, Panckoucke, 1784.

HARDOIN DE LA REYNNERIE, Louis-Eugène, *Consultation des actionnaires de la Compagnie des Indes*, Paris, Lottin & Lottin, 1778.

HELVÉTIUS, Claude-Adrien, *De l'esprit*, Paris, Durand, 1758.

LARRÈRE, Catherine, *L'invention de l'économie au XVIIIe siècle*, Paris, PUF, 1992.

LEVASSEUR, Émile, *Les prix, aperçu de l'histoire économique de la valeur et du revenu de la terre en France, du commencement du XIIIe siècle à la fin du XVIIIe*, Paris, Typographie Chamerot et Renouard, 1893.

MAHÉ DE LA BOURDONNAIS, Bertrand-François, *Mémoires historiques de B. F. Mahé de La Bourdonnais, gouverneur des îles de France et de Bourbon, recueillis et publiés par son petit-fils*, Paris, Pélicier et Chalet, 1827.

MANDEVILLE, Bernard, *La fable des abeilles ou les fripons devenus honnêtes gens*, Londres, Aux dépens de la Compagnie, 1740.

MONTESQUIEU, *L'esprit des lois*, Paris, Éditions Nourse, 1772.

MORELLET, André (abbé), *Mémoire sur la situation actuelle de la Compagnie des Indes*, Paris, Dessaint, 1769.

Necker. Jacques, *Réponse au Mémoire de M. l'abbé Morellet sur la Compagnie des Indes*, Paris, Imprimerie royale, 1769.

Panckoucke, Charles-Joseph, *Encyclopédie méthodique. Finances*, Paris, Panckoucke, 1784.

Quesnay, François, *Œuvres économiques complètes et autres textes*, Paris, Ined, 2005.

Raynal, Guillaume-Thomas (abbé), *Supplément à l'histoire philosophique et politique des établissements et du commerce des Européens dans les deux Indes*, La Haye, J.-L. Dufour, 1781.

Rousseau, Jean-Jacques, « Économie » : in *L'Encyclopédie*, Diderot et d'Alembert, Paris, Le Breton, 1755.

Rousseau, Jean-Jacques, *Du contrat social*, Paris, Edmond Dreyfus-Brissac, 1762 ; réédition : Paris, Félix Alcan, 1896.

Schelle, Gustave, *Vincent de Gournay*, Paris, Guillaumin et Cie, 1897 ; réédition : Paris, Institut Coppet, 2014.

Turgot, Anne-Robert-Jacques, *Éloge de Vincent de Gournay*, 1759 ; réédition : Paris, Institut Coppet, 2013.

Véron Duverger de Forbonnais, François, *Examen des avantages et désavantages de la prohibition des toiles peintes*, suivi des *Observations*, Marseille, Carapatria, 1755.

Vincent de Gournay, Jacques, *Mémoires et lettres*, Tokyo, Kinokuniya, 1993 ; réédition : Paris, Institut Coppet, 2017.

Vincent de Gournay, Jacques, *Les remarques*, édition et préface de Simone Messonnier, Paris, L'Harmattan, 2008a.

Vincent de Gournay, Jacques, *Traités sur le commerce de Josiah Child*, édition et préface de Simone Messonnier, Paris, L'Harmattan, 2008b.

Vincent de Gournay, Jacques, « Observations sur le rapport fait à M. le Contrôleur général, par M. de S*** le 26 juin 1755, sur l'état de la Compagnie des Indes », in *Mémoire sur la situation de la Compagnie des Indes*, Paris, Desaint, 1755.

LA CAPACITÉ TRANSFORMATRICE D'UNE PRATIQUE

Le « *as practice* » à l'aune du cas Monteverdi

> Studieux lecteurs, ne soyez point étonnés que je livre à l'impression ces madrigaux sans préalablement répondre aux objections d'Artusi sur certaines infimes petites parties de ceux-ci, car, étant au service de Son Altesse Sérénissime de Mantoue, je ne suis pas maître du temps qui parfois me serait nécessaire ; j'y ai néanmoins donné une réponse écrite pour faire savoir que je ne fais pas les choses au hasard. Et dès que celle-ci sera transcrite, elle paraîtra portant en tête le nom de SECONDE PRATIQUE ou DE LA PERFECTION DE LA MUSIQUE MODERNE, ce dont d'aucuns s'étonneront sans doute, ne croyant pas qu'il y ait une autre pratique que celle enseignée par Zarlino. Mais qu'ils soient assurés qu'au sujet des consonances et des dissonances, il existe aussi une autre considération, différente de celle qui a été instituée, et qui, satisfaisant la raison et le sens, défend la composition moderne ; Voilà ce que j'ai voulu vous dire, autant pour qu'un autre ne vienne à s'emparer de l'expression SECONDE PRATIQUE, que pour que les esprits ingénieux puissent aussi, en attendant, faire d'autres considérations « secondes » touchant l'harmonie, et croire que le compositeur moderne bâtit sur les fondements de la vérité. Vivez heureux.
>
> Claudio MONTEVERDI, préface au *Cinquième livre de madrigaux*, 1605.

INTRODUCTION

Depuis trente ans bientôt, la recherche en management se penche sur la question des pratiques, de la pratique et des praticiens (Whittington, 2006). Au-delà du fait qu'une appréhension praxéologique de la gestion permet de reconsidérer les impasses dichotomiques tels les couples théorie-pratique, décision-action, stratégie-tactique, le courant *as practice* amorc dans le champ de la stratégie rétablit une forme de récursivité dans la pensée (Castoriadis, 1975). Grâce au courant *as practice*, il est devenu intelligible que la stratégie d'une organisation pouvait émaner de ce qui s'opère au quotidien à des échelles qui dépassent parfois celles de l'organisation, et très souvent celles de la direction générale, dans les murmures du quotidien (Certeau, 1990). Ce courant, s'il a ouvert des issues, n'engendre pas moins ses propres impasses, parmi lesquelles celle de savoir comment une pratique peut être qualifiée de stratégique (Grimand, Méric, 2014). Nous poursuivons ici une réflexion engagée sur le sujet, en rappelant dans un premier temps pourquoi le courant *as practice* n'a pas été en mesure, jusqu'à présent, de répondre à la question de la distinction entre une pratique stratégique et toute autre pratique, à l'échelle d'une organisation. Pour ce faire, nous examinons, comme nous l'avions déjà suggéré, un changement de pratique musicale dont on peut dire qu'il a contribué à une évolution profonde du monde musical mais aussi des structures politiques et sociales, et ce jusqu'au début du XXe siècle. C'est l'ampleur des effets de la *seconda pratica* et surtout l'histoire de sa diffusion et des transformations qu'elle a opérées sur elle-même et son environnement social, économique et politique qui justifient que l'on sorte des sciences des organisations pour y revenir avec un regard plus aiguisé et des esquisses de méthode pour répondre aux impasses de la discipline. À l'instar de Zimnovitch (2002, p. 13), nous postulons l'intérêt de la recherche clinique, et l'idée que l'histoire lui confère un recul réflexif qui compense à beaucoup d'égards l'action ou l'observation *in situ et in tempore*. Nous défendons aussi l'idée que notre champ doit assumer, comme d'autres (Verstraete, 2007), sa porosité à d'autres sciences, et que la nature praxéologique des connaissances qu'il est censé produire est apte à se nourrir de l'étude de pratiques hors de la sphère des sciences de l'action collective (Strati, 2003). Nous chercherons donc, après avoir exposé brièvement une analyse de la *seconda pratica* et des transformations qu'elle a suscitées, à discuter les enseignements d'une telle « excursion » pour notre discipline, et déterminerons quelles sont les questions à se poser pour établir le potentiel transformatif ou non d'une pratique émergente.

LE COURANT *AS PRACTICE*, CONTRIBUTIONS ET HÉSITATIONS

À l'heure où la pensée – préférons le discours – de l'« impact » devient central comme le devient une mode managériale dans les processus de récupération que nous connaissons (Abrahamson, 1996), l'appréhension de ce dernier par la pratique et non par la métrique ou la causalité inférée peut prendre tout son sens. L'image de l'impact et le vocabulaire qui l'accompagne (de l'injonction d'*impactful*, comme si avoir un impact était toujours une chose positive, à l'usage du néologisme « impacter » à tous les étages) renvoient, sans que l'on puisse l'éviter, à la balistique. Il est de notoriété publique que la gestion s'est inspirée de modèles militaires (Thucydide et Clausewitz, par exemple – voir George, 1972), mais, dans ce cas, la métaphore revêt une pauvreté confondante. Nos activités, nos décisions, nos actions ou bien devraient toucher une cible là où il faut (c'est l'impact intentionnel), ou bien produisent l'effet d'une explosion et diffusent des effets comme autant de shrapnels atteignant des victimes (c'est l'appréhension *side effect* de l'impact). L'approche praxéologique, appliquée au management, rend perceptibles d'une part les limites de l'intentionnalité, d'autre part celles d'une causalité pure. L'acceptation d'une intentionnalité limitée, de conséquences involontaires, de causes éloignées (Giddens, 1984) mais surtout d'une diffusion de la pratique par les « murmures du quotidien » (Certeau, 1990) devrait permettre de comprendre, beaucoup plus en profondeur, comment les pratiques mises en œuvre dans les organisations contribuent à l'évolution « en temps long » de l'organisation, sans aller chercher à tout prix une justification dans quelque traité ou bataille. Les promesses du courant *as practice* demeurent en butte à une conceptualisation hésitante du lien entre stratégie et pratique.

DE LA PROMESSE AUX PROBLÈMES ONTOLOGIQUES : QU'EST-CE QU'UNE PRATIQUE STRATÉGIQUE ?

Nous avons eu l'occasion de discuter du cas du SAP (*strategy as practice*, voir Grimand et Méric, 2014) comme d'un courant de recherche à la fois éclairant et problématique, justement parce qu'il relie à une activité, la stratégie, d'où l'on ne peut jamais complètement éliminer l'intentionnalité ou l'impact. Jarzabkowski (2005) propose une image de la pratique aux confins des individus, des communautés et des activités « orientées vers les buts ». Ce que l'on fait chaque jour dans les organisations ne produit pas nécessairement de la stratégie. Les études de cas, pourtant, se multiplient pour montrer la contribution du quotidien de certains acteurs à l'émergence de stratégies nouvelles. Mais l'on aboutit assez vite à l'impasse conceptuelle : comment déclarer *a priori* qu'une pratique est stratégique sans verser dans le nominalisme et faire de même *a posteriori* sans verser dans le conséquentialisme ?

En tant que contributeur majeur à ce champ, Whittington (2006) distingue trois objets pour la recherche *as practice* : la praxis (ce que les gens font), les pratiques (les routines comportementales) et les praticiens. Le syncrétisme de la pratique constitue un moyen d'appréhender l'activité sous des angles distincts à partir d'un même objet d'étude (Bazin, 2011). Elle est en soi paradoxale, tant elle recèle de tensions. Parmi les plus significatives, notons l'appropriation individuelle et le partage collectif (Gherardi, 2000 ; Wenger, 1998), le cadrage institutionnel et l'action locale (Lounsbury et Crumlay, 2007 ; Garfinkel, 1967), l'improvisation et la routine (Feldman et Pentland, 2003), le spontané et le réfléchi (Weick, 1995), l'implicite et l'explicite (Strati, 2003).

Comme nous l'avons déjà souligné (Grimand, Méric, 2014), « syncrétisme » est peut-être le terme qui convient le mieux pour décrire la pratique en tant qu'objet de recherche. Il faut le préférer à « éclectisme ». De fait, les courants de recherche *as practice* ne démontent pas d'autres champs de recherche pour en reconstruire un nouveau pièce par pièce. Il faut aussi le préférer à « synthèse », car il ne s'agit pas de fusionner dans un tout confus des points de vue irréconciliables. En revanche – et c'est bien le problème des courants de gestion comme SAP –, le syncrétisme de la pratique en fait un objet « ouvert », dont on ne peut dire *a priori* s'il est en phase avec une théorie ou, plus simplement, si l'on peut le qualifier.

CERNER *A PRIORI* UNE PRATIQUE STRATÉGIQUE : UNE QUÊTE IMPOSSIBLE ?

Nous avons un temps porté le projet de définir *a priori* une « pratique stratégique ». Et si c'était tout bonnement impossible ? Il faut reconnaître qu'aucune des propositions faites dans ce champ n'est satisfaisante. En 2006, Whittington définissait le SAP comme l'aboutissement d'« une longue tradition de recherche qui examine le travail managérial » (p. 616, notre traduction). La posture ontologique est ici très simple et repose sur la « géographie » organisationnelle : les pratiques des managers sont par nature stratégiques. Mais la posture pourrait bien virer à l'imposture quand on sait que Whittington lui-même, en 2003, présentait SAP comme la possibilité de trouver des sources de la stratégie ailleurs que dans les directions d'entreprise (voir Dutton *et al.*, 2001 ; McKenna, 2006). Jarzabkowski, qui adopte une autre démarche, propose bien d'élargir la population des stratèges.

Rappelons (Grimand, Méric, 2014) qu'il existe deux risques majeurs à adopter une approche nominaliste de la stratégie. Le premier est la restriction que peuvent opérer des définitions *a priori* par trop précises. N'a-t-on pas longtemps confondu stratégie et planification (Mintzberg, 1993) ? Mais le nominalisme porte le risque opposé : en collant l'étiquette « stratégique » à tout, on crée de la confusion, et l'on rend la recherche difficilement interprétable.

L'émergence érigée en système n'est paradoxalement pas préférable. Jarzabkowski fait le choix, pour sa part, de qualifier une pratique de stratégique au regard de ses effets. A-t-elle infléchi les orientations de l'entreprise, a-t-elle agi sur un facteur clé de succès ? Dans l'affirmative, elle est stratégique. Le cas du métro londonien (Jarzabkowski, 2005) fournit un exemple très parlant d'une pratique devenue stratégique sans que le praticien ait jamais eu l'intention de faire de la stratégie. Toutefois, cette posture n'est pas facile à tenir, en tous les cas si on l'adopte isolément d'autres, dans un champ scientifique dont l'objet est l'étude de l'action collective et organisée. En premier lieu, elle demeure fondamentalement nominaliste en cela qu'elle transpose l'appellation du lieu où se fait la stratégie à celle de la conséquence de la stratégie. Le conséquentialisme de Jarzabkowski (2005) se prend donc les pieds dans le tapis nominaliste : la stratégie serait « une activité orientée vers les finalités » et l'action non-intentionnelle serait qualifiée de stratégique… Difficile que d'affirmer cela sans se contredire, dès lors que l'on rapproche deux extraits du même texte. À vouloir clarifier les choses, on court le danger de la contradiction, alors que certains paradoxes pourraient être pleinement assumés :

> [La] Pensée [de la stratégie] ne peut donc s'appuyer exclusivement sur l'analytique, le séquentiel, le sériel, le digital… mais doit, simultanément, se prémunir contre les délires qu'engendrent, s'ils ne sont pas contrôlés, le global, le simultané, le fusionnel, l'analogique… (Jarzabkowski, p. 38, notre traduction.)

L'une des impasses du courant *as practice* réside bien dans l'impossibilité de différencier *a priori* une pratique qui aura plus de portée dans le champ de l'organisation que d'autres. Cette impasse affaiblit considérablement la recherche de ce courant, puisque c'est son objet qui, finalement, lui échappe conceptuellement. Faut-il pour autant renoncer à qualifier de stratégiques certaines pratiques plutôt que d'autres, sans verser dans le « géographisme », le nominalisme et le conséquentialisme ? Il semble que le recours à l'histoire – nous faisons celui de l'histoire de la musique – soit apte à fournir des éléments de réponse tangibles à cette question. Il semble en effet que l'on doive déplacer le questionnement du niveau conceptuel à celui de la méthode, tout en acceptant que la stratégie échappe aux schèmes – traditionnels en gestion – de la grande orientation et de l'avantage concurrentiel.

LA *SECONDA PRATICA* DE MONTEVERDI
Analyse historique d'une pratique à capacité transformatrice

Le vocable de la stratégie renvoie tout autant à un art (pensons à Sun Tzu) qu'à un ensemble de schèmes d'action organisée. Le retour à la pratique pour appréhender la stratégie renforce la dimension artistique de la stratégie. La musique, par exemple, pourrait ne plus constituer une métaphore mais une source d'exemples, tant pour inspirer l'action que nourrir la science qui l'étudie.

Examinons donc, à travers le cas Monteverdi, comment l'instillation de pratiques nouvelles dans la sphère de la musique a contribué, dans une certaine mesure, à changer le monde professionnel musical, si ce n'est la société. Contrairement à l'approche privilégiée aujourd'hui dans le courant *as practice*, nous nous fonderons sur l'exemplarité de la *seconda pratica* pour suggérer que les changements qui opèrent dans les « murmures du quotidien » ne constituent pas le point de départ d'une chaîne causale claire, mais s'articulent de manière quasi imperceptible dans des contextes spécifiques pour qu'à terme, on constate des évolutions lentes, à des échelles qui dépassent largement le champ dans lequel les microchangements sont intervenus.

LA *SECONDA PRATICA* DANS LA MUSIQUE OCCIDENTALE AU TOURNANT DES XVIe ET XVIIe SIÈCLES

La musique, au tournant des XVIe et XVIIe siècles, connaît une transformation qui s'incarne dans un ensemble de micropratiques compositionnelles porteuses de changements majeurs à leur propre échelle et bien au-delà. L'écriture musicale est jusque-là dominée par le contrepoint, c'est-à-dire une superposition savante de lignes mélodiques distinctes. De l'école de Notre-Dame à la Renaissance, d'*Ars antiqua* en *Ars subtilior*, la technique contrapuntique se perfectionne et se complexifie. Heinrich Glareanus considère, au milieu du XVIe siècle, que cette forme a atteint le statut d'*Ars perfecta*. Il vise notamment l'œuvre de Josquin Desprez (et de l'école franco-flamande en général), après laquelle, selon lui, rien ne peut s'ajouter de mieux. Une tension se manifeste, à ce moment-là, entre l'esprit de la Renaissance et la pratique musicale. Le projet se fait le jour d'un retour à l'antique et à l'expression monodique du texte, en parallèle d'une évolution de la polyphonie vers le monumentalisme et la polychoralité.

Ce projet ne relève pas de l'« invention » du compositeur mantouan Claudio Monteverdi. Il est inscrit dans l'air du temps. En 1600, Jacopo Peri crée une *Euridice* pour la cour des Médicis, œuvre considérée aujourd'hui comme le premier opéra. En 1602, Giulio Caccini publie les *Nuove Musiche*, qui s'érigent en manifeste d'un style moderne, où le texte, chanté en monodie, est soutenu par une basse continue. Dans cette lignée, Monteverdi joue un rôle central, tout d'abord parce qu'il a suscité une controverse théorique sur la pratique musicale (voir *supra* la préface au *Cinquième livre de madrigaux*), d'autre part parce qu'il a poussé cette dernière à une forme de perfection, du moins aux yeux de nombre de ses contemporains et de la postérité.

La *prima pratica* désigne, pour Monteverdi, le style ancien duquel il souhaite s'affranchir tout en montrant qu'il en a la parfaite maîtrise (il composera pour cela la *Missa in illo Tempore* en 1604, dans un style conforme à celui de Palestrina). Artusi, quasi-oublié de l'histoire et opposant farouche à Monteverdi, partage le vocable et place le débat sur un seul plan : celui de la préparation des dissonances. La pratique est ici reléguée à une manière de faire, et spécifiquement à une norme technique, en l'occurrence une écriture musicale. Le *Cruda Amarilli* (pièce du *Cinquième livre de madrigaux*) en fait les frais.

La réponse à Artusi, c'est le frère de Claudio, Giulio Cesare, qui la produit en préface de ses *Scherzi Musicali* :

> [mon frère] ne fait pas ses affaires au hasard, étant entendu que son intention a été (pour ce genre de musique) de faire que le discours fût maître de la musique et non serviteur.

La seconde pratique ou « usage moderne » veut que la « mélodie devienne servante du discours ». Dans la mélodie, « l'harmonie est commandée ». C'est donc bien une « seconde » et non « nouvelle » pratique, affirme Giulio Cesare. La démarche n'est pas « nouvelle », en cela qu'elle invoque bien au contraire un retour à des conceptions de la Grèce antique. Giulio Cesare cite à cet égard le troisième chapitre de la *République* de Platon : c'est la combinaison du discours, du rythme et de l'harmonie qui sert les affections (*affetti* ou affects) de l'âme.

Les trois premiers recueils de madrigaux font déjà état de cette attention particulière au texte :

> la sixième et dernière est que l'harmonie soit littéralement adaptée au texte, c'est-à-dire aux paroles, que dans des sujets gais, l'harmonie ne soit pas triste, et à l'inverse, que dans les sujets tristes elle ne soit pas gaie. (Zarlino, 1558.)

Les bases de ce que l'on appellera la musique baroque sont posées.

Le changement de la forme madrigalesque et la différenciation entre passages monodiques, passages choraux et passages dansés créent les conditions d'émergence de l'opéra, dont *L'Orfeo* de Monteverdi est considéré comme la première forme aboutie.

Comment, alors que le contrepoint connaît toujours ses heures de gloire (Victoria compose alors à Madrid, Allegri n'a pas encore écrit son *Miserere*), cette nouvelle pratique très controversée dans la sphère des experts va-t-elle se révéler d'une telle capacité transformatrice dans les décennies qui vont suivre ? Comment Monteverdi et d'autres pensent-ils procéder à une révolution alors que le recul nous montre qu'ils s'inscrivent dans une évolution technique dont les prémisses sont là de longue date ? Nous proposons de répondre à cette question en deux temps. Tout d'abord, nous examinons comment la pratique a trouvé résonance, relais et points d'appuis dans le contexte idéologique et politique d'alors. Par la suite, nous restituons rapidement la manière dont *seconda pratica*, dans son contexte particulier, se révèle capable de transformer la sphère musicale et de contribuer à des évolutions majeures de la société.

LE CONTEXTE DE DÉVELOPPEMENT DE LA *SECONDA PRATICA*

L'examen du contexte vient dans ce second temps pour comprendre l'essor et la transformation en fait social de ce qui ne constitue, au départ, qu'une microrévolution dans le monde de la pratique musicale :

> La vérité, c'est que cette originalité de l'Opéra naissant est subitement intensifiée par la « minorité agissante » qui régit à la fois la société politique et la société artistique et musicale. (Durand, 2006, p. 57.)

Durand souligne le paradoxe établi entre la soudaineté de la prise de conscience des potentialités de l'opéra et le caractère extrêmement localisé et insensible des transformations qui s'opèrent. Le vocabulaire ne surgit pas brusquement. *L'Orfeo* est une « fable en musique » ; d'autres œuvres du même acabit s'appellent encore des « intermèdes ». La caisse de résonance de cette transformation est offerte par l'esthétique façonnée à l'occasion de la Contre-Réforme, une exubérance de moyens propres à exprimer les mouvements de l'âme. Le goût pour l'affect et le spectaculaire l'emportent sur l'ascèse médiévale. La *seconda pratica* émerge comme le produit baroque d'une époque ambiguë, où le projet savant du retour à l'antique se mêle à la vaste opération de « marketing » menée par l'Église afin de ne pas perdre ses ouailles face aux sirènes de la Réforme. L'une favorise le retour à l'expression du texte, la seconde l'expressivité sans censure. Les deux se retrouvent dans le besoin de codifier, dans une rhétorique en voie de se faire, un langage des notes, des couleurs, des formes, des mots et des gestes dans lesquels chacun pourra se reconnaître. Le *stile concitato* utilisé pour dépeindre les scènes guerrières (airs de trompettes dans les opéras, séquences d'écriture saccadée comme dans le *Combat de Tancrède et de Clorinde* de Monteverdi) traduit bien une « transformation fondamentale : celle de l'approche picturale propre à la tradition du madrigal vers une rhétorique de l'affect propre au drame baroque » (Vendrix, 2004, p. 11). Le contexte façonne ici une dimension non négligeable de la pratique, qui relève de la codification des manières de faire et de leur compréhension (Gherardi, 2019).

Ni le projet ni la pratique n'émanent du pouvoir politique ou de l'idéologie dominante, mais ces derniers deviennent très vite les relais de cette forme de ce que l'on appellera plus tard l'art total (Trahndorff, 1827). Les princes italiens d'abord, la papauté ensuite, enfin la République de Venise diffusent cette nouvelle pratique dans les cours européennes et les colonies. La pratique s'étudie donc en contexte, non seulement pour savoir comment celui-ci la façonne, mais aussi pour en comprendre le mode de diffusion. Le cas de la *seconda pratica* montre comment une élite s'empare d'un phénomène tout d'abord confidentiel pour en généraliser l'usage. En ce sens, la forme circulante de la pratique s'opère bien dans un cadre institutionnel où la classe dirigeante dans tous les cas imite et dans certains impose un mode d'écriture musicale à l'ensemble de ses sujets (c'est le cas de la France de Louis XIV). Les moyens alloués par les papes, les Barberini à Rome, les entrepreneurs à Venise, Louis XIV en France, à une messe, à un opéra, à une tragédie lyrique sont mirobolants (Vendrix, 1993). Les opéras commencent presque tous par des prologues où l'allégorie s'accorde avec la louange du mécène. Même si le prologue de *L'Orfeo* échappe encore à cette règle, il n'en est pas moins précédé de la fanfare des Gonzague, mécènes de Monteverdi à Mantoue.

Le contexte dans lequel la pratique est adoptée conduit à des appropriations contrastées. Fondée sur la même technique de chant monodique ou en polyphonie essentiellement harmonique, l'écriture musicale fait l'objet de modulations nationales en raison des styles d'écriture dominants jusqu'alors, de la manière locale d'accorder texte et musique (les « masques » en Angleterre) et de la sensibilité du public. Les auditeurs français du XVIIe sont, dans leur majorité, plus sensibles à la danse et au théâtre qu'ils ne le sont à la musique à proprement parler. Lully a le génie de le comprendre et conçoit une écriture où les danses alternent avec la tragédie chantée (on a dit qu'il transcrivait en notes les intonations de la Champmeslé à l'Hôtel de Bourgogne). En résulte un style bien fondé sur la pratique monteverdienne, mais qui, suivant un autre itinéraire que celui de l'Italie, acquiert une identité et une forme expressive propres. Rameau, en complexifiant son discours mélodique à la manière italienne, suscite une première querelle avec les tenants de la rigueur d'écriture lulliste. Paradoxalement, Rousseau s'empare du même sujet à l'encontre de la manière ramiste dans sa lettre sur la musique française, et contribue, au milieu du XVIIIe siècle, à la querelle des Bouffons. Une lettre qui, d'ailleurs, constitue un manifeste en faveur d'une pratique musicale où l'expression textuelle n'est plus servie par les affects (la codification baroque) mais par l'harmonie. Une nouvelle révolution serait-elle à l'œuvre dans l'écriture et la pratique musicale ?

L'analyse du contexte montre que le dessein commun dans lequel la *seconda pratica* s'inscrit trouve sa résonance auprès des institutions et du pouvoir, et que le substrat technique de cette pratique permet son appropriation dans des contextes différents de celui dans lequel elle a émergé.

UNE PRATIQUE QUI TRANSFORME ET SE TRANSFORME

Revenons un temps au musicien et à son écosystème. Ce dernier se trouve profondément modifié, et la pratique de composition, au-delà des aspects techniques, évolue en conséquence. L'avènement de l'opéra confère soudain un pouvoir au public (Rosand, 1991). Monteverdi finance ses œuvres dramatiques vénitiennes par les places qu'il vend. C'est au Teatro SS. Giovanni et Paolo à Venise qu'il crée le *Couronnement de Poppée* en 1642. Il s'agit de l'un des premiers lieux où les spectacles lyriques sont payants. Le rythme de composition n'est plus commandé par le pouvoir du mécène mais par les rendez-vous programmés avec le public. Il s'accélère en conséquence. Venise devient en deux décennies un haut lieu de la production lyrique, et la concurrence des théâtres – on en comptera jusqu'à cinq à la fin des années 1670 (Vendrix, 2004) – confère encore au public un nouveau pouvoir, celui d'apprécier une œuvre ou pas. La durée des productions est tributaire du succès des œuvres auprès des spectateurs. Le musicien travaille non plus sur des textes sacrés ou des œuvres poétiques existantes (comme dans les madrigaux) mais en coopération avec des librettistes, qu'ils ne choisissent pas nécessairement, donc de talent inégal, et qui ont pour point commun de concevoir des intrigues inspirées pour la plupart de la mythologie antique mais transposées au goût du jour. Les tragédies vénitiennes sont émaillées, à l'instar du théâtre élisabéthain, de séquences drolatiques directement inspirées de la Commedia dell'Arte. Le *deus ex machina* pour réserver un *happy end* aux histoires les plus sordides devient une règle en soi (la *Didone* de Francesco Cavalli ne s'immole finalement pas comme celle de Virgile). C'est là l'occasion de produire une écriture contrastée, où les affects passent sans ménagement du rire aux larmes, et des larmes au rire. La transformation de la pratique s'opère dans un faisceau de nouvelles contraintes économiques et de relations professionnelles qu'elle a elle-même suscitées, tout en donnant naissance à une esthétique singulière.

L'avènement de la *seconda pratica* produit des effets qui dépassent largement le domaine musical. Il illustre en quoi une pratique possède des capacités transformatives, que, dans la sphère gestionnaire, on pourrait qualifier de stratégiques. Au XVIIe siècle, la *seconda pratica* fait émerger un *stile moderno* qui sécularise la musique. Le *stile antico*, fondé sur le contrepoint, demeure l'art dominant pour le pouvoir ecclésiastique, alors que les cours s'emparent de la nouveauté. Nulle surprise, dans ce contexte, à constater l'échec de Monteverdi auprès du pape Paul V lorsqu'il dédie au pontife sa *Missa in Illo Tempore* (contrapuntique) et ses *Vêpres à la Vierge* (écrites en *stile moderno*). Les secondes mettront du temps à être adoptées par un pouvoir qui éprouve des difficultés à accorder une pratique séculière avec la solennité des célébrations religieuses. Toute l'ambiguïté de la Contre-Réforme se résume là. Il n'en demeure pas moins qu'au cours du XVIIe siècle, l'Église va reconnaître à ces nouvelles formes musicales un pouvoir ostentatoire ou pédagogique et s'en emparer par des formes propres à renforcer son influence. Sans le vouloir, elle devient un producteur de spectacles de fait. Le public se presse dans les églises pour entendre les improvisations d'un organiste, de somptueuses vêpres à chœurs dispersés en Italie (les fameux *cori spezzati* de Saint-Marc à Venise, où la disposition d'ensembles à différents endroits de l'édifice crée une spatialité et favorise l'écriture en écho), des oratorios édifiants dans de nombreux pays européens, des grands motets à la gloire de Dieu et des monarques en France. Si le pouvoir séculier s'accorde si bien des nouveaux genres issus de la *seconda pratica*, c'est qu'il s'en trouve très bien servi. L'opéra, quant à lui, ouvre au public un espace où « les représentations individuelles et politiques convergent [...] Chaque œuvre dépeint un monde idéal, perdu, et le rétablissement de cet univers paradisiaque par le pouvoir rhétorique de l'association de la musique et du texte, mise en évidence par le récitatif. La profonde expressivité de ce chant semble inciter les dieux à la pitié et les inviter à restaurer l'ordre perdu » (Vendrix, 2004, p. 8).

Les transformations à l'œuvre agissent aussi sur la société. Le transfert d'une part du pouvoir au public, le poids de l'économie des spectacles contribuent à renforcer le rôle de la bourgeoisie. La riche famille des Sorgenti produit des opéras à Florence. Il en va de même pour les commerçants des villes hanséatiques. La bourgeoisie s'appuie entre autres sur la pratique musicale pour s'émanciper. Elle a les moyens d'acheter des partitions, elle s'offre les services des meilleurs maîtres de musique (pensons au *Bourgeois gentilhomme*) et bientôt pratique une musique qui, dans un premier temps, n'est destinée – du moins dans ses dédicaces – qu'à l'aristocratie. Si l'opéra touche progressivement toutes les classes sociales et devient un art populaire à la fin du XIXe siècle dans certains pays, la pratique domestique de la musique devient l'apanage de la bourgeoisie dès le XVIIe siècle. La *seconda pratica* y contribue amplement. Elle facilite non seulement le chant monodique accompagné de quelques accords au luth, au clavecin, au positif ou à la viole, mais elle élève progressivement ces instruments au rang de solistes. L'écriture de la musique de chambre est tout empreinte de vocalité dans ces décennies, même dans les formes dansées, si bien que le XVIIIe siècle voit l'aristocratie se tourner vers ces pratiques « privées ». On construit des hôtels où les cours peuvent recevoir des spectacles musicaux à petits effectifs (Biget, 1989), on se produit dans ces spectacles lorsque l'on dispose de suffisamment de talent ou lorsque les moyens autorisent l'hôte à imposer sa piètre prestation à ses convives (Florence Foster-Jenkins a connu de moins fameux prédécesseurs). L'émancipation bourgeoise s'apprécie au moment où les récents enrichis n'imitent plus l'aristocratie, mais où leurs valeurs d'éducation, leurs choix artistiques ou intellectuels inspirent la noblesse. Là où les salons littéraires étaient tenus par les femmes issues principalement de l'aristocratie à la fin de la Renaissance, les salons musicaux du XIXe siècle seront principalement bourgeois.

Nous avons restitué ici une analyse sommaire de comment des changements opérés d'abord à la marge du monde musical dans quelques villes italiennes ont conduit, ou du moins contribué, à des évolutions profondes de métiers, de jugement esthétique, d'art dominant, de structures sociales et de pouvoir. Mais pour sommaire qu'elle soit, cette analyse offre à la recherche en sciences de gestion des pistes de réflexion pour conceptualiser une pratique stratégique à l'échelle des organisations.

DISCUSSION ET CONCLUSION
Que nous apprend le « cas Monteverdi » ?

Nous pouvons résumer nos propos liminaires sur l'impasse dans laquelle le courant *as practice* semble aboutir par l'idée que si l'on comprend bien qu'une pratique puisse devenir stratégique, on en perçoit mal le comment, et surtout par le fait que rien ne permet de déterminer *a priori* si une pratique est stratégique ou pas. Que nous apprend, finalement, cet exercice de rétrospection sur une pratique musicale ?

À relire ce retour sur la *seconda pratica*, on peut s'accorder à dire qu'elle portait en elle une capacité transformatrice. Il faut tout de suite lever une ambiguïté à ce sujet. Il ne s'agit ni d'une capacité dynamique (Teece, 2007), laquelle consiste beaucoup plus à repérer l'émergence et à s'en saisir, ni d'une capacité transformative au sens de Garud et Nayyar (1994). Ici, nous parlons de pratique émergente en soi (Feldman et Pentland, 2003), pratique dont il est possible de repérer la capacité à transformer tout ou partie de l'organisation et de sa politique grâce à différentes caractéristiques du contexte dans lequel elle se développe. Ce sont donc des questions contextuelles qu'il conviendrait de se poser lorsque l'on s'interroge sur cette capacité à propos d'une pratique dont on étudie le développement. L'histoire de la *seconda pratica* en suggère une série, qui ne prétend en aucun cas à l'exhaustivité.

La première question est de savoir si la pratique est portée par un projet, non pas une intention stratégique ou un dispositif formel mais plus précisément l'adoption d'un dessein praxéologique ou intellectuel auquel les praticiens adhèrent (DuVerlie et Bourdieu, 1987). Nous avons pu voir que l'existence d'un tel projet nourrit la pratique et peut lui conférer une direction sans toutefois la contraindre. Ce projet est à trouver dans l'organisation, dans les associations professionnelles, dans les communautés de pratiques, plus largement dans les réseaux auxquels les praticiens appartiennent.

Un deuxième point de l'analyse consiste à s'interroger sur l'idéologie à l'œuvre dans le milieu au moment où la pratique émerge. Il faut entendre ici l'idéologie au sens, fût-il surprenant, de Weber : une significativité « non fondée en validité » et « absolue » qui légitime les actes du praticien à ses yeux et fournit à ses actes une caisse de résonance dans le groupe ou la société dans lequel il agit. La dualité action-sens s'accorde bien avec la bipolarité de l'analyse weberienne (Moreux, 1982, p. 17). Le relais de sens que fournit le contexte idéologique détermine, du moins en partie, l'acceptation et de ce fait la capacité transformatrice de la pratique.

Le troisième questionnement peut être vu comme un corollaire des deux premiers. Si une congruence s'opère entre le projet et le régime de légitimité, les institutions qui les incarnent (les incorporations au sens d'Hauriou, voir Jardat, 2013) sont propres à porter la pratique, en la soutenant par des moyens adéquats et en la relayant. À ce point, la capacité de la pratique à transformer relie le politique, le psychologique et le social dans ce qu'Hauriou qualifie de communion (Jardat, 2013). C'est donc un jeu de bénéfices réciproques entre pratique et institution qu'il convient d'anticiper, ou à tout le moins de constater.

Un dernier questionnement porte sur le contexte appropriatif et son adéquation avec les caractéristiques d'une pratique émergente. Par définition, cette dernière est en voie de se faire, et donc n'est pas figée. Les acteurs ou les communautés de praticiens qui la reçoivent doivent eux-mêmes être en capacité de s'approprier la pratique, c'est-à-dire faire leur sa dimension technique, l'induire dans leurs propres routines, et engendrer de nouvelles pratiques à partir de la matrice qu'ils ont intégrée (Grimand, 2012). Au moment où la pratique émerge, s'il est difficile de savoir quelles voies elle empruntera, l'examen du contexte appropriatif doit permettre d'apprécier la capacité de la pratique à transformer les routines de l'organisation en même temps qu'elle se transformera.

Ces quatre questionnements ont pour objet de repérer ce sans quoi une pratique émergente a peu de chances de transformer l'organisation (ou la société, pour ce qui est de la *seconda pratica*). C'est bien l'interaction entre la substance d'une nouvelle pratique, les projets portés dans la société, l'idéologie, les institutions et le contexte appropriatif dans le cas Monteverdi. On en perçoit aisément les échos dans le contexte organisationnel. La transformation, pour sa part, s'observe *a posteriori*, et, sur ce point, on ne peut que rejoindre Jarzabkowski (2005). L'étude des changements opérés par la *seconda pratica* invite toutefois à rechercher les effets d'une pratique stratégique bien au-delà de la performance ou des orientations de l'organisation, avec un recul temporel suffisant. Ce sont les relations professionnelles, les modèles économiques, les rapports de pouvoir et les structures sociales à l'œuvre qui peuvent s'en trouver profondément modifiés. Une invitation à honorer dans de futures recherches…

Jérôme MÉRIC
IAE Poitiers

BIBLIOGRAPHIE

ABRAHAMSON, Eric, « Management fashion », *Academy of Management Review*, n° 21, 1996, p. 254-286.

BAZIN, Yoann, *L'institutionnalisation des pratiques organisationnelles. Le cas du diagnostic en psychiatrie*, thèse de doctorat, Paris, Cnam, 2011.

BIGET-MAINFROY, Michelle, « Les métiers de la musique au XVIIIe siècle – Une affaire de famille », in F. Thelamon (ed.), *Aux sources de la puissance : sociabilité et parenté*, Rouen, Presses universitaires de Rouen, 1989, p. 201-212.

CASTORIADIS, Cornelius, *L'institution imaginaire de la société*, Seuil, Paris, 1975.

CERTEAU, Michel de, *L'invention du quotidien*, t. 1. *Arts de faire*, Gallimard, Paris, 1990.

DURAND, Gilbert, « Un sociologue à l'Opéra », *Sociétés*, vol. 3, n° 93, 2006, p. 53-67.

DUTTON, Jane E., ASHFORD, Susan J., O'NEIL, Regina M., LAWRENCE, Katherine A., « Moves that matter: Issue selling and organizational change », *Academy of Management Journal*, n° 444, 2001, p. 716-736.

DUVERLIE, Claude, BOURDIEU, Pierre, « Esquisse d'un projet intellectuel : un entretien avec Pierre Bourdieu », *The French Review*, vol. 61, n° 2, 1987, p. 194-205.

FELDMAN, Martha S., PENTLAND, Brian T., « Reconceptualizing organizational routines as a source of flexibility and change », *Administrative Science Quarterly*, vol. 48, n° 1, 2003, p. 309-332.

GARFINKEL, Harold, *Studies in Ethnomethodology*, Londres, Polity, 1967.

GEORGE, Claude S. Jr, *The History of Management Thought*, Prentice Hall, Englewood Cliffs, 1972.

GHERARDI, Silvia, « Practice based theorizing on learning and knowing in organizations », *Organization*, vol. 7, n° 2, 2000, p. 211-223.

GHERARDI, Silvia, *How to conduct a practice-based study. Problems and methods*, Londres, Edward Elgar Publishing, 2019.

GIDDENS, Anthony, *The Constitution of Society, Outline of the Theory of Structuration*, Cambridge, Polity Press, 1984.

GRIMAND, Amaury, « L'appropriation des outils de gestion et ses effets sur les dynamiques organisationnelles : le cas du déploiement d'un référentiel des emplois et des compétences », *Management & Avenir*, vol. 4, n° 54, 2012, p. 237-257.

GRIMAND, Amaury, MÉRIC, Jérôme, « Providing practice with sense and materiality », *OAP Conference Acts*, Rome, 2014.

JARDAT, Rémi, « Maurice Hauriou, théoricien de l'institution et inspirateur de statuts mutualistes », *RECMA*, n° 312, 2013, p. 70-83.

JARZABKOWSKI, Paula, *Strategy as practice: An activity based approach*, Londres, Sage, 2005.

LOUNSBURY, Michael, CRUMLEY, Ellen T., « New practice creation: an institutional perspective on innovation », *Organization Studies*, vol. 28, n° 7, 2007, p. 993-1012.

MCKENNA, Christopher D., *The world's newest profession: Management consulting in the twentieth century*, Cambridge, Cambridge University Press, 2006.

MINTZBERG, Henry, *The Rise and Fall of Strategic Planning*, New York, The Free Press, 1993.

MONTEVERDI, Claudio, *Correspondance, préfaces, épîtres dédicatoires*, Annonciade Russo (trad.), Sprimont (Belgique), Mardaga, 2001.

MOREUX, Colette, « Weber et la question de l'idéologie », *Sociologie et sociétés*, vol. 14, n° 2, 1982, p. 9-31.

ROSAND, Ellen, *Opera in Seventeenth-Century Venice. The Creation of a Genre*, Berkeley, University of California Press, 1991.

STRATI, Antonio, « Knowing in practice: aesthetic understanding and tacit knowledge », in D. Nicolini, S. Gherardi, D. Yanov, *Knowing in Organization: A practice Based Approach*, New York, Sharpe, 2003.

TEECE, David J., « Explicating dynamic capabilities: the nature and microfoundations of (sustainable) enterprise performance », *Strategic Management Journal*, vol. 28, n° 13, 2007, p. 1319-1350.

TRAHNDORFF, Karl Friedrich Eusebius, *Ästhetik oder Lehre von Weltanschauung und Kunst*, vol. 2, Berlin, Maurer, 1827.

VENDRIX, Philippe, *Aux origines d'une discipline historique. La musique et son histoire en France aux XVIIe et XVIIIe siècles*, Droz, Genève, 1993.

VENDRIX, Philippe, *Musique et pouvoir au XVIIe siècle*, 2004, 60 p., halshs-00275483.

VERSTRAETE, Thierry, « À la recherche des sciences de gestion », *Revue française de gestion*, vol. 9-10, n° 178-179, 2007, p. 91-105.

WEICK, Karl E., *Sensemaking in organizations*, London, Sage, 1995.

WENGER, Etienne, *Communities of practice*, Cambridge, Cambridge University Press, 1998.

WHITTINGTON, Richard, « Completing the Practice Turn in Strategy Research », *Organization Studies*, vol. 27, n° 5, 2006, p. 613-634.

ZARLINO Gioseffo, *Istitutioni Harmoniche*, Venise, [s. n.], 1558.

ZIMNOVITCH, Henri, « Gestion et histoire : un rapport critique et fécond », *Actes de la XIe conférence de l'AIMS*, 2002.

LE LANCEUR D'ALERTE

Un essai de perspective historique

INTRODUCTION

Le concept de « lanceur d'alerte » (« *whistleblower* » en anglais) est désormais bien connu, notamment dans le domaine des entreprises, avec par exemple les affaires Enron (Swartz et Watkins, 2003) ou Madoff (Markopolos, 2010). En France, la loi dite « Sapin II[1] » le définit comme : « une personne physique qui révèle ou signale, de manière désintéressée et de bonne foi, un crime ou un délit, une violation grave et manifeste d'un engagement international régulièrement ratifié ou approuvé par la France, d'un acte unilatéral d'une organisation internationale pris sur le fondement d'un tel engagement, de la loi ou du règlement, ou une menace ou un préjudice graves pour l'intérêt général, dont elle a eu personnellement connaissance » (art. 6). Aux États-Unis, où les définitions sont nombreuses, on peut citer celle de Mudrack et Mason (2013, p. 644) pour qui il s'agit « d'un ou plusieurs individus [qui] informent le public ou quelqu'un en position d'autorité à propos d'activités apparemment malhonnêtes, illégales ou inappropriées ».

Même si les termes de « *whistleblower* » ou « lanceur d'alerte » ont été formalisés vers la fin du XXe siècle avec Ralph Nader aux États-Unis (Rongine, 1985, p. 282) et en France avec les sociologues Chateauraynaud et Torny (1999, p. 13), de nombreux écrits montrent que le concept est bien plus ancien. L'objectif de cette contribution est de réaliser un essai de perspective historique montrant que la terminologie employée pour

1 Loi n° 2016-1691 du 9 décembre 2016 relative à la transparence, à la lutte contre la corruption et à la modernisation de la vie économique. Disponible sur : https://www.legifrance.gouv.fr/affichTexte.do?cidTexte=JORFTEXT000033558528&categorieLien=id/ (dernier accès : 12/01/2021).

caractériser ce concept a beaucoup évolué au fil du temps. Nous allons effectuer une présentation historique évoquant les moments clés de l'utilisation du concept : la Grèce antique, Rome, le Talmud, les Évangiles, le Moyen Âge en France, Venise, la Révolution française, pour finir avec l'Occupation pendant la Seconde Guerre mondiale. Puis nous clôturerons ce texte avec une discussion des termes « dénonciation », « délation » et « accusation ».

LA GRÈCE ANTIQUE ET LES SYCOPHANTES

Comme le rappellent Berland et Stolowy (2018, p. 145), l'une des premières formes du concept actuel de « lanceur d'alerte » est représentée par le concept de « sycophante » dans la Grèce antique. Ce terme, qui vient du grec σῦκον (*sukon*, « figue ») et φαίνειν (*phainein*, « découvrir, montrer »)[2], a plusieurs significations dont aucune n'est considérée comme certaine : il désigne les personnes qui dénonçaient les exportateurs de figues (dont la vente à l'étranger était illégale[3]) ou les personnes qui dénonçaient les voleurs de figues (Lécrivain, 1938). Plus largement, il s'agit de l'appel au civisme pour dénoncer les crimes et délits.

Briand et Lusset (2009, p. 103-104) précisent que ce sont les réformes du législateur Solon au VIe siècle avant notre ère qui donnent le droit à chaque citoyen « d'intervenir en justice en faveur d'une personne lésée », alors qu'auparavant la poursuite des crimes et des délits était laissée à l'initiative des victimes ou de leurs familles. Cette pratique est encouragée par la mise en place de récompenses prélevées sur le montant de la condamnation.

Paradoxalement, comme l'explique Lochak (1996), l'institutionnalisation de la dénonciation est concomitante de la volonté de démocratiser la justice car Solon a voulu éviter que certaines victimes ne restent sans défense.

Mais ce système aurait favorisé l'apparition de dénonciateurs publics motivés uniquement par l'appât du gain, comme le montre la définition suivante de Démosthène : le terme « sycophante » « suggère un joyeux mélange de chicaneur, de dénonciateur, de procédurier, de tatillon,

2 https://www.littre.org/definition/sycophante (dernier accès le 12/01/2021).
3 Plusieurs écrits affirment que l'exportation de figues n'était pas illégale, ce qui met à mal cette définition de sycophante (par ex., Reinach, 1906).

de fripon, de menteur et de calomniateur. Il supposait la calomnie, la conspiration, l'accusation mensongère, la poursuite malveillante, la menace de poursuites en justice pour extorquer de l'argent et, de manière générale, tous les recours abusifs à des procédures légales à des fins malhonnêtes[4] ». Jobard et Brodeur (2005) vont même plus loin en expliquant que « certains "accusateurs publics" firent de leur vertu une profession ».

ROME

Plus tard, dans la Rome antique, existe un autre équivalent du lanceur d'alerte. Berland et Stolowy (2018, p. 146) rappellent que la législation romaine donnait à chacun le droit de dénoncer et poursuivre les délits publics et privés (Courtin *et al.*, 1828, p. 182). Cette personne s'appelait le « *delator* » (Jobard et Brodeur, 2005, p. 195), l'« *accusator* » ou le « *calumniator* » (Rivière, 2002 ; Briand et Lusset, 2009, p. 101). Ces auteurs précisent que « compte tenu du système juridique en vigueur et de l'absence de ministère public, [la dénonciation] constitue un instrument privilégié de la volonté de connaître, indispensable à l'exercice du pouvoir de l'État » (Briand et Lusset, 2009, p. 104).

Il est intéressant de noter que Courtin *et al.* (1828, p. 182) évoquent le phénomène que nous étudions à la rubrique « Délation » dans leur encyclopédie. En effet, comme ils le rappellent, le passage de la République à l'Empire transforma la fonction de « dénonciateur » en celle de « délateur », dont l'intérêt premier était d'assouvir leurs vengeances ou leurs passions. D'ailleurs, les délateurs à cette époque étaient « fort communs et fort odieux » (Lemny, 2012, p. 7). Lochak (1996, p. 3) n'hésite pas à évoquer « "une troupe de délateurs", soucieux de trouver à dénoncer "un criminel dont la condamnation pût plaire au prince [car] c'était la voie pour aller aux honneurs et à la fortune". Le phénomène se développant, "ce fut partout, écrit Sénèque, comme une rage d'accuser qui épuisa Rome bien plus qu'une guerre civile"[5]. »

4 Démosthène, traduit par Rann Kennedy, cité par Darbo-Peschanski (2007, p. 158).
5 Cité par Marcus (1987).

LE TALMUD

La prière Amida, que les juifs récitent trois par jour et qui contient en pratique 19 bénédictions, inclut le texte suivant dans sa 12e bénédiction : לַמַּלְשִׁינִים [...] אַל תְּהִי תִקְוָה (*Lamalchinim* [...] *al tehi tikwa*) : « Que les délateurs [...] perdent toute espérance » (Charbit, 2017, p. 118).

Cette prière du Talmud a en fait connu des modifications successives. Les premières versions n'incluaient pas la demande concernant les délateurs, qui a été ajoutée ultérieurement (Skolnik et Berenbaum, 2007, p. 74). Un commentateur du Talmud, le rabbin Avraham ben Hagra, indique concernant ce passage précis : « Les délateurs nous calomnient auprès des gouvernements non juifs pour gagner leurs faveurs et obtenir les grâces des riches et des puissants. Nous prions que leurs espoirs s'effondrent et que leurs projets soient réduits à néant » (Amsellem, 2010, p. 157).

Mais, pour mieux comprendre ce concept de délateurs, il faut remonter à l'obligation contenue dans le livre de l'Exode de régler les différends juridiques entre juifs uniquement devant les juridictions rabbiniques, notamment dans un contexte de différence de systèmes judiciaires. Les Francs avaient transmis au système judiciaire médiéval originel le principe de la personnalité de la loi selon lequel chaque individu peut être jugé par le droit applicable à sa tribu ou son groupe ethnique. Ce principe était donc, au moins en théorie, en harmonie avec les principes religieux des minorités (Johnson, 2008, p. 47).

Cependant, l'application de la règle talmudique s'est avérée difficile à mettre en œuvre en pratique, notamment dans l'Europe médiévale en développement, dans laquelle les juifs faisaient l'objet de persécutions. Certains juifs se sont mis à dénoncer auprès des autorités judiciaires chrétiennes des infractions commises par d'autres juifs. D'où le terme de « délateurs ». Mais on ne sait pas si le terme vise les délateurs révélant de véritables infractions ou au contraire ceux portant de fausses accusations. Maïmonide, considéré comme l'une des plus éminentes autorités rabbiniques du Moyen Âge (XIIe siècle), estimait que cet acte de délation était non seulement un blasphème mais aussi une trahison de la loi de Moïse (Johnson, 2008, p. 48).

Ce phénomène de « délation » dans l'Europe médiévale consistant à court-circuiter les autorités rabbiniques s'explique de plusieurs manières : absence d'autorité juive centralisée, communautés en construction, compétition économique entre membres de ces communautés, nécessité, ou volonté, d'intégration et dépendance par rapport aux voisins chrétiens (Johnson, 2008, p. 48).

LES ÉVANGILES

Lusset (2014) rappelle l'origine évangélique de la dénonciation. La correction fraternelle est élaborée à partir du passage de Matthieu 18, 15-17. Cette correction s'interprète d'abord en lien avec la foi et le discours théologique. La dénonciation fraternelle se fonde à la fois sur le désir de réparation et sur l'attente de la grâce divine et de la rémission des péchés.

La dénonciation évangélique consiste pour les chrétiens à faire connaître aux autorités religieuses les péchés de leurs semblables dans une perspective d'amendement (Briand et Lusset, 2009, p. 100).

LE MOYEN ÂGE

Au Moyen Âge, la procédure judiciaire est essentiellement de type « accusatoire » et non pas de type « inquisitoire », c'est-à-dire que les juges ne disposent pas de moyens d'investigation et d'une réelle opportunité des poursuites, et sont donc obligés d'agir uniquement en cas de flagrants délits. Les juges sont assujettis au choix de la victime, qui peut ou non porter l'affaire devant les tribunaux et maintenir sa plainte jusqu'au terme de l'action. Dans ce contexte, les juges sont donc contraints de susciter la dénonciation des délits (Briand, 2009, p. 120). Les institutions ont la volonté de récupérer les informations par le biais de la dénonciation. Les appels à la dénonciation sont alors au cœur du fonctionnement des justices urbaines (Carlino, 2014).

Cependant, le contenu de la dénonciation se distingue du simple bruit propagé par la rumeur afin d'écarter tout soupçon de haine et éviter qu'elle ne soit assimilée à une délation (Briand, 2009, p. 122). La dénonciation s'inscrit dans une stratégie qui dépasse, le plus souvent, l'acte de vengeance. Elle participe à la criminalisation de certains actes et comportements. La population peut ainsi mettre à l'écart un individu dont elle n'admet plus les comportements (Lusset, 2014).

(LA SÉRÉNISSIME RÉPUBLIQUE DE) VENISE AU XIVe SIÈCLE

La délation fut érigée en système permanent à Venise, qualifiée de « République oligarchique » du fait de l'opposition entre le Sénat, se sentant jalousé et constamment attaqué, et la noblesse (Courtin *et al.*, 1828, p. 183). La délation est alors encouragée pour assurer l'existence du gouvernement (Berland et Stolowy, 2018, p. 146). Elle est pour ainsi dire une institution de l'État (Courtin *et al.*, 1828, p. 182).

D'ailleurs, la délation prend la forme d'une dénonciation anonyme car le Conseil des Dix était allé jusqu'à mettre en place des boîtes postales spéciales, ayant la forme d'une tête de lion sculpté la gueule ouverte (Doucet, 2019) représentant une fente dans laquelle on peut faire glisser un document (voir illustration ci-dessous). Ces boîtes à lettres particulières, qui sont appelées « *bocca di leone* » ou « bouche de lion », sont installées pour recueillir les dénonciations, notamment contre les autorités publiques. La plus connue d'entre elles (qui n'a pas la forme d'une bouche de lion !) se trouve dans le palais des Doges à Venise (voir illustration ci-dessous). L'inscription qui y figure dans la pierre peut être traduite par : « Dénonciations secrètes contre toute personne qui dissimule des faveurs ou des services, ou qui cherche à cacher ses vrais revenus[6] ». Les dénonciations pouvaient être signées ou anonymes

6 Texte d'origine : « *Denontie secrete contro chi occultera gratie et officii o colludera per nasconder la vera rendita d'essi* ». Source de la traduction : http://www.france-pittoresque.org/article-de-l-etrange-origine-de-la-boite-aux-lettres-86968348.html (dernier accès le 12 janvier 2021).

(Baschet, 1857, p. 100), même si le traitement des dénonciations signées est plus simple et rapide.

Plus tard, la délation se développe quand la police judiciaire et civile, qui ne servait qu'à découvrir les crimes commis ou à maintenir l'ordre, est devenue, sous le nom de « police générale », une armée de délateurs occultes (Courtin *et al.*, 1828, p. 183). La délation s'exerce alors également au sein des familles ou des entreprises. Galibert (1847, p. 472) confirme même que « l'espionnage et la délation éteignaient toute confiance mutuelle, et introduisaient le soupçon et la crainte jusqu'au sein des familles ».

LA RÉVOLUTION FRANÇAISE

Le terme « dénoncer » est un élément clé du discours révolutionnaire (Martin, 2009, p. 131). Les révolutionnaires ont tenté de donner un sens nouveau à un terme généralement déprécié, en le distinguant notamment d'autres termes synonymes ou voisins (tels que « délation » ou « calomnie »). Ils en font un droit politique, un devoir civique et une preuve de l'engagement citoyen dans un contexte de danger menaçant la Révolution française (Lucas, 1996, p. 768 ; Martin, 2009, p. 132). En d'autres termes, comme l'expliquent Briand et Lusset (2009, p. 105), « c'est l'ébranlement de l'appareil étatique, victime d'une suspicion envahissante, qui est en jeu ».

Pour bien distinguer l'indicateur ou le « mouchard » de l'Ancien Régime et le citoyen-dénonciateur de la période révolutionnaire, la dénonciation repose ainsi sur trois critères : la gratuité (absence de rémunération) ; le désintéressement (action au nom de l'intérêt général) ; la spontanéité (le citoyen n'est pas un professionnel de la dénonciation) (Martin, 2009, p. 133). Jobard et Brodeur (2005, p. 199) rappellent que Camille Desmoulins voulait « détruire ce préjugé qu'il y a de la honte à être délateur ». Marat, dans son journal *L'Ami du peuple*, encourageait la délation contre « le Premier ministre jusqu'au dernier commis » comme un « droit naturel ».

Mais, à partir de 1793, en devenant un outil au service du gouvernement révolutionnaire et un des rouages de la Terreur, la dénonciation comme « vertu civique » se dévoie avec trois changements significatifs (Martin, 2009, p. 134-135) :

- l'inflation des dénonciations privées durant cette période peut s'expliquer autant par la conscience partagée des dangers croissants qui menacent la Révolution que par l'apparition d'organes explicitement constitués pour les recevoir, comme le « comité de sûreté générale » et les « comités de surveillance ». En quelque sorte, ces organismes créent un phénomène que nous qualifions d'« autoalimentation » ;
- entre 1793 et 1794, les dénonciations ne visent plus seulement les trois catégories d'ennemis stigmatisées jusqu'alors (aristocrates, prêtres et ministres du roi), mais des fractions de plus en plus larges de la population, avec un élargissement de la notion de « suspect » ;
- sous la Terreur, la dénonciation n'est plus seulement envisagée comme une étape initiale qui lance l'enquête policière mais comme le fondement même de l'accusation, dans la mesure où elle a tendance à se substituer aux interrogatoires et aux preuves matérielles.

Lusset et Briand (2007) estiment que la dénonciation peut être considérée à la fois comme une pratique politique à part entière (un outil au service des régimes révolutionnaires) et comme une pathologie structurelle du politique.

LA FRANCE, SOUS L'OCCUPATION

Berland et Stolowy (2018, p. 147) rappellent que la délation sous l'Occupation est l'une des manifestations les plus connues et les plus sombres de cette pratique (Halimi, 2010 ; Joly, 2012). Ces activités de délation s'inscrivent alors dans un contexte où la pratique est largement utilisée par les régimes totalitaires nazi, fasciste et soviétique. Il est intéressant de noter, comme le souligne Joly (2012), que les régimes totalitaires ont également cherché, à l'instar du mouvement actuel d'encadrement du *whistleblowing*, à placer dans un cadre institutionnel légal l'activité de délation. Soit la dénonciation était rendue obligatoire par la loi, soit la loi servait à ces régimes à se prémunir des dénonciations calomnieuses et non justifiées, non pour des raisons morales ou éthiques, mais dans un simple souci d'efficacité du contrôle des individus. Pendant la période d'occupation, nombre de ces dénonciations sont connues parce qu'elles avaient été interceptées par des postiers.

UNE TERMINOLOGIE INCERTAINE

L'étude historique qui précède montre une confusion, voire une oscillation, entre les termes « dénonciation » et « délation ». Pourtant, le phénomène du lanceur d'alerte est souvent présenté dans la continuité de ces deux concepts importants. Cependant, Lemny (2012, p. 3) confirme qu'il existe souvent une confusion entre les deux termes. Briand et Lusset (2009, p. 100) précisent que ces mots ont cependant une histoire et un sens complexes. Formé à partir du latin *denuntiare*, « faire savoir, notifier, annoncer », le terme a initialement un sens neutre.

De l'article de Lemny (2012), qui s'appuie sur les dictionnaires français jusqu'à la Révolution, nous retiendrons la définition fournie par Diderot dans la grande *Encyclopédie* et qui propose une distinction utile et pleine de sens. Dans l'article « Dénonciateur, accusateur, délateur », Diderot écrit que ces termes désignent « la même action faite par différents motifs : celle de révéler à un supérieur une chose dont il doit être offensé, et qu'il doit punir » (Lemny, 2012, p. 13). On remarquera au passage que le terme « accusation » est souvent relié aux deux autres concepts.

Ainsi, la motivation de l'action est au cœur de la distinction opérée par Diderot : « L'attachement sévère à la loi semble être le motif du *dénonciateur* ; un sentiment d'honneur ou un mouvement raisonnable de vengeance ou de quelque autre passion, celui de l'*accusateur* ; un dévouement bas, mercenaire et servile ou une méchanceté qui se plaît à faire mal [...], celui du *délateur*. On est porté à croire que le *délateur* est un homme vendu ; l'*accusateur*, un homme irrité ; le *dénonciateur*, un homme indigné » (Lemny, 2012, p. 13).

Même si, comme le rappelle l'auteur, rien ne permet de distinguer juridiquement la « délation » et la « dénonciation », la définition de

Diderot permet de « louer le dénonciateur ou, au contraire, de discréditer le délateur » (Lemny, 2012, p. 14).

Nous avons vu avec l'analyse historique qui a précédé que la confusion, née bien avant la Révolution, s'est poursuivie après, malgré l'intervention de Diderot et quelques autres auteurs.

CONCLUSION
Du délateur au lanceur d'alerte

Bien que se situant à des périodes très éloignées les unes des autres et dans des contextes très différents, les situations que nous avons évoquées décrivent à chaque fois le recours par les juges à des auxiliaires privés et spontanés. En évoquant ce à quoi elles ont abouti, nous pouvons ainsi imaginer (ou prédire) une partie du champ des possibles pour l'avenir des lanceurs d'alerte.

En prenant l'exemple des lanceurs d'alerte et des sycophantes, ces deux intervenants ont en commun d'être apparus pour combler certaines lacunes du droit (absence de ministère public dans le droit athénien (comme dans le droit romain plus tard), pour les sycophantes, et pour remédier à la faiblesse des possibilités d'investigation du législateur dans les entreprises, pour les lanceurs d'alerte. Il s'agit, dans les deux cas, de faire appel au civisme populaire pour la dénonciation de crimes. En revanche, les sycophantes sont vite devenus des individus peu recommandables, l'esprit de lucre remplaçant rapidement chez eux l'esprit civique. Une étude du passé permet donc de tenter d'améliorer la prévention contre les abus auxquels un tel recours a pu aboutir et réfléchir à l'efficacité et aux risques d'une telle démarche.

En guise de conclusion, nous aimerions revenir sur le terme de « lanceur d'alerte ». On voit bien que la définition de la loi Sapin II, citée en introduction, se réfère à la notion « noble » de la dénonciation. Pourtant, le vécu des lanceurs d'alerte (*whistleblowers*) (Stolowy *et al.*, 2019) montre que, dans la réalité de la vie des affaires, leur rôle est souvent encore considéré comme celui d'un délateur. D'ailleurs, les termes les qualifiant, notamment en anglais, sont fort nombreux et peu gratifiants : « *informers* » (« délateurs »), « *traitors* » (« traitres »), « *snitches* » (« mouchards ») or « *tattletales* » (« commères »).

Dans tous les cas, le terme « lanceur d'alerte » présente l'avantage de donner une connotation positive indiscutable à cet acteur de la vie des affaires. Seul l'avenir nous dira si la vie des lanceurs d'alerte s'est améliorée avec le changement de terminologie. Il faut dire que cet élément, pour important qu'il soit, ne suffit pas à garantir un statut et qu'une protection et une rémunération sont également des aspects importants à prendre en compte. Mais cela est une autre histoire.

Hervé STOLOWY
HEC Paris[7]

7 L'auteur remercie la Fondation HEC (projet 9B82F1901+) pour son soutien. Il remercie également Marc Nikitin, Professeur à l'université d'Orléans, pour ses commentaires et Messieurs les rabbins Yona Hasky et Yoël Schlanger pour leur aide concernant la partie consacrée au Talmud. L'auteur porte cependant la seule responsabilité des idées exprimées et des éventuelles erreurs ou inexactitudes.

BIBLIOGRAPHIE

AMSELLEM, Yaacov, *L'Échelle de Jacob*, EDJ, 2010.

BASCHET, Armand, *Souvenirs d'une mission, les archives de la Sérénissime République de Venise*, Paris, Amyot, 1857.

BERLAND, Nicolas, STOLOWY, Hervé, « De la dénonciation à l'alerte éthique – histoire et institutionnalisation du "*whistleblowing*" comme mode de contrôle social », *in* M. Floquet, P. Labardin, Y. Levant (dir.), *L'histoire comme méthode pour comprendre le management – Mélanges en l'honneur du Professeur Marc Nikitin*, nouvelle édition, Paris, L'Harmattan, 2018, p. 142-155.

BRIAND, Julien, « Les appels à la dénonciation dans la procédure judiciaire rémoise à la fin du Moyen Âge », *Hypothèses*, vol. 12, n° 1, 2009, p. 119-129.

BRIAND, Julien, LUSSET, Élisabeth, « *Id est diabolus, id est denunciator ?* Autour de la pratique de la dénonciation de l'antiquité à nos jours », *Hypothèses*, vol. 12, n° 1, 2009, p. 97-107.

CARLINO, Maria Luisa, « La dénonciation par écrit des barbiers : Les documents des tribunaux criminels de Rome (XIVe-XVIe siècles) », *in* M. Charageat, M. Soula (dir.). *Dénoncer le crime, du Moyen Âge au XIXe siècle*, Pessac, Maison des sciences de l'Homme d'Aquitaine, 2014, p. 240-265.

CHARBIT, Joseph-Élie (dir.), *Rituel de prières Patah Eliyahou*, 2e éd., Paris, éditions Colbo, 2017.

CHATEAURAYNAUD, Francis, TORNY, Didier, *Les Sombres précurseurs. Une sociologie pragmatique de l'alerte et du risque*, Paris, EHESS, 1999.

COURTIN, Marie, *Encyclopédie moderne, ou dictionnaire abrégé des hommes et des choses, des sciences, des lettres et des arts*, tome huitième, 2e éd., Bruxelles, Th. Lejeune, 1828.

DARBO-PESCHANSKI, Catherine, « Pour une poignée de figues – judiciarisation moderne et sycophantie ancienne », *in* P. Schmitt Pantel, F. de Polignac (dir.), Athènes *et le Politique*, Albin Michel, 2007, p. 147-178.

DOUCET, Jean-Paul, *Dictionnaire de droit criminel – lettre d – dénonciation*, 2019, disponible : https://ledroitcriminel.fr/dictionnaire/lettre_d/lettre_d_denonciation.htm.

GALIBERT, Léon, *Histoire de la république de Venise*, Paris, Furne et Cie, 1847 (consulté le 04/08/2019).

HALIMI, André, *La Délation sous l'Occupation*, Paris, Le Cherche Midi, 2010.

JOBARD, Fabien, BRODEUR, Jean-Paul, « Le pouvoir obscur de la délation », *in Citoyens et délateurs. La délation peut-elle être civique ?* (Ed. Brodeur, J.-P.), Paris, Autrement, 2005, p. 195-211.

JOHNSON, Rebecca, « *Malshinim* and milieu – reconsidering the Jewish informer in medieval Europe. Ex Post Facto », *Journal of the History Students at San Francisco State University*, 2008, p. 46-60.

JOLY, Laurent (dir.), *La Délation dans la France des années noires*, Paris, Librairie Académique Perrin, 2012.

LÉCRIVAIN, Charles, « Note sur le sens primitif du mot "sycophante" », *Comptes rendus des séances de l'Académie des inscriptions et belles-lettres*, vol. 82, n° 1, 1938, p. 14-15.

LEMNY, Stefan, « Essais de définition. Délation, dénonciation, délateur, dénonciateur dans les dictionnaires français jusqu'à la Révolution », *Annales historiques de la Révolution française*, vol. 368, n° 2, 2012, p. 3-31.

LOCHAK, Danièle, « La dénonciation, stade suprême ou perversion de la démocratie ? », *in* B. Costa (dir.), *L'État de droit. Mélanges en l'honneur de Guy Braibant*, Paris, Dalloz, 1996, p. 451-471.

LUCAS, Colin, « The theory and practice of denunciation in the French Revolution », *The Journal of Modern History*, vol. 68, n° 4, 1996, p. 768-785.

LUSSET, Élisabeth, « Dénoncer le crime au sein des monastères au Moyen Âge (XIIe-XVe siècles) », *in* M. Charageat, M. Soula (dir.), *Dénoncer le crime du Moyen Âge au XIXe siècle*, Pessac, Maison des sciences de l'Homme d'Aquitaine, 2014.

LUSSET, Élisabeth, BRIAND, Julien, *La Délation. Séance coordonnée par les auteurs*, 2007, disponible sur http://www.pantheonsorbonne.fr/fileadmin/CRHXIX/Recup-fichier/a_14.pdf.

MARCUS, Michel, « Pour mieux t'écouter mon enfant », *in La délation*, revue *Autrement*, n° 94, 1987.

MARKOPOLOS, Harry, *No one would listen: A true financial thriller*, Hoboken, NJ, John Wiley & Sons, 2010.

MARTIN, Virginie, « La Révolution française ou "l'ère du soupçon". Diplomatie et dénonciation », *Hypothèses*, vol. 12, n° 1, 2009, p. 131-140.

MUDRACK, Peter E., MASON, E. Sharon, « Dilemmas, conspiracies, and Sophie's choice: Vignette themes and ethical judgments », *Journal of Business Ethics*, vol. 118, n° 3, 2013, p. 639-653.

REINACH, Salomon, « L'étymologie du mot "sycophante" (partie 1) », *in Comptes rendus des séances de l'Académie des inscriptions et belles-lettres*, 50e année, n° 10, 1906, p. 733.

RIVIÈRE, Yann, *Les Délateurs sous l'Empire romain*, École française de Rome, 2002.

RONGINE, Nicholas M., « Toward a coherent legal response to the public policy dilemma posed by whistleblowing », *American Business Law Journal*, vol. 23, n° 2, 1985, p. 281-297.

SKOLNIK, Fred, BERENBAUM, Michael (Eds.), *Encyclopaedia judaica – volume 2*, 2e éd. New York, Thomson Gale, 2007.

STOLOWY, Hervé, GENDRON, Yves, MOLL, Jodie, PAUGAM, Luc, « Building the legitimacy of whistleblowers: A multi-case discourse analysis », *Contemporary Accounting Research*, vol. 36, nº 1, 2019, p. 7-49.

SWARTZ, Mimi, WATKINS, Sherron, *Power failure: The inside story of the collapse of Enron*, New York, NY, Currency Doubleday, 2003.

DEUXIÈME PARTIE

UNE VISION ÉLARGIE DE LA GESTION

PERSPECTIVES FINANCIÈRES

ÉVALUATION D'ENTREPRISE EN MATIÈRE DE PME

Une « alternative » au coût du capital

INTRODUCTION

Évaluer une entreprise est souvent regardé par les professionnels comme un art plutôt qu'une discipline scientifique. À la croisée des chemins entre finance et comptabilité, il est vrai que l'expérience du praticien joue un rôle important dans la fourchette de prix qui sera définie pour proposer une valeur de la société. Sur un plan strictement théorique, la méthode la plus appropriée est logiquement l'évaluation par les flux de trésorerie : de fait, elle s'inscrit de manière rigoureuse dans l'approche proposée par Modigliani et Miller dans leurs travaux (1958, 1963). Cela étant se pose toujours le problème épineux du coût du capital, dont la précision est délicate : une faible variation peut avoir un impact important sur la valeur finale calculée. Pour cette raison, les spécialistes recourent assez volontiers à la méthode des comparables pour tenter de cibler une valeur. Bien évidemment, l'utilisation de telle ou telle autre méthode dépend également de l'objet et de la finalité de l'évaluation. Cession ou transmission d'entreprise, fusion/scission, consolidation, introduction sur le marché financier, placement en Bourse : toutes ces configurations se traduiront par des méthodes plus ou moins appropriées aux besoins sous-jacents des différentes parties. Par ailleurs, la taille de l'entreprise joue inévitablement dans le choix de la méthode.

Nous nous intéressons tout particulièrement dans cette étude aux PME et à leur évaluation dans un contexte « classique », c'est-à-dire en dehors du marché financier. L'objet de ce travail est de revenir sur les méthodes « traditionnelles » fondées sur le *goodwill*, toujours enseignées dans les programmes du DSCG[1] et utilisées en pratique, mais sans approche critique véritable. Nous n'évoquerons pas, en revanche, la méthode de l'évaluation par les flux de trésorerie disponible, sinon en tant que modèle de référence.

En matière d'évaluation, il existe bien une ample production anglo-saxonne, mais, en France, la réflexion semble plutôt figée sur ces méthodes toujours enseignées : probablement parce qu'elles sont en grande partie considérées obsolètes ou critiquables, malgré le fait qu'elles sont encore mises en œuvre dans les cabinets. Pour cette raison, il apparaît intéressant d'y revenir sous un angle critique. Ce travail a ainsi une portée concrète, pour le praticien comme l'enseignant.

Dans cette perspective, nous nous proposons dans un premier temps de faire une revue critique des instruments classiques d'évaluation, et de montrer notamment que la fragilité théorique de certains d'entre eux devrait conduire tout praticien prudent à les écarter. Dans un second temps, nous revenons sur la méthode des CPNE, dont la mise en œuvre en pratique reste fréquente, notamment lorsque l'entreprise dégage peu de flux de trésorerie. Nous tentons en particulier de cerner ses limites et proposons une autre solution permettant de pallier certaines faiblesses de principe.

UNE REVUE CRITIQUE DES MODÈLES TRADITIONNELS

L'objectif de toute évaluation étant généralement de proposer une fourchette de prix, la variété des méthodes proposées est relativement grande. Les deux principales techniques mises en œuvre de nos jours sont les comparatifs et l'actualisation des *cash flows*. Cependant, s'agissant de PME, les experts recourent également, soit à la méthode des multiples sur une base de barèmes fiscaux pour les petits commerces, soit appliquent différentes formules dites « hybrides » fondées sur l'actualisation des bénéfices et une valeur patrimoniale tirée de l'actif. Celles-ci présentent cependant des faiblesses intrinsèques que nous voulons, dans un premier temps, mettre en évidence.

1 Diplôme supérieur de comptabilité et de gestion : l'obtention de ce diplôme autorise l'inscription en stage d'expertise comptable.

LES MÉTHODES « HYBRIDES »
OU « VARIATIONS SUR UN MÊME MODÈLE »

À l'examen de quelques manuels (Thauvron, 2005 ; Guyvarc'h et Thauvron, 2016 ; Legros, 2015 ; Koller *et al.*, 2010), on retrouve les différentes méthodes traditionnellement utilisées, auxquelles il est accordé une plus ou moins grande place selon l'importance qui leur est prêtée. En France, pays encore traditionnellement de culture patrimoniale, l'actif net comptable corrigé (ANCC) continue de garder une grande place dans le processus d'évaluation. Elle est généralement complétée par le recours à différentes formules, dont en particulier celle dite des « capitaux permanents nécessaires à l'exploitation » (CPNE).

L'ANCC : une estimation composite et approximative de la valeur des capitaux propres

La première valeur, l'ANCC, est calculée à partir de l'actif net comptable, et elle est généralement corrigée à partir d'une réévaluation des éléments du bilan. Certaines valeurs sont éliminées (les primes liées aux obligations et les frais d'établissement principalement) ; la fiscalité différée et latente est prise en compte ; les provisions sont retraitées pour tenir compte de la réalité de la dette et modifier la valeur des capitaux propres, s'il est besoin. Si l'on s'en tient à une estimation purement patrimoniale sont conservées au bilan les immobilisations incorporelles, telles que le fonds commercial, les brevets ou les dépenses de recherche-développement. À cet actif net ainsi réévalué sont soustraites les dettes, ce qui permet d'obtenir l'ANCC, lequel porte mal son nom puisqu'il s'agit concrètement d'une estimation de la valeur des fonds propres. Les termes « situation nette » sont également utilisés, mais sans qu'ils n'apportent une réelle contribution sémantique. Il s'agit concrètement d'une évaluation des fonds propres[2]. Par ailleurs, il s'agit là évidemment d'une valeur minimale puisque les éléments immatériels du bilan (l'organisation, la qualité du management, la réputation, la longévité, la localisation éventuellement, la cohésion des ressources humaines, etc.) ne sont pas pris en compte dans ce calcul. Les immobilisations incorporelles inscrites au bilan ne sont, quant à elles, qu'un pâle reflet du capital immatériel réel de l'entreprise.

2 Au demeurant, il serait plus pertinent d'utiliser ce vocable dans les cours, les étudiants ayant tendance à assimiler la notion d'« ANCC » à de l'actif tout court.

On peut ajouter à cela que la valorisation de l'ANCC dans l'absolu constitue un pis-aller bien peu satisfaisant pour un esprit rigoureux : en effet, il ne s'agit ni plus ni moins que d'une agrégation de valeurs composites sur la base de méthodes très différentes pour certaines d'entre elles et qui font intervenir des avis subjectifs ou hypothétiques sur certains biens. L'immobilier constitue presque toujours une pierre d'achoppement : ce qu'est le prix de marché est rarement le prix définitivement conclu en cas de cession.

Ajoutons à cela que la fiscalité prise en compte dans le calcul de l'ANCC reste sujette à débat. On suppose que les plus ou moins-values latentes sur les biens hors exploitation doivent donner lieu au calcul de la fiscalité latente, mais l'hypothèse de base – cession des biens hors exploitation – reste à valider dans la réalité.

Pour cette raison, l'ANCC ne peut constituer en réalité une évaluation crédible et solide de la réelle valeur des fonds propres : elle n'a de valeur que psychologique pour un chef d'entreprise qui comprendrait mal que ce qu'il a investi n'ait pas une valeur intrinsèque. À tout le moins, l'ANCC représente une valeur minimum des capitaux propres.

Une seconde famille de méthodes peut être mise en œuvre : l'approche par les rendements. Celle-ci est calculée sur la base du bénéfice courant après impôt (B). Les éléments exceptionnels sont éliminés pour obtenir un résultat approximativement récurrent, et il est alors fait la somme actualisée des bénéfices, soit sur une période limitée, soit sur une durée infinie, ce qui se traduit par l'expression B/k, avec B, le bénéfice net d'exploitation, et k, le coût du capital. Si l'on suppose un taux de croissance g du résultat dans le temps, alors la formule de Gordon-Shapiro peut s'appliquer et l'on obtient B/(k – g). Dans les deux cas, les formules pèchent par une faiblesse structurelle commune. En effet, le bénéfice n'est pas un flux de trésorerie en raison de la présence d'amortissements et de décalages dans les paiements : il ne peut donc théoriquement être capitalisé. Pour que le bénéfice puisse éventuellement constituer une approximation du flux de trésorerie, il faut supposer que l'investissement est renouvelé chaque année à hauteur des amortissements d'une part, et qu'il n'existe pas ou peu de variation du besoin en fonds de roulement d'autre part. Ces hypothèses demeurent donc très restrictives, et l'approche, contestable.

Malgré ces réserves, en pratique, cela n'empêche pas de retenir le bénéfice comptable comme base d'évaluation. En particulier, il est associé à l'ANCC pour calculer la valeur des fonds propres en tenant compte de l'existence d'une survaleur, le *goodwill* (GW), correspondant à la partie immatérielle de l'entreprise. Au-delà de la question du bénéfice, ces méthodes sont très contestables. Celle dite « des praticiens » en constitue l'exemple le plus caricatural.

La méthode dite des « praticiens » : un modèle erroné sans justification théorique

Le modèle des praticiens, rappelons-le, ne repose sur aucun fondement théorique, sinon l'idée qu'une moyenne entre deux extrêmes fera toujours une bonne mesure. L'origine de la méthode se perd d'ailleurs dans les limbes du passé et a vraisemblablement émergé d'une pratique pure et simple. Elle est généralement reprise simplement pour mémoire par les auteurs[3]. Les évaluateurs, conscients de la limite posée par le calcul de l'ANCC, ont en effet souhaité introduire le potentiel de l'entreprise à dégager du résultat (et non des flux de trésorerie). Ils ont donc calculé la valeur de l'entreprise pour les actionnaires (V_e) sur la base d'une moyenne entre l'ANCC et la valeur de rendement (VR), elle-même étant égale au bénéfice net capitalisé (B/k), soit :

$$V_e = \frac{ANCC + VR}{2}$$

Que l'on peut écrire également en remplaçant VR par son expression :

$$V_e = \frac{ANCC + VR}{2} = \frac{ANCC}{2} + \frac{B}{2k}$$

Partant du principe que la valeur de l'entreprise pour les actionnaires est égale à l'ANCC augmenté de la survaleur due aux actifs immatériels, appelé traditionnellement *goodwill* (GW), alors :

$$V_e = ANCC + GW \Rightarrow V_e - ANCC = GW$$

$$\text{d'où} \quad GW = \frac{ANCC}{2} + \frac{B}{2k} - ANCC$$

3 Voir par exemple : Guyvarc'h et Thauvron (2016), ainsi que Barneto et Gregorio (2017, p. 279).

Soit encore :

$$GW = \frac{B}{2k} - \frac{ANCC}{2} = \frac{B}{2k} - k\frac{ANCC}{2k} \Rightarrow GW = \frac{B - kANCC}{K}$$

Grâce à ces différentes transformations, on constate que la formule des praticiens comprend bien une estimation du *goodwill*, laquelle s'inscrit, d'une part, dans la formule générique d'évaluation de la survaleur, d'autre part, livre une information précieuse sur le taux d'actualisation utilisé. En effet, K = 2k : autrement dit, la capitalisation de la rente B – kANCC est fondée sur deux fois le taux d'actualisation. Outre que la formule, comme nous l'avons rappelé, ne repose sur aucun fondement théorique solide, elle aboutit à une valorisation que l'on peut qualifier d'« absurde ». Si l'on transposait un tel dénominateur à la formule d'évaluation par les flux, cela reviendrait à diviser par deux la valeur de l'entreprise pour les actionnaires. Cette démonstration doit donc nous conduire en pratique à rejeter définitivement la méthode des praticiens, laquelle conduit à minorer inévitablement les capitaux propres.

Cela étant, on constate également que la formule débouche sur une expression du *goodwill* pouvant s'analyser comme une rente capitalisée. Toutes les formules d'évaluation du *goodwill* sont ainsi calquées sur ce modèle :

- celle de la rente du *goodwill*, dite « méthode des Anglo-Saxons », qui s'exprime sous la forme
  $GW = \frac{B - r_e ANCC}{t}$
  avec r_e, le taux de rémunération des fonds propres, B le bénéfice courant après impôts, t le taux d'actualisation ;
- celle de la rente abrégée du *goodwill*, qui s'écrit :
  $GW = \sum_{i=1}^{n}(B_i - r_e ANCC)(1 + t)^{-i}$;
- celle de l'Union européenne des experts-comptables (méthode dite « UEC »), qui comprend le *goodwill* dans la formule elle-même
  $GW = \sum_{i=1}^{n}\big(B_i - r_e(VSB + GW)\big)(1 + t)^{-i}$,
  r_e étant le taux rentabilité des capitaux propres et VSB, la valeur substantielle brute[4].

4 On peut également citer, pour mémoire, la formule fondée sur l'amortissement du *goodwill* (G. Legros, 2015, p. 124 *et s.*), mais dont la justification théorique est quasi inexistante.

En remplaçant ANCC par la valeur substantielle brute (VSB) ou par les CPNE dans la formule de la rente abrégée du *goodwill* et en appliquant le taux idoine, on obtient ainsi toutes les variations possibles autour du calcul de la rente. Cela étant, toutes présentent des limites qui, selon nous, devraient également conduire à ne plus les utiliser en pratique ou avec beaucoup de prudence.

LES LIMITES ET INSUFFISANCES DES AUTRES MÉTHODES : VSB ET CPNE

VSB et CPNE ne sont que des méthodes permettant de valoriser le *goodwill* et non le patrimoine. La première méthode, fondée sur la VSB, ne semble quasiment plus être utilisée en pratique, remplacée plutôt par les CPNE. De fait, la VSB est fondée sur une approche statique de l'actif et, en ignorant le besoin en fonds de roulement (BFR), elle fausse l'évaluation du potentiel réel de l'entreprise. Par ailleurs, la nécessité de calculer un coût du capital élargi, s'il ne pose pas de problème technique dans l'absolu, demeure une solution très empirique eu égard à la relative volatilité des dettes à court terme en volume et leur impact sur la structure du capital. Enfin, cette modalité de calcul ne repose sur aucune base théorique, et c'est pourquoi nous rejoignons l'avis de Thauvron (2005, p. 177) selon lequel elle est à proscrire.

La méthode des CPNE apparaît en revanche plus conforme à la théorie en mettant en évidence un « capital économique » fondé sur la somme des immobilisations nettes et d'un BFR normatif. Celle-ci souffre cependant d'un certain nombre de défauts. Tout d'abord et conformément à la théorie financière, il est logique que les actifs soient réévalués, mais le risque dans certains cas est que l'opération introduise l'ajout d'une rente au capital issue du foncier et fausse le rendement réel des actifs eu égard au capital investi de départ. Il ne s'agit pas là d'un point majeur. Toutefois, ce qui intéresse l'évaluateur avec cette méthode n'est pas la *rentabilité*, mais le *rendement* des actifs pour estimer les bénéfices d'exploitation issus de l'actif. S'agissant de l'ANCC, la démarche est différente puisqu'il s'agit de valoriser les fonds propres : dans ce cas, ceux-ci peuvent effectivement bénéficier des plus-values éventuelles qui leur reviennent dès lors que la rémunération des actionnaires se compose à la fois des plus-values et des revenus sous forme de dividendes (quand il y en a). Il s'agit donc bien ici d'un calcul de rentabilité dans l'estimation du *goodwill*, fondé sur la valorisation *a priori* des capitaux propres, à la différence de celle fondée sur les CPNE.

Pour illustrer le problème, imaginons un immeuble à Paris, dans le 20e arrondissement. Un studio en valeur brute rapportant 6000 euros pour un coût d'achat de 100000 euros représente en fin d'année un rendement brut de 6%. Si l'immeuble prend 10% dans l'année, son rendement apparent à revenus inchangés chute de 0,55 %. Bien évidemment, la rentabilité réelle est de 14,55 % en tenant compte de la plus-value brute. Mais le problème est que la méthode d'estimation du *goodwill* par la méthode des CPNE, en prenant en compte la réestimation d'un capital qui serait altéré par la pression foncière par exemple, modifie le rendement de l'actif. Dès lors, le calcul du résultat théorique issu de l'actif ainsi corrigé donne un résultat plus élevé qu'il ne devrait en prenant en compte la plus-value sur les biens d'exploitation. Ce surplus peut s'analyser comme une pseudo-rente issue de la valorisation du patrimoine, mais qui n'a rien à devoir à l'outil économique. Dans l'exemple de l'immeuble, cela revient à appliquer le taux initial de 6% à la valeur de 110000 euros, soit 6600 euros de revenu théorique ; sauf que les revenus n'évoluent pas aussi vite, exception faite de circonstances très spécifiques. Sur les 6600 euros de revenu théorique, 600 euros sont donc fictifs et dus uniquement à la revalorisation de l'immeuble : ils ne constituent pas, par conséquent, un revenu dont la nature relève de la pure exploitation. Par la suite, dans le calcul de la rente du *goodwill*, cet excès de revenu va naturellement conduire à la diminuer, et donc contribuer à réduire la valeur réelle du *goodwill* lui-même.

Si l'idée à la base est de valoriser les actifs à un prix courant ou une valeur de remplacement afin d'exprimer le potentiel actuel de l'exploitation à engendrer du profit, il s'avère que dans la réalité, en dehors des terrains et des immeubles dont la valeur peut augmenter significativement quelquefois, les autres actifs voient souvent diminuer leur valeur sur le marché. Les plus-values éventuelles ont donc plus de chance d'être le fruit d'une pression foncière, et les revenus en découlant d'être ce que nous qualifions une « pseudo-rente » liée à la possession, que la traduction d'un potentiel économique. C'est pour cette raison que, afin d'éviter l'écueil de la rente foncière, il serait préférable dans certains cas de valoriser les terrains et bâtiments sur la base d'un coût indiciaire plutôt que sur la valeur de marché.

Nous entrevoyons par ailleurs deux autres difficultés. La première est toute classique : il s'agit de l'estimation du *goodwill* sur la base de la rente, issue elle-même de la différence du résultat réel (ajusté) et du résultat théorique. Même si l'on peut supposer qu'il existe une forme de compensation entre les amortissements inclus dans les deux résultats, la rente demeure une estimation ne correspondant pas parfaitement à un flux de trésorerie. La seconde difficulté est liée au taux utilisé pour calculer le résultat théorique engendré par les CPNE. En pratique, les évaluateurs ont des difficultés à estimer les taux à appliquer, tant au niveau du calcul du résultat théorique que de celui de la valorisation du *goodwill*. En règle générale, ils tendent à utiliser un taux de placement moyen pour le premier, ce qui présente au moins deux inconvénients, outre le fait que la méthode n'est plus dès lors conforme à la théorie : d'une part, ce taux peut être éloigné du coût moyen pondéré du capital ; d'autre part, étant par définition plus faible, il contribue à réduire la rentabilité théorique des CPNE et, par là même, la rente du *goodwill*. À l'inverse, la capitalisation de ce dernier sur cette base entraîne une valorisation plus forte, alors même que le taux appliqué à la rente devrait (normalement) être supérieur à celui utilisé pour le calcul du rendement théorique. Les auteurs préconisent ainsi d'utiliser deux taux (Thauvron, 2005 ; Legros, 2011 ; Guyvarc'h et Thauvron, 2016) : ceux-ci sont fonction de l'aléa relatif auquel ils se rattachent. Le résultat théorique devrait ainsi être valorisé au coût du capital, et la rente du *goodwill*, au coût du capital majoré de quelques points. Malheureusement et concrètement, nulle indication n'est donnée pour valoriser le second taux. Or, en réalité, ce point est très largement discutable : ainsi Mellen et Evans (2010, p. 273) font-ils observer que, pour certaines entreprises, le taux de valorisation du *goodwill* pourrait être plus élevé pour certaines, mais plus faible pour d'autres. De fait, dans le cas de sociétés qui ont « verrouillé » leur clientèle par des contrats ou l'existence d'un monopole, il est exact que la valorisation de la clientèle requerrait logiquement un taux plus bas que le coût du capital, l'aléa étant relativement faible.

Comme on peut le constater par conséquent, la méthode des CPNE souffre d'un certain nombre d'imperfections et d'imprécisions qui la rendent peu fiable dans la réalité. Dans la mesure où elle reste cependant utilisée pour des raisons pratiques liées à son enseignement qui en conditionne les utilisateurs et qu'elle peut de surcroît se substituer à celle de l'évaluation des flux lorsque ceux-ci sont trop faibles, il convient par conséquent de voir dans quelle mesure celle-ci peut être rendue plus opérationnelle.

VALORISER LA PME
Un autre modèle possible

S'agissant des CPNE, le débat de notre point de vue est en premier lieu lié aux taux. De fait, en supposant résolues les questions d'évaluation, se posent deux questions : tout d'abord, quels taux en pratique utiliser ? Ensuite, comment estimer ces taux ? Ensuite se pose le problème de la base de calcul des CPNE puisque ces derniers souffrent, de notre point de vue, d'un biais introduit par la réévaluation des actifs. Aussi, nous nous proposons d'étudier deux points en la matière : la question du taux, puis celle de la base d'évaluation.

CPNE et taux de rentabilité économique

À la première question, Guyvarc'h et Thauvron (2016) préconisent classiquement d'utiliser le coût moyen pondéré du capital, r_{cmpc}, ou (*i.e*), le taux de rentabilité exigé (Legros, 2015). Concrètement, le modèle des CPNE s'apparente à ce que Marshall (1890, cité par M. Albouy, 2000, p. 367) définissait comme le « profit économique », c'est-à-dire le profit disponible pour les actionnaires après que le capital employé a été rémunéré. En d'autres termes, si l'on considère r_a, la rentabilité économique, correspondant au résultat ajusté, R_a, aux CPNE et, si l'on déduit la rémunération au coût du capital de ces derniers, selon la formule suivante :

$$Ra - (\text{CPNE} \times r_{cmpc}) \text{ ou encore :}$$
$$(\text{CPNE} \times r_a) - (\text{CPNE} \times r_{cmpc}) \Leftrightarrow \text{CPNE} \times (r_a - r_{cmpc})$$

On retrouve le modèle du « profit économique » de Marshall ou encore celui de l'EVA (*Economic Value Added*), qui est fondé sur la même équation. Le modèle des CPNE est ainsi relativement conforme à la théorie, exception faite que les CPNE ne s'ajoutent pas au *goodwill* calculé sur la base de la capitalisation de la rente puisqu'ils n'en constituent qu'un élément de calcul. Le problème par ailleurs est que la rentabilité économique (r_a) ainsi calculée ne correspond pas véritablement à la rentabilité économique des CPNE, puisque R_a, le résultat ajusté, comprend la part imputable au *goodwill*. Il s'agit en réalité d'un taux moyen de rentabilité économique comprenant les CPNE + le *goodwill*. Si l'on considère que la rémunération attendue des CPNE correspond au rendement minimum exigé par les actionnaires, on peut ainsi écrire :

$$\text{CPNE} \times r_a = [(\text{GW} \times r_{a'}) + (\text{CPNE} \times r_{cmpc})]$$

Ce qui revient à dire que, pour évaluer le *goodwill*, il convient effectivement d'utiliser un taux différent $_{ra'}$ du coût du capital. Le problème est qu'il n'est pas aisé, dans le contexte de la PME, d'évaluer son coût du capital eu égard à l'existence même d'un *goodwill* censé augmenter la valeur des fonds propres. Dans la mesure où le recours au marché pose souvent problème aux professionnels, ne serait-ce que parce que les entreprises comparables sont trop peu nombreuses (quand elles existent !), la question s'avère d'autant plus délicate. Il existe bien une approche empirique fondée « sur l'expérience de l'évaluateur » (Thauvron, p. 88 *sq.*), mais l'échelle des taux utilisée reste relativement large (entre 1 % et 15 % pour le risque spécifique !) et nécessiterait d'être régulièrement actualisée. Concrètement, tenter de respecter l'orthodoxie financière conduit à des solutions empiriques qui ne laissent pas d'être dubitatif sur le calcul du taux final.

Aussi, pour ces différentes raisons, nous proposons une autre formulation pour calculer la valeur de l'actif avant estimation du *goodwill*.

DES CPNE AUX CAPITAUX INVESTIS

Une des critiques majeures adressées au recours du bénéfice comme variable de calcul du *goodwill* peut aisément être levée. En effet, Koller *et al.* (2010, p. 769 *sqq.*) montrent que la valeur économique de l'entreprise V_a, définie comme étant égale à la capitalisation des *free cash flows* (FCF) par le coût du capital, peut également s'écrire sous la forme suivante :

$$V_a = \text{Capital investi}_0 + \sum_{i=1}^{n} \frac{B_i}{(1+k)^i}$$

Avec V_a la valeur de l'entreprise ; B_i le profit économique, c'est-à-dire le bénéfice avant rémunération des financeurs ; k le coût du capital.

De la même manière, Albouy (2003) montre que la valeur de l'entreprise est égale à la valeur de ses capitaux investis, augmentée de la somme actualisée des valeurs ajoutées économiques (VAE, ou EVA pour *Economic Value Added*). Cette dernière correspond à la *Market Value Added* (MVA), ou « valeur ajoutée par le marché », qui n'est ni plus ni moins qu'un *goodwill.*

Dans cette formule, le capital investi correspond à la valeur de l'actif économique au moment 0, c'est-à-dire la valeur des immobilisations augmentée du BFR. Il est donc égal à : actifs immobilisés + actifs circulants – dettes circulantes – provisions pour risques et charges (si elles ont un caractère d'exploitation). Techniquement, les capitaux investis sont proches des CPNE. On peut aussi approcher les capitaux investis par le passif, ce qui est plus simple d'une certaine manière. Ils sont alors égaux à (pour une PME) : fonds propres + dettes nettes à long et moyen terme + provisions pour retraites (lorsqu'elles existent) + comptes courants des associés (ceux-ci constituant bien souvent une forme de fonds propres) + dettes pour crédit-bail.

De notre point de vue, la question de l'exploitation ou du hors-exploitation apparaît être un faux problème. Lors d'une cession d'entreprise, c'est souvent à l'acheteur que revient la décision de conserver ou non des actifs. Si c'est le vendeur qui désire se dessaisir d'une partie des actifs hors exploitation avant la cession, la question de l'évaluation ne se posera pas vraiment en réalité. Il convient dans ce contexte de considérer un résultat global hors éléments financiers, mais comprenant néanmoins les éléments hors exploitation ayant un caractère récurrent.

Cette approche nous semble *a priori* plus solide puisqu'elle correspond concrètement aux fonds en capitaux investis dans l'entreprise. L'hypothèse que nous posons par ailleurs est que le surprofit (ou « profit économique », au sens de Marshall) est fondamentalement dû au travail, le capital n'assurant que la rémunération des fonds investis sous leur forme financière. Par analogie, le calcul d'une VAN se base uniquement sur le capital économique, et ne se pose pas la question de la création de valeur hors rentabilité financière. Or la valeur d'un projet tient évidemment à ses capitaux investis, mais sa réalisation et la valeur créée sont le fait de l'humain et de son travail : ce qui est au fondement de la théorie économique est souvent oublié dans les calculs financiers, le produit du travail étant implicitement, mais à juste titre, compris dans le surprofit.

Par ailleurs, et comme nous le soulignons dans le point 1.2, il nous semble discutable en définitive de prendre en compte les variations de valeur dues au marché. L'investissement initial réalisé dans l'entreprise et décrit à l'actif, aux non-valeurs près, qui peuvent être effectivement éliminées, correspond à ce qui a été financé via des flux de trésorerie, et il doit donc être limité à cela. S'il existe des plus-values sur des éléments de l'actif du bilan – ainsi en serait-il d'une plus-value immobilière –, celles-ci devraient être rajoutées *ex post* au bilan de l'évaluation pour éviter de perturber le calcul économique du fait de l'existence de profits de rente.

La solution que nous suggérons est donc, dans un premier temps, de partir de l'actif économique *non réévalué* calculé sur la base des capitaux investis (*capital employed*) ; d'éventuellement ajouter, s'ils existent, des compléments de substance (terrains mis à disposition par exemple) qui participent effectivement à la création de valeur et, sur cette base, calculer un taux de rentabilité r_a sur la base du bénéfice net d'exploitation (ce qui correspond à la rentabilité économique). À partir de là, il convient de comparer ce taux avec celui que nous devrions obtenir si l'actif comprenait le *goodwill*[5].

La question qui se pose est évidemment : comment trouver ce taux ? Sur le plan théorique comme en pratique, il faut donc trouver des entreprises du même secteur sur le marché financier ; calculer le taux de rémunération des fonds propres et, à partir des bêta des fonds propres et de la dette de ces entreprises, calculer un bêta économique moyen du secteur. C'est sur la base de ce bêta qu'est calculé ensuite le coût des fonds propres de la société cible permettant d'estimer son coût du capital. Le problème est que le coût moyen pondéré du capital d'une PME est difficile à calculer. En effet, on ne peut par définition pas estimer les fonds propres en valeur de marché. On pourrait, certes, retenir l'ANCC comme une estimation des capitaux propres, mais il est évidemment qu'il ne s'agit là que d'un pis-aller : par définition, l'ANCC ne comprend pas le *goodwill*, et il s'agit donc d'une évaluation incomplète des capitaux propres. À la limite, seules les valeurs comptables qui se sont traduites par des flux de trésorerie peuvent être considérées comme fiables.

5 En admettant que le *goodwill* doive revenir en totalité aux actionnaires, ce qui peut être discutable si l'on considère la part qui devrait revenir au travail. Mais cela est un autre débat.

En revanche, maintenant que nous possédons les bêta des actifs économiques, on peut calculer leur rentabilité supposée, et ainsi exciper un taux moyen de rentabilité économique r_{aM} indépendant de la structure financière, ce qui évite de poser le problème du calcul du coût du capital.

Sur la base de cette rentabilité moyenne du secteur, on obtient une rentabilité économique qui tient compte des valeurs de marché. Bien que le recours au Medaf soit au bout du compte amplement critiquable (Husson, 2003), on peut cependant pousser le raisonnement, nous permettant ainsi de poser une hypothèse : en effet, la rentabilité économique de l'entreprise cible, dès lors qu'elle est fondée sur le capital investi, devrait nécessairement être supérieure à celle trouvée par le marché. De fait, la seconde est supposée par définition comprendre le *goodwill* – la *Market Value Added* en l'occurrence –, et en conséquence le taux de rentabilité économique calculé sur la base du capital investi ne peut que lui être supérieur.

On peut ainsi écrire : $r_{aM} < r_a$, avec r_a la rentabilité économique « comptable » et r_{aM} la rentabilité économique indiquée par le marché. La différence entre les deux $r_a - r_{aM}$ devrait logiquement représenter en ce cas la rentabilité différentielle r_{ad} due au *goodwill*. Dès lors, en posant l'équation suivante : CI x $(r_{ad} - r_a)$, on obtient la rente du *goodwill* (« CI » étant les capitaux investis).

Dans la mesure où les calculs sont uniquement fondés sur une estimation de la rentabilité économique, indépendante par conséquent de la structure financière, on peut dès lors capitaliser la rente au taux différentiel r_{ad}, ce qui nous donnera la valeur du *goodwill*. On peut évidemment s'interroger sur le fait de capitaliser au taux différentiel et non au coût moyen pondéré du capital, mais, dans la mesure où ce calcul porte uniquement sur la valorisation des capitaux investis, on voit mal en quoi ce dernier devrait influer sur la valeur finale du *goodwill*. Au demeurant, capitaliser la rente sur la base d'un coût du capital augmenté pour tenir compte du risque spécifique apparaît plutôt aléatoire et, au fond, distinct du coût « réel » du capital.

Bien évidemment, il ne s'agit là que d'une conjecture, qui mériterait d'être testée empiriquement sur des données d'entreprise. Toutefois, sur la base de cette hypothèse, il est possible de calculer le *goodwill* sans passer par le coût moyen pondéré du capital, dont le calcul est particulièrement sensible, et ce, en restant sur la base de la rentabilité économique, qui ne dépend pas de la structure financière.

CONCLUSION

Les arguments développés dans ce travail mettent en évidence la faiblesse de certaines formules traditionnellement utilisées en évaluation d'entreprise et posent un certain nombre de questions, notamment liées aux valeurs retenues dans l'actif servant à évaluer le *goodwill*. En tant que telle, l'évaluation d'entreprise demeure à bien des égards un art lié à l'expérience de l'expert. On peut constater par ailleurs que la complexité du problème peut amener à rechercher des solutions dont la complexité mathématique ne laisse pas de rester quelque peu perplexe (Inard, 2015). Les hypothèses de base, notamment quant au calcul du coût moyen pondéré du capital, laissent une marge d'imprécision qui ne nous semble pas nécessairement réductible par la complexité des modèles. Par ailleurs, il semble que l'effet fiscal décrit par Modigliani et Miller (1963), pour des raisons de fiscalité personnelle, n'ait pas vraiment d'incidence sur la valeur de l'entreprise (Husson, 2004). Aussi, le modèle que nous proposons, quand bien même il peut être fragilisé par le recours au calcul des bêta et nécessiterait de plus amples précisions sur le plan du calcul des capitaux investis, a du moins le mérite d'être testable. Nous pensons que cela peut constituer une prochaine étape à la suite de ce travail.

Patrick Boisselier
Conservatoire national
des arts et métiers

BIBLIOGRAPHIE

ALBOUY, Michel, *Décisions financières et création de valeur*, Paris, Economica, 2000.

BARNETO, Pascal, GREGORIO, Georges, *Finance – DSCG 2*, Paris, Dunod, 2017.

GUYVARC'H Annaïck, THAUVRON, Arnaud, *Finance*, coll. DSCG, 7e édition, Paris, Foucher, 2016.

HUSSON, Bruno, « Évaluation financière : a-t-on encore besoin du WACC ? », *Les Échos*, nº 19275, 28 octobre 2004, p. 10.

INARD, Laurent, *L'évaluation de l'entreprise – méthode DCF*, Paris, Economica, 2015.

KOLLER Tim, GOEDHART, Marc, WESSELS, David, *Valuation*, 5th edition, San Francisco, John Wiley & Sons, 2010.

LEGROS, Georges, *L'évaluation des entreprises – Méthodes et études de cas*, 2e édition, coll. Gestion et finance, Paris, Dunod, 2015.

MARSHALL, Alfred, *Principle of Economics*, vol. 1, New York, Macmillan & Co., 1890.

MELLEN, Chris M., EVANS, Frank C., *Valuation for M&A – Building Value in Private Companies*, 2nd edition, San Francisco, John Wiley & Sons, 2010.

MODIGLIANI, Franco, MILLER, Merton H., "The Cost of Capital, Corporation Finance and the Theory of Investment", *American Economic Review*, vol. 48, nº 3, 1958, p. 261-297.

MODIGLIANI, Franco, MILLER, Merton H., "Corporate Income Taxes and Cost of Capital: A Correction", *American Economic Review*, vol. 53, nº 3, p. 433-443.

UNE BRÈVE HISTOIRE DU *CARBON DISCLOSURE PROJECT*

ou les investisseurs institutionnels face au défi climatique

INTRODUCTION

En 2000, une coalition d'investisseurs institutionnels crée une organisation à but non lucratif appelée à l'époque *Carbon Disclosure Project* (rebaptisée CDP en 2012). Cette organisation affiche l'objectif ambitieux de « transformer le système économique mondial pour éviter le changement climatique menaçant et valoriser nos ressources naturelles en mettant l'information pertinente au cœur des décisions économique, d'investissement et politique » (Jérôme, 2013, p. 20).

L'idée est d'utiliser le pouvoir des marchés financiers pour limiter le réchauffement climatique. Au nom de plusieurs centaines d'investisseurs, le CDP demande chaque année aux plus grandes entreprises de la planète de fournir des données très précises sur la manière dont elles gèrent les risques liés au climat (et, plus récemment, sur la gestion de l'eau et des forêts). Les données collectées sont destinées à être utilisées par les investisseurs pour prendre leurs décisions d'investissement (et gérer leur exposition au risque carbone). Le CDP mise sur la pression des marchés financiers pour augmenter la transparence des émetteurs de CO_2, les sensibiliser au changement climatique et, au final, les obliger à gérer leurs émissions.

En 2018, plus de 650 investisseurs, représentant 87 000 milliards de dollars d'actifs, ont rejoint le CDP en tant que signataires et plus de 7 000 entreprises ont répondu au questionnaire sur le climat. Ces chiffres sont impressionnants, mais c'est surtout l'originalité de l'initiative et sa contribution à la lutte contre le réchauffement climatique qui sont à considérer. Quels sont les facteurs à l'origine de la création du CDP ? Quel est le projet de cet ambitieux programme ? Comment expliquer son essor ? Quel bilan en tirer ?

Ce chapitre souhaite apporter un éclairage sur l'émergence et le rôle de cet acteur si particulier du *reporting* environnemental, désigné en 2010, dans la *Harvard Business Review*, comme étant la « plus puissante organisation non gouvernementale dont vous n'avez probablement jamais entendu parler[1] ».

La première partie analyse les conditions historiques qui permettent d'expliquer l'émergence du CDP. La deuxième partie expose plus en détail le CDP, tandis que la troisième partie analyse son essor et son institutionnalisation. Nous concluons le chapitre par une discussion sur une possible contribution du CDP à une gestion durable des émissions de gaz à effet de serre (GES).

CONTEXTE D'ÉMERGENCE

Trois grands facteurs ont participé à l'émergence, début 2000, du CDP : la menace du réchauffement climatique, le besoin de transparence climat et la montée en puissance des investisseurs institutionnels.

LA MENACE CLIMATIQUE COMME POINT DE DÉPART

Le phénomène de l'effet de serre a été pour la première fois décrit en 1896 par le chimiste suédois Svante Arrhenius. Loin d'être nouveau, le phénomène s'est cependant considérablement accéléré au cours des dernières décennies au point d'alerter la communauté internationale. En 1979, a lieu la première Conférence mondiale sur le climat, sous l'égide du Programme des Nations unies pour l'Environnement. En 1988, est créé le Groupe intergouvernemental d'experts sur l'évolution du climat (Giec), qui compte 195 pays membres et plusieurs milliers de scientifiques. Le but du Giec est de rendre compte, à intervalles réguliers, de l'état des connaissances sur le réchauffement climatique,

1 « *The Most Powerful NGO You've Probably Never Heard of* », https://hbr.org/2010/10/the-most-powerful-green-ngo (consulté le 17/06/2021).

ses effets et les moyens pour l'atténuer. Les rapports successifs du Giec (les deux premiers sont publiés en 1990 et 1995) servent de référence dans les négociations internationales sur le climat.

Ce n'est qu'en 1992, lors du Sommet de la Terre de Rio de Janeiro, que s'est véritablement mis en place le processus de gouvernance internationale de lutte contre le réchauffement climatique. À l'issue du Sommet, une convention-cadre est ratifiée par 195 États ainsi que par l'Union européenne. Elle débouche en 1997 sur le protocole de Kyoto, premier accord international contraignant, qui aboutira cinq ans plus tard à la mise en place du système des quotas d'émission de gaz à effet de serre (droits à polluer) en Europe.

LE BESOIN DE TRANSPARENCE CLIMAT

À la fin des années 1990, la menace du réchauffement climatique se précise et une gouvernance mondiale climat se met lentement en place. La performance carbone des entreprises devient une préoccupation importante de l'ensemble des partenaires économiques (Djama et Martinez, 2007). Plusieurs raisons expliquent l'intérêt croissant des investisseurs pour le réchauffement climatique (Sullivan et Goulson, 2012) : la volonté des politiques d'internaliser le coût du carbone (via des taxes ou systèmes d'échanges), les économies de coûts potentielles liées à la réduction des consommations d'énergie, les effets de réputation (favorables en cas de proactivité de l'entreprise envers le climat ou, à l'inverse, défavorables en cas d'inertie).

Mais si la nécessité d'évaluer les effets du changement climatique sur les risques et la performance des entreprises commence à se faire sentir, les investisseurs ne disposent pas à l'époque de l'information nécessaire. Les fondateurs du CDP estiment même que les entreprises n'avaient alors pas encore réellement conscience des menaces que représente pour elles le changement climatique (CDP, 2019).

LA MONTÉE EN PUISSANCE DES INVESTISSEURS INSTITUTIONNELS

Historiquement, dans les années 1980-1990, on assiste à une montée en puissance sans précédent des investisseurs institutionnels au capital des entreprises cotées. Aux États-Unis, par exemple, les avoirs des institutionnels sont passés de 16 % en 1965 à 46 % en 1990, tandis que les avoirs des actionnaires individuels ont diminué de 84 % à 54 % au cours de la même période (Harmes, 2011).

Les investisseurs institutionnels sont devenus des acteurs prédominants dans l'économie mondiale et jouent un rôle moteur dans l'internationalisation des marchés financiers. Bien souvent, ils sont en mesure d'influencer la gestion des entreprises, même s'ils demeurent des actionnaires minoritaires (Jeffers et Plihon, 2002). Pour Mottis et Ponsard (2002), cette montée en puissance généralisée du pouvoir financier constitue l'un des vecteurs majeurs des transformations en cours du capitalisme contemporain. Pour le futur CDP, cette montée en puissance représente une opportunité à saisir pour lutter contre l'effet de serre.

L'AMBITIEUX PROJET DU CDP

Le *Carbon Disclosure Project* émerge en Grande-Bretagne en 2000 pour faire face à l'insuffisance de l'action internationale face au réchauffement climatique et à l'absence de politique publique en matière d'information carbone. La stratégie du CDP consiste à utiliser le pouvoir des investisseurs institutionnels pour améliorer la performance carbone des entreprises. Pour ce faire, le CDP s'appuie sur un questionnaire et une notation extra-financière.

L'INFORMATION ET LES INVESTISSEURS AU CŒUR DU PROJET

L'ONG démarre à l'époque sur une idée simple : pour transformer durablement l'économie (atténuer le réchauffement climatique), il faut amener les émetteurs de GES à mesurer et comprendre leur impact sur l'environnement. La stratégie consiste à recruter des investisseurs institutionnels (les signataires du CDP) pour faire pression sur les entreprises afin que celles-ci produisent et diffusent de l'information carbone selon le format demandé par le CDP (Levy, 2011).

L'objectif de l'organisation est double : (1) informer les dirigeants des questions que se posent les investisseurs au sujet du changement climatique et (2) informer les investisseurs des risques encourus par les entreprises du fait du changement climatique (Stanny et Ely, 2008).

Le CDP se présente comme une plateforme d'échanges entre les besoins d'information des investisseurs et les réponses apportées par les entreprises (Le Breton, Aggeri, 2015).

La thèse centrale du CDP est que les données publiées par les entreprises à la demande du CDP seront utilisées par les investisseurs dans leur sélection de portefeuille. Le CDP a également pour but d'apporter de l'information aux pouvoirs publics et aux ONG, d'éclairer les consommateurs dans leurs choix, et de mobiliser le pouvoir de l'opinion publique. À terme, les données publiées par les entreprises devraient inciter les dirigeants à mettre en place des mesures substantielles de réduction de leurs émissions de GES (Schaltegger et Wagner, 2006 ; Topping, 2012).

QUESTIONNAIRE ET NOTATION EXTRA-FINANCIÈRE, OUTILS CLÉS DU PROJET

Depuis 2003, le CDP adresse tous les ans aux plus grandes entreprises de la planète un questionnaire afin de collecter des informations sur leurs émissions de GES. Les entreprises sollicitées ont le choix de participer ou non à l'enquête. Concrètement, les entreprises se connectent à une plateforme en ligne pour remplir le questionnaire.

Jérôme (2013) souligne l'originalité de la démarche. Le CDP sollicite la production de données et fournit en même temps les lignes directrices à cet effet. Il s'agit donc d'un processus de coproduction de l'information carbone.

Le questionnaire climat du CDP est structuré en différentes catégories de questions globalement axées sur les risques et opportunités liés au changement climatique, les montants d'émissions de GES et les mécanismes de gouvernance en charge du risque climatique. Le premier questionnaire, lancé en 2003, était composé de sept questions relativement simples (par exemple : « *What is the quantity of annual emissions of the main greenhouse gases produced by your operations ?* »).

Afin d'améliorer la qualité et la comparabilité du *reporting*, le questionnaire est modifié au fil des campagnes. Par exemple, depuis 2006, le questionnaire distingue les trois périmètres d'émission des GES (usuellement appelés les *scopes* 1, 2 et 3)[2]. Depuis 2007, des questions

2 La distinction des émissions directes (*scope* 1) des émissions indirectes liées à l'achat ou à la production d'électricité (*scope* 2), à l'extraction, en amont, des matières utilisées par l'entreprise et à l'utilisation, en aval, des produits de l'entreprise (*scope* 3).

portent sur les méthodologies utilisées pour mesurer les émissions de GES, l'utilisation du *GHG protocol* étant recommandée (Blanco *et al.*, 2017). Le questionnaire 2018 comporte près de 150 questions réparties dans 14 modules.

À l'aide des informations colligées, le CDP fournit une notation de A à D qui traduit le degré de responsabilité environnementale de l'entreprise. La note A est attribuée aux entreprises dont les pratiques sont considérées comme les meilleures. La note D est attribuée aux entreprises qui répondent à toutes les questions du questionnaire. La liste des entreprises contactées, le statut de leurs réponses, les réponses fournies ainsi que les scores sont accessibles au public sur le site web du CDP (www.cdproject.net).

ESSOR ET INSTITUTIONNALISATION DU CDP

Le succès du CDP est rapide et l'organisation n'a de cesse de consolider sa position de leader mondial en matière de *reporting* climat.

UNE ASCENSION FULGURANTE

Le succès du CDP en nombre de participants est fulgurant. Le nombre d'entreprises répondant au questionnaire climat a été multiplié par dix en cinq ans, passant de 220 en 2003 (première campagne) à 2 166 en 2008 (source : cdp.net). En 2018, plus de 7 000 entreprises, représentant la moitié de la capitalisation boursière mondiale, ont répondu à l'appel (+11 % par rapport à 2017). En 2018, plus de 650 investisseurs, représentant 87 000 milliards de dollars d'actifs, étaient signataires, alors qu'ils n'étaient que 35 lors de la création du CDP.

Selon Jérôme (2013), l'essor de l'adhésion des entreprises au CDP est le fruit de pressions institutionnelles coercitives au sens de DiMaggio Powell (1983). Dès les premières campagnes en effet, le caractère « volontaire » de l'adhésion disparaît. Le poids des investisseurs institutionnels est fort et pour une entreprise ne pas participer à ce programme risque de traduire un déficit en matière de gouvernance et de gestion des risques (Sullivan et Gouldson 2012). Rivière-Giordano (citée par Jérôme, 2013) souligne que des pressions coercitives émanent également de la société civile et « *récusent par là-même l'idée d'un reporting sociétal volontaire* ». Depuis quelques années, le CDP ajoute une pression supplémentaire sur les entreprises en publiant un rapport (*Non-disclosure campaign*) qui liste le nom de toutes les entreprises qui refusent de répondre au CDP.

LA PHASE DE CONSOLIDATION

Depuis la création du CDP en 2000, l'engagement actionnarial en faveur du climat s'est beaucoup développé. Par exemple, en 2014, près de 120 investisseurs institutionnels se sont engagés, au sein du Montréal Carbon Pledge, à mesurer et publier l'empreinte carbone de leurs portefeuilles pour la Cop 21.

Dans ce contexte, le CDP cherche à gagner en légitimité et conforter sa position de leader *reporting* climat. Pour cela, l'organisation multiplie les initiatives, qu'on peut classer suivant deux axes. Le premier axe comprend toutes les initiatives qui visent à améliorer la conversion des données publiées en action. Parmi celles-ci, deux initiatives assez récentes retiennent particulièrement l'attention. En 2018, le CDP a aligné son questionnaire carbone sur les recommandations du Task-Force on Climate-related Financial Disclosures (TCFD), groupe de travail mis en place par le Conseil de stabilité financière du G20. L'objectif est d'améliorer la qualité de l'information sur les risques climat afin de favoriser sa prise en compte par les investisseurs. En 2015, le CDP a participé à la création de l'initiative Science-Based Targets, qui vise à définir des objectifs de réduction de GES en ligne avec les données scientifiques et la trajectoire 2 °C de l'accord de Paris. Le problème des limites écologiques via les scénarios posés – ce problème est également repris par le TCFD – est donc clairement abordé au sein du questionnaire (Depoers, Richard, 2012). Le second axe comprend des initiatives qui visent à étendre l'action du CDP à d'autres entités (États, villes, régions) et défis environnementaux (lancement du CDP gestion de l'eau en 2010, du CDP gestion des forêts en 2013).

LE TEMPS DES QUESTIONNEMENTS

Alors que les chiffres confirment le succès de l'initiative, certains auteurs s'interrogent sur la contribution réelle et possible du CDP à une économie plus respectueuse de l'environnement naturel. Le nombre de participants au CDP est important (encore qu'il ne représente qu'une fraction des organisations émettrices au monde), le nombre des investisseurs signataires l'est également, mais y a-t-il, comme attendu par le CDP, conversion des données publiées en action ?

Sans prétendre faire le tour de la question, quelques pistes de réflexion et de recherche sont livrées par les chercheurs. Ainsi, Kolk *et al.* (2008) soulignent que le modèle du CDP repose sur une série d'hypothèses (donc à vérifier), qui portent notamment sur la qualité des réponses publiées par les entreprises et leur utilisation par les investisseurs.

LA QUALITÉ DES DONNÉES PUBLIÉES PAR LES ENTREPRISES

De manière générale, la qualité de l'information environnementale a toujours fait débat et la qualité des données publiées dans le CDP n'y échappe pas (Matisoff *et al.*, 2013 ; Stanny, 2018). Les entreprises ont en effet une certaine latitude pour répondre au questionnaire. Plusieurs auteurs ont donc cherché à savoir si les publications du CDP reflétaient fidèlement les pratiques et les engagements de l'entreprise ou si elles visaient simplement à verdir sa communication.

Pour Le et Tang (2012), la recherche de légitimité peut en effet conduire les entreprises à répondre d'une manière symbolique au questionnaire. La participation au CDP ferait partie d'un processus plus large de *greenwashing* destiné principalement à répondre aux attentes du grand public. Dans cette perspective, la participation au CDP ne constituerait pas un engagement ferme de l'entreprise et ne serait pas suivie d'effets significatifs et positifs en termes de performance environnementale.

Les résultats de l'étude de Bettenhausen *et al.* (2015) vont dans ce sens. Ces auteurs examinent si les engagements de réduction de GES figurant dans le CDP influencent la performance carbone future des entreprises. Ils comparent les engagements 2009 avec les réductions effectives 2011 et 2012. Les résultats montrent que les engagements n'ont pas d'effet significatif sur les volumes des émissions. Deux éléments de contingence ressortent : la probabilité d'une réduction effective des émissions est plus élevée pour les entreprises les plus profitables et pour celles qui ont défini un objectif de réduction.

En utilisant une autre approche, Qian et Schaltegger (2017) valident la perspective prônée par le CDP (*« outside-in » management view*). Ils montrent qu'une augmentation de la divulgation carbone (dans le CDP) augmente la performance carbone. Pour arriver à ce résultat, ils comparent l'évolution du score de divulgation carbone élaboré par le CDP et l'évolution de l'intensité des émissions sur les *scopes* 1 et 2 d'un échantillon international de 284 firmes entre 2008 et 2012. Sur des données américaines et australiennes, Luo et Tang (2012) montrent, quant à eux, que les données du CDP traduisent effectivement la performance carbone des firmes.

Ces résultats sont déjà anciens et fondés sur des méthodologies et échantillons différents, donc non comparables. Ils soulèvent (au moins) deux questions. Individuellement, les entreprises jouent-elles le jeu ? Collectivement, comment s'assurer que les objectifs de réduction volontairement publiés par les entreprises sur la plateforme du CDP soient compatibles avec les objectifs de réduction des émissions posés dans l'accord de Paris ?

L'UTILISATION DES DONNÉES DU CDP PAR LES INVESTISSEURS

Selon le modèle du CDP, l'efficacité du CDP dans la lutte contre le réchauffement climatique est conditionnée par l'utilisation des données du CDP par les parties prenantes, et en particulier les investisseurs[3].

En orientant leurs investissements sur la base des données du CDP, les investisseurs peuvent récompenser les entreprises les plus vertueuses et pénaliser les autres, l'objectif attendu étant à terme de décarboner leur portefeuille d'investissements.

3 Il faut souligner que ces derniers subissent une pression croissante de la part d'ONG (par exemple, ShareAction) et de la réglementation (article 173 de la loi de transition énergétique) pour verdir leur portefeuille. Pour gérer l'exposition au risque carbone de leur portefeuille, les investisseurs disposent de plusieurs stratégies : (1) la mesure de l'empreinte carbone des portefeuilles, puis la « décarbonation » de ces mêmes portefeuilles ; (2) le désinvestissement (l'exclusion des secteurs ou des entreprises les plus polluantes) ; (3) l'engagement actionnarial ; (4) les investissements verts (*green bonds*, fonds verts).

Mais la pression des marchés n'est réelle que si les marchés en question utilisent les données du CDP. Dans ce sens, plusieurs auteurs ont analysé l'impact financier de la participation des entreprises au CDP. Eun-Hee et Lyon (2011) ont réalisé la première étude sur le sujet et montré que la participation au CDP n'influençait pas la valorisation boursière des entreprises, sauf à l'approche d'un changement de réglementation relatif au climat (en l'occurrence la ratification de Kyoto). Sur le S&P 500 de 2006 à 2008, Matsumura *et al.* (2014) montrent que la valeur boursière d'une entreprise diminue de 212 000 dollars à chaque fois qu'elle émet une tonne de CO_2. La sanction du marché est plus forte pour les sociétés qui ne diffusent pas volontairement leurs émissions via le CDP. Griffin *et al.* (2017) confirment l'impact financier des émissions de GES (sous forme d'une décote financière), qu'il y ait réponse ou non au CDP. Autrement dit, si l'entreprise ne diffuse pas de données carbone via le CDP, les investisseurs se tournent vers d'autres sources d'information et estiment la décote en fonction des caractéristiques de l'entreprise et de son secteur d'activité.

Ces quelques études montrent que le risque climatique semble aujourd'hui intégré par les marchés – il en va de même et de plus en plus pour les opportunités liées au climat. Il est évidemment difficile d'analyser dans quelle mesure le CDP participe à la prise de conscience et l'évaluation de ce risque par les marchés.

Selon une étude de Novethic, sur un échantillon mondial de 1 248 investisseurs et sociétés de gestion signataires des PRI (principes pour l'investissement responsable) :

> En 2017, 74 % des investisseurs institutionnels indiquent agir sur le changement climatique et le percevoir comme une des principales tendances de long-terme pour leurs investissements [...] Certains domaines offrent encore des marges de progrès : 54 % des investisseurs institutionnels ayant répondu, encouragent leurs sociétés de gestion à suivre les émissions de leurs portefeuilles, mais seulement 8 % ont formalisé le suivi du risque carbone dans les contrats de délégation de gestion ; seulement 17 % des investisseurs institutionnels intègrent le changement climatique dans l'allocation des actifs. (Novethic, 2017, p. 4.)

L'investissement responsable (représenté par exemple par les signataires des PRI) représente la zone verte de l'investissement. Clairement, dans le monde, la plupart des investisseurs sont dans la zone « grise », celle de la gestion classique des investissements (Lindeijer *et al.*, 2019). Il faut souligner qu'en France et depuis 2015, l'article 173 de la loi sur la transition énergétique oblige les investisseurs institutionnels à communiquer sur leur gestion du risque climat et la part carbone de leurs portefeuilles.

CONCLUSION

Utiliser le pouvoir des marchés financiers pour obliger les entreprises à analyser les risques climatiques, communiquer leur performance carbone et, finalement, être plus vertueuses, tel est l'ambitieux programme du CDP. L'initiative née en 2000 fournit aujourd'hui la base de données la plus importante au monde sur la performance carbone des entreprises mais aussi des villes. En l'absence d'obligation d'information au niveau international, le CDP a réussi, au fil des campagnes, à atteindre des taux élevés de participation volontaire tout en relevant les exigences de qualité des déclarations des entreprises. L'organisation a contribué avec d'autres initiatives, comme le GHG Protocol, à la standardisation et l'institutionalisation du *reporting* environnemental (Pattberg, 2017). Le CDP est devenu un acteur incontournable du *reporting* carbone, mais le chemin de la transition énergétique est long. Au regard de l'accord de Paris, la qualité, la disponibilité et l'utilisation des données carbone sont encore jugées insuffisantes (Summerhayes, 2019).

Florence DEPOERS
Université Paris Nanterre

ANNEXE
Éléments extraits du *Climate change report 2019*[4]

Le changement climatique pourrait coûter près de 1 000 milliards de dollars aux 500 plus grands groupes mondiaux ayant répondu au questionnaire. Les deux principales causes identifiées sont l'augmentation des coûts d'exploitation (du fait notamment de coûts de conformité plus élevés) et la réduction des recettes provenant de la diminution des capacités de production en raison des impacts physiques du changement climatique (inondations, etc.).

Plus de la moitié de ces risques ont été qualifiés de *probables / très probables / presque certains* et sont susceptibles de se matérialiser à court ou moyen terme (environ cinq ans ou plus tôt). Environ 250 milliards de dollars du montant total sont liés à des dépréciations ou des liquidations d'actifs résultant à la fois de risques physiques et de risques de transition liés au climat.

Dans le même temps, selon 51 % des entreprises ayant répondu à l'enquête du CDP, le changement climatique offre des opportunités. La majorité de ces opportunités est de nature commerciale (nouveaux produits et services), viennent ensuite les économies de coûts. La valeur potentielle de ces opportunités est estimée, pour les 225 des 500 plus grandes entreprises interrogées, à 2 100 milliards de dollars.

4 Notre traduction. Source : CDP (2019, p. 5).

BIBLIOGRAPHIE

BETTENHAUSEN, Kenneth, BYRD, John, COOPERMAN, Elizabeth S., « Organizational Commitment to Climate Change and GHG Reductions », *International Review of Accounting, Banking & Finance*, vol. 7, n° 2, 2015, p. 83-106.

CDP, *Major risk or rosy opportunity: are companies ready for climate change?*, 2018, en ligne: www.cdp.net › global-climate-change-report-2018.

DEPOERS, Florence, RICHARD, Jacques, « La *global reporting initiative* entre responsabilité sociale de l'entreprise et développement durable », in M. Nikitin, C. Richard (dir.), *Comptabilité, société, politique : mélanges en l'honneur du Professeur Bernard Colasse*, Paris, Economica, 2012, p. 174-190.

DIMAGGIO, Paul J., POWELL Walter W., « The iron cage revisited: institutional isomorphism and collective rationality in organizational fields », *American Sociological Review*, vol. 48, 1983, p. 147-160.

DJAMA, Constant, MARTINEZ, Isabelle, « La comptabilisation des quotas d'émission de gaz à effet de serre : véritable incitation de lutte contre le réchauffement climatique ? », Actes du 28e Congrès de l'Association francophone de comptabilité, Poitiers, mai 2007.

EUN-HEE, Kim, LYON, Thomas, « When Does Institutional Investor Activism Increase Shareholder Value?: The Carbon Disclosure Project », *The B.E. Journal of Economic Analysis & Policy*, vol. 11, n° 1, 2011, p. 1-29.

GRIFFIN, Paul A., LONT, David H., SUN, Estelle Y., « The Relevance to Investors of Greenhouse Gas Emission Disclosures », *Contemporary Accounting Research*, vol. 34, n° 2, 2017, p. 1265-1297.

HARMES, Adam, « The Limits of Carbon Disclosure: Theorizing the Business Case for Investor Environmentalism », *Global Environmental Politics*, vol. 11, n° 2, 2011, p. 98-119.

JEFFERS, Esther, PLIHON, Dominique, « Politiques et modes de gestion des fonds d'investissement », in D. Plihon, J.-P. Ponsard (dir.), *La montée en puissance des fonds d'investissement : quels enjeux pour les entreprises*, Paris, La Documentation française, 2002.

JÉRÔME, Tiphaine, *Stratégie(s) de diffusion volontaire d'informations sur les gaz à effet de serre : Le cas du Carbon Disclosure Project*, thèse, HEC, 2013.

KOLK, Ans, LEVY, David, PINKSE, Jonatan, « Corporate Responses in an Emerging Climate Regime: The Institutionalization and Commensuration of Carbon Disclosure », *European Accounting Review*, vol. 17, n° 4, 2008, p. 719-745.

LE BRETON, Morgane, AGGERI, Franck, « La construction de la comptabilité carbone : histoire, usages et perspectives », 36e Congrès annuel de l'AFC, Association francophone de comptabilité, Toulouse, 2015.

LEVY, David L., « Private Sector Governance for a Sustainable Economy: A Strategic Approach », *Review of Policy Research*, vol. 28, n° 5, 2011, p. 487-493.

LINDEIJER, Eloy, VAN DAM, Jaap, KRAMER, Brenda, OP 'T VELD, Hans, « PGGM : le point de vue d'un gestionnaire de fonds de pension sur l'accélération de la finance durable », *Revue de la stabilité financière*, juin 2019, 2019, p. 75-82.

LUO, Le, LAN, Yi-Chen, TANG, Qingliang, « Corporate Incentives to Disclose Carbon Information: Evidence from the CDP Global 500 Report », *Journal of International Financial Management & Accounting*, vol. 23, n° 2, 2012, p. 93-120.

LUO, Le, LAN, Yi-Chen, TANG, Qingliang, « Does voluntary carbon disclosure reflect underlying carbon performance? », *Journal of Contemporary Accounting & Economics*, vol. 10, 2014, p. 191-205.

MATISOFF, Daniel C., NOONAN, Douglas S., O'BRIEN, John, « Convergence in Environmental Reporting: Assessing the Carbon Disclosure Project' », *Business Strategy & the Environment*, vol. 22, n° 5, 2013, p. 285-305.

MATSUMURA, Ella Mae, PRAKASH, Rachna, VERA-MUNOZ, Sandra, « Firm-value effects of carbon emissions and carbon disclosures », *The Accounting Review*, vol. 89, n° 2, 2014, p. 695-724.

MOTTIS, Nicolas, PONSARD, Jean-Pierre, « L'influence des investisseurs institutionnels sur le pilotage des entreprises », *Revue française de gestion*, vol. 141, n° 5, 2002, p. 225-248.

Novethic, *Les investisseurs face au changement climatique : Une étude de Novethic avec les PRI sur les pratiques des investisseurs internationaux : état des lieux et perspectives*, Novethic, 2017.

PATTBERG, Philipp, « The emergence of carbon disclosure: Exploring the role of governance entrepreneurs », *Environment and Planning C: Politics and Space*, vol. 35, n° 8, 2017, p. 1437-1455.

QIAN, Wei, SCHALTEGGER, Stefan, « Revisiting carbon disclosure and performance: Legitimacy and management views », *The British Accounting Review*, vol. 49, n° 4, 2017, p. 365-379.

SCHALTEGGER, Stefan, WAGNER, Marcus, « Integrative Management of Sustainability Performance, Measurement and Reporting. International », *Journal of Accounting, Auditing and Performance Evaluation*, vol. 3, 2006, p. 1-19.

STANNY, Elizabeth, « Reliability and Comparability of GHG Disclosures to the CDP by US Electric Utilities », *Social and Environmental Accountability Journal*, vol. 38, n° 2, 2018, p. 111-130.

SULLIVAN, Rory, GOULDSON, Andy, « Does voluntary carbon reporting meet investors' needs? », *Journal of Cleaner Production*, vol. 36, 2012, p. 60-67.

SUMMERHAYES, Geoff, « Expositions financières : le déficit de données sur le climat », *Revue de la stabilité financière*, juin 2019, p. 53-60.

TOPPING, Nigel, « How Does Sustainability Disclosure Drive Behavior Change? », *Journal of Applied Corporate Finance*, vol. 24, n° 2, 2012, p. 45-48.

LES FONDEMENTS DES MARCHÉS FINANCIERS

INTRODUCTION

Les marchés financiers sont très anciens dans l'économie libérale. Ils apparaissent dès la Grèce antique et constituent un de ses moyens spontanés de financement. À l'exception des pays à économie administrée, les pays à régime communiste, autrefois URSS et ses satellites et aujourd'hui encore des pays comme Cuba ou la Corée du Nord, on retrouve des marchés financiers dans l'ensemble des pays du monde, développés ou non.

Les marchés financiers constituent le moyen le plus simple de faire se rencontrer les agents économiques déficitaires en capitaux (Belze *et al.*, 2005) et les agents économiques excédentaires en capitaux. Il ne s'agit rien d'autre que d'un marché au sens littéral du terme : « un lieu public ou l'on vend et achète toute sorte d'objet ou de denrée », selon le dictionnaire Littré[1]. La seule particularité du marché des capitaux est qu'on y échange justement de l'argent, c'est-à-dire ce qui sert normalement à mesurer la valeur et à faciliter les échanges de tous les autres biens, le bien dont la seule valeur d'usage consiste à servir d'étalon de mesure de la valeur d'échange selon Marx (1865).

Il existe néanmoins deux autres manières d'organiser les échanges de monnaie entre agents excédentaires et déficitaires en capitaux. Le deuxième consiste à utiliser le système bancaire. La banque est une entité centrale qui récupère les excédents de capitaux des uns pour les prêter aux autres. Ce faisant, elle diminue l'asymétrie d'information existant entre les investisseurs qui ont besoin de capitaux, puisque les banques

1 Dictionnaire Littré, consultable sur https://www.littre.org (consulté le 29/04/2020).

procèdent à l'analyse détaillée des besoins des emprunteurs avant de leur fournir les fonds des prêteurs. Le troisième, apanage des pays communistes consiste à faire confiance à la planification : une administration, composée d'hommes et de femmes supposés compétents, décide des priorités économiques, des secteurs et des entreprises à financer et y apporte l'argent collectif d'un monde ou l'épargne individuelle n'existe pas.

Certains pays communistes ont néanmoins introduit les marchés financiers comme moyen de financement de leur économie. C'est par exemple le cas de la Chine ou du Vietnam. Dans ces pays, les marchés financiers ont une place importante, mais restent toutefois soumis à l'autorité d'un État fort, et les règles de fonctionnement y sont différentes de celles des pays libéraux : il existe des restrictions sur les investisseurs (les investisseurs étrangers ne peuvent acquérir que certains types de titres), les entreprises cotées doivent obtenir une autorisation gouvernementale avant leur cotation, les taux de change restent administrés, etc. C'est le principe de la dualité, dans laquelle le politique et l'économique connaissent deux logiques différentes.

Aujourd'hui, les Bourses anglo-saxonnes, et en particulier les Bourses américaines, dominent la finance mondiale. Ainsi, Wall Street représente à elle seule 27 % de la capitalisation boursière mondiale, tandis que la Bourse de Londres (London Stock Exchange) représente 5 % de la capitalisation financière mondiale. Cette domination anglo-saxonne est liée à la fois à des raisons historiques et culturelles, qui seront étudiées plus loin.

Le choix du mode de financement de l'économie dans un pays déterminé n'est pas fortuit. Il est lié à des facteurs culturels, religieux, politiques et historiques. Certains pays ont une culture davantage liée aux marchés financiers, tandis que d'autres ont une culture davantage liée à une économie bancaire. La religion dominante des pays ou des zones entourant les places financières explique également que les agents économiques se soient spontanément tournés vers l'un ou l'autre moyen de rassembler des fonds. Les régimes politiques – et en particulier l'opposition entre les régimes dans lesquels l'État joue un rôle central dans des modes de vie plus ou moins collectifs et ceux pour lesquels la liberté de l'individu et de l'entreprise prime – explique en partie les différents choix de financement de l'économie. Enfin, le développement des marchés financiers a été provoqué par des événements historiques, des moments particuliers où se sont conjugués des besoins particuliers et des évolutions technologiques majeures.

L'objet de cet article est d'observer et d'analyser ce phénomène, et en particulier de mettre en évidence les causes qui expliquent le développement des marchés financiers à tel ou tel endroit ou à telle ou telle période : tout cela n'est pas le fruit du hasard, mais au contraire de circonstances spécifiques qui se conjuguent à certains moments bien précis. Deux axes structureront ce propos : l'espace et le temps. Dans le premier axe, un état des lieux de l'industrie des marchés financiers sera établi. La coexistence de différents types de financement de l'économie et la persistance de différences entre différentes zones géographiques seront explicitées, notamment grâce aux facteurs précités. Dans le second axe, presque historique, les origines de l'état des lieux mis en évidence dans la première partie seront énoncées.

LES MARCHÉS FINANCIERS DANS LE MONDE

Il est important de comprendre que, contrairement à ce qui a pu se passer antérieurement dans l'histoire, l'industrie financière est aujourd'hui totalement soumise à la concurrence : une entreprise française peut être cotée sur une Bourse allemande (et pas à la Bourse de Paris), des firmes peuvent être cotées simultanément sur plusieurs Bourses, un investisseur peut acquérir des titres sur différents marchés… Il n'y a plus de lien entre la nationalité d'une firme et le marché sur lequel elle est cotée. En outre, comme dans toute industrie où certaines entreprises dominent le marché, ce dernier est géré par des entreprises privées qui, pour la plupart d'entre elles, sont cotées et peuvent participer à des alliances, se racheter mutuellement, etc. Dans l'industrie financière, le monde anglo-saxon s'est taillé la part du lion. Cette situation n'est pas fortuite. Elle est liée à des facteurs socioreligieux d'une part et historico-politiques d'autre part.

DES FACTEURS SOCIORELIGIEUX ET CULTURELS

Le monde européen continental est traditionnellement catholique là où le monde anglo-saxon est plutôt anglican ou protestant.

Dans la religion catholique, le prêt à intérêt a longtemps été interdit et décrié. Dans le livre de l'Exode, Yahvé ordonne à Moïse :

> Si tu prêtes de l'argent à un compatriote, à l'indigent qui est chez toi, tu ne te comporteras pas envers lui comme un prêteur à gages, vous ne lui imposerez pas d'intérêts. (Ex. 22, 25.)

L'usure est condamnée par plusieurs conciles, dont Latran en 1179. Le pape Urbain III, en 1187, condamne toute forme d'intérêt en référence à Luc : « Prête gratuitement, n'espère rien en retour. » (Lc 6, 35). Saint Augustin, chez les catholiques, a justifié l'interdiction du prêt à intérêt : prêter à intérêt, c'est vendre du temps ; le temps appartenant à Dieu, on ne peut le vendre ou le louer. Les théologiens reprennent également l'argument d'Aristote, selon lequel l'argent, qui n'est pas une chose vivante, ne peut engendrer. La légitimité d'un intérêt n'est apparue dans le code de droit canonique qu'en 1917.

Cela est tout à fait différent dans le monde anglican et protestant, où cette activité ne revêt pas d'interdit particulier. Au XVIe siècle, Calvin fut le premier, en s'appuyant sur un passage de l'Évangile selon saint Luc, à distinguer les « prêts de secours », qui doivent toujours être gratuits, et les « prêts de production ». Pour Calvin, l'argent est, comme n'importe quelle marchandise, productif et il est donc légitime que le créancier reçoive sa part de cet enrichissement. Le sociologue Max Weber (2003) a écrit *L'Éthique protestante et l'esprit du capitalisme*, qui explique comment la finance est parfaitement cohérente et compatible avec le protestantisme.

Dans l'Islam, la pratique de l'usure, ou *ribâ*, constitue un péché d'une extrême gravité. En particulier, les versets 275 à 279 de la sourate 2 ne laissent aucun doute :

> Ceux qui se nourrissent de l'usure ne se redresseront, au Jour du Jugement, que comme se dresse celui que le Démon a violemment frappé. Il en sera ainsi, parce qu'ils disent : « La vente est semblable à l'usure. » Mais Dieu a permis la vente et il a interdit l'usure.

Ces notions d'interdiction du prêt à intérêt sont absentes des religions extrême-orientales, ce qui explique en partie le développement rapide des marchés financiers en Chine et dans les pays d'Asie du Sud-Est.

On remarque également, dans les sociétés latines, la notion morale de l'argent : dans les pays latins, on met en exergue l'importance du travail comme source essentielle de revenus. Est sain l'argent généré par le travail – on retrouve là encore l'origine biblique : Dieu adresse à Adam, lorsqu'il le chasse du Paradis :

> C'est à la sueur de ton visage que tu gagneras ton pain, jusqu'à ce que tu retournes à la terre dont tu proviens ; car tu es poussière, et à la poussière tu retourneras. (Gen 3, 19.)

L'argent provenant des gains du jeu ou de placement financier est mauvais ; seul celui émanant d'un travail, et de préférence d'un travail manuel, a de la valeur.

Ces distinctions n'ont pas cours dans les civilisations protestantes ou asiatiques.

DES FACTEURS HISTORIQUES ET POLITIQUES

À la fin de la Seconde Guerre mondiale, l'Europe est dévastée, les gouvernements se posent la question de la reconstruction et de son financement. À cette question, deux réponses sont possibles :

- laisser l'État en dehors du processus de reconstruction, dans une tradition libérale générée par Adam Smith : la main invisible du marché conduit à un optimum de Pareto, la reconstruction sera automatiquement optimale si l'État s'en mêle le moins possible – c'est la solution choisie, par exemple, en Grande-Bretagne – ;
- utiliser, à l'image de l'URSS à l'époque, l'outil de la planification. L'État est alors maître d'œuvre de la reconstruction, ce qui a été privilégié dans les pays d'Europe continentale, notamment en France ou en Italie, où les communistes avaient été puissants dans la Résistance. En France, cela correspond à la création du Commissariat au plan en 1945, institution extrêmement puissante à l'époque qui décidait des secteurs économiques à privilégier. Après la nationalisation des banques, les entreprises devaient se financer auprès d'elles. Comme celles-ci appartiennent à l'État, celui-ci définit à travers un ordre de priorité de financement, privilégiant d'abord les secteurs jugés les plus stratégiques par le Commissariat au plan.

En outre, lors de la création de la retraite et du choix de son financement, deux optiques opposées étaient là encore possibles :

- Un système de retraite par répartition dans lequel les actifs payent pour les retraités. Il y a donc un transfert immédiat de richesse entre les générations. Certains évoquent la notion de solidarité intergénérationnelle. C'est le système qui a été choisi dans les pays latins, notamment en France[2]. Ce système a eu, lors de sa création, l'intérêt de permettre aux retraités de l'époque de toucher une retraite alors qu'ils n'avaient pas cotisé. Il a l'inconvénient d'être sensible à la modification de la pyramide des âges : lorsque la population vieillit et que le taux de natalité s'affaisse, il devient plus difficile de financer la pension des retraités.
- Un système de retraite par capitalisation, choisi dans les pays anglo-saxons et aux Pays-Bas, dans lequel chaque génération cotise pour elle-même et retrouve, au moment de sa retraite, les sommes qu'elle a épargnées accompagnées des revenus engendrés par le placement de cette manne financière. On parle de solidarité intragénérationnelle. Ce second système favorise les marchés financiers, puisque les cotisations de retraite y sont placées entre le moment où les cotisations sont payées et celui où elles sont reversées. Les fonds de pension[3] sont nés de ce système : il s'agit d'organismes en charge de collecter et de gérer – en les faisant fructifier, en particulier sur les marchés financiers – les cotisations retraite de chaque génération avant de les redistribuer sous la forme de pensions de retraite.

On retrouve donc, à la fin des années 1970, deux logiques économiques différentes dans les pays de l'Ouest, à laquelle il faut rajouter bien entendu la grande particularité des économies des pays communistes.

D'une part, dans les pays latins et germaniques, une économie d'endettement fondée sur un système bancaire puissant. En France, par exemple :

---

2 Sur la proposition du Conseil national de la Résistance, organe dans lequel toutes les sensibilités de la Résistance, notamment communistes, étaient représentées.

3 On rappellera au lecteur que le mot pension, y compris en français, est le terme officiel correspondant à la somme versée aux retraités. On parle de pension de retraite. Les Belges et les Suisses ne s'y sont d'ailleurs pas trompés, puisqu'ils utilisent le mot « pensionné » là où les Français disent « retraité ».

– L'économie est financée par un système bancaire puissant, généralement totalement ou majoritairement nationalisé. Les quatre principales banques françaises ainsi que la Banque de France sont nationalisées en 1945.
– Outre le système bancaire, de grands pans du tissu économique sont également nationalisés. C'est par exemple le cas :
  - du secteur des transports (création de la SNCF en 1945) ;
  - de nombreux secteurs industriels (Renault, Charbonnages de France...).

Les entreprises sont engagées donc à trouver l'essentiel de leurs ressources sous forme de crédit bancaire au travers d'un réseau de banques puissant et contrôlé par l'État. Les marchés financiers sont réservés à certaines très grosses entreprises et leur développement n'apparaît pas comme une priorité. On peut rajouter, pour ce qui concerne les pays germaniques, l'importance prise par la notion de cogestion, c'est-à-dire l'implication forte des salariés et des syndicats dans la gestion des firmes.

D'autre part, dans les pays anglo-saxons, une économie fondée sur les marchés financiers, où l'État ne joue pas un rôle prééminent.

– La planification est absente : la main invisible du marché alloue les ressources disponibles avec efficacité aux secteurs et entreprises qui en ont besoin.
– Il n'y a pas de secteur économique ou d'entreprise nationalisé.
– Le rôle du secteur bancaire dans le financement de l'économie est volontairement réduit pour éviter la formation de monopoles ou d'oligopoles dans la distribution du crédit. C'est, par exemple, le cas de la loi Glass-Steagall aux États-Unis. Cette loi, votée en 1933, interdit aux banques d'exercer simultanément les métiers de banque de dépôt et de banque d'investissement. Elle morcelle donc le paysage bancaire américain et empêche la formation de grands groupes dans lesquels l'activité d'investissement pourrait s'appuyer sur des fonds collectés au niveau des banques de dépôt.

Enfin, on ne doit pas oublier les pays communistes, et en particulier son pays phare, l'URSS. Les pays communistes se caractérisent par une économie totalement nationalisée, entièrement dirigée par la planification.

Les banques ne sont que la courroie de transmission financière du plan vers les entreprises, sans aucune marge de manœuvre. Les marchés financiers n'y existent pas. L'actuelle Bourse de Moscou, créée en 2011, est née de la fusion des deux premiers marchés recréés après l'époque soviétique – donc la fin du communisme comme doctrine dans ce pays – : le Micex, créé en 1992, et la RTS, fondée en 1995.

Le tableau suivant représente les principales données des marchés financiers d'actions dans le monde, capitalisations boursières et volumes de transactions. Le tableau ne doit toutefois pas être lu de façon brute : n'y sont pas reprises les obligations ni les transactions sur marchés dérivés. En y intégrant ces derniers, la place londonienne verrait sa part de marché augmenter. On y verrait également apparaître la place de Chicago, leader mondial des transactions sur marchés dérivés.

	Capitalisation boursière	Part de marché	Nombre d'entreprises cotées	Volumes de transactions	Activité
NYSE	20 679 477	26,96 %	2 285	19 340 880	94 %
Nasdaq – US	9 756 836	12,72 %	3 058	16 789 810	172 %
Japan Exchange Group	5 296 811	6,91 %	3 657	6 290 599	119 %
Shanghai Stock Exchange	3 919 420	5,11 %	1 450	6 037 193	154 %
Hong Kong Exchanges and Clearing	3 819 215	4,98 %	2 315	2 340 132	61 %
Euronext	3 730 398	4,86 %	1 208	2 200 720	59 %
LSE Group (Londres, Milan inclus)	3 637 996	4,74 %	2 479	2 541 532	70 %
Shenzhen Stock Exchange	2 405 460	3,14 %	2 134	7 498 573	312 %
BSE Limited (Bombay – Inde)	2 088 431	2,72 %	5 233	115 717	6 %
National Stock Exchange of India	2 056 337	2,68 %	1 923	1 163 820	57 %
TMX Group (Toronto)	1 937 903	2,53 %	3 383	1 447 591	75 %

Deutsche Börse AG	1 755 173	2,29 %	510	1 815 088	103 %
SIX Swiss Exchange	1 441 160	1,88 %	270	964 624	67 %
Korea Exchange	1 413 717	1,84 %	2 207	2 508 491	177 %
Nasdaq Nordic Exchanges	1 322 817	1,72 %	1 019	847 990	64 %
Australian Securities Exchange	1 262 800	1,65 %	2 146	860 758	68 %
Taiwan Stock Exchange	959 220	1,25 %	945	967 280	101 %
B3 SA Brasil Bolsa Balcao	916 824	1,20 %	339	814 127	89 %
Johannesburg Stock Exchange	865 328	1,13 %	360	392 536	45 %
BME Spanish Exchanges	723 691	0,94 %	3 007	647 384	89 %
Singapore Exchange	687 257	0,90 %	741	221 840	32 %
Moscow Exchange	576 116	0,75 %	225	166 526	29 %
The Stock Exchange of Thailand	500 741	0,65 %	704	388 005	77 %
Saudi Stock Exchange (Tadawul)	496 353	0,65 %	200	229 668	46 %
Indonesia Stock Exchange	486 766	0,63 %	619	106 002	22 %

Les principales Bourses mondiales :
capitalisations boursières des actions, en millions de dollars US.
Source : calculs de l'auteur à partir des données de la WFE
(World Federation of Exchanges), rapport 2018.

On retiendra de ce tableau la prééminence des bourses anglo-saxonnes, notamment américaines, et la montée en puissance des bourses chinoises : il y a encore dix ans, ces dernières n'auraient même pas figuré dans ce tableau tant leur part de marché, au plan mondial, était faible.

LA PRÉÉMINENCE DES BOURSES ANGLO-SAXONNES

Bien que l'on trouve aujourd'hui des Bourses sur l'ensemble de la planète, les marchés financiers mondiaux sont dominés par le monde anglo-saxon : le NYSE et le Nasdaq, deux Bourses américaines, représentent

40 % de la capitalisation boursière mondiale, contre 20 % pour les cinq premières bourses européennes. La croissance des Bourses asiatiques, et plus particulièrement chinoises est un phénomène récent mais pérenne. La première Bourse du monde, en termes de capitalisation et de transaction, est le NYSE (New York Stock Exchange). La seconde est le Nasdaq (Bourse américaine parallèle au NYSE). La troisième est la Bourse de Londres, si l'on y inclut les dérivés et les obligations.

Ainsi confondues, les trois premières Bourses mondiales sont anglo-saxonnes et représentent déjà 50 % de la capitalisation mondiale des actions. En outre, les principaux marchés de produits dérivés restent le CBOT (Chicago Board of Trade), le CBOE (Chicago Board of Exchange) et le LIFFE (London International Financial Futures and Options Exchange). On retrouve donc encore, au niveau des marchés de produits dérivés, la prééminence anglo-saxonne.

Aux États-Unis, plusieurs marchés coexistent : le NYSE, le Nasdaq ou le marché de Philadelphie, par exemple. Ces Bourses sont en concurrence entre elles. Le Nasdaq (National Association of Securities Dealers Automated Quotations) est une Bourse indépendante et entièrement automatisée créée en 1971 à New York. Focalisée sur les petites firmes ambitieuses, essentiellement dans le secteur des nouvelles technologies, elle est trois fois moins importante, en termes de capitalisation, que le NYSE, mais dispose d'autant, voire de plus d'entreprises cotées et de presque autant de volumes de transactions.

En Grande-Bretagne, le London Stock Exchange (LSE) se caractérise comme la première Bourse européenne. En outre, la place boursière de Londres, la City, représente le plus grand *cluster* financier européen, en particulier pour ce qui concerne les opérations de *private equity* ou le *clearing* (compensation) d'opérations boursières. Cependant, le fait que la Grande-Bretagne ait quitté l'Union européenne le 1er mars 2020 fait craindre à sa place financière de perdre son leadership, celui-ci étant lié à un accord de reconnaissance dans le domaine entre l'Union européenne et la Grande-Bretagne : en perdant l'agrément européen, Londres perdrait la totalité de ses activités financières dans l'Union européenne.

LES BOURSES D'EUROPE CONTINENTALE

Les Bourses d'Europe continentale sont dominées par le duopole Euronext / Deutsche Börse et se caractérisent par l'application des directives de l'Union européenne MiFID et MiFID II. Londres, qui pouvait être considérée comme ce qui était alors un oligopole, semble hors-jeu depuis le Brexit.

Euronext gère les marchés de Lisbonne, Paris, Bruxelles, Amsterdam et, depuis 2020, Oslo et Milan.

Deutsche Börse gère la Bourse de Francfort et détient une participation dans Swiss, qui gère la Bourse de Zürich. Deutsche Börse cherche toutefois des vecteurs de croissance externe, en particulier à travers l'acquisition d'autres firmes de gestion de marché ou la prise de participation dans ces firmes.

À l'exception des Bourses gérées par Euronext et Deutsche Börse – et si l'on inclut la Bourse de Zurich dans ce trio –, les autres Bourses d'Europe continentale restent des places d'importance régionale, à la tête desquelles il faut placer la Bourse de Milan (mais celle-ci est contrôlée par Euronext) et les places espagnoles.

À travers ses directives, l'Union européenne cherche à la fois à promouvoir la concurrence entre les différentes firmes de marché de l'Union et à assurer la protection des investisseurs. Dans l'Union, la directive MIF (ou MiFID en anglais) ouvre la voie à toutes les concurrences possibles, à tous les niveaux de l'échange des titres financiers, qu'il s'agisse de la négociation, de l'échange (ou compensation) ou de la conservation. Quel que soit le marché sur lequel l'actif financier est normalement échangé, il peut être négocié sur une plateforme alternative de négociation, il peut être compensé dans n'importe quel pays de l'UE et conservé également là où le souhaite l'investisseur. À la structure en silo sur laquelle les Bourses étaient initialement conçues (*i.e.* un trio négociation-compensation-conservation unique, généralement détenu par une même place de marché) se substitue aujourd'hui, dans l'Union européenne, une structure dans laquelle les investisseurs peuvent choisir librement leurs fournisseurs à chaque niveau. Les *brokers* peuvent même compenser directement des ordres symétriques dont ils seraient porteurs dès lors que la transaction est réalisée au prix du marché, donc qu'aucun des deux intervenants n'est lésé.

LES BOURSES D'ASIE ET D'OCÉANIE

On aurait tort de négliger les Bourses d'Asie et d'Océanie, dont la récente croissance passe souvent inaperçue en Occident. Cependant, la situation de la région est assez disparate.

Il faut distinguer en premier lieu les leaders traditionnels de la zone, les Bourses de Tokyo, Hong Kong et Singapour. La Bourse de Tokyo cote essentiellement des valeurs japonaises et des dérivés sur ces valeurs. Néanmoins le marché japonais a suivi le développement économique de ce pays et en particulier la stagnation économique de l'archipel depuis une dizaine d'année. La Bourse de Hong Kong est un carrefour entre les économies libérales de l'Asie et les firmes chinoises. Elle cote indifféremment des valeurs de Chine continentale – dûment autorisées par les autorités chinoises à utiliser ainsi la place hongkongaise –, des valeurs de Hong Kong et d'autres valeurs régionales. Elle a été initialement utilisée par les autorités chinoises pour assurer le financement des grandes entreprises de Chine continentale, mais les autorités chinoises ont finalement décidé de privilégier le développement des Bourses de Chine continentale. La Bourse de Singapour est spécialisée dans le traitement des valeurs de l'Asie du Sud-Est.

En second lieu, viennent les places régionales, à la fois nombreuses et en pleine expansion, telles que Kuala Lumpur ou Sydney, suivies par les places plus régionales, comme Séoul ou Bangkok.

Enfin, les Bourses de Chine continentale, avec en particulier Shanghaï et Shenzen, témoignent à la fois de la dualité du régime chinois et du dynamisme de son économie. Les Bourses de Chine continentale sont réservées à la cotation des entreprises chinoises mais partiellement ouvertes aux investisseurs non chinois : certaines entreprises émettent des titres spécifiques pouvant être acquis par des étrangers. Le pays, communiste au plan politique, est donc assez libéral au plan économique. La montée en puissance de ces Bourses, assez discrète, les classe aujourd'hui parmi les plus importantes du monde. À la lumière de ce qui a été proposé plus haut, il est aisé de comprendre la facilité avec laquelle les Chinois sont passés d'un système économique communiste à un système économique capitaliste tout en restant communistes au plan politique : la culture chinoise et les religions majoritaires – en particulier le taoïsme – n'ont rien à l'encontre du commerce et de la finance.

LES BOURSES DES PAYS ARABES, D'AFRIQUE ET D'AMÉRIQUE DU SUD

Bien qu'ayant un fort potentiel, en raison des besoins de réinvestissement de la manne pétrolière, le développement des Bourses des pays de la péninsule arabique reste entravé par les limites liées aux interdits religieux. Des produits financiers typiquement adaptés à l'Islam y sont cotés (Gillet et Salaber-Ayton, 2017), mais ils sont également cotés à Londres et, dans une moindre mesure, à Paris. Les Bourses des pays du Moyen-Orient (Le Caire, Tunis, Alger, Casablanca) sont des places régionales concurrencées par les places occidentales.

Les deux places boursières des Émirats arabes unis, la Bourse de Dubaï et celle d'Abou Dhabi, sont relativement récentes, mais présentent un intérêt particulier. Leur cadre réglementaire favorable a favorisé leur développement :

- La Bourse de Dubaï, qui regroupe le Dubaï Financial Market (DFM) et le Nasdaq Dubaï, détenait, entre 2007 et 2014, une participation de 28 % dans la Bourse de Londres, dont elle a cédé 17,4 % en 2015.
- Le Nasdaq Dubaï est le marché financier international de Dubaï, régulé par la Dubaï Financial Service Authority et qui comprend les Émirats arabes unis, l'ensemble du Moyen-Orient, l'Afrique du Nord, la Turquie, le sous-continent indien et le reste du Conseil de coopération du Golfe (CCG).
- En mai 2010, le DFM est devenu actionnaire majoritaire du Nasdaq Dubaï en acquérant deux tiers de ses actions auprès de la Bourse de Dubaï (Ferhati, 2018).

Hormis Johannesburg, il y a peu de Bourses en Afrique noire, à l'exception peut-être des marchés d'Abidjan et de Lagos, qui restent des places régionales, de même que, dans un tout autre ordre idée, la Bourse de Tel-Aviv.

Les Bourses d'Amérique du Sud sont également des places régionales, dont les plus importantes sont Mexico, Sao Paulo et dans une moindre mesure Buenos Aires. Elles restent très concurrencées par la proximité et l'importance des Bourses des États-Unis.

L'ORGANISATION DES MARCHÉS FINANCIERS AUJOURD'HUI

La transnationalité des échanges financiers a amené l'ensemble des marchés financiers à adopter une organisation très similaire. De la même manière que, pour des raisons évidentes, tous les aéroports du monde se ressemblent, tous les marchés financiers sont également organisés de la même manière.

Le vocable « marchés financiers » rassemble les marchés sur lesquels on échange de l'argent pour une courte période, appelés marchés monétaires (*Monetary Market*), les marchés sur lesquels sont échangés argent et titres de moyen à long terme (actions, représentatifs d'une part de capital d'une entreprise, et obligations, représentatives d'une dette et portant intérêt), les anciennes Bourses de valeurs et les marchés sur lesquels on échange du risque et de l'assurance, les marchés dérivés (marchés d'options et marchés à terme essentiellement). Le marché des changes[4], qui permet les échanges de devises, y est souvent associé. Enfin, les marchés à terme et d'options de matières agricoles et de matières premières sont également souvent assimilés à des marchés financiers.

Certains de ces marchés sont organisés par une entité qui y régule les échanges et institue un règlement spécifique à leur fonctionnement, d'autres fonctionnent de gré à gré, sans autre contrôle ni organisation que celles prévues dans les codes civils ou du commerce des pays dans lesquels ils sont installés.

De la même manière que, sur les marchés de biens physiques, la négociation du prix des biens échangés ne suffit pas, encore faut-il, une fois le prix défini, sécuriser la transaction (remise effective du prix, d'une part, et des titres, d'autre part), puis échanger les titres, sachant que ces derniers étant aujourd'hui dématérialisés, un système de comptes-titres, de « banques de titres » et de dépositaire central est nécessaire. Ces banques de titres sont appelées *custodian* en anglais.

Les marchés financiers constituent donc un système à trois étages, négociation-compensation-conservation, qui sont en contact étroit entre eux. Dans un premier temps, la décision d'échange et l'accord sur le prix sont établis par des *brokers*. Dans un second temps, une chambre de compensation (*clearing*) s'occupe de sécuriser l'échange en se portant contrepartie à la fois avec l'acheteur et le vendeur. Il ne livrera les titres qu'à partir du moment

4 Au singulier car il s'agit en réalité d'un seul marché unique mondial.

où l'argent aura été versé, et inversement. L'intermédiaire de la chambre de compensation permet d'éviter tout dysfonctionnement et limite les risques systémiques. Enfin, une fois l'échange réalisé, le dépositaire inscrit les titres dans ses livres au nom de l'acheteur.

La connaissance de découpage est importante dans la mesure où, aujourd'hui, en raison de la directive MIF, les investisseurs ont le choix de leur outil de négociation, de leur chambre de compensation et de leur conservateur. En outre, certaines places financières se sont spécialisées dans l'un ou l'autre domaine. Ainsi, une grande partie des échanges en Europe sont compensés à Londres, ce qui risque de poser un problème à l'issue du processus du Brexit si Londres ne conserve pas la possibilité de compenser les titres de l'UE.

LE DÉVELOPPEMENT DES PRODUITS ET DES MARCHÉS FINANCIERS

Il ne faut pas confondre le développement des instruments financiers et celui des marchés financiers. Si l'apparition des différents instruments financiers – éventuellement négociables – est très ancien, celui des marchés financiers est beaucoup plus tardif. En effet, le développement des marchés financiers est lié à la nécessité de répondre à trois besoins qui apparaissent essentiellement dans l'économie européenne à partir du XVIIe siècle :

- un besoin de fonds pour financer des projets de long terme, dans lequel le retour sur investissement ne peut être acquis que sur des périodes supérieures à trois ans ;
- un besoin de fonds pour financer des projets nécessitant des investissements très importants, difficiles à réunir pour un seul individu ;
- un besoin de fonds pour des projets avec un fort risque, qui nécessite la diversification des investissements.

Avant le XVIIe siècle, l'économie est essentiellement rurale et commerciale, et ces conditions sont rarement réunies.

LE DÉVELOPPEMENT DES PRODUITS FINANCIERS

Les ancêtres des actions apparaissent très tôt dans l'Antiquité. À Rome, à l'issue de la deuxième guerre punique (202-203 avant J.-C.), les *societates* apparaissent pour prendre en adjudication la perception des recettes de l'État : comme pour les fermiers généraux de l'Ancien Régime en France, elles avancent à l'État les fonds dont celui-ci a besoin et perçoivent les impôts pour se rembourser. Elles sont gérées par une forme de conseil d'administration dirigé par un magister (Salles, 1999). Il s'agit là de la première possibilité pour une « entreprise » de voir, éventuellement, sa propriété partagée entre plusieurs propriétaires.

Au milieu du XIIIe siècle, des citoyens de Toulouse forment une société par actions, la Société du Bazacle[5]. Chaque action s'appelait un *uchau* et valait un huitième de moulin. Les 96 actions représentaient donc les 12 moulins du Bazacle. Les actions étaient négociables et les droits des propriétaires correspondaient à ce que l'on connaît aujourd'hui : distribution de dividendes, lecture annuelle des comptes, choix des mandataires sociaux qui administrent la société pendant un an, pouvoir d'acheter d'autres moulins ou de gérer les employés, etc. À partir de 1370, la société est réellement devenue une société anonyme, au sens où les porteurs n'avaient plus des parts de moulins mais bien les parts de la société possédant les moulins. C'est le premier cas pour lequel on évoque un possible échange des titres entre les investisseurs.

Du côté du marché de la dette, c'est la République de Venise qui émet (ou plus exactement impose) un emprunt public composé d'obligations (en réalité dette perpétuelle) portant intérêt mais négociable. Venise est rapidement suivie par d'autres cités italiennes, notamment Florence.

Les premiers produits optionnels sont apparus sur des sous-jacents agricoles. Les ventes et achats à terme de produits agricoles sont présents dès l'Antiquité, notamment à Rome, et l'on comprend bien l'intérêt de la sécurisation du prix des biens vendus : prix et quantités échangées sont fixés à l'avance, ce qui sécurise les revenus des paysans mais également des négociants. La notion d'option, plus complexe, apparaît plus tard, à la fin du XIIIe ou au début du XIVe siècle essentiellement. Cependant, des traces d'utilisation des options à des fins purement spéculatives sont présentes dans les archives un siècle plus tard, à la fin du XIVe.

5 Source : http://www.fb-bourse.com/les-moulins-du-bazacle/, consulté le 20/12/2019.

LE DÉVELOPPEMENT DES MARCHÉS FINANCIERS

Les origines

Si les produits financiers apparaissent tôt, les échanges de ces produits restent rares. Il faut attendre le XVIIe siècle pour voir apparaître, d'abord de manière informelle, les premiers marchés d'échanges de titres – c'est-à-dire des réunions assez régulières d'acheteurs et de vendeurs et/ou d'intermédiaires de titres financiers –, en particulier en raison des aventures coloniales, qui nécessitent des fonds importants, avec une espérance de rentabilité lointaine et risquée (*cf. infra*).

Les intermédiaires sont à l'origine les changeurs[6] de monnaie (Thievaud, 1993). Les Grecs sont les inventeurs du métier de changeur : la monnaie étant différente d'une cité à l'autre, le recours à ces intermédiaires était assez important. À Paris, les changeurs se réunissent sur le pont au Change et obtiennent le monopole des transactions de change à Paris en 1141.

Bruges et Anvers sont généralement présentées comme les premières places financières mondiales. La première parce que les marchands avaient pris, au XIIIe siècle, l'habitude de se réunir dans la cour du marchand Van der Buerse et que c'est de là qu'est tiré le nom de Bourse, la seconde parce qu'il s'agit d'un des premiers ports des Flandres, en lien direct avec Venise, et que les échanges des marchandises qui y transitaient et l'invention de la lettre de change permet à certains auteurs – et en particulier Braudel – de voir Anvers comme une place financière dès le XIVe siècle.

Néanmoins, on fera la différence entre Bourse de marchandises et Bourse de valeurs, où s'échangent les titres financiers. C'est donc bien à notre avis à Amsterdam qu'il faut attribuer la paternité des places financières modernes. Amsterdam a notamment pris la place d'Anvers à la suite de l'afflux de réfugiés protestants[7] et à la création des compagnies des Indes : la Compagnie des Indes orientales (1600) et la Compagnie néerlandaise des Indes orientales (1602). Sont alors échangées régulièrement à la Bourse d'Amsterdam des titres de propriété, des titres de dettes mais également des produits dérivés comme les options et les contrats à terme. L'immeuble de la Bourse d'Amsterdam est construit en 1611. En 1613, la première cote des valeurs y est publiée. En 1637, le premier krach financier moderne y a

6 D'où le terme « agent de change ». À l'origine également, ils portaient le nom de courretier, qui s'est ensuite transformé en courtier.

7 Notamment après le sac d'Anvers par les armées espagnoles en 1576.

lieu : il porte sur l'éclatement d'une bulle spéculative qui s'était formée sur les bulbes de tulipes (Charles et Roche, 2018).

C'est au XVIIIe siècle que les Bourses se structurent et se réglementent, soit de manière informelle, sous la forme d'association ou de corporation, comme Londres en 1773 ou New York en 1817, soit sous une forme régalienne : c'est ainsi par décret du Conseil royal de 1724 que la Bourse de Paris est créée.

Plusieurs points peuvent alors être remarqués :

- La différence entre les Bourses anglo-saxonnes et néerlandaises, Bourses nées spontanément, qui se sont autorégulées par l'intermédiaire d'une association votant un règlement et s'administrent toutes seules, suivant là le modèle de la *Common Law*, et les Bourses latines, créées par la volonté politique et dont la naissance a été décrétée par l'État (en France, Louis XVI d'abord, Napoléon Ier plus formellement ensuite). On retrouve bien l'antagonisme entre la *Common Law* anglo-saxonne et les traditions étatiques latines. Cette opposition de modèle se retrouve également dans les normes comptables, d'origine étatique en France (le Conseil national de la comptabilité étant placé sous l'autorité du ministère de l'Économie, alors qu'aux États-Unis, par exemple, c'est une association qui gère les normes comptables, la FASB – Financial Accounting Standard Board).
- Le formel entraînant l'informel et l'officiel entraînant son complément, un marché informel traitant de titres non officiellement cotés et dénommé « la coulisse » a existé à Paris aux côtés de la Bourse officielle jusqu'en 1961.

L'âge d'or

Cependant, même si des titres négociables ou des emprunts ont été émis avant le XVIIe siècle, les conditions de création de marchés financiers dynamiques n'ont réellement été réunies que postérieurement à cette date. La révolution industrielle, à la fin du XVIIIe mais surtout au XIXe siècle, pour les raisons citées plus haut (besoin de capitaux très importants à engager dans des projets de long terme à la rentabilité très incertaine), voit la réelle expansion des marchés financiers comme l'un des principaux outils de financement de l'économie. À partir du XVIIIe, l'apparition de grands projets tels que la colonisation, les premières manufactures (proto-industrialisation), les mines, les premières industries, les grands projets d'infrastructure – chemins de fer, canal de Suez puis de Panama, etc., expliquent la croissance des marchés financiers Les règles de fonctionnement des marchés financiers se stabilisent alors progressivement et perdurent jusqu'à la fin du XXe siècle.

- À Londres, *brokers and jobbers* forment une association dès 1799 et s'organisent en 1812 selon des règles qui resteront en vigueur jusqu'en 1986.
- À New York, les *brokers* forment une association en 1792 et s'installent à Wall Street en 1865.
- À Paris, la Bourse existe avant la Révolution. Après plusieurs péripéties et fermetures, elle prend sa forme traditionnelle en 1816. Cette organisation perdurera jusqu'en 1988.

L'activité des marchés financiers est florissante – les années 1920 sont ainsi connues comme l'âge d'or des Bourses, tant en Europe qu'aux États-Unis – jusqu'à la crise de 1929, malgré quelques krachs spectaculaires. L'activité ne reprend réellement qu'au sortir de la Seconde Guerre mondiale, mais plus spécifiquement et de manière plus importante sur les marchés anglo-saxons. Les règles et modes de cotation restent toutefois identiques à ceux du XIXe siècle jusque dans les années 1980. L'organisation des marchés financiers se caractérise alors, en France, par les spécificités suivantes :

- Ils restent, dans la pratique, réservés aux très grosses entreprises.
- Les transactions sont réalisées par l'intermédiaire des agents de change, qui, en France, avaient le statut d'officiers ministériels.
- Les titres sont matérialisés sur un support papier, ce qui amène que toute transaction implique le transfert physique d'un document sinon du cédant vers l'acquéreur, du moins de l'intermédiaire du cédant vers celui de l'acquéreur. Les intermédiaires (à Paris, les agents de change) doivent donc rester proches les uns des autres, dans une sorte de *cluster* situé autour des Bourses, afin de permettre des échanges rapides et relativement sécurisés.
- Les « séances de Bourse » sont toujours localisées dans un l'immeuble dédié abritant les transactions et nécessitant la présence physique et simultanée des intermédiaires, à l'exemple des séances de la Bourse de Paris, qui ont lieu autour de la « corbeille » de 12 h 30 à 14 h 30.

La révolution financière : le big bang

C'est au mitan des années 1980 qu'apparaît la révolution financière, qui a souvent pris le nom de *big bang*. Elle est née de la conjonction de deux facteurs essentiels : un changement de paradigme économique dans les principales économies européennes et l'apparition de nouvelles technologies de l'information.

Avant le milieu des années 1980, la doctrine sur le financement de l'économie demeurait différente en fonction des pays, des cultures et des gouvernements en place.

À partir de 1983, les mentalités changent et l'ensemble des pays européens se rejoignent pour favoriser l'économie de marchés financiers par rapport à l'économie d'endettement ; c'est ainsi qu'en France, sous le gouvernement socialiste de Laurent Fabius, un certain nombre de mesures sont prises pour favoriser l'éclosion d'un véritable marché financier. En Grande-Bretagne, il s'agit essentiellement d'une volonté du gouvernement Thatcher de moderniser la place financière londonienne et libéraliser les échanges financiers. Les autres places financières européennes (notamment en Allemagne, Belgique, aux Pays-Bas ou en Italie) ont alors emboîté le pas de ces deux places.

Au Royaume-Uni, cela se traduit par la suppression de la différence entre *jobbers* et *brokers*, la libération des courtages et la possibilité pour n'importe quelle entité y compris étrangère d'acquérir 100 % des titres des entreprises cotées.

Les changements en France sont plus lourds : il s'agit de rendre entièrement privé ce qui était souvent compris comme « un prolongement hybride de l'autorité publique » : le monopole de transaction des agents des changes, jusqu'alors officiers ministériels, a été supprimé, les transactions étant réservées aux sociétés de Bourse, qui ne connaissaient pas de *numerus clausus*. Comme à Londres, les courtages ont été libéralisés. La société qui gère les transactions – l'ex-Compagnie des agents de change – est privatisée et devient elle-même cotée en Bourse.

Partout en Europe, les contraintes de l'appel public à l'épargne sont relâchées, et les autorités publiques comme les organisations de promotion des places financières nouvelles créées (par exemple Paris Europlace en France) cherchent à attirer de nouvelles entreprises, nationales ou étrangères, vers leurs marchés.

De nouveaux marchés, aux règles d'introduction et aux contraintes d'information plus souples, ont été créés pour attirer les entreprises de taille moyenne vers le financement par les marchés. On peut citer, en France, la création du second marché (1983), en Grande-Bretagne celle de l'AIM (Alternative Investment Market) en 1995, ou en Allemagne celle du Neuer Markt en 1997. Des marchés dérivés de titres et de produits financiers sont également créés, comme le Matif (marché à terme international de France) en 1986, le Monep (marché des options négociables de Paris) en 1987, le LIFFE (à Londres) en 1982. L'apparition des entreprises dédiées à l'exploitation des nouvelles technologies de l'information a même donné naissance à la création d'un « Nouveau marché » à Paris en 1996, réservé aux start-ups de la nouvelle économie : sur ce marché, il était même possible de coter des projets d'entreprises en cours de création n'ayant jamais généré aucun *cash-flow*.

Dans les années 2000, l'Union européenne a poussé à l'extrême la mise en concurrence des places financières entre elles à travers les directives MIF I (2007) et MIF II (2018). Ces directives permettent aux investisseurs de mettre en concurrence à la fois les aspects de négociation (*front office*), d'échange (*middle office*) et de conservation (*back office*). Là où auparavant il était d'usage d'utiliser le silo négociation-compensation-conservation proposé par l'entreprise de marché en charge d'une place géographique, l'investisseur a aujourd'hui la possibilité d'utiliser trois entreprises indépendantes pour répondre à son besoin. En outre, la concurrence est même née au niveau de la négociation elle-même, puisque l'investisseur n'est pas obligé d'utiliser la plate-forme officielle de la place financière, mais peut utiliser des plates-formes de remplacement, concurrentes de la plate-forme officielle.

D'un autre côté, l'adoption par les marchés financiers des technologies de l'information a permis à celles-ci une simplification fulgurante des processus de *front* et de *back office* (négociation et échange de titres), notamment grâce à deux apports majeurs : la cotation électronique et la dématérialisation des titres.

Jusqu'aux années 1990, la cotation manuelle était majoritaire dans les Bourses mondiales : la cotation avait lieu soit à la criée (Paris), soit par l'intermédiaire de spécialistes (Londres, New York). Cette forme de cotation nécessitait la présence des intermédiaires sur place, sur le « *floor* » ou le parquet, durant les périodes de cotation. En outre, les volumes de transaction étaient nécessairement limités par les horaires réduits de cotation et les limites de la mémoire humaine. Des possibilités de fraudes ou d'erreurs de transmission existaient également.

Le passage à la cotation électronique a permis l'élargissement des horaires de transaction, la possibilité d'effectuer des transactions sans présence physique d'intermédiaires sur les parquets ou autour d'une corbeille, la prise en compte d'un volume quasi infini de transmissions et la limitation des erreurs et des possibilités de fraude. Il a également permis une réduction sensible du coût de revient des transactions. Aujourd'hui, en Europe, seule la Bourse des métaux de Londres est la dernière place de marché physique (Goetz, 2020).

Plus tardivement, après les années 2000, les algorithmes et les *robot advisors* ont peu à peu remplacé les personnes physiques dans les salles de marché et chez les gestionnaires de portefeuille. Le nombre de *traders* a drastiquement diminué, les ordres générés automatiquement par des machines sont ainsi passés de moins de 5 % en 2000 à 35 % en 2006, 65 % en 2009 et près de 90 % aujourd'hui[8]. Le *High Frequency Trading* (HFT) entraîne les ordinateurs à passer des ordres d'achat et de vente successifs dans des périodes allant jusqu'à la nanoseconde. Afin de tenter d'influencer les autres opérateurs, de très nombreux ordres passés par les robots sont annulés avant d'avoir été exécutés. En 2019, on estime à plus de 70 % les ordres ainsi annulés. En outre, les *robot advisors* analysent les comptes et les perspectives des entreprises et génèrent automatiquement des conseils de gestion de portefeuille à destination des investisseurs.

Jusqu'à la fin des années 1990, la plupart des titres étaient matérialisés sous la forme de certificats imprimés sur du papier sécurisé. Tout échange de titre impliquait donc, au niveau du *back office*, des échanges physiques de titres entre le vendeur et l'acheteur ou du moins entre les deux agents de change représentant leurs clients. Ces manipulations et échanges physiques étaient à la fois risqués, complexes et coûteux. La dématérialisation des titres a consisté à remplacer les titres physiques par des inscriptions sur des comptes-titres ouverts au nom des investisseurs. Dès lors, les échanges physiques n'étant plus nécessaires, les coûts de *back-office* ont diminué, les échanges ont été sécurisés et les volumes de transaction ont pu augmenter. Par ailleurs, de nouveaux métiers comme les sociétés de compensation ou les dépositaires sont apparus.

8 Ces chiffres concernent le New York Stock Exchange.

Plusieurs événements vont mettre fin à cette libéralisation à tout va des marchés financiers et à l'utilisation toujours plus poussée de l'informatique dans les prises de décision financière : l'éclatement de la bulle Internet, l'éclatement de la bulle des *subprimes* en 2008 et un certain nombre de micro-événements liés à l'utilisation trop importante de l'informatique.

Les entreprises liées à la nouvelle technologie ont connu, au cours de la fin des années 1990, des hausses spectaculaires, dues notamment aux potentialités de croissance énormes engendrées par les secteurs liés à l'Internet et aux biotechnologies. Les marchés ont agi à de nombreuses reprises de manière irrationnelle, en commettant de nombreuses erreurs de valorisation d'actifs immatériels dans les entreprises et en échangeant à des prix hors de proportion de simples projets, sans existence réelle. L'indice IXIC des valeurs technologiques du Nasdaq est ainsi passé de 2 000 fin 1998 à plus de 5 000 en février 2000. La bulle a rapidement éclaté, le même indice revenant à 1 700 points mi-2001. Académiques et professionnels ont alors mesuré leurs excès et leurs erreurs. Une meilleure surveillance des informations émises par les entreprises a été mise en place, les modèles de valorisation ont été revus et la plupart des marchés de nouvelles technologies, tels que le nouveau marché en France, ont été intégrés à des marchés plus anciens.

De la même manière, une seconde correction, liée à crise dite « des *subprimes* » de 2008, a également mis en évidence les excès d'une libéralisation débridée. À l'issue de cette nouvelle crise, le contrôle des informations financières émises par les firmes a été accru, les agences d'information financière ont été placées sous le contrôle des autorités de marché, et de nombreux marchés de gré à gré ont été transformés en marchés organisés, montrant par-là l'impossibilité pour les marchés de s'autoréguler et la nécessaire action de l'État dans leur supervision.

Enfin, de petits événements tels que le *flash krach* du 6 mai 2010[9], imputable uniquement à un mouvement technique des robots de *trading* à haute fréquence, montrent de manière épisodique les limites des ordres automatisés. De nombreuses propositions, restées jusque-là lettre morte, mettent en avant la possibilité d'instaurer un temps de latence très court entre la passation des ordres et leur exécution, ou le fait de

9 Ce jour-là, l'indice Dow Jones Industrial Average a perdu 998,52 points avant de regagner 600 points entre 14 h 42 et 14 h 52.

taxer les ordres émis puis annulés. Le quotidien économique *Les Échos* titrait ainsi, le 24 février 2020, sur le « blues des robots », insistant dans le corps de l'article sur « les vertus du trading lent » (Aït-Kacimi, 2020).

La décennie 2020 semble mener les marchés financiers vers deux nouveaux buts qui lui étaient jusque-là assez inconnus : un capitalisme plus moral et plus responsable, et la prise en compte de plus en plus importante des critères ESG (environnementaux, sociaux et de gouvernance).

Le rôle des entreprises ne se résume plus aujourd'hui, pour l'opinion publique, à faire du profit. Pour la plus grande majorité, les entreprises sont maintenant des acteurs sociaux à part entière. Ils doivent à la société non seulement une capacité bénéficiaire mais également l'emploi à leurs salariés, le service à leurs clients, le respect des lois, la protection de l'environnement… Ainsi, les gestionnaires d'actifs intègrent ces critères à leurs choix de portefeuille. Répondant à une interview du journal *Les Échos*, Frédéric Ponchon, gérant d'actifs chez Sycomore AM, avance ainsi : « Notre fonds […] cible les entreprises apportant des solutions aux grands enjeux sociétaux », alors que, dans le corps de l'article, le journaliste explique : « les fonds peuvent s'intéresser aux aspects sociétaux, autrement dit aux bienfaits que l'entreprise peut apporter au monde extérieur via ses produits ou services ou son comportement vis-à-vis de ses parties prenantes » (Schafroth, 2020). Au-delà de ses capacités de développement économique, le comportement des firmes à l'égard de la société doit être exemplaire.

De même, à côté de la maximisation du profit sous contrainte de risque, les investisseurs, et plus spécifiquement les investisseurs institutionnels, sont de plus en plus sensibles aux critères ESG, au point que des agences spécialisées telles que Vigeo ou Novethic attribuent aujourd'hui des notes ESG aux entreprises. Ces notes sont prises en compte dans les critères d'investissement des institutionnels. Dans certains cas, les investisseurs n'hésitent plus à exclure de leurs portefeuilles les entreprises ayant de trop faibles notes ESG.

Les évolutions tendant à imposer les marchés financiers comme les principaux bailleurs de fonds des entreprises dès que celles-ci atteignent une certaine taille, à libéraliser les accès aux marchés et à placer ceux-ci en concurrence les uns avec les autres se poursuivent jusqu'à la crise financière de 2008, qui marque la fin de cette vague de libéralisation.

LES CRISES FINANCIÈRES ET LEUR RÔLE DANS L'ÉVOLUTION DES MARCHÉS FINANCIERS

L'histoire des marchés financiers est émaillée de crises, krachs et autres baisses soudaines dont l'apparition fait le délice des historiens et des opposants de l'économie libérale, qui voient là une raison de plus de rejeter le principe même de l'économie de marché au profit d'une plus grande intervention de l'État. Ces crises peuvent être séparées en deux catégories : celles qui consistent en un éclatement d'une bulle spéculative[10] formée précédemment et les baisses naturelles du marché. Les bulles spéculatives ont par exemple concerné les bulbes de tulipes aux Pays-Bas en 1637 ou, beaucoup plus récemment, le secteur de l'économie digitale – comme la crise Internet de 2001 ou celle des *subprimes* en 2008. Les baisses naturelles concernent celles qui suivent un phénomène économique ou naturel modifiant considérablement les perspectives financières des firmes, comme la crise du coronavirus de l'année 2020, qui a remis en cause le chiffre d'affaires et le résultat de très nombreuses firmes (Arthus, 1995).

On citera en outre, sans être exhaustif (Lacoste, 2015) :

- la crise suivant la baisse brutale des cours des compagnies d'exploration étrangères (Compagnies des Indes) suite à l'aventure de John Law en 1720 ;
- l'éclatement de la bulle spéculative des titres du chemin de fer, en 1847 puis en 1866 ;
- le krach de 1873 ;
- la grande crise de 1929, née aux États-Unis ;
- le krach d'octobre 1987.

On pourrait penser que les crises financières étaient structurantes et avaient, pour chacune d'entre elles, provoqué des aménagements conséquents dans l'organisation des marchés, de manière que les mesures prises à l'issue d'une crise limitent la probabilité d'occurrence de la suivante : il n'en a jamais rien été. Ainsi, la crise financière sur l'éclatement

10 On appelle « bulle spéculative » une période de temps durant laquelle le prix d'un actif financier s'écarte durablement (généralement à la hausse) de sa valeur. À ce moment, les investisseurs ne sont plus intéressés par la valeur de l'actif mais par ce que les autres investisseurs pensent de l'évolution de la bulle. Les bulles éclatent soudainement, et le prix de l'actif rejoint alors sa valeur.

de la bulle spéculative des titres de chemins de fer de 1847 s'est reproduite en 1866 ; la suppression du nouveau marché de la Bourse de Paris en 2005, suite à l'éclatement de la bulle Internet en 2002, a été compensée par la création, quelques années après, d'Alternext. Il faut que tout change pour que rien ne change, comme a dit Tomasi de Lampedusa.

Comme la marée découvre et recouvre inlassablement le sable de la plage, investisseurs et entreprises se détournent de la Bourse à chaque crise financière pour mieux y revenir quelques années après. La théorie financière appelle biais de représentativité (Grether, 1980) le fait de donner plus d'importance à une information nouvelle qu'à une information ancienne. On oublie vite une crise et ses conséquences dès lors que les perspectives économiques futures sont favorables et que les perspectives de forte rentabilité sont importantes.

CONCLUSION

L'argent n'est décidément pas un bien comme les autres. La manière de l'échanger, de le vendre, de l'acheter, de le prêter ou de l'emprunter a connu diverses évolutions au cours du temps. À l'origine, trois possibilités s'offraient pour organiser les échanges : le marché, le système bancaire ou la planification. Peu à peu, vers la fin du XXe siècle, le marché a fini par s'imposer. Néanmoins, cela est le fruit d'un long processus qui ne doit rien au hasard. La notion de « titre financier », représentatif de part de capital, de dette ou de risque, n'est apparue qu'à partir du moment où l'économie en a eu besoin : un temps à partir duquel les projets d'investissement étaient trop longs, trop risqués et trop coûteux pour pouvoir être portés par un seul investisseur, fût-il immensément riche. Quatre périodes de l'histoire peuvent être retenues comme points de repère : l'Antiquité grecque, avec les ἀργύριον ναυτικός[11] (Nautika) qui apparaissent dès le IVe siècle avant J.-C., la Renaissance, avec le

11 Également appelés prêts à la grosse aventure, ces investissements par des particuliers dans des voyages commerciaux périlleux étaient remboursés avec un fort taux d'intérêt dès lors que le navire revenait sain et sauf au port en ayant livré sa cargaison et en ayant été payé. Il s'agit des prémisses de l'assurance et de la mutualisation des risques financiers. Voir Bresson (2008).

début des grandes expéditions et les aventures coloniales, la révolution industrielle de la fin du XIXe siècle, et enfin la fin du XXe siècle, avec l'apparition de la nouvelle économie numérique. Parallèlement à cela, des évolutions dans la culture, dans le poids de la religion sur la société, dans les convictions politiques ont amené tous les pays, y compris la plupart des pays communistes, à adopter le marché financier comme principal lieu d'allocation des capitaux. La période que Francis Fukuyama a nommée « la fin de l'histoire » a correspondu en réalité à la période au cours de laquelle les différentes conceptions de l'allocation des ressources économiques ont convergé vers le marché. Cette convergence a également eu lieu dans la mesure où le développement des outils informatiques et de communication qui s'est produit à la même période l'a permis. L'avance prise par les pays anglo-saxons, qui avaient choisi depuis longtemps ce type de financement de l'économie, explique la supériorité des marchés financiers anglais et américains. Cette victoire sans partage du libéralisme économique poussé à l'excès a amené de nombreux investisseurs et opérateurs vers des dérapages incontrôlés, de moins en moins tolérés par l'opinion publique, qui pousse aujourd'hui vers une plus grande régulation des activités financières et une prise en compte de critères dépassant la simple maximisation de rentabilité sous contrainte de risque. Un besoin de plus de contrôle et d'humanité dans la finance internationale conduit aujourd'hui les gérants de portefeuille à introduire de nouveaux critères dans la composition de leurs portefeuilles : ceux liés à l'environnement, au respect des règles sociales et à une nouvelle gouvernance.

Philippe GILLET
Université de Paris-Saclay

BIBLIOGRAPHIE

AÏT-KACIMI, Nessim, « Traders haute fréquence : le blues des robots », *Les Échos*, 24 février 2020, p. 31.

ARTUS, Patrick, *Les bulles spéculatives*, Paris, Economica, 1995.

BELZE, Loïc, SPIESER, Philippe, *Histoire de la finance : Le temps, les calculs et les promesses*, Paris, Vuibert, 2005.

BRAUDEL, Fernand, *Civilisation matérielle, économie et capitalisme – XVe-XVIIIe siècles*, Paris, Armand Colin, 1979.

BRESSON, Alain, *L'économie de la Grèce des cités*, vol. II : *Les espaces de l'échange*, Paris, Armand Colin, 2008.

CHARLE, Christophe, ROCHE, Daniel, *L'Europe, encyclopédie historique*, Paris, Actes sud, 2018.

FERHATI, Naima, AMIAR, Lila, *Précision des concepts économiques et financiers retenus pour mesurer l'efficience des marchés financiers : cas des bourses de la région MENA, facteurs de développement durables*, Algérie, Centre universitaire Nour Bachir El-Bayadh, 10-11 avril 2018.

FUKUYAMA, Francis, *La fin de l'histoire et le dernier homme*, Paris, Flammarion, 1992.

GILLET, Philippe, SALABER-AYTON, Julie, « The Recent Development and Performance of Ethical Investments », in O. Lehner (ed.), *Routledge Handbook of Social and Sustainable Finance*, Cambridge, Routledge, 2017, p. 530-580.

GRETHER, David M., « Bayes rule as a descriptive model: the representativeness heuristic », *Quarterly Journal of Economics*, vol. 95, n° 3, 1980, p. 537-557.

GOETZ, Étienne, « À Londres, les seigneurs du Ring n'ont pas dit leur dernier mot », *Les Échos*, vendredi 28 février 2020, p. 32 et samedi 29 février 2020, p. 29.

LACOSTE, Olivier, *Les crises financières, histoire, mécanismes, enjeux*, Paris, Eyrolles, 2015.

LAGNEAU-YMONET Paul, RIVA Angelo, *Histoire de la Bourse*, Paris, La Découverte, 2011.

MARX, Karl, *Œuvres, Économique*, t. II, Paris, Gallimard, Bibliothèque de la Pléiade, 1965-1968.

SALLES, Catherine, *L'Antiquité romaine : des origines à la chute de l'Empire*, Paris, Larousse, 1999.

SCHAFROTH, Emmanuel, « La thématique sociale s'invite dans les portefeuilles financiers », *Les Échos*, mardi 3 mars 2020, p. 34.

THIEVAUD, Jean-Marie, « Monnaie, État, marché : histoire et dérivations », *Revue d'économie financière*, n° 24, 1993, p. 313-337.

WEBER, Max, *L'Éthique protestante et l'esprit du capitalisme* suivi de *Les sectes protestantes* et d'*Anticritiques*, Paris, Gallimard, 2003.

STRATEGIC MANAGEMENT ACCOUNTING

Proposition d'un cadre d'analyse

INTRODUCTION

Les premières publications mobilisant le terme de *Strategic Management Accounting* (SMA)[1] datent pour l'essentiel du début des années 1990 (Bromwich, 1990), même si Simmonds (1981, 1982) avait introduit cette notion auparavant. La thématique a connu une forme d'apogée en termes de publications académiques dans les années 1990 et au début des années 2000. Depuis le début des années 2010, les publications sur ce thème ou sur des sujets connexes comme le *Strategic Cost Management* (SCM) se font plus rares (à l'exception d'un numéro spécial de *Management Accounting Research* en 2012) alors que l'on pourrait penser que les problématiques auxquelles sont confrontées les organisations rendent plus que jamais pertinentes les propositions du SMA (Nixon et Burns, 2012a).

Cette synthèse de la littérature nous conduit à proposer un cadre d'analyse, le SMA, qui est une confrontation des concepts de coût, prix et valeur. La portée de cette contribution est pédagogique, les nombreux outils du SMA étant mis en cohérence managériale, en proposant une grille d'analyse de l'offre, et théorique, le SMA pouvant être considéré comme un programme de recherche au sens de Lakatos (Lecocq, Demil et Ventura, 2010 ; Tixier et Jeanjean, 2000).

Le programme de recherche propose une explication du développement scientifique en dépassant le falsificationnisme naïf qui conduirait à l'abandon d'une théorie après un résultat défavorable. Lakatos ne considère pas les théories indépendamment, mais envisage un ensemble de théories qui partagent un noyau dur constitué d'hypothèses fondamentales. Le

1 L'utilisation de la dénomination SMA plutôt que du terme « gestion stratégique des coûts » se justifie par la quasi-absence de cette notion dans la littérature francophone.

noyau dur n'est pas falsifiable; il est protégé par des hypothèses auxiliaires falsifiables et évolutives pour faire face aux difficultés rencontrées et s'adapter aux résultats empiriques. Alors que le contrôle de gestion est à la recherche de cadres d'analyse, de paradigmes, voire de théories (Malmi et Granlund, 2009; Malmi, 2010), notre synthèse décrit le SMA comme un cadre intégrateur. Les échecs et les critiques inhérents à tout programme de recherche ont structuré un courant de recherche en contrôle tout en tissant des liens avec d'autres disciplines telles que la stratégie ou le marketing.

L'objet de cet article n'est pas l'étude des techniques qui sont rattachées au SMA (par exemple : *target costing*, *attribute costing*) mais bien le cadre global que constitue le SMA. La première partie de l'article détaille ce qu'est le SMA dans la littérature, dans toutes ses dimensions : définitions, caractéristiques, outils et méthodes de management associés. La deuxième partie met en évidence les contributions intellectuelles et les tentatives de structuration théoriques du champ; elle est conclue par le constat de relatif échec du SMA fait par les chercheurs du champ. Dans la troisième partie, nous proposons une articulation des concepts de coût, valeur et prix, ce qui permet de catégoriser les pratiques du SMA, de mettre en exergue ses apports de manière plus pédagogique et de servir de fondement à un programme de recherche.

DÉFINITIONS ET CONTENU DU SMA

Curieusement, et bien que le terme ait rapidement été adopté par la communauté scientifique, le concept de SMA ne va pas de soi. En effet, la plupart des recherches publiées dans ce champ s'efforcent, en tout premier lieu, de définir leur objet de recherche ou d'en énoncer les propriétés et spécificités. En remplacement de ces deux approches, ou en complément, d'autres auteurs définissent le SMA par un ensemble de techniques (*practices*) qui seraient la marque du SMA. Le courant du *Strategic Cost Management* (SCM), qui a de réelles spécificités mais qui s'inscrit dans le SMA, sera évoqué.

MÉTHODOLOGIE

Afin d'établir cette synthèse de la littérature, nous n'avons retenu que les articles dont le sujet principal est le *Strategic Management Accounting*. Ce choix a conduit à écarter un grand nombre d'articles qui auraient pu être classés dans la sphère du SMA car mobilisant des outils ou techniques spécifiques du SMA, tels la rentabilité par client ou le *target costing*. Cette approche restrictive a été adoptée pour plusieurs motifs :

- d'une part, c'est la notion de SMA, avec sa complexité, son ambiguïté, mais aussi sa capacité d'attraction et d'intégration qui est étudiée ;
- d'autre part, comme nous le verrons *infra*, il n'existe pas de consensus sur les outils propres au *Strategic Management Accounting*. Une définition du périmètre de la littérature par les outils risquait donc de se révéler imprécise ;
- enfin, d'un point de vue pratique, recenser puis analyser tous les articles portant sur une technique qui peut, éventuellement, revendiquer une filiation SMA constitue un objectif qui dépasse de loin celui de cet article.

Ayant constaté que deux courants s'étaient développés parallèlement (et souvent de façon imbriquée[2]), l'un sous l'appellation SMA, l'autre sous l'appellation *Strategic Cost Management*, nous avons également étudié des articles traitant explicitement de ce second sujet.

Nous avons donc retenu tous les articles centrés sur le SMA ou le SCM depuis l'apparition de ces notions (1980 environ), publiés dans les principales revues académiques de comptabilité, anglophones et francophones, en privilégiant les revues spécialisées dans le *Management Accounting* : *Accounting Organizations and Society*, *Journal of Management Accounting Research*, *Management Accounting Research*, *Accounting, Auditing and Accountability Journal*, *Comptabilité Contrôle Audit* et *Finance Contrôle Stratégie*. Des revues de littérature ou des numéros spéciaux publiés dans ces principales revues nous ont permis, dans un second temps, d'identifier des articles sur le SMA et le SCM qui avaient été publiés dans d'autres revues. Ce corpus d'articles a été complété par :

2 Ainsi le numéro spécial de *Management Accounting Research* de 1996 consacré au SMA compte-t-il deux articles sur le SCM.

- des chapitres publiés dans des ouvrages rassemblant des synthèses ou des vulgarisations de travaux de recherche, du type *Issues in Management Accounting* ou *Handbook in Management Accounting* ;
- des manuels de contrôle de gestion, car ils révèlent l'importance que la communauté académique et le monde managérial accordent à ces concepts. Dix-huit manuels, rédigés en français et en anglais, ont été examinés. Pour ceux rédigés en anglais, nous avons veillé à étudier des manuels publiés par des auteurs américains, ou travaillant dans des universités américaines, et des manuels publiés par des auteurs britanniques, ou travaillant dans des universités britanniques. La suite de cet article n'exploite que des manuels qui font référence de façon explicite au SMA ou au SCM.

DÉFINITIONS ET CARACTÉRISTIQUES DU SMA

Simmonds, initiateur du courant de recherche, propose la définition suivante :

> *The provision and analysis of management accounting data about a business and its competitors for use in developing and monitoring business strategy.*
>
> « La fourniture et l'analyse de données de comptabilité de gestion sur une entreprise et ses concurrents pour une utilisation dans le développement et le suivi de la stratégie commerciale. » (1981, p. 26.)

Tillman et Goddard sont plus synthétiques en mettant l'accent sur la contribution à la prise de décision stratégique :

> *SMA can broadly be defined as being the use of management accounting systems in supporting strategic decision-making.*
>
> « La SMA peut être définie au sens large comme étant l'utilisation de systèmes de comptabilité de gestion pour soutenir la prise de décision stratégique. » (2008, p. 80.)

Bhimani *et al.* sont plus explicites quant à la nature des informations traitées :

> *A form of management accounting in which emphasis is placed on information which relates to factors external to the firm, as well as non-financial information and internally generated information.*

> « Une forme de comptabilité de gestion dans laquelle l'accent est mis sur les informations qui se rapportent à des facteurs externes à l'entreprise, ainsi que des informations non financières et des informations générées en interne. » (2012, p. 757.)

En somme, le SMA apparaît souvent comme une variante du *management accounting.* Ainsi son rôle est-il, comme celui du *management accounting*, de fournir de l'information pour la prise de décision. Néanmoins, il s'en différencie par :

- la nature stratégique des décisions qu'il est censé éclairer. Il est orienté vers la construction ou la préservation de la position compétitive de l'entreprise ;
- l'origine des informations fournies, qui proviennent en partie de l'extérieur de l'entreprise (par exemple : concurrents, marchés).

Qu'ils définissent ou non le SMA, les auteurs dressent une liste de ses caractéristiques types, le plus souvent en faisant l'hypothèse que ces caractéristiques ne sont pas ou que peu présentes dans les systèmes de *management accounting* classiques ou traditionnels (Bromwich, 1990 ; Lord, 1996 ; Simmonds, 1982). Il existe une forte convergence de la littérature sur ces caractéristiques. Le plus souvent, les systèmes de SMA sont présentés comme possédant trois caractéristiques principales :

- tournés vers l'extérieur de l'organisation, ses marchés et même ses concurrents ;
- destinés à prendre des décisions stratégiques, à maintenir un avantage compétitif ;
- orientés vers l'avenir, le long terme.

Rechercher et traiter des informations qui concernent l'extérieur de l'entreprise, ses marchés, ses concurrents, les coûts de ces derniers et leurs prix (et non plus seulement les coûts de l'entreprise elle-même) est une préoccupation qui apparaît dès les premiers articles de Simmonds :

> *It is an outward-looking strategic management accounting that focuses on the comparative costs, volumes and profits of direct competitors.*

> « Il s'agit d'une comptabilité de gestion stratégique tournée vers l'extérieur qui se concentre sur les coûts, volumes et bénéfices comparatifs des concurrents directs. » (1982, p. 207.)

Cette recherche d'information sur ce qui se passe en dehors de l'entreprise a été ensuite confirmée par Bromwich :

> *Such a perspective on management accounting seeks to provide information concerning the firm's markets and on its competitors.*
>
> « Une telle perspective sur la comptabilité de gestion cherche à fournir des informations sur les marchés de l'entreprise et sur ses concurrents. » (1990, p. 28).

Lord résume cela par : « *What are our competitors doing*[3] *?* » (1996, p. 348.)

La deuxième caractéristique du SMA est sa finalité : il s'agit de prendre des décisions à un niveau stratégique, pour définir et préserver l'avantage compétitif de l'entreprise. Lord décompose cette caractéristique en deux parties : « *Accounting for strategic position* » et « *Gaining for competitive advantage* » (1996, p. 348). La distinction entre la phase de diagnostic (déterminer où se trouve mon avantage compétitif) et la phase de management (comment améliorer ou préserver mon avantage compétitif ?) n'est pas toujours évidente ; nous considérons la finalité stratégique comme une seule et unique caractéristique. Cette deuxième caractéristique du SMA, de préservation de son avantage compétitif, est intrinsèquement liée à la troisième, l'orientation long terme.

LE SMA COMME ENSEMBLE DE TECHNIQUES

Le SMA est aussi caractérisé par l'adoption de méthodes, d'outils ou de techniques, appelées *practices* en anglais. En recensant les techniques étudiées dans les quatre recherches empiriques les plus fréquemment citées dans la littérature (Cadez et Guilding, 2008 ; Cinquini et Tenucci, 2010 ; Cravens et Guilding, 2001 ; Guilding, Cravens et Tayles, 2000), il est possible de cerner les contours du SMA (*cf.* tableau c-dessous).

---

3 « Que font nos concurrents ? »

Méthodes / Références	Guilding *et al.* (2000)	Cravens et Guilding (2001)	Cadez et Guilding (2008)	Cinquini et Tenucci (2010)	Nombre d'études mobilisant la méthode
Méthodes de costing					
ABC/M					2
Attribute Costing					3
Life Cycle Costing					4
Quality Costing					4
Target Costing					4
Value Chain Costing					4
Recueil d'information sur la concurrence					
Competitive position monitoring					4
Competitor cost assessment					4
Competitor perf. based on public financial statements					4
Analyse des rentabilités client					
Customer Profitability Analysis					2
Lifetime Customer Profitability Analysis					1
Valuation of customers as assets					1

Mesures et management de la performance					
Benchmarking					3
Integrated PM and BSC					3
Méthodes génériques					
Strategic Costing					3
Strategic Pricing					3
Brand Value Management					3
Total	11	14	16	11	
Nombre de groupes	Pas de groupes *ex ante*	4	5	4	

Les « *practices* » du SMA.

Les deux premiers groupes de méthodes font à peu près consensus, à savoir les méthodes de *costing* et les pratiques de collecte d'informations relatives aux concurrents.

Au sein même du premier groupe relativement homogène de méthodes de *costing*, quelques choix étonnent. Cinquini et Tenucci (2010) ne retiennent pas l'*attribute costing*, qui semble peu utilisé en Italie, alors qu'ils sont les seuls à inclure l'ABC/M. Le cas de l'ABC/M est particulièrement intéressant car, comme le font remarquer Guilding *et al.* (2000), l'outil peut être utilisé dans une perspective calculatoire, opérationnelle ou stratégique ; seul son usage le rattache au SMA. Notons que la définition du *value chain costing* proposée par ces articles est particulièrement étroite :

> *An activity-based costing approach where cost are allocated to activities required to design, produce, market, distribute, and service a product or a service.*
>
> « Une approche de calcul des coûts basée sur les activités où les coûts sont alloués aux activités nécessaires pour concevoir, produire, commercialiser, distribuer et entretenir un produit ou un service. » (Cadez et Guilding, 2008, p. 858 ; Guilding et al., 2000, p. 133.)

Seuls, Cravens et Guilding (2001) et Cinquini et Tenucci (2010) font référence aux clients et fournisseurs, approchant ainsi la vision de la chaîne de valeur étendue de Shank (1989) et du SCM détaillée.

Le second groupe à recueillir un large consensus, dans la lignée des travaux de Bromwich, est celui des pratiques consacrées au recueil d'informations sur les concurrents. La première pratique (*competitive position monitoring*) est définie comme :

> *the analysis of competitor positions within the industry by assessing and monitoring trends in competitor sales, market share, volume, unit cost and returns on sales. This information can provide a basis for the assessment of a competitor's market's strategy.*
>
> « l'analyse des positions des concurrents au sein de l'industrie en évaluant et en surveillant les tendances des ventes des concurrents, la part de marché, le volume, le coût unitaire et les retours sur ventes. Ces informations peuvent fournir une base pour l'évaluation de la stratégie de marché d'un concurrent. » (Cadez et Guilding, 2008, p. 857.)

On ne peut qu'espérer que les entreprises n'aient pas attendu l'émergence du SMA pour se livrer à ce type d'analyses ! Les deux outils suivants contribuent en quelque sorte à alimenter ces analyses : études des documents comptables des concurrents et de leurs structures de coût.

Les deux groupes de techniques qui suivent peuvent être qualifiés de périphériques car moins fréquemment rattachés au SMA. Le troisième groupe (analyse des rentabilités clients) est plus hétérogène. Totalement absent chez Guilding *et al.* (2000) et Cravens et Guilding (2001), il est en revanche assez analogue dans les deux autres articles, Cadez et Guilding (2008) déclinant le concept de façon plus aboutie : rentabilité du client sur le cycle de vie, valeur actualisée du client, etc. Le quatrième groupe est composé de méthodes de mesure et de management de la performance. Elles ne sont mentionnées que par les trois études les plus récentes, Cravens et Guilding (2001) les ayant ajoutées après leur première recherche.

Enfin, le cinquième et dernier groupe rassemble des méthodes génériques dans le sens où elles peuvent être considérées comme des synthèses des autres techniques. Cela justifierait l'absence des méthodes de *strategic pricing*, *strategic costing* et *brand valuation* dans l'enquête italienne. Il est aussi possible de considérer que la valorisation des marques relève plus de la valorisation des actifs immatériels que du SMA. Par ailleurs, les définitions proposées pour le *strategic costing* (Cadez et Guilding, 2008), rappellent le SCM de Shank, c'est-à-dire à la définition d'une stratégie résultant de la recherche d'un avantage compétitif fondé sur les coûts. De même, le *strategic pricing* est clairement identifié comme la prise en compte de facteurs stratégiques dans les politiques de tarification. En réalité, ces deux techniques concernent avant tout l'élaboration de la stratégie, qui doit être nourrie d'informations sur les coûts et les marchés.

SMA ET *STRATEGIC COST MANAGEMENT* : QUELLES FILIATIONS ?

Le terme de *Strategic Cost Management* est apparu pratiquement au même moment que celui de SMA. À l'origine, ce sont deux auteurs américains, Shank et Govindarajan, qui ont publié les premiers textes décrivant la logique du SCM (Shank et Govindarajan, 1989 ; Shank, 1989). Le fait que le numéro spécial de *Management Accounting Research* de 1996 consacré au SMA publie deux articles qui se réfèrent au SCM (Carr et Tomkins, 1996 ; Shank, 1996) signifie que, pour les éditeurs de ce numéro, le SCM fait partie du champ du SMA. Peut-on en déduire pour autant que les deux notions soient interchangeables ?

SCM can be defined as the managerial use of cost information explicitly directed at one or more of the four stages of the strategic management cycle. It is explicit attention to the strategic management context that distinguishes SCM from managerial accounting.

« Le SCM peut être défini comme l'utilisation managériale d'informations sur les coûts explicitement dirigée vers une ou plusieurs des quatre étapes du cycle de gestion stratégique. C'est l'attention explicite au contexte de gestion stratégique qui distingue le SCM de la comptabilité de gestion. » (Shank, 1989, p. 50.)

Le SCM se caractérise avant tout par sa finalité (qui lui tient parfois lieu de définition). Pour la plupart des auteurs qui s'y réfèrent (Anderson, 2007, p. 482 ; Cooper et Slagmulder, 1998, p. 14 ; Wilson, 1995, p. 163), son objectif est plus précis et limité que celui du SMA : il s'agit de travailler sur la structure de coûts de l'entreprise pour améliorer sa position compétitive.

Dans leurs premiers travaux, Shank (1989), puis Shank et Govindarajan (1989) mentionnent de façon très explicite trois outils (ou méthodes) à mettre en œuvre dans le cadre du SCM. Il s'agit de :

- l'analyse de la chaîne de valeur : où se crée la valeur[4] ? Pour répondre à cette question, le décideur doit pousser son analyse au-delà des frontières de l'entreprise et examiner ce qui se passe en amont et en aval de celle-ci (fournisseurs, réseaux de distribution) ;
- l'étude des *cost drivers* : quels sont les facteurs qui expliquent (causent) les coûts ? Shank et Govindarajan recommandent de ne pas se limiter aux *cost drivers* traditionnels comme la main-d'œuvre, qui donnent une vision biaisée de la réalité et conduisent à de mauvaises décisions ;
- l'analyse de l'avantage compétitif : quelle est la source de l'avantage compétitif de l'entreprise (domination par les coûts ou différentiation) ?

L'idée développée par Shank et Govindarajan dans le cas introductif de leur livre de 1989 est que ce ne sont pas les méthodes de calcul des coûts ou de calcul économique en tant que telles qui sont défaillantes

4 Bien que ce ne soit pas toujours très clair dans les textes de ces auteurs (comme dans ceux de Porter auxquels ils se réfèrent), la valeur dont il est question ici est, *a priori*, la valeur créée pour l'entreprise, les actionnaires, c'est-à-dire soit le profit, soit la rentabilité des actifs, et non la valeur créée pour le client.

mais le cadre d'analyse dans lequel le décideur se place ; les dimensions stratégiques d'un problème doivent être prises en compte. Répondre aux trois questions clés mentionnées *supra* serait la meilleure méthode pour ne pas négliger cette dimension stratégique. Shank (1996, p. 193) insiste sur le fait que ces trois méthodes sont à la fois nécessaires et complémentaires dans une perspective SCM et que le SCM ne complète pas le *Management Accounting* dans des situations spécifiques de prise de décision stratégique, mais qu'il a vocation à le remplacer (Shank, 1989, p. 48).

À ce stade, on peut déjà établir une première synthèse des proximités et différences entre SMA et SCM :

Similitudes	Différences		
		SMA	SCM
Travail sur des données de *Management Accounting*, portant sur les coûts. Destiné à prendre des décisions de nature stratégique. Focalisation sur l'extérieur de l'entreprise.	**Origine, supports**	UK, *Management Accounting Research*, textbooks britanniques.	US, *Journal of Management Accounting Research*, textbooks US.
	Théories sous-jacentes Concepts	Attributs (Lancaster). Économie (Baumol).	Les deux stratégies génériques, la chaîne de valeur (Porter). L'ABC (Kaplan).
	Objectif	Large : contribuer à la prise de décision stratégique.	Précis : déterminer et maintenir la position compétitive de l'entreprise.
	Outils/méthodes	Voir « *practices* » dans le tableau précédent.	Chaîne de valeur. Analyse des *cost* et *activity drivers.* Position compétitive.

Comparaison SMA/SCM.

En résumé, dans le SCM, l'analyse des coûts est au service de la stratégie, celle-ci constituant le cadre de pensée dominant, l'objectif ultime ; comparativement, le SMA paraît plus ancré dans la discipline du *management accounting*, ses techniques, ses acteurs, même s'il a pour objectif de contribuer à la préparation des décisions stratégiques.

CONTRIBUTIONS ET DÉBATS AUTOUR DU SMA

Après avoir développé les principaux résultats des études empiriques, nous mettrons en évidence les principaux apports du courant de recherche et les points faisant l'objet de débat.

LES ENSEIGNEMENTS DES ÉTUDES EMPIRIQUES

Depuis les années 1990, de nombreuses études empiriques ont été réalisées pour déterminer quels étaient les outils et méthodes du SMA/SCM utilisés, et surtout dans quelles conditions. Ces recherches ont été généralement menées à distance, au moyen de questionnaires, auprès de grandes entreprises dans différents pays tels que la Belgique (Van Cauwenbergh, Durinck, Martens, Laveren et Bogaert, 1996), les États-Unis (Cravens et Guilding, 2001) ou l'Italie (Cinquini et Tenucci, 2010). Une partie des recherches a adopté une vision résolument contingente, fondée sur les typologies de Porter ou de Miles, prenant en compte les stratégies des entreprises, leur culture, leur taille, leur orientation marketing, leur performance (Cadez et Guilding, 2008 ; Cinquini et Tenucci, 2010). L'utilisation des techniques du SMA serait plutôt associée à des entreprises performantes, de taille importante, orientées vers le marché, adoptant des stratégies de type « *defender* » ou « domination par les coûts ». Toutefois, malgré ces avancées, les résultats de l'ensemble de ces études ne donnent malheureusement pas une idée cohérente, globale et synthétique de l'utilisation des techniques du SMA et des liens entre ces techniques, les stratégies adoptées et les autres facteurs de contingence observés.

Au-delà des *surveys* destinés à mesurer la diffusion et l'utilisation des pratiques du SMA/SCM, les premières études de cas ont été lancées afin d'observer les conséquences de la mise en place des pratiques de SMA/SCM dans les organisations. Si ces premières recherches étaient plutôt descriptives, la seconde génération de travaux utilise des cadres théoriques sociologiques plus critiques.

La première série d'études de cas a été écrite et publiée dans des ouvrages ou revues dès le début des années 1990. Ces publications ont été associées à la parution des travaux précurseurs de Shank et Govindarajan (Shank et Govindarajan, 1991, 1993 ; Shank, 1989). Ces cas concernaient plutôt le SCM, et beaucoup ont été coécrits par Shank et/ou Govindarajan (Rickwood, Coates et Stacey, 1990 ; Shank et Constantinides, 1994 ; Shank et Fisher, 1999). Ces cas avaient principalement une vocation pédagogique, voire de propagande, celle de montrer la supériorité de l'approche par le SCM et de ses outils pour améliorer la performance des entreprises et assurer leur diffusion.

Répondant aux limites et critiques formulées par certains chercheurs (Tomkins et Carr, 1996), un champ d'études est apparu plus récemment, cherchant à comprendre comment les pratiques SMA s'intègrent dans la réalité organisationnelle et les processus stratégiques des entreprises notamment (son *enactment*), et comment elles sont vécues par les acteurs. Ces recherches s'inspirent des travaux du courant stratégique sur la *strategy as practice* (Jarzabkowski et Spee, 2009) et renvoient souvent aux travaux de Jørgensen et Messner (2010), qui, à partir d'une étude ethnographique dans une entreprise, ont montré l'interaction dynamique entre *management accounting* et stratégie. Elles mettent en cause les recommandations de la littérature normative sur le SMA, laquelle définit non seulement les outils du SMA mais aussi leurs modalités de mise en œuvre. Ce courant conteste la définition du SMA et de ses outils en tant que pratiques standards et montre que leur utilisation devrait être fonction du contexte de l'entreprise et de leur perception par les utilisateurs.

DES CONTRIBUTIONS INDISCUTABLES

Wilson (1995) rattache au SMA toutes les innovations en *management accounting* des trente dernières années. En étant plus restrictif et en respectant la chronologie, au moins quatre contributions majeures se dégagent :

- Simmonds (1982) pose la question de la méthode de détermination des prix de vente et met en cause les prix établis à partir du coût complet ou des analyses de contribution marginale. Il propose une analyse de la dynamique coût-volume-profit en termes relatifs, c'est-à-dire en prenant en compte les réactions des concurrents, leurs fonctions de coûts, etc.
- Shank (1989) intègre les clients et les fournisseurs dans la gestion des coûts. La réflexion sur les causes des coûts et leur rôle dans la stratégie conduit à faire évoluer la structure des coûts afin de constituer un avantage compétitif.

- Bromwich (1990) introduit la notion d'attribut du produit. Afin de calculer les coûts des attributs, les réduire, positionner l'offre en fonction des prix des attributs de chacun des produits.
- Enfin, Bromwich et Bhimani (1994) associent directement aux coûts des attributs les revenus que ces derniers génèrent.

Ces quatre contributions s'inscrivent dans le cadre plus global des orientations externes et long terme et de la prise de décision stratégique. Elles sont opérationnalisées au travers des *practices* du SMA, mais cet ensemble peine à trouver une cohérence.

LES SUJETS DE DÉBAT

Si le SMA souffre de l'absence de consensus sur sa définition et son contenu (Cuganesan, Dunford et Palmer, 2012 ; Langfield-Smith, 2008 ; Nixon et Burns, 2012a), trois sujets de débat plus fondamentaux émergent de la littérature : (1) le rôle du *management accountant* et les difficultés d'opérationnalisation, que ce soit pour (2) la démarche fondatrice du SMA (l'*attribute costing*) ou (3) l'analyse de la chaîne de valeur dans le cas du SCM.

Le débat sur le rôle des *management accountants* dans le SMA occupe une place indiscutable dans le positionnement du SMA et son développement. À l'origine, Simmonds (1981, p. 26) affirme qu'ils ont les compétences distinctives requises pour mettre en œuvre les outils relevant du SMA. Ultérieurement, les contributions d'autres fonctions sont suggérées, telles que le marketing (Dixon et Smith, 1993) ou les ressources humaines (Chenhall et Langfield-Smith, 1998). D'autres auteurs, tels Cooper (1996a, 1996b, 1996c) ou Lord (1996), vont plus loin et pensent que les *management accountants* ne sont pas les mieux placés pour intégrer la stratégie et la comptabilité, au contraire d'autres fonctions et des opérationnels. Comment le contrôleur de gestion pourrait-il promouvoir ces techniques qui sortiraient de son domaine de compétences ?

Si les conceptualisations développées dans le cadre du SMA et du SCM sont riches, les mises en action sont sensiblement plus pauvres.

Simmonds, qui attire l'attention sur la nécessité de prendre en compte le marché, la compétitivité et la performance relative, n'aborde le marché et le client qu'en termes de prix et de volume. Même lorsque l'*attribute costing* (Bromwich, 1990) est présenté de manière détaillée (Bromwich et Bhimani, 1994), le consommateur y reste une figure abstraite, souvent supplantée par le marché, et les attributs cités sont toujours des attributs physiques. Cette étape conceptuelle importante, qui propose de relier les coûts et les bénéfices produits pour le client, ne fait l'objet que de rares illustrations. Au surplus, ce modèle souffre de plusieurs faiblesses conceptuelles :

- d'une part, la chaîne de causalité entre le client, les caractéristiques du produit, les activités et finalement les coûts est appréhendée de manière superficielle par rapport à ce que propose, par exemple, Lebas (1999) ;
- d'autre part, la représentation additive des bénéfices que le client retire des attributs est hypothétique, tout comme la possibilité de relier les coûts à des attributs au sein d'une organisation complexe (Malleret, 2009).

Comme le font remarquer Bromwich et Bhimani (1994), Shank et le SCM essaient de répondre à la même question mais en mobilisant le concept de chaîne de valeur. Or, l'examen attentif des travaux de Shank (Shank et Govindarajan, 1993 ; Shank, 1989, chap. 4) révèle que, quand l'expression « chaîne de valeur » est utilisée, le mot « valeur » renvoie le plus souvent au chiffre d'affaires et, éventuellement, à la rentabilité des capitaux investis. Si certaines réorganisations visant à améliorer l'efficience ou l'efficacité se font en tenant compte de la valeur pour le client, dans une logique ABM, les illustrations proposées ne cherchent pas à identifier la valeur pour le client à chaque étape de la « chaîne de valeur ».

PROPOSITION D'UN CADRE D'ANALYSE
Le triangle coût-valeur-prix

Un nombre important de problématiques de gestion stratégique des coûts (SMA) résulte de la confrontation entre deux ou trois des concepts fondamentaux que sont le coût, la valeur et le prix. Ces confrontations sont souvent au cœur des cas de Shank et Govindarajan, et une première formalisation des problématiques associées au « triangle » coût-valeur-prix a été proposée par La Villarmois *et al.* (2008).

Examinée dans la perspective coût-valeur-prix, la littérature SMA/SCM présente deux faiblesses importantes. D'une part, elle n'a pas clarifié la notion de valeur pour le client, ou, tout au moins, les travaux des deux branches SMA et SCM n'ont pas convergé et n'ont pas débouché sur des propositions opérationnelles et précises en la matière. D'autre part, la branche SMA a repéré et proposé comme *practices* des outils et méthodes non contextualisés, sans les relier à une finalité particulière. Par exemple, des outils de *costing* peuvent avoir de multiples usages : allouer des coûts indirects, réduire les coûts, fixer des prix, etc., usages qui ne sont pas tous associés à la prise de décision stratégique. La finalité de ces outils ne se comprend et ne prend sens que si l'on a une question à poser à propos de coûts ; cette question va émerger lors d'une confrontation des coûts avec le prix ou avec la valeur créée pour le client.

Ainsi la plupart des outils et méthodes de SMA/SCM identifiés *supra* peuvent-ils systématiquement être mis en regard des principales questions de management stratégique des coûts qui se rapportent à chacun des « côtés » du triangle coût-valeur-prix (*cf.* figure ci-dessous). Nous examinerons d'abord l'approche la plus traditionnelle, qui consiste à comparer les coûts aux prix : les produits, services, clients, marchés, etc., permettent-ils de dégager des marges ou des résultats ? La confrontation du coût à la valeur conduit ensuite à se demander si les ressources consommées permettent de créer de la valeur. Enfin, la confrontation de la valeur au prix représente un véritablement élargissement du m*anagement accounting* vers le marketing et la stratégie : comment transformer la valeur créée en augmentation de prix ?

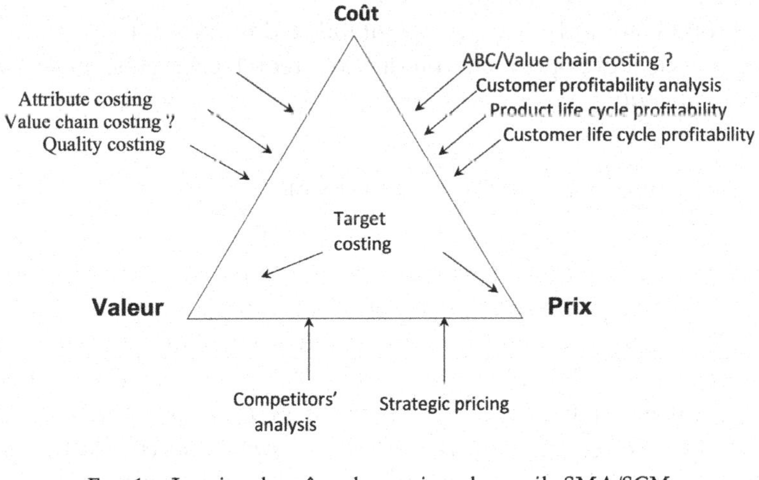

FIG. 1 – Le triangle coût-valeur-prix et les outils SMA/SCM.

COÛT ET PRIX : LES PRODUITS, SERVICES, CLIENTS, MARCHÉS PERMETTENT-ILS DE DÉGAGER DES MARGES OU DES RÉSULTATS ?

Traditionnellement, le contrôle de gestion s'est intéressé au couple formé par les prix et les coûts. Leur confrontation permet de dégager les résultats ou les marges des objets de coût (par exemple : produits, clients…) ; leur analyse contribue à la définition des politiques commerciales et des stratégies de développement. Toutefois, les possibilités de compréhension et d'explication des marges restent limitées car elles se réduisent souvent à des décompositions analytiques. Cet axe historique a connu des perfectionnements méthodologiques au cours des trente dernières années, promus par le courant SMA/SCM ou qui ont tout simplement vu le jour durant la même période.

La méthode ABC permet d'allouer les coûts indirects à différents objets de coût ; elle élargit aussi la nature des inducteurs de coût. Les rentabilités peuvent alors être calculées par client, par marché, par canal de distribution ou pour toute combinaison requise par les besoins de l'analyse et/ou de la prise de décision. On retrouve ici la *customer profitabilty analysis*.

Ultérieurement, la dimension temporelle a été introduite dans le calcul des marges et de la rentabilité à deux niveaux, en calculant la rentabilité d'un client tout au long de son cycle de vie, les marges venant compenser les coûts d'acquisition du client (*customer life cycle profitability*). On propose aussi de calculer la rentabilité d'un produit sur toute sa durée de vie (développement, production, recyclage) avec le *product life cycle profitability*.

COÛT ET VALEUR : LES RESSOURCES CONSOMMÉES PERMETTENT-ELLES DE CRÉER DE LA VALEUR ?

Pour appréhender la dynamique du couple coût-valeur, il faut préciser la définition de la valeur pour le client. En nous appuyant sur les premières définitions de Bromwich et sur des travaux en marketing (Aurier, Evrard et N'Goala, 2004 ; Aurier *et al.*, 2004), nous retiendrons que la valeur est le prix que le client est prêt à payer pour acquérir un bien ou un service ; c'est la *willingness to pay*. La valeur est liée aux attributs du produit et/ou du service, mais il nous paraît hasardeux de faire l'hypothèse que la valeur du produit dans son ensemble est égale à la somme des valeurs des attributs[5]. Ce prix que le client est prêt à payer est fondé sur une valeur perçue *a priori*, mais il ne résulte pas d'une expérience du produit ou du service, car nous nous plaçons dans une situation d'achat hypothétique. Elle est donc distincte du prix.

En analysant la relation entre coût et valeur, l'entreprise cherche à savoir si le supplément (ou la réduction) de coût généré par une modification de l'offre de produits ou de service se traduit par un changement de la valeur perçue par les clients. La relation entre coût et valeur est donc à l'origine de l'avantage compétitif au sens de Porter.

La gestion du couple coût-valeur a été au cœur des préoccupations de la gestion des opérations, puis du contrôle de gestion depuis plus de trente ans. « En fait, la seule question économique pertinente pour le pilotage de l'entreprise est l'optimisation du couple coûts-fonctionnalités (coûts-valeur) » (Lorino, 1995, p. 130). Depuis quelques années, en France, l'expression « gestion du couple coûts-valeur » est devenue courante dans les publications académiques et les manuels de contrôle de gestion (Gervais, 2009 ; Malleret, 2009).

Parmi les *practices* de SMA ou les méthodes de SCM, plusieurs ont pour objectif la gestion du couple coût-valeur. La littérature mentionne très souvent les méthodes visant à réduire les coûts pour une même valeur créée, en agissant sur les processus et la consommation de ressources. Elle s'appuie sur les notions d'activités et de processus mais aussi sur une vision plus opérationnelle, managériale, du *management accounting* ainsi que sur des choix d'organisation comme la sous-traitance, la délocalisation (Anderson, 2007 ; Shank, 1989).

Le *target costing* apparaît clairement comme une méthode destinée à gérer le couple coût-valeur. Un des outils du *target costing* cité par Anderson (2007), le *value engineering*, consiste précisément à privilégier les fonctions qui apportent de la valeur au client et à réduire les coûts en supprimant ou en réalisant de façon plus économique les sous-ensembles, attributs ou fonctions qui lui apportent peu de valeur.

Notons que la littérature aborde peu les axes d'amélioration de la valeur créée et/ou les facteurs qui vont faire que le client percevra cette valeur. Après Bromwich, peu de chercheurs de notre discipline

---

5 Les hypothèses d'indépendance et d'additivité des valeurs n'étant pas toujours respectées (Malleret, 2009).

ont cherché à approfondir les motifs qui font qu'un client accorde de la valeur à un attribut, est prêt à payer pour celui-ci, ou à comprendre comment la valeur des attributs peut se combiner dans un produit ou un service. Bien que Roslender et Hart (2003) aient appelé à un rapprochement avec les fonctions marketing, la littérature SMA n'a pas exploité les apports conceptuels des chercheurs en marketing pour nourrir sa propre réflexion. La gestion du couple prix/valeur est indissociable de la fonction marketing.

PRIX ET VALEUR : COMMENT TRANSFORMER LA VALEUR CRÉÉE EN AUGMENTATION DE PRIX ?

La confrontation entre valeur et prix relève d'un autre type d'analyse. Dans quelle mesure l'entreprise sera-t-elle effectivement capable de transformer la valeur créée en chiffre d'affaires ? Quelles situations concurrentielles et quels dispositifs lui permettent-ils de s'approprier une partie de la valeur créée ? Michel (2014) utilise l'expression *capture value*.

Le prix exprime le rapport de force entre le fournisseur et l'acheteur ; en quelque sorte, il traduit la façon dont client et fournisseur se partagent la valeur créée, le client prenant la différence entre la valeur qu'il perçoit et le prix, et le fournisseur recevant la différence entre le coût et le prix.

La littérature SMA/SCM donne une liste relativement stable de méthodes destinées à bien connaître son marché et ses concurrents : parts de marchés, prix et coûts des concurrents. Tout ceci devrait aider l'entreprise à « capturer » la valeur et à tirer parti du travail fait en amont, quand elle a cherché à répondre aux aspirations du client et à réduire ses coûts. La littérature SMA mentionne également le *strategic pricing* comme une méthode à promouvoir pour tenir compte des réalités stratégiques avant de fixer les prix.

Par contre, la littérature SMA/SCM développe peu les aspects techniques liés au mode de facturation, mais qui peuvent avoir un impact sur la capacité à capturer la valeur créée. Le lien avec la littérature académique en marketing ou en stratégie n'est pas développé. On note toutefois la présence de quelques travaux empiriques sur les stratégies de tarification et la gestion du portefeuille client dans des publications de *management accounting* (Young, 2007).

CONCLUSION

Alors que la comptabilité de gestion conventionnelle consiste en la comparaison du coût au prix, l'introduction du concept de valeur constitue un apport décisif du SMA. Cela en fait un ensemble de techniques, orientées vers la prise de décision stratégique, qui intègre des informations externes à l'organisation. Il s'agit du noyau dur du programme SMA.

La définition du concept central de valeur qui s'est précisée progressivement constitue une hypothèse auxiliaire. Alors que, dans les premiers travaux, la valeur pouvait être confondue avec le prix ou avait des acceptions variables (par exemple : valeur pour l'entreprise, valeur actionnariale), la notion de valeur pour le client émerge graduellement. Plus récemment, le concept s'est affiné de valeur d'usage et d'échange (Malleret, 2009) vers la *willingness to pay*. Malgré d'évidentes faiblesses conceptuelles à l'origine, l'existence d'un courant de recherche, d'un programme de recherche, a permis de conforter progressivement le concept de valeur. Son opérationnalisation constitue aujourd'hui une perspective importante.

Le SMA est un programme de recherche évolutif. Les travaux de Simmonds (1981, 1982), Bromwich (1990) et Shank (1989) constituent la phase d'émergence, qui a été suivie d'une phase de définition. Les études empiriques constituent une phase de mise à l'épreuve continuée par une mise en cause (Langfield-Smith, 2008 ; Nixon et Burns, 2012b). Le triangle coût-prix-valeur est une proposition de cadre d'analyse qui s'inscrit dans une nouvelle phase de conceptualisation.

Les intérêts théoriques de ce programme sont multiples. Ce dernier contribue au rapprochement des courants britanniques (SMA) et nord-américains (SCM), conforte les recherches consacrées aux *practices* du SMA en leur proposant un cadre conceptuel plus robuste et structure des projets de recherche transdisciplinaires, qui dépassent le seul contrôle, en mobilisant la stratégie, le marketing, les systèmes d'information, voire les sciences de l'ingénieur… D'un point de vue managérial, le triangle stimule les échanges entre fonctions. Il associe le *management accountant* aux leviers de captation de valeur proposés par Michel (2014). Enfin, le triangle coût-prix-valeur a également une vertu pédagogique : il permet de positionner les outils et méthodes de la littérature SMA/SCM en les associant à des problématiques managériales. Il associe les méthodes à des questionnements stratégiques : s'agit-il de mieux gérer le portefeuille client en calculant les marges par client ou segment de clients ? S'agit-il d'améliorer la compétitivité en réduisant les coûts sans toucher au produit/service offert (la valeur) ? *In fine*, le SMA nous interroge sur la façon dont nous formons les étudiants et les managers dans notre discipline et en management, de façon plus générale. Situons-nous chaque exemple, chaque cas, dans une perspective stratégique ? Intégrons-nous les résultats d'autres disciplines dans nos cours ? En résumé, formons-nous des managers aptes à appréhender de façon intégrée coût, valeur et prix ?

Yves LEVANT
IAE de Lille
et Skema Business School

Véronique MALLERET
Professeure émérite HEC

Olivier DE LA VILLARMOIS
IAE de Paris

BIBLIOGRAPHIE

ANDERSON, Shannon W., « Managing Costs and Cost Structure thoughout the Value Chain: Research on Strategic Cost Management », in C.S. Chapman, A.G. Hopwood et M.D. Shields (eds.), *Handbook of Management Accounting Research*, vol. 2, Oxford, Elsevier, 2006, p. 481-506.

AURIER, Philippe, EVRARD, Yves, N'GOALA, Gilles, « Comprendre et mesurer la valeur du point de vue du consommateur », *Recherche et applications en marketing*, vol. 19, n° 3, Sage Publications, 2004, p. 1-20.

BHIMANI, Alnoor, HORNGREN, Charles T., DATAR, Srikant M., RAJAN, Madhav V., *Management and cost accounting*, 5th ed., Harlow Pearson Prentice Hall, 2012.

BROMWICH, Michael, « The case for strategic management accounting: the role of accounting information for strategy in competitive markets », *Accounting, Organizations and Society*, vol. 15, n° 1/2, 1990, p. 27-46.

BROMWICH, Michael, BHIMANI, Alnoor, *Management Accounting: Pathways to progress*, London, CIMA Publications, 1994.

CADEZ, Simon, GUILDING, Chris, « An exploratory investigation of an integrated contingency model of strategic management accounting », *Accounting, Organizations and Society*, vol. 33, n° 7-8, 2008, p. 836-863.

CARR, Chris, TOMKINS, Cyril, « Strategic investment decisions: the importance of SCM. A comparative analysis of 51 case studies in the UK, US and German companies », *Management Accounting Research*, vol. 7, n° 2, 1996, p. 199-217.

CHENHALL, Robert H., LANGFIELD-SMITH, Kim, « Factors influencing the role of management accounting in the development of performance measures within organizational change programs », *Management Accounting Research*, vol. 9, n° 4, 1998, p. 361-386.

CINQUINI, Lino, TENUCCI, Andrea, « Strategic management accounting and business strategy: a loose coupling? », *Journal of Accounting and Organizational Change*, vol. 6, n° 2, 2010, p. 228-259.

COOPER, Robin, « Costing techniques to support corporate strategy; evidence from Japan », *Management Accounting Research*, vol. 77, n° 2, 1996a, p. 35-41.

COOPER, Robin, « Look out, management accountants, part 1 », *Management Accounting*, vol. 77, n° 11, 1996b, p. 20-26.

COOPER, Robin, « Look out, management accountants, part 2 », *Management Accounting*, vol. 77, n° 12, 1996c, p. 35-41.

COOPER, Robin, SLAGMULDER, Regine, « Strategic cost management. What is Strategic Cost Management? », *Management Accounting*, vol. 79, n° 7, janvier 1998, p. 14-16.

CRAVENS, Karen S., GUILDING, Chris, « An empirical study of the application of strategic management accounting techniques », *Advances in Management Accounting*, n° 10, 2001, p. 95-124.

CUGANESAN, Suresh, DUNFORD, Richard, PALMER, Ian, « Strategic management accounting and strategy practices within a public sector agency », vol. 23, n° 4, 2012, p. 245-260.

DIXON, Robert, SMITH, Debra, « Strategic Management Accounting », *Omega*, vol. 21, n° 6, 1993, p. 605-618.

GERVAIS, Michel, *Contrôle de gestion*, 9e édition, Paris, Economica, 2009.

GUILDING, Chris, CRAVENS, Karen S., TAYLES, Mike, « An International Comparison of Strategic Management Accounting Practices », *Management Accounting Research*, vol. 11, n° 1, 2000, p. 113-135.

JARZABKOWSKI, Paula, SPEE, Andreas Paul, « Strategy-as-practice: A review and future directions for the field », *International Journal of Management Reviews*, vol. 11, n° 1, 2009, p. 69-95.

JØRGENSEN, Brian, MESSNER, Martin, « Accounting and Strategising: A Case Study from New Product Development », *Accounting, Organizations and Society*, vol. 35, n° 2, 2010, p. 184-204.

LANGFIELD-SMITH, Kim, « Strategic management accounting: how far have we come in 25 years? », *Accounting, Auditing and Accountability Journal*, vol. 21, n° 2, 2008, p. 204-228.

LA VILLARMOIS, Olivier de, LEVANT, Yves, BENAVENT, Christophe, « La gestion stratégique des coûts : proposition d'un cadre d'analyse », *Revue française de comptabilité*, n° 414, 2008, p. 28-32.

LEBAS, Michel, « Which ABC? Accounting based on causality rather than activity-based costing », *European Management Journal*, vol. 17, n° 5, 1999, p. 501-511.

LECOCQ, Xavier, DEMIL, Benoît, VENTURA, Juan, « Business Models as a Research Program in Strategic Management: An Appraisal based on Lakatos », *M@n@gement*, vol. 13, n° 4, 2010, p. 214-225.

LORD, Beverley R., « Strategic management accounting: the emperor's new clothes? », *Management Accounting Research*, vol. 7, n° 3, 1996, p. 347-366.

LORINO, Philippe, *Comptes et récits de la performance*, Paris, Éditions d'organisation, 1995.

MALLERET, Véronique, « Peut-on gérer le couple coûts-valeur ? », *Comptabilité Contrôle Audit*, vol. 15, n° 1, 2009, p. 7-34.

MALMI, Teemu, « Reflections on Paradigms in Action in Accounting Research », *Management Accounting Research*, vol. 21, n° 2, 2010, p. 121-123.

MALMI, Teemu, GRANLUND, Markus, « In Search of Management Accounting Theory », *European Accounting Review*, vol. 18, n° 3, 2009, p. 597-620.

MICHEL, Stefan, « Innovation isn't worth much if you don't get paid for it », *Harvard Business Review*, octobre 2014, 2014, p. 78-85.

NIXON, Bill, BURNS, John, « Strategic Management Accounting », *Management Accounting Research*, vol. 23, n° 4, 2012a, p. 225-228.

NIXON, Bill, BURNS, John, « The Paradox of Strategic Management Accounting », *Management Accounting Research*, vol. 23, n° 4, 2012b, p. 229-244.

RICKWOOD, Colin P., COATES, Jeff B., STACEY, Ralph J., « Stapylton: Strategic management accounting to gain competitive advantage », *Management Accounting Research*, vol. 1, n° 1, 1990, p. 37-49.

ROSLENDER, Robin, HART, Susan J., « In Search of strategic management accounting: Theoretical and field study perspectives », *Management Accounting Research*, vol. 14, n° 2, 2003, p. 255-279.

SHANK, John K., « Strategic Cost Management: New Win, or Just New Bottles? », *Journal of Management Accounting Research*, n° 1, automne 1989, p. 47-65.

SHANK, John K., « Analyzing technology investments – From NPV to Strategic Cost Management (SCM) », *Management Accounting Research*, vol. 7, n° 2, 1996, p. 185-197.

SHANK, John K., CONSTANTINIDES, Kim, « Matching to Strategy: One Mill's Experience », *Management Accounting*, vol. 76, n° 3, 1994, p. 32-36.

SHANK, John K., FISHER, Joseph, « Target Costing as a Strategic Tool », *Sloan Management Review*, vol. 41, n° 1, 1999, p. 73-82.

SHANK, John K., GOVINDARAJAN, Vijay, *Strategic Cost Analysis – The Evolution from Managerial Accounting to Strategic Accounting*, Boston, Irwin, 1989.

SHANK, John K., GOVINDARAJAN, Vijay, « Strategic cost management: The value chain concept », in B.J. Brinker (ed.), *Handbook of Cost Management*, New York, Warren, Gorham and Lamont, 1991, p. 198-220.

SHANK, John K., GOVINDARAJAN, Vijay, *Strategic Cost Management – The new tool for competitive advantage*, New York, The Free Press, 1993.

SIMMONDS, Kenneth, « Strategic management accounting », *Management Accounting*, avril 1981, p. 26-29.

SIMMONDS, Kenneth, « Strategic Management Accounting for Pricing: A case Example », *Accounting and Business Research*, vol. 12, n° 47, été 1982, p. 206-214.

TILLMANN, Katja, GODDARD, Andrew, « Strategic management accounting and sense-making in a multinational company », *Management Accounting Research*, vol. 19, n° 1, 2008, p. 80-102.

TIXIER, Julie, JEANJEAN, Thomas, *La méthodologie des programmes de recherche : présentation, évaluation et pertinence pour les sciences de gestion*, Working Paper, université Paris Dauphine, 2000.

TOMKINS, Cyril, CARR, Chris, « Editorial: Strategic Management Accounting », *Management Accounting Research*, vol. 7, 1996, p. 165-167.

VAN CAUWENBERGH, André, DURINCK, Edward, MARTENS, Rudy, LAVEREN, Eddy, BOGAERT, Ilse, « On the role and function of formal analysis in strategic investment decision processes: results from an empirical study in Belgium », *Management Accounting Research*, vol. 7, n° 2, 1996, p. 169-184.

WILSON, Richard M. S., « Strategic Management Accounting », in D. Ashton, T. Hopper, R. Scapens (eds.), *Issues in Management Accounting*, 2nd edition, Harlow, Prentice Hall, 1995, p. 159-190.

YOUNG, S. Mark, *Readings in Management Accounting*, Upper Saddle River, Prentice Hall, 2007.

RÉFLEXIONS SUR LA FINANCIARISATION DES STRATÉGIES DES ENTREPRISES

Le débat public est propice aux déclarations péremptoires qui tendent à remplacer une analyse argumentée. Ainsi, des slogans sur « la tyrannie du marché » ou sur « l'ennemi, c'est la finance » ont pu être opposés au dogme du marché autorégulateur. Pour autant, il paraît possible et souhaitable d'apporter une appréciation distanciée sur des phénomènes économiques et sociétaux, dès lors que ceux-ci peuvent être observés sur une période suffisamment longue pour constater des changements qui ne relèvent pas de variations conjoncturelles, mais qui expriment les évolutions de ces « forces profondes » évoquées par F. Braudel (1958). Cela est le cas du phénomène qualifié de « financiarisation », lequel touche, à des degrés divers, tant le monde économique *stricto sensu* que, plus globalement, les sociétés humaines contemporaines. Dans le présent exposé, nous nous limiterons au seul niveau de la vie des entreprises, et, plus spécifiquement, celle des grandes entreprises, lesquelles, pour la plupart d'entre elles, sont cotées en Bourse.

Pour répondre à la question que nous posons – à savoir : les stratégies des entreprises, notamment celles des plus grandes, sont-elles plus financiarisées qu'autrefois ? –, nous nous appuierons sur des évolutions constatées sur plusieurs décennies concernant les solutions apportées à quelques enjeux stratégiques majeurs.

LES ENJEUX EN MATIÈRE D'ACTIVITÉS

Ces enjeux concernent les activités caractérisant l'objet social de l'entreprise, au niveau ontologique de sa « raison d'être », pour employer le terme récemment proposé (rapport Notat-Senard, loi Pacte), et, plus prosaïquement, pour ce qui est des contenus : quelles sont les activités que l'entreprise doit garder et, si possible, développer ? Quelles sont, en revanche, celles qu'elle doit abandonner ou faire exécuter par d'autres entités ?

Ces questions recoupent deux positionnements stratégiques distincts, portant l'un sur le « périmètre » du portefeuille d'activités, l'autre sur le degré d'intégration de chacune d'entre elles.

DES CONGLOMÉRATS AUX *PURE PLAYERS* : DIVERSIFICATION *VERSUS* SPÉCIALISATION. QUI DOIT PORTER LE RISQUE LIÉ AUX ACTIVITÉS ?

La question posée est ancienne et remonte aux choix que devaient faire les paysans confrontés, avant même le risque de marché, aux aléas climatiques sur leurs activités agricoles. Le choix pour la polyculture plutôt qu'une monoculture, apparemment plus rémunératrice, faisait écho à l'adage populaire recommandant de « ne pas mettre tous ses œufs dans le même panier ». Au niveau des entreprises industrielles et commerciales, la question a pu se poser en termes presque comparables : « *Diversification must pay* », disait I. Ansoff (1965), l'un des maîtres fondateurs de l'analyse stratégique. On en comprend aisément la portée : une entreprise diversifiée, mettant en œuvre plusieurs couples de produits-marchés, pourra, plus facilement que des firmes spécialisées, faire face aux aléas de la vie des affaires. La diversification diminue les risques, c'est incontestable[1].

De ce fait, nombre d'entreprises, notamment parmi les plus grandes, ont tenu à se diversifier, tant en matière de produits que de marchés, surtout lorsque les nouvelles activités présentaient quelques synergies (un « *common thread* », disait Ansoff) avec celles actuellement exercées. Certaines d'entre elles sont même allées plus loin, rassemblant des activités les plus diverses, sans lien entre elles, dans des groupes dénommés conglomérats. Les actionnaires de ces grandes firmes, surtout les actionnaires individuels, n'étaient pas forcément mécontents de cette situation qui leur épargnait des soucis de gestion de leur portefeuille, les actions détenues de groupes très diversifiés en faisant office pour l'essentiel.

---

1 Une démonstration classique peut en être fournie en termes probabilistes : si le risque de chaque activité est représenté par la variance d'un indicateur de performance, la variance d'un portefeuille regroupant plusieurs activités sera inférieure à la somme des variances (Markowitz, 1952).

La situation a changé radicalement avec l'institutionnalisation de l'épargne des ménages, notamment aux USA. La montée en puissance des fonds d'investissement, notamment des fonds de retraites salariales[2], a modifié drastiquement la relation entre entreprises et épargnants en la professionnalisant davantage : les responsables d'entreprises n'ont plus à faire seulement à des actionnaires isolés de type *Scottish Widows*, mais à des analystes financiers expérimentés. On est passé ainsi d'une relation *B to C* (*Business to Consumer*) à une relation *B to B* (*Business to Business*).

Ce rééquilibrage des acteurs en matière de puissance et de compétences a reposé la question de la diversification comme vecteur de réduction du risque. Les représentants des institutions financières ne contestent pas cet effet bénéfique de la diversification ; au contraire, cette loi statistique leur paraît inhérente à leurs activités de gestion, et, pour cette raison, ils la revendiquent pour eux-mêmes. En clair, ils disent aux responsables des entreprises dans lesquelles ils investissent de ne pas se disperser en menant de front diverses activités, mais plutôt de se concentrer sur celles pour lesquelles ils seront les meilleurs, s'agissant de rentabilité actuelle ou potentielle. En revanche, les fonds d'investissement feront leur affaire de la sélection des placements financiers à effectuer et de leur souhaitable diversification.

Cette évolution marquant le « retour de l'actionnaire » a pu être constatée à la fin du siècle dernier, tout d'abord dans les pays anglo-saxons, puis dans d'autres pays européens. Cela s'est traduit par des comportements beaucoup plus attentifs, voire pressants, de la part des gestionnaires des fonds d'investissement vis-à-vis des sociétés dont ils sont actionnaires.

Ainsi, lors des réunions périodiques entre manageurs d'un groupe diversifié et analystes financiers, la question rituelle qui est posée par les seconds aux premiers, après présentation des performances comparées des différentes activités du groupe, consiste à leur demander pourquoi garder celles qui sont les moins performantes. Sauf à ce que les manageurs puissent prouver que ces activités sont nécessaires, voire indispensables à l'ensemble du groupe et/ou qu'elles représentent un potentiel de développement, gage de performances futures, la pression sera forte pour les inciter à les abandonner. Cette contraction du périmètre du portefeuille d'activités aura un effet positif mécanique sur les performances du groupe,

2 Ces *pensions funds* peuvent être amenés à gérer des sommes considérables, exprimées en centaines de milliards de dollards (par exemple : le fonds Calpers gérant les retraites des personnels de l'État de Californie, USA).

les indicateurs de performance augmentant – en valeur moyenne – du fait de l'abandon des éléments les moins performants.

Il n'y a pas de raison *a priori* pour qu'une telle pression ne se renouvelle pas l'exercice suivant, amenant les entreprises diversifiées à réduire progressivement leur périmètre d'activités, soit par abandon des activités considérées comme périphériques, soit par scission (*spin off*) entre deux activités majeures, chacune d'entre elles devenant une firme totalement spécialisée, dite « *pure player* ».

A contrario, les analystes financiers auront tendance à noter négativement les groupes diversifiés récalcitrants, position défavorable s'appliquant *a fortiori* aux conglomérats et provoquant ce que les praticiens appellent « la décote des conglomérats ».

DES EMPIRES INDUSTRIELS AUX *FABLESS* – INTÉGRATION *VERSUS* EXTERNALISATION. FAIRE OU FAIRE FAIRE : QUI DOIT PRODUIRE ?

La question stratégique posée ici se rapproche de la précédente et la prolonge en s'en distinguant dans la mesure où elle ne concerne pas le périmètre du portefeuille d'activités mais le degré d'intégration de celles-ci. Là également, la situation a considérablement évolué depuis plusieurs dizaines d'années, voire au-delà.

Pendant longtemps, l'ambition de tout responsable d'entreprise, en particulier lorsqu'il s'agissait du fondateur, a été d'être à la tête d'une entité qui soit leader dans son activité de référence, dominant parfaitement sa filière professionnelle, depuis les sources d'approvisionnement jusqu'aux circuits de distribution en passant par les process de production, les technologies mises en œuvre et les compétences requises. Ainsi, ont émergé, depuis la première révolution industrielle à la fin du XVIIIe siècle, puis avec celles qui ont suivi tout au long des XIXe et XXe siècles, des firmes-empires devenues des acteurs majeurs dans leurs filières de production respectives dont elles avaient intégré les différentes composantes : « de la mine à l'usine » pour les maîtres des forges (les Krupp et Thyssen en Allemagne, les Wendel en France...), « du puits à la pompe » pour les majors pétroliers (Esso, Shell, BP, Total...).

Sur le plan structurel, ces stratégies d'intégration se traduisaient souvent par une organisation centralisée fondée sur les grandes fonctions managériales (achats, production, ventes, personnels, finances...), avec des modalités de gestion qui pouvaient se comparer à celles existant dans le domaine d'autres institutions hiérarchisées, notamment l'armée. Ainsi, en France, une grande école militaire comme Polytechnique constituait un vivier privilégié pour ce type de recrutement.

C'est cette orientation générale vers de grandes unités intégrées avec leurs modalités d'organisation et de gestion centralisées qui a été progressivement mise en cause et remplacée par une autre, différente, parfois diamétralement opposée. Plusieurs facteurs expliquent cette évolution. Les plus importants nous paraissent liés, d'une part, aux nouvelles innovations technologiques – notamment la révolution numérique, qui déstructure les filières traditionnelles – et, d'autre part, aux effets accrus de la mondialisation, qui s'ajoutent au point précédent pour bouleverser les modèles économiques des firmes concernées, obligeant ces dernières à s'adapter en permanence, tant en termes d'objectifs que d'organisation.

Dans ce nouveau contexte, la pression exercée par les fonds d'investissement, dans leur nouvelle relation *B to B* mentionnée *supra*, constitue un troisième facteur de changement, se conjuguant aux deux précédents pour amener les responsables des grandes firmes intégrées à revoir leurs stratégies en matière de positionnement, de structure et de modalités de gestion.

La même démarche des analystes financiers, interrogeant les managers d'un groupe diversifié sur le maintien de son périmètre d'activités et les invitant à se spécialiser sur les plus rentables d'entre elles, se poursuit, mais cette fois sur l'organisation de ces activités. Plutôt que de tenter de tout faire, dans une optique d'intégration des différentes phases concernées d'une filière donnée, ils recommandent de se focaliser sur les segments les plus intéressants de cette filière, ceux pour lesquels la firme concernée dispose d'un avantage compétitif indubitable par rapport à ses concurrents. Ce positionnement stratégique peut être différent selon les filières et secteurs d'activité : ici ce sera le contrôle des sources d'approvisionnement, là celui du marché de consommation finale via des marques reconnues, ailleurs des process de fabrication exprimant des « compétences clés » inimitables (et protégées par des brevets *ad hoc*). Ce segment de compétitivité étant défini, les autres segments de la filière peuvent être plus facilement sous-traités à d'autres opérateurs, dans une démarche de « faire faire » plutôt que « faire ».

Ces nouvelles stratégies d'externalisation, définies à l'opposé des anciennes stratégies d'intégration, présentent plusieurs avantages. Tout d'abord, s'agissant de dynamiques de marché, cela permet d'avoir plus de fluidité pour une filière donnée, tant vers son amont (permettant de mettre les fournisseurs en concurrence) que vers son aval (évitant d'être concurrent de ses clients). Ensuite, l'externalisation d'une partie plus ou moins grande d'activités autrefois intégrées allège, à due proportion, les actifs immobilisés dans la chaîne de production-distribution concernée, ainsi que les besoins d'investissements requis. En diminuant le stock de capital investi, l'opération d'externalisation augmente mécaniquement les taux de rentabilité, même si les autres composantes du *business model* ne changent pas. Par ailleurs, l'économie du flux d'investissement sur les activités externalisées permet de consacrer les sommes disponibles à renforcer les activités maintenues et à mieux rémunérer le capital investi. Cette double perspective constitue un avantage essentiel pour les financiers et les pousse à recommander aux manageurs d'externaliser au maximum leurs activités pour se concentrer sur les segments stratégiquement les plus compétitifs et, par là, potentiellement les plus rentables.

De nombreuses grandes firmes industrielles dans maints secteurs (mécanique, textile, énergie, BTP…) ont ainsi mis en œuvre des stratégies d'externalisation, portant le plus souvent sur les activités de production et de support, en se concentrant, d'une part, sur les tâches de conception et d'innovation, exigeant une R&D active, et, d'autre part, sur l'interface avec la distribution appelant un marketing adéquat (marques, publicité…). Cette focalisation sur les deux bouts de la filière a pu entraîner des configurations en « U », une grande partie de la chaîne productive étant externalisée. Le cas extrême est celui de « l'entreprise sans usine » (*fabless*[3]) qui a pu être considérée comme l'objectif vers lequel doivent tendre ces stratégies d'externalisation systématiques.

In fine, ces deux évolutions drastiques concernant les activités des grandes entreprises se complètent : revoir périodiquement les frontières du portefeuille d'activités en se débarrassant des « maillons faibles » pour privilégier les meilleurs et, parmi ces derniers, se focaliser sur les segments les plus intéressants en externalisant les autres amène, toutes choses égales par ailleurs, une augmentation mécanique des taux de rentabilité, exprimant pleinement le mouvement de financiarisation des stratégies. Être un *pure player* se consacrant à une seule activité et, dans celle-ci, se focaliser sur « le » segment le plus profitable permet d'espérer obtenir une meilleure rentabilité que dans les autres configurations possibles.

3 Expression utilisée par S. Tchuruk, P.-D.G. d'Alcatel à propos de la restructuration de son groupe (colloque à Londres en 2001).

LES ENJEUX EN MATIÈRE DE FINANCEMENT

L'autre série d'enjeux majeurs concerne non pas les activités et les actifs qui les soutiennent mais directement les financements. Il se pose même une question liminaire : peut-on parler, sans risque de pléonasme, de financiarisation des financements ? Nous le pensons, car ces deux notions ne se recouvrent pas vraiment : la financiarisation des stratégies, comme on vient de le voir, commence bien avant de parler des opérations de financement et ces dernières, comme on va tenter de le montrer, ne s'inscrivent pas forcément dans une stratégie de financiarisation.

Pour préciser le propos, nous mettons l'accent sur deux mouvements complémentaires, mais qui sont apparus distinctement dans le temps, l'un sur l'évolution de la perception du recours à la dette via le concept de coût du capital, l'autre spécifique aux fonds propres, via les politiques relutives, notamment les rachats d'actions.

DE LA SUSPICION ENVERS LA DETTE À LA RECHERCHE DE L'EFFET DE LEVIER : QUELLE ÉVOLUTION DE LA RELATION À L'ENDETTEMENT VIA LE COÛT DU CAPITAL ?

La relation d'endettement qui lie deux ou plusieurs personnes (physiques ou morales) est aussi vieille que les civilisations humaines ; comme l'a bien exprimé D. Graeber (2011), « La dette a toujours structuré nos économies, nos rapports sociaux et jusqu'à nos représentations du monde ». Le risque principal en la matière étant celui de la défaillance du débiteur, les créanciers potentiels y font généralement face, d'une part par une majoration des intérêts au-delà de ceux demandés à un emprunteur plus fiable[4], d'autre part par une limitation du prêt accordé en fonction des ressources de l'emprunteur, enfin via des garanties éventuelles exigées en matière de cautions personnelles ou de sûretés réelles (gages, hypothèques). Par ailleurs, les législations émanant des sociétés concernées ont été souvent d'une extrême sévérité envers les débiteurs défaillants : saisie du patrimoine résiduel, condamnation pénale, privation des droits civiques, voire, dans certaines sociétés, mise en esclavage (*ibid.*).

4 « Prime de risque » se traduisant par un « écart de taux » (*spread*) par rapport aux taux des emprunts dits « sans risques » – en général ceux de bons du Trésor ou d'obligations émises par l'État.

On comprend que, devant ces contraintes et ces sanctions potentielles, le recours à l'emprunt soit longtemps resté comme un financement en dernier ressort, rendu nécessaire lorsque les ressources dont dispose l'agent concerné (ménage ou entreprise) étaient insuffisantes pour faire face aux dépenses prévues en vue d'effectuer un investissement d'envergure, voire pour assumer des dépenses courantes.

Si une telle conception de la relation à l'endettement reste très ancrée dans la plupart des ménages et dans nombre d'entreprises, notamment les plus petites d'entre elles, elle a cependant fortement évolué depuis plusieurs décennies. Tout d'abord, le recours au crédit s'est largement répandu chez les différentes catégories d'agents, via les nouveaux instruments financiers comme les cartes de crédit et les facilités bancaires. Les mentalités vis-à-vis de l'endettement ont progressivement évolué, notamment dans les ménages des classes moyennes et encore plus au niveau des entreprises. Pour celles-ci, les recours à l'emprunt ou aux capitaux propres sont devenus des modes de financement substituables, à combiner en prenant en considération leurs coûts respectifs (Modigliani et Miller, 1958). Le concept clé de « coût du capital » (WACC – *Weight Average Cost of Capital*) a permis de mettre en relief cette dualité et d'étalonner la rentabilité des différents projets d'investissement, permettant de dégager, ici ou là, des *free cash flows*, indicateurs caractéristiques d'une posture de financiarisation (Jensen, 1986).

Ces nouvelles approches n'expriment pas seulement une conception différente des modes de financement, sur la hiérarchisation desquels les auteurs peuvent diverger (Myers et Majluf, 1984), elles ont en commun de déplacer le champ de l'analyse financière, initialement focalisée sur la structure du bilan et les flux de trésorerie, pour la centrer davantage sur le compte de résultat et les incidences de tel ou tel financement. On comprend que ce cadre d'analyse concerne plutôt les grandes firmes cotées (les *public corporate*), qui peuvent assez facilement avoir accès aux différents types de financement et donc sont mieux à même d'en apprécier les coûts respectifs avant d'effectuer leurs choix.

Dans cette perspective, le recours à la dette présente un avantage indubitable dès lors que le taux de rentabilité économique de l'entité concernée est supérieur au taux d'intérêt à verser, procurant un effet de levier (*leverage*) boostant *in fine* le taux de rentabilité des fonds propres engagés. Cet effet de levier, renforcé par les dispositions fiscales concernant l'emprunt[5], s'est accentué avec la baisse des taux d'intérêt, baisse historique à laquelle on assiste ces dernières années dans les grandes zones monétaires (dollar, euro, yen…) et pouvant aller jusqu'à des taux négatifs (Ninet, 2017).

Ainsi, *la relation fonds propres-dettes s'est progressivement inversée* en quelques décennies, et le recours à l'emprunt, initialement financement complémentaire et négativement connoté, est devenu non seulement banal, mais parfois recherché en priorité. Avant même que les taux d'intérêt ne fléchissent à l'extrême, comme c'est le cas actuellement, de nombreux exemples pouvaient être donnés de recours délibérés à l'emprunt pour financer une opération d'envergure en minimisant la partie engagée en fonds propres ; ainsi les LBO (*Leverage Buy-Out*), qui reposent explicitement sur un montage financier dans lequel la société cible est rachetée par une entité *ad hoc*, via un emprunt dont cette société cible, devenue filiale, assurera le service.

L'ÉVOLUTION DES POLITIQUES VIS-À-VIS DES FONDS PROPRES : DE LA DILUTION À LA RELUTION – LE CAS EXTRÊME DES RACHATS D'ACTIONS

Ce second volet relatif au financement concerne les fonds propres qui représentent à la fois l'élément constitutif de l'entreprise et de sa gouvernance, ainsi que la base de référence à prendre en compte pour en apprécier les performances, en termes de rentabilité.

C'est cette dualité de rôle qui a été à l'origine des évolutions contrastées que ce support de financement a également connues ces dernières décennies, marquant ainsi le mouvement de financiarisation des entreprises et des économies.

Pendant longtemps, les comportements des responsables d'entreprises vis-à-vis des fonds propres n'ont pas fait l'objet de spéculations particulières des analystes, sauf sur certains points parfois délicats, tels que la répartition du « tour de table » à l'occasion du lancement d'une co-entreprise par deux sociétés, ou les problèmes liés aux successions patrimoniales, notamment celle du fondateur… Dans l'ensemble, les responsables des firmes concernées, notamment familiales, accordaient une priorité à la

5 La déductibilité des frais financiers procurant un avantage fiscal au financement par la dette, avantage reconnu par Modigliani et Miller (1963), auteurs qui avaient initialement (1958) défendu la thèse de la neutralité de la structure financière.

pérennité de leurs entités et au maintien de leurs dispositifs de contrôle, s'imposant par là une gestion prudente de leurs fonds propres.

La situation est devenue potentiellement plus dynamique pour les sociétés cotées en Bourse. Dès l'instant qu'une entreprise est cotée, même si le « flottant » ne concerne qu'une partie de ses actions et que le pouvoir reste aux mains des actionnaires d'origine, elle focalise l'attention des observateurs, qui analysent ses performances passées et anticipent leur évolution future. Si cette situation peut entraîner quelques contraintes sur les dirigeants, amenés à expliquer périodiquement leur position et leurs décisions, elle présente en contrepartie des avantages indéniables s'agissant notamment d'opportunités de financement.

Ces dernières peuvent prendre la forme classique d'une augmentation du capital en numéraire, ouverte au public, apportant des ressources en matière de trésorerie et se traduisant par un élargissement progressif de l'assiette des fonds propres. Plus encore, le statut de société cotée permet de financer plus facilement des acquisitions par échanges d'actions avec la société cible – surtout si cette dernière n'est pas cotée – ou par une augmentation de capital qui lui soit réservée. Cette possibilité a pu être considérée comme un moyen puissant pour financer plus facilement les opérations de croissance externe (Pérez, 1994) et elle a effectivement été largement utilisée à cet effet, comme en attestent maints exemples[6]. Si ces facilités de financement ont été utilisées principalement pour des acquisitions, elles l'ont également été pour d'autres objets, comme le règlement de dividendes en actions ou l'attribution d'actions (ou d'options) aux cadres de l'entreprise concernée, voire à tout le personnel.

Si cette facilité que procure l'émission d'actions nouvelles par l'entreprise elle-même a été très utilisée par les firmes cotées – leur donnant parfois l'illusion d'un pouvoir financier quasi sans limites[7] –, elle n'est pas exempte d'inconvénients qui peuvent s'avérer dirimants. Ces inconvénients résultent de l'accroissement du nombre total d'actions, qui a un effet dit « dilutif » sur celles constituant le capital social initial, ceci à deux niveaux :

---

6 Ainsi, le groupe BSN qui s'est progressivement constitué entre 1966 et 1994 (où il est devenu Danone) a utilisé presque exclusivement ce mode de financement pour financer ses opérations de croissance externe, ce qui a permis à son Président (Antoine Riboud) d'en plaisanter en disant que « les acquisitions de BSN ne lui ont pas coûté un sou » (témoignage personnel)

7 *Cf.* les opérations récentes réalisées par les géants du numérique pour acquérir des start-ups prometteuses devenues licornes (ex : Whatsapp achetée en 2014 par Facebook pour 19 bn$ dont 15 réglés en actions Facebook)

- d'une part, en matière financière : les nouvelles actions auront, sauf dispositions expresses, les mêmes droits que les anciennes, tant en ce qui concerne les dividendes que vis-à-vis de l'ensemble des actifs détenus par l'entité et de sa valeur boursière ;
- d'autre part, en matière de gouvernance : les anciens actionnaires voyant leur périmètre de contrôle s'effriter au fur et à mesure de l'arrivée de nouveaux actionnaires[8].

Les responsables des sociétés concernées ont souvent tenté, par divers moyens, de faire face à ces difficultés réelles ou potentielles :

- Pour la gouvernance, diverses parades ont pu être mises en œuvre, variant selon les dispositifs institutionnels en vigueur sur les places financières : droit de vote double, voire multiple selon les catégories d'action, pacte d'actionnaires, structures de contrôle formé de holdings encastrés, *in fine poison pill* empêchant une prise de contrôle ou la soumettant à une autorisation d'autorités régaliennes…
- Pour les droits financiers, en revanche, les possibilités de différenciation sont plus limitées, voire marginales (par exemple : actions à dividendes prioritaires – ADP).

Les préoccupations, pour ce qui est de la rentabilité financière et de son expression concrète (dividendes, cours boursiers), étant devenues de plus en plus prégnantes, les politiques de dilution ont fait l'objet de critiques croissantes de la part des investisseurs financiers, ce qui a amené les responsables d'entreprises à les restreindre, voire à les inverser, au profit de politiques dites « relutives ».

Les rachats d'actions se situent dans cette perspective nouvelle de politique financière relutive. Les questions posées concernent la signification de ce type d'opération, ses relations avec les politiques économiques plus globales (notamment monétaires), les vertus et risques liés à ces rachats, enfin les conclusions et perspectives qui peuvent en être déduites selon divers scénarios[9].

---

8 Ainsi dans le cas du groupe BSN, cité supra, le recours systématique aux émissions d'actions a entraîné une dilution telle que la famille fondatrice de Souchon-Neveusel ne détenait plus qu'environ 1 % du capital, 30 ans après.

9 Analyse reprenant, pour l'essentiel, une tribune publiée dans *The Conversation France*, le 30 mai 2019.

La signification des rachats d'actions

L'opération par laquelle une entreprise utilise tout ou partie de ses liquidités disponibles pour racheter ses propres actions est relativement peu connue, sauf des spécialistes de la finance. Même ces derniers la traitent souvent d'une manière cursive, la présentant comme un mode de rémunération des capitaux propres, en substitution ou complément des versements de dividendes. Les auteurs les plus autorisés présentent ces deux voies, dividendes et rachats d'actions, comme quasi équivalentes, hors incidences fiscales[10].

Une telle présentation nous paraît contestable dans la mesure où elle ne retient que les aspects formels et externes de ces opérations – c'est-à-dire les versements effectués par l'entreprise à des actionnaires, ici pour les dividendes, là pour les actions rachetées – sans en prendre en compte les statuts. Or, ces statuts et leurs significations respectives sont bien différents :

a. Les dividendes sont versés à toutes les actions, sauf dispositions particulières. Surtout, le nombre d'actions reste le même après l'opération, ce qui fait que, l'année suivante, se posera de nouveau la question d'un versement de dividendes et de son montant (supérieur, identique, inférieur) pour l'ensemble des actionnaires.
b. Les rachats, en revanche, introduisent une séparation entre les actionnaires :
   - Ceux qui ne répondent pas à l'offre de rachat ne reçoivent pas d'argent supplémentaire (hors les dividendes de l'exercice concerné) ; en revanche, ils restent présents dans une entreprise au capital social plus resserré.
   - Ceux qui y ont répondu favorablement reçoivent les sommes correspondant au montant des actions rachetées ; en revanche, ces actions ne participeront plus à la vie de la société concernée et à son évolution future (notamment s'agissant de droit de vote, de dividendes et autres droits patrimoniaux). En clair, *un rachat d'actions correspond à un désinvestissement*[11].

10 *Cf*, par exemple, le traité de S.A. Ross *et al.* (9e éd., 2018), chap. 17, sect. 6 « Stock Repurchase – An alternative to Cash Dividends », p. 558-560.

11 Sur le plan comptable, l'opération se traduit par une contraction de l'actif (sortie de trésorerie) et une contraction équivalente du passif (les actions rachetées détenues par l'entreprise venant en diminution des capitaux propres avant d'être annulées).

Ces deux types d'opérations ont des conséquences différentes sur le futur de la société concernée :

a. La politique de dividendes se manifeste souvent par un « effet de cliquet », les marchés financiers n'aimant pas en général une baisse du coupon attaché à chaque action, quelle que soit l'évolution du résultat par action. Cela peut créer une pression sur les dirigeants.
b. En revanche, le rachat d'actions, diminuant le nombre d'actions de l'entité concernée (phénomène dit « de relution »), a un effet mécanique sur le résultat net par action (EPS – *earning per share*), lequel augmente à due proportion des rachats effectués et de l'annulation des actions concernées.

Cette augmentation de l'EPS peut avoir elle-même un effet bénéfique sur les cours boursiers via les comparaisons sectorielles, dont les analystes financiers sont friands. Comme, par ailleurs, le flux de rachats augmente la demande sur le titre de la société, il s'ensuit deux facteurs positifs pour le cours boursier : un immédiat via la demande de titres confortée par les rachats, l'autre potentielle via l'augmentation mécanique de l'EPS. L'augmentation des cours, si elle survient, peut ainsi compenser la diminution du nombre d'actions, laissant la capitalisation boursière inchangée, voire en augmentation. *In fine*, une politique de rachats d'actions peut se traduire, si elle est bien menée, par un versement monétaire significatif aux actionnaires en proportion des actions rachetées et, en même temps, par une valorisation égale, voire supérieure, des autres actions.

Cette stratégie de type « gagnant-gagnant » explique le succès de ce type d'opération auprès du monde financier, au point que l'annonce de ces projets de rachats – via l'autorisation demandée par les dirigeants à l'AG des actionnaires – a souvent un effet performatif sur le cours, avant même que lesdites opérations n'aient été effectuées. Par là, on peut dire que les rachats d'actions, dès leur annonce, ont une vertu tonifiante.

Relations avec les politiques monétaires

Depuis plusieurs années maintenant, afin de lutter contre la crise financière mondiale déclenchée en 2007-2008, les autorités monétaires des principales zones économiques concernées – notamment

USA et UE – ont mis en œuvre des politiques monétaires dites « non conventionnelles ». Ces politiques se sont traduites par des baisses des taux directeurs (allant jusqu'au ZIRP – *Zero Interest Rate Policy* –, voire des taux négatifs) et par une ouverture quasi sans limites de l'offre de crédits (QE – *Quantitative Easing*) via les banques centrales.

Ces mesures ont eu des conséquences multiples sur les économies des pays considérés, effets qui ont fait l'objet de maintes analyses (*cf.* notamment Ninet, 2017) ; nous limiterons le présent propos aux seules incidences sur le financement des entreprises. Ces dernières, notamment les plus grandes, ont largement bénéficié des politiques accommodantes mises en place depuis une dizaine d'années.

- D'une part, elles ont pu accéder, encore plus facilement qu'autrefois et plus aisément que les petites entreprises, à l'emprunt via le crédit bancaire ou le marché obligataire.
- D'autre part, la baisse drastique de coût de l'emprunt, quel que soit son support, a eu pour effet de faire baisser le coût du capital, à due concurrence de la part relative de la dette de l'entreprise par rapport à ses fonds propres.

La tentation est alors grande, pour les grandes firmes, non seulement de recourir massivement à l'emprunt pour le financement de leurs activités, mais d'aller au-delà en utilisant une partie de ces facilités d'endettement pour racheter leurs propres actions, ce qui diminuera leurs fonds propres, correspondant à ce que les analystes ont pu appeler « un double effet de levier ».

Effectivement, l'évolution des structures financières des grandes entreprises mondiales depuis la mise en place des nouvelles politiques monétaires (ZIRP, QE…) reflète bien ces tendances : essor considérable des émissions obligataires et des crédits bancaires, croissance concomitante des programmes de rachats d'actions, maintien, à l'actif des bilans, de trésoreries excédentaires[12].

---

12 Pour les firmes américaines, une des raisons des trésoreries pléthoriques est à relier aux décisions du Président D. Trump de baisser la fiscalité de ces entreprises, leur permettant de rapatrier aux USA des liquidités accumulées ces dernières années et qui étaient abritées à l'étranger.

Vertus et risques liés aux rachats d'actions

Le désinvestissement auquel correspond un rachat d'actions n'est pas négatif en soi. La justification théorique d'une telle opération peut être entendue, quant à elle, en cohérence avec la théorie du *free cash flow* établie par M. C. Jensen (1986). En bref, si les dirigeants d'une société cotée considèrent qu'ils disposent d'un excès de liquidités après avoir effectué les investissements au taux de rentabilité requis (c'est-à-dire couvrant au moins le coût du capital), il est recommandé de rendre cet excédent aux actionnaires plutôt que de l'utiliser d'une manière qui serait sous-optimale. Le désinvestissement auquel correspondent les rachats d'actions correspond bien à cette logique qui exprime, avec d'autres décisions (choix des investissements, recentrage, externalisation…), une financiarisation croissante des entreprises.

En asséchant les trésoreries excédentaires, les rachats d'actions participent ainsi à « discipliner » les dirigeants, au même titre que le service de la dette (et parfois en cumul avec celui-ci lorsque ces opérations de rachats ont été financées par recours à l'emprunt).

Si une telle justification théorique peut être argumentée en faveur des rachats d'actions, elle peut tout aussi être critiquée sur divers plans :

a. Tout d'abord, rien n'indique que les sommes ainsi rendues aux actionnaires seront ensuite réinvesties dans des investissements meilleurs que celui que représente l'entreprise dont elles sont issues. Les actionnaires qui ont répondu positivement à la proposition de rachat feront ce qu'ils voudront des sommes reçues – c'est leur liberté –, y compris de n'effectuer aucun investissement, de le dépenser autrement ou de le thésauriser. Par là, si les opérations de rachats d'actions participent à la fluidité des marchés financiers, elles ne garantissent en rien une allocation optimale des investissements.
b. Ensuite, cette vision idéalisée du fonctionnement des marchés fait l'impasse sur le biais qu'introduisent les opérations de rachats dans le fonctionnement de ces marchés, dès lors qu'elles portent sur des montants significatifs. En pesant sur les transactions actuelles via la demande d'actions et en influençant les transactions futures via l'amélioration mécanique des performances par action (EPS), les opérations de rachats d'actions ont un effet positif que nous avons

qualifié de fortifiant. Cependant, ces effets étant temporaires, car liés ponctuellement à chaque opération, la question se pose de leur maintien sur une plus longue période.

c. Enfin, on ne peut également faire l'impasse sur la relation entre ces opérations, qui tendent à soutenir – parfois artificiellement – les cours boursiers, et les rémunérations des dirigeants, lesquelles sont, pour une part souvent majeure, liées aux niveaux de ces cours.

La réalité des marchés financiers est assez éloignée des vertus que la théorie leur prête, ainsi que les interactions des trois risques exposés ci-dessus le démontrent. Dans leur fonctionnement concret, ces marchés sont souvent sous-optimaux et soumis à des actions relevant d'opérations menées dans l'intérêt d'acteurs particuliers. Dans ce contexte, l'effet euphorisant des rachats d'actions n'est peut-être pas à ranger dans les catégories de fortifiant tonique mais plutôt d'analeptique ; en bref, *plus une drogue qu'une vitamine…*

COMMENTAIRES

La présentation, ci-dessus rappelée, des principaux enjeux stratégiques auxquels sont confrontées les firmes contemporaines et l'évolution, parfois drastique, des réponses qui leur ont été apportées appellent quelques commentaires portant sur chacune des catégories étudiées et, plus généralement, sur le cadre conceptuel et théorique de référence.

COMMENTAIRES SUR LES CHOIX STRATÉGIQUES RELATIFS AUX ACTIVITÉS

Diversification ou spécialisation ?

Il a été observé que les restructurations des portefeuilles d'activités, sous la pression des fonds d'investissement, sont importantes et constituent une expression de la financiarisation de l'économie. Il reste cependant, en France et dans le monde, nombre de groupes diversifiés, voire de type congloméral, notamment lorsque ces entités, même lorsqu'elles sont cotées en Bourse, restent sous contrôle familial – ainsi, en France, des groupes comme LVMH (famille Arnaud), Kering (famille Pinault), Dassault… ou, à l'étranger, les *chaebol* coréens (Hyundai, Samsung…) avant leur réorganisation. Le modèle patrimonial à l'ancienne (celui de l'adage « ne pas mettre tous ses œufs dans le même panier ») fait de la résistance.

En termes analytiques classiques – à la Markowitz –, ce positionnement stratégique reflète un partage des avantages inhérents à la diversification – via le risque exprimé par la variance des rendements attendus – entre ces groupes qui restent diversifiés et les fonds d'investissement qui en sont actionnaires.

Intégration ou recentrage ?

Là également, la financiarisation exprimée par les fonds d'investissement amène les entreprises à se focaliser sur leur cœur de métier, leur permettant d'espérer obtenir une meilleure rentabilité. Tout est dans cette projection dans l'avenir (« espérer ») propre à tout calcul économique en univers incertain. Les décisions prises *hic et nunc* auront des effets qui ne peuvent pas être garantis, et la performance réalisée par tel *pure player* pourra, pour des raisons diverses, être moins bonne (voire très inférieure) à celle espérée.

Par là, les décisions prises en matière de spécialisation et/ou d'externalisation auront pu fragiliser l'entreprise concernée par rapport à d'autres firmes, restées plus diversifiées et/ou mieux intégrées. C'est un débat rémanent dont les fonds d'investissement sont conscients, mais ils y répondent en se délestant des titres des firmes ayant sous-performé par rapport aux attentes ou en leur imposant de nouveaux arbitrages censés améliorer leurs performances futures (« *vae victis* »). Il y a bien une dualité de modèles de partage des risques liés aux activités, chacune des deux parties souhaitant les faire porter par l'autre…

COMMENTAIRES SUR LES CHOIX STRATÉGIQUES RELATIFS AUX FINANCEMENTS

Commentaires sur la relation à la dette

Comme on l'a vu, l'approche en terme de coût du capital à partir du célèbre théorème de Modigliani-Miller (1958) a entraîné une quasi-inversion de la relation de l'entreprise à la dette. Cette évolution drastique ne doit pas être perçue comme un changement de paradigme, au sens de

Th. Kuhn (1962), impliquant le remplacement total de l'ancien cadre d'analyse[13]. Il s'agit plutôt d'un second cadre d'analyse, se superposant au précédent sans le faire disparaître ; selon leurs situations respectives et les contextes dans lesquelles ils évoluent, les agents concernés sont appelés à utiliser l'un ou l'autre de ces cadres d'analyse, l'ancien fondé sur la défiance envers la dette en la limitant autant que possible, l'autre, au contraire, cherchant à tirer profit de l'effet de levier induit par le coût de l'emprunt lorsqu'il est inférieur au WACC.

Non seulement – comme on l'a rappelé *supra* – nombre d'entreprises (sans parler des ménages) n'ont souvent pas la possibilité de choisir entre plusieurs modes de financement, mais une partie de celles qui ont choisi de privilégier les avantages procurés par l'effet de levier doivent parfois y renoncer lorsque leur situation de trésorerie devient trop tendue, pouvant dégénérer en cessation de paiement, risque majeur pour toute entité[14]. On assiste alors à un retour en usage du cadre juridique traditionnel, parfois de manière abrupte, comme on a pu le constater dans diverses affaires[15].

C'est dire que l'analyse des évolutions en longue période des structures de financement doit garder en mémoire ces deux cadres d'analyse, qui peuvent être amenés à être utilisés selon les circonstances du moment.

Sur les rachats d'actions

Les politiques relatives aux fonds propres sont passées, en quelques décennies, d'une approche « dilutive », utilisant l'émission d'actions nouvelles pour financer diverses opérations (dividendes, options et primes d'intéressement, fusions et acquisitions), à une approche « relutive », qui, à l'inverse, cherche à minimiser les capitaux propres engagés afin d'en améliorer la rentabilité. Les rachats d'actions sont ainsi apparus comme un vecteur privilégié de cette relution, ce « retour à l'actionnaire » exprimant en quelque sorte le stade ultime de la financiarisation, notamment lorsque ces opérations sont effectuées par recours à la dette. Nous avons

13 Pour Th. Kuhn : « Le passage au nouveau paradigme est une révolution scientifique. » (1962, p. 131).

14 Rappelons qu'en droit commercial, la faillite d'une entité n'est pas prononcée par la situation du compte de résultat (profit *vs* perte) mais par celle de la trésorerie (non-règlement d'une somme à payer à un tiers).

15 Sans remonter à des faillites retentissantes de type Enron ou Crédit Lyonnais, on citera les soucis actuels du groupe Rallye-Casino ou ceux potentiels du groupe Altice.

cependant observé que le recours à de telles pratiques pouvait fragiliser les entreprises et portait le risque de manipulation des cours.

À ce stade, il ne paraît pas possible de prévoir comment la situation va évoluer, compte tenu des incertitudes qui caractérisent les politiques économiques et monétaires. En absence de réglementation des rachats d'actions et avec le maintien des politiques monétaires accommodantes (ZIRP et QE), on peut craindre que la vague actuelle des *stocks buybacks* aux USA continue et s'amplifie pour devenir un vrai tsunami dépassant largement la barre du trillion de dollars atteinte en 2018 pour le S&P 500. On risque alors de voir s'accentuer la déconnexion relative entre la sphère de l'économie réelle et sa représentation financière via les marchés. Les conditions d'apparition d'une nouvelle bulle financière seraient alors réunies… Les historiens futurs pourraient alors parler d'*autophagie de la finance de marché.*

CONCLUSION

La financiarisation des stratégies et du management des entreprises est un phénomène significatif des dernières décennies, notamment pour les sociétés cotées. Elle s'exprime tant via les décisions relatives aux activités des firmes concernées que via celles concernant leurs modes de financement. Cependant, cette orientation n'est pas sans risque, plus précisément elle tend à fragiliser les entités concernées.

Pour faire face à ces risques accrus, au-delà de la prise de dispositions réglementaires sur tel ou tel point[16], il paraît souhaitable de disposer d'un cadre conceptuel et théorique (*conceptual framework*) moins univoque que celui actuellement utilisé.

– L'ancien cadre, que l'on peut qualifier de « patrimonial », reste très prégnant tant au niveau des TPE et PME, dont les comportements restent proches de celui des ménages, que dans les grandes firmes, lorsque celles-ci relèvent d'une gouvernance familiale privilégiant

16 Ainsi, pour les rachats d'actions dans l'Union européenne (règlement UE du 08 avril 2016, auquel se réfère l'AMF pour la France : règlement du 1er juin 2016).

la pérennité de leur contrôle ou lorsqu'un recours immodéré aux mécanismes de financiarisation appelle des mesures d'urgence[17].

- Par ailleurs, l'évolution du monde contemporain – débats sociétaux, risques écologiques… – appelle à une prise en compte croissante des relations avec les « parties prenantes » (*stakeholders*) au-delà des seuls actionnaires (*shareholders*), faisant apparaître le besoin d'un nouveau cadre conceptuel et théorique fondé sur les interactions entre les firmes et les écosystèmes dont elles sont issues et au sein desquels elles sont, selon l'expression de F. Perroux, des « unités actives ».

Chacun de ces cadres d'analyse a sa part de légitimité, et celui sur lequel s'est fondé, ces dernières décennies, le mouvement de financiarisation des modes de gouvernance et des décisions stratégiques des entreprises ne saurait en revendiquer la primauté, et *a fortiori* l'exclusivité. Il convient – nous semble-t-il – de bien contextualiser les situations étudiées pour tenter d'en évaluer les actions menées et apprécier leurs performances selon chaque cadre de référence.

Il y a donc des efforts à faire tant pour les professionnels concernés que pour les enseignants qui les forment et les chercheurs qui leur procurent leurs références. À cet égard, la responsabilité du corpus actuel de finance et de son enseignement peut être mise en cause.

Roland PÉREZ
Professeur émérite,
université de Montpellier

17 Ainsi, dans l'exemple cité *supra* du groupe Rallye-Casino, ce dernier vient de se délester de plusieurs milliards d'euros d'actifs pour alléger le poids de sa dette ; le groupe Altice prend le même chemin…

BIBLIOGRAPHIE

ANSOFF, Igor, *Corporate Strategy*, New York, McGraw Hill, 1965.

BRAUDEL, Fernand, « Histoire et sciences sociales : la longue durée », *Annales*, vol. 14, n° 4, 1958, p. 725-753.

GRAEBER, David, *Debt: the first 5000 years*, New York, Melville House, 2011.

JENSEN, Michael C., « Agency Costs of Free Cash Flow, Corporate Finance and takeovers », *American Economic Review*, vol. 76, n° 2, 1986, p. 323-329.

KUHN, Thomas, *La structure des révolutions scientifiques*, Paris, Flammarion, 1962.

MARKOWITZ, Harry M., « Portfolio Selection », *Journal of Finance*, vol. 7, n° 1, 1952, p. 77-91.

MODIGLIANI, Franco, MILLER, Merton H., « The cost of capital, corporation finance and the theory of investment », *American Economic Review*, vol. 48, n° 3, 1958, 261-297.

MODIGLIANI, Franco, MILLER, Merton H., « Corporate income taxes and the cost of capital: a correction », *American Economic Review*, vol. 53, n° 3, 1963, p. 433-443.

MYERS, Stewart C., MAJLUF, Nicholas S., « Corporate financing and investment decisions when firms have informations that investors do not have », *Journal of Financial Economics*, vol. 13, n° 2, 1984, p. 187-221.

NINET, Jacques, *Taux d'intérêt négatifs – Le trou noir du capitalisme financier.* Paris, Garnier, 2017.

PÉREZ, Roland, « Problématique du financement de la croissance externe », *Économies et sociétés*, série SG, vol. 29, n° 5, 1994, p. 148-166.

PÉREZ, Roland, « La vague inquiétante des rachats d'actions sur les Bourses américaines », *The Conversation France*, 30 mai 2019, p. 20.

PERROUX, François, *Unités actives et mathématiques nouvelles*, Paris, Dunod, 1975.

ROSS, Stephen, WESTERFIELD, Randolph, JORDAN, Bradford, *Fundamentals of Corporate Finance*, 9e edition, New York, McGraw Hill, 2018.

REGISTRES DE LÉGITIMATION ET « RENDRE-COMPTE »

Le cas des politiques de développement durable de banques européennes

INTRODUCTION

Le rapport Brundtland (1987, p. 87) définit le développement durable comme « un développement qui répond aux besoins du présent sans compromettre la capacité des générations futures à répondre aux leurs ». En 1992, le Sommet de la Terre à Rio consacre cette notion par l'entremise de 21 engagements adoptés par 173 gouvernements regroupés sous le terme d'« Agenda 21 ». Au niveau d'une entreprise, le terme de « responsabilité sociale des entreprises » (RSE) lui est souvent préféré, il renvoie à l'idée d'intégration volontaire de préoccupations sociales et environnementales dans les activités commerciales et les relations avec les tiers. Selon la Commission européenne, « être socialement responsable c'est non seulement satisfaire aux obligations juridiques, mais aussi aller au-delà de celles-ci et investir davantage dans le capital humain, l'environnement et les relations avec les parties prenantes » (Commission européenne, livre vert de l'Union européenne, 2001). Dans la stratégie européenne sur la RSE, la Commission reconnaît que les entreprises doivent disposer d'un processus destiné à intégrer les préoccupations en matière sociale et environnementale dans leurs activités commerciales et que la transparence non financière constitue un élément essentiel à toute politique RSE.

Ce modèle, dit « de développement durable », est un nouveau paradigme de gestion qui, s'il prend en compte la nécessaire rentabilité, diffère du modèle traditionnel de maximisation du profit en obligeant la firme à poursuivre des objectifs de développement durable de la société, et en particulier ceux de protection de l'environnement (avec la préservation de la biodiversité), de justice sociale et d'équité (avec le respect des droits de l'homme et la promotion de l'égalité des chances), et de développement économique avec une création de richesse à long terme.

Cette approche par le développement durable va de pair avec une vision des banques en prise avec de multiples parties prenantes et devant conquérir ou maintenir une légitimité en réponse aux attentes de la société pour être légitime. Il n'est plus pensable que les banques puissent inscrire leurs actions dans la société sans tenir compte des attentes de celle-ci et de la manière dont elle impacte son environnement économique, social et environnemental.

Dans cette vision, les banques sont des « citoyens » de la société dans la mesure où elles bénéficient de la société et ont des devoirs vis-à-vis de cette société, de la même manière que les citoyens humains individuels. La question qui nous intéresse ici est comment les banques rendent-elles compte de cette responsabilité ? Nous essayons d'expliquer le comportement en termes de production de rapport de développements durables et ses déterminants. Quel type d'information sur le développement durable donne-t-on dans les rapports de développement durable et dans quel but ? La question des informations fournies dans les rapports de développement durable est importante, elle a nourri le débat européen et a conduit à une directive de la Commission européenne en 2014 sur la publication d'informations non financières pour les entreprises cotées d'une certaine taille et celles du secteur financier. Cette question du comment rendre compte est en lien avec la question du pourquoi rend-on compte et pour qui ? Nombre de travaux traitent de la question de la mise en œuvre d'une approche de développement durable, mais il y a encore trop peu de travaux qui traitent de la relation entre les motifs du « rendre-compte » en termes de RSE et la façon dont ceux-ci s'exercent au travers d'une approche narrative étayée par les mesures.

Pour examiner cette relation, nous nous inscrivons dans un courant de recherche fécond qui analyse la gestion de la légitimité des entreprises par le biais de leurs rapports annuels, et notamment par la démonstration de leur responsabilité sociale. Les entreprises sont considérées comme des créations sociales dont la survie dépend de leur légitimité, définie par Suchman (1995) comme une perception ou une présomption généralisée que les actions d'une entité sont désirables, correctes et appropriées à l'intérieur d'un système de normes, de valeurs et de croyances socialement construites.

Les questions sous-jacentes sont à quelle(s) forme(s) de légitimation renvoient ces discours et mesures de rendre-compte de l'action de développement durable ? Y a-t-il une dissonance entre discours et mesures ? Les mesures (ou leur absence) proposées dans le cadre du développement nous éclairent-elles sur cette dissonance ?

Retenant la perspective d'un rendre-compte du développement durable au service de la légitimation, nous examinons comment les voies et moyens de rendre compte, tant en termes de narration que de mesure, s'articulent avec les attentes des différentes parties prenantes en termes de développement durable inscrites dans des croyances et des valeurs spécifiques.

Ensuite, nous utilisons une analyse textuelle pour répondre aux questions formulées en prenant pour terrain d'étude les rapports de développement durable.

LA POLITIQUE DE DÉVELOPPEMENT DURABLE
Une quête de légitimité

LA LÉGITIMITÉ ET SES REGISTRES

Les définitions de la légitimité sont nombreuses et relèvent de courants de recherche féconds et variés tels que la philosophie, la sociologie, le droit, les sciences politiques ou encore les sciences de gestion. Étymologiquement, la légitimité est le caractère de ce qui est fondé en droit et/ou en justice. Le concept de légitimité renvoie à la loi, au droit, à l'idée de justice. La légitimité est un jugement social, une évaluation collective par les parties prenantes qui permet de valider de façon externe (Stone et Brush, 1996), l'organisation et ses pratiques. Le jugement de légitimité se fait en fonction de « règles qui spécifient quels types d'acteurs peuvent exister, quelles caractéristiques formelles ils doivent posséder, quelles procédures ils peuvent suivre et quelles significations sont associées à leurs actions » (Scott et Ruef, 1998, p. 879).

Cette légitimité est socialement construite, elle se juge à l'aune des valeurs et normes dominantes dans la société (David, 1997). Selon la vision institutionnelle, une entreprise est considérée comme légitime si ses moyens et ses fins apparaissent conformes aux normes sociales, valeurs et attentes de la société (Parsons, 1960 ; Ashforth et Gibbs, 1990). Scott (1995) affirme que, dans le système social dans lequel ils agissent, les individus comprennent à la fois qui ils sont (leur identité), mais aussi ce qu'on attend d'eux (leurs rôles). Selon Julie Demaret, « construire et gérer sa légitimité c'est obtenir l'accord de ses interlocuteurs, aussi variés soient-ils, et satisfaire leurs intérêts et valeurs par des procédés symboliques (un discours par exemple) ou concrets (une action). La légitimation peut se construire par un recours aux normes et valeurs d'une communauté de pratiques dans le cadre d'une action et/ou par l'usage de symboles ».

Pour convaincre autrui, il peut recourir au pathos, au logos ou à l'ethos :

- le pathos – qui fait appel aux émotions des cibles visées afin de les inciter à faire le jugement désiré. L'organisation peut utiliser un langage émotionnel dans le rapport pour donner l'impression que l'organisation a du « cœur ». L'usage de communication autour de campagnes de mécénat ou d'images s'inscrirait dans le domaine de l'émotion ;
- le logos – qui fait appel à l'argumentation logique et rationnelle. L'accent mis sur les impacts réels de l'activité la banque (sur les émissions de CO_2 par exemple) s'inscrit dans un mode de persuasion de type logos. Ce type de discours, qui s'appuie sur des tableaux et des figures, s'inscrit davantage dans une logique de rendre compte d'actions. Elle l'est d'autant plus qu'elle permet la comparaison des valeurs obtenues dans le temps et dans l'espace ;
- l'ethos – fait appel à un locuteur digne de confiance (Abizadeh, 2002, Aristote, 1954, Aristotle, 2007, Burke, 1982, Herrick, 2009, Nichols, 1987, Richards, 2008, Robinson, 2006 ; 1979). Il s'agit de recourir à une méthode, à une procédure ou un organisme digne de confiance comme peuvent l'être les organismes de certification. Sont alors mis en avant les organismes de certification, mais aussi les associations partenaires qui apportent leur crédibilité à l'action.

Question 1. Quels sont les registres de persuasion retenus ?

QUÊTE DE LÉGITIMITÉ PAR LA GESTION SYMBOLIQUE OU RÉELLE

Pour les institutionnalistes (Meyer et Rowan, 1977 ; DiMaggio et Powell, 1983 ; Zucker, 1987), la légitimité est construite socialement, et le focus n'est pas mis sur ces stratégies de légitimation individuelles d'une firme mais sur la structuration collective d'un secteur qui rend légitimes certaines croyances, normes, pratiques et actions. Selon la vision stratégique, la légitimité est une ressource opérationnelle qu'il convient de gérer, et qui fait l'objet de stratégies. Selon Ashforth et Gibbs (1990) :

> la légitimité [est] une ressource opérationnelle [...] que les organisations extraient – souvent pour des visées concurrentielles – de leurs environnements culturels, et qu'elles utilisent pour poursuivre leurs objectifs. (Suchman, 1995, p. 575.)

La recherche en stratégie a montré que la légitimité organisationnelle permet d'accroître le prestige, le soutien social, le soutien des experts, et il facilite l'engagement interne et externe et l'accès aux ressources. À l'instar d'Hybels, nous considérons, dans une approche stratégique et institutionnelle, que la légitimité fait partie du contexte d'échange et est un produit d'échange (Hybels, 1995, p. 243).

La légitimation peut se faire par le discours, qui soit rend compte des actions, soit est purement symbolique, et reprend simplement des attributs symboliques pour créer une image de conformité. Les entreprises peuvent afficher un rendre-compte qui en apparence reprend des pratiques légitimées en externe, sans pour autant que celles-ci aient un réel impact sur les objectifs, les moyens et les actions en termes de développement durable. Si le *reporting* peut rendre compte d'une gestion dite « réelle » qui vise à des changements réels et tangibles d'objectifs, structures et activités de l'organisation pour mettre en œuvre une politique de développement durable, la gestion symbolique vise essentiellement à modifier le sens donné aux activités de l'entreprise (Demers et Barral, 1999). L'entreprise s'inscrit dans une production symbolique pour former des croyances et représentations, et essaie ainsi de s'auto-instituer. Le pouvoir symbolique est autant produit par les grands groupes que par les intermédiaires (agences de communication et de *rating* social), qui produisent et mettent en forme des indicateurs de performance.

Question 2. Quels sont les registres sollicités, le symbolique ou le réel ?

FORMES DE LÉGITIMATION ET PERSPECTIVE INSTRUMENTALE

L'examen de la relation aux parties prenantes est déterminant. Selon Deegan *et al.* (2000), « les organisations cherchent continuellement à s'assurer qu'elles opèrent dans les limites et normes de leurs sociétés respectives et que leurs activités sont perçues par les parties externes comme étant "légitimes" ». Il en découle une théorie prenant sa source dans la théorie des parties prenantes (Gray, Kouhy et Lavers, 1995) et qui met un accent sur les dimensions des relations avec les parties prenantes sur un continuum partant de l'approbation et allant jusqu'au conflit en passant par l'indifférence complète. La survie d'une firme dépend du soutien des parties prenantes, et, par conséquent, ses activités doivent être ajustées pour obtenir cette approbation.

PARTIES PRENANTES ET REGISTRES DE LÉGITIMATION

Cet environnement institutionnel dans lequel évoluent les banques apparaît fragmenté tant il est composé de parties prenantes aux attentes, valeurs et intérêts différents. Une même action peut être « jugée » différemment selon qu'il s'agisse du point de vue de telle ou telle partie prenante. Le terme de « partie prenante » ou *stakeholder* est le terme qui, selon Freeman (1984), a été employé pour la première fois au Stanford Research Institute en 1963 pour désigner la partie intéressée, l'ayant droit, en référence, via un jeu de mots que permet la langue anglaise, au *stockholder* désignant l'actionnaire, seul ayant droit de cité. Freeman (1984) le définit comme un « individu ou groupe d'individus qui peut affecter ou être affecté par la réalisation des objectifs organisationnels ». La théorie des *stakeholders* constitue pour le management stratégique un cadre d'analyse et de réflexion sur les responsabilités de l'entreprise, permettant d'identifier et d'organiser les multiples obligations de la firme vis-à-vis des différents groupes d'acteurs.

Dans une approche instrumentale (Donaldson et Preston, 1995) de cette théorie, une partie prenante est plus ou moins prise en compte selon son importance pour l'organisation. Le dirigeant se doit de visualiser toutes ses parties prenantes – selon les typologies à sa disposition –, leurs intérêts et les opportunités qu'elles représentent afin de gérer ces relations au mieux des objectifs de l'organisation. L'optique normative de la théorie des parties prenantes recommande au contraire de développer un dialogue avec toutes les parties prenantes, indépendamment de leur pouvoir potentiel, alors que dans l'approche dite « instrumentale » les dirigeants se doivent de répondre aux attentes des *stakeholders* influents. Dans l'approche normative, la relation entre les organisations et les parties prenantes est fondée sur la responsabilité et l'éthique. La firme gagne à prendre en considération les intérêts de toutes les parties prenantes, au nom du principe d'équité et de respect envers chacune d'elles. La prise en compte de l'intérêt d'une partie prenante ne doit pas être liée au degré de dépendance que l'organisation a vis-à-vis d'elle.

Question 3. Y a-t-il une prise en compte équitable de toutes les parties prenantes dans le cadre du développement durable ? Sont-elles traitées de la même façon en termes d'échanges (moyens de les consulter) et de place dans les rapports ?

Les registres utilisés sont-ils tous les mêmes ou varient-ils selon les parties prenantes ?

UNE QUÊTE DE LÉGITIMITÉ MORALE, PRAGMATIQUE ET NORMATIVE

Suchman (1995) distingue trois formes d'acquisition de légitimité, qualifiées de « pragmatique », « normative » et « cognitive ».

On légitime l'action de l'organisation de façon pragmatique en prenant en compte l'intérêt et les attentes des parties prenantes, et donc en incluant celles-ci dans leur système de finalisation. Les requêtes et objectifs propres des parties prenantes se trouvent intégrés dans la réflexion des dirigeants de l'entreprise et dans la mise en œuvre de cette stratégie. Cette forme de légitimation peut passer entre autres par la légitimité d'échange obtenue auprès d'acteurs qui soutiennent l'organisation, dans le but de bénéficier d'échanges favorables. Elle peut correspondre à une légitimité d'influence, où les acteurs soutiennent l'organisation dans le but de servir leurs intérêts au sens large, ou à une légitimité par « bonne disposition » d'acteurs qui partagent les mêmes valeurs que l'organisation. Dans cette logique, le *reporting* RSE doit s'adapter aux attentes variées des parties prenantes en termes de RSE. Une politique de RSE cherchant à répondre aux attentes des actionnaires privilégiera comme objectif la transparence, la rentabilité financière et la qualité de la gouvernance. Un *reporting* axé vers les salariés mettra l'accent sur la dimension sociale, avec la liberté d'association et le droit de négociation collective, la politique de rémunération, la gestion de carrière, le rôle des comités hygiènes et sécurité, la promotion de la diversité et l'équité. Un *reporting* axé sur la prise en compte des intérêts des clients ou fournisseurs mettra en évidence des codes de déontologie. Un *reporting* cherchant la légitimation auprès des collectivités mettra en exergue leur rôle dans la vie locale répondant aux attentes des collectivités territoriales sensibles aux retombées économiques.

Question 4. Quelles sont les thématiques mises en avant, quelle importance quantitative dans le rapport ? Les réponses sont-elles chiffrées ? Y a-t-il des modes de concertation (questionnaire…) ? Dans quelle mesure le registre de telle ou telle thématique chère à telle partie prenante relève-t-il du symbolique ou de l'action réelle, du pathos, du logos ou de l'ethos ?

Les thématiques retenues pour le *reporting* reflètent-elles l'importance des parties prenantes ?

Ainsi, une banque coopérative aura tendance à prendre davantage en compte l'impact sociétal sur le territoire et notamment l'intérêt des clients considérés comme importants par la direction d'une banque. Les banques ayant le statut de société anonyme auront davantage de mesures et de thématiques sur la gouvernance. Un *reporting* prendra davantage en compte les attentes des salariés si ceux-ci sont représentés au conseil d'administration.

La légitimité morale ou normative (Suchman, 1995 ; Scott, 1995) correspond à une évaluation normative positive de l'organisation et de ses activités. Elle inclut la légitimité de conséquence, les organisations étant jugées sur ce qu'elles accomplissent et la légitimité procédurale obtenue en respectant des procédures et techniques socialement acceptées (Scott, 1977). Certaines activités, comme les prêts à certaines industries, suscitent l'opposition de la part des investisseurs (prêts à l'industrie d'armement notamment). Elle peut être appréciée en fonction des moyens employés, les techniques et procédures étant plus ou moins admises socialement (normes ISO, GRI) ou selon les structures organisationnelles adoptées (comme la création d'une direction de développement durable).

Question 5. Quelle place occupe la légitimité morale dans le rapport ? Les procédures sont-elles certifiées ? Y a-t-il des secteurs prohibés pour l'intermédiation ?

La légitimité cognitive est décrite comme le résultat de la capacité à expliquer les aspects les plus complexes de la politique conduite. On obtient la légitimité cognitive en justifiant sa démarche dans le rapport et en rendant compte d'un processus rationnel dans le domaine du développement durable permettant aux acteurs de comprendre sa politique. La légitimité cognitive est obtenue en conduisant une politique de communication et de justification de la stratégie auprès des différentes parties prenantes. Elle est basée sur la compréhension par celles-ci des actions et comportements de l'organisation. Pour fonder une telle légitimité, il faut disposer de modèles expliquant les décisions et les actions.

Question 6. Y a-t-il une explicitation de la démarche de stratégie de développement durable ?

PERSPECTIVE INSTITUTIONNELLE ET SOURCES DE LÉGITIMATION

LA CRÉATION D'UN CHAMP ORGANISATIONNEL

La théorie néo-institutionnelle apporte un éclairage sur le processus de légitimation auquel doit faire face toute organisation en décrivant comment naît ce processus et quels sont ses acteurs.

Cette théorie critique le caractère abstrait de l'*homo œconomicus* et insiste sur le rôle des institutions dans la formation des préférences individuelles : les institutions exercent des contraintes externes qui limitent les choix des individus.

L'institutionnalisation est le mécanisme par lequel les processus sociaux, les obligations viennent à prendre un statut de règle dans la pensée et l'action sociale. Meyer et Rowan (1977) affirment que les organisations incorporent des procédures socialement rationalisées pour atteindre la légitimité, indépendamment de l'efficacité réelle des pratiques. Les produits, services, techniques, politiques et programmes institutionnalisés sont selon eux autant de mythes puissants adoptés par les organisations. Les organisations sont appréhendées comme des entités « encastrées » dans un contexte social qui sont influencées par les pratiques et symboles de leur environnement (March et Simon, 1958). Selon Meyer et Rowan (1977), les organisations ne sont pas seulement des systèmes d'activités coordonnées et contrôlées, elles sont aussi des ensembles institutionnalisés soumis à un ensemble de valeurs, de normes et de modèles organisationnels qui influencent leurs comportements et leurs modes de gestion. La perspective institutionnelle (Meyer et Rowan, 1977 ; DiMaggio et Powell, 1983 ; Powell et DiMaggio, 1991) analyse les dynamiques de structuration au niveau des champs organisationnels qui génèrent des pressions culturelles qui transcendent et vont cadrer les activités des entreprises. Selon DiMaggio et Powell (1983), « le processus d'institutionnalisation du champ organisationnel se déroule selon quatre phases : une croissance des interactions entre organisations du même champ, l'émergence de structures interorganisationnelles et de coalitions, une augmentation du niveau d'information à traiter et la prise de conscience des participants de leur appartenance commune à un domaine d'activité. Participent à ce processus d'institutionnalisation un ensemble d'organisations qui, agrégées, constituent une aire de vie institutionnelle : les fournisseurs, les clients, les institutions réglementaires, les concurrents, les associations professionnelles, l'opinion publique, les médias… » (DiMaggio et Powell, 1983).

FORMES D'ISOMORPHISME ET NATURE DU *REPORTING*

Ces acteurs participent, par leurs actions individuelles et collectives, à l'élaboration de pressions de natures coercitive (lois et règlements), normative (normes professionnelles ou implicites définissant les comportements appropriés élaborés par les réseaux professionnels bancaires et durables) et mimétique (imitation du comportement adopté par les autres banques) qui cadrent les comportements organisationnels et conduisent à une convergence qualifiée d'« isomorphisme ». L'organisation qui ne le respecte pas peut remettre en cause la légitimité de ses activités et sa capacité à mobiliser des ressources (DiMaggio et Powell, 1983 ; Tolbert et Zucher, 1985).

Question 7. Le reporting *présente-t-il de fortes similarités en termes de présentation, de thématiques, de mesures, dans les trois domaines social, environnemental et sociétal ?*

Cet isomorphisme peut refléter un alignement des pratiques de développement durable ou être purement symbolique. Il reprend alors seulement une présentation conforme de résultats car, comme le précisent Glynn et Abzug (2002, p. 270) : « la ressemblance des attributs symboliques avec ceux d'autres organisations au sein de son champ organisationnel est parfois suffisant pour créer une image de conformité ».

LES SOURCES DE L'ISOMORPHISME

L'isomorphisme coercitif est le résultat de pressions formelles et informelles exercées sur des organisations par d'autres organisations, et par les attentes culturelles de la société où elles évoluent. Il est le résultat de la force d'attraction du champ organisationnel. Ces pressions coercitives proviennent des États et des organismes internationaux. Dans le cas du rendre-compte, ce sont principalement les obligations issues des directives européennes et des transpositions nationales dans les lois nationales qui prédominent. La Commission a élaboré une directive en 2014 qui rend obligatoire la publication d'informations non financières au sein des rapports de gestion pour les seules entreprises cotées d'une certaine taille et les entreprises du secteur financier. Dans une optique de renforcement de la transparence, cette directive prévoit que les rapports de gestion des sociétés éligibles contiennent deux déclarations annuelles, l'une sur la RSE, l'autre sur la diversité au sein des organes décisionnels. Cette pression coercitive influe sur les thématiques abordées. La directive précise que les sociétés concernées doivent publier chaque année une déclaration comprenant : une description du modèle commercial de l'entreprise et de sa politique sur les questions environnementales, sociales, de respect des droits de l'homme et de lutte contre la corruption. Concernant l'approche du rendu, il privilégie le résultat obtenu en la matière et les risques associés à l'activité. Elle indique aussi un ensemble de sous-thématiques au sein des trois piliers, social, environnemental et sociétal. La directive permet la mise en place de dispositifs dits « *comply or explain* », autrement dit les entreprises sont libres de choisir les informations qu'elles publient en fonction de leur impact sur leur *business model*. Elles peuvent s'appuyer sur des cadres nationaux, européens (Emas, *eco-management and audit scheme*), et internationaux (Pacte mondial des Nations unies, principes directeurs de l'ONU sur les entreprises et droits de l'homme, principes directeurs de l'OCDE sur les multinationales, déclaration de l'OIT, norme ISO 26000, cadre de la GRI, etc.) La directive prévoit l'obligation de publier des informations relatives à la politique de diversité au sein des organes de gouvernance de certaines grandes entreprises, avec une description de leur politique en matière de diversité (objectifs, modalités de mise en œuvre et résultats) pour les instances de gouvernance (organes administratif, de direction et de surveillance). Les entités sans politique de diversité doivent expliquer cette absence dans ladite déclaration.

Question 8. Les banques, suite à l'adoption de la directive en 2014, adoptent-elles un même système de reporting qui s'axe sur les thématiques prévues dans la directive européenne ?

Il doit y avoir aussi une convergence des pratiques au plan européen qui remplace l'isomorphisme observé au plan national. Au point de vue national, certains pays comme la France fixaient, depuis les accords de Grenelle, une trame réglementaire de *reporting* et imposait une vérification par un auditeur externe ; l'Allemagne imposait le rendre-compte des mesures en faveur de la parité au sein des conseils d'administration et de surveillance ; les Pays-Bas imposaient, dans le cadre du « Code de bonne conduite », des obligations en matière de gouvernance (la RSE en est une partie intégrante).

Il se peut que la structure du rapport n'évolue qu'à la marge pour répondre à l'injonction car les pays transposent la directive à leur façon et peuvent inclure leurs propres approches réglementaires qui existaient auparavant.

L'isomorphisme normatif résulte des efforts collectifs des membres d'une profession, en l'occurrence les banques et les associations de développement durable. Dans le domaine du développement durable, les réseaux professionnels ont joué un rôle déterminant dans l'élaboration et la diffusion de bonnes pratiques et d'outils de rendre-compte qui sont préconisés au sein d'une profession. La GRI, ou « Global Reporting Initiative », est une ONG, née en 1997 de l'association du CERES (Coalition for Environmentally Responsible Economies) et du PNUE (Programme des Nations unies pour l'environnement), qui a été constituée pour établir un référentiel d'indicateurs mesurant l'avancement des programmes des entreprises en matière de développement durable. « Élaborées avec la collaboration d'un grand nombre de parties prenantes au niveau mondial (multinationales, banques, cabinets d'expertise, réseaux d'influence, organisations de différentes obédiences…), les lignes directrices GRI G4 catégorisent les différentes thématiques qui peuvent être abordées dans les rapports, à savoir l'économie, l'environnement, les droits de l'homme, les relations sociales et conditions de travail, et la responsabilité en termes de produits (source e-RSE). » Pour chaque domaine d'application, les indicateurs de performance GRI se structurent en deux niveaux, avec des indicateurs de base et supplémentaires. Cette pression normative peut donc s'exercer sur les thématiques mises en avant, le choix des mesures retenues, voire sur le processus de réalisation du *reporting*. S'il y a normalisation, le mode de présentation des rapports, par thématiques, devrait être commun, et les mesures retenues devraient appartenir à un référentiel commun préconisé par la profession. Les comportements sont orientés par les organismes de certification en termes de développement durable, et les sociétés qui proposent des outils de *reporting* avec un processus imposé. La fédération européenne des banques (European Banking Federation, EBF) élabore des rapports sur la question du développement durable, mais n'a pas encore un rôle de normalisation (*EBF Report : Towards a Green Finance Framework*, publié le 28 septembre 2017).

Question 9. Les banques utilisent-elles l'architecture des thématiques et les mesures communes issues du GRI ?

L'isomorphisme mimétique correspond au comportement d'imitation d'organisations reconnues comme légitimes. Ainsi, on peut penser que certaines banques vont faire preuve d'imitation dans les thématiques de développement durable mises en œuvre, et éventuellement de mesures retenues par le grand nombre des banques ou des grandes banques.

PARTIE EMPIRIQUE
Le rapport de développement durable, source de légitimation

MÉTHODOLOGIE

Pour répondre à la question, nous avons retenu un échantillon de vingt et un grands groupes bancaires européens parmi les trente plus grands pour lesquels était disponible un rapport intégrant la dimension développement durable ou dédié au développement durable. On a étudié la structure des rapports de développement durable, ou rapport combiné lorsque le rapport de développement durable était combiné avec le rapport annuel, de vingt et un groupes bancaires européens : CDG (Caixa Geral de Depósitos), HSBC, Barclays, CSOBSK, KBC, Novobanco, Deutschebank, RZB Group, Dzbanks, Deka, Argenta, Santander, Caixabank, Sabadell, Crédit mutuel, Société générale, Crédit Agricole, BNP, Eurobank, Bankinter, Bancopopular.

Pour analyser les rapports, nous nous sommes inspirés des travaux de Tim Loughran et Bill McDonald qui, dans l'article intitulé « *Textual Analysis in Accounting and Finance : A Survey* », cherchent à examiner les mesures de l'efficacité du message textuel de sorte que son destinataire peut effectivement le traduire dans son signal prévu. Pour cerner les volontés et intentions des auteurs des rapports de développement durable, nous avons dû créer nos propres mesures en relation avec les questions posées. Pour caractériser les registres de persuasion, nous recourons au tableau suivant.

	Registres de persuasion		
	Pathos	Ethos	Logos
Dimension	Images photos, expériences individuelles	Certification	Tableaux, figures, indicateurs
Mesure	Occurrence	Usage ou non de certification et type de certification	Occurrence

Les capteurs des registres.

Pour distinguer les registres du réel et du symbolique, qui sont deux formes de légitimation, nous utilisons comme critères :

– la présentation d'une démarche de planification, avec sa phase de diagnostic précédant celle de l'exposé des actions et de résultats,
– la présence d'indicateurs associés aux actions et objectifs, de mesures d'évolution dans le temps permettant de faire des comparaisons et porter jugement sur les actions. Les indicateurs pour le champ environnemental sont l'émission de CO_2, la consommation d'énergie, d'électricité, de papier et d'eau. Les indicateurs pour le champ social sont les mesures de la parité hommes/femmes, les mesures des montants et volumes de formation, les mesures du climat social (indice de satisfaction et turnover), les mesures de l'âge, de la diversité, de la politique de rémunération. Les indicateurs pour le champ sociétal sont les montants alloués au mécénat et à la microfinance.

La présence de ces indicateurs et d'une telle démarche fait qu'il y a réellement volonté de rendre compte d'une action et non de satisfaire par le seul discours les attentes des parties prenantes. *A contrario*, la présence de ces thématiques de consommation environnementale, de politique sociale et sociétale, sans présence de planification ou de mesure, dénote une logique de symbolisme.

Pour appréhender le type de légitimité (pragmatique, normative ou cognitive), nous avons développé un certain nombre de mesures directes ou indirectes. Pour caractériser la recherche d'une légitimité pragmatique, nous avons essayé de voir dans quelle mesure les politiques de développement durable résultent du dialogue avec les parties prenantes et de la prise en compte de leurs aspirations.

La recherche d'une légitimité morale ou normative (Suchman, 1995 ; Scott, 1995) est, elle, appréhendée par la référence au refus de développer des activités de prêt à certaines industries qui suscitent l'opposition de la part des investisseurs et/ou la référence aux procédures et mesures certifiées (normes ISO, GRI) dans les domaines environnementaux (ISO 14001 ou 50001), sociaux ou sociétaux (ISO 26001).

La recherche de légitimité cognitive est appréhendée par la référence ou non à une démarche complète de planification et à son exposé avec ses phases de diagnostic, d'action et de résultats.

Pour appréhender l'importance dédiée à une partie prenante, nous avons retenu la fréquence d'apparition de celle-ci dans le rapport et la caractérisation des relations avec celle-ci (code de conduite, enquête de satisfaction, procédure normalisée certifiée).

Pour mesurer l'isomorphisme ou la convergence de pratiques de développement durable, nous avons examiné tout d'abord si les rapports étaient uniquement dédiés au développement durable ou s'ils étaient combinés avec le rapport annuel, et mesuré leur taille en nombre de pages. Nous avons aussi examiné l'ordre de présentation des trois thématiques (environnementale, sociale et sociétale) et quantifié le nombre de références aux termes génériques de chacun des trois domaines.

LES REGISTRES DE LA PERSUASION

Concernant le mode de persuasion, on souhaite détecter le recours au pathos, au langage émotionnel, dans le rapport pour donner l'impression que l'organisation a du « cœur ». L'usage de communication autour d'images est relativement faible, mais peut, pour un quart d'entre elles, prendre une réelle importance. Il apparaît que le nombre médian de photographies ou images est de 4 photos, le premier quartile est de 0, la médiane est de 4 et le troisième quartile est égal à 20. En fait, seul un petit nombre de banques recourent à ce registre, et il y a une forte dispersion de comportement sur le nombre d'images rapportées au nombre de pages : la médiane est de 1 photo toutes les 9 pages ; la moyenne est de 1 photo toutes les 9 pages ; et le troisième quartile, 1 photo toutes les 4 pages. Très peu de rapports font écho à une expérience donnée aux campagnes de mécénat portées par une figure de proue, seuls 25 % des rapports font référence à des actions de mécénat sans chiffrage réel.

L'argumentation logique et rationnelle est grandement mobilisée. L'accent mis sur les impacts réels environnementaux des consommations de ressources s'inscrit dans un mode de persuasion de type logos. Elle s'appuie sur des tableaux et des figures pour rendre compte d'actions et de leur évolution au cours du temps. Les tableaux sont utilisés à 95 % dans le domaine environnemental. L'usage de l'argumentation de type logos est également présent dans 86 % des cas étudiés, dans le domaine social notamment, pour la politique de formation, la parité hommes/femmes et, dans une moindre mesure, l'âge. Ce type d'argumentation avec tableaux et données chiffrées est seulement présent dans 58 % des cas pour le domaine sociétal.

L'argumentation ethos visant recourir à une méthode, à une procédure ou un organisme digne de confiance est prégnante dans les comportements des banques qui emploient les grilles et mesures GRI et les normes ISO environnementales. 41 % des banques utilisent la référence au GRI. La norme ISO 14001, et ses normes connexes, comme ISO 14006, qui se concentrent sur les systèmes de management environnemental, est utilisée par 44 % des banques ; environ un quart des banques utilisent simultanément les deux types de certification. La norme ISO 50001, qui vise l'amélioration de la performance énergétique d'une organisation, est utilisée par 24 % des banques. La norme ISO 26000, relative à la responsabilité sociétale des organisations, est employée par 14 % des banques ; elle définit comment les organisations peuvent et doivent contribuer au développement durable. Cette norme vise à guider les organismes dans la prise en charge des responsabilités sociétales en développant le dialogue avec les parties prenantes et à améliorer les liens avec les clients par un accroissement de la satisfaction et de la confiance.

QUÊTE DE LÉGITIMITÉ PAR LA GESTION SYMBOLIQUE OU RÉELLE : UN ÉCART ENTRE DES ORIENTATIONS AFFICHÉES ET LES MESURES RÉALISÉES

Avant de présenter quels sont les registres de légitimation sollicités (type symbolique ou réel, question 2), il convient d'observer que, dans le domaine du développement durable, le pouvoir symbolique des agences de *rating* social est faible. Très peu de rapports (moins de 5 %) font référence à une agence de *rating* qui produit et met en forme des indicateurs de performance.

Il apparaît clairement qu'il y a une divergence de comportements entre les banques en termes de planification du développement durable : certaines sont dans une logique d'amélioration de leur comportement, alors que d'autres sont dans une logique de présenter un rapport qui symboliquement va répondre aux attentes en reprenant les grandes dimensions du développement durable tout en ne permettant pas de répondre de leur action. Ces comportements vont pour une même banque varier selon la thématique retenue. Il s'agit d'une réelle démarche stratégique de développement durable avec une planification dans 60 % des cas dans les domaines environnemental et social, et à peine 33 % dans le domaine sociétal. Dans le cas du domaine sociétal, l'action passe par une mesure des fonds employés et du développement de la microfinance, cité dans 50 % des rapports.

Il est à noter qu'il y a absence de corrélation entre le degré de planification dans le domaine du développement durable et le nombre de fois où le mot « charité » est cité ; le coefficient de corrélation au carré est de 0,026.

Allant plus loin et répondant aussi à la question 4 sur les thématiques mises en avant et les registres mobilisés, nous avons construit un tableau qui permet de cerner la présence ou non d'une thématique dans le rapport, et son caractère mesurable et mesuré.

Dans le domaine environnemental, il y a clairement une démarche dans le temps de mesure de l'impact direct en termes environnemental dans les domaines d'émission de CO_2 (76 %), de consommation d'eau (62 %), de papier (62 %), d'énergie (72 %) et d'électricité (72 %). Dans le domaine social, il y a aussi une approche réelle matérialisée par une approche par genre systématiquement présente et, dans trois quarts des cas, bien mesurée. Dans le domaine de la formation, il y a loin de l'annonce à la mesure, mais, dans plus de 6 cas sur 10, il est fait usage d'indicateurs. Dans le domaine de la diversité autre que du genre, moins de 50 % des banques rapportent des mesures. Il en est de même pour l'âge, la santé et la satisfaction au travail. Dans le domaine sociétal, et notamment dans le domaine des droits de l'homme et du mécénat, le rendu est essentiellement symbolique.

	Dimensions mesurées	Dimensions évoquées
Dimension environnementale		
Papier	62 %	86 %
Eau	62 %	86 %
Énergie	67 %	95 %
Bilan carbone	76 %	95 %
Déchets	67 %	86 %
Dimension sociale		
Genre	76 %	95 %
Formation	62 %	90 %
Diversité	38 %	86 %
Satisfaction sociale	38 %	43 %
Âge	48 %	77 %
Santé	48 %	57 %
Dimension sociétale		
Investissement sociétal	57 %	67 %
Mécénat	33 %	57 %
Droit des citoyens	19 %	43 %

Thèmes présents dans les rapports (en % des rapports).

FORMES DE LÉGITIMATION ET PERSPECTIVE INSTRUMENTALE

Les parties prenantes employés et clients privilégiées

L'optique normative de la théorie des parties prenantes recommande de développer un dialogue avec toutes les parties prenantes, indépendamment de leur pouvoir potentiel.

Pour répondre à la question 3 (Y a-t-il une prise en compte équitable de toutes les parties prenantes […] ? Sont-elles traitées de la même façon en termes d'échanges (moyens de les consulter) et de place dans les rapports ?), nous avons tout d'abord quantifié le nombre de références au terme générique caractérisant chacune des parties prenantes.

	Moyenne	Médiane	Quartile 1	Quartile 3	Rang 1
Employés	37 %	36 %	30 %	47 %	57 %
Managers	6 %	6 %	3 %	9 %	
Actionnaires	8 %	4 %	2 %	12 %	
Clients	30 %	32 %	11 %	46 %	43 %
Fournisseurs	10 %	8 %	3 %	15 %	
Collectivités locales	4 %	2 %	0 %	6 %	
Gouvernement	2 %	2 %	1 %	3 %	
Médias	1 %	1 %	0 %	1 %	
ONG sociétale	1 %	1 %	0 %	2 %	

Nombre de termes faisant référence à une partie prenante
sur le total des termes.

À la lecture du tableau, il apparaît que les employés et les clients sont deux parties prenantes majeures dans le discours, ainsi que le dénote la fréquence relative des termes évoquant chacune de ces deux parties prenantes. Viennent ensuite très loin les fournisseurs, les actionnaires et les collectivités locales. Concernant les relations aux clients, on fait état dans 15 % des cas à des processus de réclamation, de recours judiciaire ou de médiation, et dans 15 % d'autres à une mesure de la satisfaction des clients. Il est fait référence dans moins de 20 % des cas à un code de conduite pour protéger les clients.

Les employés font l'objet d'enquêtes de satisfaction dans moins de 15 % des cas, en revanche des mesures indirectes du climat social sont présentes dans 61 % des cas au travers de la mesure du turnover. L'aspect social, cher aux employés, fait l'objet d'une gestion réelle avec, dans 60 % des cas, un compte rendu précis sur le domaine social et ses principales dimensions que sont le genre, l'âge ou la formation. La politique de rémunération des employés n'est abordée que dans moins 15 % des rapports, et la politique de santé dans moins de 50 % des cas.

Les fournisseurs sont présentés essentiellement comme des personnes devant répondre à des exigences sociétales ou environnementales dans 20 % des cas. Dans 5 % des cas, on les interroge sur leur degré de satisfaction. Il est à noter que les médias, le gouvernement et les ONG sont très peu pris en compte.

Concernant la question liée au registre de légitimation retenu, nous observons que les registres utilisés varient selon le type de parties prenantes a priori principalement concerné par telle ou telle dimension du développement durable. Le peu de place accordée dans le rapport à la présentation de la relation aux ONG essentiellement sociétales va de pair avec le registre symbolique et le peu de rendre-compte complet des actions et finalités de celle-ci accomplies par les banques. La référence à la norme ISO 9001 est relativement faible au regard de l'attention portée aux clients, ce qui laisse penser que la nature du dialogue avec cette partie prenante relève en grande partie du symbolique. Ainsi, seules 28,5 % des banques bénéficient de ce type de certification, qui nécessite la mise en place d'un système de management de la qualité pour les organismes souhaitant améliorer la satisfaction de leur client et fournir des produits et services conformes.

Dans le champ social, et donc du rendre-compte aux employés, le registre est tantôt symbolique tantôt réel. Le rendu sur la politique de rémunération ou la gestion de carrière est quasiment inexistant. La dimension diversité est clairement et principalement de l'ordre du symbolique : les mesures et indicateurs sont inexistants ou non calibrés. La thématique de l'âge fait l'objet d'analyse sans présentation d'actions ou d'évolutions temporelles de la situation de l'organisation. Les statistiques et mesures pour la question du genre et de la parité entre les hommes et les femmes sont bien calibrées et font état des actions et d'une évolution temporelle.

Si le manque de certification, associé à une faiblesse de l'ethos, et l'absence d'éléments émotionnels inscrivent le compte rendu en termes de développement durable dans le logos, la dimension symbolique est prégnante pour le rendu fait sur les clients et dans une moindre mesure pour le personnel.

Une légitimation essentiellement morale et cognitive

Suchman (1995) distingue trois formes d'acquisition de légitimité, qualifiées de « pragmatique », « normative » et « cognitive ».

La légitimité pragmatique résultant de la prise en compte de l'intérêt et des attentes des parties prenantes est grandement absente : seules certaines banques intègrent une dimension économique pour répondre aux attentes des actionnaires. Les autres axes du développement dans le domaine social ou environnemental correspondent davantage à la déclinaison de politiques publiques et de valeurs publiques portées nationalement ou internationalement, sans que cela n'aille de pair avec une prise en compte explicite des parties prenantes principalement impactées comme les gouvernements.

La légitimité morale ou normative (Suchman, 1995) correspondant à une évaluation normative positive de l'organisation et de ses activités (question 5) est fréquemment employée dans le domaine environnemental, soit dans 71 % des cas, par référence aux procédures GRI ou ISO 14001 ou 50001. Cette légitimité morale se retrouve dans le recours à la certification. Elle se retrouve dans une moindre mesure dans les secteurs prohibés, comme les mines de charbon, dans un peu moins de 40 % des cas. Cette légitimation se retrouve dans le domaine social par le recours à la certification ISO 26000 ; il n'y a en revanche aucun élément de certification ou de référence à un *rating* centré uniquement sur le domaine social. Il y a une force d'attraction pour la certification, mais, dans le domaine environnemental, la volonté d'éclairer l'impact indirect de l'offre de prêts et de financements sur l'environnement est présente dans 60 % des cas (en sus de l'effet direct, pris en compte dans 90 % des cas). La référence à la notion de justice sociale et sociétale (*fair, fairness*) est présente dans les deux tiers des rapports.

Les banques obtiennent la légitimité cognitive en justifiant leur démarche dans le rapport et en rendant compte d'un processus rationnel dans le domaine du développement durable permettant aux acteurs de comprendre leur politique (question 6). La démarche de planification avec diagnostic actions/résultat est présente dans 57 % des rapports pour les domaines environnemental et social. Cette démarche n'est présentée que dans 27 % des rapports dans le domaine sociétal. Il y a une planification, mais très peu de discours sur les bénéfices du développement durable et de la politique conduite ; le seul discours exprimé est celui sur l'efficience énergétique, mais sans vision globale des bénéfices attendus des politiques de développement durable. L'alignement de la politique environnementale, sociale ou sociétale avec les intérêts économiques et les objectifs de bénéfice ou d'efficience n'est présent que dans 15 % des rapports.

PERSPECTIVES INSTITUTIONNELLES ET SOURCES DE LÉGITIMATION

Concernant le champ organisationnel des acteurs pris en compte dans les rapports de développement durable on observe un noyau central : clients, employés, managers, actionnaires, fournisseurs, collectivités locales, Gouvernement, et les organismes de certification. Les acteurs comme les médias ou les ONG sont moins pris en compte directement dans la communication qui est faite. Une trop grande divergence dans les thématiques abordées et les façons de les aborder ou de les mesurer existe pour que l'on puisse parler de pressions institutionnelles fortes (question 7).

Le document lui-même est parfois un document combiné, articulant rapport de soutenance durable et rapport annuel (dans 37 % des cas), et, dans les autres cas, un document seulement orienté RSE (63 % des cas). La taille des thématiques et leur place sont très variables, tant sur l'importance des mots que sur les mesures utilisées, ainsi que l'on peut l'observer sur les valeurs minimales et maximales de la part occupée par chacune des thématiques dans les rapports.

	Mesures environnementales	Mesures sociales	Mesures sociétales
Moyenne	52 %	37 %	11 %
quartile 1	39 %	27 %	0 %
quartile 2	50 %	36 %	10 %
quartile 3	62 %	51 %	19 %
Minimum	13 %	0 %	0 %
Maximum	100 %	64 %	33 %
	Mots liés à l'environnement	Mots liés au social	Mots liés au sociétal
Moyenne	42 %	49 %	9 %
quartile 1	35 %	41 %	3 %
quartile 2	44 %	48 %	5 %
quartile 3	53 %	58 %	11 %
Minimum	5 %	0 %	0 %
Maximum	73 %	89 %	34 %

Part des différentes dimensions dans le rapport.

En revanche, il existe un noyau central de banques au comportement de *reporting* homogène, ainsi qu'en atteste le faible écart entre le troisième et le premier quartile. Concernant l'ordre de présentation des thématiques, il n'y a pas de dominante, une très grande variété règne. Cette variété se retrouve aussi dans la taille des fichiers ou le nombre de pages dédiées au RSE :

Mesures	Nombre de pages
Moyenne	69
quartile 1	34
quartile 2	53
quartile 3	92
Minimum	7
Maximum	190

Nombre de pages dédiées au RSE.

En revanche, il y a une convergence assez forte dans la présentation de la consommation d'inputs dans le domaine environnemental. Les éléments d'homogénéité portent sur les indicateurs d'impacts directs en termes environnementaux, qu'il s'agisse d'émission de carbone, de consommation d'énergie, de papier ou d'eau. Pour les mesures sociales, seule la problématique de la parité hommes/femmes est appréhendée de façon similaire. La forme de normalisation dans le domaine social porte uniquement sur le genre. Le domaine sociétal ne fait pas l'objet de présentation normalisée.

À la lecture, on ne s'aperçoit pas pour l'instant d'une forte prégnance de la pression coercitive liée à l'adoption de la directive en 2014 (question 8). Les comparaisons sur un sous-échantillon de rapports de l'année 2014 ne montrent pas de fortes évolutions. Il n'y a pas convergence des pratiques au plan européen qui remplacerait un isomorphisme observé au plan national. Les particularités nationales allemandes en termes de fonctionnement et de parité du conseil d'administration demeurent, même si quelques banques font référence à cette problématique. La structure du rapport n'a évolué qu'à la marge car les pays ont transposé la directive à leur façon et y ont inclus leurs propres approches réglementaires. Dans le domaine du développement durable, les réseaux professionnels ont joué un rôle déterminant dans l'élaboration et la diffusion de bonnes pratiques, et le GRI, adopté par 41 % d'entre elles, donne une idée de cette pression normative, qui s'exerce surtout dans le domaine des mesures et indicateurs environnementaux (question 9). Toutefois, seules 10 % des banques utilisent de façon presque complète l'architecture et les mesures communes issues du GRI.

CONCLUSION

La question du comment les banques rendent compte de leur responsabilité est évidemment fortement liée au pourquoi rendent-elles compte. Nous expliquons le comportement en termes de production de rapports de développement durable et d'indicateurs en recourant aux travaux sur la légitimation abordée dans les perspectives néo-institutionnelle et instrumentale. Concevant le rapport de développement durable comme un outil au service de la légitimation, nous analysons les registres de persuasion (ethos, pathos, logos) et de légitimation retenus (discours symbolique ou discours sur des actions réelles), systèmes qui peuvent varier selon les interlocuteurs ou parties prenantes visés. Nous souhaitons aussi mettre en évidence quelles sont les formes de légitimation employées (pragmatique, morale et cognitive) et s'il y a, conformément aux analyses portées par la théorie néo-institutionnelle, une convergence dans les domaines de pratique en termes de développement durable. L'étude réalisée sur vingt et un grands groupes bancaires européens met en évidence que, dans plus des deux tiers des rapports, il y a un rapport dédié au développement durable, ou le pilier économique du développement durable est absent et étudié de façon approfondie dans le rapport annuel. Les trois autres piliers (environnemental, social et sociétal) sont abordés de façon quasi systématique pour les deux premiers et fréquemment pour le dernier. On n'observe pas de fortes convergences dans la nature du rapport et dans son architecture, les thématiques retenues variant énormément. Toutefois, certaines thématiques environnementales sont abordées de façon normalisée. Les registres de persuasion les plus mobilisés sont ceux du logos et de l'ethos. C'est la dimension environnementale avec ses thématiques de consommation de ressources naturelles et de production de déchets qui est la plus appréhendée de façon complète dans les rapports dans un registre de type logos. Les thématiques relevant du champ social sont examinées de façon diverse, complète pour la question du genre et quasi inexistante pour le domaine de la politique de rémunération. Le recours à la certification dans une optique de légitimation par autrui, digne de confiance (ethos), n'est fréquent que pour le domaine environnemental avec les grilles du GRI ou les normes ISO environnementales. Les rapports accordent en moyenne une place très faible au pathos, à l'image, aux photographies ou aux récits d'expériences altruistes porteuses d'émotion. Les registres mobilisés vont varier selon les thématiques des différentes dimensions. Le registre du rendre-compte d'actions réelles est prégnant pour les différentes thématiques de la dimension environnementale. Pour la dimension sociale, les thématiques du genre et, dans une moindre mesure de l'âge et de la formation sont abordées de façon à rendre compte de la situation réelle. En revanche, la question de la diversité est abordée de façon symbolique, tout comme les différentes thématiques de la dimension sociétale (exception faite de la microfinance). L'étude montre que le discours n'est pas une réponse orientée vers les parties prenantes mais qui répond davantage aux principes sociétaux inscrits dans les lois, comme la lutte contre le réchauffement climatique ou pour l'égalité hommes/femmes. Les firmes recourent aux formes de légitimation dites « pragmatiques » avec une explication de leur politique de développement durable, mais aussi morales avec le recours à des processus normalisés ou certifiés.

L'étude empirique proposée offre une nouvelle voie de décryptage des rapports produits par les firmes qui permet de mettre en évidence les intentions en termes de persuasion et de légitimation. Ces analyses pourraient être développées pour l'analyse des rapports annuels, afin de mettre en évidence les intentions et d'expliquer, en retenant la théorie de l'action raisonnée de Ajzen (1992), les comportements en matière de production et de diffusion de rapports et d'informations comptables.

Pierre-Charles PUPION
Université de La Rochelle

BIBLIOGRAPHIE

ABIZADEH, Arash, « The passions of the wise: "Phronêsis", rhetoric, and Aristotle's passionate practical deliberation », *The Review of Metaphysics*, vol. 56, 2002, p. 267-296.

ARISTOTLE, *Aristotle: Rhetoric and On Poetics*, W. Rhys Roberts trans., New York, Modern Library, 1954.

ARISTOTLE, *On Rhetoric: A Theory of Civic Discourse*, G.A. Kennedy trans., 2nd ed., New York, Oxford University Press, 2007.

ASHFORTH, Blake E., GIBBS, Barrie W., « The double-edge of organizational legitimation », *Organization Science*, vol. 1, n° 2, 1990, p. 177-194.

BRUNDTLAND, Gro Harlem, « Our common future, Call for action », *Environmental Conservation*, vol. 14, n° 4, 1987, p. 291-294.

BURKE, Richard J., « Politics as rhetoric », *Ethics*, vol. 93, n° 1, 1982, p. 45-55.

DAVID, Robert J., « Building legitimacy through symbolic action: Statements of organizational action », in *Administrative sciences association of canada-annual conference*, vol. 18, 1997, p. 20-27.

DEEGAN, Craig, RANKIN, Michaela, VOGHT, Peter, « Firms' disclosure reactions to major social incidents: Australian evidence », *Accounting Forum*, vol. 24, n° 1, 2000, p. 101-130.

DEMARET, Julie, « Le processus de construction de légitimité des contrôleurs de gestion », Working Paper, université François-Rabelais, Tours, 2014.

DEMERS, Christiane, BARRAL, Hélène, *Managing Contradiction Through Strategic Discourse*, International Conference on Discourse and Change, Columbus, Ohio, 1994.

DIMAGGIO, Paul J., POWELL, Walter W., « The iron cage revisited: Institutional isomorphism and collective rationality in organizational fields », *American Sociological Review*, vol. 48, n° 2, 1983, 147-160.

DIMAGGIO, Paul J., POWELL, Walter W. (eds.), *The New Institutionalism in Organizational Analysis*, vol. 17, Chicago, Il., University of Chicago Press, 1991.

DONALDSON, Thomas, PRESTON, Lee E., « The Stakeholder Theory of the Corporation: Concepts, Evidence and Implications », *Academy of Mangement Review*, vol. 20, n° 1, 1995, p. 65-91.

European Commission, Directorate General for Employment, *Promoting a European Framework for Corporate Social Responsibility: Green Paper*, Office for Official Publications of the European Communities, 2001.

FREEMAN, R. Edward, *Strategic Management: A Stakeholder Approach*, Pitman, Boston, 1984.

GLYNN, Mary Ann, ABZUG, Rikki, « Institutionalizing identity: Symbolic isomorphism and organizational names », *Academy of Management Journal*, vol. 45, n° 1, 2002, p. 267-280.

GRAY, Rob, KOUHY, Reza, LAVERS, Simon, « Corporate social and environmental reporting: a review of the literature and a longitudinal study of UK disclosure », *Accounting, Auditing & Accountability Journal*, vol. 8, n° 2, 1995, p. 47-77.

GUTHRIE, James, PARKER, Lee David, « Corporate social reporting: a rebuttal of legitimacy theory », *Accounting and Business Research*, vol. 19, n° 76, 1989, p. 343-352.

HERRICK, James A., *The History and Theory of Rhetoric: an Introduction*, 4th ed., Boston, Pearson Education Inc., 2009.

HYBELS, Ralph C., « On legitimacy, legitimation, and organizations: A critical review and integrative theoretical model », *Academy of Management Proceedings*, vol. 19, n° 1, 1995, p. 241-245.

LORDON, Frédéric, « Croyances économiques et pouvoir symbolique », *L'Année de la régulation*, vol. 3, 1999, p. 169-210.

LOUGHRAN, Tim, MCDONALD, Bill, « Textual analysis in accounting and finance: A survey », *Journal of Accounting Research*, vol. 54, n° 4, 2016, p. 1187-1230.

MARCH, James, SIMON, Herbert, *Organization*, New York, John Wiley and Sons, 1958.

MEYER, John W., ROWAN, Brian, « Institutionalized organizations: Formal structures as myth and ceremony », *American Journal of Sociology*, vol. 83, n° 2, 1977, p. 340-363.

NICHOLS, Mary P., « Aristotle's defence of rhetoric », *The Journal of Politics*, vol. 49, n° 3, 1987, p. 657-677.

PARSONS, Talcott, « Pattern variables revisited: A response to Robert Dubin », *American sociological review*, vol. XXV, 1960, p. 467-483.

RICHARDS, Jennifer, *Rhetoric: The new critical idiom*, New York, Routledge, 2008.

ROBINSON, Daniel N., « Rhetoric and character in Aristotle », *The Review of Metaphysics*, vol. 60, n° 1, 2006, p. 3-15.

RUEF, Martin, SCOTT, W. Richard, « A multidimensional model of organizational legitimacy: Hospital survival in changing institutional environments », *Administrative science quarterly*, vol. 43, n° 4, 1998, p. 877-904.

SCOTT, W. Richard, « Effectiveness of organizational effectiveness studies », in *New perspectives on organizational effectiveness*, (Eds, Goodman, P.S. et Pennings, J.M.), San Francisco, Jossey-Bass Publishers, 1977, p. 63-95.

SCOTT, W. Richard, *Institutions and organizations. Foundations for organizational science*, London, Sage Publication, 1995.

STEINBERG, Marc W., « The Talk and Back Talk of Collective Action: A Dialogic Analysis of Repertoires of Discourse among Nineteenth-Century English Cotton Spinners », *American Journal of Sociology*, vol. 105, n° 3, 1999, p. 736.
STONE, Melissa Middleton, BRUSH, Candida Greer, « Planning in ambiguous contexts: The dilemma of meeting needs for commitment and demands for legitimacy », *Strategic Management Journal*, vol. 17, n° 8, 1996, p. 633-652.
SUCHMAN, Mark C., « Managing legitimacy: Strategic and institutional approaches », *Academy of Management Review*, vol. 20, n° 3, 1995, p. 571-610.
TOLBERT, Pamela S., ZUCKER, Lynne G., « Institutional sources of change in the formal structure of organizations: The diffusion of civil service reform, 1880-1935 », *Administrative Science Quarterly*, vol. 28, n° 1, 1983, p. 22-39.
ZUCKER, Lynne G., « Institutional theories of organization », *Annual Review of Sociology*, vol. 13, n° 1, 1987, p. 443-464.

PERSPECTIVES PHILOSOPHIQUES EN SCIENCES DE GESTION

DU MÉTIER DE PROFESSEUR DE SCIENCES DE GESTION

Final cut

INTRODUCTION

Parler du métier de professeur de sciences de gestion[1] est chose délicate et risquée car il s'agit d'un métier récent et dont la pratique est bien loin d'être codifiée – nous dirions, dans le langage comptable, normalisée. Cette pratique est à coup sûr très différente selon l'établissement où elle se développe, selon, en particulier, que l'on appartient à une université ou à une école[2], et, au sein d'une université, à un IAE, une faculté ou un IUT.

Je viens de dire que le métier de professeur de sciences de gestion est un métier récent ; je dois ajouter : « tel que je le conçois ». J'entends en effet par professeur de sciences de gestion une personne, homme ou femme (notre métier s'est progressivement féminisé), qui partage son activité entre l'enseignement et la recherche et dont les enseignements et les recherches ont trait aux organisations, à leur pilotage et à leur gestion.

1 Le mot professeur est employé en son sens général et non pas en son sens statutaire. Une première version, beaucoup plus brève, de ce texte a été présentée le 29 octobre 2008 à l'occasion de la rentrée de l'École doctorale en sciences de gestion (Edogest) de l'université Paris-Dauphine. Une deuxième version (« Quelques réflexions sur le métier de professeur de sciences de gestion ? ») a été présentée à la journée doctorale du 33e Congrès de l'Association francophone de comptabilité (Grenoble, 21-05-2012) ; elle a été déposée sur halshs : https://halshs.archives-ouvertes.fr/halshs-00701224/document (consulté le 17/06/2021). Cette deuxième version a été complètement retravaillée et réécrite en vue de sa publication dans les présents Mélanges en hommage à Henri Zimnovitch. Comme on le dit de la version finale d'un film, il s'agit d'un *final cut*.

2 Dans les Écoles, l'expression « professeur de sciences de gestion » est, semble-t-il, peu employée ; selon l'usage américain, les professeurs de sciences de gestion sont désignés par leur spécialité : on est professeur de finance, de marketing, de gestion des ressources humaines, de comptabilité, de contrôle de gestion, etc.

L'enseignement de la gestion est évidemment très ancien. J'en veux pour preuve *L'Économique* de Xénophon (vers 426-vers 354 av. J.-C.). *L'Économique* n'est autre chose en effet qu'un manuel de gestion, un ouvrage consacré à « L'art et la manière de bien gérer un grand domaine agricole », tant sur le plan humain que sur le plan technique, écrit à une époque où la gestion domestique se confondait avec la gestion des affaires. Cette référence à Xénophon dans un ouvrage dédié à Henri Zimnovitch tombe d'ailleurs, si l'on peut dire, à pic. En effet, Henri Zimnovitch, comme Xénophon, « a plus d'une corde à son arc » ! Xénophon fut chef militaire avant de devenir historien, philosophe et auteur d'un manuel de gestion. Henri, de même, n'a-t-il pas été sinon chef militaire du moins chef d'entreprise et aussi historien, philosophe et professeur de sciences de gestion ?

Mais si l'enseignement de la gestion est ancien, il a fallu attendre que se développe une recherche en sciences de gestion, ce qui est récent en France, pour qu'apparaisse cette figure du professeur de sciences de gestion – comme je l'entends – et incarné de façon particulière par Henri Zimnovitch. Sans recherche, il ne peut y avoir selon moi de professeur de sciences de gestion. Le professeur de sciences de gestion est un enseignant-chercheur, et c'est là sa spécificité et sa nouveauté. C'est quelqu'un qui sans cesse interroge le monde, plus spécifiquement celui des organisations, cherche des réponses « scientifiques » à ses interrogations et nourrit son enseignement de ces réponses.

Ce qui précède m'amène à distinguer le professeur de sciences de gestion du professeur de gestion, plus ancien, qui lui se consacre à l'enseignement de ce qui est *a priori* nécessaire, connaissances et comportements, pour piloter et gérer une organisation. Le professeur de gestion fonde essentiellement son enseignement sur une expérience professionnelle qu'il offre en partage aux étudiants. Mais, tout en faisant cette distinction entre le professeur de sciences de gestion et le professeur de gestion, je conçois qu'elle fasse problème. Il est souvent difficile de bien distinguer dans nos établissements entre un professeur de sciences de gestion et un professeur de gestion : il y a tout un *continuum* entre les deux. Par ailleurs, la même personne peut être simultanément ou successivement l'un et l'autre, l'un ou l'autre. Je reviendrai donc ultérieurement, pour la préciser, sur cette distinction sans doute très discutable, notamment quand j'évoquerai les rapports entre enseignement et pratique.

Bien sûr, il paraît difficile de traiter du métier de professeur de sciences de gestion sans questionner les sciences de gestion elles-mêmes. Qui sont-elles ? Ont-elles un projet (une visée), un objet ou des méthodes spécifiques ? Sont-elles de « vraies » sciences ? En quoi se distinguent-elles des autres sciences ? Etc. Autant de questions de nature épistémologique qui sont importantes au regard de notre sujet et qui ont d'ailleurs été examinées par Henri Zimnovitch. Il est en effet évident que l'on enseigne et que l'on cherche en fonction de la conception épistémologique, explicite ou implicite mais le plus souvent implicite, du champ dans lequel on se situe. Ces questions importantes, on se les pose tout au long de sa carrière et on les retravaille sans cesse. Je n'en traiterai cependant ici qu'incidemment, même si, comme je viens de le dire, les réponses qu'on leur donne conditionnent l'exercice de notre métier.

Il n'y a donc pas qu'une seule façon de concevoir et d'exercer ce métier. Par ailleurs, bien qu'il soit récent, son exercice a beaucoup évolué au cours du temps, disons au cours des cinquante dernières années si nous faisons remonter plus ou moins arbitrairement sa naissance en France au début des années 1960[3].

Mon propos est nécessairement subjectif. Il dépend de ma propre expérience professionnelle qui est, comme toute expérience personnelle, datée et située : je commence à enseigner en 1967, j'enseigne principalement la finance et la comptabilité, je fais presque toute ma « carrière » dans une seule université, Dauphine. Ce propos n'est donc que l'expression d'une opinion, sans plus ; je n'hésite donc pas à employer le « je », si « haïssable » soit-il.

Je vais commencer en faisant un peu d'histoire, mais sans avoir la compétence en la matière d'un Henri Zimnovitch. Puis, je questionnerai successivement les relations entre enseignement et recherche,

3 Institutionnellement, côté universités, on peut considérer que le professeur de sciences de gestion est né avec la création en 1969 de la « section 06 – Gestion des entreprises » (devenue ensuite, ce qui n'est pas tout à fait anodin, « Sciences de gestion ») du Conseil supérieur (devenu national) des universités (CSU, puis CNU). Mais il a commencé d'exister avant cette reconnaissance, notamment dans les Centres d'administration des entreprises, les futurs IAE, qui furent créés dans les années 1950. Par ailleurs, dès 1969, il fut possible de choisir une option « gestion » au sein du concours d'agrégation de « sciences économiques "et gestion" », option qui disparaîtra avec la création du concours d'agrégation de sciences de gestion, qui se tint pour la première fois en 1977. Sur l'institutionnalisation des sciences de gestion et leur autonomisation par rapport aux sciences économiques, voir Marco (2006).

entre enseignement et pratique, et entre recherche et pratique, ce qui, *in fine*, me conduira à évoquer le rôle critique du professeur de sciences de gestion. La gestion de ces relations me semble en effet le cœur du métier de professeur de sciences de gestion.

UN PEU D'HISTOIRE (DU TEMPS PRÉSENT)...

Dans les années 1960, les sciences de gestion n'existaient ni comme domaine d'enseignement clairement identifié – elles étaient le plus souvent rattachées à l'économie ou au droit – ni comme domaine de recherche, et je dirais « encore moins » comme domaine de recherche.

Il a fallu attendre le début des années 1970 pour que soit créé le premier diplôme qui fasse explicitement référence, dans son libellé, à de supposées sciences de gestion, à savoir la maîtrise de sciences de gestion (MSG). Pour avoir été le benjamin de la petite équipe qui, sous la direction d'André Cibert[4] – un professeur associé, ancien rapporteur général du Conseil national de la comptabilité (CNC), alors doyen, c'est-à-dire président, du nouveau Centre universitaire Dauphine –, a mis en œuvre pour la première fois ce diplôme (ou plutôt le diplôme qui deviendra, en 1971, par l'effet d'un arrêté ministériel préparé par Pierre Tabatoni, la maîtrise de sciences de gestion[5]), je peux dire que sa création dans l'urgence post-soixante-huitarde doit plus au bricolage qu'à une réflexion un peu approfondie de nature épistémologique sur les sciences de gestion. Furent regroupés dans ce diplôme des enseignements qui jusqu'ici étaient dispersés dans d'autres diplômes, le plus souvent d'économie ou de droit, et étaient encore les auxiliaires de disciplines bien établies. Cette nouvelle maîtrise avait des allures de *patchwork* et, en dépit d'aménagements ultérieurs, a conservé cette allure jusqu'à la réforme licence-master-doctorat (LMD). Il faut néanmoins supposer que

4 Pour une biographie d'André Cibert (1912-2001), voir Bensadon (2017).

5 De quand date le premier emploi de l'expression « sciences de gestion » ? De la création en 1969 par Edgar Faure d'un groupe de travail présidé par Pierre Tabatoni et consacré aux « enseignements supérieurs des sciences de gestion » (Chessel et Pavis, 2001, p. 101) ? Ce qui est sûr, c'est qu'elle reçoit une consécration officielle avec la création de cette maîtrise.

sa structure était robuste, puisqu'elle a tenu pendant plus de trente ans, et les actuelles troisième année de licence et première année de master en sciences de gestion lui sont, sous bien des aspects, encore redevables.

Dans ce contexte, nous, ceux de ma génération, étions avant tout des concepteurs de programmes et les enseignants des programmes que nous bâtissions. Il y avait ainsi dans mon domaine quelques manuels français en comptabilité, en contrôle et en gestion financière (on utilisait encore assez peu le néologisme « finance ») – tels que ceux d'André Cibert, de Pierre Conso, de Georges Depallens, de Pierre Lauzel, de Pierre Lassègue… –, mais ils étaient peu nombreux et nos sources pédagogiques étaient essentiellement américaines. Les manuels américains traduits ont d'ailleurs connu un grand succès en France dans les années 1970 (par exemple, le manuel très connu de Philip Kotler en marketing ou celui, un peu moins connu, de James Van Horne en finance). Paradoxalement, aucun manuel américain de comptabilité n'a été traduit pendant cette période, du moins à ma connaissance. Il est possible que la spécificité de notre comptabilité normalisée ait joué le rôle de barrière à l'importation d'ouvrages de comptabilité américains. Mais, même dans les autres disciplines, ces manuels traduits n'étaient pas toujours très adaptés à l'« exception française » – je mets évidemment cette expression, très souvent utilisée de façon défensive, entre guillemets. Très naturellement, ceux d'entre nous qui avaient la fibre pédagogique et le goût de l'écriture se sont mis à rédiger des notes de cours à l'intention de leurs étudiants et ont quelquefois rassemblé ces notes dans des manuels adaptés au contexte français.

La plupart des enseignants-chercheurs de ma génération, à Dauphine et dans les autres universités, mais aussi dans les grandes écoles de commerce, furent donc d'abord des enseignants avant d'être des chercheurs, et ils étaient recrutés comme tels. Néanmoins, un certain nombre d'entre eux, surtout ceux qui étaient dans les universités, se lancèrent dans la préparation de doctorats de troisième cycle ou d'État pour asseoir leur position statutaire, du nouveau doctorat en sciences de gestion[6] mais aussi des doctorats en sciences économiques, en droit ou encore en sociologie. Certains firent leur doctorat, un PhD ou un DBA, aux États-Unis grâce à une bourse de la Fondation nationale de l'enseignement de la

6 Le démarrage de ce doctorat est lié à la création, en 1969, de la section « gestion des entreprises » du CSU.

gestion (Fnege). La Fnege a joué un rôle très important dans le démarrage en France de l'enseignement de la gestion, en envoyant se former aux États-Unis et aussi à Bruxelles, à l'Institut européen de recherches et d'études supérieures en management (Ieresm), spécialement créé à cette fin, ceux qui allaient devenir les premiers professeurs français de sciences de gestion[7].

Jusque dans les années 1980, la recherche en sciences de gestion est demeurée assez individuelle et axée sur la préparation de la thèse. Vous trouviez un professeur qui voulait bien accepter d'être votre directeur de thèse sur le papier (sur le formulaire d'inscription), souvent exclusivement sur le papier, et vous travailliez seul. Il n'y avait pas, sauf exception[8], de véritables équipes de recherche et encore moins de laboratoires.

La plupart des premiers centres de recherche en sciences de gestion sont apparus dans les années 1970 et au début des années 1980. Ils étaient en général composés d'un professeur (le plus souvent de sciences économiques), de deux ou trois maîtres de conférences (appelés, dans les années 1970, « maîtres-assistants », car ils étaient censés coordonner le travail des « assistants », catégorie qui n'existe plus) et des doctorants du professeur. Ces centres fonctionnaient plus ou moins activement, mais certains produisirent des cahiers de recherche ou d'étude.

Cette situation de la recherche en sciences de gestion a évolué avec la création en 1976, sur le modèle controversé[9] des agrégations de droit et de sciences économiques, de l'agrégation du supérieur de sciences de gestion et avec la création ultérieure de sociétés savantes dans les diverses sous-disciplines des sciences de gestion (Adefi, Affi, AFC, AFM, AGRH...). Les nouveaux professeurs agrégés de sciences de gestion ont voulu stimuler et professionnaliser la recherche et ils créèrent des DEA un peu partout en France dans les années 1980 et au début des années 1990. Ces DEA devinrent de véritables pépinières de docteurs, docteurs qui, pour la plupart, devinrent professeurs dans les universités, en France

7 Sur les débuts des sciences de gestion en France et sur le rôle de la Fnege, voir Pavis (2003) et Chessel et Pavis (2001).

8 Telle l'équipe de recherche (Centre d'économie industrielle) créée par Pierre Tabatoni au sein de l'Isea dans le courant des années 1960, dont les travaux furent publiés dans la série K (« Économie de l'entreprise ») d'*Économies & Sociétés* (informations que je tiens de Roland Pérez, qui fit partie de cette équipe).

9 Voir Colasse et Pavé (1996). L'autre modèle était la qualification par le CNU suivie du recrutement par une université.

et à l'étranger, ou les écoles ; en l'occurrence, les universités qui avaient alors le monopole de la délivrance des doctorats formèrent les professeurs des écoles de commerce. Les sociétés savantes et, en particulier, l'Association française (devenue francophone) de comptabilité (AFC)[10] assurèrent quant à elles la promotion et le développement de la recherche dans leurs domaines respectifs, créant les réseaux indispensables à une recherche vivante.

Dans ce contexte d'acclimatation de la gestion dans l'enseignement supérieur français, beaucoup des professeurs de ma génération furent d'abord des enseignants et devinrent ensuite, pour certains, un peu au gré des lieux et des circonstances, des chercheurs et des directeurs de recherche. Cela est presque l'inverse du parcours qui est aujourd'hui proposé à ceux qui se destinent au métier de professeur de sciences de gestion : on leur demande de faire leurs preuves comme chercheurs en réalisant une thèse et en publiant des articles avant de les recruter comme enseignants-chercheurs. Il leur faut alors mener de front une double carrière d'enseignant et de chercheur dans un domaine pédagogique et scientifique qui a ses spécificités, celui des sciences de gestion, et qui impose en particulier à l'enseignant-chercheur de ne pas perdre de vue ce que sont les pratiques de gestion. Si bien qu'il lui faut gérer, non sans quelque difficulté, un triptyque enseignement-recherche-pratique et aussi participer à la gestion de son établissement (ce que l'on peut, j'y reviendrai, considérer comme une contribution à la pratique). Bien que mon itinéraire soit atypique par rapport à celui que je viens de décrire et qui est proposé aux doctorants d'aujourd'hui, je me permettrai d'en tirer quelques réflexions et convictions sur ce triptyque enseignement-recherche-pratique.

10 Sur l'histoire de l'AF, voir Cossu et Marquès (1999), et Bessire, Levant et Nikitin (2009).

LES ACTIVITÉS D'ENSEIGNEMENT ET LES ACTIVITÉS DE RECHERCHE SONT-ELLES ANTINOMIQUES ?

Le professeur de sciences de gestion est par définition un enseignant-chercheur et il lui faut mener de front des activités d'enseignement et de recherche, comme d'ailleurs dans toutes les disciplines universitaires.

Je ne suis pas de ceux qui considèrent ces activités comme antinomiques, je les considère au contraire comme complémentaires, et selon moi, leur découplage, considéré par certains comme une réponse possible aux exigences des organismes d'accréditation et d'évaluation, ne serait pas sans risques divers pour les établissements d'enseignement supérieur. Mais si ces activités sont globalement complémentaires, il peut néanmoins exister de fortes tensions entre elles.

Il faut pour le moins une expérience de la recherche et, si possible, continuer à en faire pour dispenser un enseignement supérieur digne de ce nom, c'est-à-dire un enseignement nourri non seulement par les résultats de la recherche mais aussi par ses interrogations.

On est surpris, quand on lit un manuel prétendu d'enseignement supérieur, de n'y voir figurer aucune référence à des écrits de chercheurs ou d'y voir figurer, lorsqu'il y en a, des références surannées, souvent ornementales. Ce qui distingue le manuel d'enseignement supérieur, c'est justement son ancrage dans la recherche la plus récente, ancrage attesté par des références de qualité. Cela exige beaucoup de l'auteur. Aussi, l'activité d'auteur de manuel, telle que je l'entends, doit-elle être reconnue, notamment par nos instances d'évaluation, comme elle l'est aux États-Unis, où certains collègues fondent leur carrière sur un grand manuel devenu un « standard ». Il est vrai que, très souvent, ces collègues ont publié de nombreux articles de recherche, lesquels ont nourri leur manuel et contribué à sa qualité. Si cette activité n'était pas reconnue en France, nous deviendrions totalement dépendants des manuels américains, qui font la part belle aux spécificités américaines, et qui, en même temps, ignorent les spécificités des autres pays. Cela est dommage pour ces pays car, sous beaucoup de ses aspects et malgré la mondialisation, la gestion garde une forte dimension locale, sinon nationale – je pense en particulier au contrôle de gestion[11] et à la gestion des ressources humaines.

La recherche est aussi un apprentissage de l'écriture et de la rigueur dans l'expression ; le compte rendu de recherche, et notamment la thèse, est un exercice de rigueur, quelquefois douloureux mais nécessaire : « les mots comptent », et il faut être précis dans leur choix. De ce point de vue, la recherche apporte aussi beaucoup à l'enseignement : l'entraînement à l'écrit rend l'oral moins approximatif.

L'enseignement est par ailleurs une obligation statutaire pour le professeur des universités ; il ne lui suffit pas de produire des connaissances, il lui faut les partager et participer à leur diffusion, notamment à travers l'enseignement, mais aussi par des interventions publiques (conférences, participations à des tables rondes professionnelles, articles de presse, chroniques à la radio ou à la télévision, interventions sur les réseaux sociaux…), en prenant cependant la précaution de rester dans son domaine de spécialité.

La recherche apporte à l'enseignement, mais le fait d'enseigner apporte beaucoup au chercheur, ce qui peut paraître moins évident et plus discutable. Certains collègues souhaitent en effet s'affranchir de leurs obligations d'enseignement pour se consacrer davantage à la recherche. Ils y sont encouragés par les systèmes d'évaluation des établissements et des enseignants-chercheurs qui se mettent en place un peu partout ; en ce qui concerne les enseignants-chercheurs, ces systèmes privilégient la publication d'articles de recherche, de préférence en anglais. Henri Zimnovitch (2014) a d'ailleurs écrit sur les dangers potentiels de tels systèmes. Parmi ces dangers, et pas le moindre, il y a la dévalorisation et la marginalisation des activités d'enseignement, ainsi que des publications, manuels et ouvrages de synthèse, qui les accompagnent. Les premières victimes de cette dévalorisation et de cette marginalisation de l'enseignement sont évidemment les étudiants. Il faut, au passage, saluer l'initiative de la Fnege qui, en décernant chaque année un prix du meilleur manuel de sciences de gestion, revalorise ce type d'ouvrage.

Tout d'abord, si la recherche est un apprentissage de l'écriture, les comptes rendus de recherche, parce qu'ils sont destinés à d'autres chercheurs, c'est-à-dire à des initiés, sont souvent opaques et ésotériques, et

11 Sur la situation de l'enseignant-chercheur en contrôle de gestion, voir le très intéressant mémoire d'habilitation à diriger des recherches de Saulpic (2012).

peu accessibles non seulement aux profanes mais aussi aux professionnels. On peut d'ailleurs regretter que le repli actuel des écrits de chercheurs sur les seules revues à comité de pairs ne fasse que renforcer cette tendance à l'ésotérisme. Au contraire, l'enseignement convie le chercheur à l'« exotérisme » ; il lui faut rendre son savoir accessible aux non-initiés que sont les étudiants. Il peut en tirer profit. En effet, les étudiants, y compris les débutants, ont des idées (!) et aussi des représentations, on l'oublie trop souvent. Ces idées et ces représentations peuvent nous amener à nous interroger sur nos recherches, voire nous orienter vers l'étude de questions auxquelles nous n'aurions pas pensé. Nos étudiants nous confrontent à notre ignorance ; par un retournement de situation singulier, nous devenons, en tant que chercheurs, leurs étudiants. Certes, nos congrès, nos journées d'études, nos séminaires et toutes nos manifestations scientifiques sont des occasions d'échange sur nos recherches, mais entre pairs, et elles ne sauraient remplacer la fraîcheur des interrogations de nos étudiants en formation initiale ou la richesse du questionnement des étudiants en formation continue. Par ailleurs, l'enseignement nous oblige à clarifier nos idées, à creuser nos interprétations, à expliciter le résultat de nos recherches. C'est aussi un remède contre l'extrême spécialisation qui guette le chercheur, car la plupart de nos enseignements débordent largement le champ de nos recherches et les questions des étudiants nous invitent à franchir les frontières qui bornent, souvent de façon très artificielle, nos travaux de recherche.

Tout ceci pour dire que l'enseignement et la recherche ne vont pas l'un sans l'autre. Il reste que nos conditions d'enseignement, notamment dans les universités, peuvent être difficiles et faire obstacle à une pratique harmonieuse de l'enseignement et de la recherche. On n'enseigne pas toujours, surtout en début de carrière, la discipline que l'on souhaiterait ou qui est en lien direct avec les recherches que l'on mène. Toutefois, ce genre d'expérience n'est pas nécessairement sans retombées diverses, y compris scientifiques.

PEUT-ON ÊTRE PROFESSEUR DE SCIENCES DE GESTION SANS UNE EXPÉRIENCE DE LA PRATIQUE ?

Ce qui singularise aussi les sciences de gestion – et les distingue peut-être de l'économie des organisations, de la sociologie des organisations, de la psychologie des organisations ou encore de l'histoire des affaires, pour ne citer que quelques sciences avec lesquelles elles entretiennent des relations étroites –, c'est leur relation à la pratique. On a dit avec raison qu'elles étaient des sciences de l'action humaine, des sciences « praxéologiques ».

Cela pose le problème des relations de l'enseignant-chercheur avec la pratique et nous ramène à la distinction un peu abrupte que j'ai faite au début de ce texte entre le professeur de gestion et le professeur de sciences de gestion. Il faut évidemment que nos étudiants en gestion soient informés sur l'état de l'art (« art », au sens de pratique), en d'autres termes sur ce qui se fait dans les organisations. Il y va de leur insertion professionnelle et, de ce point de vue, nous sommes responsables devant eux et avons des comptes à leur rendre (c'est le comptable qui parle !). Cette initiation à l'état de l'art, un art en perpétuelle évolution, est plutôt la tâche de ce que j'appelle un professeur de gestion ; elle suppose évidemment que ce professeur connaisse bien la pratique, et il la connaîtra d'autant mieux qu'il sera un praticien lui-même. C'est un peu ce que l'on demande aux professeurs dits « associés », ces praticiens chevronnés qui continuent d'exercer leur activité et font, dans leur spécialité, de l'enseignement à temps partiel. Je pense que nos universités et nos écoles ont besoin de professeurs associés, notamment pour l'enseignement des disciplines fonctionnelles, et que leur rôle est complémentaire de celui, tel que je le conçois, du professeur en sciences de gestion. L'une des idées d'André Cibert, lorsqu'il lança à Dauphine la future maîtrise de sciences de gestion (MSG), était que les enseignements soient coanimés par un universitaire, disons un professeur de sciences de gestion, et un professionnel associé, disons un professeur de gestion. Une telle collaboration est malheureusement devenue très rare, peut-être parce qu'elle exige beaucoup, notamment du temps, et du professeur de sciences de gestion et du professeur de gestion associé.

Le rôle d'un professeur de sciences de gestion n'est pas exactement le même que celui d'un professeur de gestion. On attend de lui qu'il prenne du recul par rapport à la pratique, qu'il la mette dans une perspective théorique, qu'il la conceptualise, qu'il en dévoile les soubassements historiques et sociologiques, les finalités aussi, qu'il la confronte aux résultats de la recherche et qu'il en fasse éventuellement la critique. Cela exige cependant qu'il la connaisse bien. Il y va de la pertinence de son enseignement et de sa crédibilité. Le professeur de sciences de gestion qui n'aurait aucun contact avec la pratique risquerait de dispenser un enseignement désincarné et peu ancré dans le réel, et, en définitive, peu crédible. Doit-il pour autant avoir été un praticien ou l'être en même temps qu'il est enseignant-chercheur ?

On peut penser qu'il est bon pour un enseignant-chercheur d'avoir eu une expérience de la pratique pendant quelques années, qu'il soit passé par une sorte de « clinicat » comme salarié d'une entreprise, d'une administration, d'une association ou encore comme membre d'une profession libérale. Il lui faut avoir « vécu » ce qui se passe dans les organisations et subi en quelque sorte l'épreuve de leur culture, une culture très différente de celle du monde de l'enseignement et de la recherche. À cet égard, dans sa singularité, parce qu'elle est assez rare, la carrière d'Henri Zimnovitch est exemplaire. Formé dans une école supérieure de commerce, il se consacre pendant quinze ans à la création et à la reprise de PME de la filière du recyclage textile ; il est alors, dit-il avec humour, « chiffonnier ». Puis, il commence à donner des conférences tirées de ses expériences en entreprise et devient en quelque sorte professeur de gestion. Il prend alors la décision de faire une thèse, une thèse en histoire de la comptabilité ; il devient, dit-il, « scribe ». Enfin, il passe l'agrégation du supérieur et devient professeur des universités en sciences de gestion, d'abord à l'École des mines de Nancy, puis au Cnam. À n'en point douter, sa longue expérience de praticien des affaires lui a servi et lui sert encore dans ses enseignements et ses recherches.

Bien que ces fonctions soient souvent dévalorisées par le qualificatif « administratives » qu'on leur accole, l'exercice temporaire de la direction d'un diplôme, d'un département d'enseignement, d'un centre de recherche ou d'un établissement peut constituer une bonne expérience de la pratique. On peut même dire avec Yves Dupuy (2012, p. 363) que l'enseignant-chercheur en sciences de gestion qui s'y consacre fait de la recherche-action, ce qui mériterait d'être mieux reconnu par nos instances d'évaluation. Devraient être également mieux reconnues les activités de création de diplômes, de programmes, voire d'institutions, activités qui relèvent d'une forme d'entrepreneuriat ; les collègues qui se consacrent à ces activités innovantes n'ont pas toujours le support et la reconnaissance que mériteraient leurs initiatives.

LA RECHERCHE EN SCIENCES DE GESTION EST-ELLE AU SERVICE DE LA PRATIQUE ?

Le chercheur en sciences de gestion n'a pas, selon moi, pour rôle d'apporter des solutions immédiates aux problèmes des praticiens ; je pense que c'est à eux et à leurs consultants éventuels de trouver ces solutions.

Je crois, mais il s'agit là d'un point de vue un peu « intégriste » que ne partagent pas tous les collègues, que le chercheur en sciences de gestion doit rester autant que possible à l'écart des activités de conseil, du moins de certaines d'entre elles : il risque en effet, selon moi, d'y sacrifier et sa compétence scientifique et son indépendance. Certes, certaines activités de conseil s'apparentent à de la recherche intervention, mais beaucoup sont très routinières et ne font que consommer des connaissances plus ou moins scientifiques. Par ailleurs, celui qui s'y livre peut y perdre son indépendance intellectuelle : le consultant agit pour un client, souvent le dirigeant d'une entreprise ; même si ce dernier ne lui dicte pas sa tâche, il n'en assume pas moins les objectifs. Le professeur-consultant peut donc se trouver confronté à des dilemmes éthiques, voire quelquefois à des conflits d'intérêts. Dans un ouvrage très polémique publié en 2012, un journaliste (Mauduit, 2012) qualifie d'« imposteurs » ces professeurs de sciences économiques qui se présentent dans les médias comme de purs universitaires alors qu'ils tirent l'essentiel de leurs revenus de multiples activités privées ; il stigmatise en particulier leur proximité avec les milieux de la banque et, plus généralement, de la finance. Je ne crois pas qu'il y ait beaucoup d'« imposteurs » parmi les professeurs en sciences de gestion, mais il nous faut être vigilants et ne pas tomber, via le conseil ou d'autres activités extra-universitaires plus ou moins lucratives, dans ce piège des conflits d'intérêts. Ce piège est dangereux pour notre profession car il rend suspects de partialité les résultats de nos recherches et décrédibilise nos enseignements. Peut-être nous faudra-t-il un jour un code de déontologie. Cela dit, un professeur de sciences de gestion peut jouer, auprès de l'une ou l'autre des parties prenantes à la vie de l'entreprise, le rôle d'expert. Pourquoi pas si cela n'est pas masqué et si l'intéressé sait rester dans son domaine de spécialité ? J'ai en particulier beaucoup de considération, voire de l'admiration, pour nos collègues, peu nombreux il est vrai, qui apportent leur expertise aux syndicats ouvriers, et le font souvent aux dépens de leur carrière. Mais, sans doute parce que mon *habitus* est profondément « laïque », j'ai tendance à penser, bien que cela puisse sembler naïf, que nous sommes au service de l'intérêt général et donc au service des différentes parties prenantes à l'entreprise, et pas au service d'une en particulier, et notamment de ses dirigeants. Le service que nous apportons aux parties prenantes est avant tout un service de connaissance. Nous devons leur apporter des connaissances susceptibles de les aider à mieux comprendre les organisations dans lesquelles ils évoluent et qu'ils gèrent ; en d'autres termes, les aider à renforcer et à développer leur intelligence organisationnelle.

Soyons donc à l'écoute des praticiens – ce qui ne signifie pas, répétons-le, être à leur service – et ne négligeons pas leurs problèmes ; si nous les négligions, nous ferions dans l'académisme, ce qui est reproché à certains d'entre nous. Cela implique que nous fassions un effort d'interdisciplinarité. En effet, les problèmes de la pratique sont toujours interdisciplinaires et mettent à mal nos clivages disciplinaires. Nous ne sommes guère préparés à ce genre d'effort, tant la recherche va vers la spécialisation, disciplinaire et intradisciplinaire.

Les sciences de gestion ne sont pas les seules à s'intéresser aux organisations ; d'autres sciences, plus anciennes, s'y intéressent : les mathématiques, l'économie, le droit, la sociologie, la psychologie, et l'histoire bien sûr. On ne peut ignorer les apports de ces diverses sciences à l'étude des organisations et des problèmes qui s'y posent. De plus, parce qu'elles sont plus anciennes, elles peuvent nous apporter beaucoup sur le plan méthodologique.

Bien évidemment, on ne peut être à la fois un spécialiste des sciences de gestion et de ces diverses disciplines. Cela dit, on peut être un bon spécialiste des sciences de gestion et, en même temps, un spécialiste de l'une de ces disciplines. Il y a parmi nous de bons matheux, de bons économistes, de bons sociologues et aussi… de bons historiens. Henri Zimnovitch allie par exemple, et de façon remarquable, des compétences de gestionnaire, à la fois comme ancien praticien et comme universitaire, et d'historien. Bien sûr, on ne peut demander à tous les enseignants-chercheurs en sciences de gestion de pratiquer une autre discipline, et l'on ne peut guère aller au-delà de la pratique de deux disciplines. Le principal est de rester ouvert aux autres disciplines qui se partagent l'étude des organisations. En d'autres termes, il faut éviter une focalisation exclusive sur les seules sciences de gestion et continuer à enrichir sa culture, notamment par des lectures hors de son propre champ. La délimitation institutionnelle des sciences de gestion, à savoir la création en 1969 de la section 06 du Conseil national des universités (CNU), a permis leur développement ; elle était nécessaire, mais nous ne saurions nous y enfermer : cette section n'a pas le monopole scientifique de l'objet « organisation ». Il nous faut dialoguer avec toutes les sciences qui s'intéressent à cet objet et développer des recherches aux frontières de celles-ci et des sciences de gestion. Ainsi, certains membres de l'Association francophone de comptabilité (AFC) ont su dialoguer très efficacement avec les historiens et les sociologues et avancer avec eux sur de nouvelles voies de recherche ; c'est le cas du groupe d'historiens de la comptabilité et du management dont font partie, outre Henri Zimnovitch, beaucoup d'auteurs de ces Mélanges qui lui sont dédiés. De ce point de vue, la publication d'un *Dictionnaire historique de la comptabilité des entreprises* (2016) par un collectif réunissant, sous la direction de Didier Bensadon, Nicolas Praquin et Béatrice Touchelay, des comptables historiens et des historiens spécialistes de la comptabilité est très révélatrice.

Cette nécessaire ouverture est d'autant plus difficile que la recherche en sciences de gestion se spécialise de plus en plus, et que naissent sans cesse des sous-disciplines qui entretiennent de moins en moins de liens les unes avec les autres. Les systèmes d'accréditation des établissements et de notation des enseignants-chercheurs qui se mettent actuellement en place, fondés essentiellement sur le nombre de publications dans des revues académiques, poussent d'ailleurs, comme le remarque Yves Dupuy (2012, p. 365), à cette spécialisation intradisciplinaire, ce qui nous conduit incidemment à nous interroger – il est difficile de ne pas faire d'épistémologie – sur l'unité et donc sur l'identité même des sciences de gestion. Cette spécialisation nuit sans doute à notre compréhension des problèmes de la pratique, qui sont par nature interdisciplinaires et, en même temps, à nos relations avec les praticiens. Il est toutefois possible de remédier à cette situation, tout simplement en s'engageant à plusieurs dans des projets transversaux de recherche qui mobilisent des spécialistes de plusieurs sous-disciplines ou de plusieurs disciplines, ce qui commence à se faire au sein d'un certain nombre de centres de recherche.

EN TANT QU'INTELLECTUEL, COMMENT LE PROFESSEUR DE SCIENCES DE GESTION PEUT-IL EXERCER SON RÔLE CRITIQUE ?

Le service de connaissance qui est celui du professeur de sciences de gestion implique s'il le faut la critique et, éventuellement, l'intervention dans le débat public. Le rôle du professeur de sciences de gestion n'est pas, selon moi, comme je l'ai déjà dit, de proposer des solutions aux dirigeants mais de rendre visibles pour toutes les parties prenantes les mécanismes et les enjeux du management, en d'autres termes d'« ouvrir les boîtes noires » et, éventuellement, de critiquer ce qu'il y découvre[12]. Il nous faut critiquer les pratiques de gestion que nous observons, les discours aussi, souvent promotionnels ou rationalisateurs, que nous entendons. Il faut également savoir nous élever contre les idées reçues et montrer la vacuité de certaines « recettes » à la mode, souvent habillées d'une scientificité douteuse, telles que les célèbres « recettes » de l'excellence de Peters et Waterman (1983), aujourd'hui heureusement oubliées, mais qui ont connu un beau succès dans le milieu des entreprises dans les années 1980[13]. Ce rôle critique est un rôle important des sciences de gestion ; en l'assumant, comme le dit Marc Nikitin (2003, p. 70), elles auraient « d'une part un projet : rendre compte de la façon dont les choses se sont

12 En disant cela, il est possible que je fasse allégeance à un paradigme épistémologique particulier – on n'échappe pas à la réflexion épistémologique.

13 Saluons au passage un petit ouvrage critique, déjà ancien mais toujours aussi décapant et revigorant, du groupe CriM (Critique et Management), le *Petit bréviaire des idées reçues en management* de Pezet et Sponem (2008).

passées, et d'autre part une fonction : permettre de juger du sérieux des énoncés produits par les vendeurs de méthodes de gestion ».

Pour assumer cette fonction critique, le professeur de sciences de gestion peut, éventuellement, intervenir dans le débat public et se comporter en « intellectuel spécifique » à la Foucault. Contrairement à « l'intellectuel universel », qui use et, quelquefois, abuse de son statut d'intellectuel pour donner son avis sur tout, « l'intellectuel spécifique », selon Foucault (1976, p. 31-33), n'intervient dans le débat public que sur les questions pour lesquelles il dispose d'un savoir spécifique issu de ses travaux professionnels, par exemple de ses recherches en sciences de gestion. Il faut reconnaître que les actuels professeurs de sciences de gestion, à la différence des professeurs de sciences économiques ou de sociologie, jouent assez peu ce rôle, par réticence ou faute peut-être d'être identifiés par les médias. Certains, cependant, interviennent sur la scène médiatique mais, bizarrement, en se présentant quelquefois comme économiste ou sociologue[14]... Il est évident que le professeur de gestion, fortement engagé dans la vie des organisations, n'a pas la même liberté critique que le professeur de sciences de gestion (à la condition bien sûr que celui-ci se tienne à l'abri de tout conflit d'intérêts).

L'engagement ou la participation au débat public a incontestablement une dimension idéologique, il ne faut pas le nier, mais elle ne fait pas pour autant de vous un idéologue si, justement, vous ne niez pas sa dimension idéologique, si vous en êtes conscient, si vous acceptez d'écouter des points de vue différents du vôtre et, éventuellement, de modifier celui-ci ; en d'autres termes, pour parler comme Jürgen Habermas (1992), si vous faites vôtre une éthique de la discussion. Dans les sciences de l'homme et de la société, dont les sciences de gestion font partie, on ne peut éliminer l'idéologie, mais on peut remédier à ses errements et ses déviations par la discussion.

En revanche, bien sûr, le chercheur en sciences de gestion ne doit pas être indifférent aux problèmes des praticiens et, s'il le peut, il lui faut choisir des sujets de recherche en lien avec leurs problèmes. Cela implique qu'il soit à leur écoute. Être à l'écoute de la pratique ne signifie pas être soi-même

14 Comme si les sciences de gestion étaient académiquement moins nobles (ou moins porteuses dans les médias) que l'économie ou la sociologie. Il y a là matière à une analyse bourdieusienne : les sciences de gestion comme discipline académique dominée et reniée par les siens.

un praticien, même si, comme je l'ai dit précédemment, une expérience de la gestion peut être fort utile, voire nécessaire. Il est d'autres manières de rester à l'écoute des praticiens et à leur proximité. On peut, comme je l'ai déjà dit, participer à leurs manifestations professionnelles. Pour ma part, j'essaie d'aller à chaque fois que je le peux aux congrès de l'ordre des experts-comptables ; je m'y ennuie un peu, mais j'y apprends aussi beaucoup. Je suppose d'ailleurs que les praticiens qui viennent aux congrès de nos sociétés savantes s'y ennuient beaucoup, ce qui peut expliquer qu'ils soient peu nombreux… Il faut aussi lire les revues professionnelles ; on y découvre les préoccupations des praticiens, lesquelles peuvent suggérer des sujets de recherche et aussi, quelquefois, nous permettre d'enrichir l'interprétation de nos résultats. Enfin, nous ne devons pas ignorer l'aide scientifique que peuvent nous apporter les praticiens en matière de collecte d'informations, en répondant à nos questionnaires et en nous ouvrant les portes de leurs organisations, mais aussi en matière d'interprétation de nos résultats, par le biais par exemple d'enquêtes de confirmation.

EN CONCLUSION
Soyons « libres, critiques, responsables »

Selon les pondérations que chacun d'entre nous accorde à la recherche, à l'enseignement et à la pratique, il existe différentes façons d'exercer ce métier de professeur de sciences de gestion. Henri Zimnovitch illustre de manière particulière l'une de ces façons.

Nous avons, en tant qu'enseignant-chercheur de sciences de gestion, à gérer bien des tensions. Tout au long de notre carrière, il nous faut faire des arbitrages entre les pôles du triptyque recherche-enseignement-pratique, au risque de la schizophrénie. Parmi les arbitrages les plus difficiles qu'il nous faut faire en tant que chercheurs, il y a celui entre la rigueur de nos recherches, appréciée par nos pairs de la discipline et, éventuellement, des autres disciplines des sciences de l'homme et de la société, et la pertinence sociale de nos travaux, c'est-à-dire leur utilité pour ceux qui vivent dans les organisations. Il s'agit là d'un arbitrage assez spécifique des sciences de gestion.

À coup sûr, pour bien exercer ce métier, il nous faut nous montrer libres, critiques et responsables : libres par rapport aux parties prenantes à la vie des organisations – il nous faut donc éviter de nous mettre dans des situations susceptibles de porter atteinte à notre liberté académique – ; critiques par rapport à ce que nous observons et entendons, ce qui suppose que nous soyons libres ; et, enfin, responsables devant les parties prenantes à la vie des organisations, devant nos pairs et, bien sûr, devant nos étudiants.

Cette triple exigence de liberté, de vigilance critique et de responsabilité fait la difficulté mais aussi l'intérêt et la grandeur de notre métier. Mais encore faut-il que nos établissements la partagent… De ce point de vue, les universités françaises, quelles que soient les nombreuses critiques que l'on puisse leur adresser, restent des lieux incomparables et irremplaçables. Les sciences de gestion traitent de sujets socialement sensibles, riches d'enjeux pour de nombreuses parties prenantes à la vie des organisations, et les universités apportent aux professeurs de sciences de gestion la protection nécessaire à leur liberté académique.

Bernard COLASSE
Professeur émérite
à l'université Paris-Dauphine

BIBLIOGRAPHIE

BENSADON, Didier, « L'institutionnalisation de la recherche en contrôle de gestion en France : André Cibert, un entrepreneur institutionnel ? », Communication présentée au 38e congrès de l'AFC, Poitiers, 2017.

BESSIRE, Dominique, LEVANT, Yves, NIKITIN, Marc, « L'émergence et la structuration d'une communauté scientifique : le cas de l'AFC depuis 30 ans », Communication au 30e congrès de l'AFC (halshs-00459802), École de management de Strasbourg, 2009.

CHESSEL, Marie-Emmanuelle, PAVIS, Fabienne, *Le technocrate, le patron et le manager : une histoire de l'enseignement supérieur de gestion*, Paris, Belin, 2001.

COLASSE, Bernard, PAVÉ, Francis, « Entretien avec Pierre Tabatoni », *Gérer et Comprendre*, n° 44, 1996, p. 71-84.

COSSU Claude, MARQUÈS, Edmond, « Vingt ans d'AFC », *Comptabilité Contrôle Audit*, n° spécial : « Les vingt ans de l'AFC », 1999, p. 13-22.

DUPUY, Yves, « Le cherchant et le publieur en gestion », in C. Hoarau, J.-L. Malo, C. Simon, *Comptabilité, contrôle et société*, Paris, Foucher, 2012.

FOUCAULT Michel, « La fonction politique de l'intellectuel », *Politique-Hebdo*, 29 novembre-5 décembre 1976, p. 31-33.

HABERMAS, Jürgen, *De l'éthique de la discussion*, Paris, Éditions du Cerf, 1992.

MARCO, Luc, « L'agrégation des sciences de gestion (1976-2005) », *Revue d'histoire des sciences humaines*, n° 14, 2006, p. 173-198.

MAUDUIT, Laurent, *Les imposteurs de l'économie*, Paris, Éditions Jean-Claude Gawsewitch, 2012.

NIKITIN, Marc, « De la science des affaires aux sciences de gestion », *Gérer et Comprendre*, n° 74, 2003, p. 67-75.

PAVIS, Fabienne, *Sociologie d'une discipline hétéronome. Le monde des formations en gestion entre universités et entreprises. Années 1960-1990*, thèse pour le doctorat de sociologie, Paris I-Panthéon-Sorbonne, 2003.

PETERS, Thomas, WATERMAN, Robert, *Le prix de l'excellence*, Paris, InterÉditions, 1983.

PEZET, Anne, SPONEM, Samuel, *Petit bréviaire des idées reçues en management*, Paris, La Découverte, 2008.

SAULPIC, Olivier, *Comment articuler les différentes dimensions du métier d'enseignant-chercheur en gestion ? Le cas des instruments de contrôle de gestion*, mémoire d'habilitation à diriger des recherches, université d'Orléans (LOG), 2012.

ZIMNOVITCH, Henri, « L'inévitable évaluation scientifique au risque de la standardisation », *Économies et Sociétés*, série KF, n° 4, 2014, p. 1221-1233.

LA PRUDENCE AU PRISME DE LA PHILOSOPHIE

Regards de deux gestionnaires en hommage à Henri Zimnovitch

INTRODUCTION

Si la recherche comptable abonde en travaux hautement formalisés, il n'en reste pas moins que des auteurs appellent à ne pas céder à la tentation de ces seules approches et à se pencher sur les fondements de la pensée comptable afin de « construire une compréhension profonde, *donc potentiellement critique*, des ressorts fondamentaux de la gestion (de l'action organisée) » (Dupuy, Lacroix et Naro, 2006, p. 17). Il s'agit au fond d'approfondir la recherche *en* comptabilité, par opposition à la recherche *sur* la comptabilité, qu'ont permis par exemple les changements paradigmatiques ouverts par les théories positives et critiques (Jeanjean et Ramirez, 2008). Il est nécessaire pour cela de mobiliser une pensée complexe dans laquelle il convient de recourir à des domaines de connaissance extérieurs à la comptabilité elle-même ; en les introduisant dans son champ de réflexion, il est alors possible de créer un espace renouvelé, à même de produire de nouveaux questionnements. Cette démarche peut être considérée comme une rupture par rapport à la tendance actuelle de la recherche comptable, qui est de s'appuyer préférentiellement sur les champs théoriques de la finance et de l'économie[1] (Oler, Oler et Skousen, 2010).

Penser le présent dans sa complexité requiert de comprendre non seulement comment les acteurs pensent et agissent, mais aussi de s'emparer

1 … et correspond, accessoirement, à l'un des chevaux de bataille d'Henri Zimnovitch, qui aimait à rappeler l'importance de sa formation en philosophie dans sa démarche de chercheur en gestion.

des cadres au sein desquels se déploient cette pensée et cette action. Nous nous plaçons à cet égard dans une tradition solidement ancrée en sociologie (Lahire, 2015), visant à mettre en évidence l'infrastructure conceptuelle de la pratique, dans notre cas gestionnaire. Préoccupée d'abord par l'efficacité de l'action et l'économie des ressources, la gestion ne fait en effet pas de l'identification de ses conditions de possibilité une priorité. La réflexion porte sur la pratique et ses déterminants, mais moins souvent sur les concepts implicites qui la sous-tendent. Ainsi, par exemple, on pense le reporting financier en termes de pertinence (informer l'investisseur), de coûts de production et de ses conséquences (captation de la valeur), et non en s'interrogeant sur les fondements de son existence (ses conditions d'élaboration ou de réception). Le recours à la philosophie peut être une voie possible d'élargissement de la compréhension de concepts comptables enfermés dans la répétition des discours, des idéologies et des pratiques.

Au travers de ce questionnement philosophique, nous cherchons à interroger le sens et la signification des concepts revendiqués de la pratique comptable – ici la prudence –, à l'aune de ce que certains philosophes ont pu écrire à différentes périodes. Nous ne prétendons pas faire de la philosophie mais prétendons y recourir pour nous aider à éclairer différemment la réflexion comptable. Il s'agit d'élargir le cadre intellectuel habituel de la comptabilité pour aller puiser à d'autres sources et ainsi mieux comprendre les concepts utilisés, au-delà de leur acception technique habituelle. La comptabilité n'est en effet pas un monde à part qui se réduirait au produit désincarné des techniques qu'elle met en œuvre. Sa dimension instrumentale occulte bien souvent le fait que celle-ci est porteuse de sens et d'intention (Lascoumes et Le Galès, 2005), qu'elle emprunte des concepts à d'autres disciplines – parfois bien éloignées des siennes – et qu'elle modifie la société au contact de ses propres dispositifs techniques (Ellul, 1954 ; Hopwood, 1994). En d'autres termes, la comptabilité ne véhicule pas qu'une action sur le monde, elle y puise ses concepts et produit des idées à même de le transformer. Elle apparaît à cet égard emblématique des interactions entre dispositifs techniques et structures de pensée, et son rôle dans la transformation des relations sociales et économiques a été souligné par Supiot (2009, p. 263) :

> Il est évidemment illusoire de croire que les normes comptables sont des règles « purement techniques », exemptes de tout choix politique. L'estimation des

> flux de revenus futurs est un exercice hasardeux qui s'apparente davantage à la tarification des indulgences célestes qu'à la science expérimentale.

La notion de « prudence » appartient à ces concepts issus de la philosophie politique ou morale, et utilisés en comptabilité au point parfois d'en devenir une qualité substantielle, l'influençant ainsi de façon déterminante dans sa façon de retranscrire le patrimoine et/ou les activités de l'entreprise. Dans cet article, nous nous intéressons à la façon dont le concept de prudence, vu au travers de grands jalons de l'histoire de la philosophie, peut éclairer différemment son utilisation en comptabilité. Il s'agit donc de retracer la généalogie du concept de prudence en philosophie – principalement politique – afin de montrer, d'une part, que la prudence est consubstantielle à l'activité humaine – et, de ce fait, assez logiquement reprise par la comptabilité – et, d'autre part, que la comptabilité, en recourant à ce concept, s'inscrit dans la continuité de cette consubstantialité. Néanmoins, l'évolution de ce concept montre que sa signification, et donc sa façon de s'inscrire dans l'activité humaine, est sujette à transformation au cours du temps. Cette modification de sens est également perceptible dans les pratiques comptables. La conclusion est l'occasion de s'interroger sur les motifs de la rupture anthropologique qu'a constitué le refus de l'IASB de la maintenir dans son cadre conceptuel lors de sa révision en 2010.

Cet article s'articule de la façon suivante. Dans une première section, nous présentons l'acception du mot « prudence », tel qu'il est véhiculé de l'Antiquité au Moyen Âge. Dans une deuxième section, nous nous attachons à sa signification à partir de l'époque moderne. Cette brève incursion chez les auteurs les plus diserts à propos de la notion de prudence – principalement Aristote, Thomas d'Aquin, Machiavel et Kant – nous permet de distinguer une prudence morale et une prudence procédurale. Ce clivage ne doit pas être entendu comme une vérité absolue, mais comme un recours méthodologique et épistémologique nous permettant par la suite de montrer comment le concept de prudence change de sens dans les pratiques comptables. Autrement dit, tant dans l'histoire des idées que dans les définitions comptables, il existe une oscillation entre ces deux acceptions de la prudence. L'enjeu est ici d'analyser et de déterminer laquelle de ces deux acceptions peut être amenée à dominer l'autre au cours d'une période. Il n'existe donc pas un modèle pur de prudence mais plutôt une hybridation de ces deux modèles où l'un tend à prendre le pas sur l'autre, dans un mouvement de glissement de sens progressif, et parfois difficilement perceptible. La conclusion est l'occasion d'engager une discussion et de proposer des hypothèses expliquant les motifs historiques à ce lent glissement de sens, tel qu'il est identifiable en comptabilité.

DE L'ANTIQUITÉ AU MOYEN ÂGE
La prudence comme être-au-monde

« La prudence est le principe de tout et le plus grand bien », écrivait Épicure au IVe siècle av. J.-C. à son disciple Ménécée. Cette maxime nous renseigne sur deux éléments déterminants. D'une part, la prudence est au fondement de toute chose et constitue donc un élément crucial de notre rapport au monde. D'autre part, elle est constitutive d'un sens moral donné aux choses et aux actions qui la portent ; elle est donc aux antipodes d'une neutralité de l'agir.

LA CONCEPTION ANTIQUE DE LA PRUDENCE : UNE CONDUITE MORALE POUR L'ACTION

La conception antique de la prudence reste étroitement associée à l'*Éthique à Nicomaque* d'Aristote, philosophe s'étant le plus intéressé à cette notion. Comme en de nombreux autres domaines, Aristote se détache de l'approche platonicienne de cette notion. Alors que Platon faisait de la prudence un élément constitutif, avec la tempérance, la justice et la force, de la vertu réservée aux gardiens de la République (*Les Lois*), Aristote repousse cette conception d'une prudence distinguant le philosophe du reste des hommes. Sa démarche repose non sur une distinction de statuts au sein de la société, mais de formes de sagesse, accessibles à tout homme : l'une qui est liée à la contemplation (la *sophia*) et l'autre, déterminée par l'action (la *phronesis*). C'est d'ailleurs ce dernier sens qui, après avoir été traduit en latin sous le nom de *providentia*, puis contracté en *prudentia* avec une « nuance de force et de stratégie » (Delannoi, 1993), est repris dans la langue française à compter du XIIIe siècle. Antoine Furetière la définit ainsi dans son *Dictionnaire universel* (1690) comme « la première des vertus cardinales, qui enseigne à bien conduire sa vie et ses mœurs, ses discours et ses actions suivant la droite raison. La prudence oblige à bien examiner les choses, à prendre conseil. Un juge doit juger avec prudence et circonspection ».

Pour Aristote, la prudence doit permettre de parvenir à ses fins de la meilleure manière possible : « Le propre d'un être prudent, c'est d'être capable de délibérer sur ce qui est bon et avantageux » (Aristote, 310 apr. J.-C., § VI.5). La prudence devient « l'intermédiaire obligé entre la fin et les moyens, entre les intentions morales et les actions morales » (*in* Noble, 1949 ; cité par Aubenque, 1963). Ni science, ni art, la prudence est une vertu comme chez Platon, mais une vertu bien particulière : alors que « la vertu morale est une disposition (pratique) concernant le choix, la prudence est une disposition pratique concernant la règle de choix ; il ne s'agit pas ici de la rectitude de l'action, mais de la justesse du critère » dans le but de distinguer « non pas le Bien et le Mal en général, mais le bien et le mal pour l'homme » (Aubenque, 1963, p. 34). La prudence est essentiellement dialogique, éventuellement avec soi-même, mais dans la perspective de devenir vertueux. Si, comme pour Platon, il s'agit de poursuivre un universel, celui-ci est actualisé dans un moyen qui le réalise (Tosel, 1995) et prend ainsi une dimension profondément humaine et pratique.

C'est cette actualisation qui permet d'identifier la prudence, à défaut de la définir. Aristote souligne ainsi que « la meilleure façon de saisir ce qu'est la prudence, c'est de considérer quels sont les hommes que nous appelons *prudents* » (Aristote, 310 apr. J.-C., § VI.4) : c'est le *phronimos*, à la fois homme d'action et de pensée, un certain type d'homme que nous savons tous reconnaître (Aubenque, 1963, p. 35), « capable[s] de considérer ce qui est bon pour [lui-même] et pour les hommes » (Aristote, 310 apr. J.-C., § VI.5). Le Cyrus de Xénophon (Xénophon, 370 apr. J.-C.) est à certains égards l'incarnation de cet homme, à la fois, chef de guerre, *prudent* et *zélé* (*phronimos* et *spoudaios*). Cyrus reconnaît la contingence des phénomènes, et l'homme prudent « s'insère dans l'ordre du monde pour le modifier » (Aubenque, 1963, p. 66). Il sait utiliser cet espace pour avoir un jugement sur les choses et agir en conséquence. Il n'est donc pas passif et ne subit pas les événements : son action n'est pas neutre, elle transforme la nature des choses.

À l'instar de Cyrus, l'homme prudent sait donc *bien* délibérer : il remonte la chaîne de causalité de la fin et des moyens, sans pour autant référer à une éventuelle structure mathématique de la décision car « le vrai dans les affaires humaines ne se confond pas avec le démontrable » (*ibid.*, p. 151). Il sait également combiner des « moyens efficaces en vue de fins réalisables » (*ibid.*, p. 112) et élaborer une opinion qui soit le fruit d'une délibération collective. La prudence est la partie calculative de l'âme, celle qui est « une disposition de la volonté consistant dans un juste milieu relatif à nous, lequel est déterminé par la droite règle et tel que le déterminerait l'homme prudent » (Aristote, 310 apr. J.-C., § II.6). L'homme prudent est donc l'homme de bien, disposant d'une « intelligence critique » (Aubenque, 1963, p. 50), reconnu pour son savoir-faire, la justesse de son coup d'œil et son jugement, plutôt que pour l'exactitude désincarnée de ses calculs. C'est l'individu à la fois capable de s'éloigner des généralités de la loi ou de la science et de juger, à la lumière de son expérience, avec un souci d'équité[2] et une vue d'ensemble des cas particuliers qui se présentent à lui. La prudence est ainsi un savoir singulier qui nécessite du temps, mais aussi des vertus morales, tels le courage ou la tempérance.

Vient ensuite l'instant du choix, la *proairesis*, qui constitue à la fois la capacité à se fixer un but, l'intention et la responsabilité morale devant autrui. Une fois le choix effectué, c'est « le moment de l'habileté » technique visant à la meilleure combinaison possible : « le bon choix ne se mesure pas à la rectitude de l'intention, mais à l'efficacité des moyens » (*ibid.*, p. 122). C'est la capacité qu'ont les hommes sages à mettre en relation leurs actions et les fins poursuivies (Aristote, 323 apr. J.-C.) ; « c'est la saisie simultanée de la fin et des moyens » (Aubenque, 1963, p. 133). Ainsi, bien que restant une question technique – et non morale – de la qualité des moyens mis en œuvre dépend aussi la rectitude de l'intention : pour être bonne, l'action doit être techniquement réussie ; autrement dit, la négligence est une faute morale.

Cependant, il convient de ne pas confondre le prudent et l'habile. Alors que l'habile est indifférent à la qualité de la fin – seule compte la combinaison des moyens les plus efficaces , le prudent est le praticien, celui qui agit dans le sens de la *praxis*, c'est-à-dire en ayant à l'esprit l'étroite corrélation qui existe entre la finalité morale et l'habileté

2 « [...] l'équité n'est rien d'autre que d'avoir de l'indulgence pour certaines choses » (Eth. à Nic., VI.4) et « l'indulgence est le jugement qui décide de l'équitable, lorsque ce jugement est droit, et il est droit lorsqu'il porte sur le vrai » (Aristote, 310 apr. J.-C., § VI.4).

technique. Tant par son action que par l'habileté et la tempérance qu'il y met, le prudent supplée à une prévoyance défaillante et introduit dans le monde un peu du Bien des divinités impuissantes à agir sur lui. Pour Aristote en effet, la prudence relève d'un processus moral : le bien et le mal ne s'inscrivent pas dans un enchaînement causal né d'un choix initial et irréversible, comme le défend Platon, ou dans l'absolu de la volonté, comme c'est le cas plus tard chez les stoïciens ; ils s'inscrivent dans l'équation faite entre le choix des moyens et les possibilités du moment – la contingence –, où l'individu, par leur enchaînement successif, construit son destin : l'homme prudent est donc celui qui sait articuler ces contraintes, les remettre en jeu, sans perdre de vue l'éthique de son action. Au travers du concept de prudence, Aristote propose donc une véritable théorie morale de l'action. La prudence n'est pas une science, c'est une disposition, un habitus accompagné de « règle vraie », ce qui en fait une vertu humaine ; elle n'assure pas seulement la rectitude de la fin, mais aussi celle des moyens : « la vertu fixe à l'homme le but correct ; la prudence crée le moyen d'y parvenir » (Aristote, 310 apr. J.-C., § VI.5). La prudence aristotélicienne est donc basée sur deux éléments : le jugement de l'individu – principe incarné – et la morale – qualité qui édifie, élève l'individu et le genre humain.

Aristote situe la prudence dans le champ commun en faisant de celle-ci une vertu pratique propre à tous. Cette dimension partagée qu'il lui confère marquera le concept de prudence par la suite, et c'est sous cette forme, qui a pu être qualifiée de « proprement humaine, voire populaire, pré-philosophique en tout cas » (Tosel, 1995) que les traits caractéristiques essentiels de la prudence seront par la suite repris et réinterprétés par la plupart des auteurs.

LA PRUDENCE AU MOYEN ÂGE : DE L'ACTION EN VUE DU BIEN À L'HABILETÉ POLITIQUE

Sous l'empire du christianisme et d'Augustin au IVe siècle, la prudence aristotélicienne évolue vers une dimension plus introspective, sans perdre cependant les caractères essentiels que lui attribuait Aristote. La fonction politique de la prudence est délaissée au profit des qualités individuelles telles que l'humilité, la patience ou l'endurance. Là où Aristote se préoccupait de sagesse, Augustin préfère le libre examen de conscience et le libre arbitre de l'individu (Delannoi, 1993, p. 64).

Au XIIIe siècle, Thomas d'Aquin consacre dans sa *Somme théologique* de longs développements à la prudence[3] (IIa-IIae, Qu. 47 à Qu. 56) ; ainsi, la prudence du docteur angélique est une vertu liée à la raison en tant qu'elle permet de saisir la chaîne de causalité et de « projeter sur l'avenir les clartés du présent » (Sineux, 1975). Si connaître la fin est nécessaire, la prudence permet de mettre en œuvre les moyens requis pour poursuivre cette fin, au travers d'une appréciation à la lumière des actions que le libre arbitre de l'homme rend possibles. La prudence éclaire le choix dont procède la décision, en tenant compte aussi bien de l'universalité des fins que des circonstances particulières (*Somme théologique*, Ia Qu. 55, art. 3). Elle articule entre eux les principes généraux de la science morale et les actions particulières permettant de mettre en œuvre les choix nécessaires à l'atteinte du bien particulier ou commun. La raison délibère, juge, puis commande. C'est ce troisième acte qui est le principal, et c'est de la prudence qu'il dépend :

> Cet acte-là consiste en ce qu'on applique à la réalisation le résultat du conseil et du jugement. Et parce que cet acte est plus proche de la fin de la raison pratique, il est l'acte principal de la raison pratique et par conséquent de la prudence. (Qu. 47, art. 8.)

Pour Thomas d'Aquin, la prudence est donc éminemment délibérative, antérieure à l'action et vise à la guider avec assurance, car ayant grâce à elle vue sur des choses lointaines. Parce que le bien commun est supérieur au bien individuel, la prudence et ses fruits ne relèvent pas du seul individu mais également de tous. En ce sens, il y a bien une prudence politique, qui est celle que doivent exercer les gouvernants, leur bien individuel étant subordonné, car inférieur, au bien collectif :

> Un gouvernement est d'autant plus élevé qu'il est plus universel, c'est-à-dire qu'il s'étend à un plus grand nombre de biens et qu'il atteint une fin plus éloignée. Pour cette raison il revient au roi, à qui incombe le gouvernement de la cité ou du royaume, de posséder une prudence spéciale et qui soit la plus parfaite de toutes. (Qu. 50 art. 1.)

---

3 Il souligne le lien entre vertus morales (*i.e.* cardinales), dont relève la prudence, et vertus théologales (foi, espérance et charité), leur but étant de conduire l'homme à Dieu. Toutefois, les vertus morales ne permettent que de cheminer vers cette union, alors que les vertus théologales permettent d'y accéder. Elles ne sont pas recherche de plaisir ou d'actions conformes à notre nature, mais permettent d'orienter l'homme vers Dieu. Il n'y a donc pas différence de nature mais de niveau entre les deux catégories de vertus.

Toutefois, il faut bien voir que, si la prudence est éminemment une qualité des gouvernants, elle est propre à tous les hommes en ce que, participant de la raison, elle leur permet de se gouverner. La poursuite du bien est d'ailleurs caractéristique de la vraie prudence. Dans le prolongement d'Aristote, qui subordonnait déjà le bien de l'individu à celui de la Cité, Thomas d'Aquin fait de la prudence le lien entre la raison de l'homme – et du prince – et le bien par le déploiement d'actions œuvrant ouvertement à sa réalisation.

LA PRUDENCE À L'ÉPOQUE MODERNE
Une action sur le monde

À la jonction entre la conception antique et médiévale de la prudence et celle que propose Kant par la suite, Machiavel ajoute à la conduite morale antérieure une habileté qui lui était auparavant étrangère. Il permet ainsi le développement d'une prudence subordonnée à une fin amorale, c'est-à-dire une prudence pour agir sur le monde et non conçue comme un mode d'être-au-monde.

LE TOURNANT DE LA RENAISSANCE : VERS UNE RAISON PRATIQUE AMORALE

La perspective ouverte par Machiavel modifie profondément la conception morale de la prudence, qu'elle soit aristotélicienne ou thomiste, publique ou privée ; en ce sens, sa pensée constitue probablement un tournant dans la signification donnée à cette vertu cardinale. Il ne s'agit plus d'une prudence fondée sur le souci du Bien, articulation d'actes à la raison pour l'atteindre ; au contraire, il convient d'être prudent dans l'audace, de reconnaître l'appétit de puissance et de s'en servir pour conduire les affaires du monde, où prudence et habileté peuvent être amenées à se confondre. Le recours par Machiavel à la notion nouvelle de « fortune » signe l'émergence d'une autre conception de la prudence (Lazzeri, 1995). Il ne s'agit pour le philosophe florentin pas seulement de l'incertitude dont l'homme habile, ou prudent, saura opportunément profiter, mais d'une caractéristique essentielle du monde :

> Je n'ignore que beaucoup ont pensé et pensent que les affaires du monde sont gouvernées par la fortune et par Dieu, que la prudence humaine est impuissante à les corriger, et que les hommes n'y ont même aucun remède. [...] Toutefois, comme il nous reste une part de liberté, je juge que, s'il peut être vrai que la fortune est l'arbitre de la moitié de nos actions, elle nous en laisse cependant gouverner l'autre moitié, ou à peu près. (Machiavel, 1513, § XXV.)

La fortune, dans l'esprit de Machiavel, est source d'incertitude en toutes choses, tant sur la préservation des biens matériels que sur ses expressions immatérielles : honneur, réputation, etc. Dès lors, pour se préserver du risque de disparition des uns ou des autres, naît le désir d'accumuler les biens ou les signes d'honneur, quel qu'en soit le moyen :

> Les hommes réussissent ou échouent suivant qu'ils savent ou non régler leur conduite sur les circonstances [...] et ces deux démarches, étant pareillement éloignées de la seule qui convienne, les fourvoient pareillement. L'homme qui se fourvoie le moins et rencontre le succès est celui dont la démarche rencontre les circonstances favorables, mais alors, comme toujours, il ne fait qu'obéir à la force de sa nature. [...] Deux choses s'opposent à ce que nous puissions changer : d'abord, nous ne pouvons pas résister au penchant de notre nature ; ensuite, un homme à qui une certaine façon d'agir a toujours parfaitement réussi n'admettra jamais qu'il doit agir autrement. C'est de là que viennent pour nous les inégalités de la fortune : les temps changent et nous ne voulons pas changer. (*Ibid.*, § III, IX.)

L'individu, foncièrement incapable de s'adapter aux temps et aux situations mouvantes, n'a alors d'autres solutions pour circonscrire son infortune que d'accumuler indéfiniment biens matériels et symboliques. C'est dans ce rapport à la fortune que se transforme le concept de prudence chez Machiavel. Sans possibilité de limiter leurs désirs, les hommes sont confrontés à la multiplication des conflits ; même s'ils ne sont pas souhaitables en soi, ils sont inévitables. La recherche du bien commun s'efface devant cette réalité des puissants arc-boutés au maintien de leur fortune ; la prudence n'est alors plus une vertu cardinale mais un moyen ou une attitude comme une autre pour maintenir son pouvoir. Elle est éminemment personnelle : elle sert la poursuite d'un bien individuel, non transcendantal – puisqu'essentiellement constitué de richesses et d'honneurs – et est orientée vers la préservation des revers de fortune. Elle est en ce sens opératoire et non téléologique. Cette posture est aussi, et même éminemment, celle du prince, confronté à des enjeux particulièrement importants, découlant du désir de conserver richesses et honneurs associés au contrôle de l'État. Thomas d'Aquin considérait déjà que disposer des attributs de la prudence ne suffisait pas à en faire une disposition vertueuse[4] ; Machiavel ne rejette pas ces distinctions thomistes mais ne s'en embarrasse pas : la prudence est bonne dans la mesure où elle peut servir les désirs ; elle n'est pas une disposition morale : elle est, par définition, amorale. Machiavel ouvre ainsi à une conception de la prudence qui se détache du bon et du juste ; elle devient un outil au service du prince et ouvre ainsi la voie à une conception procédurale de la prudence, telle que la décrit Emmanuel Kant.

KANT AU SIÈCLE DES LUMIÈRES : UNE LOGIQUE PROCÉDURALE DE LA PRUDENCE

En détachant la politique – et donc, pour ce qui nous concerne, la prudence – de toute considération morale, Machiavel « enclenche une révolution générale de la pensée et du comportement. Désormais, l'adéquation qui fait leur validité ne procède plus de l'observance qualitative de principes (objets de foi), mais de la mesure quantitative de conséquences (objets de vérification expérimentale). La "vérité effective" remplace la vérité dogmatique, et la rationalité n'est plus soumission à l'ordre, mais méthode d'organisation efficace en vue d'une domination : la révolution de Machiavel implique celle de Descartes » (Rohou, 2004, p. 120) et nous amène ainsi, par le biais du rationalisme classique (Bouveresse, 2006), et tant par filiation que par rupture (Bouriau, 2000 ; Fichant et Marion, 2006), à la conception kantienne de la prudence. Pour Delannoi, Kant, sans renier la nécessité morale, « va redéfinir la prudence dans un sens moderne et résolument plus restreint. [...] Pour lui, la prudence n'est que précaution hypothétique et quête aléatoire. [...] L'impératif, le devoir, le désintéressement définissent une voie où la prudence compte moins » (1995, p. 102-103).

Kant identifie l'impératif catégorique, non subordonné à une fin (apodictique) à laquelle se rattache le devoir, c'est-à-dire l'obligation morale de bien agir ; autrement dit, l'action se suffit à elle-même et

4 Il est en effet possible de faire preuve de traits de caractère similaires, mais relevant des vices. À cet égard, saint Thomas distingue (Qu. 55) « la prudence de la chair » (poursuite d'une fin qui ne relève pas du bien), la « ruse » (utilisation de moyens dissimulant la fin poursuivie, même bonne), et la « sollicitude temporelle » (recherche de biens temporels).

n'a pas besoin d'être reliée à une fin quelconque pour trouver sa justification : la nécessité objective de l'action à entreprendre ne dépend donc pas de la perspective subjective (l'intention) de son auteur. Ainsi, qu'un enfant soit sauvé de la noyade parce que le sauveteur veut devenir momentanément célèbre ou qu'il agisse par souci de la vie d'autrui importe peu : l'action de sauver l'enfant se suffit par elle-même. Mais il reconnaît aussi un impératif hypothétique qu'il subordonne à une fin qui peut être possible (problématique) ou réelle (assertorique) et dans lequel viennent s'insérer l'habileté ou la prudence. À partir de ce même exemple de noyade, l'impératif hypothétique serait alors de s'assurer que le sauveteur soit un suffisamment bon nageur afin d'éviter le risque de se noyer lui-même ; l'action est donc subordonnée à l'habileté et la prudence du nageur, qui saura mesurer sa capacité à agir – ou pas. Ces distinctions entre catégories d'impératif servent de base à la caractérisation de la prudence.

Ainsi, la valeur morale d'une action « ne réside pas dans l'effet qu'on en attend ni non plus dans quelque principe de l'action qui a besoin d'emprunter son mobile à cet effet attendu » (*ibid.*, p. 21), mais résulte de la représentation de la loi morale par un être raisonnable. Pour Kant, la prudence n'est envisageable que dans la mesure où l'action est subordonnée à une fin avec une issue possible. Autrement dit, toute action se justifiant par elle-même – c'est-à-dire fondée sur un jugement moral (*i.e.* : ne pas nuire à autrui) – ne peut s'accommoder de la prudence. Kant signe en cela une césure entre prudence et moralité puisqu'il ne fait plus de la prudence un absolu en soi mais la conditionne au contexte dans lequel elle est mobilisée : la prudence n'est pas déterminée par la morale mais par la nature de l'action menée – existence d'une fin *vs* absence de fin. L'homme prudent est donc celui dont « la sagacité le rend capable de faire converger toutes ses fins vers son avantage à lui » (*ibid.*, p. 41). Il existerait ainsi deux prudences pour Kant : la prudence privée, qui consiste à construire habilement ses choix dans le but de notre propre bonheur, et la prudence mondaine, qui signifie « l'habileté d'un homme à agir sur ses semblables de façon à les employer à ses fins » (*ibid.*, p. 41). Progressivement, la première s'efface à l'avantage de la seconde, et Kant, dans la dernière version de son *Introduction à la critique de la faculté de juger*, définit la prudence comme l'« habileté à exercer une influence sur les hommes et sur leur volonté » (*in* Aubenque, 1975).

Ni technique, ni morale, la prudence kantienne relèverait de la pragmatique, c'est-à-dire serait fondée sur « les principes d'une action libre, mais non déterminée par le seul concept de liberté » (*ibid.*) ; autrement dit, contrairement aux lois morales, qui sont des produits de la raison pure, les lois pragmatiques seraient dictées par une combinaison de la raison et de la nécessité où, dans le cas de la prudence, il s'agit de prévenir et d'anticiper les dangers futurs possibles.

Cette conception de la prudence est essentiellement cohérente avec l'idée d'un savoir scientifique et technique dont la principale caractéristique est l'utilité ou l'efficacité. En ce sens, Kant s'inscrit à la suite de l'empirisme de Locke et de Hume, qui considéraient que nos jugements reposaient sur des perceptions, mais devaient être soumis à des catégories de l'entendement et à des liens de causalité si nous voulions qu'ils soient objets de connaissance universelle[5]. Cependant, il attire l'attention sur le fait que l'on ne saurait attendre « des progrès scientifiques la solution de problèmes moraux » (*ibid.*). La prudence ne peut devenir les fondements d'un art de vivre scientifique à même de « définir univoquement les conditions optimales de production » (*ibid.*).

Kant participe à l'introduction de « l'idée d'un savoir prudentiel, c'est-à-dire d'un savoir qui rend vertueux et heureux celui qui le possède, paraît contraire au nouvel idéal de l'objectivité scientifique, qui réduit le sujet à n'être plus que la pure et simple condition de possibilité de cette objectivité » (*ibid.*). La prudence n'est plus l'expression d'une attitude morale, mais un mode de résolution de problèmes où il s'agit de produire le maximum d'effets avec le minimum de moyens. Au *phronimos* aristotélicien succède l'objectivation du risque par la mesure appropriée.

> Le risque de la morale kantienne est [alors] celui-là même qui est inhérent à notre monde moderne, un monde dans la rigueur du terme « imprudent », où la prolifération des moyens, conséquence du progrès scientifique, rend paradoxalement de plus en plus difficile la prévision des conséquences, et dès lors incertaine la réalisation adéquate des fins, même les plus morales. (*Ibid.*, p. 25.)

---

5 Coppens (2007, p. 297) donne l'exemple suivant : « il y a une différence importante entre ces deux propositions : (1) lorsque les rayons du soleil éclairent la cire, la cire se met à fondre et (2) les rayons du soleil font fondre la cire. Dans la première proposition, comme dit Hume, il y a une conjonction constante de deux perceptions et une habitude de cette conjonction. Dans la seconde proposition, la conjonction est radicalisée par l'intégration de la catégorie de la causalité, qui transforme deux jugements de perception en un jugement d'expérience universel sans lequel aucune connaissance n'est possible. »

CONCLUSION

Bien qu'apparemment éloigné de considérations gestionnaires, ce détour par les philosophies de la prudence permet de distinguer deux grandes conceptions de la prudence dont la ligne de partage se construit au XVIe siècle avec Machiavel, qui en délaisse la dimension morale, sans qu'aucun retour en arrière ne soit véritablement constaté aux siècles suivants.

Ainsi, pour Aristote, la prudence est l'action dans le sens du bien commun, de la préservation du patrimoine partagé ; elle est indissociable de la morale car c'est d'abord la pensée sur les choses et sur les êtres qui déterminent l'action et les moyens qui y sont dévolus. Inversement, pour Kant, la prudence ne peut être morale car cette dernière ne saurait s'encombrer des atermoiements qu'impose le comportement prudent : lorsque la cause est juste, l'action se justifie par elle-même, indépendamment de la fin qu'elle poursuit ; elle ne peut être différée et doit être immédiate. La prudence confine alors à l'habileté technique, à la mise en œuvre des moyens adéquats pour réussir ce qui est entrepris.

Quelles sont les pistes de lecture de ces deux conceptions de la prudence et comment peuvent-elles nous aider à mieux comprendre la raison pour laquelle le concept de prudence est aujourd'hui battu en brèche avec la révision du cadre conceptuel de l'IASB (*cf.* encadré) ?

Le recul de la prudence
dans le cadre conceptuel de l'IASB

Dans la version initiale du cadre conceptuel de l'IASC (IASC, 1989), directement inspiré de celui de son homologue américain (FASB, 1980), la prudence apparaît bien, et de manière tout à fait explicite, comme une caractéristique qualitative des états financiers. Elle est présentée (§ 37) comme nécessaire pour tenir compte des incertitudes inhérentes à l'activité, et c'est à ce titre qu'elle doit participer à la formation des estimations.

Avec la version de 2010 du cadre conceptuel (IASB, 2010), la prudence n'est plus une caractéristique qualitative de la comptabilité. En effet, elle est présentée dans les attendus[6] du document publié comme incompatible avec la neutralité (BC3.27, Tableau 4). Les éléments fournis par le normalisateur montrent que cette position ne faisait pas l'unanimité au sein du collège : pour certains de ses membres, le biais de jugement qu'introduisait la prudence était opportun car il produisait une information plus pertinente pour l'utilisateur. Si la prudence s'oppose à la neutralité, la question de sa relation avec la pertinence, autre caractéristique qualitative des états financiers, reste donc objet de débats.

Si elle est certes réintroduite dans la dernière version du cadre conceptuel (IASB, 2018), c'est dans une nouvelle acception, visant à faire preuve de circonspection au moment d'apprécier les circonstances économiques d'un événement à retranscrire comptablement, et non plus à traiter de manière asymétrique les charges et les produits.

Avant de présenter ces hypothèses explicatives, il est intéressant de constater que la position de Kant (1724-1804) intervient à une période où les mathématiques se sont emparées déjà depuis un siècle des questions de la mesure au travers des développements sur le calcul infinitésimal (Fermat : 1601 ?-1665 ; Leibniz : 1646-1716 ; Newton : 1643-1727) et sur les probabilités (Bernoulli : 1654-1705 ; Fermat : 1601 ?-1665 ; Laplace : 1749-1827 ; Pascal : 1623-1662 ; Poisson : 1781-1840). Autrement dit, l'outil mathématique permet progressivement d'objectiver le risque et de détacher son appréciation du jugement moral pour en faire un concept mesurable (Desrosières, 1993). C'est ainsi, par exemple, que, dans les compagnies d'assurance maritime, la mesure du risque ne se limite plus à un calcul simple d'un « risque espérance », fondé « sur le produit de la probabilité du naufrage par la valeur du sinistre » (Pradier, 2006, p. 19), mais se fonde sur un « risque-dispersion » :

> L'idée fondamentale [...] est donc non plus seulement de situer la moyenne, mais de décrire les limites dans lesquelles les variations des phénomènes aléatoires peuvent fluctuer temporairement. (*Ibid.*, p. 22.)

En affaires, la prudence, fondée sur l'expérience et le jugement, se double donc d'une pratique objectivée de la mesure du risque. Dès lors que ces outils existent, la question est alors de savoir pourquoi le concept

6 *Basis for Conclusions* (abrégé en « BC »).

traditionnel de la prudence reste ainsi autant ancré dans les pratiques sociales, et notamment comptables, alors que les acteurs semblent disposer des moyens techniques de mesurer ce risque ; une bonne illustration de ce maintien de la prudence dans sa dimension morale est de se référer aux jugements des tribunaux français du XIXe siècle, qui privilégiaient la formation des réserves occultes[7] fondées, non pas sur une mesure du risque mathématisé, mais sur le jugement des dirigeants. Autrement dit, pourquoi est-il nécessaire d'attendre près de trois siècles entre la découverte de ces outils mathématiques à même d'objectiver le risque et la remise en cause du concept traditionnel de prudence par l'IASB ?

Plusieurs pistes sont envisageables pour répondre à cette question. La première est qu'il existe une forme d'inertie à la diffusion de nouvelles techniques lorsque celles-ci supportent un coût d'accès élevé. Or le recours à l'outil mathématique suppose la maîtrise de savoirs exigeants au plan intellectuel, peu diffusés, rares et probablement coûteux à mettre en œuvre. Par ailleurs, et comme cela vient d'être écrit, il existe une forme de retenue à l'égard de tout nouveau mode d'appréhension du réel dans les sociétés traditionnelles, à l'instar de celle dont hérite la révolution industrielle :

> Comme la prévision scientifique selon l'analyse bergsonienne, la société traditionaliste s'assure de l'avenir en tâchant de le nier dans son essence propre, c'est-à-dire en tant qu'imprévisible nouveauté ; mais, tandis que les sociétés prométhéennes, confiantes en la raison humaine, s'efforcent d'assurer la prévisibilité maximum, la prévoyance, ou mieux la prudence, des sociétés précapitalistes n'a d'autre ambition que de réduire au minimum la part de l'imprévu. (Bourdieu, 1963, p. 43.)

Le deuxième motif est lié au mode de gouvernance des entreprises dont le propriétaire est également le dirigeant, y compris dans les grandes sociétés anonymes qui sont créées au cours du XIXe siècle. Le patrimoine de l'entreprise constitue alors une forme de prolongement du patrimoine personnel, et l'idée de la nécessité de le sauvegarder et de le transmettre domine. L'absence de pression que pourraient exercer des investisseurs extérieurs pour obtenir un fort rendement à court terme permet une grande liberté dans l'appréciation des risques : la prudence comptable

7 Il est rappelé que les réserves occultes sont des réserves qui n'en portent pas le nom mais qui recèlent de la rétention de résultat non dévoilé aux lecteurs des comptes annuels : amortissements et provisions excessifs, maintien au bilan d'emprunt obligataire amorti, etc. (Praquin, 2003).

participe ainsi au maintien du capital et à la capacité d'endettement ou d'autofinancement de l'entreprise. La logique est donc plutôt à son exagération qu'à sa minimisation ou, pour le dire autrement, à son objectivation mathématique et économique.

Le troisième motif tient au fait que ces outils mathématiques n'ont d'utilité seulement s'il existe une forme de réplication à l'identique du risque : il existerait ainsi une sorte « d'opposition entre assurance et vie des affaires. La connaissance des probabilités n'est pas tout, il faut également que les tirages aléatoires soient répétés afin que puisse jouer un principe de compensation » (Pradier, 2006, p. 36).

La convergence de ces trois éléments peut être un élément d'explication de la résistance d'une conception aristotélicienne de la prudence – qui, encore une fois, n'est pas une pure application de celle-ci mais, de notre point de vue, semble dominer la scène comptable tant que la comptabilité reste tournée vers le maintien à long terme du capital et ne bascule pas vers une comptabilité de mesure des flux, c'est-à-dire d'estimation à court terme de la performance de l'entreprise, telles que la défend l'IASB (Richard, 2015). À l'inverse, leur éclatement progressif – diffusion des calculs probabilistes, développement des relations d'agence et réplication à l'identique du risque du fait du rôle croissant de l'industrie financière – tend à expliquer le récent rejet du concept traditionnel au profit de ratios prudentiels ou de provisions fondées sur le calcul statistique et probabiliste. L'obligation de constituer des provisions dynamiques au titre du risque de crédit supporté par les instruments financiers acquis, introduite par la norme IFRS 9 en 2018, est emblématique du développement de cette approche statistique et probabiliste. Il est d'ailleurs intéressant de noter la concomitance temporelle de cette remise en cause du principe d'une prudence aristotélicienne avec l'évolution d'autres pans de la législation outre-Atlantique : dans les années 1970, tant la législation américaine sur les trusts (ERISA) que le normalisateur comptable américain FASB remettaient déjà progressivement en cause le principe traditionnel de la prudence au motif que les calculs de mesure du risque et l'information produite par le marché sont plus fiables (Chantiri-Chaudemanche et Montagne, 2013, 2015). Autrement dit, la pratique gestionnaire et financière reprend les termes du débat philosophique : la prudence, fondée sur le fruit d'un comportement moral ou le produit d'un jugement humain, s'efface, au moins en partie, au profit d'une prudence estimée par la mise en œuvre d'outils statistiques objectivant la pertinence du montant comptable. Il existe donc un mouvement de substitution de la prudence aristotélicienne au profit de la prudence kantienne : l'une ne disparaît pas au profit de l'autre, mais disparaît progressivement dans le champ des idées, des conceptions et des représentations de ce qu'est un monde juste pour ceux qui disent et écrivent la loi. Survient alors un moment où le point de rupture est consommé : il est alors nécessaire pour l'IASB de traduire dans les textes ce qui est devenu insupportable à voir, à vivre – la prudence aristotélicienne – dans les pratiques comptables des entreprises ; c'est l'objet des révisions – ou tentatives – du cadre conceptuel comptable, avec toutes les résistances qu'elles suscitent.

La transformation de sens du concept de « prudence » en comptabilité – dont témoigne l'évolution récente du cadre conceptuel de l'IASB – n'est donc pas exclusivement le fruit d'une production endogène de la réflexion comptable ; il est aussi possible de considérer qu'elle trouve sa source dans un mouvement de pensée beaucoup plus vaste et dont la temporalité diffère des soubresauts récents de la jeune histoire de la comptabilité internationale. Cela témoigne de l'inscription de la comptabilité comme pratique sociale, dont les fondements ne sont pas à chercher dans sa seule histoire propre, mais dans un mouvement d'idées, de pratiques et de techniques qui la dépasse largement. Notre démarche vise à désenclaver la comptabilité de la stérilité d'un certain nombre de ses questionnements pour en faire une discipline en prise avec la complexité et la diversité du monde social, politique et économique duquel une partie de la recherche actuelle tend à l'abstraire, à l'instar de Polanyi (1944 ; 1977) ou plus récemment de Piketty (2013) : une discipline non pas endogène, mais en prise avec le monde, et qui se nourrit de l'apport des autres sciences sociales, et particulièrement de l'histoire.

Stéphane LEFRANCQ
Conservatoire national
des arts et métiers

Nicolas PRAQUIN
Université Paris-Saclay
Université Paris-Sud
IUT de Sceaux

BIBLIOGRAPHIE

ARISTOTE, *Éthique à Nicomaque*, 310 av. J.-C. ; Paris, Vrin, 1994.

ARISTOTE, « Rhétorique », 323 av. J.-C. ; in *Œuvres*, Paris, NRF, 2014.

AUBENQUE, Pierre, *La Prudence chez Aristote*, Paris, Presses universitaires de France, 1963.

AUBENQUE, Pierre, « La prudence chez Kant », *Revue de métaphysique et de morale*, n° 3, 1975, p. 156-182.

BOURDIEU, Pierre, « La société traditionnelle : Attitude à l'égard du temps et conduite économique », *Sociologie du travail*, vol. 5, n° 1, 1963, p. 24-44.

BOURIAU, Christophe, *Aspects de la finitude : Descartes et Kant*, Bordeaux, Presses universitaires de Bordeaux, 2000.

CHANTIRI-CHAUDEMANCHE, Rouba, MONTAGNE, Sabine, « Prudence comptable, prudence financière », présenté au séminaire MOST, Paris, 23 mai 2013.

CHANTIRI-CHAUDEMANCHE, Rouba, MONTAGNE, Sabine, « La métamorphose de la prudence : prudence comptable *vs* prudence d'investissement aux États-Unis, 1960-1980 », présenté au séminaire Lirsa, Paris, 2015.

COOPER, Steve, « A tale of "prudence" », *Investor Perspectives*, June, 2015, p. 1-15.

COPPENS, Philippe, « État, marché et institutions », *Revue internationale de droit économique*, t. XXI, vol. 3, n° 3, 2007, p. 293-316.

DELANNOI, Gil, *Éloge de la prudence*, Paris, Éditeurs Berg International, 1993.

DELANNOI, Gil, « La prudence dans l'histoire de la pensée », *Mots*, vol. 44, n° 1, 1995, p. 101-105.

DESROSIÈRES, Alain, *La Politique des grands nombres*, Paris, La Découverte, 1993.

DUPUY, Yves, LACROIX, Monique, NARO, Gérald, « Identités et dilemmes de l'enseignant-chercheur en sciences comptables », *Comptabilité Contrôle Audit*, vol. 12, n° 2, 2006, p. 9-26.

ELLUL, Jacques, *La Technique ou l'Enjeu du siècle*, Paris, Librairie Armand Colin, 1954.

FASB, *Statement of Financial Accounting Concepts No. 2*, Qualitative Characteristics of Accounting Information, 1980.

FICHANT, Michel, MARION, Jean-Luc, *Descartes et Kant*, Paris, Presses universitaires de France, 2006.

FURETIÈRE, Antoine, *Dictionnaire universel, contenant généralement tous les mots françois tant vieux que modernes, et les termes de toutes les sciences et des arts…*, La Haye, A. et R. Leers, 1690, consulté à l'adresse http://gallica.bnf.fr/ark:/12148/bpt6k50614b/f3.image.

HOPWOOD, Anthony G., « Accounting and everyday life: An introduction », *Accounting, Organizations & Society*, vol. 19, n° 3, 1994, p. 299-301.
IASB, *Conceptual Framework for Financial Reporting*, 2010.
IASB, *Conceptual Framework for Financial Reporting*, IFRS Foundation, mars 2018.
IASC, *Framework for the Preparation and Presentation of Financial Statements*, 1989, consulté à l'adresse http://www.aasb.gov.au/admin/file/content105/c9/Framework_07-04nd.pdf.
JEANJEAN, Thomas, RAMIREZ, Carlos, « Aux sources des théories positives : Contribution à une analyse des changements de paradigme dans la recherche en comptabilité », *Comptabilité Contrôle Audit*, vol. 14, n° 2, 2008, p. 5-25.
LAHIRE, Bernard, *Ceci n'est pas qu'un tableau*, Paris, La Découverte, 2015.
LASCOUMES, Pierre, LE GALÈS, Patrick (dir.), *Gouverner par les instruments*, Paris, Presses de Sciences Po (PFNSP), 2005.
LAZZERI, Christian, « Prudence, éthique et politique de saint Thomas d'Aquin à Machiavel », in *Annales de la faculté littéraire de Besançon. Prudence des Anciens, prudence des modernes*, Besançon, Agon, 1995.
MACHIAVEL, Nicolas, *Le Prince*, 1513 ; réédition : Paris, La Pléiade, 1952.
NOBLE, Henri Dominique, « Introduction à la prudence », in *Somme théologique*, Paris, La Revue des jeunes, 1949.
OLER, Derek K., OLER, Mitchell J., SKOUSEN, Christopher J., « Characterizing Accounting Research », *Accounting Horizons*, vol. 24, n° 4, 2010, p. 635-670, https://doi.org/10.2308/acch.2010.24.4.635 (consulté le 04/09/2020).
PIKETTY, Thomas, *Le Capital au XXIe siècle*, Paris, Le Seuil, 2013.
POLANYI, Karl, *La Grande transformation : Aux origines politiques et économiques de notre temps*, 1944 ; réédition : Paris, Gallimard, 2009.
POLANYI, Karl, *La Subsistance de l'homme. La place de l'économie dans l'histoire et la société*, 1977 ; réédition : Paris, Flammarion, 2011.
PRADIER, Pierre-Charles, *La Notion de risque en économie*, Paris, La Découverte, 2006.
PRAQUIN, Nicolas, *Comptabilité et protection des créanciers : Une analyse de la fonction technico-sociale de la comptabilité (1807-1942)*, thèse de doctorat en Sciences de gestion, université Paris-Dauphine, Paris, 2003.
RICHARD, Jacques, « The dangerous dynamics of modern capitalism (from static to IFRS' futuristic accounting) », *Critical Perspectives on Accounting*, n° 30, 2015, p. 9-34, https://doi.org/10.1016/j.cpa.2014.09.003 (consulté le 04/10/2020).
ROHOU, Jean, « La révolution anthropologique du XVIIe siècle », *Le Débat*, 130, n° 3, 2004, p. 116-132.
SINEUX, Raphaël, *Initiation à la théologie de Saint Thomas*, Paris, Pierre Téqui, 1975.

SUPIOT, Alain, *Homo juridicus : essai sur la fonction anthropologique du droit*, Paris, Éditions du Seuil, 2009.

TOSEL, André, *De la prudence des Anciens comparée à celle des Modernes – Sémantique d'un concept, déplacement des problématiques*, Besançon, Presses universitaires de Franche-Comté, 1995.

XÉNOPHON, *La Cyropédie*, 370 av. J.-C. ; vol. 1-3, Paris, Les Belles Lettres, 1965.

RÉHUMANISER LA RESPONSABILITÉ MANAGÉRIALE

Un défi pour les praticiens et les enseignants-chercheurs en gestion

> Le management n'est pas un manuel de sens commun général ; c'est un ensemble de questions humaines complexes, plurielles.
> Ghislain DESLANDES, 2013.

> L'obsession du dispositif ou de la méthode miracle s'alimente de la croyance dans les vertus intrinsèques de l'outil de gestion : le pouvoir de la formule et de la baguette magiques.
> Marc HEES, 2000.

INTRODUCTION

Au cours de ces dix dernières années, le Professeur Henri Zimnovitch a particulièrement investi le thème de la responsabilité dans les sciences de gestion, autant dans leur mode d'institutionnalisation académique que dans le rapport de leurs enseignants-chercheurs aux praticiens en activité ou en devenir. Cette thématique centrale est complexe. Elle touche à la conception et à l'utilisation de la connaissance des pratiques managériales, dans les programmes et modes d'enseignement de la gestion et, bien sûr, dans la conduite de projets de recherche aussi significatifs dans les fonctions universitaires que dans les pratiques organisationnelles. La présente réflexion se propose donc d'aborder avec beaucoup d'humilité et au risque d'une certaine superficialité ce questionnement complexe engagé en profondeur par Henri Zimnovitch : comment articuler la responsabilité managériale des praticiens à la responsabilité professionnelle des enseignants et chercheurs en management ?

Le développement qui suit est organisé en trois grandes parties. Dans un premier temps, est proposé un cadrage de la question. Après avoir resitué à grands traits quelques idées éclairantes proposées par cet auteur sur la notion de responsabilité au croisement de la pratique, de la recherche et de l'enseignement en sciences de gestion, la discussion aborde deux tensions significatives dans les conceptions de la responsabilité managériale : responsabilité individuelle ou collective ? et responsabilité des managers ou responsabilité de l'organisation ? La deuxième partie questionne ensuite le sens de l'anthropomorphisation de l'entreprise : cette personnification de l'organisation résonne en effet paradoxalement avec l'impersonnalité du discours managérial banalisé. La personne morale juridique n'est pas la personne morale philosophique. La responsabilité managériale est alors, d'un point de vue conceptuel, comme une interaction entre conscience individuelle et connaissance collective du système d'action organisée, puis, d'un point de vue pratique, comme une expérience humaine à la fois subjective et intersubjective. En prolongement de ces éléments, la discussion aborde enfin, dans une troisième et dernière partie, les enjeux de la responsabilité éthique pour les enseignants-chercheurs en gestion et management. À ce titre, est d'abord abordé le lien entre sciences de gestion, éthique de responsabilité et réflexivité. La réflexion débouche alors sur une proposition de refondation de la responsabilité managériale dans une perspective humaniste, et ses implications pour l'enseignement des sciences de gestion.

LA RESPONSABILITÉ : UN OBJET CENTRAL POUR LES SCIENCES DE GESTION

LA RESPONSABILITÉ, OBJET DE CONNAISSANCE ET SENS POUR L'ACTION

D'un point de vue épistémologique et méthodologique, la question interroge les critères de la scientificité gestionnaire. Avant de devenir enseignant-chercheur en gestion, Henri Zimnovitch a connu, dans son expérience de praticien, les défis et enjeux de la responsabilité managériale. Universitaire humaniste, ses travaux de recherche sont marqués par une volonté de dialogue approfondi avec l'histoire et la philosophie. Il a ainsi remis à plusieurs reprises sur le métier l'ouvrage d'une matrice épistémologique d'inspiration poppérienne permettant d'appréhender différentes voies de la connaissance gestionnaire ou managériale et d'en évaluer la pertinence scientifique (Levant et Zimnovitch, 2015 ; Zimnovitch, 2019). Verticalement, cette matrice différencie les deux ordres de connaissance de la science et de la technique. Horizontalement, elle distingue les deux visées que sont la recherche de la vérité et celle de l'utilité. De leur croisement ressortent quatre postures qualifiées successivement de savoir scientifique (science x vérité), de dogmatisme (science x utilité), de pragmatisme (technique x utilité) et de sophisme (technique x vérité).

Écartant la scolastique, vecteur du dogmatisme académique, et la pseudoscience des idées à la mode, le sophisme technocratique, l'auteur n'envisage que deux voies épistémologiques et méthodologiques possibles pour une recherche légitime et responsable en sciences de gestion. La première est l'approche historico-herméneutique, où la production de savoir scientifique a pour objet la formation et l'évolution dans la durée des connaissances gestionnaire. La seconde est la recherche-intervention, envisagée comme démarche de construction de réponses pragmatiques aux besoins des organisations. En conclusion, Henri Zimnovitch fait sienne une réflexion d'Isabelle Stengers, pour qui « un savoir digne de ce nom ne peut se construire à propos des humains [...] si sont absents les groupes réels dont ce savoir nécessiterait l'existence » (Stengers, 1997, p. 31). Et il prolonge cette réflexion dans les termes suivants :

> devant l'indifférence de la communauté scientifique en gestion, malgré les éclairages que peuvent apporter les philosophes, il est certainement nécessaire d'ouvrir plus largement le débat sur la recherche en gestion aux managers praticiens et au-delà aux autres parties prenantes des organisations. (Zimnovitch, 2019, p. 89.)

Sciences sociales et sciences de l'action, les sciences de gestion sont aussi un domaine d'enseignement à fort impact sociétal, tant par les flux croissants d'étudiants en formation initiale, en apprentissage ou en formation continue que par l'importance des concepts et instrumentations gestionnaires dans les organisations privées ou publiques. La proximité des enseignants-chercheurs avec les praticiens peut sembler grande tant par la présence quasi systématique de dispositifs de stage et d'alternance dans les programmes que par la participation de nombreux professionnels aux équipes pédagogiques à l'université ou dans les grandes écoles de management. Pourtant, cette proximité, si apparente soit-elle, n'est pas nécessairement nourrie d'échanges approfondis entre enseignants et praticiens. La juxtaposition de la scolastique académique et de la pseudoscience technicienne conduit à des pratiques d'enseignement bipolaires, porteuses de risque de dérives pour les apprenants.

Un autre article, paru quelques années après la crise des *subprimes*, éclaire cette problématique dans le cas des *quants* et des *traders*, professionnels au cœur du fonctionnement des marchés financiers. Les deux auteurs y soulèvent la question de la responsabilité de l'enseignant-chercheur en sciences de gestion dans la formation des ingénieurs financiers. Partant là encore d'une réflexion épistémologique, ils envisagent la finance « comme une discipline ayant une position hybride qui pose la question de la responsabilité » de l'enseignant-chercheur et, au-delà, des professionnels qu'il forme (Gillet et Zimnovitch, 2011, p. 100). Ils indiquent que « la position hybride de la finance fait courir le risque de se soustraire à tout type de responsabilité, à la fois *ex ante* [sur la connaissance préalable des comportements et processus cognitifs, comme dans les sciences de gestion] et *ex post* [sur la pertinence des modèles par rapport aux résultats observables, comme dans les sciences de la nature] » (*ibid.*).

Confrontant ces réflexions aux données empiriques recueillies dans les programmes et *syllabi* d'enseignement de la finance de marché dans plusieurs écoles et universités, les deux auteurs constatent que « les sciences exactes dans la formation des ingénieurs [financiers sont] plébiscitée [*sic*] par les employeurs » (*ibid.*, p. 106). Ils relèvent en effet, dans leur analyse documentaire des programmes et *syllabi*, la prépondérance des contenus techniciens fortement mathématisés au détriment d'approches managériales intégrant une mise en perspective comportementale et éthique.

De cette évocation trop rapide de quelques contributions récentes d'Henri Zimnovitch, on retiendra une interpellation forte sur l'« indifférence [des praticiens] à l'égard des sciences de gestion [qui] pourrait se traduire par un nihilisme à leur égard » mais aussi sur le fait, du côté académique, que « de nombreuses revues cotées sont préoccupées de ce que la recherche en gestion soit de moins en moins utile aux managers et du fossé qui se creuse entre la théorie et la pratique » (Zimnovitch, 2014). Cette réflexion a pour intérêt majeur de souligner que la responsabilité des praticiens de la gestion n'est pas dissociable de la responsabilité de ceux qui, dans le monde académique, ont la charge de les former et/ou de produire des connaissances significatives sur les pratiques et les outils. À cet égard, la réflexion du Professeur Zimnovitch, bien que souvent centrée sur les métiers du chiffre en gestion, a une portée plus large qui intéresse l'ensemble du champ des sciences du management, dans la lignée de l'essai de Henry Mintzberg (2005) sur les dangereuses dérives du système des MBA.

Étant enseignant-chercheur généraliste en management des organisations et en éthique managériale, notre perspective n'est pas celle d'un spécialiste de l'histoire de la comptabilité, ni d'un philosophe ou encore d'un chercheur en finance. En revanche, nous nous attacherons à montrer en quoi les réflexions d'Henri Zimnovitch ont une portée dépassant largement ces respectives, car elles ouvrent des pistes fécondes pour faire évoluer les représentations tant chez les praticiens que chez les enseignants-chercheurs.

LA RESPONSABILITÉ, INDIVIDUELLE ET/OU COLLECTIVE ?

Depuis la fin du XIXe siècle, le management s'est considérablement technicisé en mettant en avant des concepts rationalistes de buts, de stratégies, d'objectifs, de structures, de processus de changement, d'évaluation et d'amélioration continue, suscitant même, dès les années 1940, une réflexion critique, sous le titre *The Managerial Revolution*, de la part du politologue américain James Burnham (1941). D'abord inscrite dans une vision normalisatrice de la production industrielle ou de l'activité administrative, la représentation de la performance est devenue économique en termes de coûts, marges et budgets pour tendre de plus en plus prioritairement vers des logiques financières de rentabilité, de retour sur investissement, voire d'optimisation fiscale. Désormais omniprésentes dans les entreprises du secteur marchand, ces prescriptions techniques ont largement pénétré les politiques publiques comme les organisations privées à but non lucratif. Leurs principes fondateurs sont ainsi ramenés à des éléments de langage employés par nombre de praticiens – dirigeants, managers, consultants, formateurs… –, le plus souvent sans aucune véritable réflexion sur leur origine, leur signification, leurs présupposés, leurs limitations conceptuelles et leurs implications tant stratégiques qu'opérationnelles… (Enteman, 1997 ; Hess, 2000 ; Gillet et Zimnovitch, 2011 ; Deslandes, 2013).

Avec la banalisation des représentations qui les sous-tendent (objectivité, rationalité, normalité, compétitivité…), ces *theories in use* (Argyris *et al.*, 1985) sont devenues des *taken-for-granted beliefs*, des croyances banalisées, des évidences acquises et autosuffisantes, au point d'ailleurs d'être des lieux communs colonisant tous les champs de l'activité humaine (Pezet et Sponem, 2008). Dans ce contexte, la responsabilité managériale constitue trop souvent une notion floue, dont la polysémie et l'ambivalence contraste avec les enjeux auxquels elle se rapporte. En français, elle signifie à la fois responsabilité du management de l'organisation, son pilotage et sa gestion, la responsabilité des managers, les acteurs en charge de ce pilotage de cette gestion.

Une première tension théorique concerne la responsabilité des acteurs sociaux que sont les managers, des dirigeants aux cadres de proximité en passant par les ingénieurs et experts en gestion. Elle oppose les tenants d'une responsabilité managériale strictement circonscrite à la personne physique aux promoteurs d'une responsabilité impliquant les acteurs individuels certes, mais aussi les réseaux et groupes dans lesquels s'inscrive leur action. Pour les uns, être responsable est avant tout une affaire de conduite et de conscience propre à l'individu.

Dans une récente interview avec Henri Zimnovitch et Olivier Basso, le philosophe André Comte-Sponville déclare que :

> Ce n'est pas l'entreprise qui a des valeurs morales, mais les individus qui y travaillent ! […] La morale ne vaut que par et pour les individus. Il n'y a donc pas de morale de l'entreprise. Mais c'est précisément pourquoi il doit

> y avoir de la morale dans l'entreprise : par la médiation des individus qui y travaillent et spécialement qui la dirigent ! Comment les y préparer ? Par l'éducation bien sûr (on ne naît pas vertueux : on le devient), mais cela dépend plus des parents que de l'école, et plus de l'école que de l'entreprise. Cela ne veut pas dire que l'entreprise n'ait aucun rôle dans ce domaine. (Basso et Zimnovitch, 2018, p. 25.)

Ainsi, à l'inverse du holisme systémique de la RSE/RSO ou de l'abstraction juridique, c'est bien la personne physique, prise dans son individualité, qui constitue la catégorie pertinente pour aborder tout questionnement éthique. L'accent est mis sur la responsabilité de chacun quant à son devenir et à sa capacité à améliorer sa propre expérience, d'une manière générale aussi bien que dans l'action managériale. Certes, comme les tenants de la responsabilité individuelle, les partisans d'une responsabilité à caractère collectif considèrent que la conscience de l'individu agissant est irremplaçable. Mais, contrairement aux premiers, ils se refusent à ignorer l'existence d'enjeux de responsabilité d'ordre collectif à hauteur de la complexité technique, institutionnelle ou politique des systèmes organisés qui structurent la société moderne et postmoderne. Dans cette autre perspective, la question de la responsabilité ne peut être épuisée par la somme des vertus individuelles ou le respect par chacun de ses devoirs moraux.

À ce titre, les références philosophiques mobilisées ici tiennent plutôt de penseurs souvent originaires d'Allemagne ou d'Europe centrale, comme Hannah Arendt, Hans Jonas, Jürgen Habermas, Zygmunt Bauman, Ulrich Beck… Ceux-ci ont interrogé les origines et le sens de la violence technique, sociale et/ou politique à grande échelle à la suite des aliénations productivistes et des conflits et expériences totalitaires du XXe siècle. Ainsi, dans cette perspective éloignée de celle de Comte-Sponville, Hannah Arendt affirme que :

> Deux conditions doivent être présentes pour qu'il y ait responsabilité collective : je dois être tenu pour responsable de quelque chose que je n'ai pas fait et la raison expliquant ma responsabilité doit être ma participation à un groupe (un collectif) qu'aucun acte volontaire de ma part ne peut dissoudre, c'est-à-dire une participation qui n'a rien à voir avec un partenariat commercial, que je peux dissoudre à volonté. (Arendt, 2005, p. 224.)

LA RESPONSABILITÉ DES MANAGERS,
RESPONSABILITÉ DE L'ORGANISATION ?

Une seconde tension vient se superposer à la première. Ici aussi, les lectures théoriques divergent sur un spectre large. On trouve à une extrémité le point de vue minimaliste de Milton Friedman, pour qui il ne saurait y avoir de responsabilité managériale autre que la réalisation de la meilleure performance financière de l'organisation au service de ses propriétaires, et ce, dans le respect de la conformité juridique. Et à une autre extrémité, on voit une conception élargie de cette responsabilité, comme celle que promeut le mouvement composite de la *corporate social responsibility*, traduite en français sous l'appellation « responsabilité sociale/sociétale de l'entreprise ». Ainsi, si l'ouvrage d'Howard Bowen (1953) portait sur les responsabilités de l'homme d'affaires (au singulier), il a donné lieu à de multiples lectures et extensions (Acquier et Gond, 2005) conduisant à des théorisations aujourd'hui largement connues de la RSE (Carroll, 1979, 1999 ; Wood, 1991). D'individuelle, la responsabilité devient ainsi institutionnelle et organisationnelle. L'entreprise doit répondre au-delà des seuls aspects juridico-économiques, de la légitimité et des conséquences de ses pratiques en matière de gouvernance, de respect des personnes, de rapport à la société civile et d'empreinte environnementale. Dans cette perspective, même si elle est une réalité collective, l'organisation est pensée et dite comme étant un *Homo collectivus*. En témoigne l'usage banalisé, dans les médias comme dans la vie professionnelle, d'expressions telles que « l'entreprise X a décidé de… » ou « le groupe Y fait… ».

Mais contrairement à un préjugé facile, la personnalisation de l'entreprise ne se résume pas au cas des micro- ou petites structures. Paradoxalement, le processus d'anthromorphisation paraît d'autant plus fort que la taille de l'entreprise est importante. S'agissant des (très) grands groupes cotés en Bourse, les raccourcis de l'imagerie médiatique correspondent à l'imaginaire managérialiste, qui attribue à l'organisation une pensée et une parole qui ne sont celles que de son directeur général, du président de son conseil d'administration ou d'une petite coalition formée d'administrateurs et de dirigeants. Cette assimilation semble obéir à des exigences juridiques et se trouve au cœur même de la vision institutionnelle classique. En effet, le mandat social du dirigeant établit un lien formel entre la personnalité morale de l'organisation et une personne physique qui représente celle-ci en droit.

Plus généralement encore, la représentation de l'entreprise « acteur économique », largement en vigueur dans le discours managérialiste, s'avère très congruente avec la spécification financiarisée des intentions stratégiques, et des activités et projets organisationnels. Les décisions et actions qui s'y rapportent, et surtout les réussites ou échecs, doivent pouvoir être mesurées à l'aune techniciste d'indicateurs de rentabilité. Ces résultats sont toujours imputés à la figure du (des) dirigeant(s), sorte de démiurge managérial, paré des attributs de la toute-puissance et incarnant la personnalité d'une l'entreprise. Ce processus anthropomorphique contraste singulièrement avec l'impersonnalité censée réguler les actions de milliers de salariés, à commencer, parmi ceux-ci, par les relais que sont les ingénieurs, les managers intermédiaires et les spécialistes fonctionnels.

Il est indispensable de déconstruire cette fausse évidence afin de la resituer dans toute la relativité de ses présupposés. Certes, des raisons pratiques et techniques amènent à faire « comme si » les organisations étaient des personnes, mais ces raisons ne suffisent pas à en faire de véritables personnes, quand bien même celles-ci sont représentées par la figure humaine d'un dirigeant idéalisé comme omniscient et omnipotent. D'un point de vue aussi lexical que sémantique :

> une personne morale, au sens juridique du terme, ce n'est pas une personne au sens ordinaire du terme, et cela n'a pas de morale. […] Je ne vois pas de sens à parler d'éthique de l'entreprise : une entreprise n'a pas de morale, elle n'a que des intérêts et des contraintes. Mais c'est précisément parce qu'il n'y a pas de morale de l'entreprise qu'il doit y avoir une morale dans l'entreprise, par la médiation des seuls qui puissent être moraux, les individus qui y travaillent, et particulièrement ses dirigeants. (Comte-Sponville, 2009, p. 28.)

S'inspirant de la hiérarchie des ordres – corps, esprit et charité – développée par Pascal dans ses *Pensées*, André Comte-Sponville envisage le management responsable selon quatre niveaux de responsabilité avec le technico-économique, le politico-juridique, la morale et l'amour. Ainsi, pour le philosophe français :

> Faire preuve de responsabilité, c'est assumer le pouvoir qui est le sien, dans les quatre ordres, sans les confondre, sans les réduire tous à un seul, et choisir au cas par cas celui auquel on décide de se soumettre en dernier lieu, car on ne peut pas poser de règle générale. (*Ibid.*)

Une structuration comparable – avec ses quatre étages – est déjà présente dans la célèbre pyramide des obligations de responsabilité de l'entreprise qu'a proposée Carroll en 1979 – actualisée en 1999 –, modèle qui constitue depuis les années 1990 un élément de la vulgate sur la RSE/RSO.

Le premier niveau des enjeux de responsabilité pour toute entreprise est ainsi d'ordre économique. Celle-ci doit créer de la richesse pour ses actionnaires mais aussi pour ses salariés, via ses emplois, comme pour les populations et territoires, via l'utilité de ses produits et services ou via la fiscalité. Vient ensuite une responsabilité d'ordre juridique, qui passe par le respect des lois et règlements en vigueur. Pour Carroll, cette responsabilité juridique comprend aussi, au-delà d'une stricte conformité, l'évitement d'actions – certaines pratiques de lobbying, par exemple – qui détourneraient les lois de leurs visées générales au profit de ses intérêts particuliers. Le troisième ordre de responsabilité est éthique. Ici, l'entreprise doit exercer ses activités en accord avec ses propres valeurs et, plus généralement, avec les valeurs morales ou principes organisant la société. Au quatrième et dernier étage, enfin, Carroll identifie un niveau supérieur de responsabilité à portée philanthropique. Il s'agit ici d'agir volontairement avec bienfaisance, de conduire, de soutenir ou de financer des actions ou projets bénéficiant à la collectivité ou à l'environnement.

Mais si Comte-Sponville et Carroll semblent s'accorder sur la toile de fond des niveaux de responsabilité, leurs perspectives diffèrent substantiellement quant au rapport des individus et des organisations à la responsabilité. Là où le premier nie l'existence d'une quelconque responsabilité de l'entreprise, la responsabilité ne pouvant qu'être personnelle, le second s'attache au contraire à en reconnaître la nécessité, eu égard à la place de plus en plus forte qu'occupent les grandes entreprises et organisations dans la société. Cette responsabilité est proportionnelle à la légitimité que leur accorde la société au travers de leur liberté d'action socio-économique. En effet, cette liberté a sa contrepartie en termes de responsabilité sur les résultats, effets ou conséquences (*outcomes*) de son action. Donna J. Wood (1991) consolide ainsi la réflexion de Carroll en montrant que la RSE s'exerce sur trois plans successifs : celui de l'entreprise comme institution sociale, celui de l'entreprise comme organisation et celui, de nature individuelle, incombant à ses dirigeants en tant que personnes physiques investies d'un mandat social et, ce faisant, du pouvoir discrétionnaire de décideurs stratégiques.

Il existe donc bien ici un écart significatif entre les deux approches de l'exercice mais aussi et surtout de l'essence même de la responsabilité. Pour Comte-Sponville, héritier d'une philosophie européenne somme toute classique ou prémoderne, il n'est de responsabilité qu'individuelle. Pour Carroll et Wood, promoteurs d'une *corporate social responsibility* post-moderne se posant comme réponse autre à une vision néolibérale, la responsabilité peut et doit être non seulement collective, mais aussi et surtout organisationnelle et institutionnelle. Ce faisant, dans le monde anglo-saxon, et aux États-Unis en particulier, la théorie des parties prenantes fait débat, non sur le fait de l'inconsistance d'une responsabilité organisationnelle mais plutôt sur sa portée. En effet, outre-Atlantique, la littérature philosophique et les discours publics contemporains sont traversés par deux débats relatifs à l'ontologie des entreprises, et plus généralement des organisations :

> *the first is about whether corporations are moral agents ; the second is about whether corporations are persons .... These conversations have occasionally been conflated by critics of corporate moral agency who argue (or assume) that recognizing corporations as moral agents requires us to recognize them as persons, that moral agency entails personhood.*
>
> « le premier est de savoir si les entreprises sont des agents moraux ; la seconde est de savoir si les sociétés sont des personnes .... Ces conversations ont parfois été amalgamées par des critiques de l'action morale des entreprises qui soutiennent (ou supposent) que la reconnaissance des entreprises en tant qu'agents moraux nous oblige à les reconnaître en tant que personnes, que l'action morale implique la personnalité. » (Hess, 2013, p. 330.)

L'ANTHROPOMORPHISATION DE L'ENTREPRISE EN QUESTION

PERSONNALITÉ MORALE N'EST PAS PERSONNE MORALE

Pour éclairer la teneur de cette controverse, il convient de remonter à l'expression de la pensée de Friedman. Dans la vision néolibérale, une entreprise est un accord passé entre différentes personnes qui décident de mettre en commun des ressources dans une organisation afin de créer de la richesse et de dégager un profit qu'elles pourront se partager. À ce titre, la responsabilité inhérente à l'idée de personne physique ne peut être étendue à l'agencement artificiel qu'est l'entreprise :

> *What does it mean to say that "business" has responsibilities ? Only people can have responsibilities. A corporation is an artificial person and in this sense may have artificial responsibilities...*
>
> « Qu'est-ce que cela signifie de dire que "les entreprises" ont des responsabilités ? Seuls les gens peuvent avoir des responsabilités. Une société est une personne morale et en ce sens peut avoir des responsabilités artificielles... » (Friedman, 1970, p. 1201.)

La personnalité juridique (*personhood*) accordée aux entreprises n'est qu'une convention d'opportunité pratique, sans implication de *responsabilité* organisationnelle. Le fait d'être une entité légale, donc artificielle, n'entraîne pas celui d'être un véritable sujet moral, selon le schéma argumentatif suivant formulé par McAleer (2003) :

> *P1 : Corporations are artificial persons.*
> *P2 : Artificial persons can have only artificial responsibilities.*
> *C1 : so, Corporations can have only artificial responsibilities.*
> *P3 : But moral responsibilities are not artificial responsibilities.*
> *C2 : So, corporations cannot have moral responsibilities.*
>
> « P1 : Les sociétés sont des personnes morales.
> P2 : Les personnes morales ne peuvent avoir que des responsabilités artificielles.
> C1 : ainsi, les entreprises ne peuvent avoir que des responsabilités artificielles.
> P3 : Mais les responsabilités morales ne sont pas des responsabilités artificielles.
> C2 : Ainsi, les entreprises ne peuvent pas avoir de responsabilités morales. »

Le sens donné à l'adjectif « artificiel » laisse matière à discussion, comme le note McAleer. Faut-il voir un glissement équivoque entre un premier emploi dans le sens de « non naturel » (propositions P1 et P2) et un second usage signifiant « non authentique » (*non genuine*) (P3) (*ibid.*) ? Pour Friedman, les limites de la responsabilité « artificielle » sont des obligations de gestion déléguée (*fiduciary duties*) telles qu'elles sont explicitement spécifiées dans le contrat de société et le mandat social du dirigeant et ont fait l'objet de nombreux commentaires à partir de la théorie de l'agence. Il s'agit donc ici d'une responsabilité contractuelle, d'ordre juridique et déontologique – l'obligation de la maximisation du profit –, mais en aucun cas d'une responsabilité morale comparable à celle d'une personne physique en étant fondée, par exemple, sur une éthique des vertus ou une déontologie d'inspiration kantienne.

En ce sens, il n'y a pas équivoque, de la part de Friedman, mais plutôt mise en lumière de deux métaphysiques de la responsabilité qui ne peuvent être mises en équivalence (Ekornes Mertens, 2013). Si toute organisation procède de l'action collective de personnes physiques, à commencer par les membres de sa gouvernance et ses managers, elle ne constitue pas pour autant une véritable personne : elle n'est qu'un agent moral.

1. D'un côté, dans la lignée de la pensée libérale de John Locke mais aussi de la déontologie d'Emmanuel Kant, les personnes physiques sont comprises comme des fins en soi. Elles sont donc porteuses d'une pleine responsabilité morale sur leurs actes et décisions en société, contrepartie de leur liberté individuelle.
2. De l'autre, on ne peut prétendre que les organisations constituent des fins en soi, puisque leurs intentions, leurs orientations comme leurs actions sont toujours le fait d'êtres humains. La responsabilité organisationnelle ne peut donc qu'être limitée au formalisme des engagements légaux et contractuels qui encadrent et régulent leurs activités.

Un point de vue opposé considère que les organisations, bien qu'étant des objets sociaux, présentent des caractéristiques ontologiquement subjectives :

> *In the case of social objects, however, the grammar of the noun phrases conceals from us the fact that, in such cases, process is prior to product. Social objects are always...constituted by social acts; and, in a sense, the object is just the continuous possibility of the activity.*
>
> « Dans le cas des objets sociaux, cependant, la grammaire des syntagmes nominaux nous dissimule le fait que, dans de tels cas, le processus est antérieur au produit. Les objets sociaux sont toujours... constitués par des actes sociaux ; et, en un sens, l'objet n'est que la possibilité continue de l'activité. » (Searle, 1995, p. 196.)

Dans cette vision, la complexité organisationnelle d'une entreprise ne se réduit pas à être « *a collective noun for the web of contracts that link the various participants*[1] » (Grantham, 1998), comme le propose la théo-

1 « [...] un nom collectif pour le réseau de contrats qui lient les différents participants ».

rie institutionnaliste. À la différence de l'institution, constituée ici *a minima* comme structure de règles abstraites, juridiques, économiques et techniques, les organisations sont au bout du compte des groupes sociaux. En d'autres termes, elles procèdent de réseaux qui véhiculent des représentations cognitives et culturelles en étant animés par des interactions sociopolitiques.

L'activité de chaque organisation résulte donc pour une part de l'intentionnalité stratégique et des politiques conçues par ses gouvernants et dirigeants, mais aussi de leur mise en œuvre concrète par les différents participants internes (managers et autres salariés) ou associés (financeurs, fournisseurs, distributeurs...). En cas de conséquences négatives ou dangereuses pour autrui ou pour des biens communs comme l'environnement, la responsabilité morale doit alors être prioritairement portée par ceux qui ont participé à l'élaboration et à la formulation des choix stratégiques, ainsi qu'à leur mise en application et à leur contrôle. Dans le cas où il n'est pas possible de sanctionner des individus responsables de préjudices et de les contraindre à prendre en charge la réparation de ces préjudices, certains auteurs considèrent alors qu'il existe, pour l'organisation, une responsabilité du fait d'autrui, comme, par exemple, chez Arthur Rich (1994).

Bien que définie en termes de subsidiarité et conditionnalité, la responsabilité organisationnelle est donc mise en relation ici avec une reconnaissance de la personnalité morale de l'organisation. Celle-ci se voit dotée d'une autonomie d'action et de décision ainsi que d'une capacité collective de jugement normatif et d'apprentissage (Pettit, 2007). La revendication ontologique d'une responsabilité organisationnelle, contrepartie légitime et légale d'une reconnaissance de droits personnels est même poussée plus loin encore par French (1984). Pour lui, « *Corporations as moral persons will have whatever privileges, rights, and duties as are, in the normal course of affairs, accorded to all members of the moral community*[2]. » Selon cet auteur, « *If something is a person, it is a moral person (and) If corporation are intentional agents, they are persons cum moral persons*[3] ». Il y a alors identité (*sameness*) entre le concept de « personne » et de « personne morale » (*ibid.*, p. 1984).

2 « Les sociétés en tant que personnes morales auront tous les privilèges, droits et devoirs qui sont, dans le cours normal des affaires, accordés à tous les membres de la communauté morale. »

3 « Si quelque chose est une personne, c'est une personne morale (et) Si les sociétés sont des agents intentionnels, ce sont des personnes avec des personnes morales ».

Cette mise en équivalence ontologique entre l'être humain, la personne physique des juristes, et l'entreprise ou l'organisation, renvoyant en droit à la notion de personne morale, est biaisée selon un double mouvement. Tandis que le statut des entreprises et des organisations se trouve promu du rang d'objet à celui de sujet, la spécificité se voit fortement relativisée, non seulement pour les individus mais aussi par l'affaiblissement des représentations et des droits qui sous-tendent l'acceptation collective de la vie en société (Ladd, 1984). Aux États-Unis, par exemple, les grandes entreprises revendiquent de plus en plus ouvertement le bénéfice de droits constitutionnels identiques à ceux des citoyens (Darnell, 2014).

CONSCIENCE INDIVIDUELLE ET ACTION COLLECTIVE

Cette vision somme toute normative méconnaît largement la dynamique des organisations. Celles-ci forment des systèmes sociaux généralement bien plus complexes que des agrégats d'individus juxtaposés alignant leurs conduites sur des prescriptions techniques ou morales qui leur sont imposées : « *they are nets of collective action undertaken in an effort to shape the world and human lives*[4] » (Czarniawska, 1997). Dans cette acception, l'organisation est peuplée d'acteurs humains, souvent nombreux et variés, qui peuvent partager ou non le discours institutionnel porté par les dirigeants choisis par les investisseurs (grandes entreprises actionnariales) et/ou par les financeurs (organisations dédiées à des missions d'intérêt général ou public).

Pour autant, si la connaissance des organisations procède fondamentalement du champ des sciences humaines et sociales et n'est pas assimilable aux sciences d'un « ingéniorat de gestion » (Pérez, 1998), les organisations qu'elles étudient peuvent-elles être considérées comme des personnes responsables, comme l'annoncent les référentiels de RSE comme ISO 26000 ? Sont-elles des personnes au sens où l'être humain est une personne ? Peuvent-elles être responsables comme une personne physique est responsable de ses choix et actions, non seulement envers elle-même mais aussi et surtout envers l'autrui des prochains et des lointains, la société humaine et, plus généralement, toute expression de vie ? Et cette responsabilité peut-elle être soutenue par la référence à un langage moral ?

4 « Ce sont des réseaux d'action collective entreprises dans un effort pour façonner le monde et les vies humaines ».

Ceci posé, pas plus que nombre d'individus qui les constituent et les dirigent, les organisations ne peuvent fonctionner de manière stable et durable à un haut niveau de moralité ou d'éthicité. La capacité à se référer à des normes langagières et à des prescriptions formalisées ne préjuge pas chez les dirigeants et managers, acteurs parmi les autres acteurs de l'organisation, d'une capacité éthique à comprendre et évaluer les implications de leurs choix et actes. C'est pourquoi, dans notre perspective de recherche en sciences de gestion, le questionnement éthique sur la responsabilité ne peut être exclusivement traité ni à l'échelle globalisante d'un système organisationnel fantasmé en personne morale ni au seul niveau égocentré des vertus incarnées dans des individus managers.

L'institutionnalisation normative permet de doter l'organisation de certains droits, devoirs et obligations, selon des règles codifiées d'ordre public (*hard law*) ou par des normes conventionnelles privées (*soft law*). Dans un cas comme dans l'autre, l'intention est de réguler la responsabilité collective par la mise en œuvre de rationalités formelles, voire de formalismes rationalisateurs. Si le droit associe des catégorisations formelles de responsabilité civile, commerciale, sociale, pénale, etc., aux actes d'organisations dotées de personnalité morale, il ne leur confère pas pour autant un caractère de personne strictement équivalent à celui de personne physique. De même, dans le discours contemporain de la RSE/RSO, « dialogue ambigu » et « sans interlocuteur » (Pesqueux, 2009 et 2011), la responsabilité organisationnelle serait régulée au travers d'une démarche de conformité normative (*compliance*) envisageant l'organisation comme un sujet moral moralement responsable envers ses parties prenantes (les individus, les communautés et la société).

Cependant, l'encadrement normatif ne garantit ni une parfaite complétude des normes appliquées, ni une cohérence des conduites collectives, ni même un niveau élevé et stable de performance économique (Vogel, 2008). Qu'il s'agisse donc de *hard law* ou de *soft law*, la part managériale, subjective, intersubjective et donc toujours interprétative, est au moins aussi importante que la part du cadre prescriptif objectivant, légal, technique ou gestionnaire. Il est même illusoire de dissocier l'une de l'autre (Hess, 2013), sauf à tomber dans une représentation fictionnelle de la responsabilisation, comme celle véhiculée par le managérialisme sous-jacent aux discours sur la RSE/RSO ou les réformes structurelles (Vallaeys, 2011).

LA RESPONSABILITÉ : UNE PRATIQUE SUBJECTIVE ET INTERSUBJECTIVE

Entre les positions systémiques, qui diluent les acteurs individuels dans une rationalité abstraite et désincarnée, et celles d'un humanisme des vertus personnelles, qui, à l'inverse, s'interdit de penser les expériences collectives, il nous semble que la compréhension de l'éthique managériale se joue précisément dans le chaînon manquant, sans lequel ces deux visions sont inconciliables. C'est à l'étage médian et collectif des acteurs du management et de la gouvernance que se joue ou pas, suivant les cas, la responsabilité de rééquilibrage éthique face aux tendances isomorphiques de la pression contextuelle, du rapport de pouvoir ou du mimétisme. À défaut d'une telle compréhension, les effets de dérive collective ne peuvent être compensés par l'examen de conscience de quelques individus vertueux, si respectable et nécessaire que soit leur démarche : celle-ci est en effet nécessaire mais non suffisante. Confrontés à des injonctions multiples, souvent paradoxales et parfois changeantes d'une période à l'autre, les managers peuvent eux aussi exercer fort utilement leur responsabilité managériale en s'appuyant sur une réflexivité éthique individuelle. Mais face aux conflits d'intérêts et de légitimités comme à toutes les incertitudes de l'action collective, cette dernière doit se prolonger par une réflexivité collective qui se joue aussi bien dans des situations à chaud de l'ultra-court-terme que dans un effort de projection à moyen et long terme.

De notre point de vue, les conduites responsables dans les organisations ne sont l'expression d'aucun déterminisme éthique : ni celui d'une efficacité systémique exclusivement fondée sur une modélisation ingénierique des savoirs et des relations, ni celui de la réflexivité individuelle comme seule garantie d'une capacité éthique collective. En revanche, c'est bien dans l'espace intersubjectif des échanges, des coopérations, des débats et des conflits que se configurent les comportements et décisions qui engagent l'organisation à l'égard de ses acteurs, partenaires et autres parties prenantes. Si l'organisation n'est pas une personne morale, elle n'en demeure pas moins un système socioéconomique, socioculturel et sociopolitique qui agit par des acteurs, sur des acteurs, pour des acteurs (Scott, 2001). Une responsabilité morale collective incombe ainsi à ceux et celles qui la dirigent et la gouvernent, non seulement au titre de leur compétence technique et de leur conscience morale personnelle, mais aussi dans le cadre de leurs interactions avec les situations où ils discutent et agissent avec d'autres acteurs, internes ou externes (Trevino et Weaver, 2003).

Tandis qu'une éthique réduite à la prescription formelle de normes, codes, chartes et autres labels nous paraît le plus souvent l'expression illusoire d'une néobureaucratisation qui ne s'assume pas, nous posons comme responsabilité managériale dans l'action la nécessité d'articuler réflexion individuelle *et*[5] réflexion collective sur les pratiques, les dispositifs, les interactions et les représentations.

RESPONSABILITÉ ACADÉMIQUE ET RESPONSABILITÉ MANAGÉRIALE

SCIENCES DE GESTION, ÉTHIQUE DE LA RESPONSABILITÉ ET RÉFLEXIVITÉ

Cet effort de réflexivité subjective et intersubjective constitue la condition d'exercice d'une authentique pratique de la responsabilité managériale. Se dire responsable n'est pas l'être : il est aisé de recourir à une rhétorique responsabiliste évoluant au gré des circonstances, favorables ou défavorables pour soi. S'afficher responsable en référence à une conformité normative, fût-elle de la *soft law*, est soit naïf, soit cynique. Même pensées comme sciences de l'action, les sciences de gestion ne peuvent ignorer les apports des sciences sociales et humaines. Les pratiques organisationnelles se jouent dans des dispositifs de régulation – gestionnaires, en particulier, pour ce qui concerne nos travaux.

Au travers de leurs interactions sociopolitiques, les acteurs – parmi lesquels les gouvernants, dirigeants et managers – reproduisent ou transforment ces dispositifs. Leurs interactions, et plus généralement leurs comportements, sont à la fois nourries et productrices de représentations individuelles *ET*[6] collectives – connaissances et savoirs explicites mais aussi croyances, postulats implicites, fantasmes, dénis, refoulements… La prise en considération de l'intrication du subjectif et de l'intersubjectif est au

5 L'italique est de nous.
6 L'italique et les majuscules sont de nous.

centre d'un projet de connaissance sur et dans l'agir éthique, lorsque celui-ci concerne les pratiques de management des organisations et institutions,

Ayant caractérisé le risque d'une dénaturation managérialiste de la responsabilité managériale, nous revenons maintenant sur la finalité des sciences de la gestion et des organisations. Sont-elles vouées au développement, à la consolidation et à la reproduction d'une performativité utilitaire observable dans les organisations (Fournier et Grey, 2000) ? Et à ce titre, l'élaboration des modèles théoriques qu'elles développent, des instruments techniques qu'elles enseignent et des pratiques managériales qu'elles suscitent les restreint-elle à une critique instrumentaliste, elle-même sujette à des présupposés managérialistes (Enteman, 2007) ? Le questionnement intéresse autant le chercheur que l'enseignant.

Commençons par la recherche. Verstraete (2007, p. 95) écrit :

> Partir d'un problème de terrain lie la question éthique et la question gnoséologique. La méthode n'est que l'instrument autorisant une interprétation raisonnée et raisonnable de données correctement collectées, analysées et interprétées, c'est-à-dire selon un protocole devant recevoir l'approbation de la communauté. Or, force est de constater qu'elle règne dans de nombreux travaux publiés dans les plus grandes revues de langue anglaise. Il n'y est pas si rare que le terrain, et les questions qu'il se pose, importent moins que la façon dont il a été investi.

Dans cette perspective, certains enseignants-chercheurs en sciences de gestion aiment à imaginer leur activité et leur compétence dans un univers spéculatif de théories et de concepts, fantasme virginal exposé au risque du dogmatisme identifié par Henri Zimnovitch. D'autres, au contraire, mythifient leur action dans la figure d'une ingénierie postmoderne des méthodes de gestion et processus d'administration organisationnelle. On retrouve là l'autre dérive, celle du sophisme et de la pseudoscience. Pour en éviter ces deux travers majeurs, une seule et même exigence vaut pour la recherche et l'enseignement en sciences de la gestion et des organisations : une conceptualisation rigoureuse et une véritable proximité avec la pratique de l'action managériale. À défaut, comme l'a fort justement souligné Henri Zimnovitch, la distance qui sépare l'une de l'autre de ces deux polarités ne peut que se creuser davantage et présente le risque d'une crispation aussi irréfléchie que stérile.

Pour en dépasser les apories, la question de la responsabilité managériale requiert d'articuler une compréhension au plus près des terrains tout en mobilisant et discutant le large *corpus* intra- et extra-disciplinaire de la théorie des organisations. Cette vision croisée n'a pas pour objet l'infinie satisfaction d'une organisation personnifiée en être collectif supra-humain, pas plus qu'elle ne réduit sa compétence à la mise en œuvre d'une instrumentation juridico-financière toujours plus normative et quantophrénique (Jany-Catrice, 2012 ; Supiot, 2015).

Qu'on le veuille ou non, les organisations sont peuplées d'êtres humains qui agissent avec et pour d'autres êtres humains, voire plus largement avec et pour ce qui est vivant. Ils et elles ne sont pas réductibles à des rôles fonctionnels, à des agents, à des opérateurs de processus ou à des ressources optimisables. Ils et elles ne sont pas les objets passifs d'une autorité managériale toute puissante mais bien des sujets agissants, c'est-à-dire des personnes porteuses, demandeuses et créatrices de sens. S'agissant de la responsabilité managériale, une mise en perspective anthropologique et éthique de l'être humain, *politikon zoon*, est donc indispensable au cœur des organisations comme dans les formations au management. Cette ambition humaniste passe par la reconnaissance de sa qualité d'acteur et de sujet, ainsi que l'écrivait Chanlat voilà plus de vingt ans ; elle ne s'accommode donc pas avec les fantasmes managérialistes de *l'homo oeconomicus* ou de *l'homo administrativus*, où l'être humain est défini comme :

> […] un individu hypernormal […] qui respecte toutes les règles et ne les transgresse jamais, même en imagination, ou encore [comme un] technocrate manipulateur qui est possédé par le fantasme de la maîtrise totale des hommes et des choses, qui ramène les rapports humains à des rapports d'objets et voit le monde d'un point de vue strictement économique. (Chanlat, 1998, p. 85-86.)

Il en découle que toute réflexion ou régulation sur l'exercice de la responsabilité managériale doit être recherchée prioritairement autant dans l'exercice de la conscience individuelle que dans les rapports intersubjectifs à l'action organisée. Ce n'est qu'accessoirement – littéralement : ce qui renvoie à l'ordre de l'accessoire – que cette responsabilité procède des formes institutionnelles, des structures organisationnelles et des instrumentations, prises comme des éléments donnés et abstraits. Si elle est toujours interprétée par des acteurs individuels en situation, la notion de responsabilité managériale prend sens dans la dynamique des rapports humains qui rendent l'organisation concrète et vivante. Norbert Alter observe que :

> la socialisation professionnelle ne correspond ainsi ni à la simple absorption des normes d'un métier ou d'une activité ni à la « lutte de tous contre tous ». Elle ne peut se réduire à une culture, une structure ou aux résultats de jeux politiques. Elle repose, bien plus largement, sur la capacité à créer des liens sociaux, à y participer ou à s'en défaire, à donner et à rendre, à prendre et à trahir. (2009, p. 110.)

Quels que soient les mythes contemporains d'une entreprise d'autant plus anthropomorphisée qu'elle est vouée à la rationalité technico-financière, aucune organisation ne peut fonctionner sans connaître et reconnaître la place de l'être humain, envisagé à la fois comme sujet individuel et comme être collectif. *A fortiori*, les finalités de chaque organisation, sa gestion et l'évaluation de sa performance dépendent intimement de choix faits par des humains en son sein et/ou dans son contexte. En retour, ces choix impliquent ou concernent d'autres humains, proches et parfois lointains.

Dès lors, il appartient aux enseignants-chercheurs en sciences de gestion de se questionner sur leurs contributions actives ou passives aux dérives éthiques des pratiques managériales et donc organisationnelles. Les conduites paresseuses ou nihilistes des managers constituent une des expressions les plus significatives de l'humanité contemporaine, au moins dans l'espace occidental. Sont-elles en rupture ou en dépassement des représentations humanistes qui ont concouru à l'idée de modernité ?

REFONDER UNE CONNAISSANCE HUMANISTE DE LA RESPONSABILITÉ

À la Renaissance, l'étude de l'humanité (en latin *studia humanitatis*) s'est instituée selon le beau mot d'« humanités » jusqu'à ce que le terme tombe en désuétude dans le courant du XXe siècle[7]. Si la notion d'humanisme a d'abord désigné de manière fermée le courant intellectuel qui renouait avec l'étude et l'imitation littéraire des humanités gréco-latines, elle s'est rapidement élargie à une attitude philosophique selon laquelle toute compréhension de l'être humain et de ses actions est ontologiquement fondée sur la reconnaissance de sa dignité. Contrairement à une opposition caricaturale courante, la vision humaniste de la Renaissance reprend et actualise sur un mode séculier un thème important de la théologie

---

7 En Belgique, le terme reste en usage pour désigner de manière courante les études secondaires générales.

chrétienne patristique et médiévale, celui de la relation entre dignité humaine, liberté humaine et responsabilité humaine.

Le christianisme a ainsi développé dès le IVe siècle une vision naturelle de la dignité humaine, dans le cadre d'une théologie de l'*Imago Dei* chez Augustin d'Hippone ou d'une théologie de la liberté humaine avec Grégoire de Nysse. À la fois image de la royauté divine et bénéficiaire d'une faveur unique conférée par Dieu, la liberté de l'humain s'accompagne d'une responsabilité sur le monde. Plus tardivement, au XIIIe siècle, la dignité est considérée par Thomas d'Aquin comme inhérente à la qualité de personne. Ainsi, Dieu et l'homme étant tous deux des personnes, tous deux sont investis de dignité. En revanche, si la dignité de Dieu est éminente, car Dieu est éminemment une personne, celle de l'homme est relative mais dynamique, puisque l'être humain a la liberté de se rapprocher de l'image divine.

Mise en avant par l'humanisme du Quattrocento et de la Renaissance, la dignité est à la fois d'ordre anthropologique et éthique. Elle est anthropologique en posant le principe que tout être humain jouit librement d'une dignité propre par le fait même de son humanité. Et elle est également éthique en ce sens que le respect de la liberté d'autrui repose sur la reconnaissance de son égale dignité. Ainsi, selon Pic de La Mirandole :

> Il nous appartient, puisque notre condition native nous permet d'être ce que nous voulons, de veiller par-dessus tout à ce qu'on ne nous accuse pas d'avoir ignoré notre haute charge, pour devenir semblables aux bêtes de somme et aux animaux privés de raison. (Pico della Mirandola, 1993.)

Bien que vieilles de plusieurs siècles, les pensées des humanistes de la Renaissance invitent les enseignants-chercheurs en management à une réflexivité critique et pragmatique. Toute responsabilité managériale est étroitement liée à la conscience moderne de la dignité et donc de la liberté humaine. Il ne peut y avoir responsabilité qu'en affirmant cette liberté pour soi-même comme en la reconnaissant à autrui (Ricœur, 2004). Qu'elle concerne les pratiques des managers dans les organisations, les travaux des chercheurs en sciences des organisations quand ils analysent ces pratiques ou celui des enseignants – souvent les mêmes – lorsqu'ils forment des publics jeunes ou adultes au management, la compréhension de la responsabilité est d'abord acceptation et reconnaissance de la liberté et de la dignité de chaque être humain. C'est là un des principes fondateurs de la modernité occidentale, qui sera relu et enrichi par les Lumières sur un plan politique.

Mais entre le rappel de ces fondements philosophiques de la responsabilité et l'analyse des discours de la responsabilité managériale, vient s'inscrire toute l'épaisseur de plusieurs siècles au cours desquels les logiques institutionnelles et les pratiques organisationnelles ont été reconfigurées à maintes reprises au nom de l'ordre politique, religieux, économique, industriel ou, plus récemment, financier (Musso, 2017).

Pour ne pas subir cet état de fait comme une donnée impérative, trois réflexions peuvent ouvrir la pratique de la recherche et de l'enseignement de la responsabilité managériale à cette double perspective, anthropologique et éthique.

Premièrement, le processus historique de la modernité occidentale a progressivement construit l'articulation idéalisée de trois pôles que sont l'émancipation morale des personnes grâce à des institutions démocratiques, le progrès des sciences et des techniques au service de l'humain, ainsi que le développement économique comme condition de l'amélioration de la vie de chacun et de tous. L'éthique de responsabilité, telle qu'elle fut conceptualisée il y a un siècle par Weber, prend son sens dans la recherche d'un équilibrage de la rationalité technico-bureaucratique et du légalisme démocratique, aussi peu préjudiciable que possible pour le plus grand nombre. Après une longue période d'industrialisation, les quatre dernières décennies sont marquées dans les pays occidentaux par la montée en puissance de la financiarisation de l'économie, l'avènement d'une ère des organisations et le développement de la gestion dans la quasi-totalité des secteurs d'activité de la société. Cette évolution accélérée remet en question le modèle idéal de la trilogie des trois ordres de progrès (moral/politique, scientifique/technologique, économique).

Deuxièmement, ayant émergé dans la société industrielle et commerciale depuis la fin du XIXe-début du XXe siècle, les sciences de la gestion, du management et des organisations ont connu un important développement, rivalisant et coopérant avec les disciplines classiques du droit et des sciences politiques, et celles, plus récentes, des sciences sociales, de l'économie et de l'ingénierie. Que ses acteurs l'aient voulu ou non, elles ont largement participé à l'accélération managérialiste et financière engagée au tournant des années 1970-1980, au point de se trouver aujourd'hui placées à l'épicentre d'un mouvement reconfigurant les rapports entre le triptyque des progrès de la modernité.

Troisièmement, la notion de responsabilité se trouve aujourd'hui au cœur des sciences de la gestion et des organisations. Ce positionnement central intéresse bien sûr la compréhension des pratiques organisationnelles et discours managériaux comme objet de recherche, mais il nous interpelle aussi sur la finalité de nos pratiques de recherche et d'enseignement. Entre les demandes parfois très managérialistes des organisations et les attentes de nombre d'étudiants consommateurs de formation utiles car traitant d'instrumentations quantitatives et financières, il nous semble indispensable de ne pas réduire la pensée pédagogique à une gadgétisation numérique.

POUR UN ENSEIGNEMENT RESPONSABLE DE LA RESPONSABILITÉ MANAGÉRIALE

Le management ne s'exerce pas en surplomb du monde, pas plus qu'il n'est un objet désincarné d'enseignement ou de recherche. Son champ est celui de l'expérience par des acteurs humains participant à des organisations humaines. Parce qu'il met en paroles et en actes l'image de soi, celle des autres et celle des institutions – l'entreprise et le marché, l'État et la loi, la technique et la performance –, le management est indissociable de la complexité de sens dans laquelle évoluent les acteurs de terrain et des processus par lesquels ils construisent et reconstruisent le sens de leur action. Rencontre des pouvoirs et mise à l'épreuve des responsabilités face à l'incertitude des situations, la *praxis* managériale n'est pas fondamentalement ingénierie des structures organisationnelles et des systèmes de gestion. Elle n'est pas application mécaniste de lois issues d'une « science » administrative, comme le prétendait F. W. Taylor ou comme le fantasment encore de trop nombreux managers « intellectuellement paresseux », selon le mot du sociologue François Dupuy dans son livre *La faillite de la pensée managériale* (2015). Elle n'est pas non plus essentiellement modélisable en équations, comme le voudrait une recherche gestionnaire si soucieuse de sa scientificité (Lamy, 2015). L'action managériale est au contraire un jeu dynamique d'acteurs autour de normes sociales et de justifications dont les managers ne maîtrisent qu'une partie.

De même, dans le domaine des sciences de la gestion et des organisations, le travail de recherche n'est pas en surplomb des missions d'enseignement et de formation. Prétendre former de jeunes étudiants ou des praticiens expérimentés au management est une responsabilité qui, à notre sens, ne devrait pas être dissociée de l'activité de recherche. Bien que cette position aille sans doute à l'opposé d'une conception technocratique et endogamique de la recherche, nous considérons qu'être un professeur responsable ne se ramène pas à reproduire le contenu de manuels (l'enseignant répétiteur) ou à s'assurer que les savoirs techniques ou conceptuels plus ou moins pointus sont validés selon un processus formel d'évaluation (l'enseignant sanctionneur). Au contraire, il ne saurait y avoir d'enseignement de la responsabilité managériale sans une réflexivité exercée individuellement et collectivement.

Condition individuelle d'abord, car « On oublie souvent qu'un bon professeur est avant tout un infatigable "étudiant" [...] On ne se rend plus compte que séparer complètement la recherche de l'enseignement, ce serait réduire finalement les cours à une répétition superficielle du livresque déjà connu. » (Ordine, 2016). Si l'on accepte le point de vue de l'interprétation comme élément nourrissant la préparation à l'exercice de la responsabilité managériale, le rapport du chercheur au terrain n'est pas radicalement étranger à celui de la relation pédagogique pour l'enseignant. L'un et l'autre requièrent de développer une compréhension de la multidimensionnalité de l'action managériale et de l'intersubjectivité des situations professionnelles et organisationnelles où s'exerce cette action. La réflexivité que peut susciter le chercheur chez des managers lors d'une enquête ou une recherche-intervention ne diffère pas substantiellement, à notre sens, de celle que l'enseignant ou le formateur travaille à développer auprès des étudiants, apprentis ou stagiaires.

Condition relationnelle et collective ensuite, parce que la transmission des connaissances a une portée humaine et citoyenne, tout particulièrement sous l'angle de la responsabilité managériale. Il y a lieu ici de distinguer deux niveaux d'enjeux et de visée à l'apprentissage. Le premier peut être qualifié de technicien ou d'ingénierique. Ici, la mission pédagogique des enseignants-chercheurs en management consiste à préparer des étudiants majeurs, jeunes ou moins jeunes, débutants ou expérimentés, à agir professionnellement – c'est-à-dire loyalement et avec compétence – dans les organisations qui les recrutent. Mais il est essentiel qu'un second niveau de réflexivité éthique soit présent et questionne le précédent. En effet, la préparation à la loyauté et la compétence technique ne sauraient conduire à faire ou laisser renoncer ces apprenants à leur individualité, à leurs capacités et interprétations personnelles et, bien sûr, à leur conscience. Cette condition met en jeu, dans le travail pédagogique, la reconnaissance et l'incitation à exercer une pensée critique au sens de l'humanisme philosophique. À cet égard, notre approche se veut humble : il n'est pas nécessairement besoin d'avoir systématiquement recours à de grands développements théoriques pour sensibiliser tous les apprenants à des concepts clés ou des grilles de lecture des situations organisationnelles.

Dans notre perspective, la responsabilité pédagogique consiste à développer avec les apprenants et pour eux les capacités techniques et intellectuelles mais aussi relationnelles, comportementales permettant d'accéder à tel ou tel type de fonction managériale dans une organisation, ce qui correspond à l'adjectif allemand *berufsfähig* (Locke et Meuleau, 1988). Cette responsabilité de développement sera d'autant mieux servie si l'enseignant-chercheur peut mettre en œuvre une boucle cognitive entre les contenus thématiques et axes de compétence de la formation et sa connaissance contextuelle et organisationnelle des pratiques managériales. En retour, le chercheur peut enrichir des matériaux de nombre d'observations ou réflexions empiriques liées à l'accompagnement d'un processus d'apprentissage individuel ou collectif ou à l'encadrement de mémoires problématisant les expériences de terrain des apprenants. En revanche, la finalité n'est pas de produire des techniciens en gestion ou des ingénieurs en management qui, à l'instar des ingénieurs financiers étudiés par Henri Zimnovitch et Philippe Gillet, seraient non seulement normés en termes de qualifications professionnelles mais aussi parfaitement et immédiatement opérationnels selon les spécifications de telle fonction propre à telle organisation, ce que l'allemand désigne par le mot *berufsfertig*.

CONCLUSION

C'est dans cet espace de liberté individuelle et collective qu'un enseignement et une recherche humanistes sur la responsabilité managériale doivent réaffirmer leur légitimité face au technicisme ambiant.

En matière d'enseignement, l'apprentissage de la complexité de sens omniprésente du management des organisations cède trop souvent le pas devant la maîtrise formelle des outils et procédures de gestion. Quant à la recherche, le risque est grand de la voir tomber dans un technicisme méthodologique encouragé par l'obsession bibliométrique et l'isomorphisme institutionnel à l'œuvre dans le monde académique.

Y répondre aujourd'hui est une l'impérieuse nécessité. Comme le montrent les réflexions d'Henri Zimnovitch, les enseignants-chercheurs autant que les praticiens du management devraient savoir naviguer entre les deux écueils du dogmatisme et du sophisme, de la scolastique et de la pseudoscience. Que la voie empruntée passe par une herméneutique rigoureuse inspirée des sciences humaines, et notamment de la méthode historique chère au Professeur Zimnovitch, ou qu'elle s'inscrive dans une étroite proximité avec l'action selon le pragmatisme, telle la recherche-intervention, il s'agit là d'un défi majeur pour les sciences de gestion.

Dans cette perspective, nous citerons ici Edgar Morin dans son sixième livre de *La méthode*, consacré à l'éthique :

> Toute connaissance (et conscience) qui ne peut concevoir l'individualité, la subjectivité, qui ne peut inclure l'observateur dans son observation, est infirme pour penser tous problèmes, surtout les problèmes éthiques. Elle peut être efficace pour la domination des objets matériels, le contrôle des énergies et les manipulations sur le vivant. Mais elle est devenue myope pour appréhender les réalités humaines et elle devient une menace pour l'avenir humain. (Morin, 2004, p. 152.)

Si cet auteur a été fort peu convoqué par Henri Zimnovitch dans ses travaux, une telle posture nous paraît cependant en parfaite convergence avec son appel à refonder et développer un véritable humanisme au sein des sciences de gestion. Sans cet humanisme, il ne saurait y avoir de connaissance responsable dans la formation des managers comme dans la compréhension de leurs pratiques individuelles et collectives.

Denis MALHERBE
Université de Tours

BIBLIOGRAPHIE

ALTER, Norbert, *Donner et prendre : la coopération en entreprise*, Paris, La Découverte, 2009-2010.

ACQUIER, Aurélien, GOND, Jean-Pascal, « Aux sources de la Responsabilité Sociale de l'Entreprise. (Re)Lecture et analyse d'un ouvrage fondateur : *Social Responsibilities of the Businessman* d'Howard Bowen », Congrès de l'AIMS, 2005.

ARENDT, Hannah, *Responsabilité et jugement*, Paris, Payot, 2005.

ARGYRIS, Chris, PUTNAM, Robert, MCCLAIN SMITH, Diana, *Action Science: Concepts, Methods and Skills for Research and Intervention*, San Francisco, Jossey-Bass, 1985.

BASSO, Olivier, ZIMNOVITCH, Henri, « Grand angle avec André Comte-Sponville », *Entreprise & société*, n° 2, 2017, p. 23-37.

BOWEN, Howard, *Social Responsibilities of the Businessman*, New York, Harper & Brothers, 1953.

BURNHAM, James, *The Managerial Revolution: What Is Happening In The World*, New York, John Day Company, 1941.

CARROLL, Archie B., « A Three-Dimensional Conceptual Model of Corporate Performance », *Academy of Management Review*, n° 4, 1979, p. 497-505.

CARROLL, Archie B., « Corporate Social Responsibility. Evolution of a definitional construct », *Business and Society*, vol. 38, n° 3, 1999, p. 268-295.

CHANLAT, Jean-François, *Sciences sociales et management : Plaidoyer pour une anthropologie générale*, Québec/Paris, Les Presses de l'université Laval / Eska, 1998.

COMTE-SPONVILLE, André, *Le capitalisme est-il moral ? Sur quelques ridicules et tyrannies de notre temps*, Paris, Albin Michel, 2009.

CZARNIAWSKA, Barbara, *Narrating the Organization: Dramas of Institutional Identity*, Chicago, The University of Chicago Press, 1997.

DARNELL, Michelle Rene, « On the Supposed Moral Agency of Corporations and the Deterioration of the Dignity of Personhood: Impact of our expectations about business ethics on the personal and public life », *21th International Vincentian Business Ethics Conference*, All Hallows College, Dublin, 2014.

DESLANDES, Ghislain, *Essai sur les données philosophiques du management*, Paris, Puf, 2013.

DUPUY, François, *La faillite de la pensée managériale. Lost in management 2*, Paris, Le Seuil, 2015.

EKORNES MERTENS, Karl Martin, *Milton Friedman and Social Responsibility: An Ethical Defense of the Stockholder Theory*, Working Paper, University of Oslo, 2013.

ENTEMAN, Willard F., *Managerialism: The Emergence Of A New Ideology*, Madison, The University of Wisconsin Press, 1993.

ENTEMAN, Willard F., « Managerialism and the Transformation of the Academy », *Philosophy of Management*, vol. 6, n° 17, 2007, p. 5-16.

FOURNIER, Valerie, GREY, Chris, « At the Critical moment: Conditions and Prospects for Critical Management Studies », *Human Relations*, n° 53, 2000, p. 7-32.

FRENCH, Peter A., *Collective and Corporate Responsibility*, New York, Columbia University Press, 1984.

FRIEDMAN, Milton, « The Social Responsibility of Business Is To Increase Its Profits », *The New York Times Magazine*, septembre 1970, p. 13.

GILLET, Philippe, ZIMNOVITCH Henri, « La responsabilité de l'enseignant-chercheur dans la formation des ingénieurs-financiers », *Revue française de gestion*, n° 216, 2011, p. 93-109.

GRANTHAM, Ross, « The Doctrinal Basis of the Rights of Company Shareholders », *Cambridge Law Journal*, vol. 57, n° 3, 1998, p. 554-588.

HEES, Marc, *Le management : science, art, magie ? Pour un retour à la parole des « managés »*, Paris, Seli Arslan, 2000.

HESS, Kendy M., « If You Tickle Us...: How Corporations Can Be Moral Agents Without Being Persons? », *Journal of Value Inquiry*, n° 47, 2013, p. 319-335.

JANY-CATRICE, Florence, *La performance totale : nouvel esprit du capitalisme ?*, Villeneuve d'Ascq, Presses universitaires du Septentrion, 2012.

LAMY, Erwan, « Le désir de faire science de gestion », *Le Portique : philosophie du management*, n° 35, 2015, p. 25-40.

LEVANT, Yves, ZIMNOVITCH, Henri, « Épistémologie et sciences de gestion : quelle légitimité pour l'histoire de la comptabilité ? », États généraux du management, Toulouse, 26-27 mai 2016.

LOCKE, Robert, MEULEAU, Marc, « France et Allemagne : deux approches de l'enseignement de la gestion », *Revue française de gestion*, n° 70, septembre-octobre 1988, p. 186-202.

MCALEER, Sean, « Friedman's Stockholder Theory of Corporate Moral Responsibility », *Teaching Business Ethics*, vol. 7, n° 4, 2003, p. 437-451.

MINTZBERG, Henry, *Des managers, des vrais ! Pas des MBA : Un regard critique sur le management et son enseignement*, Paris, Éditions d'organisation, 2005.

MORIN, Edgard, *Éthique*, t. 6, Paris, Le Seuil, coll. « Points ».

MUSSO, Pierre, *La religion industrielle. Monastère, manufacture, usine : une généalogie de l'entreprise*, Paris, Fayard, 2017.

ORDINE, Nuccio, *L'utilité de l'inutile : Manifeste*, Paris, Fayard, 2016.

PÉREZ, Roland, « Le choc des paradigmes en sciences de gestion », Séminaire GRESUP, Paris, École de Paris du Management / FNEGE, Compte rendu de la séance du 3 décembre 1998.

PESQUEUX, Yvon, « La responsabilité sociale de l'entreprise : un dialogue sans interlocuteur ? », *Vie sociale*, n° 3, 2009, p. 137-154.

PESQUEUX, Yvon, « La responsabilité sociale de l'entreprise (RSE) comme discours ambigu », *Innovations*, n° 34, 2011, p. 37-55.

PETTIT, Philip, « Responsibility Incorporated », *Ethics*, n° 117, 2007, p. 171-201.

PEZET, Anne, SPONEM Samuel (dir.), *Petit bréviaire des idées reçues en management*, Paris, La Découverte, 2008.

PICO DELLA MIRANDOLA Giovanni, *Oratio de hominis dignitate (De la dignité de l'homme)*, Paris, Éditions de l'Éclat, 1993.

RICH, Arthur, *Éthique économique*, Genève, Labor et Fides, 1994.

RICŒUR, Paul, « Éthique », *Encyclopaedia Universalis*, t. 13, 2004, p. 1850-1857.

SCOTT, W. Richard, *Institutions and Organizations*, Thousand Oaks, Sage, 2001.

SEARLE, John R., *The Construction of Social Reality*, New York, The Free Press, 1995.

STENGERS, Isabelle, « Sciences et pouvoirs. Faut-il en avoir peur ? » Bruxelles, Labor, 1997.

SUPIOT, Alain, *La gouvernance par les nombres : cours au Collège de France, 2012-2014*, Paris, Fayard, 2015.

TREVIÑO, Linda Klebe, WEAVER, Gary R., *Managing Ethics in Business Organizations: A Social Science Perspective*, Stanford, Stanford University Press, 2003.

VALLAEYS, François, *Les fondements éthiques de la Responsabilité sociale*, thèse pour le doctorat en Philosophie, université Paris Est, 2011.

VERSTRAETE, Thierry, « À la recherche des sciences de gestion », *Revue française de gestion*, n° 178-179, 2007, p. 91-105.

VOGEL, David, *Le Marché de la vertu : possibilités et limites de la responsabilité sociale des entreprises*, Paris, Economica, 2008.

WOOD, Donna J., « Corporate Social Performance Revisited », *Academy of Management Journal*, vol. 16, n° 4, 1991, p. 691-718.

ZIMNOVITCH, Henri, « L'inévitable évaluation au risque de la normalisation », *Économies et Sociétés*, série KF, vol. 48, n° 74, 2014, p. 1221-1238.

ZIMNOVITCH, Henri, « Vérité et utilité en sciences de gestion. L'histoire entre dogmatisme, sophisme et cynisme », Congrès 2019 de la SPSG « Management de la vérité et vérité du management », Paris, 2019.

L'IMPOSSIBLE QUÊTE DES PRINCIPES DU MANAGEMENT

ou heurs et malheurs d'une communauté scientifique en attente de reconnaissance

INTRODUCTION

La recherche de principes de management est une affaire très ancienne, et il est possible, en reprenant les quatre grandes périodes utilisées par les historiens, de trouver pour chacune d'elles la trace de formulations de tels principes. Dans l'Antiquité grecque, l'administration du domaine agricole donnait déjà lieu à la formulation de préceptes, ce dont témoignent au moins deux ouvrages intitulés *Οἰκονομικός*[1] : celui de Xénophon (c. 430-c. 355 av. J.-C.) et un autre dont l'attribution de tout ou partie à Aristote (384-322 av. J.-C.) est contestée. Au Moyen Âge[2] également, des traités de management[3] des domaines agricoles ont pu être rédigés, parmi lesquels « the *Rules* of Robert Grosseteste advise a Lord on how to run his estate and order his life » (Oschinsky, 1956, p. 296). À l'époque moderne, les manuels de commerce sont légion en France, particulièrement dans le dernier quart du XVIIe siècle. Parmi ceux-ci, *Le Parfait Négociant*, de Jacques Savary (1675), occupe une place de choix[4]. Du milieu du XIXe siècle jusque dans les années 1920, la volonté de formuler des règles est le plus souvent le fait de cette nouvelle profession des ingénieurs-conseils

---

1 « L'économique ». Le mot « économie » vient du grec οἰκονομία et signifie « la gestion d'une maison ou d'un patrimoine privé ».

2 Les traités étudiés par D. Oschinsky datent du XIIIe siècle.

3 Nous reprenons le terme utilisé par Dorothea Oschinsky dans le titre de son article : « *Medieval treatises on estate management* », tout en étant conscient du caractère problématique de l'usage d'un même terme sur une période qui va de l'Antiquité à nos jours.

4 Un fac-similé a été publié en 1993.

et est marquée par le scientisme ambiant, qui incite tous les domaines de connaissances, pour prétendre au statut envié de « science », à imiter la physique en produisant des lois ou des principes permanents et universels. Dans chacune des périodes évoquées, les formes qu'ont prises ces règles de management, les activités auxquelles elles s'appliquaient et les entités qu'elles concernaient ont bien sûr été tributaires du contexte de l'époque. Par ailleurs, si on interroge aujourd'hui un célèbre moteur de recherche avec l'expression « principes de management », on obtient, sur la seule première page, les adresses de sites nous expliquant : « les 8 principes de management[5] », « les 5 principes fondamentaux du management participatif[6] », « les 7 principes de management de la qualité[7] », « 8 principes pour manager efficacement[8] ». De telles listes de principes fourmillent également dans de nombreux manuels de management, et même en couverture de la version française de la prestigieuse *Harvard Business Review*, dans sa livraison hors série de l'automne 2017 : « 11 règles efficaces pour gérer ses équipes et collaborer avec agilité ».

La situation actuelle peut néanmoins sembler paradoxale : si l'on trouve effectivement de nombreuses publications professionnelles qui nous proposent toujours et encore des principes de management, on peut aussi remarquer que la communauté scientifique internationale des chercheurs en management, constituée progressivement à partir de l'entre-deux-guerres aux États-Unis et au Royaume-Uni, a abandonné la quête de tels principes, tant cette dernière a semblé vaine au plus grand nombre après que la théorie de la contingence a vu le jour, il y a un demi-siècle environ. Et, si cette quête des principes du management est vaine, c'est bien parce que des chercheurs ont soumis les faits qu'ils observaient à une analyse rigoureuse et menée scientifiquement. Dit autrement, ils ont tenté de produire une connaissance « savante », par opposition à la connaissance « vulgaire[9] ». Les principes de management

5 Source : http://www.qualiblog.fr/principes-generaux-de-la-qualite/les-8-principes-de-management-en-bref/.

6 Source : https://www.petite-entreprise.net/P-1797-81-G1-les-5-principes-fondamentaux-du-management-participatif.html (consulté le 17/10/2021).

7 Source : http://www.qualitiso.com/7-principes-management-qualite/.

8 Source : http://www.journaldunet.com/management/expert/52951/8-principes-pour-manager-efficacement.shtml, sans rapport avec les huit cités plus haut.

9 Sur cette distinction entre « connaissance savante » et « connaissance vulgaire » en sciences sociales, voir Walliser (2015). Nous avons repris les qualificatifs les plus anciens, mais, comme le note Walliser (2015, p. 7), « savante » peut être remplacée par « scientifique » ou

peuvent trouver leur place dans la seconde mais, comme nous le verrons, ont été progressivement exclus de la première. Comme le note Walliser (2015, p. 8-9), la connaissance savante est « exclusivement élaborée dans les milieux universitaires et articulée en disciplines autonomes. Elle est soumise à des canons exigeants en matière de rigueur formelle et de validité empirique. » Néanmoins, si la frontière entre connaissance savante et connaissance vulgaire est relativement aisée à établir dans les sciences de la nature, une telle délimitation « est plus malaisée à tracer dans les sciences sociales ».

L'objectif de cet article est donc de mettre au jour la façon dont cette connaissance savante a émergé, depuis un siècle environ, au travers de l'examen de cette question des principes de management. Pour ce faire, nous commençons par présenter les principes que F. W. Taylor et Henri Fayol avaient élaborés dans les premières décennies du XXe siècle, ainsi que les positions opposées qu'ils avaient prises sur le principe d'« unité de commandement ». Nous examinons ensuite comment, dans l'entre-deux-guerres, deux chercheurs avaient tenté de produire une synthèse des connaissances de l'époque en management et quelle était la place de la recherche de principes dans cet important ouvrage. Dans un troisième temps, nous analysons les explications de Herbert Simon, qui, en 1946, constatait l'échec de la recherche de principes mais persistait à penser que cette quête était la seule qui fût scientifiquement acceptable. Nous poursuivons avec la présentation de l'avènement des théories de la contingence dans les années 1950 et 1960, qui mettaient un terme aux espoirs de trouver de tels principes. Enfin, nous examinons la résurgence d'une telle démarche à partir des années 1980, menée en dehors de la communauté scientifique par des consultants ou des dirigeants, mais dont les ouvrages ont eu un impact considérable sur cette communauté, montrant ainsi la persistante fragilité de cette dernière.

« académique », alors que « vulgaire » peut être remplacée par « populaire », « profane », « naïve », « spontanée », « ordinaire » et même « commune ».

LE SCIENTISME TRIOMPHANT
Taylor et Fayol dans les années 1910

Taylor et Fayol, considérés comme les deux pères fondateurs du management, publient leurs ouvrages majeurs dans la même décennie, respectivement en 1911 et 1916. L'ouvrage de Taylor est traduit en français dès 1912. Fayol le lit et, considérant que certaines affirmations de Taylor constituent une remise en cause de son principe d'unité de commandement, il consacre plusieurs pages de son livre (1941, p. 66-70), sous le sous-titre « Le système Taylor », à une réponse circonstanciée pour défendre ses positions.

Taylor décède en 1915 et ne peut donc avoir lu *Administration industrielle et générale* de Fayol. Il n'a pas non plus lu l'un quelconque des travaux antérieurs de Fayol, faute que ces derniers aient été traduits en anglais. En 1911, Taylor ignore donc le principe d'unité de commandement tel qu'il est présenté par Fayol. Ce que Taylor critique en 1911, c'est ce qu'il appelle « *the military type of organization*[10] », et qui peut être assimilé au principe d'unité de commandement.

L'ouvrage de Fayol sera traduit en anglais une première fois en 1929 par J. A. Coubrough, mais cette traduction ne connaîtra pas une diffusion importante et ne franchira pas l'Atlantique. Cette traduction fut imprimée par l'International Management Institute de Genève.

> *A few hundred copies were made available to Sir Isaac Pitman & Sons, Ltd., for distribution in Great Britain. No English translation was published in the United States of America, despite the widespread interest in management in that country.*
>
> « Quelques centaines d'exemplaires ont été mis à la disposition de Sir Isaac Pitman & Sons, Ltd., pour distribution en Grande-Bretagne. Aucune traduction anglaise n'a été publiée aux États-Unis d'Amérique, malgré l'intérêt général pour la gestion dans ce pays. » (Préface d'Urwick dans l'édition de 1949 du livre de Fayol.)

Une seconde traduction, par Constance Storrs, fut publiée en 1949 par le même éditeur (Sir Isaac Pitman & Sons, Ltd) et diffusée aux États-Unis.

10 « [...] le type d'organisation militaire ».

Un article de Fayol[11] est en revanche traduit en 1937 pour être publié dans l'ouvrage collectif dirigé par L. Urwick et L. Gulick[12]. De plus, L. Gulick publie également un article dans ce même ouvrage collectif qu'il codirige, et il y présente le principe d'unité de commandement de Fayol. Herbert Simon, dont nous reparlerons plus tard, a donc pu connaître et discuter ce principe d'unité de commandement en 1946, trois ans avant que la traduction de Fayol ne soit disponible aux États-Unis.

Le débat qui oppose Taylor et Fayol peut se résumer comme suit : en application de son principe de division du travail au sein du bureau des méthodes (*planning department*), Taylor remet en cause la présence, dans les ateliers, de « *the old fashioned single foreman*[13] » pour le remplacer par huit hommes :

> *Under functional management, the old-fashioned single foreman is superseded by eight different men, each one of whom has his own special duties, and these men, acting as the agents of the planning department (see paragraphs 234 to 245 of the paper entitled "Shop management"), are the expert teachers, who are at all times in the shop, helping and directing the workmen.*
>
> « Dans la gestion fonctionnelle, le contremaître unique à l'ancienne est remplacé par huit hommes différents, chacun ayant ses propres tâches spéciales, et ces hommes, agissant en tant qu'agents du service de planification (voir les paragraphes 234 à 245 du document intitulé "Gestion du magasin"), sont les enseignants experts, qui sont à tout moment dans le magasin, aidant et dirigeant les ouvriers » (Taylor, 1911, p. 64-65.)

Au nom de l'application du principe de spécialisation (ou de division du travail) au sein du bureau des méthodes, Taylor remet ainsi en cause le principe d'unité de commandement puisque chaque ouvrier pouvait se trouver sous les ordres de plusieurs experts (jusqu'à huit). Sous le sous-titre « Le système Taylor » et pour répondre à cette remise en cause d'un de ses quatorze principes, Fayol consacre plusieurs pages (1941, p. 66-70, p. 80-86) pour défendre avec mesure et sans esprit polémique une application raisonnée du principe d'unité de commandement[14]. Il cite longuement *Shop management*, traduit en français en 1913 dans la

11 « The administrative theory of the state », p. 99-114.

12 *Papers in the Science of Administration*, sur lequel nous reviendrons plus bas.

13 « [...] le contremaître unique à l'ancienne ».

14 Il aurait pu en outre user de référence biblique en citant l'Évangile selon Saint-Mathieu, 6-24 : « Personne ne peut servir deux maîtres, car ou il détestera le premier et aimera le second, ou il s'attachera au premier et méprisera le second. »

Revue de Métallurgie. Fayol commence par dire qu'il a cherché à se faire une idée du système Taylor, mais indique que cela n'a pas été facile. On peut aisément comprendre ce jugement quand on lit soi-même *Shop management* ou *The principles of scientific management*. Le style et la présentation ne rendent pas la lecture facile puisque, par exemple, *The principles of scientific management* (76 pages) comporte deux chapitres, de respectivement 11 et 65 pages, sans aucun sous-titre. Par ailleurs, les principes dont il est question dans le titre sont présentés de deux façons différentes : une première fois dans une note de bas de page (Taylor, 1911, p. 68) et une seconde fois de façon différente et plus concise (*ibid.*, p. 74).

Après avoir longuement cité Taylor sur plusieurs pages, Fayol considère que le propos repose sur deux idées principales : « 1) La nécessité de remplacer les chefs et les contremaîtres par un état-major, et 2) La négation du principe de l'unité de commandement ». Il déclare alors : « Autant la première me paraît bonne, autant la seconde me paraît fausse et dangereuse. » Il s'interroge ensuite sur la contradiction entre le fait que, d'une part, la violation du principe d'unité de commandement fasse courir de graves dangers aux entreprises, mais que, d'autre part, Taylor avait dirigé avec succès de grandes entreprises. Fayol conclut, de façon conciliante et dans des termes très actuels :

> Tous les jours, dans les affaires, et du haut en bas des hiérarchies, on a à concilier le fonctionnement de l'état-major avec le principe de l'unité de commandement. Il y faut quelque habileté. Taylor devait en être richement pourvu. (Fayol, 1941, p. 85.)

On peut donc conclure de ce qui précède que, dès leur présentation, certains principes étaient contradictoires les uns avec les autres et ne pouvaient donc prétendre à ce caractère d'universalité que leurs auteurs voulaient leur conférer.

Si, comme on vient de le voir, Taylor et Fayol s'opposaient sur des points relativement importants, ils étaient des hommes de leur temps et partageaient le point de vue selon lequel le management devait devenir une science comme la physique, utilisant la même méthode et devant mettre au jour des lois à valeur universelle.

Leurs présentations de la science présentaient en revanche quelques différences : là où Taylor n'hésitait pas à invoquer la nécessité d'une présentation de formules mathématiques (1911, p. 27 et p. 57 par exemple),

Fayol développait l'idée qu'« on abuse des mathématiques dans la croyance que plus on en sait, plus on est apte au gouvernement des affaires et que leur étude, plus que toute autre, développe et rectifie le jugement. Ce sont là des erreurs qui causent un sérieux préjudice à notre pays et qu'il [me] paraît utile de combattre » (1941, p. 104). Il affirme même :

> On ne sait pas assez que la règle de trois simple a toujours suffi aux hommes d'affaires comme aux chefs d'armée. (*Ibid.*, p. 102.)

Sur les questions de méthode également, la différence était sensible : là où Taylor invoquait le caractère d'évidence des principes de management[15], Fayol se mettait dans la position d'un chercheur en sciences sociales et indiquait sa méthode :

> La méthode consiste : à observer, à recueillir et à classer les faits, à les interpréter, à instituer des expériences s'il y a lieu, et à tirer de tout cet ensemble d'études des règles qui, sous l'impulsion du chef, entreront dans la pratique des affaires. La plupart des perfectionnements qui ont élevé la science des affaires à son niveau actuel procèdent de la même méthode, qui n'est autre, en réalité, que la méthode cartésienne. (*Ibid.*, p. 78.)

LA TENTATIVE DE SYNTHÈSE DE GULICK ET URWICK DANS L'ENTRE-DEUX-GUERRES

À la suite des réflexions produites au début du siècle par les pionniers du management, une volonté de synthèse de toutes ces réflexions a pu se développer. L'ouvrage collectif intitulé *Papers in the Science of Administration* (Urwick et Gulick, 1937) en est un exemple particulièrement important. Urwick (1970), l'un des deux éditeurs de cet ouvrage raconte, trente-trois ans après sa publication, les circonstances dans lesquelles cet ouvrage a vu le jour. En 1927, la Société des Nations organisa une Conférence économique mondiale à Genève. Il y fut décidé la création d'un Institut international de management, « *set up to act as an international clearinghouse of information about management, under the joint*

15 « *These principles appear to be so self-evident that many men may think it almost childish to state them.* » (Taylor, 1911, p. 3) ; « *This science is so elementary as to be almost self-evident.* » (*ibid.*, p. 31).

auspices of the Twentieth Century Fund [...] *and* [...] *the International Labour Office*[16] » (Urwick, 1970, p. 361). À la fin de 1928, Urwick (1891-1983), consultant britannique, devint le directeur de cet institut. Sa mission consistait à créer des liens entre les différents pays afin de permettre les transferts de connaissances d'un pays à l'autre.

> *One of the first steps taken was to arrange for the publication of an English translation of Henri Fayol's Administration industrielle et générale.*
>
> « L'une des premières démarches a été d'organiser la publication d'une traduction anglaise de l'*Administration industrielle et générale* d'Henri Fayol. »

Selon Urwick (1970, p. 362), l'arrivée d'Hitler au pouvoir en 1933 provoqua la fermeture de l'International Management Institute, et il reprit son activité de consultant. En 1936, il reçut une lettre de Luther Gulick (1892-1993), universitaire états-unien, récemment nommé par F. D. Roosevelt membre du Comité sur le management (President's Committee on Administrative Management).

> *Gulick asked for* [*Urwick's*] *assistance in securing copies of certain European publications, including some of* [*Urwick's*] *own papers.*
>
> « Gulick a demandé l'aide de [Urwick] pour obtenir des copies de certaines publications européennes, y compris certains des propres papiers [d'Urwick]. »

C'est finalement un ouvrage collectif qui fut réalisé, avec Urwick et Gulick comme coéditeurs. L'ouvrage compte onze contributions et onze contributeurs, parmi lesquels, en plus des deux éditeurs, Henri Fayol, Elton Mayo, Mary Parker Follett et James Mooney. En revanche, on n'y trouve pas de contribution de F. W. Taylor. On peut remarquer incidemment que Gulick, dans sa contribution intitulée « The theory of organization », mentionne le débat qui opposait Taylor et Fayol (*cf. supra*) et indique clairement (p. 9) sa préférence pour la position de Fayol. On peut aussi remarquer qu'il est difficile de trouver, dans les écrits de Taylor, un texte qui ait la même hauteur de vue que celle présente dans tout l'ouvrage collectif. Ce dernier est ainsi présenté par Gulick au début de la préface :

---

16 « [...] créé pour servir de centre d'échange international d'informations sur la gestion, sous les auspices conjoints du Twentieth Century Fund [...] et [...] du Bureau international du travail ».

> *The papers brought together in this collection are essays by men scientifically interested in the phenomena of administration. Most of these writers did their thinking independently, in some cases without any acquaintance with the others, or with their writings. The striking similarity and harmony of the analyses, nomenclature, and hypotheses, frequently set forth as principles, is thus doubly significant.*
>
> « Les articles réunis dans cette collection sont des essais d'hommes scientifiquement intéressés par les phénomènes de l'administration. La plupart de ces écrivains pensaient indépendamment, dans certains cas sans aucune connaissance des autres, ou de leurs écrits. La similitude et l'harmonie frappantes des analyses, de la nomenclature et des hypothèses, souvent posées comme principes, est donc doublement significative. »

La formulation de principes apparaissait donc comme le *nec plus ultra* dans les essais[17] sur le management. Mary Parker Follett présentait ses quatre principes de l'organisation, Fayol était connu pour ses quatorze principes, même si ceux-ci n'étaient pas présentés dans l'article publié (1937), et James Mooney intitulait son article « The principles of organization ». Dans sa conclusion, Gulick réaffirmait la possibilité d'aller vers une science sociale aussi assurée que les sciences exactes dans son aptitude à prévoir le fonctionnement des organisations, une fois connues les circonstances dans lesquelles elles opèrent.

Après une première période marquée, jusqu'à la Première Guerre mondiale, par des propositions individuelles de qualités inégales, on observe donc, dans l'entre-deux-guerres, un début d'institutionnalisation d'une réflexion collective, destinée à donner aux étudiants en management une vision cohérente de leur discipline. Cependant, si la nécessité de mettre au jour des principes universels et permanents est réaffirmée, ce sont les textes les moins péremptoires et les mieux étayés qui sont choisis pour composer cette synthèse. Les points de vue les plus caricaturaux (Casson, 1916)[18] en sont bien sûr écartés.

Dans son article publié en 1970 dans *The Academy of Management Journal* (*cf. supra*), Urwick interviendra à nouveau pour défendre l'ouvrage collectif paru en 1937. D'un côté, il défendra l'actualité maintenue des articles présentés, de l'autre, il n'évoquera plus, comme Gulick l'avait fait à plusieurs reprises dans l'ouvrage de 1937, la nécessité de rechercher des principes universels.

---

17 Les textes présentés sont des essais, et non des textes validés par une communauté scientifique qui, à l'époque, était encore en formation.

18 Casson proposait « 16 axiomes des affaires », sur le modèle des 12 axiomes d'Euclide.

LA REMISE EN CAUSE PARTIELLE DES PRINCIPES, SELON HERBERT SIMON EN 1946

Dans un article particulièrement lumineux, qu'il publie à l'âge de trente ans, Herbert Simon (1946) remet en cause la solidité de ces principes en les comparant à des proverbes. Il commence par remarquer que les proverbes vont par paires dont les deux membres sont contradictoires[19], en prenant l'exemple de « *Look before you leap*[20] » et « *The one who hesitates is lost*[21] ». Il annonce ensuite la thèse qu'il défend dans l'article « *Most of the propositions that make up the body of administrative theory today share, unfortunately, this defect of proverbs*[22] ». Pour étayer ce point de vue, il examine ensuite quatre principes de management et montre de façon à la fois rigoureuse et illustrée que chacun de ces principes peut être contradictoire avec l'un ou plusieurs des trois autres. Ces principes sont : spécialisation (« *administrative efficiency is increased by a specialization of tasks among the group*[23] »), unité de commandement (« *administrative efficiency is increased by arranging the members of the group in a determinate hierarchy of authority*[24] »), *span of control*[25] (« *administrative efficiency is increased by limiting the span of control at any point in the hierarchy of authority*[26] ») et organisation par objet, processus, clientèle, lieu (« *administrative efficiency is increased by grouping the workers, for purpose of control, according to a) purpose, b) process, c) clientele, or d) place*[27] ») (*ibid.*,

19 Pour des listes de proverbes contradictoires, on peut consulter http://www.topito.com/top-proverbes-cons-contradictoires ou https://nostromo.fr/top-ten-des-proverbes-contradictoires/. De telles listes existent également en anglais et en espagnol (consulté le12/05/2021).

20 « Réfléchir avant d'agir ».

21 « Un moment d'hésitation peut coûter cher ».

22 « La plupart des propositions qui composent le corps de la théorie administrative aujourd'hui partagent, malheureusement, ce défaut des proverbes ».

23 « L'efficacité administrative est augmentée par une spécialisation des tâches au sein du groupe. »

24 « 'L'efficacité administrative est augmentée en organisant les membres du groupe dans une hiérarchie d'autorité déterminée. »

25 Que l'on pourrait traduire par « aire du contrôle ».

26 « L'efficacité administrative est augmentée en limitant l'étendue du contrôle à n'importe quel point de la hiérarchie de l'autorité. »

27 « L'efficacité administrative est augmentée en regroupant les travailleurs, à des fins de contrôle, selon a) l'objet, b) le processus, c) la clientèle, ou d) le lieu. »

p. 53). Quand il observe leur application à des problèmes pratiques de management, Simon montre que les principes ne sont d'aucune aide quand il faut choisir entre deux solutions alternatives. Pour le principe d'unité de commandement, il remarque même :

> *The real fault that must be found with this principle is that it is incompatible with the principle of specialization.* [...] *They merely contradict each other without indicating any procedure for resolving the contradiction.*
>
> « Le vrai défaut qu'il faut trouver à ce principe est qu'il est incompatible avec le principe de spécialisation. [...] Ils se contredisent simplement sans indiquer de procédure pour résoudre la contradiction. » (*Ibid.*, p. 55.)

Pour ce qui concerne le principe qu'il appelle « *span of control* », Simon remarque qu'il est contradictoire avec un autre, tout aussi évident :

> *Administrative efficiency is enhanced by keeping at a minimum the number of organizational levels through which a matter must pass before it is acted upon.*
>
> « L'efficacité administrative est améliorée en maintenant au minimum le nombre de niveaux organisationnels par lesquels une affaire doit passer avant d'être traitée. » (*Ibid.*, p. 56.)

Dans chaque cas, Simon montre que les principes de management laissent le manager face à des dilemmes, sans l'aider à résoudre son problème :

> *Here again is posed the dilemma of choosing between alternative, equally plausible, administrative principles.*
>
> « Ici encore se pose le dilemme de choisir entre des principes administratifs alternatifs, tout aussi plausibles. » (*Ibid.*, p. 58.)

Sous le titre « The Impasse of Administrative Theory », Simon conclut ainsi sa première partie :

> *The four principles that were set forth at the beginning of this paper have now been subjected to critical analysis. None of the four survived in very good shape, for in each case there was found, instead of an unequivocal principle, a set of two or more mutually incompatible principles apparently equally applicable to the administrative situation. Moreover, the reader will see that the very same objections can be urged against the customary discussions of centralization vs. decentralization, which usually conclude, in effect, that "on the one hand, centralization of decision-making functions is desirable; on the other hand, there are definite advantages in decentralization".*

« Les quatre principes énoncés au début de cet article sont maintenant soumis à une analyse critique. Aucun des quatre n'a survécu en très bon état, car dans chaque cas on a trouvé, au lieu d'un principe sans équivoque, un ensemble de deux ou plusieurs principes mutuellement incompatibles apparemment également applicables à la situation administrative. De plus, le lecteur verra que les mêmes objections peuvent être soulevées contre les discussions habituelles de la centralisation contre la décentralisation, qui concluent généralement, en effet, que "d'une part, la centralisation des fonctions de prise de décision est souhaitable ; d'autre part, il y a des avantages certains à la décentralisation". » (*Ibid.*, p. 61-62.)

Chaque principe de management peut donc, selon Simon, être pris en défaut. C'est également ce que montre Rodrigues (2001) en considérant les 14 principes de management d'Henri Fayol. Cet auteur les examine un par un et montre qu'aujourd'hui chacun d'entre eux, dans certaines situations, ne trouve pas à s'appliquer. La thèse de Rodrigues (2001) est cependant différente de celle de Simon : il attribue en effet la possibilité de remettre en cause les principes de Fayol au fait que depuis cent ans l'environnement a changé. Il fait donc l'hypothèse implicite que les 14 principes de Fayol étaient pertinents il y a cent ans.

Après avoir examiné quatre principes et tiré les conclusions présentées ci-dessus, Simon entreprend de définir un programme de recherche pour aboutir à une véritable théorie administrative. Il persiste donc à penser qu'une telle théorie[28] est possible, affirmant que l'examen scientifique des situations de gestion doit nous permettre de dire ce que l'on doit faire dans une situation clairement définie :

Two persons, given the same skills, the same objectives and values, the same knowledge and information, can rationally decide only upon the same course of action[29]*. Hence, administrative theory must be interested in the factors that will determine with what skills, values and knowledge the organization member undertakes his work.*

« Deux personnes, dotées des mêmes compétences, des mêmes objectifs et valeurs, des mêmes connaissances et informations, ne peuvent rationnellement décider que de la même ligne de conduite. Par conséquent, la théorie administrative doit s'intéresser aux facteurs qui détermineront avec quelles compétences, valeurs et connaissances le membre de l'organisation entreprend son travail. »

28 Simon utilise manifestement, en 1946, le mot « théorie » dans le sens d'« ensemble de préceptes indiscutables qu'il convient d'appliquer pour arriver à ses fins dans un domaine particulier ». En 1946, le pluralisme théorique n'est pas encore une idée admise. Le « *management theory jungle* » et les « *conflict of theories* », évoqués par L. Urwick (1970, p. 365), n'apparaîtront que dans les années 1950 et 1960.

29 Nous soulignons.

Il persiste donc dans la recherche d'un « *one best way* » et ne remet pas en question l'utilisation de la seule méthode qu'il considère comme scientifique, c'est-à-dire celle qui prévaut dans les sciences physiques, et il tente de l'appliquer à la future science du management :

> *There are two indispensable conditions to successful research along these lines. First, it is necessary that the objective of the administrative organization under study be defined in concrete terms so that results, expressed in terms of these objectives, can be accurately measured. Second, it is necessary that sufficient experimental control be exercised to make possible the isolation of the particular effect under study from other disturbing factors that might be operating on the organization at the same time.*
>
> « Il y a deux conditions indispensables à la réussite d'une recherche dans ce sens. Premièrement, il est nécessaire que l'objectif de l'organisation administrative à l'étude soit défini en termes concrets afin que les résultats, exprimés en fonction de ces objectifs, puissent être mesurés avec précision. Deuxièmement, il est nécessaire qu'un contrôle expérimental suffisant soit exercé pour permettre l'isolement de l'effet particulier à l'étude d'autres facteurs perturbateurs qui pourraient opérer sur l'organisation en même temps. » (*Ibid.*, p. 66.)

On constate donc que Simon ne remet pas en cause la démarche adoptée par Taylor et Fayol, mais qu'il appelle de ses vœux l'élaboration de nouveaux principes, fondés scientifiquement, c'est-à-dire selon les méthodes qui prévalent dans les sciences de la nature. Ce faisant, Herbert Simon ne s'évade pas de l'horizon d'attente de ses contemporains.

LE BASCULEMENT DANS LES ANNÉES 1960

Les vœux de Simon seront d'autant moins exaucés qu'à partir de la fin des années 1950 le développement de la « théorie de la contingence » remettra en cause la possibilité d'un *one best way*. Les travaux de Joan Woodward (1958 et 1965), de Burns et Stalker (1964) ou de Lawrence et Lorsch (1967) montreront qu'il n'existe pas de solutions générales à tous les problèmes mais seulement des analyses au cas par cas, ruinant ainsi toute velléité de rechercher des principes permanents et universels. Le travail de Joan Woodward (1958) a montré en particulier que l'usage de différentes technologies pouvait déterminer des différences significatives en ce qui concerne l'aire de contrôle, la centralisation de l'autorité et la formalisation des règles et des procédures. En parlant de contingence, elle a donné une consistance théorique à ce qui n'était, chez Simon, qu'une entreprise de déconstruction des principes généralement admis. Elle confirme donc les doutes de Simon sur la solidité des principes de management qu'il observait, mais ruine ses conclusions sur la possibilité d'en élaborer d'autres.

Urwick (1970), cité plus haut, continue néanmoins d'affirmer l'actualité maintenue de l'ouvrage collectif de 1937 :

> *For that portion of our knowledge about managing with which they deal, the papers are, in the writer's opinion, still largely valid and contemporary.*
>
> « Pour la partie de nos connaissances sur la gestion dont ils traitent, les articles sont, de l'avis de l'auteur, encore largement valides et contemporains. » (*Ibid.*, p. 363.)

Il constate néanmoins, citant H. Koontz (1964), l'apparition d'une « *management theory jungle* » sous les effets conjugués des développements de l'école des relations humaines et des théories de la contingence, et déplore « *this confused conflict of theories*[30] ». Il entreprend néanmoins un exercice d'autojustification pour défendre ce qu'il avait écrit en 1937 :

> *Is, can there be, a trackway through this jungle (of theories) ? The writer would suggest that there is, there can be. But only on one condition. Students of management must recognize quite clearly that the phrase "scientific management" was coined as a convenient slogan, in connection with the Eastern Rates Case in 1910*[31]*. I did not affirm and never was intended to affirm that there could be a single science, a single organized body of knowledge, covering the whole art of managing,* [...].
>
> « Y a-t-il, peut-il y avoir, une piste à travers cette jungle (des théories) ? L'écrivain suggérerait qu'il y a, qu'il peut y avoir. Mais à une seule condition. Les étudiants en gestion doivent reconnaître assez clairement que l'expression "gestion scientifique" a été inventée comme un slogan commode, en rapport avec l'affaire Eastern Rates en 1910. Je n'ai pas affirmé et n'ai jamais eu l'intention d'affirmer qu'il puisse y avoir une seule science, un seul corps organisé de connaissances, couvrant tout l'art de gérer, [...]. »

Il y a bien sûr là une façon tout à fait singulière de réécrire l'histoire.

30 « [...] ce conflit confus de théories ».

31 Pour une présentation de l'Eastern Rates Case, voir https://thinkworth.wordpress.com/2013/06/08/eastern-rate-case-of-1910-and-peoples-lawyer/ (consulté le 01/05/2021).

L'apparition de ce pluralisme théorique ne semble d'ailleurs pas propre au management. Il semble au contraire commun à de nombreuses sciences sociales, comme le montre Robert K. Merton (1981). Ce dernier explique :

> *We need reach back no further than the 1940s to observe a pluralistic orientation being developed in sociology, economics, biology, and, for that matter, in litterary criticism as well. The case for a plurality of theories, paradigms, or conceptual schemes was being developed in opposition to the quest for a single, all-embracing theory* [...].
>
> « On n'a pas besoin de remonter plus loin que les années 40 pour observer une orientation pluraliste qui se développe en sociologie, en économie, en biologie et, d'ailleurs, en critique littéraire aussi. Le cas d'une pluralité de théories, de paradigmes ou de schémas conceptuels se développait en opposition à la recherche d'une théorie unique et globale [...] » (Merton, 1981, p. 34.)

L'avènement de ce pluralisme théorique a pour cause principale, selon Merton, l'institutionnalisation de la science :

> *With the institutionalization of science, the behavior of scientists oriented toward norms of organized scepticism and mutual criticism works to bring about such theoretical pluralism.*
>
> « Avec l'institutionnalisation de la science, le comportement des scientifiques orientés vers des normes de scepticisme organisé et de critique mutuelle travaille à provoquer un tel pluralisme théorique. » (*Ibid.*, p. 38.)

Ce que Merton appelle « l'institutionnalisation de la science » n'est peut-être rien d'autre que l'introduction progressive de la rigueur scientifique et la volonté de produire une connaissance savante de la part des sciences humaines et sociales.

APRÈS 1980, L'AVÈNEMENT DU « *GURU MANAGEMENT* » ET L'ÉCLATEMENT DE LA COMMUNAUTÉ SCIENTIFIQUE

Après la publication des réflexions particulièrement pénétrantes d'Herbert Simon, après les développements de la théorie de la contingence et l'avènement du pluralisme théorique dans les années 1950 et 1960, on aurait pu penser qu'un terme avait été mis au débat sur l'existence ou non de principes généraux de management. En fait si personne, dans la communauté scientifique, ne rouvre explicitement ce débat, deux consultants de chez McKinsey, Thomas Peters et Robert H. Waterman Jr, publient en 1982 un livre contenant huit principes dont l'application effective est censée donner à tout un chacun la recette de l'excellence. La chose aurait pu passer quasiment inaperçue si ce livre n'avait été vendu à plusieurs millions d'exemplaires et n'avait été traduit en de nombreuses langues. Selon la fiche Wikipedia qui lui est consacrée, « *first published in 1982, it is one of the biggest selling business books ever, selling 3 million copies in its first four years, and being the most widely held monograph in the United States from 1989 to 2006*[32] ». L'histoire de cet ouvrage a été racontée par la presse spécialisée et, à l'occasion du 20e anniversaire de la parution du livre, « *The true confessions of Tom Peters* » ont été publiées en 2001 dans la revue *Fast Company*. Selon les propos de Tom Peters :

> *There was no carefully designed work plan. There was no theory that I was out to prove. I went out and talked to genuinely smart, remarkably interesting, first-rate people.*
>
> « Il n'y avait pas de plan de travail soigneusement conçu. Il n'y avait aucune théorie que je voulais prouver. Je suis sorti et j'ai parlé à des gens vraiment intelligents, remarquablement intéressants et de premier ordre. » (Peters, 2001.)

Pas plus que les autres principes élaborés depuis le début du XXe siècle les huit principes qui étaient censés conduire à l'excellence n'avaient de fondement rigoureux ; ils se contentaient d'établir, par exemple, que les entreprises excellentes avaient un parti pris pour l'action (principe 1) et qu'elles étaient tournées vers leurs clients (principe 2). Ces principes, somme toute assez banals, résultaient simplement des résultats d'une observation approfondie de grandes entreprises états-uniennes menées par des personnes d'expérience. Pour obtenir ces résultats, Thomas Peters et Robert Waterman avaient commencé par se poser la question « quelles sont les entreprises excellentes ? », en postulant que les secrets de l'excellence résidaient dans ce qu'elles ont en commun et que les autres n'ont pas. Ils étudièrent donc les grands groupes états-uniens,

32 Source : https://en.wikipedia.org/wiki/In_Search_of_Excellence. « Publié pour la première fois en 1982, c'est l'un des livres d'affaires les plus vendus de tous les temps, avec 3 millions d'exemplaires vendus au cours de ses quatre premières années, et la monographie la plus diffusée aux États-Unis de 1989 à 2006. » (consulté le 11/05/2021).

et cela leur permit d'en extraire une liste de 62, qui, en raison de leurs performances financières passées et de leur capacité d'innovation maintenue, pouvaient être considérées comme ayant été excellentes pendant la période étudiée, c'est-à-dire les vingt années précédentes. Ils conduisirent ensuite un grand nombre d'entretiens avec des dirigeants de ces entreprises afin d'observer ce qu'elles avaient en commun. La présentation sous forme de huit principes tient apparemment à la nécessité d'exposer de façon synthétique le résultat des réflexions de Tom Peters chez PepsiCo en 1979[33].

Dès novembre 1984, la confrontation avec l'étude empirique de ce que sont devenues les excellentes est cruelle : de nombreuses excellentes ne le sont plus. Dès le 5 novembre 1984, *Business Week* publie un article intitulé « *Who's excellent now ! some of the best seller's picks haven't been so well lately* ».

Et Kervern (1986, p. 47) constate :

> Pour se limiter à deux exemples : en 1983, l'excellent Texas Instruments affiche une perte de 145,5 millions de dollars et, la même année, l'excellent Levi Strauss se débat dans les erreurs de marketing et doit brutalement fermer 19 usines. Un pointage fait à l'automne 1985 montre une statistique sévère pour les 62 excellentes : 15, soit sont en faillite, soit connaissent de grosses difficultés ; 6 ont été purement et simplement rachetées ; 15 sont en situation flottante ; 6 posent des questions non négligeables, ce qui fait qu'il n'y en a que 20, un tiers, qui mènent une vie normale.

La voie des critiques, pourtant fondées, n'arrivera pas à se faire entendre du plus grand nombre, et l'article cité de G. Y. Kervern n'obtient, plus de trente ans après sa publication, que trois citations[34], alors que le livre de Peters et Waterman et l'article qui en a été tiré avaient atteint, toutes versions et traductions confondues, près de 30 000 citations.

À la suite de cet événement, tout se passe comme si les chercheurs désertaient la place d'où ils s'adressaient aux managers, et nous reviendrons plus loin sur les circonstances de cette désertion. Au début des années 1980, Peters et Waterman ont donc ouvert la période du *guru management*[35] au cours de laquelle des managers déboussolés par la crise

33 Source : https://en.wikipedia.org/wiki/In_Search_of_Excellence (consulté le 11/05/2021).

34 D'après Google Scholar, consulté en septembre 2018.

35 Pour une réflexion approfondie sur ce phénomène, de la part de quelqu'un qui a été successivement praticien, puis enseignant, puis chercheur, voir Jackson, 2001.

se ruaient sur quelques solutions miracles comme l'*ABC*, le *Balanced Scorecard* ou le *Reengineering*, faisant la fortune de quelques auteurs à défaut d'assurer celle des lecteurs. Les succès de ces « découvertes » ont été « déconstruits » respectivement par Jones et Dugdale (2002), Norreklit (2003) et Grint (1994), sans que la communauté des managers n'accorde à ces articles le succès qu'ils auraient mérité.

Les termes « *guru management* », utilisés essentiellement aux États-Unis, mais repris progressivement par la presse spécialisée en France[36], sont largement acceptés par les « bénéficiaires » de cette appellation, le prestige lié à ce statut ayant apparemment compensé le côté initialement péjoratif du terme. Il désigne une personne faisant autorité en matière de pratiques managériales, et dont l'influence des idées est attestée par la médiatisation de sa réussite en tant que dirigeant[37], ou le succès commercial de ses publications ou conférences s'il est consultant ou enseignant. Il apparaît en outre qu'à partir du début des années 2000 se sont mis en place un certain nombre de classements des penseurs vivants les plus influents dans le domaine du management. Nous n'avons pas trouvé de justification au fait que ce sont uniquement les penseurs vivants qui sont retenus. Le classement, qui semble émerger de la concurrence à laquelle plusieurs d'entre eux se sont livrés est le *Thinkers50*, établi tous les deux ans depuis 2001 par deux journalistes britanniques[38]. Le site dédié à ce classement permet d'accéder à la liste des neuf éditions de 2001 à 2017. On y trouve des habitués, présents dans plusieurs éditions[39], et des étoiles filantes qui n'apparaissent que dans une seule[40]. Tom Peters, dont nous avons parlé plus haut, fut classé 5e, 3e, 4e, 19e et 24e respectivement en 2001, 2003, 2005, 2007 et 2009. Il disparaît des livraisons ultérieures de ce classement.

L'apparition du *guru management* avait été concomitante, au début des années 1980, avec une évolution profonde de la communauté scientifique

---

36 Le quotidien *Les Échos*, dans sa livraison du 16 novembre 2017, présente le classement des Thinkers50 sous le titre « Qui sont les gourous du management en 2017 ? ». En 2016, la FNEGE a elle-même créé un top 50 des penseurs/auteurs/chercheurs vivants les plus influents au monde dans le champ du management.

37 Bill Gates, Alan Greenspan et Jack Welch ont fait chacun plusieurs apparitions dans ces classements. En 2007, par exemple, ils étaient respectivement 2e, 3e et 8e du Thinkers50.

38 Stuart Crainer et Des Dearlove.

39 Michael Porter est présent dans les neuf éditions ; W. Chan Kim et Renée Mauborgne ne sont absents que de celle de 2001.

40 Donald Trump était, en 2007, classé 20e des 50 penseurs les plus influents, ce qui peut conforter la position de ceux qui portent un regard critique sur ces classements.

en gestion, initiée plus particulièrement dans le domaine de la recherche comptable. Cette évolution profonde résultait d'un changement de paradigme réalisé, selon Jeanjean et Ramirez (2008), dès les années 1960. Le courant alors dominant, que l'on peut qualifier de « normatif », avait été supplanté par celui que l'on qualifie aujourd'hui de « *mainstream* ». Les circonstances particulières de cette éviction du courant « normatif » par l'actuel « *mainstream* » sont relatées dans Edwards *et al.* (2013). Alors que le courant « normatif » avait pour objectif de créer des connaissances pour le management (des principes, des règles ou des normes), l'actuel « *mainstream* » vise à produire des connaissances sur le management. Le courant critique, qui avait commencé à émerger dans les années 1970 avec la création de la revue *AOS* en 1976, aura également pour effet de développer, bien que selon des méthodologies radicalement opposées, des connaissances sur le management. On a donc observé, à partir des années 1980, une sorte de division du travail dans la production de connaissances en management : d'un côté les *gurus* continuaient à proposer des principes dont l'application était supposée mener les managers au succès (connaissances pour le management), de l'autre des chercheurs dont le propos se limitait à expliquer le comportement des managers (connaissances sur le management).

La volonté de nombreux chercheurs de produire des énoncés pour le management n'a cependant pas disparu. Quand ils réfléchissent aux finalités sociétales du marketing et constatent la « permanence d'un puissant paradigme managérial », Parguel *et al.* (2012, p. 2) affirment : « Il est généralement tenu pour acquis que la recherche en marketing, comme science de gestion, vise l'amélioration de la performance des organisations au sens large (par exemple, entreprises privées, établissements publics, associations, ONG) ». De leur côté, Malmi et Granlund (2009, p. 597) affirment que « [...] les théories dans un domaine appliqué comme la recherche en comptabilité de gestion devraient fournir des explications utiles à ceux que nous étudions – managers, organisations et société »et que l'application de ces théories devrait permettre d'améliorer les performances des entreprises. En gestion des ressources humaines, on peut aussi trouver ce même vœu dans Faisant (2003) :

> Les objectifs d'une recherche en gestion des ressources humaines sont variés et tentent tout à la fois de résoudre un problème qui se pose à un directeur des ressources humaines concernant la gestion des ressources humaines ; de

tester une théorie de psychologie appliquée, de sociologie des organisations ou d'un autre champ ; d'élargir des résultats de recherches antérieures ; de faire la revue de littérature, état de l'art, méta-analyse ; de créer un instrument de gestion des ressources humaines.

Cette volonté de certains chercheurs de produire des recherches pour le management ne trouve cependant pas de véritable débouché, coincée entre les revues scientifiques qui exigent des preuves et les cabinets de consultants qui disposent de moyens matériels et financiers bien supérieurs. Quant à ceux qui montrent la forte contingence des discours des *gurus* en les déconstruisant et en montrant leur caractère non scientifique, certains arrivent à accéder à la publication dans des revues de renom, mais restent totalement inaudibles pour les managers et incapables d'endiguer l'influence des *gurus* sur les praticiens.

Cela peut expliquer pourquoi, comme nous l'écrivions en introduction, on peut trouver aujourd'hui encore de nombreuses listes de principes, sans que cela n'implique de réaction importante de la part de la communauté scientifique.

CONCLUSION

Pendant des siècles la recherche de principes de management a reposé sur une démarche exclusivement empirique et sans souci de validation scientifique rigoureuse. L'émergence d'un management « scientifique » au tout début du XXe siècle a marqué un premier tournant visant à chercher des fondements scientifiques à de tels principes. La constitution, au cours du XXe siècle, d'une communauté scientifique dédiée au management a abouti au constat, pour cette communauté et à partir des années 1960, que la quête de tels principes était vaine. À partir des années 1980, cela n'a pas empêché que se développe, à destination des managers et avec un réel succès, une pseudo-connaissance appelée « *guru management* ». Une telle connaissance repose sur la croyance commune selon laquelle ce qui a réussi dans certaines conditions particulières peut constituer une recette à base de principes universels. Dès lors s'est établie implicitement, entre la communauté scientifique et les gourous, une sorte

« d'accords de Yalta » de la connaissance en management : aux « gourous » la connaissance « vulgaire » et les recettes *pour* le management, aux universitaires la connaissance « savante » *sur* le management.

Cet état de fait fragilise néanmoins la communauté scientifique des chercheurs en management : elle sait qu'elle ne peut énoncer de règles générales sans être contredite par les faits ou sans qu'on puisse lui objecter que, comme le remarquait déjà Herbert Simon en 1946, « dans certains cas, le contraire aussi est vrai ». Elle abandonne donc *de facto* toute posture prescriptive et, ce faisant, renonce à s'adresser directement à ceux dont elle étudie les comportements. Elle se replie donc vers un discours *sur* le management des organisations. Mais, sur ce terrain, elle est directement concurrencée par d'autres communautés scientifiques : les sociologues en premier lieu, mais aussi les économistes, les historiens, les psychologues, et même, dans certains cas, par les anthropologues. Elle n'est reconnue ni par la communauté des praticiens, faute d'une utilité immédiate et éprouvée des énoncés qu'elle produit, ni par le reste de la communauté scientifique des sciences humaines et sociales, faute d'avoir produit des énoncés mobilisables par d'autres disciplines.

Marc NIKITIN
Professeur émérite
Université d'Orléans

BIBLIOGRAPHIE

BURNS, Tom, STALKER, George M., *The Management of Innovation*, Social Science Paperbacks, 1961.

CASSON, Herbert, *Les axiomes des affaires*, 5e éd., Paris, Payot, 1934.

EDWARDS, John Richard, DEAN, Graeme, CLARKE, Frank, WOLNIZER, Peter, « Accounting academic elites: the Tale of the ARIA », *Accounting, Organizations and Society*, vol. 38, n° 5, 2013, p. 365-381.

FAISANT, Jean-Paul, *Développement des compétences en contexte de changement organisationnel. Cas d'expérimentation industriel*, thèse de doctorat de Sciences de gestion, université Lumière Lyon II, 2003, document non paginé disponible sur http://theses.univ-lyon2.fr/documents/lyon2/2003/faisant_jp#p=18&a=TH.1.3.1.2.

FAYOL, Henri, « The Administrative Theory of the State », in L. Urwick, L. Gulick (eds), *Papers in the Science of Administration*, New York, Columbia University Press, 1937, p. 99-114.

FAYOL, Henri, *Administration industrielle et générale*, Paris, Dunod, 1941.

FAYOL, Henri, *General and administrative management*, London & New York, Pitman, 1949.

GRINT, Keith, « Reengineering history: social resonances and business process reengineering », *Organization*, vol. 1, n° 1, 1994, p. 179-201.

GULICK, Luther H., URWICK, Lyndall F., *Papers in the Science of Administration*, New York, Columbia University Press, 1937.

JEANJEAN, Thomas, RAMIREZ, Carlos, « Aux sources des théories positives : contribution à une analyse des changements de paradigme dans la recherche en comptabilité », *Comptabilité Contrôle Audit*, vol. 14, n° 2, 2008, p. 5-25.

JONES, T. Colwyn, DUGDALE, David, « The ABC bandwagon and the juggernaut of modernity », *Accounting, Organizations and Society*, vol. 27, n° 1-2, 2002, p. 121-163.

KERVERN, Georges-Yves, « L'évangile selon saint Mac », *Gérer & Comprendre*, mars 1986, p. 41-48.

KOONTZ, Harold, *Toward a Unified Theory of Management*, New York, McGraw-Hill Co, 1964.

LAWRENCE, Paul R., LORSCH, Jay W., *Organization and Environment*, London, Irwin, 1969.

MALMI, Teemu, GRANLUND, Markus, « In search of management accounting theory », *European Accounting Review*, vol. 18, n° 3, 2009, p. 597-620.

MERTON, Robert K., *On Social Structure and Science*, Chicago & London, The University of Chicago Press, 1981.

NØRREKLIT, Hanne, « The Balanced Scorecard: what is the score? A rhetorical analysis of the Balanced Scorecard », *Accounting, Organizations and Society*, vol. 28, n° 6, 2003, p. 591-619.

OSCHINSKY, Dorothea, « Medieval treatises on estate management », *The Economic History Review*, vol. 8, n° 3, 1956, p. 296-309.

PARGUEL, Béatrice, BONNEMAIZON, Audrey, MONNOT, Elisa, LARCENEUX, Fabrice, RENIOU, Fanny, BENOÎT-MOREAU, Florence, *Entre permanence et (r)évolution : les finalités sociétales de la recherche française en marketing*, 2012, document disponible sur https://halshs.archives-ouvertes.fr/halshs-00755751/document (consulté le 11/08/2021).

PETERS, Thomas, « Tom Peters's True Confessions », *Fast Company*, 30 november 2001, disponible sur https://www.fastcompany.com/44077/tom-peterss-true-confessions (consulté le 04/12/2020).

PETERS, Thomas, WATERMAN, Robert, *Le prix de l'excellence, les secrets des meilleures entreprises*, Paris, Interéditions, 1983.

RODRIGUES, Carl A., « Fayol's 14 principles of management then and now: a framework for managing today's organizations effectively », *Management Decision*, vol. 39, n° 10, 2001, p. 880-889.

SAVARY, Jacques, *Le parfait négociant*, Paris, éd. Louis Bellaine, 1675.

SIMON, Herbert, « The proverbs of administration », *Public Administration Review*, vol. 6, n° 1, 1946, p. 53-67.

TAYLOR, Frederick Winslow, *The Principles of Scientific Management*, New York & London, Harper and Brothers, 1911.

URWICK, Lyndall F., « Papers in the science of administration », *Academy of Management Journal*, December 1970, p. 361-371.

WALLISER, Bernard, *La distinction des savoirs*, Paris, éditions de l'EHESS, 2015.

WOODWARD, Joan, *Management and Technology*, London, Oxford University Press, 1958.

WOODWARD, Joan, *Industrial Organization: Theory and Practice*, London & New York, Oxford University Press, 1965.

LE CONTRÔLE DE GESTION EST-IL EN DEHORS DE LA MORALE ?

> Dans une épistémologie réaliste, qui postule l'existence d'une réalité extérieure, [...] le chercheur produit des conjectures, formule des lois, énonce des théories [...], qui doivent correspondre au réel. La science n'est soumise ni à la conviction ni à l'éthique, elle énonce des propositions susceptibles d'être vraies ou fausses, « il n'y a pas de propositions morales » (Comte-Sponville, 1994, p. 269). Dans le courant pragmatiste, [...] « il n'y a pas de point de vue de Dieu qui soit connaissable [...] ; il n'y a que différents points de vue de différentes personnes qui reflètent les intérêts et les objectifs de leurs descriptions et leurs théories » (Putnam, 1994a, p. 61). Pour le pragmatisme, la vérité ne se conçoit plus comme correspondance mais comme servant des intérêts pratiques.
>
> Gillet et Zimnovitch, 2011, p. 95.

INTRODUCTION

Il existe une tension entre deux formes d'appréhension du réel. Pour l'une, il existe une vérité qui est la conformité de la représentation à la chose. Pour l'autre, toute représentation renvoie aux intérêts poursuivis. Dans le premier cas, la morale[1] n'a rien à voir puisque la vérité est vraie

1 Dans le cadre de cet article, nous appréhendons la morale comme ce qui a rapport à l'humanité de l'être humain. Est immoral ce qui nie cette humanité ou contribue à sa dégradation. Est moral ce qui élève l'humanité.

indépendamment de ses conséquences. Dans le second, la morale serait toujours présente car, dans une perspective utilitariste, la représentation de la chose a un impact sur les personnes (Bourguignon, 2007).

Historiquement, le contrôle de gestion a émergé en réponse à des besoins qui témoignaient de ces deux formes d'appréhension du réel : à la fois mesures supposées objectives pour piloter une organisation multi-activité (Chandler, 1962) et mesures subjectives pour défendre les intérêts d'une entreprise face à certaines parties prenantes menaçantes (Zimnovitch, 1999).

Le contrôle de gestion serait donc une méthodologie qui poursuivrait deux buts en apparence contradictoire : donner une représentation objective (vraie) du réel et donner une représentation qui permette la défense ou la promotion des parties prenantes dominantes. Le caractère moral du contrôle de gestion dépendrait donc du rapport entre ces deux tendances. Un système de contrôle de gestion à but purement interne et managérial serait *a-moral* (c'est-à-dire en dehors de la morale) alors qu'un système de contrôle de gestion orienté vers la production d'informations à destination des diverses parties prenantes relèverait de la morale et pourrait donc être moral ou immoral selon sa contribution aux intérêts collectifs desdites parties prenantes.

Nous proposons de sortir de cette opposition entre un usage instrumental qui serait amoral et un usage utilitariste qui serait moral ou immoral, pour nous focaliser sur la nature de l'information qui alimente et irrigue le contrôle de gestion. Dans une première section, nous reviendrons sur la question de l'usage du contrôle de gestion. Nous montrerons ainsi qu'en tant qu'outil de cybernétique, le contrôle de gestion contribue à faire prendre conscience des actes accomplis. Il exerce donc un rôle fondamental comme modalité de conscientisation pour les organisations. Dans une seconde section, nous approfondirons la question de la nature de l'outil, ou plus exactement la nature de l'information telle qu'elle est collectée, transformée, construite et communiquée par le contrôle de gestion. Nous montrerons ainsi que, par sa nature, le contrôle de gestion contient une dimension qui nie ce qui fait l'humanité de l'être humain.

LA MORALITÉ DU CONTRÔLE DE GESTION SELON LES FINALITÉS POURSUIVIES

Selon André Comte-Sponville (2004), le capitalisme est a-moral car ce n'est qu'un système destiné à produire des richesses de la façon la plus efficiente possible. Si ce système promeut des résultats parfois désastreux, ce n'est pas la faute du système mais de ceux qui l'utilisent. Dans cette démonstration, un outil n'est ni moral ni immoral, c'est son usage qui est moral ou immoral. Il convient donc de distinguer l'outil de son utilisation.

Nous nous démarquons de cette approche en considérant que le contrôle de gestion comme le capitalisme sont des processus humains. Il ne s'agit pas de phénomènes naturels indépendants de la volonté et de l'action humaine mais de phénomènes construits par l'être humain en vue de faciliter la réalisation de certains objectifs. Le contrôle de gestion relève de la morale parce qu'il n'est pas un objet neutre. Il comprend un ensemble d'outils qui n'acquièrent leur sens que par la signification qui leur est donnée par les acteurs qui les manient.

Ainsi, un coût de revient, c'est-à-dire un nombre affecté d'une unité monétaire, n'a de sens que parce que nous sommes dans une économie marchande où les transactions se réalisent par l'usage d'une monnaie. Un coût de revient renvoie donc à un ensemble de constructions psychiques et sociales (de conventions implicites ou explicites entre les acteurs d'une économie, mais aussi de représentations). De surcroît, le contrôle de gestion intègre la dimension de contrôle, c'est-à-dire une relation entre deux ou plusieurs acteurs humains. On ne contrôle pas la gestion d'une machine, on contrôle son fonctionnement. S'il y a gestion, c'est qu'il y a un acteur humain. Le contrôle de gestion permet de disposer des instruments pour motiver, sanctionner, coordonner différents acteurs au sein d'un même processus de production (Chandler, 1962).

L'usage du contrôle de gestion est indissociable de son existence. Les critères de jugement de la qualité du contrôle de gestion sont donc des critères utilitaristes : les outils de contrôle de gestion utilisés permettent-ils de répondre à la poursuite des objectifs de l'organisation ? En ce sens, la recherche en contrôle de gestion est orientée vers la découverte de meilleurs outils, plus fiables, plus précis. Les historiens de la gestion ont montré que cette recherche d'amélioration s'inscrivait dans des contextes de jeux d'acteurs (voir, par exemple, Zimnovitch, 1996, 2001), mais, en cela, le contrôle de gestion n'est pas différent des autres instruments élaborés par les êtres humains pour mieux répondre à leurs besoins du moment. On sait ainsi que la médecine a fait de gros progrès pendant les guerres, puisqu'il fallait soigner rapidement et efficacement un nombre important de blessés.

Parce que le contrôle de gestion est lié à l'existence d'une société (on voit mal l'intérêt de Robinson Crusoé de mettre en place un système de contrôle de gestion), il ressort nécessairement de questions morales.

LA CAPACITÉ DE L'ORGANISATION À PRENDRE CONSCIENCE DE SON ACTION

Le modèle cybernétique met en évidence l'importance des phénomènes de rétroaction. L'organisation n'est pas seulement un construit social qui met en œuvre des ressources afin de réaliser des productions, mais elle est également un construit social où des interactions se nouent entre les acteurs. Pour être efficace et gérer des processus qui aillent à l'encontre de l'entropie, l'organisation doit disposer d'un système de rétroaction qui lui permette d'analyser les résultats de ses actions et d'effectuer des ajustements sur ses processus actuels ou futurs.

Le contrôle de gestion est ce système de rétroaction. Il collecte l'information sur les résultats obtenus, sur les ressources mises en œuvre, sur les caractéristiques de l'environnement, et sur le déroulement des processus de transformation. Le contrôle de gestion est donc un système qui permet à la gestion de prendre conscience de ses actions et de son environnement pour interpréter les écarts entre les réalisations et les objectifs poursuivis.

Si l'être humain se caractérise par sa capacité à prendre conscience de ses actions, à se mettre à distance par rapport à ce qu'il est en train d'effectuer, ce qu'il a déjà effectué ou ce qu'il a l'intention d'effectuer, alors tout instrument qui contribue à cette prise de conscience est un instrument générateur d'humanité. En effet, on peut considérer qu'indépendamment des finalités religieuses ou idéologiques que chacun peut concevoir, une prise de conscience plus grande de l'ensemble des êtres humains contribuera à une humanité plus grande (plus « riche » mais sans connotation financière). Mais le contrôle de gestion ne vise pas principalement la prise de conscience individuelle, personnelle ; c'est au niveau organisationnel que se situe l'impact souhaité du contrôle de gestion. C'est parce qu'il existe une multitude d'employés réunis autour d'un processus commun à mettre en œuvre que le contrôle de gestion s'avère nécessaire. La prise de conscience n'est pas d'abord individuelle, elle est d'abord collective.

Le contrôle de gestion, en tant qu'outil cybernétique permettant à l'organisation de mieux appréhender ce qu'elle est en train de réaliser, est un instrument d'une prise de conscience organisationnelle (Pigé, 2020). Dans cette approche, le contrôle de gestion est un instrument vertueux, il permet de rendre conscient ce qui n'était que reproduction et mécanique, ce qui, en termes psychiques, est dénommé inconscient. Que l'organisation utilise cette conscience pour des finalités bonnes ou mauvaises est indépendant de la prise de conscience. Parce que la prise de conscience renvoie à l'humanité de l'être humain, elle est nécessairement vertueuse, car elle permet à l'être humain de s'affranchir de sa condition animale.

La vertu du contrôle de gestion est donc double : à la fois philosophique (contribuer à la prise de conscience d'une communauté d'acteurs réunis autour de la mise en œuvre de processus organisationnels) et pragmatique (améliorer sans cesse sa gestion en fonction de son expérience passée et de son environnement pour mieux atteindre ses objectifs).

LE JEU DES ACTEURS

Contrôler sa gestion permet à l'organisation de s'assurer qu'elle chemine bien en direction de ses finalités. Le contrôle de gestion rend visibles et compréhensibles les processus de transformation de ressources consommées en biens ou services marchands[2]. Le contrôle de gestion formalise la prise de conscience des forces et des faiblesses de l'organisation et de ses processus, son adaptation à son environnement, son évolution.

Parce qu'un instrument est lié à l'humanité de l'être humain, son usage peut être bon ou mauvais, moral ou immoral. Le contrôle de gestion, en favorisant l'amélioration continue des processus organisationnels, en permettant à l'organisation de prendre conscience de ses forces et de ses faiblesses, des moyens d'améliorer sa performance, peut contribuer à un jeu des acteurs qui, globalement, est néfaste à l'humanité. La prise de

2 La question de l'application du contrôle de gestion au domaine non marchand, avec notamment le *new public management*, ne sera pas directement abordée dans le cadre de cet article.

conscience individuelle ou organisationnelle peut favoriser la domination sur autrui. La connaissance de certains ressorts psychiques ou organisationnels ne conduit pas nécessairement à une amélioration de l'état réel de l'humanité, mais peut, au contraire, déclencher des guerres ou des situations de violence et d'oppression. Une organisation criminelle qui met en place des processus élaborés de contrôle de gestion ne contribue certainement pas à une amélioration de l'humanité.

Le résultat de notre analyse ne nous emmène pas très loin des conclusions d'André Comte-Sponville (2004). Le contrôle de gestion ressort de la morale parce que nous considérons que son usage est indissolublement lié à sa nature. Il n'existe pas de contrôle de gestion sans utilisation, sans mise en œuvre, et il n'existe pas de contrôle de gestion sans acteurs pour le mettre en place. Le contrôle de gestion est utilisé indifféremment par des ONG luttant contre la faim dans le monde, des multinationales recherchant l'accroissement de leurs profits, et des entreprises mafieuses cherchant à étendre leurs réseaux de drogue ou de prostitution. C'est l'usage que l'on fait du contrôle de gestion qui est moral ou immoral.

Notre seconde section nous emmènera à des positions beaucoup plus fortes sur la question de la moralité du contrôle de gestion, car c'est à la nature même de l'information utilisée et transformée par le contrôle de gestion que nous nous référerons.

LA NATURE DE L'OUTIL

Dans son ouvrage *Le problème de l'homme*, Martin Buber (1962, p. 49) observe que la puissance est nécessaire à l'homme pour parvenir à ses fins, mais que la puissance pour elle-même est destructrice :

> Le grand homme est puissant, involontairement et calmement puissant ; mais il ne convoite pas le pouvoir. Ce qu'il convoite, c'est la réalisation de ce qu'il a en vue [...] Cela nous permet de comprendre la responsabilité dans laquelle se trouve le puissant, la responsabilité qui dit s'il sert réellement son but et dans quelle mesure. Mais ceci nous permet aussi de comprendre la séduction de la puissance, qui le pousse à devenir infidèle à son but et à se donner à elle seule.

Ce que Martin Buber observe à propos de la puissance est vrai de tout instrument au service de l'être humain. L'instrument peut servir à réaliser des fins qui, en elles-mêmes, sont bonnes ou mauvaises et, en ce sens, l'instrument est en dehors de la morale, il est a-moral. C'est l'objet de l'utilisation qui est moral ou immoral. Parce que le contrôle de gestion permet d'améliorer la gestion des processus, de favoriser l'efficacité et l'efficience dans l'atteinte des objectifs organisationnels, le contrôle de gestion est utile. C'est un instrument qui rend service à l'humanité, que ce service soit pour la vie ou pour la mort.

Un instrument reste un instrument aussi longtemps qu'il est considéré comme tel. Dès que l'instrument est appréhendé comme une finalité, il perd son statut antérieur pour devenir autre chose. Dans les religions, cette problématique a été appréhendée sous le concept d'idolâtrie. L'idolâtrie consiste à prendre un instrument pour une finalité. Pour la gestion des organisations, une forme d'idolâtrie est la recherche de l'efficience pour elle-même et non comme instrument pour parvenir à une utilisation plus juste des ressources dont dispose l'humanité. La question est donc de savoir si le contrôle de gestion se prête à cette forme d'idolâtrie, si, par sa nature, il serait facilement sujet à être idolâtré.

LA RÉFÉRENCE AUX PRIX DU MARCHÉ

La caractéristique principale du contrôle de gestion est de manier des valeurs monétaires, c'est-à-dire des quantités et des prix. *In fine*, l'efficience se mesure en termes monétaires et fait donc référence aux prix fixés par les marchés. Or, en économie de marché, la question des finalités poursuivies est occultée par l'hypothèse que les prix du marché reflètent la valeur des biens et des services pour la société au sein de laquelle ils sont échangés. Les finalités justifient les consommations de ressources quand le processus de transformation permet de générer un surplus de valeur (une *création de valeur*, dans le langage financier), c'est-à-dire un profit.

L'inefficience relative des marchés, parce qu'ils sont dominés par quelques acteurs, parce que certaines ressources ne se prêtent pas au jeu des marchés ou parce que l'État n'exerce pas son rôle de régulation des nuisances et des diverses externalités négatives[3], peut fournir un

3 Voire même l'État organise des externalités négatives qui peuvent aller jusqu'au génocide.

cadre distordu pour l'application du contrôle de gestion. Ce dernier peut contribuer à améliorer l'efficience technique de processus destructeurs pour la société. C'est ce qu'a mis en évidence Hannah Arendt (1963) dans son analyse du cas Eichmann. Un employé modèle peut contribuer à un crime contre l'humanité en se limitant à ne poursuivre que l'efficience dans les processus qu'il gère.

Or, dans le cas des marchés, il est évident qu'il existe de nombreuses externalités et imperfections qui font que l'efficience théorique n'est jamais atteinte car certaines ressources sont gaspillées et des acteurs sont exclus du marché. Cet argument est bien connu et il a fait l'objet de nombreux travaux et d'une littérature surabondante.

Nous nous attacherons à un second aspect, moins discuté, qui est celui du mode de représentation choisi par le contrôle de gestion et, de façon générale, par les systèmes d'information modernes. La représentation monétaire repose sur l'usage des nombres. Des voitures peuvent être comparées à des vélos car leur prix est exprimé dans une unité commune (la monnaie de référence) et ce prix est exprimé à l'aide d'un nombre qui obéit aux lois mathématiques de comparabilité. Exprimé en valeur monétaire, le prix de telle voiture peut correspondre au prix de x vélos.

L'USAGE DES NOMBRES

L'économie est fondée sur la comparabilité, qui exige à la fois une unité commune (la monnaie) et l'usage de nombres. Or, cette comparabilité n'est pas dépourvue d'inconvénients :

> Dans le système de la connaissance pure, le nombre, à l'instar de l'espace t du temps, a pour finalité essentielle et privilégiée de rapporter la multiplicité concrète des phénomènes à l'unité abstraite [...]. C'est l'unité du nombre qui permet seule au sensible de devenir intellectuel et de se transformer en univers cohérent unifié par une constitution purement théorique. (Cassirer, 2016, p. 173.)

Le nombre permet d'adopter une démarche scientifique, mais il coupe du concret pour renvoyer l'objet à une dimension purement abstraite manipulable intellectuellement à volonté.

Cette abstraction permet à l'être humain de manipuler la matière, de façonner de nouveaux objets en obligeant les ressources à se fondre dans le processus mis en œuvre. La production industrielle réalise la dissociation entre la singularité de chaque ressource et son utilisation, qui n'en prend que la part scientifiquement appréhendable (son caractère commun aux ressources similaires). Ce faisant, la production industrielle supprime le lien entre le producteur et les ressources qu'il consomme, celles-ci ne sont pour lui que des moyens, des objets réels mais désincarnés, utilisés pour obtenir un certain produit (ou un service). L'objet est un parmi d'autres, indifférencié et identifiable uniquement d'après ses caractéristiques techniques, appréhendées au moyen de méthodes scientifiques.

Or, la responsabilité est responsabilité non pas par rapport à un tout indifférencié mais par rapport à une singularité. Il existe donc une contradiction entre la logique scientifique de la production industrielle contemporaine et la notion de responsabilité sociale et environnementale. En effet, la logique scientifique pousse à l'abstraction, à la perte de la spécificité et de la singularité de chaque ressource, alors que la responsabilité exige au contraire la prise en compte de cette singularité. Cela semble évident pour la responsabilité sociale, qui appréhende chaque personne comme *être social doté d'une individualité spécifique*. Cela est plus difficile à appréhender pour l'environnement. Néanmoins, de nombreux travaux de biologistes ou de botanistes démontrent la singularité de chaque être vivant[4].

Alors que le processus scientifique industriel opère déjà une abstraction des êtres et des choses en les résumant sous certaines caractéristiques communes, le contrôle de gestion opère une abstraction encore plus poussée en n'appréhendant les objets ou les êtres que sous leur aspect numérisé. De surcroît, la digitalisation de l'information a accentué ce phénomène en permettant le codage de toute information sous une forme purement binaire. Chaque ressource est normée sous forme d'une succession de 0 et de 1. Que ce soit le système de contrôle budgétaire, le calcul des coûts ou même le reporting, tous les outils du contrôle de gestion reposent sur une standardisation digitalisée des processus.

LA PERTE DE LA DIMENSION MORALE

Le contrôle de gestion digitalisé est en dehors de la morale, non pas parce qu'il ne relèverait pas de la morale, mais parce qu'il s'est affranchi de la morale. La loi de la jungle nous apparaît inhumaine et immorale parce que nous percevons chaque être vivant dans sa singularité. Si nous

4 Les plantes ne sont pas seulement des amas cellulaires, elles poursuivent également une logique de développement (Hallé, 1999).

faisons abstraction de cette singularité, la loi de la jungle n'est qu'un mode de régulation fondé sur des rapports de force. C'est donc parce que l'on reconnaît la singularité des êtres vivants que l'abstraction est immorale, et non pas amorale. Il en est de même du contrôle de gestion. La loi qui s'impose n'est pas la loi de la jungle mais la loi des marchés, et cette loi occulte la singularité des êtres (et des choses pour les êtres) car elle ne les appréhende que sous une dimension chiffrée.

Il existe donc une caractéristique particulière du contrôle de gestion qui tend à le rendre immoral indépendamment de l'usage que l'on en fait. Cette caractéristique, c'est la digitalisation des choses et des êtres utilisés comme ressources pour la réalisation des processus scientifiques de production. En numérisant une ressource, on lui fait perdre son nom, c'est-à-dire, pour les religions bibliques, ce qui fait la singularité de la personne ou de la chose[5]. Le nom est ce qui permet *d'avoir prise sur* parce que ce nom va renvoyer à l'être dans sa globalité et dans sa singularité. Dans les campagnes françaises, on trouve encore de nombreux lieux-dits qui témoignent de la singularité d'un objet (par exemple la Pierre qui vire, dans le Morvan). De nombreuses cultures traditionnelles conservent l'idée que l'individu dans sa singularité peut être appréhendé par quelque chose qui est unique, non reproductible. Or, le nombre, s'il peut permettre d'identifier chaque chose ou chaque être, n'identifie pas la singularité de l'être ou de la chose, il n'identifie que son individualité.

La différence entre l'individualité et la singularité est la reconnaissance de tout ce qui ne peut se résumer sous des caractéristiques communes à un ensemble d'êtres ou de choses. L'individualité permet de dénombrer deux jouets, deux peluches, deux voitures ou deux outils, elle ne permet pas d'identifier ce qui fait que chacun des objets considérés est différent de l'autre pour des êtres humains. C'est l'histoire de ces objets en interaction avec des êtres humains qui leur confère leur singularité. De même c'est l'histoire propre à chaque être humain (y compris son hérédité) qui lui confère sa singularité. La numérisation nie la complexité d'une représentation pour en conserver seulement une différence réduite à un chiffre. Le nombre permet d'identifier, il ne permet pas de saisir la singularité, car il

---

5 Dans le livre de la Genèse, l'être humain nomme toutes choses, ce qui signifie qu'il en prend possession, qu'il a un droit sur elles. Le seul qu'il ne nomme pas, c'est Dieu, puisque le nom de Dieu ne figure pas dans la Bible, mais seulement des façons de l'appeler sans pouvoir le nommer.

n'a pas de lien avec la personne ou l'objet désigné[6]. L'immoralité du contrôle de gestion est le fait d'anonymiser des individus, de les appréhender sous un code purement numérique qui nie leur singularité.

La question est alors : comment réconcilier une approche scientifique et industrielle de la production de biens et de services, qui repose sur l'uniformisation abstraite des caractéristiques des ressources consommées, avec une responsabilité qui est, par nature, orientée vers la singularité de chaque objet ?

CONCLUSION
Vers un contrôle de gestion territorialisé

Le dilemme est clair : le contrôle de gestion permet d'améliorer la gestion des processus industriels et pourtant il est immoral par sa non-reconnaissance de la singularité des êtres. La solution consiste à trouver le moyen de réintroduire au cœur du contrôle de gestion la singularité des êtres et des choses. Or, c'est ce que prétend faire la RSE (responsabilité sociale et environnementale). Pourtant, bien que les normes de RSE aient infléchi certaines pratiques d'entreprises, elles restent encore très en deçà des attentes suscitées par les problèmes globaux auxquels notre globe est confronté : réchauffement climatique, migrations forcées, maladies et défaut d'hygiène, faim et absence d'accès à l'eau potable, etc.

En effet, la RSE reste sur le même niveau d'abstraction que tout processus scientifique, elle envisage les êtres et les choses dans leur abstraction. Pour passer à une dimension incarnée, qui seule permet de prendre en compte la singularité des êtres et des choses, il faut descendre au niveau du territoire. Le territoire, c'est l'espace où une communauté d'individus partage un ensemble de règles et de normes afin d'essayer de vivre ensemble (Pigé, 2014). Le territoire est le lieu où chaque individu est confronté au visage de l'autre (Lévinas, 1978).

6 C'est pour cette raison que les régimes totalitaires, qui cherchaient à nier l'humanité de certaines communautés humaines, ont cherché à effacer les noms des personnes pour les remplacer par des matricules. C'est aussi pour cette raison que les pratiques secrètes recourent fréquemment aux nombres. Le nombre ne renvoie pas à une personne mais à une abstraction.

Pour pouvoir être efficient et universel, le contrôle de gestion est envisagé hors sol. Les contrôleurs de gestion travaillent ensuite localement pour effectuer les adaptations nécessaires, mais cette adaptation ne remet pas en cause l'outil, elle le déforme éventuellement pour le concilier avec les usages locaux ou les normes locales qui déterminent les règles du jeu organisationnel.

Adopter une approche territoriale, c'est partir du territoire, du lieu où les acteurs exercent concrètement leurs actions, pour en comprendre les règles du jeu et déterminer comment, dans ce contexte particulier et avec ces acteurs particuliers, améliorer la gestion des processus et contribuer à une réduction des gaspillages. C'est en ce sens que l'efficience des processus peut être réconciliée avec le développement durable, quand le territoire devient le lieu où des acteurs concrets sont confrontés à des questions concrètes et quand la résolution des problèmes rencontrés passe par la prise en compte de la singularité de chaque acteur.

Prendre en compte l'immoralité du contrôle de gestion que constitue la numérisation de toutes les ressources consommées par les processus conduit à mettre en place des mécanismes de reconnaissance de la singularité des différentes ressources. Cela passe par une modulation des outils de contrôle de gestion selon les territoires où s'exerce l'activité de l'organisation et selon les parties prenantes concernées.

Ainsi, le contrôle budgétaire dans une entreprise exerçant son activité en France ne peut pas avoir la même signification que ce même contrôle budgétaire dans une entreprise exerçant son activité au Cameroun. Alors même que de nombreuses réglementations sont similaires, les règles culturelles, les modes de régulation du vivre-ensemble diffèrent. Alors que le contrôle budgétaire peut être utilisé en France pour favoriser la prise de responsabilité locale et permettre une plus grande réactivité aux évolutions environnementales, il sera, dans un autre contexte culturel, utilisé comme instrument pour affermir le pouvoir central ou pour promouvoir des intérêts particuliers étrangers aux processus de production. Au lieu de favoriser une coordination décentralisée, il deviendra un instrument coercitif de rigidité.

Pour arriver à dépasser cette inadaptation, il n'est pas seulement nécessaire de prendre en compte les spécificités locales, les règles du jeu locales, il faut également prendre en compte la singularité des acteurs avec lesquels l'organisation gère ses processus. Le contrôle de gestion territorialisé est donc un contrôle de gestion qui intègre à la fois la diversité des territoires et la diversité des parties prenantes, et c'est dans la reconnaissance de la singularité de chaque acteur que le contrôle de gestion peut réintégrer une dimension morale et s'interroger sur la pertinence des outils qu'il déploie.

Cela exige de repenser la création de nouveaux outils en prenant en compte la diversité des contextes et des acteurs. À titre d'exemple, on peut considérer l'application de la compétition (la loi du plus fort) dans le cadre de la société. Dans une compétition sportive, cette loi permet le dépassement de soi car ce dépassement est encadré, il ne s'exerce pas au détriment du plus faible. On peut considérer la volonté de gagner (d'être le plus fort) comme une volonté par nature immorale (puisqu'elle repose implicitement sur un désir de domination), mais son application dans un univers régulé fait que le côté immoral disparaît (ou est suffisamment atténué) pour laisser place aux valeurs positives que sont le dépassement de soi et la volonté de progresser. Dans d'autres univers, d'autres territoires, on pourrait envisager des compétitions sportives où le dépassement de soi serait réalisé non pas par l'accomplissement individuel mais par un accomplissement collectif. Ainsi, des compétitions sportives peuvent associer une personne dite « valide » avec une personne dite « handicapée ». L'objectif est alors de combiner les qualités spécifiques de chacun pour accomplir certaines tâches ou surmonter des obstacles.

Envisager un contrôle de gestion territorialisé repose sur ce désir de trouver d'autres outils qui permettent tout à la fois de poursuivre l'efficience dans la gestion des ressources tout en prenant en compte la singularité des acteurs et des territoires. Les débats philosophiques (et les crimes et désirs de destruction) qui ont traversé l'humanité autour de la question de l'être (qu'est-ce que l'être humain ?) au cours du dernier siècle ont montré que la réponse ne pouvait pas être impersonnelle, qu'elle impliquait de considérer le face-à-face comme une dimension fondamentale de l'être humain. L'enjeu de la recherche en contrôle de gestion est de déterminer les outils, ou les adaptations des outils existants, qui permettraient de prendre en compte ce face-à-face dans un univers où l'information tend à être de plus en plus digitalisée.

Benoît PIGÉ
Université de Franche-Comté

BIBLIOGRAPHIE

ANCELIN-BOURGUIGNON, Annick, « Are management systems ethical? The reification perspective », in *Moral Foundations of Management Knowledge*, E. Elgar, M.-L. Djelic et R. Vranceanu (eds), 2007, p. 221-243.

ARENDT Hannah, *Eichmann in Jerusalem, A report on the banality of evil*, Londres, Viking Press, 1963.

BUBER, Martin, *Le problème de l'homme*, Paris, Aubier-Montaigne, 1962.

CASSIRER, Ernst, *La philosophie des formes symboliques*, t. 2, *La pensée mythique*, Paris, Les Éditions de minuit, 2016.

CHANDLER JR, Alfred DuPont, *Strategy and Structure*, Cambridge MA, MIT Press, 1962.

COMTE-SPONVILLE, André, *Le capitalisme est-il moral ?*, Paris, Albin Michel, 2004.

GILLET, Philippe, ZIMNOVITCH, Henri, « La responsabilité de l'enseignant-chercheur dans la formation des ingénieurs financiers », *Revue française de gestion*, n° 216, 2011, p. 93-109.

HALLÉ, Francis, *Éloge de la plante – Pour une nouvelle biologie*, Seuil, 1999.

LÉVINAS, Emmanuel, *Autrement qu'être ou au-delà de l'essence*, Paris, Le Livre de Poche, 1978.

PIGÉ Benoît, « Les frontières des organisations. Enjeux et représentation », *Prospective et Stratégie*, n° 4-5, 2014, p. 13-28.

PIGÉ Benoît, *Le modèle cybernétique du contrôle de gestion – Vers une anthropologie du contrôle de gestion*, EMS, 2020.

ZIMNOVITCH, Henri, « La "quarantaine" des coûts standard chez Saint-Gobain : 1920-1960 », *Comptabilité Contrôle Audit*, vol. 2, n° 2, 1996, p. 5-24.

ZIMNOVITCH, Henri, « État et calcul des coûts par les entreprises françaises. L'exemple de Pechiney : 1936-1945 », *Comptabilité Contrôle Audit*, vol. 5, n° 1, 1999, p. 5-27.

ZIMNOVITCH, Henri, « Berliet, the obstructed manager: too clever, too soon? », *Accounting, Business & Financial History*, vol. 11, n° 1, 2001, p. 43-58.

LE CAPITALISME PEUT ET DOIT ÊTRE SOCIALEMENT RESPONSABLE SUR LE TERRAIN

INTRODUCTION

La déclaration en faveur d'un capitalisme des parties prenantes, c'est-à-dire, en deux mots, socialement responsable, signée en septembre 2019 par les 200 P.-D.G. des plus puissantes entreprises que compte l'Amérique, réunis au sein de l'association Business Roundtable, pourrait annoncer la modernisation du capitalisme, selon Joseph Stiglitz (2019). En France, le ministre de l'Économie Bruno Lemaire, dans une approche similaire, en appelle régulièrement dans ses prises de paroles à un capitalisme responsable, dont la maximisation du profit pour les actionnaires ne serait plus l'alpha et l'omega. La loi Pacte élaborée en ce sens par ses équipes intègre, ainsi, la possibilité pour les entreprises qui le souhaitent de préciser, dans leurs statuts même, les missions socialement responsables qui fondent leur raison d'être. D'évidence, la crise de la Covid accélère l'ardente obligation d'un capitalisme plus humain. Notre hypothèse sur cette problématique de la responsabilité sociale du capitalisme, véritablement existentielle selon nous, que permettent de nourrir nos innombrables observations faites à partir de l'implantation du contrôle de gestion socio-économique au sein de 2000 entreprises et organisations depuis 1974 (Savall et Zardet, 1992, 2018; Cappelletti, 2012), est que pour devenir socialement responsable, le capitalisme doit trouver un relais managérial lui-même socialement responsable au sein des entreprises. Sinon, les discours d'intention qui fleurissent ne pourront pas s'incarner sur le terrain, risquant de frustrer, voire de provoquer la colère des parties prenantes (salariés, collectivités, clients, etc.) qui en attendent des effets bénéfiques.

IL RÈGNE « UN RAS-LE-BOL MANAGÉRIAL » PROBABLEMENT MONDIALISÉ

Or, un consensus semble exister aujourd'hui, et pas seulement en France, sur l'accumulation nocive, dans nombre d'entreprises et d'organisations, de dysfonctionnements managériaux (manque de considération, rémunérations peu stimulantes, sexisme, absence de dialogue professionnel, risques psychosociologiques, formation professionnelle inadéquate ou inexistante, etc.) qui minent la qualité de vie au travail de la population active. Le phénomène n'est pas nouveau (Savall, 1974-1975), mais son ampleur, son intensité et sa manifestation parfois violente constituent un fait nouveau. Du reste, l'écho rencontré par *Bullshit Jobs : A Theory* du sociologue David Graeber (2018) en est probablement le signe. Les efforts accomplis, ces dernières années, pour humaniser le capitalisme et son incarnation dans le management des organisations, au travers de lois et de normes de responsabilité sociétale des entreprises (RSE), sont certes louables, mais ils ne semblent pas avoir eu d'effets satisfaisants dans les grandes entreprises, voire ils sont restés lettre morte dans certaines PME et toutes petites entreprises. En conséquence, il règne, en France et dans nombre de pays, un « ras-le-bol managérial », ferment de contestations sociales radicales du type, par exemple, « Gilets jaunes » en France ou « *Occupied Wall Street* » aux États-Unis. Ces manifestations sont par ailleurs exploitées par des mouvements politiques qui amalgament mal-être au travail et rejet du capitalisme mondialisé. Une *transition managériale* vers un capitalisme plus humain, pratiqué au quotidien à tous les niveaux des organisations, est donc à l'ordre du jour (Savall, Péron, Zardet, Bonnet, 2015, 2017), pour ceux qui ont observé qu'un capitalisme bien régulé était un système à même de répondre aux inépuisables et immenses besoins humains. Comment cette transition pourrait-elle se faire sur le terrain ?

D'une part, en mesurant les coûts des dysfonctionnements managériaux pour que responsables politiques, actionnaires, dirigeants ainsi que citoyens managers prennent conscience des ravages d'un management toxique à tous les niveaux des organisations. Ainsi, les recherches de l'Institut de socio-économie des entreprises et des organisations (Iséor) montrent que les coûts cachés des dysfonctionnements managériaux – « cachés » car ils ne sont pas, ou très mal, comptabilisés – représentent une perte de valeur financière gigantesque, de l'ordre de 20 000 euros à 70 000 euros par personne et par an (Savall *et al.*, 2017), repris dans la loi Pacte sur la croissance des entreprises (Assemblée nationale, 9 mars 2019). En effet, ces dysfonctionnements ont des conséquences très coûteuses en termes d'absentéisme, de maladies professionnelles, de défauts de qualité, de démotivation et de sous-efficacité chez les salariés. Une étude du 22 novembre 2018 pour l'Institut Sapiens (Savall et Cappelletti, 2018), réalisée sur le seul problème de l'absentéisme dû aux dysfonctionnements managériaux, montre qu'il coûterait, en France, près de 108 milliards d'euros par an (soit 4,7 % du PIB). Cette manne financière « évaporée » vient à manquer aux entreprises, à l'État, à la prospérité, voire à la croissance de l'économie nationale ainsi qu'au pouvoir d'achat du citoyen. Une hypothèse serait que la faiblesse des gains de productivité dans les pays développés, sur laquelle « le débat fait rage entre économistes », selon Thomas Philippon, professeur de finance à la Stern Business School de New York, s'expliquerait par les destructions de productivité des dysfonctionnements managériaux. Mais d'où proviennent ces dysfonctionnements ?

POUR PASSER D'UN CAPITALISME IRRESPONSABLE À RESPONSABLE, LE VACCIN DU VIRUS « T.F.W. » DOIT ÊTRE GÉNÉRALISÉ

Les recherches montrent que les modes de management souvent répandus en France, tant dans les toutes petites entreprises et les PME que dans les grandes entreprises, aussi bien dans le secteur public que le privé, sont infectés par le « virus T.F.W. », c'est-à-dire l'utilisation anachronique, inconsciente ou délibérée, des modèles anachroniques de Frederick Taylor (avec son organisation scientifique du travail), Henri Fayol (avec ses principes généraux d'administration) et Max Weber (avec son modèle de la bureaucratie), fondés sur une conception de l'organisation du travail d'un autre âge, dépersonnalisée, excessivement spécialisée et centrée sur des procédures uniformes (Savall, 1974-1975 ; Savall et Zardet, 1987, 2007, 2015 ; Savall et Cappelletti, 2018). Du reste, les pays qui se sont éloignés de ces modèles managériaux devenus toxiques, tels que le Danemark, les Pays-Bas ou le Canada, connaissent une qualité de vie professionnelle meilleure que les autres. D'abondantes recherches ont identifié que les dysfonctionnements managériaux s'enracinaient tout particulièrement dans six domaines, qui constituent les facteurs de la qualité de vie au travail : les conditions de travail, l'organisation du travail, le triptyque communication-coordination-concertation, la gestion du temps, la formation professionnelle, ainsi que les politiques de rémunération et de carrière. C'est sur ces six leviers que le management doit donc agir, dans la proximité des salariés, au sein de chaque entreprise ou organisation, afin d'améliorer la qualité de vie au travail et de rendre plus humainement responsable le capitalisme pratiqué sur le terrain.

Aussi, au-delà de régulations macroéconomiques souvent aléatoires, voire inefficaces, l'action des pouvoirs publics en France sur le développement de la prospérité partagée et durable devrait consister, de concert avec les organisations de salariés et d'employeurs, à encourager la qualité du *management de proximité* dans les organisations de tous les territoires. En particulier, des incitations à des enseignements, dès l'école ou le lycée, et des formations professionnelles pertinentes, bien adaptées aux enjeux du XXIe siècle ainsi qu'aux transformations et innovations technologiques en cours. Ou bien des amendements législatifs, comme celui à la loi Pacte prévoyant, pour les entreprises qui mettent en œuvre des innovations managériales alliant l'économique et le social, un accompagnement par BPI France. Ou encore, selon un modèle fiscal incitatif, en reversant une fraction des excédents économisés par la Sécurité sociale, grâce à cette dynamique socio-économique, aux entreprises et organisations vertueuses qui auront abaissé leur absentéisme par un meilleur *management de proximité*.

INTERPRÉTATION THÉORIQUE
Pourquoi ces phénomènes ont-ils été largement ignorés par la littérature en économie et en gestion ?

Pour l'économiste, l'entreprise est un simple point dans l'espace macro- et mésoéconomique (Perroux, 1975, 1979). Cela est cohérent si l'on observe au télescope les phénomènes de l'univers économique et social. En revanche, si l'on s'approche, avec une méthode d'observation plus rigoureuse et plus précise, on s'aperçoit que ce simple point est en réalité déjà un univers complexe en soi. Cet univers est peuplé d'individus, de groupes et d'entités qui entretiennent ensemble d'innombrables interactions.

Ces interactions sont de deux sortes. Certaines produisent de la valeur économique, à répartir, qui satisfait des besoins humains, tandis que d'autres détruisent une telle valeur réelle, sous forme de coûts historiques (charges comptabilisées) ou de valeur potentielle, sous forme de coûts d'opportunités, souvent évoqués dans la littérature d'économie et de gestion mais rarement mesurés et intégrés dans l'analyse économique ou de management.

L'organisation n'est donc pas une catégorie homogène, mais elle se caractérise par une très grande diversité d'éléments humains, incorporels et matériels. Au demeurant, cette destruction de valeur subie par les organisations a été largement ignorée et, en tout cas, n'a pas été mesurée par les sciences économiques et de gestion traditionnelles, quelles que soient les écoles de pensée.

Le système économique qui constitue l'environnement méso- et macroscopique de l'entreprise ou de l'organisation apparaît donc comme un ensemble de sous-systèmes composés d'entreprises et d'organisations, de fractions d'organisations et de tous leurs enchevêtrements, combinaisons et intersections, en interaction les uns avec les autres. Ainsi, un territoire économique et social peut être considéré comme une métaorganisation extrêmement complexe que les modèles à la fois simplistes et sophistiqués de l'économie et de la gestion ne traduisent pas correctement. L'une des conséquences en est que la performance économique d'un territoire, mesurée par le PIB ou tout autre indicateur bien connu, se trouve donc mal traitée par l'analyse traditionnelle, qui la réduit, la mutile, selon une approche rudimentaire que la science moderne ne saurait tolérer.

Les éléments significatifs de l'activité économique d'une organisation ou d'un territoire ne peuvent être ni parfaitement ni intégralement mesurés par des nombres, indicateurs simplement quantitatifs. En revanche, ces éléments peuvent être identifiés et quasiment mesurés par des mots-clés, des idées clés et des signes variés, sous forme d'indicateurs dits « qualitatifs ». L'approche qualimétrique (Savall et Zardet, 2004) permet, en effet, d'associer et de combiner ces deux catégories d'indicateurs. Elle fournit une représentation moins déformée, moins mutilée, moins erronée et moins biaisée de l'activité économique, observée au niveau d'une entreprise ou d'un territoire. D'un point de vue méthodologique, l'approche qualimétrique suppose que l'analyste se rapproche du lieu d'observation de l'objet ou de la situation étudiée, qu'il réalise une triangulation des données qu'il traite, obtenues par observation des phénomènes, exploitation de documents existants et d'entretiens ciblés des acteurs humains témoins, individuellement et en groupe, afin de maximiser les informations dont dispose le chercheur d'intention scientifique pour élaborer une construction conceptuelle et théorique (Buono, Savall, Cappelletti, 2018).

CONCLUSION

Il est donc possible pour le capitalisme de se responsabiliser. Pour cela, nos observations montrent qu'au-delà des discours et des méthodes, les analyses économiques et de gestion traditionnelles doivent être renouvelées pour observer ce qui se passe concrètement et réellement au cœur des organisations, lieu de la création de valeur socio-économique primaire, alors qu'aujourd'hui, ces analyses nient ou bien passent à côté de telles observations. La découverte scientifique de ces variables ignorées ou escamotées par l'analyse traditionnelle est possible, comme nos résultats le montrent, au travers des méthodologies rigoureuses et adaptées de contrôle de gestion. Elle conduit à une remise en cause des modèles rationnels traditionnels de prise de décision économique, à tous les niveaux d'observation de l'activité économique, sociale et politique, que l'on se place : national, régional, local, de l'entreprise, de la famille ou de l'individu, désigné comme catégorie « ménage » dans la théorie économique.

Henri SAVALL
Président-fondateur de l'Iséor
IAE de Lyon

Véronique ZARDET
IAE de Lyon

Laurent CAPPELLETTI
Cnam, Paris et Montpellier

BIBLIOGRAPHIE

BUONO, Anthony F., SAVALL, H., CAPPELLETTI, Laurent (dir.), *Intervention Research. From Conceptualization to Publication* (édition française : *La recherche-intervention dans les entreprises et les organisations*), Charlotte (États-Unis), IAP, 2018.

CAPPELLETTI, Laurent, *Le contrôle de gestion de l'immatériel*, Paris, Dunod, 2012.

GRAEBER, David, *Bullshit Jobs : A Theory*, Londres, Allen Lane, 2018.

Loi nº 1761 du 9 mars 2019 relative à la croissance et la transformation des entreprises ; Amendement nº 387, article 53 bis A, Assemblée nationale.

PERROUX, François, *Unités actives et mathématiques nouvelles*, Paris, Dunod, 1975.

PERROUX, François, « L'entreprise, l'équilibre rénové et les "coûts cachés" », préface de l'ouvrage de H. Savall, *Reconstruire l'entreprise, analyse socio-économique des conditions de travail*, Paris, Dunod, 1979.

SAVALL, Henri, *Enrichir le travail humain : l'évaluation économique*, Paris, Economica, 1989.

SAVALL, Henri, CAPPELLETTI, Laurent, « Le coût caché de l'absentéisme au travail », Institut Sapiens, novembre 2018.

SAVALL, Henri, CAPPELLETTI, Laurent, « Pour un management à visage humain », *Le Monde*, 22 décembre 2018.

SAVALL, Henri, ZARDET, Véronique, *Le nouveau contrôle de gestion. Méthode des coûts-performances cachés*, Paris, EMC-Eyrolles, 1992.

SAVALL, Henri, ZARDET, Véronique, *Tétranormalisation. Défis et dynamiques*, Paris, Economica, 2007.

SAVALL, Henri, ZARDET, Véronique, *Maîtriser les coûts et les performances cachés*, 6e édition, Paris, Economica, 2015.

SAVALL, Henri, ZARDET, Véronique, *Strategic Engineering of the Reed*, Charlotte (États-Unis), IAP, 2017.

SAVALL, Henri, ZARDET, Véronique, BONNET, Marc, PÉRON, Michel, *Socially Responsible Capitalism and Management*, New York, London, Routledge, 2017.

SAVALL, Henri, ZARDET, Véronique, BONNET, Marc, PÉRON, Michel, *Le capitalisme socialement responsable existe*, Paris, Éditions EMS, 2019.

STIGLITZ, Joseph E., « La modernisation du capitalisme est annoncée », *Les Échos*, 5 septembre 2019.

BIOGRAPHIE D'HENRI ZIMNOVITCH

> Ils s'imaginent que s'ils avaient obtenu cette charge ils se reposeraient ensuite avec plaisir et ne sentent pas la nature insatiable de la cupidité. Ils croient chercher sincèrement le repos, et ne cherchent en effet que l'agitation.
> PASCAL

Henri Zimnovitch est né le 6 décembre 1952 à Boulogne-Billancourt. Il a passé un bac C en 1970, avec la mention Assez bien. Lycéen, c'est mathématicien qu'il voulait être, mais il ne suffit pas d'être assez bon pour entrer à l'École normale supérieure. À défaut, il choisit de suivre une formation à l'école supérieure de commerce de Rouen et à l'école d'ingénieurs de l'Institut textile de France avant de rejoindre, en 1976, la PME familiale (BIO), spécialiste du chiffon d'essuyage. Au cours de ses études, les stages qu'il fit chez BIO, ses fournisseurs et ses concurrents lui donnèrent une connaissance de l'entreprise et de son environnement qui lui permit d'en prendre la responsabilité à 25 ans, son père ayant connu des problèmes de santé et atteint l'âge de la retraite.

Le développement qu'Henri Zimnovitch donna à BIO entre 1976 et 1991 suit un chemin stratégique classique :

1. Intégration en amont, par quasi-concentration, en proposant à des confrères de créer en 1976 la société Recollect pour récupérer en France des textiles usagés selon un *business model* innovant (association avec des œuvres caritatives), puis création en 1980 de TIO pour recycler la matière première issue de Recollect.

2. Pour parfaire le recyclage du textile, il s'associa à d'autres sociétés pour fonder la CFRT (tri des vêtements pour l'exportation) et SNCPA (fabrication de carton-feutre).
3. Le chiffon d'essuyage textile étant en phase de déclin, Henri Zimnovitch orienta BIO dès 1976 vers la fabrication et la vente des produits de substitution, en papier et en non-tissé, qui venaient d'apparaître.
4. À côté de cette diversification, concentrique, sur un nouveau domaine d'activité, il diversifia l'entreprise avec la distribution auprès des industries et des collectivités basées en Île-de-France, en Picardie et en Normandie (où BIO était implanté, de produits d'hygiène et de nettoyage complémentaires de l'essuyage. Il développa chez TIO, située dans le Poitou, cette activité et, avec la création en 1985 de CDO, à Orléans, c'est une grande partie de l'ouest de la France qui était couvert.
5. Enfin, au milieu des années 1980, il a créé Euro-Act, selon le principe de la coopétition, avec des entreprises concurrentes implantées dans les autres régions de France, pour obtenir les meilleures conditions d'achat auprès des fournisseurs, diffuser les *best practices* et servir au mieux la clientèle.

La stratégie suivie peut donner l'impression d'une progression paisible pour la société. En fait, il y eut deux périodes : les vaches maigres jusqu'en 1983, puis les vaches grasses pour les sept années qui suivirent. Encore cela ne concerne-t-il que les aspects financiers. Henri Zimnovitch ayant délégué le management de la production, il ne chercha pas à changer les méthodes tayloriennes qui étaient employées. Il n'innova pas davantage en matière d'éthique des affaires, sujet qui n'était pas alors abordé.

Cette question, cependant, le préoccupait. Étudiant, il s'était intéressé à la philosophie, d'abord pendant son année de préparation à HEC, ensuite, parallèlement à ses études professionnelles, en faisant une licence en philosophie. La lecture de *La révolution du temps choisi*, que publia en 1980 le club « Échange et Projets » fondé par Jacques Delors, dans les idées duquel il se reconnaissait, le fit rejoindre cette association.

La lecture des deux tomes du *Traité du désespoir et de la béatitude* (André Comte-Sponville, 1984, 1988) marqua aussi sa réflexion personnelle et le conduisit à envisager un changement d'orientation, notamment professionnelle, au début des années 1990. Ayant le sentiment d'être allé au bout d'un cycle dans son secteur industriel, ne trouvant pas de relais de croissance, bien que son poste de conseil auprès de l'Agence pour la promotion et le développement de l'industrie lui procurât un observatoire sur l'innovation, il profita des opportunités de céder ses actions pour prendre une autre voie.

BIO, TIO, CDO furent vendues aux cadres qui travaillaient dans ces entreprises. Elles connaissent encore aujourd'hui la prospérité. Recollect, CFRT et SNCPA, dont les participations furent acquises par des confrères, ont disparu dans les années 2000. Une offre pour enseigner à mi-temps à l'école supérieure de commerce de Tours le confirma dans son goût pour la pédagogie. Mais, début des années 1990, avoir une expérience professionnelle réussie ne suffisait plus pour se maintenir durablement dans l'enseignement supérieur de la gestion, il fallait parallèlement faire de la recherche.

Pendant l'année universitaire 1991-1992, Henri Zimnovitch suivit le DEA en gestion que les universités de Poitiers et Tours proposaient. Le modèle de recherche qui était alors en vigueur était un cadre hypothético-déductif, suivi d'une vérification empirique soit par enquête postale, soit par entretiens. Les cours d'épistémologie qu'il avait suivis une vingtaine d'années auparavant et la lecture de *La logique de la découverte scientifique* de Popper le conduisirent à ne pas adhérer à cette méthode. Jean-Louis Malo, qui fut son directeur de thèse, lui suggéra de s'intéresser aux travaux que venaient de soutenir Marc Nikitin et Yannick Lemarchand en histoire de la comptabilité. Sans cette ouverture, Henri Zimnovitch n'aurait pas poursuivi dans l'enseignement supérieur en gestion.

Au tournant des années 1990, une nouvelle méthode de comptabilité de gestion avait fait son apparition aux États-Unis : l'*Activity Based Costing* (ABC). S'appuyant sur l'histoire de la comptabilité dans leur pays, leurs promoteurs montraient que les méthodes classiques avaient perdu leur pertinence compte tenu des évolutions techniques. La thèse d'Henri Ziminovitch sur l'histoire des prix de revient en France fait apparaître les différences avec la situation outre-Atlantique. Dès lors, les conclusions qui avaient motivé la conception de l'ABC, valables dans le cas de l'Amérique, devaient être critiquées avant d'être utilisées en France. Au-delà du calcul des coûts, la thèse se voulait un avertissement supplémentaire contre une illusoire universalité des techniques de gestion, ainsi qu'une amorce de réflexion épistémologique. Comme l'a dit le médiéviste Jacques Le Goff : « le métier d'historien est un métier de la vérité », il exige une fidélité aux archives, aux témoignages, trop souvent absente dans les enquêtes en gestion. L'autre critique adressée aux sciences de gestion, sciences de l'action, portait sur l'insuffisante prise en compte des réalités des organisations, au risque d'une dérive scolastique qui ne pouvait convenir à une discipline pragmatique dans laquelle la recherche-action devait occuper une place centrale. Enfin, la thèse faisait le procès du corporatisme, pas seulement professionnel, qui avait recours à l'abstraction moins pour générer de la connaissance que pour favoriser un repli sur soi académique. Dans le travail de thèse, la perspective externaliste était privilégiée. La perspective internaliste ne fut exploitée qu'une douzaine d'années plus tard, dans le cadre d'une collaboration avec son collègue Yves Levant, afin de mettre en évidence une évolution des méthodes de coûts selon un modèle cyclique, alors qu'elle est irréversible dans les sciences.

Dans l'intervalle, outre les événements familiaux, Henri Zimnovitch s'intéressa à des sujets différents sous l'effet des crises. Après celle de 2001-2002, il analysa l'éclatement de la bulle Internet dans la perspective de l'émergence de la troisième révolution industrielle, celle des nouvelles technologies de l'information, du néolibéralisme, du management et de l'éconophysique. Il rappela les risques posés par la finance mathématique et la comptabilité créative avec, en conséquence, la responsabilité des enseignants-chercheurs dans ces disciplines. Après la crise de 2007-2008, il eut l'opportunité d'assister Roland Pérez, qui venait de créer, pour la revue *Économies et Sociétés*, une série consacrée à la finance et mener une réflexion critique à son endroit. Quand la revue disparut, ils fondèrent avec deux autres amis, Philippe Gillet et Jacques Ninet, *Entreprise & société*, dont l'objectif est de proposer une revue scientifique francophone en gestion, ouverte sur les autres sciences humaines, sans exclusive de méthode pourvu qu'elle fût rigoureuse, soucieuse d'utilité pour la cité, ainsi que les différents dossiers qui furent abordés (responsabilité sociale de l'entreprise, loi Pacte, biens communs, innovation sociale…) et les personnalités qui furent invitées (Julie Battilana, André Comte-Sponville, Cécile Renouard, Alain Supiot…) l'illustrent. À l'heure des classements des revues, Henri Zimnovitch s'interrogea sur les effets de standardisation que ces notations faisaient peser sur la recherche en gestion.

Pour celle-ci, convaincu des vertus de la recherche-action, il aurait souhaité travailler sur la spécificité du management des entreprises d'insertion, ou assimilées, comme celles qui réussissent aujourd'hui dans le domaine du recyclage textile, dans lequel il a commencé sa vie professionnelle. Espérons pour lui que l'opportunité se présentera. Après tout, fort de son expérience dans la transformation des non-tissés, il vient de créer en France, avec son épouse, une entreprise de fabrication de masques chirurgicaux – crise de la Covid oblige.

LISTE DES TRAVAUX ET PUBLICATIONS DE M. ZIMNOVITCH

ARTICLES DANS DES REVUES INTERNATIONALES À COMITÉ DE LECTURE

ZIMNOVITCH, Henri, « The development of standard costing at Saint-Gobain, 1920-1960: forty years of quarantine? », *Accounting, Business and Financial History*, vol. 7, n° 3, 1997, p. 345-365.

ZIMNOVITCH, Henri, « Berliet, the obstructed manager: too clever, too soon? », *Accounting Business and Financial History*, vol. 11, n° 1, 2001, p. 43-58.

ZIMNOVITCH, Henri, « The development of budgetary control in France and Britain from the 1920s to the 1960s: a comparison », en collaboration avec Nicolas Berland et Trevor Boyns, *European Accounting Review*, vol. 11, n° 2, 2002, p. 329-358.

ZIMNOVITCH, Henri, « International Accounting Congresses in the 20th Century: A French Perspective », en collaboration avec Yannick Lemarchand et Marc Nikitin, *Accounting, Business and Financial History*, vol. 18, n° 2, 2008, p. 97-120.

ZIMNOVITCH, Henri, « Contemporary evolutions in costing methods: understanding these trends through the use of the equivalence methods in France », en collaboration avec Yves Levant, *Acccounting History*, vol. 18, n° 1, 2013, p. 51-75.

ZIMNOVITCH, Henri, « Moving from regional to international publishing in accounting history: Pressures, issues, strategies and implications », en collaboration avec Delfina Gomes *et al.*, *Accounting History*, vol. 20, n° 2, 2015, p. 183-205.

ZIMNOVITCH, Henri, « Epistemology and management science: Is accounting history still a legitimate subject of study? », en collaboration avec Yves Levant, *Accounting History*, vol. 22, n° 4, 2017, p. 1-22.

ARTICLES DANS DES REVUES NATIONALES À COMITÉ DE LECTURE

ZIMNOVITCH, Henri, « La "quarantaine" des coûts standard chez Saint-Gobain : 1920-1960 », *Comptabilité Contrôle Audit*, vol. 2, n° 2, 1996, p. 5-24.

ZIMNOVITCH, Henri, « Les coûts standards aux États-Unis : 1880-1930 », *Entreprises et Histoire*, n° 13, 1996, p. 27-52.

ZIMNOVITCH, Henri, « État et calcul des coûts par les entreprises françaises, l'exemple de Pechiney », 1999, *Comptabilité Contrôle Audit*, t. 5, vol. 1, 1999, p. 5-27.

ZIMNOVITCH, Henri, « Influence de la profession comptable sur la diffusion des coûts standard en Grande-Bretagne et en France : 1880-1950 », en collaboration avec Nicolas Berland et Trevor Boyns, *Comptabilité Contrôle Audit*, numéro spécial, 2002, p. 189-208.

ZIMNOVITCH, Henri, « La responsabilité des enseignants-chercheurs dans la formation des ingénieurs financiers » en collaboration avec Philippe Gillet, *Revue française de gestion*, vol. 37, n° 216, 2011, p. 93-110.

ZIMNOVITCH, Henri, « L'imputation des charges indirectes en France de 1914 aux années 1950 : l'évolution vers la simplicité » en collaboration avec Yves Levant *Comptabilité Contrôle Audit*, t. 19, vol. 2, 2013, p. 15-39.

ZIMNOVITCH, Henri, « L'inévitable évaluation scientifique au risque de la standardisation », *Économies et Sociétés*, série KF n° 4, juillet, 2014, p. 1221-1233.

ZIMNOVITCH, Henri, « Schisme à Grignon autour de la comptabilité agricole, durant les années 1870 », en collaboration avec Yannick Lemarchand et Yves Levant, *Entreprises et Histoire*, n° 88, 2017, p. 1-16.

ZIMNOVITCH, Henri, « Maurice Schlogel, du certificat d'études à la direction du Crédit Lyonnais », *Cahier d'histoire du Cnam*, n° 12. [Revue d'histoire (classement non pratiqué)], 2020.

ZIMNOVITCH, Henri, « Le philosophe et le management », in Comte-Sponville, dirigé par François L'Yvonnet, *Les Cahiers de l'Herne*, 2020, p. 211-219.

DIRECTION D'OUVRAGES COLLECTIFS

Histoire et comptabilité; Mélanges en l'honneur du Professeur Yannick Lemarchand, LEVANT, Yves, et ZIMNOVITCH, Henri (éd.), L'Harmattan, 2013.

Histoire des Entreprises et du Transport; Évolutions comptables et managériales, MCWATTERS, Cheryl S., et ZIMNOVITCH, Henri (éd.), L'Harmattan, 2010.

CHAPITRES DANS DES OUVRAGES DE RECHERCHE

ZIMNOVITCH, Henri, « La recherche historique en contrôle de gestion », in *Faire de la recherche en contrôle de gestion ?*, coordonné par Yves Dupuy, Vuibert : Paris, 1999.

ZIMNOVITCH, Henri, « The influence of the USA on the development of standard costing and budgeting in the UK and France to c. 1940 », in *Americanisation in 20th Century Europe: Business, Culture, Politic*, Centre d'histoire de l'Europe du Nord-Ouest, université Charles de Gaulle Lille 3, 2002.

ZIMNOVITCH, Henri, Chapitre sur Henri Fayol dans *Les Grands auteurs en contrôle de gestion*, sous la direction d'Henri Bouquin, Éditions Management et Société, 2005.

ZIMNOVITCH, Henri, « Recherche historique en comptabilité et contrôle », en collaboration avec Yannick Lemarchand et Marc Nikitin, in *Encyclopédie de comptabilité, contrôle de gestion et Audit*, ouvrage coordonné par B. Colasse, Economica, Paris, 2009.

ZIMNOVITCH, Henri, « L'histoire contemporaine des méthodes d'équivalence en France », in *La comptabilité de gestion par les méthodes d'équivalence. Quel avenir ?*, en collaboration avec Yves Levant, ouvrage coordonné par Michel Gervais, Economica, Paris, 2010.

ZIMNOVITCH, Henri, « Le calcul des coûts en France dans la deuxième révolution industrielle ; un éclairage par les méthodes d'équivalence », en collaboration avec Yves Levant, in *Histoire des Entreprises et du Transport ; Évolutions comptables et managériales*, L'Harmattan, 2010.

ZIMNOVITCH, Henri, « Berliet, the obstructed manager: too clever, too soon? », in *French Accounting History* ouvrage coordonné par Yves Levant et Olivier de la Villarmois, Routledge, 2012.

ZIMNOVITCH, Henri, « La formation des ingénieurs financiers avec la crise : rupture ou continuité ? » en collaboration avec Philippe Gillet in *Management et sociétés : mutations et ruptures*, ouvrage dirigé par Alain-Charles Martinet, Vuibert, 2012.

ZIMNOVITCH, Henri, « Évaluation de coûts complets ; un compromis entre précision et complexité », in Charles Ducrocq et Yves Levant (eds), *Contrôle de gestion, comptabilité et stratégie ; Mélanges en l'honneur du Professeur Michel Gervais*, Paris, Economica (en collaboration avec Olivier de La Villarmois et Yves Levant), 2012.

ZIMNOVITCH, Henri, « Les prix de cession interne, le cas de Commentry-Fourchambault et Decazeville » en collaboration avec Yannick Lemarchand in, *Histoire et gestion*, sous la direction de Ludovic Cailluet, Marie-Emmanuelle Chessel et Yannick Lemarchand, Paris, Vuibert, labellisé par le Collège de labellisation de la FNEGE, 2013.

ZIMNOVITCH, Henri, « Histoire et Gestion : un rapport critique et fécond », in, *Histoire et gestion*, sous la direction de Ludovic Cailluet, Marie-Emmanuelle Chessel et Yannick Lemarchand, Paris, Vuibert, labellisé par le Collège de Labellisation de la FNEGE, 2013.

ZIMNOVITCH, Henri, « La Troisième Révolution industrielle au risque de la finance » dans *Mélanges en l'honneur du Professeur Yannick Lemarchand*, L'Harmattan, 2013.

ZIMNOVITCH, Henri, « Le cadre conceptuel des IFRS » en collaboration avec Gregory Heem et Christian Simon, dans *Normalisation comptable, actualité et enjeux*, Académie des sciences et techniques comptables et financières, 2014.

ZIMNOVITCH, Henri, Notices sur « Le direct costing dans les années 1950 », « Les coûts standards : 1880-1960 », « Les méthodes d'équivalence », pour le *Dictionnaire historique de comptabilité des entreprises*, sous la direction de Didier Bensadon, Nicolas Praquin et Béatrice Touchelay, préface de Bernard Colasse, Presses universitaires du Septentrion, 2016.

ZIMNOVITCH, Henri, « Le calcul des coûts et leur comptabilisation en France jusqu'en 1885 ; entre simplicité et complexité », en collaboration avec Yannick Lemarchand et Yves Levant in *L'histoire comme méthode : pour comprendre le management*, Paris, L'Harmattan, 2017.

ZIMNOVITCH, Henri, « Si la gestion est une science, ce ne peut être qu'une science historique », in *L'histoire comme méthode : pour comprendre le management*, Paris, L'Harmattan, 2017.

ARTICLES DIVERS

ZIMNOVITCH, Henri, « Sur la révolution du temps choisi », *Échange et Projets*, n° 21, 1983, p. 76-81.

ZIMNOVITCH, Henri, « La comptabilité après avoir contribué à l'essor du capitalisme va-t-elle entraîner sa chute ? », *Le Monde*, 20 novembre 2007.

ZIMNOVITCH, Henri, « La problématique des "communs" », en collaboration avec Roland Pérez, *Entreprise & Société*, n° 3, 2018, p. 220-230.

ARTICLES EN PUBLICATION ÉLECTRONIQUE

ZIMNOVITCH, Henri, « The Development of French Cost/Management Accounting C.1945-C.1970 : A Case of Americanisation ? » en collaboration avec Nicolas Berland et Trevor Boyns, dans « Histoire de la pensée et des pratiques managériales », 2012, http://mtpf.mlab-innovation.net/.

ZIMNOVITCH, Henri, « An Unknown Aspect of the History of Cost Calculation », publié dans les travaux du PPF « Histoire de la pensée et des pratiques managériales », en collaboration avec Yves Levant, dans « Histoire de la pensée et des pratiques managériales », 2012, http://mtpf.mlab-innovation.net/.

ZIMNOVITCH, Henri, « L'évaluation des chercheurs en gestion. Du paradigme au paradogme », *The Conversation France*, 2017, http://theconversation.com/levaluation-des-chercheurs-en-gestion-du-paradigme-au-para-dogme-88524.

RECENSIONS D'OUVRAGES POUR DES REVUES CLASSÉES

ZIMNOVITCH, Henri, « Yannick Lemarchand, Robert H. Parker (dir.), *Accounting in France : Historical Essays* », *Comptabilité Contrôle Audit*, 1997, p. 130-131.

ZIMNOVITCH, Henri, « Alain Cortat, *Condor, Cycles, motocycles et construction mécanique 1890-1980. Innovation, diversification et profits* », *Annales. Histoire, sciences sociales*, 2001, p. 1383-1384.

ZIMNOVITCH, Henri, « Richard K. Fleischman (ed.), *Doing Accounting History* », *European Accounting Review*, vol. 13, n° 2, 2004, p. 399.

ZIMNOVITCH, Henri, « Natacha Coquery *et al.*, *Écrire Compter Mesurer, vers une histoire des rationalités pratiques* », *Histoire et mesure*, 2005, p. 181-183.

ZIMNOVITCH, Henri, « Youssef Cassis, *Les capitales du capital. Histoire des places financières internationales 1780-2005* », *Comptabilité Contrôle Audit*, vol. 14, n° 2, 2008, p. 189-191.

ZIMNOVITCH, Henri, « Cyrille Sardais, *Patron de Renault. Pierre Lefaucheux (1944-1955)* », *Comptabilité Contrôle Audit*, vol. 15, n° 3, 2009, p. 174-176.

ZIMNOVITCH, Henri, « François Caron, *La dynamique de l'innovation. Changement technique et changement social (XVIe-XXe siècle)* », *Comptabilité Contrôle Audit*, vol. 17, n° 2, 2010, p. 164-165.

ZIMNOVITCH, Henri, « Benoît Pigé, *Éthique et gouvernance des organisations* », *Comptabilité Contrôle Audit*, vol. 17, n° 3, 2010, p. 177-178.

ZIMNOVITCH, Henri, « Roger-Pol Droit et François Henrot, *Le banquier et le philosophe* », *Comptabilité Contrôle Audit*, vol. 16, n° 2, 2010, p. 60-162.

ZIMNOVITCH, Henri, « Béatrice Touchelay, *L'État et l'entreprise. Une histoire de la normalisation comptable et fiscale à la française* », *Comptabilité Contrôle Audit*, vol. 17, n° 3, 2011, p. 129.

ZIMNOVITCH, Henri, « Dominique Bessire, Laurent Cappelletti et Benoît Pigé (dir.), *Normes : Origines et Conséquences des Crises* », *Comptabilité Contrôle Audit*, vol. 17, n° 2, 2011, p. 161.

ZIMNOVITCH, Henri, « William Sun, Celine Louche, Roland Pérez (ed.), *Finance and Sustainability : Towards a New Paradigm* », *Économie et Sociétés* série KF « Entreprises et finance », n° 2, 2012, p. 154.

ZIMNOVITCH, Henri, « Thomas Piketty, Le capital au XXIe siècle », *Comptabilité Contrôle Audit*, vol. 20, n° 1, 2014, p. 121.

ZIMNOVITCH, Henri, « Alain Burlaud (dir.) Mélanges en l'honneur du Professeur Christian Hoarau. Comptabilité, Finance et Politique. De la pratique à la théorie : l'art de la conceptualisation », *Comptabilité Contrôle Audit*, vol. 21, n° 1, 2015, p. 129.

ZIMNOVITCH, Henri, « Olivier Basso, *Politique de la Très Grande Entreprise. Leadership et démocratie planétaire* », *Comptabilité Contrôle Audit*, vol. 21, n° 2, 2015, p. 131.

ZIMNOVITCH, Henri, « , Dimitri Uzunidis (dir.), *Et Jean-Baptiste Say… créa l'entrepreneur* », *Cahier d'histoire du Cnam*, vol. 4, n° 2, 2015, p. 58.

ZIMNOVITCH, Henri, « Jacques Girin, *Langage, Organisations, Situations et agencements*, coordonné par Jean-François Chanlat, Hervé Dumez et Michèle Breton », *Comptabilité Contrôle Audit*, vol. 22, n° 2, 2016, p. 139-143.

ZIMNOVITCH, Henri, « Arnaud Orain, *La politique du merveilleux* », *Entreprise & Société*, 2018, p. 85.

ZIMNOVITCH, Henri, « Pierre Dardot et Christian Laval, *Commun – Essai sur la révolution au XXIe siècle* », *Entreprise & Société*, 2018, p. 124.
ZIMNOVITCH, Henri, « Patrick Boisselier, *Les ravages de l'idéologie dominante. La société française menacée* », *Entreprise & Société*, 2019, p. 122.
ZIMNOVITCH, Henri, « Thomas Piketty, *Capital et idéologie* », *Entreprise & Société*, 2019, p. 163-171.

INDEX

RÉSUMÉS

André COMTE-SPONVILLE, « Préface »

Henri Zimnovitch, dès ses études à la Sorbonne vers le milieu des années 1980, a montré que son goût pour la philosophie tenait à quelque chose de plus profond, de plus grave, de plus douloureux peut-être que la simple curiosité intellectuelle. Il concilie toujours passion et rigueur, amour de la pensée et respect du réel, enfin liberté du chercheur et responsabilité du citoyen.

Serge SZTARKMAN, « Avant-propos. Le patron et le professeur »

Le respect qu'Henri Zimnovitch portait à son grand-père, juif émigré d'Europe centrale arrivé en France au tournant du XXe siècle, menant une activité de fripier, et à son père, son successeur dans cette entreprise, explique en bonne partie son choix de reprendre l'entreprise familiale et de suivre les études qui l'y ont préparé. Dans son activité académique, il a tiré profit de son expérience d'entrepreneur au sein d'une corporation connue pour son âpreté.

Yves LEVANT, « Introduction. De la théorie à la pratique en gestion (et retour) »

Les contributions présentes dans cet ouvrage sont organisées en deux parties. La première comprend une série de textes qui portent spécifiquement sur l'histoire de la comptabilité et des textes sur l'histoire de la gestion. La seconde partie déborde ces thèmes pour s'intéresser plus largement au champ des sciences de gestion. Elle comprend des contributions qui traitent des questions financières et d'autres qui couvrent les questions philosophiques propres aux sciences de gestion.

Didier BENSADON, « Comptes de groupe et pilotage de la performance. Retour sur une controverse entre préparateurs et régulateurs »

L'émergence des pratiques de consolidation des comptes de groupe en France durant les années 1970, à une époque où elles n'étaient pas encore définies dans un cadre légal, est associée à une controverse. Leur diffusion a été le résultat d'un jeu d'acteurs articulé autour de l'opposition entre l'autorité administrative, les praticiens confrontés à la mise en place de la consolidation et la profession comptable libérale.

Garry D. CARNEGIE, « The interface between accounting history and other forms of specialist history within commerce »

L'histoire comptable a de multiples interfaces avec chacun des domaines d'histoire spécialisés suivants : histoire des affaires, histoire de la gestion et de l'organisation, histoire économique et histoire financière ou histoire de la finance. Aussi les chercheurs qui visent une compréhension complète du passé en management devraient-ils s'ouvrir à la littérature dans tous les courants de l'histoire et à l'étude des sociétés autochtones.

Eddy E. FELIX, « Les Charbonnages du Bois-du-Luc à Houdeng. 250 ans d'évolution des organes de gestion et de la comptabilité dans une société de type d'Ancien Régime (1685-1935) »

L'extraction de la houille dans la région d'Houdeng était concédée par le seigneur haut justicier. Une innovation technique sera à l'origine de la Société du Grand Conduit et du charbonnage de Houdeng, qui, en 1807, prendra le nom de Société civile charbonnière du Bois-du-Luc. S'appuyant sur 250 ans d'archives, l'étude montre l'évolution de la notion de capital investi, celle des organes de gestion, puis le passage d'une comptabilité seigneuriale à la comptabilité en partie double.

Yannick LEMARCHAND, « Vie et mort d'un commis de forge ou "du teneur de livres au régisseur". François Alexandre Julien Midrouet (1810-1889) »

Né en 1810, François Alexandre Julien Midrouet entre au service des Berthelin en 1829. Initialement chargé de la tenue des livres et rapidement devenu leur homme de confiance, il restera plus de cinquante-six ans dans l'entreprise. L'exemple de Midrouet montre que certains praticiens de la comptabilité ont bénéficié d'une situation privilégiée par rapport au déclassement subi par leurs successeurs, anonymement regroupés dans les services comptables des grandes entreprises.

Raluca SANDU, « Multi-, inter-, transdisciplinarité. Postures de l'histoire de la comptabilité dans le projet d'unité des connaissances »

L'article clarifie des terminologies souvent considérées à tort comme interchangeables (multidisciplinarité, interdisciplinarité, transdisciplinarité…) et illustre quelques postures de l'histoire et de la comptabilité dans le cadre de la création de nouvelles connaissances. Ses propos sont suivis d'un point d'éclairage apporté par la sociologie à la résurgence des modes interdisciplinaires, pour ensuite discuter quelques postures et apports réciproques de l'histoire et de la comptabilité.

Béatrice TOUCHELAY, « La catégorie "ménage" dans l'appareil statistique français après 1945. Une catégorie symbolique des Trente Glorieuses ? »

Le terme « ménage » ne pouvait pas être appréhendé comme unité statistique tant que les logements n'étaient pas, eux-mêmes, définis et comptabilisés par les statisticiens. Si son caractère global et sa capacité à atténuer les écarts sociaux expliquent son succès initial, il ne serait plus pertinent pour décrire les profonds dysfonctionnements économiques et sociaux induits par la dépression, puis par la stagnation économique française depuis les années 1970.

Dragos ZELINSCHI, « Comprendre l'histoire de la profession comptable. Les apports du concept de clôture sociale »

C'est seulement pendant les années 1980 que la sociologie commence à être utilisée pour comprendre l'évolution de la profession. Même si une certaine diversité des points de vue subsiste, le paradigme critique, d'inspiration weberienne, semble dominer depuis quelque temps les recherches comptables sur l'histoire de la profession. Dans ce cadre, l'article analyse le concept de clôture sociale afin d'apprécier comment il peut aider à comprendre l'histoire de la profession comptable.

Olivier BASSO, « Contribution à l'histoire d'un concept. À la (re)découverte d'un article pionnier sur l'"entrepreneuriat organisationnel" »

Depuis dix ans, la notion d'entrepreneuriat organisationnel semble s'être imposée, en revêtant de multiples formes organisationnelles, dans le monde des entreprises. Sur le plan de la recherche académique, le champ est florissant, avec le texte fondateur de Richard Peterson et Peter Berger, intitulé « Entrepreneurship in organizations », publié dans la revue *Administrative Science Quarterly* en 1971. C'est cette histoire, avec les résistances à cette évolution, que l'étude nous raconte.

Nicolas BERLAND, « Quand la stratégie s'inscrit dans la durée. La stratégie contrariée de Saint-Gobain dans l'habitat et la RSE : *Too clever, too soon* »

Entre la fin de 1968 et le début de 1969, Saint-Gobain fait l'objet d'une OPA inamicale lancée par le groupe BSN (futur Danone dans les années 1990). L'échec de cette opération transformera profondément le groupe Saint-Gobain, qui s'alliera à la firme Pont-à-Mousson (PAM). C'est cette aventure qui nous est narrée à partir des archives de la Compagnie de Saint-Gobain et d'interviews avec différents cadres.

Alain BURLAUD et Christian HOARAU, « L'histoire contemporaine de la normalisation comptable. Le choc de la financiarisation et de la mondialisation »

L'histoire contemporaine de la normalisation comptable se caractérise par les effets de la financiarisation et de la mondialisation, qui ont conduit à une autonomisation du droit comptable et à un pouvoir accru de la profession comptable. Cependant, des contre-pouvoirs ont émergé parallèlement pour faire obstacle à la tendance à l'autorégulation. La société dans son ensemble, demande plus de transparence et une extension du champ de l'information au domaine non financier.

Michel GLADU, « La critique du modèle de gestion monopolistique de la Compagnie perpétuelle des Indes par le groupe de Gournay au XVIIIe siècle ou l'émergence d'une nouvelle rationalité "économique" fondée sur la liberté du commerce et des hommes »

Une nouvelle rationalité économique, fondée sur la liberté du commerce et des hommes, a émergé au XVIIIe siècle, entre autres de la critique du modèle de gestion monopolistique de la Compagnie perpétuelle des Indes par le groupe de Vincent de Gournay, dans le mouvement d'idées libérales porté par John Locke en Angleterre dès la fin du XVIIe siècle et relayé en France au début du XVIIIe siècle par Condillac et Montesquieu notamment.

Jérôme MÉRIC, « La capacité transformatrice d'une pratique. Le "*as practice*" à l'aune du cas Monteverdi »

L'étude examine un changement de pratique musicale qui a contribué à une évolution profonde du monde musical mais aussi des structures politiques et sociales, et ce jusqu'au début du XXe siècle, à l'aide du cas *Seconda Pratica, ovvero perfettione della musica moderna* de Monteverdi. Il postule ainsi l'intérêt de la recherche clinique, et l'idée que l'histoire lui confère un recul réflexif qui compense à beaucoup d'égards l'action ou l'observation *in situ et in tempore*.

Hervé STOLOWY, « Le lanceur d'alerte. Un essai de perspective historique »

Le concept de lanceur d'alerte est désormais bien connu. L'étude évoque les moments clés de l'utilisation du concept : la Grèce antique, Rome, le Talmud, les Évangiles, le Moyen Âge en France, Venise, la Révolution française, pour finir avec l'Occupation pendant la seconde guerre mondiale. Puis elle conclut avec une discussion des termes « dénonciation », « délation » et « accusation ».

Patrick BOISSELIER, « Évaluation d'entreprise en matière de PME. Une "alternative" au coût du capital »

Il existe une solution autre à l'utilisation du coût du capital pour l'évaluation financière des PME. Si, sur un plan strictement théorique, la méthode la plus appropriée est logiquement l'évaluation par les flux de trésorerie, se pose toujours le problème du coût du capital, dont la précision est délicate. L'auteur propose de revenir sur les méthodes « traditionnelles » fondées sur le *goodwill*.

Florence DEPOERS, « Une brève histoire du *Carbon Disclosure Project* ou les investisseurs institutionnels face au défi climatique »

Le *Carbon Disclosure Project* (CDP) montre comment les investisseurs institutionnels tentent de faire face au défi climatique. L'étude nous apporte un éclairage sur l'émergence et le rôle de cet acteur, désigné en 2010 dans la

Harvard Business Review comme étant la « plus puissante organisation non gouvernementale dont vous n'avez probablement jamais entendu parler ».

Philippe GILLET, « Les fondements des marchés financiers »

De nombreux facteurs expliquent la victoire du libéralisme économique, qui, porté à l'excès, a amené de nombreux investisseurs et opérateurs vers des dérapages incontrôlés de moins en moins tolérés par l'opinion publique, ce qui pousse aujourd'hui vers un besoin de plus de contrôle dans la finance internationale et conduit les gérants de portefeuille à introduire de nouveaux critères dans la composition de leurs portefeuilles.

Yves LEVANT, Véronique MALLERET et Olivier DE LA VILLARMOIS, « *Strategic Management Accounting*. Proposition d'un cadre d'analyse »

Les premières publications sur le thème du *Strategic Management Accounting* (SMA) datent pour l'essentiel du début des années 1990. Malgré d'évidentes faiblesses conceptuelles à l'origine, l'existence d'un courant de recherche sur ce thème a permis de conforter progressivement le concept de valeur, qui constitue aujourd'hui une perspective de recherche importante.

Roland PÉREZ, « Réflexions sur la financiarisation des stratégies des entreprises »

La durée permet de constater des changements qui ne relèvent pas de variations conjoncturelles, mais expriment les évolutions profondes. L'évolution du monde contemporain (débats sociétaux, risques écologiques…) appelle à une prise en compte croissante des relations avec les différentes parties prenantes, au-delà des seuls actionnaires.

Pierre-Charles PUPION, « Registres de légitimation et "rendre-compte". Le cas des politiques de développement durable de banques européennes »

Quel type d'information sur le développement durable trouve-t-on dans les rapports de développement durable des banques européennes, et dans quel but ? Pour répondre à cette question, l'étude analyse leurs rapports, publiés annuellement, et cherche à déterminer à quelle(s) forme(s) de légitimation renvoient leurs discours et mesures pour rendre compte de leur action de développement durable.

Bernard COLASSE, « Du métier de professeur de sciences de gestion. *Final cut* »

Ce qui fait, selon Bernard Colasse, l'originalité du rôle du professeur de sciences de gestion, c'est qu'il est un enseignant-chercheur dont les activités d'enseignement et de recherche sont en lien avec les pratiques de gestion dans les organisations. Cela conduit l'auteur à questionner les relations entre l'enseignement et la recherche, entre l'enseignement et les pratiques, et entre celles-ci et la recherche.

Stéphane LEFRANCQ et Nicolas PRAQUIN, « La prudence au prisme de la philosophie. Regards de deux gestionnaires en hommage à Henri Zimnovitch »

L'article examine la prudence au prisme de la philosophie. Il étudie la façon dont le concept de prudence, vu au travers de grands jalons de l'histoire de la philosophie, peut éclairer différemment son utilisation en comptabilité. L'article interroge en conclusion sur les motifs de la rupture anthropologique qu'a provoqué l'IASB en refusant de le maintenir lors de la révision de son cadre conceptuel.

Denis MALHERBE, « Réhumaniser la responsabilité managériale. Un défi pour les praticiens et les enseignants-chercheurs en gestion »

L'article souhaite réhumaniser la responsabilité managériale, ce qu'il considère comme un défi pour les praticiens et les enseignants-chercheurs en gestion : comment articuler la responsabilité managériale des praticiens à la responsabilité professionnelle des enseignants-chercheurs en management ? Ces derniers, autant que les praticiens du management, devraient savoir naviguer entre les écueils du dogmatisme et du sophisme, de la scolastique et de la pseudoscience.

Marc NIKITIN, « L'impossible quête des principes du management ou heurs et malheurs d'une communauté scientifique en attente de reconnaissance »

L'article cherche à mettre au jour la façon dont la connaissance savante, *versus* connaissance vulgaire, a émergé. La constitution de la connaissance « savante » avait, à partir des années 1960, abouti au constat que la quête de tels principes était vaine. Cela n'a pas empêché que se développe, à partir des années 1980, une pseudo-connaissance appelée « *guru management* », à destination des managers et avec un réel succès.

Benoît PIGÉ, « Le contrôle de gestion est-il en dehors de la morale ? »

Un système de contrôle de gestion à but purement interne et managérial pourrait-il être amoral (c'est-à-dire en dehors de la morale), alors qu'un système de contrôle de gestion orienté vers la production d'informations à destination des diverses parties prenantes relèverait de la morale et pourrait donc être moral ou immoral, selon sa contribution aux intérêts collectifs des diverses parties prenantes ?

Henri SAVALL, Véronique ZARDET et Laurent CAPPELLETTI, « Le capitalisme peut et doit être socialement responsable sur le terrain »

Le capitalisme peut et doit être socialement responsable sur le terrain. Cela conduit à une remise en cause des modèles rationnels traditionnels de prise de décision économique à tous les niveaux d'observation de l'activité économique, sociale et politique.

TABLE DES MATIÈRES

DEUXIÈME PARTIE

UNE VISION ÉLARGIE DE LA GESTION

PERSPECTIVES FINANCIÈRES

PERSPECTIVES PHILOSOPHIQUES EN SCIENCES DE GESTION

IMPRIM'VERT®

Achevé d'imprimer par Corlet,
Condé-en-Normandie (Calvados),
en Août 2022
N° d'impression : 177187 - dépôt légal : Août 2022
Imprimé en France